[MIRROR]

理想国译丛

041

献给乃迭——我的爱妻

理想国译丛序

"如果没有翻译，"批评家乔治·斯坦纳（George Steiner）曾写道，"我们无异于住在彼此沉默、言语不通的省份。"而作家安东尼·伯吉斯（Anthony Burgess）回应说："翻译不仅仅是言词之事，它让整个文化变得可以理解。"

这两句话或许比任何复杂的阐述都更清晰地定义了理想国译丛的初衷。

自从严复与林琴南缔造中国近代翻译传统以来，译介就被两种趋势支配。

它是开放的，中国必须向外部学习；它又有某种封闭性，被一种强烈的功利主义所影响。严复期望赫伯特·斯宾塞、孟德斯鸠的思想能帮助中国获得富强之道，林琴南则希望茶花女的故事能改变国人的情感世界。他人的思想与故事，必须以我们期待的视角来呈现。

在很大程度上，这套译丛仍延续着这个传统。此刻的中国与一个世纪前不同，但她仍面临诸多崭新的挑战。我们迫切需要他人的经验来帮助我们应对难题，保持思想的开放性是面对复杂与高速变化的时代的唯一方案。但更重要的是，我们希望保持一种非功利的兴趣：对世界的丰富性、复杂性本身充满兴趣，真诚地渴望理解他人的经验。

理俗国语双生缘

姜文清 刘海 蔡珍玉 共和堂

[德]贝蒂娜·施汤内特 著　周全 译

耶路撒冷之前的艾希曼

平庸面具下的大屠杀刽子手

BETTINA STANGNETH

EICHMANN VOR JERUSALEM:
DAS UNBEHELLIGTE LEBEN EINES
MASSENMÖRDERS

北京日报出版社

Eichmann vor Jerusalem: Das unbehelligte Leben eines Massenmörders
by Bettina Stangneth
Copyright © by Arche Literatur Verlag AG, Zürich-Hamburg, 2011
Simplified Chinese translation copyright © 2020
Beijing Imaginist Time Culture Co., Ltd.
Chinese language edition arranged through HERCULES Business & Culture GmbH, Germany
All rights reserved.

北京出版外国图书合同登记号：01-2020-1152

图书在版编目(CIP)数据

耶路撒冷之前的艾希曼：平庸面具下的大屠杀刽子
手 /（德）贝蒂娜·施汤内特著 ；周全译. -- 北京：
北京日报出版社，2020.5（2023.12 重印）
ISBN 978-7-5477-3600-5

Ⅰ . ①耶… Ⅱ . ①贝… ②周… Ⅲ . ①第二次世界大
战—史料 Ⅳ . ① K152

中国版本图书馆 CIP 数据核字 (2020) 第 038453 号

责任编辑：许庆元
特邀编辑：刘广宇
装帧设计：陆智昌
内文制作：陈基胜

出版发行：北京日报出版社
地　　址：北京市东城区东单三条8-16号东方广场东配楼四层
邮　　编：100005
电　　话：发行部：(010) 65255876
　　　　　总编室：(010) 65252135
印　　刷：山东临沂新华印刷物流集团有限责任公司
经　　销：各地新华书店
版　　次：2020年5月第1版
　　　　　2023年12月第2次印刷
开　　本：965毫米×635毫米　1/16
印　　张：42
字　　数：510千字
定　　价：115.00元

如发现印装质量问题，影响阅读，请与印刷厂联系调换：0539-2925659

献给迪特尔，我暗夜之旅的指引星。

目 录

书中主要人物

（以下介绍译自本书英译本）

以下是一些比较不知名，但在战后与阿道夫·艾希曼（吕讷堡石楠草原 [Lüneberg Heath] 的"奥托·黑宁格" [Otto Heninger]，以及阿根廷的"里卡多·克莱门特" [Ricardo Klement]）有所关联的人士。

萨森访谈会的主要参与者

卢多尔夫·冯·阿尔文斯莱本（Ludolf von Alvensleben）：希姆莱的首席副官、党卫队高级官员和警察领导人，是战后藏匿于阿根廷境内的最高阶纳粹分子。

埃伯哈德·弗里奇（Eberhard Fritsch）：1946 年后担任"杜勒出版社"（Dürer Verlag）的负责人，发行纳粹刊物并拥有自己的书店，以之作为纳粹在阿根廷的活动中心。弗里奇还是战后最激进的纳粹刊物《路径》（*Der Weg - El Sendero*）的出版商。

朗格尔博士（Dr. Langer）：来自维也纳的前纳粹党卫队高官和萨森访谈会的固定成员，其余细节不详。

威廉·萨森（Willem Sassen）：荷兰籍的纳粹同路人与昔日武装党卫队战地记者团的成员。战后成为政论宣传家、记者、作家和阿根廷纳粹流亡者的捉刀代笔人，同时还是艾希曼访谈工作的组织者和东道主。

阿道夫·艾希曼的家人

霍斯特·阿道夫·艾希曼；迪特尔·赫尔穆特·艾希曼；里卡多·弗朗西斯科·艾希曼（Horst Adolf Eichmann; Dieter Helmut Eichmann; Ricardo Francisco Eichmann）：阿道夫·艾希曼夫妇的二子、三子和四子。

卡尔·阿道夫·艾希曼（Karl Adolf Eichmann）：阿道夫·艾希曼的父亲。

克劳斯·艾希曼（Klaus Eichmann）：阿道夫·艾希曼夫妇的长子。

奥托·艾希曼（Otto Eichmann）：阿道夫·艾希曼的弟弟，与罗伯特一同组织和支援艾希曼审判案的辩护工作。

罗伯特·艾希曼（Robert Eichmann）：阿道夫·艾希曼同父异母的弟弟，律师，曾于1960—1962年间组织和支援其兄的审判辩护工作。大部分的"阿根廷文稿"即窃取自其办公室。

薇拉·艾希曼（Vera Eichmann）：阿道夫·艾希曼的妻子，在战后使用其婚前姓氏——利布尔（Liebl）。

协助艾希曼躲避法律制裁及逃往阿根廷的人士

汉斯·弗赖斯莱本（Hans Freiesleben）：在吕讷堡石楠草原为艾希曼安排藏身之处的党卫队成员。

奥尔斯特·卡洛斯·福尔德纳（Horst Carlos Fuldner）：定居

阿根廷的党卫队成员，曾在阿根廷总统胡安·庇隆（Juan Perón）的默许下协助纳粹战犯逃亡。

阿洛伊斯·胡达尔主教（Bishop Alois Hudal）：梵蒂冈的奥地利籍罗马天主教主教和希特勒的同情者。战后协助包括艾希曼在内的纳粹逃犯伪造身份证件。

内莉·克拉维茨（Nelly Krawietz）：党卫队队员库尔特·鲍尔（Kurt Bauer）的姐妹，曾协助从战俘营脱逃的艾希曼找到栖身之处，后来在艾希曼躲藏在吕讷堡石楠草原时曾前往探望。

赫伯特·库尔曼（Herbert Kuhlmann），化名为**佩德罗·盖勒**（Pedro Geller）：与艾希曼同船前往阿根廷的前武装党卫队装甲部队军官、"卡普里"（CAPRI）公司的员工，以及1953年艾希曼在查卡布科（chacabuco）街公寓的担保人。

路易斯（阿洛伊斯）·辛特霍尔策（Luis [Alois] Schintlholzer）：协助艾希曼逃离德国的前奥地利党卫队官员，曾参与因斯布鲁克（Innsbruck）1938年迫害犹太人的行动，并在意大利犯下战争罪行。

杜勒出版社的圈内人以及阿根廷的其他相关纳粹分子

赫伯特·哈格尔（Herbert Hagel）：党卫队成员，昔日纳粹党林茨省党部领导人的秘书，"卡普里"公司的员工。

贝特霍尔德·海利希（Berthold Heilig）：昔日纳粹党布伦瑞克（Brunswick）省党部的领导人，在图库曼（Tucumán）为"卡普里"公司工作。

卡尔·克林根富斯（Karl Klingenfuß）：曾任职于纳粹德国外交部的"犹太人事务处"，1967年以前的德国阿根廷商会负责人。

莱因哈德·科普斯（Reinhard Kopps），化名为**胡安·马勒**（Juan Maler）：多产的作家、狂热的纳粹分子和萨森的对手，曾在《路径》

杂志的早期阶段为杜勒出版社工作。

约翰·冯·莱斯（Johann von Leers）：昔日党卫队官员和纳粹德国宣传部的高级理论家，1950—1954 年藏匿于阿根廷，并为《路径》杂志撰稿。

迪特尔·门格（Dieter Menge）：前党卫队队员和德国空军飞行员，阿根廷废金属业大亨，萨森的赞助者。

康斯坦丁·冯·诺伊拉特（Constantin von Neurath）：纳粹德国前任外长的儿子，与鲁德尔等人共同创办"同志工作会"向纳粹逃犯提供法律协助和急难救济，1958—1965 年任西门子阿根廷分公司负责人。

威尔弗雷德·冯·奥芬（Wilfred von Oven）：记者，纳粹德国宣传部部长戈培尔（Goebbels）旗下的新闻处处长。其《与戈培尔直到最后》（*Mit Goebbels bis Zum Ende*）一书曾交由杜勒出版社发行。

弗朗茨·威廉·普法伊费尔（Franz Wilhelm Pfeiffer）：国防军上校和传说中纳粹黄金的运送者、萨森和鲁德尔的朋友，并拥有艾希曼在华金—戈里纳（Joaquín Gorina）负责管理的养兔场。

佩德罗·波比耶辛（Pedro Pobierzym）：波兰裔的纳粹德国国防军士兵，在阿根廷与包括迪特尔·门格和威廉·萨森在内的纳粹人士有生意往来。

汉斯-乌尔里希·鲁德尔（Hans-Ulrich Rudel）：德国空军轰炸机飞行员，希特勒旗下的最高级骑士十字勋章获颁者，战后与诺伊拉特成立"同志工作会"，为纳粹分子提供法律上和财务上的协助。鲁德尔是弗里奇的朋友和萨森的仰慕者，萨森则曾捉刀帮他写书交由杜勒出版社发行。

约瑟夫·施万伯格（Josef Schwammberger）：党卫队成员和1942—1944 年的克拉科夫犹太人隔离区指挥官，战后受雇于西门子阿根廷分公司。

　　迪特尔·福尔默（Dieter Vollmer）：弗里奇的亲密同事，曾为《路径》杂志工作，1954年返回德国后仍与杜勒出版社密切合作。

　　约瑟夫·弗特尔（Josef Vötterl）：昔日"特别行动队 D 支队 10A 行动分队"（Einsatzkommando 10A der Einsatzgruppe D）那个犯罪团伙的成员。潜逃布宜诺斯艾利斯之后，在1955年回到西德（联邦德国）并任职于联邦宪法保卫局（Bundesamt für Verfassungsschutz, BfV），1958年重返阿根廷。

参与追缉、逮捕和审判艾希曼的人士

　　兹维·阿哈罗尼（Zvi Aharoni）：德国犹太裔的以色列摩萨德特工，找到了艾希曼在阿根廷的地址，并且查明"里卡多·克莱门特"就是艾希曼。

　　弗里茨·鲍尔（Fritz Bauer）：1956—1968年的黑森州总检察长，以及纳粹战犯的追捕者。鲍尔于确定艾希曼在阿根廷的行踪后，将消息提供给了以色列有关当局。

　　托维阿·弗里德曼（Tuviah Friedman）：全家遇害的大屠杀幸存者、纳粹猎人，海法犹太文献中心的创办人。

　　弗朗索瓦·热努（François Genoud）：瑞士金融家、希特勒的崇拜者和坚定的纳粹分子，曾借由销售马丁·博尔曼（Martin Bormann）和约瑟夫·戈培尔等纳粹人士的遗作而获取利益。热努最后参与了销售艾希曼文稿以牟利的行动，并且资助了艾希曼的法庭辩护费用。

　　伊塞尔·哈雷尔（Isser Harel）：1952—1963年的摩萨德首脑，曾针对艾希曼被逮捕一事撰写了一些具有争议性的书籍。

　　吉德翁·豪斯纳（Gideon Hausner）：1960—1963年的以色列

总检察长，主导了艾希曼审判案。

洛塔尔·赫尔曼（Lothar Hermann）：家人死于大屠杀的达豪集中营幸存者，起先在布宜诺斯艾利斯，而后在苏亚雷斯上校镇（Coronel Suarez）的德国犹太人社区担任法律顾问。曾向弗里茨·鲍尔等人通报艾希曼正藏身阿根廷。

阿夫纳·W. 莱斯（Avner W. Less）：出生在德国的犹太裔以色列警方总督察，于艾希曼被捕后负责对他进行审讯。

海因里希·马斯特（Heinrich Mast）：德国与美国的情报员，与霍特尔过从甚密，据说曾在1953年向维森塔尔透露艾希曼在阿根廷。

罗伯特·塞尔瓦蒂乌斯（Robert Servatius）：曾在纽伦堡审判中为纳粹辩护的德国律师，后来在以色列担任艾希曼的辩护律师。

瓦伦丁·塔拉（Valentin Tarra）：于艾希曼藏匿期间负责在阿尔陶塞（Altaussee）地区监视艾希曼家人的奥地利警官。

西蒙·维森塔尔（Simon Wiesenthal）：大屠杀的幸存者，战后成为最著名的纳粹猎人。维森塔尔找到了第一张艾希曼的照片，并曾极力阻止艾希曼家庭宣布艾希曼死亡的企图。

其他

托马斯·哈兰（Thomas Harlan）：臭名昭著的反犹太电影导演法伊特·哈兰（Veit Harlan）的儿子、致力于揭露纳粹战争罪行的作家，以及弗里茨·鲍尔的朋友。1961年在波兰《政治周刊》（Polityka）公开了一篇"阿根廷文稿"中的文字。

威廉·霍特尔（Wilhelm Höttl）：奥地利籍的党卫队成员；战后成为纽伦堡审判中的控方证人，曾经引述艾希曼有关600万名大屠杀受害者的说法。霍特尔后来成为"情报"特工，向各国情报机构、新闻媒体和历史学家兜售了许多虚假信息。

鲁道夫（赖热）·卡斯特纳（Rudolf [Rezsö] Kasztner）：奥匈帝国出生的犹太人，布达佩斯"救济与救援委员会"的执行副总裁，1944 年配合约埃尔·布兰德（Joel Brand）与艾希曼协商"用货物换鲜血"，试图借此拯救匈牙利犹太人。战后被错误指控与纳粹合作，1957 年在以色列遭到刺杀。

赫尔曼·朗拜因（Hermann Langbein）：集中营幸存者、国际奥斯维辛委员会在维也纳的第一总书记。1959 年时曾在奥地利对艾希曼提出刑事控诉。1961 年取得"阿根廷文稿"的最完整版本并加以传播。

亨利·奥蒙德（Henry Ormond）：达豪集中营的幸存者、纳粹受害者的律师、鲍尔和哈兰的朋友。曾在 1961 年协助公布"阿根廷文稿"。

丹尼尔·帕森特（Daniel Passent）：波兰《政治周刊》的编辑，在 1961 年根据朗拜因的"阿根廷文稿"版本发表了五篇系列文章，并由哈兰和他自己加以评注。

米奇斯瓦夫·F. 拉科夫斯基（Mieczysław F. Rakowski）：波兰《政治周刊》主编，验证了"阿根廷文稿"的真实性。

密普·萨森（Miep Sassen）：威廉·萨森的第二任妻子。

萨斯基雅·萨森（Saskia Sassen）：威廉和密普的女儿，著名的美国社会学家。

英格·施奈德（Inge Schneider）：萨森一家的朋友，他们全家乘船逃离欧洲时的船长女儿。

迪特尔·维斯利策尼（Dieter Wisliceny）：党卫队成员、艾希曼的好友和助手，战后成为纽伦堡审判的控方证人。他为了自保而把罪责全部推给艾希曼，但仍难逃 1948 年在布拉迪斯拉发（Bratislava）出庭受审并被判处绞刑。维斯利策尼的纽伦堡证词有助于在 1961 年将艾希曼定罪。

纳粹党卫队职阶名称

（以下对照表由译者制作）

　　"党卫军"一词往往使用得不很精确。其实纳粹的"党卫队"
（Schutzstaffel）可略分为二：

　　一般党卫队（Allgemeine SS）：非军职的保安／警察人员。

　　武装党卫队（Waffen-SS）：作战部队。

　　后者才是真正的党卫军。本书主角"党卫队一级突击大队长"
艾希曼则来自前者（不上战场的党卫队），在开战后隶属于帝国保
安总局第四局（秘密警察局，即"盖世太保"）。

德语称呼	中译名	对应军阶
Reichsführer SS	党卫队全国领袖	元帅
SS-Oberstgruppenführer	党卫队最高集团领袖（党卫队全国总指挥）	一级上将
SS-Obergruppenführer	党卫队上级集团领袖 （高级总队领袖／资深集团领袖／全国副总指挥）	上将
SS-Gruppenführer	党卫队集团领袖 （地区总队长／地区总队领袖／师队长）	中将
SS-Brigadeführer	党卫队旅队领袖（旅队长）	少将
SS-Oberführer	党卫队上级领袖（区队领袖／区队长／团队长）	准将／大校

SS-Standartenführer	党卫队旗队领袖（旗队长）	上校
SS-Obersturmbannführer	党卫队上级突击队大队领袖（一级突击大队长）	中校
SS-Sturmbannführer	党卫队突击队大队领袖（二级突击大队长）	少校
SS-Hauptsturmführer	党卫队高级突击队领袖（一级突击中队长）	上尉
SS-Obersturmführer	党卫队上级突击队领袖（二级突击中队长）	中尉
SS-Untersturmführer	党卫队下级突击队领袖（三级突击中队长）	少尉
SS-Sturmscharführer	党卫队突击小队领袖（突击小队长）	军士长
SS-Hauptscharführer	党卫队高级小队领袖（一级小队长）	一级上士
SS-Oberscharführer	党卫队上级小队领袖（上级小队长／二级小队长）	上士
SS-Scharführer	党卫队小队领袖（小队长／三级小队长）	中士
SS-Unterscharführer	党卫队下级小队领袖（下级小队长／三级小队副）	下士
SS-Rottenführer	党卫队组长	上等兵

导　言

这些事情让我一直不怎么摸得着头绪。

——汉娜·阿伦特（Hannah Arendt）[1]

　　若是谈论起那场系统化杀害了数百万男性、女性和儿童的屠杀，任谁都无法不提及此人。然而，人们甚至都不确定他的名字：到底叫"卡尔·阿道夫"还是"奥托"？在我们自认为早已查清此人时，一些再简单不过的问题却仍然让我们惊讶。但是就多年来一直被学术界和新闻界热烈探讨的这位先生而言，我们对他的认知果真还存在如此巨大的缺漏吗？毕竟阿道夫·艾希曼的名气，甚至让海因里希·希姆莱（Heinrich Himmler）或者莱因哈德·海德里希（Reinhard Heydrich）等知名人物都瞠乎其后。既然如此，何必还要另外写一本书呢？但这其实是一个相当简单的问题：我想要探究清楚，究竟有谁在"摩萨德"（Mossad）*采取其著名行动，把艾希曼从阿根廷绑架到以色列出庭受审之前就已经认识他了。

---

* 即以色列情报和特殊使命局。——编注

艾希曼在以色列回答得轻描淡写："我在 1946 年以前几乎没有知名度，直到那位霍特尔博士（Dr. Hoettl）*……给我加上恶名，说我是谋杀了五六百万犹太人的凶手。"[2] 任何人都不应因为被控有罪者讲出这种话而感到吃惊——更何况是这样一名被告。毕竟艾希曼曾经有过一句名言，声称自己"只不过是阿道夫·希特勒的毁灭机器上的一颗小齿轮罢了"。然而着实令人诧异的是，各种关于艾希曼的研究文献直到今天依旧乖乖地附和那种论调。尽管这名大屠杀凶手已在其他方面引起了巨大争议，但每个人都还异口同声地认为：在耶路撒冷审判之前，只有一小撮人熟悉"艾希曼"这个名字。[3]

然而在阅读旧报纸的时候我却开始产生怀疑，觉得无论艾希曼的讲述还是相关研究都有不对劲之处。以色列总理大卫·本-古里安（David Ben Gurion）在 1960 年 5 月 23 日公开了一则震惊世界的消息，宣布已经逮捕阿道夫·艾希曼，并且将把他送上法庭接受审判。接踵而至的并非困惑的沉默，而是许许多多充满细节的长篇大论，描述那名据称没几个人认得的男子。浏览更加老旧的出版物，我的怀疑得到了明确的证实。早在审判开始很久以前，那个看似"默默无闻"的人就已经获得了比绝大多数纳粹分子都多的绰号，诸如"卡利古拉"（Caligula）†、"犹太人的沙皇"（Zar der Juden）、"种族谋杀的经理人"（Manager des Völkermords）、"大审判官"（Großinquisitor）、"犹太人大屠杀的技术师"（Techniker des Judenmords）、"最终解决者"（der Endlöser）、"官僚者"（Bürokrat），以及"大屠杀凶手"（Massenmörder）等等。以上都

---

* 所有出现于引文中的老式拼法或拼字错误皆保留原样，不按照惯例标示"原文如此!（sic!）"。——原注（无德文打字机可用的时候，ä、ö、ü、ß 等字母分别拼写成 ae、oe、ue、ss，例如霍特尔的正确拼法为"Höttl"。——译注）

† 即罗马帝国第三任皇帝盖乌斯·尤利乌斯·凯撒·奥古斯都·日耳曼尼库斯，后世史学家称其为卡利古拉，这是他自童年时期就有的外号，意为"小军靴"。卡利古拉被认为是罗马帝国早期的典型暴君，建立恐怖统治，神话王权，行事荒唐。——编注

是人们在 1939—1960 年间即已给艾希曼贴上的标签。那可不是后见之明，反而早就散见于各种报刊、小册子和书籍当中。我们只需要查阅一下，便能得知人们在什么时候对阿道夫·艾希曼知晓了多少，以及如何评价。在此期间，只有一小群人异口同声地唱反调，表示对他一无所知。这些人都是艾希曼昔日的同僚和战后的纳粹分子，不顾一切只想把自己的所见所闻大事化小，小事化了。但既然这样的话，又衍生出另外的问题：相关的知识为什么就湮没无闻了呢？回过头来看，那个人怎么有办法让自己在众目睽睽之下突然销声匿迹的呢？这些问题的答案都直指那个史无前例的"反人类罪行"（Menschheitsverbrechen）——我们亦可称之为"大屠杀"（Holocaust）、"浩劫"（Shoah），或者"灭绝犹太人"（Judenvernichtung）。

我们总喜欢把犯罪分子想象成一群见不得人的家伙，由于害怕公众的评断而偷偷摸摸干下他们的勾当。等到东窗事发之后，我们又总是以为公众会有一致的反应，本能地排斥那些罪犯，并将他们绳之以法。于是最初有人设法探究欧洲犹太人如何被剥夺权利、遭到驱逐和屠杀的时候，人们依旧完全按照上述刻板印象，认为是一批见不得天日的家伙瞒着"民族共同体"（Volksgemeinschaft）为非作歹。可是相关研究工作早已摆脱此种见解，不再认为那批肇事者仅仅是置身正派百姓当中的一小撮既病态又反社会的怪胎，假如百姓知道发生了什么事情的话，必定会群起而大加挞伐。我们如今已对国家社会主义"世界观"（Weltanschauung）所起的作用、对集体行为的互动，以及对极权制度的后果颇有所知。我们已经了解，暴戾的氛围甚至可以对本无残暴倾向的人产生影响；此外我们亦已探明，劳动分工能够对个人责任感造成多么灾难性的影响。尽管如此，人们在一个问题上依然争论不下：我们究竟应该把艾希曼这样的凶手归类到何处，要怎么看待他呢？艾希曼所呈现出来的面貌因叙述者而异：他或者是一个完全正常的人，却在极权主义之下被调教成缺乏主见的谋杀犯；或者是一名执迷于种族灭绝的偏激反犹太主义者；要不然根本就是一名精神病患，那个政权不过是遮掩其虐待狂本质的幌子罢了。于是关于艾希曼我们有了各种南辕北辙的形象，而且由于围绕汉娜·阿伦特《艾希曼在耶路撒冷：一份关于平庸的恶的报告》（*Eichmann in Jerusalem: A Report on the Banality of Evil*）的论战，那些形象被激化得更加水火不容。然而迄今为止，有一个视角在很大程度上受到了忽略——公众的看法。人们没有把目光投向耶路撒冷之前的"艾希曼现象"。也就是说，未曾针对艾希曼在人生不同阶段所呈现的形象进行考察。

卢梭告诉我们，任何导致不公不义的主张总会涉及两种人：提出主张的人，以及其他听信了他的人。[4] 我们只要看看公众对阿道夫·艾希曼的看法，便能很大程度上了解这种独特的共谋所蕴含的巨大危险——尤其是当有人像那个声名狼藉的"犹太事务主管"（Judenreferent）一般，已经彻底参透了这种共谋关系的时候。因此，本书既不按照年代顺序把艾希曼的故事描写成他的犯罪经过，也不讲成他的罪行发展史，而是要重建他这个人所造成的影响：在何时且有谁认得艾希曼？人们在什么时候对他有过怎样的看法，而他又对人们所知、所想的事情做出了何种反应？艾希曼现象多大程度上是他装腔作势的天赋塑造的？这种角色扮演对他凶残的职业生涯，以及对我们如今理解他的故事有什么帮助？

＊＊＊

14　　　今天我们之所以能够重建这个视角，要归功于极为丰富的第一手资料：现存有关艾希曼的文件、证词和目击者报告多过其他任何一名纳粹领导人，甚至连希特勒或戈培尔也没能制造出更多材料。

原因不仅在于艾希曼在战后又多活了 17 年，也不只是因为以色列警方为审判收集证据所付出的令人印象深刻的努力，反而是由于艾希曼自己的夸夸其谈和写作激情。艾希曼在其生命的每一个阶段，都为每一个新观众和每一个新目的重新塑造一个新的形象。无论身为下属、上司、凶手、逃犯、流亡者，还是被起诉者，艾希曼都随时密切关注自己所产生的影响，试图利用每一种境况来达到自己的目的。我们若比较他所扮演过的各种角色，很快即可看出其行为背后的方法。

　　然而，艾希曼真正为人所知并得到详细描述的角色，却只有他在耶路撒冷登场的那一次。其背后的意图显而易见：他打算保住一命，并为自己的行为辩解。如果想要理解艾希曼在耶路撒冷的表演与他的罪犯身份和"致命成就"之间存在着什么关系，我们就必须回到耶路撒冷**之前**的艾希曼。此外我们还必须更进一步，摆脱各种完全根据他在耶路撒冷展现的形象所做出的诠释。

　　如果我们听信艾希曼在以色列的说辞，那么他是在 1945 年，也就是狂妄的"千年帝国"已成废墟之后，才真正开始自己一直梦寐以求的生活的。按照其说法，之前的"犹太事务主管"转而变成一个与世无争的养兔人，回归到一直以来他内心深处的世界。毕竟邪恶的仅仅是那个政权，而且主要过错都出在别人身上，他在希特勒统治下耀眼的事业只不过是命运一个意外的转折罢了。可是艾希曼自己心知肚明，许多人可能抱持截然不同的看法，因此他小心地避免使用阿道夫·艾希曼的本名以策安全。他甚至让妻子只称呼他名字的第一个部分——得自其祖父的奥托 *。[5] 当其他人投降时，他冒用"阿道夫·卡尔·巴尔特"（Adolf Karl Barth）的名字隐匿在成群的战俘当中，随即用"奥托·埃克曼"（Otto Eckmann）的假

15

---

* 艾希曼全名为 Otto Adolf Eichmann（和许多长子一样，他被冠上了祖父的名字）。——译注

名接受审讯。成功脱逃后，又以"奥托·黑宁格"*的身份前往德国北部的"吕讷堡石楠草原"，与其他同样换了新名字的人共同砍伐木材。接着他摇身成为养鸡人，晚上还特地拉奏小提琴来取悦乡间的女性居民。奥托·黑宁格的生活已相当接近他日后在阿根廷养兔子时的情形，只有两个明显的不足之处——他无法联系自己的家人，而且是一名遭到通缉的战争犯："像鼹鼠一般过着地下生活的那五年间，这成了我培养出的第二天性，每当遇见一张新面孔，我就会问自己一些问题，诸如：你认得这张脸吗？那个人是不是表现出曾经见过你的模样？他是否在回想有没有见过你？在那几年里，恐惧从未离开过我，仿佛随时都可能有人站在我的背后，突然大喊：'艾希曼！'"[6] 他期盼，假以时日，纳粹大屠杀能够像所有杂草丛生的坟墓一般，也逐渐遭人淡忘。可是艾希曼的这个愿望未能实现。最后他除了逃亡之外看不到别的出路，于是 1950 年，奥托·黑宁格也消失不见了。他化身里卡多·克莱门特，经热那亚（Genoa）离开欧洲，在阿根廷获得了新的身份和官方证件，之后开始了他一直想要的那种生活：在一个水力发电站兴建项目中找到工作，率领一组测量人员纵横穿梭于阿根廷北部地处亚热带的图库曼省——当地的山脉与峡谷不禁让人联想起阿尔卑斯山区。他有许多时间骑在马背上长途跋涉、探索山地、驰骋于辽阔的彭巴草原（Pampa），甚至还两次试图登上美洲第一高峰阿空加瓜山（Aconcagua）。两年后，当他的妻子终于能够跟三个孩子一同过来团聚时，他还带着儿子们参加探险活动，向他们传授骑马和钓鱼的技巧，以及他对大自然的热爱。项目执行公司的倒闭虽然迫使里卡多·克莱门特另谋高就，在一段时间内给和乐的家庭生活带来了阴霾，但最晚在 1955 年，

16

---

* 有些资料将黑宁格（Heninger）误译成"亨宁格"（Henninger）。二者的德语读音颇不相同，第一个 e 在前者是长音，在后者则是短音。——译注

几经波折之后，他又开始时来运转：他不但成为一家兔子养殖场的经管者，还有了第四个儿子，尽管他的妻子已经过了 40 岁。那个"小兔子"（Hasi）于是成了父亲的骄傲。*无怪乎里卡多·克莱门特起心动念，决定盖一幢自己的房子来安置他那位体型富态的妻子、四个儿子、母腊肠狗菲菲（Fifi）、母德国牧羊犬雷克斯（Rex）、自鸣钟，以及一些阿尔卑斯风景画。[7] 要是没有被摩萨德绑架的话，他应该直到今天都还过着里卡多·克莱门特那种与世无争的生活……

　　只可惜这个感动人心的故事有一个重大缺憾：里卡多·克莱门特或许是艾希曼在护照上的姓名，但这个已经改头换面的纳粹——如今完全不碰政治的大自然爱好者——却从没有真正来到阿根廷。艾希曼不是一个喜欢乡村田园生活的人。对他来说，战争——他的那场战争——从来都没有结束。党卫队一级突击大队长或许已经退役了，但狂热的国家社会主义者仍然在役。对他来说，那个让他不必亲自动手就能杀死几百万人的极权国家虽已遥不可及，但自己却还远远没有失去抵抗能力。这名年约 50 岁的男人或许会在结束一天工作之后，拿着一杯红酒，坐在离家 50 公里外的养兔场阳台上，甚至演奏起小提琴，但以上种种都无法说服他，这种田园风情将成为他的人生前景。南纬 35 度看不见朦胧暮色和日落余光，天色会一下子昏暗下来——夜幕的降临比欧洲北部地区人士所习惯的更迅速、更浓烈。艾希曼一到晚上便开始读书和写作，但我们绝不应该把这种表现看作内敛自省的功夫。那可不是一位怡然自得的老大爷在享受阅读之乐。爱好和平的养兔者会把书掷向墙壁并撕得粉碎，没完没了地在页面边缘写下侮辱谩骂的眉批，并且仿佛着了魔似的在成堆纸张上写满评述。铅笔在他潦草涂画的力道下折断，而他战

---

*　全名为里卡多·弗朗西斯科·艾希曼（Ricardo Francisco Eichmann, 1955—　）的"小兔子"相当争气，于父亲被处决之后苦读成为近东考古学家和德国大学教授。——译注

17 斗的意志始终不懈。那名纳粹世界观的战士从来没有被打败，而且他绝不是一个人。

我们今天之所以对艾希曼在阿根廷的生活知道得那么详细，是一个幸运意外造成的结果。最近两年，许多档案馆纷纷出现了研究人员从前接触不到的文件。于是这些"阿根廷文稿"（Argentinien-Papiere），亦即艾希曼自己的流亡手记，再加上今日以"萨森访谈录"（Sassen-Interviews）这个不十分精确的标题而闻名的访谈转录稿与录音带，首次得以被用于重建真相。这总计1300多页的文件不光展现了艾希曼被绑架之前的生活与想法。率先试图对此进行总结与诠释，同时也意味着一种挑战：应如何运用关于国家社会主义反人类罪行最重要的战后第一手资料。之前混沌不清的各种关联突然变得豁然开朗了。尤其变得再清楚不过的就是，艾希曼即便于逃亡之际也不打算躲在黑暗中秘密行动。他在阿根廷也想被人看见，而且他希望像从前一样，被视作一个新时代的象征。

谁要是寻找光亮，就会被人看见。1945年之后与艾希曼有瓜葛的人，在人数上显然比之前认为的更多。追踪艾希曼如何走入地下和走上逃亡之路，我们不仅会遇见纳粹猎人和暗杀小组，更会发现他的帮助者、同情者，甚至还会找到仰慕者和友好者，虽然之后很长时间，那些人都否认自己认识艾希曼，或者称跟他只有几面之缘。例如曾经自愿参加武装党卫队并进行战争宣传的荷兰人威廉·萨森，几十年来都声称自己只不过是艾希曼的"捉刀代笔人"而已。和他一样，艾希曼的大部分朋友都否认与那名通缉犯有密切往来。他们的论调如今再也站不住脚。"阿根廷文稿"甚至揭露了究竟哪些人曾主动联络艾希曼重温过往时光，而且更重要的是，共同研讨未来的政治计划。在阿根廷的时候，艾希曼并非一个生活在失败中的贱

18 民，就好像威廉·萨森也不只是一名好奇的记者，或者希姆莱的首席副官卢多尔夫·冯·阿尔文斯莱本并没有成为一个痛改前非的纳

粹。尽管有人千方百计对他们视而不见，但这些纳粹生活在阿根廷乃不争的事实。他们已于逃离盟军的法庭之后重新组织起来，其计划远不只是开始宁静的新生活而已。艾希曼周围的那些人士既已流亡远方置身自由之中，便评论起德国和世界的发展局势来。他们雄心勃勃地炮制出各种推翻政府的计划，忙于组建志同道合者的网络，甚至还开始伪造文件否认事实，借此捍卫他们眼中那个光辉灿烂的国家社会主义。艾希曼与他们为伍，充满自信且积极参与，是一名炙手可热的专家（有数百万件谋杀案证明他的专业性）——正如他昔日在"帝国保安总局"（Reichssicherheitshauptamt, RSHA）主管犹太事务时所习惯的那般。

因此，"艾希曼在阿根廷"并非一出独角戏，而是记录了那名前"一级突击大队长"如何惊人地展开第二事业，再度成为历史与"犹太人问题"的专家。尽管艾希曼后来竭尽全力试图说服所有人，他在战后已经洗心革面改过自新，可是针对他在阿根廷的所思所想和社交生活进行的研究，却得出了非常不一样的结论。假如艾希曼曾经在任何时候真心想要成为这个与世无争的里卡多·克莱门特，那就只有他在以色列身陷囹圄之际。他在阿根廷送给同志们的签名照片上，则自豪地署名为："Adolf Eichmann – SS-Obersturmbannführer a. D."（阿道夫·艾希曼——退役党卫队一级突击大队长）。

* * *

但1945年之后的艾希曼，不只是一个阿根廷的事件。在联邦德国，他的姓名同样留存于人们的记忆当中。尽管后来有些人假装对他一无所知，但存在的大量证人陈述、新闻报道和有关艾希曼的各种出版刊物，都展现出德国人如何早在1960年以前，就已经在关注他的名字以及他所代表的一切了。在研究"艾希曼现象"的时候，我们还有一个间接资料来源可供利用，而且其重要性更是不可低估：

19 艾希曼的受害者和追捕者——尤其是他昔日同僚和知己——的证词。那些人绝不可能忘记他，因为他们必定担心，艾希曼还会像他们记住他一般深深地记得他们。任何认识艾希曼，或者仅仅知道他是谁的人，都不希望被他回忆起来。美国情报部门的档案、缉捕名单，以及德国检察机关、联邦宪法保卫局和德国外交部对外公开的少数文件，都让人得以初步勾勒出艾希曼在战后初期，尤其是在成立之初的德意志联邦共和国和奥地利的重要性。艾希曼——或者其实是他在别人心目中的形象——已经越来越成为一个政治问题。只要那名纳粹"反人类罪行"的关键证人还逍遥法外，就足以对德国人试图"通过彻底遗忘来克服过去"的做法构成威胁。艾希曼即使在阿根廷也不想安静低调地生活，甚至还打算写一封公开信给德国联邦总理康拉德·阿登纳（Konrad Adenauer），这个事实意味着他正在变成危险因子。难道果真有谁愿意让这个知道那么多内情的人，回到联邦德国来畅所欲言吗？

所有这一切都使追捕艾希曼的过程比之前流传的那个关于爱情、背叛和死亡的传奇故事想让我们相信的复杂得多。其中不仅关涉一心要找到那名大屠杀凶手的上百万受害者与纳粹猎人，或者以不同技巧装模作样的各国政府，还有许多人坚定地百般阻挠，以免过去的一切随那名男子一起从流亡中蓦然重返。因而不仅需要阿根廷有一位机警的盲人，发现他女儿的男朋友就是那名反人类罪犯的儿子，更需要许许多多其他事项的配合，才终于克服了那种不顾一切闭口不言的愿望。艾希曼在耶路撒冷之前的故事同时也是一连串错失的机会，未能通过在德国举行审判来创造一个真正的新开始。如果我们想要知道那个穷凶极恶的时代，其结构在多大程度上残存到了战后，以及如何必须设法在缺乏新人管理执行的情况下用一个

新国家取而代之，就必须深入分析这个故事。今日在德国政府机关 20
内部仍然保存着不对公众开放的艾希曼档案，因为有人担心其内容
会威胁国家安全。这是一个丑闻！承认前任党卫队一级突击大队长
阿道夫·艾希曼是德国历史上的一页，是早就应该做的事情。

＊ ＊ ＊

　　自《艾希曼在耶路撒冷：一份关于平庸的恶的报告》在 1963
年出版以来，任何探讨阿道夫·艾希曼的尝试都意味着与汉娜·阿
伦特的对话。[8]那位犹太女性出身柯尼斯堡（Königsberg），曾师
从卡尔·雅斯贝尔斯（Karl Jaspers）和马丁·海德格尔（Martin
Heidegger）学习哲学，直到国家社会主义将她逐出德国为止。阿伦
特后来在 1961 年为了艾希曼审判案而前往耶路撒冷。和所有哲学
家一样，她想要进行理解。但没有人能够直接理解，而总是要以自
己的想法和经验，以及对昨日世界的印象为中介。汉娜·阿伦特首
次在报纸上读到艾希曼的时间应该不晚于 1943 年，且 18 年后正处
于研究的巅峰期。她期待在耶路撒冷发现的，是自己曾经多次详细
描述过的：一个才智过人、魔鬼般的大规模杀人犯，具有我们在文
学巨著中所见过的那种令人害怕的魔力。即便在 1960 年，阿伦特
也还写道："他是那个团伙里面最聪明的人士之一。"谁要是有胆量
理解他，就应该能在理解纳粹罪行的路上迈出重要的一步，所以"我
受到了很大的诱惑"。[9]

　　等到真正见到艾希曼的时候，那位具有敏锐观察力的女哲学家
并不是唯一感到困惑的人。我们若阅读最初的一批报道，即可发现
那些审判观察员无论来自何方，几乎人人都获得了同样的印象：在
耶路撒冷的艾希曼是个可怜虫，缺乏撒旦在我们眼中所该具有的那
种慑人魅力。那名党卫队一级突击大队长曾经带来了畏惧和恐怖，

尤其是数百万人的死亡，如今却用没完没了的字句和言词来转移注
意力，把一切都形容成被迫奉命行事和遵守效忠誓言。艾希曼对此
21 惊人地擅长，即使在 1961 年的时候，也应该有人心中起疑才对。
只可惜质疑的声音非常微弱，而且相当不受欢迎。但质疑者与庭审
观察者最重要的区别在于，前者都接触到了至少部分"阿根廷文稿"
的内容。

　　大屠杀研究在 1960 年仍然处于起步阶段，书面证据少得可怜，
想要从被告口中获取新信息的愿望压倒了小心谨慎的态度。汉娜·阿
伦特在理解时选择了她所熟悉的方法，即反复阅读艾希曼的话，并
对说话的人进行详细的分析。其背后的假设是：只有当人希望自己
被理解时，才会写作和讲述。她比几乎其他任何人都更详尽地阅读
了审讯和审判的记录，但如此一来反而使她落入陷阱中，因为在耶
路撒冷的艾希曼顶多就是个假面具而已。阿伦特未能看清这一点，
不过她还是敏锐地意识到，她无法真正按照自己所希望的样子来理
解"艾希曼现象"。

　　没有其他任何关于阿道夫·艾希曼——甚至关于国家社会主
义——的书，能够像《艾希曼在耶路撒冷》那般引起广泛的讨论。
该书实现了苏格拉底以降哲学界的最高目标：通过辩论来理解。然
而最晚从 20 世纪 70 年代末期开始，参照汉娜·阿伦特的做法只会
使辩论越来越偏题。人们不由自主地感到，所涉及的主题早已不再
是"艾希曼"。人们更在意的仅仅是谈论辩论和各种"恶的理论"
（Theorien des Bösen），却不想比 1961 年时的那位女哲学家更多地
挖掘艾希曼这个人本身。幸好如今情况已经出现了巨大的转变：我
们能够接触到许多截然不同的第一手资料——至少在理论上如此。

　　1979 年以后，所谓的"萨森访谈录"已经大部分对外公开，让
人得以一窥汉娜·阿伦特和其他全体审判观察员所无法看到的资料：
耶路撒冷之前的艾希曼坐在一位朋友舒适的房间内侃侃而谈，身边

围绕着昔日的战友——如今跟他同样置身阿根廷的纳粹党人。然而
人们在处理这些丰富信息时的态度还是草率得令人吃惊，显得既勉
强又严重缺乏对资料的好奇。1998年以来，陆续有一些原始录音
带被发现，只需仔细阅读文字转录就能够看出，在阿根廷发生的事
情，绝不仅仅是一名寻访故事的新闻记者跟一个想要喝杯威士忌的
落魄纳粹聚在一块，共同沉溺于回忆之中而已。若有谁打算真的跟
汉娜·阿伦特唱唱反调，而不再只是对着她那本书的好成绩大发牢
骚，其实早就可以在访谈录中找到大量反驳的武器。然而人们却反
其道而行，继续复述艾希曼在以色列炮制的故事，以他所说的时
间顺序为基准，引述一家立场偏颇的出版社出的文稿赝本 *，甚至让
完全不为人知的艾希曼相关资料在档案馆里被贴上错误的标记——
尽管那些资料甚至可以让历史学家们具有传奇色彩的"处变不惊"
（Überraschungsresistenz）特质面临严峻考验。因此，我们至少应
该跟汉娜·阿伦特学习一件事情：在面对未知的时候，应该让自己
被未知吸引。

* * *

本书的首要目的是设法呈现所有可用的资料，以及随之而来的
挑战。光是"阿根廷文稿"本身的历史，以及它宛如一大块难解拼
图的碎片那般散布于各地档案馆的现状，便足以让我们见识到"艾
希曼现象"令人意想不到的一面，由此产生的一切争议都是值得的。
本书首次详细呈现这些第一手资料，以及它们在历史上成形的经过，
希望借此推动研究、提出更多问题。

---

* 指的是极右派"德鲁费尔出版社"（Druffel-Verlag）在1980年用"阿根廷文稿"胡乱
  拼凑出来的《我，阿道夫·艾希曼》（*Ich, Adolf Eichmann*）。请参见本书《余波荡漾》
  章。——译注

　　《耶路撒冷之前的艾希曼》同样也是与汉娜·阿伦特的对话。原因不仅在于我自己对这个主题的研究，是许多年前经由《艾希曼在耶路撒冷》一书开始的。我们对历史事件的理解与它发生之际的时空环境密不可分，因此我们不能忽视阿伦特的视角。阿伦特有勇气做出明确的判断，但也冒着风险，尽管付出了一丝不苟的努力，总还是知道得太少。在艾希曼研究中所获得的最发人深省的见解之一就反映在阿伦特身上：一个人未必需要才智出众，便足以误导像阿伦特那样十分聪慧的人，用她自己的武器——印证自己期待的渴望——击败她。但我们若想认清这种机制，就必须要有思想家在身边，他们勇敢地面对自己的期待和倾向，从而可以看到自己的失败。

　　行文至此，我仍要在全书的开头即向读者发出警示，而这么做的最好方法，莫过于直接引用汉娜·阿伦特飞往耶路撒冷旁听艾希曼出庭受审之前写给一位好朋友的话："这或许会很有趣——要是它没有变得那么恐怖的话。"[10]

第一章

"我的名字成了象征"

曾经到哪里都有人认识我……

————艾希曼告诉萨森，1957 年

我们直到今天都不知道，艾希曼究竟是什么时候决定去南美洲生活的。但他曾经解释自己为何受到吸引前往阿根廷："我知道，有些好朋友在南美洲的这个'应许之地'等着向我伸出援手。我可以公开地、自由地、骄傲地向那些朋友们说出：我是阿道夫·艾希曼，前任党卫队一级突击大队长。"[1]

公开地、自由地、骄傲地成为阿道夫·艾希曼？——多么不同凡响的愿望！艾希曼居然会认为那是一个现实的可能，这在当时和现在显得一样荒诞可笑。因为"阿道夫·艾希曼"这个名字早已成为"纳粹灭绝犹太人"的代称，就连他自己也对此心知肚明。毕竟，若没有必需的理由，绝不会有谁那么大费周章地隐姓埋名前往异国讨生活。当艾希曼计划自己的逃亡行动时，他有一个很好的理由：他实在是太出名了，根本不可能一直不被发现。

有太多人认识艾希曼，并且知道他如何参与了对犹太人的权利剥夺、驱逐递解和大肆屠杀。若说这一事实在今日已经远不如艾希曼生前的时候清楚，那要归功于他在耶路撒冷异常成功的自我展示。1960 年被绑架到以色列以后，艾希曼便竭尽全力把自己描述成许许多多无足轻重的部门主管之一，是第三帝国谋杀机器上的"一个小齿轮"、一个名不见经传的人物。他只是一个无人知晓的小官员，根本发挥不了任何影响力，结果却因为一个错误、一些愚蠢的意外和别人的怯懦而"背了黑锅"。但艾希曼自己心知肚明，那根本是个谎言。他的姓名绝非只在一个小圈子里面才有人知道，更不是随26着那场审判才变得家喻户晓。恰好相反，在那场至今令他臭名远扬的罪行中，他的名字在深重的罪恶中扮演了不可或缺的角色。

阿道夫·艾希曼本人曾密切关注他的名字演变成为犹太人大屠杀的象征的过程。事实上，艾希曼自己十分清楚，他和他的上司们都有意鼓励了这种发展。艾希曼压根儿不想成为他时而自称的那种"躲在黑暗中的人"。一直要等到在以色列上了法庭，他才处心积虑地营造一种印象，让人觉得他是个人微言轻、面目不明、随时可被替代的无名小官。可是到了面临死刑威胁的时候，有谁不想这么做呢？即便如此，许多人仍然相信艾希曼是一个"躲在黑暗中的人"。有些人甚至将艾希曼的"不可见性"视为其谋杀罪行的成功关键。[2]然而有不少线索指出，最晚从 1938 年开始，艾希曼就已经既非默默无闻，也对隐身幕后不感兴趣了。随着我们着手追踪这些线索，那个"躲在黑暗中的人"的形象就会明亮许多了。

第一节

走向公众之路

他人缘很好，在哪里都受到欢迎。

——鲁道夫·赫斯（Rudolf Höß）论艾希曼

阿道夫·艾希曼 1932 年在奥地利的林茨（Linz）加入德意志民族社会主义工人党（NSDAP）*和党卫队（SS）。他们一家在他还是小孩子的时候就从德国搬到了那里，因为艾希曼的父亲认为自己能在林茨开拓一份理想的中产阶级职业生涯。儿子的事业却发展得很不一样：他不愿担任教区管理委员的差事，也无意在父亲的公司谋得一职，反而利用国家社会主义运动在奥地利被取缔的机会，于1933 年跟随林茨的一位纳粹党高级干部返回德国，来到当时那股新兴政治势力的核心地带。时至 1934 年——无论是因为目标明确、受到高人指点，抑或基于敏锐的权力直觉——艾希曼进入了党卫队保安局（Sicherheitsdienst，SD）。当时这个安全单位的规模还小得

---

* NSDAP 是"德意志民族社会主义工人党"（Nationalsozialistische Deutsche Arbeiterpartei）的正式德文缩写。该党党名前两个音节（Nati）的德语发音为"Nazi"（读如"纳齐"），于是"Nazi"变成该党的俗称或带贬义的简称，汉语通用译名为纳粹。——译注

很，却早已声名狼藉。因为人们知道 SD 这两个缩写字母背后的那群人曾积极卷入"罗姆事件"（Affäre Röhm）。*艾希曼后来虽千方百计把自己调职到党卫队保安局一事解释成"纯属意外"或"张冠李戴"，但此说法未免荒唐透顶。假如艾希曼所言不虚的话，那么当初他恐怕是唯一处于状况外的人，竟然还不知道党卫队保安局的凛凛威风，其神秘万分的工作人员，以及他们那位深具领袖魅力的顶头上司莱因哈德·海德里希。[3]1934 年年中加入党卫队保安局的人虽然无法期待获享高薪，却可望赢得党内同志的尊重和敬畏，更何况还有那个令人艳羡的工作地点：位于帝国权力中枢首都柏林威廉大街 102 号（Wilhelmstraße 102）的宏伟宫殿。对一个年纪未满 30 岁，两年前还是上奥地利州（Oberösterreich）一个普通汽油推销员的小伙子而言，这无疑是职业生涯中的一大跃升。艾希曼感觉自己已经站稳了脚步，这也体现在他所做出的（在党卫队内部同样有助于升迁的）一个决定中：想要结婚成家。于是他娶了比他小四岁的薇拉·利布尔为妻。薇拉来自波希米亚的姆拉代（Mladé），她将跟两个替盖世太保工作的兄弟一样，因为其丈夫的社会地位上升而受益。

党卫队保安局的人从一开始就享有特殊地位。他们是纳粹党内部的情报单位，因此有些法条和规定不适用于他们。军事操练已成为过去，党卫队的制服大多数时候都只放在衣柜里。1935 年 4 月之后，一般党内同志已被禁止与犹太人有任何私下往来，而保安局的情报职能却让其成员可以堂而皇之地置禁令于不顾，因为他们

---

* "罗姆事件"亦名"罗姆政变"（Röhm-Putsch）或"长刀之夜"（Nacht der langen Messer）。1934 年 6 月 30 日夜间，希特勒下令党卫队及盖世太保（Gestapo）在全国各地诛杀冲锋队（Sturmabteilung, SA, 也译为"突击队"）的领导高层。党卫队从此以"党内精英"之姿，取代了原为纳粹街头打手部队的冲锋队。恩斯特·罗姆（Ernst Röhm, 1887—1934）乃冲锋队的"参谋长"和实际领导人，生前是希特勒唯一可称兄道弟的朋友，因党内路线之争而被铲除。——译注

把自己定义成"一直在执勤"。微服调查更是特别具有吸引力的任务，艾希曼即便时隔二三十年仍对此津津乐道：他造访犹太人举办的各种活动并建立联系，让人觉得他求知若渴、思想开阔。[4]他曾找来一位犹太裔的希伯来文教师（以致他的上司两度明令禁止他那么做*），而且和他的所有同僚一样，研读犹太读物，从 600 页的大部头著作到每天的报纸。他还经营国际关系，甚至应一位犹太人的邀请前往巴勒斯坦参观访问。艾希曼后来称之为一门"至少长达三年的学习课程"。[5]但他从未提及的是，上司时而不得不因为他的无组织纪律和迟到早退而当面告诫。[6]人们很容易误以为这种生活方式属于一个洋溢着学术气息，但政治观点略嫌原始的文人雅士。然而除了在咖啡馆谈天说地、写写文章、发表演讲报告，以及晚上与同僚一起研读专业书籍之外，官方档案中也披露了艾希曼如何把告密者打的小报告仔细整理成卡片、做反犹太宣传、进行逮捕，以及与盖世太保联手审讯逼供。党卫队保安局具有双重性质，既是世界观的精英（Weltanschauungselite）又是权力的工具（Machtinstrument）。正因为如此，它对自诩"新而不同"的那一代人深具吸引力。

艾希曼向更广大的公众（这回是犹太公众）展现出来的第一个形象出现在 1937 年年中，是一位"聪明活泼"的年轻人。可是若有人对他指名道姓而非称呼其头衔的话，他就会变得很不友善。恩斯特·马库斯（Ernst Marcus）在回顾 1936—1937 年的时候指出："他喜欢保持匿名，而且把在'专员先生'（Herr Kommissar）这个官方头衔后面加上其姓名的做法，看成不被允许的冒犯行为"。[7]艾希曼自己显然无力摆脱"没有脸孔、穿着皮革长大衣的执法力量"这种刻板印象，此刻板印象同时塑造了党卫队保安局和盖世太保的

29

---

* 禁止的理由是，他的希伯来文教师必须是雅利安人。——译注

早期形象，反正它们的受害者很难分辨二者之间的区别。*不过艾希曼喜爱的这种匿名状态并没有维持很长时间。当艾希曼与他的同僚赫伯特·哈根（Herbert Hagen）联袂前往中东旅行时，英国特勤机构注意到他们，并阻止二人进入巴勒斯坦。当时拍摄的照片也被保管在相关档案中。[8] 到了 1937 年年底，这个"党卫队保安局专员"的名字也在柏林的圈子里为人所熟知。对于纳粹通常不予理会的那些事项：犹太复国主义、非自愿移民出境时的钱财转移问题、犹太人内部的讨论，以及各式各样的犹太利益代表团体、人员和协会，艾希曼都"令人费解地一清二楚"。

如今已很难重建艾希曼究竟是从什么时候开始，从一个安静、隐蔽的默默观察者变成了优等民族（Herrenrasse）张牙舞爪、颐指气使的发声者。至少在柏林，最晚在 1937 年 6 月，艾希曼默默无闻的名声即已被完全打破。有一次他几乎砸了犹太拉比约阿希姆·普林茨（Rabbi Joachim Prinz）欢送会的场子，横冲直撞、喧宾夺主，使 2000 位来宾无法对那名党卫队官员视而不见。[9] 从此只要一谈论起"那个恶心讨厌，让人跟他握手以后恨不得马上洗手的家伙"，大家都知道指的是谁。为求安全起见，艾希曼在上司面前辩解："我从来不跟那些犹太人握手。"[10] 不露声色地获取信息的时代显然已成过去。

此种转变与保安局全新的自我形象若合符节：他们不想继续待在幕后了，而主张保安局要在犹太政策中占据主导地位。这是希特勒一直念兹在兹的问题，攸关荣誉，并且随着《纽伦堡法案》的颁布，出现了新的机会。[11] 在艾希曼的配合下，这个目标在第二年就已经得到实现。党卫队保安局的人迫不及待地等待那个新时代来临，希望终于可以表明立场，向"敌人"展现改变后的风向——或者套

30

用艾希曼别具一格的表达方式来说就是："让他们终于意识到，炸弹开始要爆炸了。"[12] 到 1937 年年底、1938 年年初时，艾希曼已是柏林犹太人社区内的知名人物，而且显然一点也不在乎自己逐渐受到"敌人"的注意。

一个精英单位的自我形象建构

在自己人的圈子里，艾希曼的知名度也随着保安局地位的上升而大幅提高。起初主要只是低阶人员因为受训时听艾希曼授课而认识他，不过他的接触范围很快便扩大开来。一方面是因为强迫犹太人移居国外的行动需要诸如外交部、盖世太保、经济部等等单位的配合，即便彼此之间的合作未必总是一帆风顺；另一方面则是因为海德里希善用宣传手段，巧妙地使自己旗下的保安局和主管犹太人事务的 II 112 部门（Judenreferat II 112）* 声名大噪。因此光是在 1937 年 1 月，就有 300 多人前往 II 112 部门取经。其中不仅包括军校和国防部的军官，更有日后的外交部部长约阿希姆·冯·里宾特洛甫（Joachim von Ribbentrop），以及南斯拉夫秘密警察的首脑。[13] 该部门的工作还包括给纳粹党的青年组织授课、前往上西里西亚执行公务[14]，以及参加在纽伦堡举办的党大会。艾希曼在纽伦堡是尤利乌斯·施特莱歇尔（Julius Streicher）† 的贵宾，后者的同僚

---

* 保安局的第二处（Amt II）负责国内事务，第二处第一科（Zentralabteilung II 1）负责"世界观的敌人"，第一科第一组（Hauptabteilung II 11）负责世界观，第一组的第二部门（Abteilung II 112）负责犹太人事务。二战爆发后，党卫队保安局在 1939 年 9 月下旬与"安全警察"（Sipo）合并成为"帝国保安总局"。——译注

† 尤利乌斯·施特莱歇尔（1885—1946）乃《冲锋报》（Der Stürmer）发行人和纽伦堡地区（中弗兰肯）的纳粹省党部头目。《冲锋报》自 1923 年起散播反犹太主义，以文字及漫画极尽污蔑犹太人之能事。施特莱歇尔是 1933 年纳粹抵制犹太人行动的负责人，最后在纽伦堡审判被判处绞刑并执行。——译注

曾极力争取与艾希曼建立关系。[15] 尽管英国的入境禁令让他栽了一

31 个大跟头，但艾希曼还是因为其巴勒斯坦之行，在 1937 年跃升为"犹
太人问题"方面的"公认专家"。

显然，艾希曼很早便掌握了一项绝活，甚至有办法利用失败的
计划来粉饰自己的声誉。即便后来在耶路撒冷的时候，艾希曼也宣
称自己熟悉以色列，因为他之前曾造访过那里。在国家社会主义者
中间，艾希曼的"专业知识"给人留下深刻印象，让他引以为傲：
"1934、1935、1936 那几年，我还是个小学徒。……前往巴勒斯
坦的时候，我已经出师。等到回来以后，我成了师傅。"[16]1934—
1938 年艾希曼首度任职于柏林时，见过他的人虽然未必都记得住他
的名字或长相，却有许多人清楚党卫队保安局的犹太事务部门是什
么，以及干些什么勾当。其中的员工仅仅因为是该部门的一员便可
以获得注意。鉴于艾希曼一点也不腼腆的自我推销天赋，他想必曾
经充分利用了这个机会。

小总理

1938 年 3 月中旬，奥地利经历了所谓的"德奥合并"（Anschluss）。
艾希曼随即被派往维也纳，主管一个隶属于"II 112 部门"的特别
单位。这次调职使他终于进入了公众的视野。艾希曼从一开始就不
掩饰他如何设想自己在历史上的形象。在一次维也纳各界犹太名流
奉召出席的集会上，艾希曼大刺刺地以"曾赴巴勒斯坦游历者"之
姿现身，非但手持马鞭、身穿党卫队黑色制服，而且还大肆炫耀自
己关于犹太组织和犹太复国主义历史的知识。刚刚完成《犹太复国
主义运动史》（Geschichte der zionistischen Bewegung）第二卷的
阿道夫·伯姆（Adolf Böhm），必须洗耳恭听艾希曼如何自诩为其
最狂热的读者之一，而且确实对该书第一卷的内容烂熟于心。重要

的是，这位时年 65 岁的老人家被迫意识到，党卫队如今将把他潜心收集的知识用作进入犹太组织的锁钥，从而成为对抗犹太人的武器。艾希曼还向伯姆表达了他对第三册的期待：应该要有一章长篇大论地讲述艾希曼自己。把阿道夫·艾希曼写成犹太复国主义的开路先锋吗？纵使不知道后续发展，也显而易见阿道夫·伯姆完全无法忍受这样的想法，于是没有再继续写下去了。[17]

艾希曼塑造的自我形象不再是羞怯、拘谨和不事张扬的了。他在世界历史上要求一席之地，理由仅仅是自己属于一个初具雏形的党卫队组织。这淋漓尽致地呈现出所谓优等民族"世界观的精英"看待自己的傲慢方式。当时的一位见证人[18]这样描述对艾希曼的印象："然后艾希曼走了过来，就像一个年轻的神明。他那时长得非常好看，高大、黑衣、容光焕发……"他也表现得宛如神明一般，握有大权，能够决定逮捕或者释放人犯、查禁或者重新核准某些机构。他还是一家犹太报纸的创办人和审查者，最后甚至能够决定谁可以动用犹太社区的银行账户。[19]尽管纳粹党人在维也纳的权力架构混沌模糊，从一开始就在管辖范围上争执不清[20]，但艾希曼还是有办法向外界巩固自己的权力地位。他在写给柏林上司的报告中宣称："我完全控制住了他们，在没有征求我的同意之前，他们不敢采取任何行动。"他对此的骄傲之情流露于字里行间："如您所能想象的，至少其中的领导们，我都已经让他们了解了新情况。"同样让艾希曼引以为傲的是，在其督导之下，很快将推出《锡安主义评论》（*Zionistische Rundschau*）："从某种程度上说，这将是'我的'报纸。"[21]

艾希曼的知名度随之快速提高。他的名字在同年 3 月底已开始出现在奥地利和境外犹太人的信函及报道当中。[22]艾希曼到处宣扬，"他命中注定要指挥和领导维也纳的犹太人事务"。[23]他是直接与犹太机构和社区代表们打交道的最高阶纳粹党人。汤姆·塞格夫（Tom

32

33

Segev）非常贴切地写道："犹太人把他和希特勒看成制造大屠杀的两个阿道夫。"[24] 阿道夫·艾希曼就是阿道夫·希特勒犹太政策的表现，而且不只对犹太人来说如此。艾希曼主动与国际犹太组织建立起来的联系更加深了这样的印象：需要争取它们的合作——尤其是它们的金钱——来提高外移者的比例。结果有不少被迫移民国外的人带着艾希曼这个名字一同走上了流亡之路。战争爆发仅仅三个月后，大卫·本-古里安就会首次在日记中写下"艾希曼"这个名字。[25]

艾希曼在 1938 年 8 月正式接掌新成立的维也纳犹太移民中央办公室（Zentralstelle für jüdische Auswanderung in Wien），他的名气从此也在自己人的圈子内迅速流传开来。不久后，海德里希邀请他到柏林参加一场由戈林主持的会议，使他有机会在诸如戈培尔、弗里克（Frick）、冯克（Funk）和施图卡特（Stuckart）* 等重要人物面前炫耀其"实际执行……的经验"[26] 和令人印象深刻的外移人数。艾希曼的表演使他在那些圈子里赢得了"非常规组织大师"的称号，而"非常规组织"（unkonventionelle Organisation）正是那个时代诸多充满魔力的字眼之一。"中央办公室"作为一个跨部门的机构引起了轰动，许多部长和纳粹要员都派代表前往维也纳实地考察这项试验。[27] 它以新颖、快速、果决、有效的行动打破了传统官僚组织的藩篱，因而完美契合了国家社会主义的意识形态。于是"我一下子变成了名闻遐迩的艾希曼，名声一直向上传到了党卫队全国领袖（海因里希·希姆莱）和其他部长那里"。[28] 那个构想是如此吸引人，让戈林恨不得把它推广到全国。艾希曼则满心期待自己能够参与其中。海德里希自己也没有错过前往维也纳视察的机会，并以他特有的同时夹杂着赞许、讽刺和宣传口号的含混表达方式，称呼

---

* 约瑟夫·戈培尔是纳粹德国的宣传部部长，威廉·弗里克是内政部部长，瓦尔特·冯克是经济部部长，威廉·施图卡特是内政部的国务秘书。——译注

艾希曼为他的"小总理"（kleiner Ministerpräsident）。[29]

艾希曼已经充分意识到，在国家社会主义的体系内，声誉不亚
于直接的权力："这一切给了我巨大的推动力量。"[30] 这名 32 岁的
男子明显已经跻身纳粹精英之林：他成为维也纳电影行业舞会的座
上宾、参加了入侵波希米亚和摩拉维亚的阅兵仪式，还获得了纳粹
高层领导的签名题赠。[31] 艾希曼的地位已经如此稳固，以至于他被
批准安排自己的人展开实验，率先在多普尔（Doppl）和桑德霍夫
（Sandhof）两地成立了奥地利的犹太人强制劳动营。[32] 他的上司们
对维也纳这位富有创造性的部属非常满意，以至于干脆对他的滥权
行为睁一只眼闭一只眼。[33]

艾希曼后来在 1957 年回忆道，"那时我眼看着就要成为解决犹
太事务的帝国专员"，只可惜别人对他飞黄腾达的嫉妒"阻碍"了
此事的发生。[34] 尽管设立维也纳机关的过程中也有其他人的投入和
想法 [35]，但这并没有妨碍艾希曼的自吹自擂——更何况那些"其他
人"是犹太人。要等到数十年后，当艾希曼必须在法庭上为自己的
谋杀和驱逐行动辩护之际，他才会重新想起他们。在维也纳接下来
的几年，艾希曼出色地将自己描绘成"时代的风云人物"。1938 年
年底，他那"独一无二的机构"出现在了维也纳《人民观察家报》
（Völkischer Beobachter）*的周日图片增刊上 [36]，甚至还登上了匈
牙利的《佩斯特劳合日报》（Pester Lloyd）。[37] 即便他的名字没有
出现在报纸上，可是他从一开始就大搞公关活动，以致那些文章充
斥着典型的艾希曼式用语。

---

* 《人民观察家报》是纳粹的党报。——译注

犹太人的沙皇

　　1939 年 3 月上旬，柏林犹太社区的代表们应召与艾希曼见面。我们借助幸存参与者的回忆录可以推断出那次约谈发生了什么事情。按照本诺·科恩（Benno Cohn）[38] 的记录，他和保罗·爱泼斯坦（Paul Eppstein）、海因里希·施塔尔（Heinrich Stahl）、菲利普·科楚维尔（Philipp Koczower）——此外或许还有阿图尔·利林塔尔（Arthur Lilienthal）——见到了穿着便服的艾希曼和一名
35 穿制服的党卫队高阶官员。见面至少是让人觉得不舒服的：艾希曼猛烈抨击那些被叫来见面的人，大声咆哮并威胁要把他们送入集中营，然后宣布几天之后将在柏林成立全国犹太移民中央办公室。本诺·科恩后来在 1961 年的审判中出庭作证，回忆起那次谈话的开始："艾希曼劈头就对德国犹太人代表发起猛烈攻击。他面前放着一个装了各种剪报的文件夹，当然里面都是外国的报道，它们把艾希曼描绘成一心只想杀害犹太人的嗜血猎犬。他给我们读了《巴黎日报》（Pariser Tageblatt）的片段，问我们文中所言是否属实，并表示相关信息一定来自我们圈子内部：'到底谁跟犹太通讯社（Jewish Telegraphic Agency，JTA）的兰道（Landau）讲过话？他一定是从你们那儿得到的消息！'"艾希曼在所谓"移民出境者的报纸"上面发现了自己的名字，这显然让他一点也高兴不起来。艾希曼为什么会突然在 1939 年年初，因为"敌人"流亡者报纸上一篇关于他的文章而做出如此咄咄逼人的反应呢？

　　后来在阿根廷，甚至在以色列的监狱里，艾希曼于言谈之间仍然难掩第一次在报纸上看见自己姓名时所产生的自豪感。那是"一篇社论，标题为'犹太人的沙皇'"。[39] 从艾希曼对此事的记忆即可看出，他其实是兴奋过了头，因为那既非以他为主题的文章，亦非与他有关的头条或社论，严格说来只是《巴黎每日新闻报》（Pariser

Tageszeitung）头版一篇边角文章的最后一句。这份以德文在法国发行的流亡者报纸是《巴黎日报》的后继者。[40]1939 年 2 月 15 日，名为《来自帝国》的专栏下写道：

盖世太保的强制移民措施

柏林，2 月 14 日

【ITA 报道】：上周，布雷斯劳（Breslau）的 300 名犹太人突然接到盖世太保的命令，必须立刻租下一艘船并在一周之内移居上海。布雷斯劳的犹太社区表示没有足够的钱租船后，盖世太保宣布"此事将得到妥善解决"。就在同一天，盖世太保从布雷斯劳三位最富裕的犹太人那里查抄了所需金额。不过强制移民的计划暂时失败了，因为船运公司要求以外币支付回程保证金，以防乘客被拒绝入境上海。

盖世太保逼迫从集中营释放出来的犹太人尽快移民出去的压力并未减轻。成千上万新近获释的犹太人团团围住主要位于柏林和维也纳的外国领事馆，以及各种犹太组织的办公室，希望尽快获得移民出去的机会——不论是在什么条件下、要前往任何地方，都无所谓。若他们无法在限定时间——通常极短——内离开德国，将有重新遭到逮捕并被送入集中营之虞。

据悉柏林市即将设置犹太移民中央办公室，在本周内入驻昔日"犹太兄弟会"所在的大楼，由来自维也纳、绰号为"犹太人的沙皇"的党卫队官员阿道夫·艾希曼主管。

根据现有的研究结果来看这篇报道，只能说雅各·兰道（Jacob Landau）和迈尔·格罗斯曼（Meir Grossmann）所创办的"ITA"（JTA）——亦即"犹太通讯社"——堪称消息相当灵通。若从艾希

36

曼在 1939 年 3 月的反应来看，该通讯社未免消息太过灵通了。因为的确就在 1939 年年初这个时候，与日本和中国领事馆的洽商正在进行，以确定两国是否会阻止大规模犹太移民入境。艾希曼已径自委托一位名叫海因里希·施利（Heinrich Schlie）的老朋友过去探听口风[41]，从完全非官方的途径绕过了外交部。施利是"汉萨旅行社"的经营者，从 1937 年 7 月起就和犹太事务部门保持密切合作关系，希望能够从中获得大量生意机会。然而这些外交性质的磋商工作相当棘手，他们一方面不希望这条摆脱犹太人的新途径在付诸实现之前就被堵住，同时也不愿让竞争单位听到风声。文章中的其他细节也八九不离十：只有能够证明自己可以移民出去的犹太人才可能从集中营获释，而且一旦移民逾期，就会立即被重新逮捕。后一种做法在纳粹圈子里也不是秘密，甚至是有效的驱逐手段。威逼和"鞭策"便是他们刻意选择的招数。在纳粹时期，除非是在宣传部任职的那些人，否则不会有谁把强迫移民国外的做法形容为"获得双方一致同意的人道主义行动"。文中有关艾希曼在维也纳大名鼎鼎的说法也同样正确，因为他在当地可绝对没有隐姓埋名。

那么艾希曼为什么会对这篇文章如此愤恨不平呢？这绝不是因为别人送给了他"犹太人的沙皇"这个绰号，因为在纳粹圈子里，这样的诨名是令人垂涎的对象。艾希曼与犹太人代表会面时所提到的"嗜血猎犬"这个称呼，是流传最广的一个。1938 年年底之后，艾希曼的同僚和朋友阿洛伊斯·布伦纳（Alois Brunner）和约瑟夫·魏斯尔（Josef Weiszl）二人，也都有此绰号。1944 年在匈牙利，艾希曼甚至这样介绍自己："你们知道我是谁吗？我是嗜血猎犬！"[42]海德里希也早就被贴上了这个标签，而且它完美契合了充满追捕意味的党卫队形象。*纳粹积攒的这些昵称具有几乎无限的想象力：

---

* 嗜血猎犬（Bluthund）也被翻译为寻血猎犬。——译注

在维也纳，布伦纳也很喜欢自称"犹太人苏斯"*[43]；约瑟夫·魏斯尔是维也纳犹太移民中央办公室在多普尔设置的第一个犹太人营区的主管，也是艾希曼集团最凶残的暴徒之一，他喜滋滋地写信告诉妻子，最近人们称他为"多普尔的犹太人皇帝"（Judenkaiser von Doppl）[44]；另一名集中营指挥官阿蒙·格特（Amon Göth）则是"克拉科夫的皇帝"（Kaiser von Krakau）。[45] 如此看来，"沙皇"这个绰号比"小总理"更合乎当时人们的口味。即使到了20世纪50年代，艾希曼仍然沉溺于此类比喻之中。他不但多次告诉萨森，自己曾被称为"犹太人的主教"，并且还表示："我管辖下的人们敬畏我已经到了此种程度，以致那些犹太人简直想把我推举到皇位上。"[46] 任何把自己比拟成犹太皇帝的人，无疑都面临许多问题，但对夸大其词作风的羞愧（或厌恶）并不包括在其中。因此被"敌人"称为"犹太人的沙皇"，对艾希曼而言是受欢迎的恭维，而非值得动气的挑衅。艾希曼后来也承认，他是故意用那篇报纸文章在犹太人代表面前装模作样的。[47]

38

　　文中提到的另一个细节，即柏林市将要设置犹太移民中央办公室，且艾希曼果真在当天向犹太社区代表宣布了它开始运行，就不是那么回事了。事情的真相是，戈林在1939年1月24日要求海德里希成立全国犹太移民中央办公室，并由海德里希亲自负责。在帝国保安总局1939年3月的季度报告中，办公室正式成立的日期被定在2月27日，开始工作的时间则是3月上旬。然而，《巴黎每日新闻报》的那篇报道早在2月15日即已刊出，并且正确写出了未来的地址：选帝侯大街（Kurfürstenstraße）116号犹太兄弟会所在大楼将是艾希曼日后的工作场所。换句话说，那篇小文章相当于宣

---

*　《犹太人苏斯》（Jud Süß，Süß 的发音其实接近"叙斯"）是纳粹在1940年推出的著名反犹太电影。——译注

布了艾希曼要被晋升到原本特地为海德里希设置的职位，亦即成为全国犹太移民中央办公室的负责人——而当时除了几个当事人，几乎没人知道艾希曼将被调职前往柏林。

39　　这种人事问题对于一个纳粹野心家来说尤其微妙棘手。艾希曼无疑必须忍受上司们的质问，为何如此沉不住气地拿着自己尚未获得的职位到处大肆张扬——而且还是在主要敌人面前。这样的场景想必十分丢脸，以致艾希曼在召见犹太人时表现出侵略性和攻击性，更何况他的一位上司就站在旁边。艾希曼斥责犹太人代表的时候，强调的是报道的第一部分，即强制移民的实际状况。并且提到了一些形容纳粹的典型说法，像是"嗜血猎犬"、"眼睛布满血丝的犹太人的敌人"等[48]，可是那篇文章根本没有出现此类字眼。由此可见艾希曼承受着巨大的压力，以致做出了过度反应。他被踩到了痛处，因为此事攸关他在自己阵营内的声誉。

　　这个新闻事件让人更有理由怀疑艾希曼后来在以色列的说辞：他是被迫返回柏林的，因为他根本不想调离维也纳，由此也就动摇了艾希曼关于"维也纳是他一生中最成功时期"的讲法。既然自豪感和对晋升的喜悦能让艾希曼变得口无遮拦，并且在维也纳大肆张扬即将被调职一事，那么他反对调回柏林的意愿一定不会很强。消息的最初来源显然并非柏林的犹太社区，而是维也纳的犹太宗教社群。犹太通讯社的兰道先生固然刚好去过柏林[49]，但后来的文章显示，《巴黎每日新闻报》在维也纳另有线人。是艾希曼自己说漏了嘴，所以他才会责怪海因里希·施塔尔和其他在场的柏林犹太人代表，未经他同意便去到维也纳，并与当地的犹太宗教社群互通信息。

一个重要人物

　　艾希曼一再不厌其烦地向世人谈起他的记忆，尽管到了最后往往只剩下具有阿谀意味和反犹太色彩的部分。他曾经以"犹太人的沙皇"之名出现在国际媒体的头版，获得了今日许多人依然梦寐以求的知名度——只可惜那批"巴黎写手"非但不懂得赞赏他的"工作成果"，反而只知道"抹黑"[50]。从那时起，艾希曼的新闻剪报文件夹就持续变厚："在1939年之前的和平时期，国外关于我的文章数量十分庞大，以致《冲锋报》（Der Stürmer）从前当过老师的保罗·武尔姆（Paul Wurm）把外国相关文章收集起来，作为礼物送给了我。"[51]然而我们颇有理由怀疑，帮艾希曼收集剪报资料的人是否果真为保罗·武尔姆，因为艾希曼早在1937年就主动结束了二人的密切合作关系。[52]其实艾希曼根本不需要这些原始资料，因为许多部门都在收集外国的新闻报道，犹太事务部门当然也包括在内。毕竟监视"犹太世界的新闻媒体"就是该部门的每日例行工作。所以很可能的情况是，艾希曼不想让别人怀疑是他自己收集了那个据称已在战争结束前不久销毁的剪报集。可是艾希曼后来在阿根廷自吹自擂的时候，其话中的骄傲仍显露无遗："在国内和欧洲其他各国，再没有任何人能够像敝人这般，成为犹太政治生活中家喻户晓的人物。"[53]在艾希曼的下属中间，他们那位上司的赫赫威名当然更非什么秘密，况且他还登上了国内的煽动性报刊。[54]

　　根据艾希曼的讲法，下一篇关于他的报纸文章似乎是针对布拉格犹太移民中央办公室（Prague Central Office）而发。[55]他告诉萨森："当我被派到'保护国'*的时候，又有一家外国小报写到了我。"[56]这一回的"小报"是《建设》（Aufbau），即为"纽约德国犹太人俱乐部"发行的月刊。1939年9月号在第8页刊登了一则小小的公告：

---

* "保护国"指的是纳粹德国在1939年3月占领捷克斯洛伐克西部之后，建立的"波希米亚和摩拉维亚保护国"（Protektorat Böhmen und Mähren）。东半部的斯洛伐克则成为纳粹德国扶持的傀儡政权。——译注

　　　　布拉格：在突击队领袖艾希曼的主导下，"移民办公室"已
　　开始将保护国的全体犹太人迁至布拉格。无论以何种方式，每
　　天必须有 200 名犹太人离开那个占领区。

41　　　　艾希曼当时的官阶为"党卫队高级突击队领袖"。[*]文中提到
　　的"突击队领袖"并非任何纳粹官阶，而只是一个军事职位，这可
　　能是党卫队千奇百怪的新创官阶名称屡屡在国外造成的又一个误
　　解——毕竟艾希曼从来没有担任过什么"突击队领袖"的职务。但
　　就其他方面而言，那篇短文的来源也算可靠。同年 3 月以前，艾希
　　曼除了维也纳中央办公室的工作之外，也忙于建立柏林的全国犹太
　　移民中央办公室。如今波希米亚和摩拉维亚以"保护国"的名义并
　　入德意志国（Deutsches Reich），他更必须从一开始就参与布拉格
　　中央办公室的组织工作，甚至还跟家人一同移居布拉格。薇拉·艾
　　希曼于是在 1939 年年底，当她身怀六甲、即将生下第二个男孩
　　的时候，与丈夫搬进了捷克犹太作家埃贡·埃尔温·基施（Egon
　　Erwin Kisch）昔日的住所。她的一些家人也跟着搬进了同一栋楼
　　房——作为一名事业新贵的妻子，她能够获得许多意想不到的好处。
　　从 1939 年 7 月 14 日开始，艾希曼在布拉格的活动皆有明确记录可
　　寻，因为在那一天，他作为瓦尔特·施塔勒克（Walter Stahlecker）[†]
　　的"代表"，出面与保护国的政府进行谈判。[57] 施塔勒克是党卫队区
　　队领袖，与艾希曼私交甚笃。他不但把艾希曼介绍为自己的代表，
　　还介绍艾希曼是一些样板机构的负责人，而布拉格犹太移民中央办

---

[*]　"党卫队高级突击队领袖"亦翻译为"党卫队一级突击中队长"，相当于上尉。——译注
[†]　瓦尔特·施塔勒克（1900—1942）当时在"波希米亚和摩拉维亚保护国"担任安全警察
　　与党卫队保安局的负责人，德苏战争爆发后在列宁格勒郊外被苏联游击队狙杀。其生前
　　最著名的事迹为担任臭名昭著的"特别行动队 A 支队"（Einsatzgruppe A）第一任指挥官，
　　曾因"功"晋升为党卫队旅队长（警察少将）。——译注

公室就将按照那些机构的模式——即按照"全国模式"或"柏林和维也纳模式"——建立。施塔勒克还邀请在场人士前往维也纳实地参观。[58] 布拉格犹太社区的代表人员从一开始就明白他们在跟谁打交道，而且知道自己既然奉命成为日后在布拉格的联络对象，毫无疑问将被迫与维也纳那些非自愿的"同事们"交流。[59] 早在 1939 年 8 月，也就是在艾希曼官方领导的布拉格犹太移民中央办公室成立不到一个月时，伦敦的捷克斯洛伐克情报单位已收到一份关于犹太百姓在保护国处境的内容翔实、来源可靠的报告。文中呈现出的艾希曼形象令人印象深刻[60]：

> 党卫队二级突击中队长艾希曼已于 7 月接掌了盖世太保负责犹太人问题的部门，此前他是维也纳和东方边区*负责犹太人问题的重要官员。艾希曼享有特别全权，据称直接向希姆莱汇报。他前往布拉格的目的是要让整个保护国摆脱犹太人。
>
> 艾希曼先生立刻积极投身完成这项任务。由于如他所说，他无法逐一跟每个犹太人交涉，于是总共委派了四个人担任保护国犹太社群的代表，他亲自接见这些人并向他们下达命令。他们是布拉格犹太宗教社群的主席埃米尔·卡夫卡（Emil Kafka）博士、该社群的秘书弗兰蒂泽克·魏德曼（Frantisek Weidmann）博士，以及巴勒斯坦办事处的两位代表——卡恩（Kahn）博士和埃德尔施泰因（Edelstein）秘书长。艾希曼接着做的第一件事，就是把魏德曼博士送去维也纳 24 小时，实地考察当地的各种设施。等魏德曼博士回来以后，艾希曼便下令立即在布拉格的犹太宗教社群设置移民部门。

----

* 党卫队二级突击中队长亦翻译为党卫队上级突击队领袖，官阶相当于中尉。奥地利在与德国合并之后，于 1938 年 10 月至 1942 年 1 月之间名为"东方边区"（Ostmark）。——译注

　　"中央办公室"实际上是"一个由盖世太保：艾希曼先生及其同僚金特（Günther）、巴尔特（Bartl）、诺瓦克（Novak）和富克斯（Fuchs）领导的机关"。个别捷克机构的代表人员也在此工作，"因为艾希曼先生已经下令，从现在起，任何其他机关都不可以向犹太人核发任何许可证……布拉格犹太宗教社群向艾希曼先生保证，每天将有 250 名犹太人前往中央办公室申请移民许可"。然而完成这个配额成了很大的问题，于是该文继续写道：

　　　　犹太人正面临着一场真真切切的灾难的威胁，因为艾希曼先生确信：只要被逮捕两三次之后，每一个犹太人都会想尽办法移民出去。艾希曼先生处心积虑地在当地犹太人中营造一种氛围，即能够获准移民出去就是不幸中的万幸，纵使身无长物也不打紧。如此一来，凡是有办法把大批犹太人运送出去的个人或"旅行社"都会特别受到眷顾。艾希曼先生更允许一些来路不明、收取高额费用的人员运输业者，将自己的办事处搬到布拉格。于是出现了那些臭名昭著的可恶非法运输行动，把人运往巴勒斯坦、南美洲和其他地区。全球新闻媒体纷纷刊登详尽的相关报道……

　　　　在组织移民行动的同时，艾希曼先生采取一切必要措施来清除保护国内的犹太人。他在犹太人中间营造必要的氛围，促使他们"渴望移民出去"。他更特别规定，所有犹太人都必须迁居到布拉格。……此举意味着摧毁他们的生计。艾希曼先生认为，这些人该怎么活下去、将要住在哪里，不是他要操心的事。如果布拉格的一个房间里面挤了 10～15 名犹太人，他们将会更努力地想办法移民国外。艾希曼先生在保护国这里所施展的手段，跟他在东方边区用过的方法如出一辙。

　　　　任何干预或解释都无济于事。艾希曼先生口头下达的指令

43

就是法律规定，并且已经开始执行。

　　无论这篇报道的撰写者是何许人也，他显然认识艾希曼本人。字里行间清楚地呈现出艾希曼这名党卫队代表是何等重要。有别于耶路撒冷的艾希曼，这个艾希曼在发号施令和做决定的时候，能够毫不困难地说出"我"这个字。这个艾希曼安排遣送、发出指示、给予许可、采取措施、下达命令、接见下属，无论如何，这篇报告都不会让人对艾希曼的行为产生任何疑问。至于《建设》文章中同样报道的将捷克犹太人全部重新安置到布拉格的做法，更完全符合艾希曼在维也纳已经有效遵循的一种模式：所有犹太人都必须搬到首都，以便能够最快速地从那里移民出去。在布拉格，艾希曼甚至不再试图隐瞒此一措施的真正意义：生活条件越是穷困艰难、所处环境越是危机四伏，那么被迫移民出去的压力也就越大。44

　　借由一股脑儿地驱逐犹太人和没收犹太财产的行动，到1939年夏末，艾希曼已经在奥地利、波希米亚、摩拉维亚和所谓"国家老区"（Altreich）的犹太人团体中取得了显著地位。在自己人的圈子里面，这种不断上升的权力地位同样没有受被忽视，因为艾希曼很快就被看成"在维也纳和布拉格设立移民中心的人"。[61]与此同时，艾希曼也从海德里希的平步青云中获益良多。在一个不那么注重官阶，而是建立在庇荫关系之上的体系里，这并不是什么奇怪的事情。艾希曼后来曾令人印象深刻地描述这种"候见室威望"（Vorzimmer-Autorität）："我从来不必在海德里希的候见室等很久。尽管待在那里其实是很有意思的事，因为可以遇见各式各样的人物。而大家都知道，凡是能够进入海德里希候见室的人……无论官阶高低，都大有来头。"[62]——类似阿道夫·艾希曼那样的角色。

败中取胜的招数

在《建设》刊出那篇短文的同一天，德国对波兰的入侵开始了。此事不仅改变了新闻报道的优先顺序，更大大扩展了艾希曼的活动范围。被大肆报道的"东方生存空间"（Lebensraum im Osten）非但给"犹太人问题"新增添了 300 多万波兰犹太人，同时也为移民与迁居的计划开启了新的可能性：如今除了敲诈、劫掠和驱逐犹太人之外，还能够在个人职权范围内，把他们从社会的边缘遣送到帝国扩大后的版图上更加荒凉的边缘地带。得益于全面深入的研究，现在我们已相当清楚 1939 年 10 月，在艾希曼的领导下，首次将犹太人从维也纳遣送到摩拉维亚的俄斯特拉发（Mährisch Ostrau [Ostrava]）时的情形。不过即使早在 1939 年的时候，这个在东方建立"犹太人保留地"的计划就已经受到外界注意。伦敦《每日电讯报》（Daily Telegraph）和《巴黎每日新闻报》分别在 1939 年 10 月 23 日和 24 日报道了一个准备设置在卢布林（Lublin）附近的"犹太人保留地"，称"波兰全境的犹太人将被遣送到那里"。随后几天，这两家报纸继续追踪报道了"希特勒的犹太人国家计划"。[63] 第一篇关于将犹太人从维也纳驱逐到摩拉维亚俄斯特拉发的报道出现于 1939 年 11 月 18 日。虽然因为从一开始便困难重重，计划在此时已经停止许久，不过就这种通常会高度保密的问题而言，消息泄露的时间还是早得惊人。[64]

艾希曼自己对消息的泄露难辞其咎，因为他曾要求维也纳和布拉格犹太社区的主要代表随第一批被遣送者一起前往尼斯科（Nisko）附近的桑河（San）沼泽地。本亚明·穆尔默斯坦（Benjamin Murmelstein）、尤利乌斯·伯斯汉（Julius Boshan）、贝特霍尔德·施多费尔（Berthold Storfer）、雅各布·埃德尔施泰因和里夏德·弗里德曼（Richard Friedman）等人暂时还没有遭到遣送——他们必须眼睁睁看着这个蓄意谋杀的计划执行。[65]他们于是见证了艾希曼在摩拉维亚俄斯特拉发和尼斯科两地的表演，艾希曼在尼斯科更至少发表过一次"欢迎演说"。对这种妄自尊大的表现，除了战后的描述之外，1939年11月25日的《巴黎每日新闻报》上面已可找到一篇标题为"由SS骷髅头单位看守的保留区"的专文。其最后一段是：

> 根据来自华沙的报道，盖世太保特务爱尔曼（Ehrmann [!]）已经抵达该地。此前他相继是维也纳和布拉格的"犹太事务专家"。他来自巴勒斯坦的德国殖民地萨罗纳（Sarona），会说意第绪语和希伯来语，是尤利乌斯·施特莱歇尔的密友。在布拉格，他曾经威胁恫吓犹太人，要是不赶紧移民出去就会遭到大屠杀，但同时他也给移民许可申请者制造了最大的麻烦。

即使那个打字错误也掩盖不了文中人物的身份，因为所描述的内容——如我们在后面会看到的——已经清楚得无以复加了。[66]至于文中提到他是尤利乌斯·施特莱歇尔密友一事，非但不正确，而且肯定会惹恼艾希曼。该文的其余部分展现了尼斯科行动（Nisko-Aktion）在新闻界激起的强烈回响，并且引述了丹麦、瑞典和波兰的报纸。遣送犹太人的首次尝试吸引了新闻媒体的大量关注，因此很难理解为什么还会有人大费周章，另外邀请目击者过去见证。无论如何，纳粹党不太可能仅仅是低估了行动所产生的舆论效应。因为即便一个小型犹太人社区理事会，其在纳粹党人眼中所具有的国际影响力，也远远超过了大型犹太社区的实际能力。艾希曼及其上司们最初的打算，或许是想通过让犹太社区的主要代表陪同人员运输，来安抚被遣送者与一般大众。根据经验，显要人物的在场能够给人受尊重、有地位的印象。这种印象至关重要，因为这毕竟是一次破天荒的尝试，要让成千上万来自全国各地的人在众目睽睽之下登上火车，驶向连他们自己都不清楚的目的地。纳粹党人非常重视这次尝试产生的公众效应，于是全程详细记录了各种舆论反应。[67]也有可能，尽管这个实验从一开始就陷入困难，但他们希望通过有人亲眼见证，给停滞不前的移民行动施加更多压力。

事到如今，替代移民国外的做法已不再是留在维也纳市内，忍受艰苦条件并要处于暴力和骚扰的阴影下，而是前往一个与外界断绝联系的沼泽地带。因此，艾希曼在返回布拉格之后告诉埃德尔施泰因："每天来到布拉格犹太移民中央办公室的移民出境者人数必须增加，不然的话，布拉格的犹太移民中央办公室就要关闭了。"同时，他允许埃德尔施泰因离开保护国，前往外国谈判。[68]如果"尼斯科计划"的确像一些研究者和艾希曼本人所说，是一个完全失败的纳粹计划（或者如艾希曼以他特有的那种令人受不了的表达方式所称的，是个"天杀的耻辱"[Mordsblamage][69]），那么艾希曼至少也再度设法对之加以充分利用：他把桑河沼泽地用作最后通牒来施压。埃德尔施泰因借前往的里雅斯特（Triest）的机会把他的尼斯科报告带到境外。伦敦《泰晤士报》（Times）随即以此为基础，在1939年12月16日刊发了近300行的长文。开门见山的标题——《纳粹的计划：一条通向灭绝的无情道路》（'The Nazi Plan: A Stony Road to Extermination'）——毫不含糊地揭露了所发生的事情：据保守估计，在波兰有上万人死亡，数十万人遭到驱逐。有报道指出，犹太社区"被迫参与这项令人毛骨悚然的工作"。文中充满遭送过程的相关细节，并使用了诸如"犹太人保留地"（Judenreservat）、"生存空间"（Lebensraum）和"残余波兰"（Polish Reststaat）之类的德文术语。[70]

纳粹党人对那篇文章的反应迄今不详，但他们无疑曾经读到过，而且艾希曼扶摇直上的职业生涯未曾因此受到任何伤害。纳粹的波兰总督汉斯·弗兰克（Hans Frank）试图阻止运送任何犹太人进入其辖区，然而就连他的怒火也奈何不了艾希曼。有传言说弗兰克已经签署命令，只要艾希曼再度踏上"波兰总督府"（Generalgouvernement）的土地，就立刻加以逮捕。但艾希曼却把此举当成一个愚蠢至极的笑话。他在阿根廷趾高气扬地解释说："他下达了命令，要逮捕一位帝国保安总局的成员、一名高级部门主管，由此可见他是多么妄自尊大。这就是弗兰克的风格，他是个自大狂，开始表现得像个独裁者，以为那么容易就可以把我抓起来！"艾希曼接着说了自己公然做出这种推测的理由："他显然把我当竞争对手看待。"[71]但真正妄自尊大的人其实是艾希曼，认为汉斯·弗兰克——希特勒的律师和波兰占领区当时的总督——在与阿道夫·艾希曼的权力斗争中，从一开始就屈居下风。无论是弗兰克本人，还是嘲笑弗兰克失敬的人，都没有把这位"艾希曼"看成一个听命行事、毫无影响力的小小官僚。

完美的希伯来专家

48

《泰晤士报》刊出那篇专文三天后，艾希曼奉命掌管帝国保安总局第四局（Amt IV des RSHA，即"盖世太保"）辖下的"R特别部门"（Sonderreferat R）。该部门后来在1940年1月30日与全国犹太移民中心合并，划归到负责被占领地区的第四局D处（IV D），更名为第四局D处4科（Referat IV D 4）。*这个改变大大扩展了艾希曼的职权范围：除了逼迫犹太人移民之外，现在他还要负责协调将犹太人迁移到东方的各种计划。艾希曼随后的晋升更加

---

* 第四局D处4科通称为"艾希曼办事处"（Dienststelle Eichmann 或 Eichmannreferat），在1941年改划归到负责"世界观敌人"的四局B处，编号从此改成了第四局B处4科（Referat IV B 4）。——译注

表明，没有人怀疑他组织大规模人口迁徙的能力。从 1940 年 4 月起，他和一位同僚还另外接手了位于波森（Posen）的移民安置中心，负责执行希姆莱"清空瓦尔特高（Warthegau）的异族人"的计划。于是波兰人和犹太人被强制迁出，以便让位给来自沃里尼亚（Volhynia）和比萨拉比亚（Bessarabia）的德裔移民。* 有趣的是，艾希曼的声名此时已经传到了波兰。当时住在索斯诺维茨（Sosnowitz）的弗里达·马齐亚（Frieda Mazia）后来在 1961 年出庭作证：

> 我们大约在 1940 年年初就已经知道，如果有高阶的德国官员或军官过来，大家还是躲藏起来为妙，千万别在街头露面。……有传言说绝对不能跟他们接触，因为他们当中有一个人出生在巴勒斯坦的德国殖民地，不但会说意第绪语和希伯来语，而且熟悉所有犹太习俗。[72]

马齐亚女士在这里的证词，并不是受了战后才知道的信息的影响。除了前面引述的《巴黎每日新闻报》的专文，另一篇关于艾希曼的最有影响力的文章亦表明了这一点。1940 年 12 月 6 日，纽约的《建设》刊发了一小段文字。这回不但完全集中于艾希曼，甚至还出现在头版：

49
完美的希伯来专家

艾希曼专员是盖世太保新派往罗马尼亚的密探和刽子手，

---

* 瓦尔特高位于今日波兰中西部，面积 4.5 万平方公里，在 1939—1945 年之间划归纳粹德国，首府是波森（今波兹南）。沃里尼亚位于乌克兰西北部，比萨拉比亚大致相当于今日的摩尔多瓦共和国。——译注

他已经在本周抵达布加勒斯特（Bucharest）。艾希曼来自巴勒斯坦，诞生在特拉维夫（Tel-Aviv）附近萨罗纳的圣殿骑士封邑。他能说一口流利的希伯来语，并且熟悉犹太复国主义的历史，以及犹太复国运动各个团体的人物、影响力和政治倾向。

这篇短文几乎没有讲对任何事情，也正因为如此，艾希曼才特别感到沾沾自喜，毕竟所有那些传说的来源恰恰就是他自己。艾希曼来自莱茵兰的索林根（Solingen），不过他知道那个位于巴勒斯坦、名字铿锵有力的圣殿骑士聚落——虽然即便在《迈尔大字典》（Meyers Lexikon）上面也查不到"萨罗纳"那个地名。或许艾希曼是从利奥波德·冯·米尔登施泰因（Leopold von Mildenstein，他的顶头上司和受人钦佩的近东问题"专家"），或者从他的朋友奥托·冯·博尔施温（Otto von Bolschwing）那里，听说了有关特拉维夫附近这群激进反犹的德国群体的事情，以及他们如何在1871年之后自诩为圣地的最后一个基督徒堡垒。[73]当然，也有可能是他在浏览犹太报刊的时候，偶然发现了圣殿骑士聚落的名字。[74]艾希曼很早就有意使用萨罗纳这个地名，既在自己的阵营之内，也在犹太社区代表及其周遭人士面前，加深了别人对他的印象。海因里希·格吕贝尔（Heinrich Grüber）是柏林市一位专门替不信仰犹太教的犹太人发声的牧师，曾经在1940年直接向艾希曼询问他所谓的出生地。尽管我们不太清楚艾希曼究竟是怎么回答的，但格吕贝尔听完之后显然相信了那个传说。[75]

艾希曼也向维也纳的犹太人讲述了同样的事情，用以假乱真的流利说辞谈论起弗拉基米尔·泽埃夫·亚博京斯基（Vladimir Zeev Jabotinsky）和哈伊姆·魏茨曼（Chaim Weizmann），以及二人对犹太复国主义的不同观点，还提到只有犹太人才感兴趣的名字。[76]本亚明·穆尔默斯坦也曾亲耳听过艾希曼讲他的身世故事。[77]迪特

50　　尔·维斯利策尼（艾希曼的同僚和朋友，他们之间的关系十分复杂，爱恨交织）曾讲述过几个不同的版本，内容都可以总结为：艾希曼讲了自己的故事之后，欣喜地发现人们相信了，于是意识到这个传说能派上多大的用场——例如让他可以堂而皇之地谎称自己会说希伯来语，而且对犹太人了解得一清二楚。[78]

　　这个故事更宛如一根红线，贯穿了艾希曼的公众形象。1943 年人们在荷兰谈论它 [79]；1944 年在匈牙利，艾希曼更积极靠它来巩固自己的威权。维斯利策尼也利用它来使犹太社区对他的顶头上司心生畏惧——因为艾希曼什么都知道，什么都读得懂，而且最重要的是，他自己又打扮得那么像犹太人，随时都有办法不知不觉地混进他们当中。这种恐怖情景产生了持久的效果，以至于人们在战后都还担心艾希曼会冒充犹太人秘密前往巴勒斯坦，躲藏在劫后余生的幸存者当中。[80] 据说艾希曼也曾在私下谈话中，向官阶高出他许多的党卫队指挥总部（SS-Führungshauptamt）的集中营督察长里夏德·格吕克斯（Richard Glücks）讲过萨罗纳传说。那个传说在许多方面对他的声誉产生了助益。

　　鉴于艾希曼两三下就足以在同事们面前装出完美希伯来专家的样子，我们可以从中了解到不少关于他如何有效打造自己角色和形象的方法。[81] 艾希曼根本不会希伯来语，而且也只能说一点点意第绪语。或许是受到他所钦佩的米尔登施泰因的激励（米尔登施泰因同时通晓希伯来语和意第绪语），艾希曼曾试图学习那两种语言，但很快就达到了自己的限度。事后回顾时，他把第一次尝试的时间定在度蜜月之际，也就是 1935 年 3 月。[82] 有证据表明，他在 1936 年夏天首度提出申请，想找一位犹太裔的希伯来文教师，但被海德里希拒绝了，并且向他推荐了一位"雅利安人"语言老师。虽然那位老师愿意效劳，后来却没有了下文。[83] 米尔登施泰因大约在同一时间被调离，部门的语言问题随即在第二年变得越发严重，因为已

经再没有人能够阅读希伯来文了。尽管尝试了"自学"，但艾希曼
还是对希伯来文一窍不通，而他在 1937 年 6 月第二次提出的拜师
申请又遭到了拒绝。[84]艾希曼称他随即买来一本教科书，扫罗·卡
莱科（Saul Kaléko）编著的《大家来学希伯来文》（*Hebräisch für
Jedermann*）。[85]然而既不同于书名，也不同于艾希曼的讲述，那本
教材即便对训练有素的自学者来说也相当不容易，顶多只适合作为
艾希曼办公桌上令人印象深刻的摆设品罢了。

　　于是 1938 年，艾希曼自掏腰包，在维也纳跟本亚明·穆尔默
斯坦上了几小时希伯来文课，但这也没有带来多少帮助。[86]奥地利
和匈牙利的证人们都认为，艾希曼不过是很有技巧地用一些简单的
句子虚张声势罢了。[87]1960 年在以色列的时候，艾希曼显然完全听
不懂希伯来语，而且也无法阅读。然而，他仅仅靠着几个短句和不
至于把希伯来文书拿颠倒的本事，便足以扮演内行人的角色。

　　这必须归功于艾希曼的表演天分和良好的记忆力，但同时也是
由于德国的犹太人并不习惯有人对他们这么感兴趣，况且对方还是
一名纳粹党员。纳粹成员当中竟然有人这么了解犹太人，实在让人
觉得不可思议，但反过来也说明艾希曼必然已经是纳粹政权特别引
人关注和特别出名的人物，否则那些传说根本不可能出现并流传得
这么广。

　　艾希曼从一开始就密切关注自己的公众形象，并千方百计设法
加以影响。连他最后的那些注记，也只能视为对别人关于他的书籍
和论断所做出的回应。1961 年出庭受审时，艾希曼的反犹太主义偏
执导致他过分高估了学术界和新闻界的"沆瀣一气"；同样，1939
年在柏林对着犹太代表们大发雷霆的时候，艾希曼也高估了外国新
闻媒体在他自己国内的影响力。那些报刊根本不准输入德国，即使
连拥有它们也是危险的事情。"世界犹太集团"与"国际新闻界"和"遭
到渗透的学术界"之间密切互通消息，这仅仅存在于纳粹的噩梦之

52　中。但这并不表示艾希曼出现在欧美报刊上的公众形象只不过是来
自远方的幻影。消息来源是纳粹暴力所及范围内的线人，因此即便
最不切实际的文章，也多少能够向我们呈现此人带来的影响。

理想的象征符号

阿道夫·艾希曼不是第一个意识到公众形象能够发挥极大作用
的人。对象征符号和理念所能产生效果的认知，正是纳粹党成功的
秘诀之一。希特勒在《我的奋斗》中早已发出提醒，千万不要低估
一个象征性人物所能产生的影响。艾希曼 20 世纪 50 年代在阿根廷
说，自己是在战争爆发后才终于成名的："我在各地声名大噪。"[88]
他的名字甚至出现在昔日同僚在维也纳出版的一本书中。[89] 但艾希
曼名闻遐迩的主要原因，还在于他的受害者们看得见他。"仅仅靠
着新闻媒体，艾希曼这个名字就已经成为一个符号……总而言之，
犹太人一词……变得跟艾希曼这个名字密不可分。"[90] 一个原先毫
不起眼、名称改来改去的公家机关，早已被每个人简称为"艾希曼
办事处"[91]，艾希曼在国外的代办人员则被称为"艾希曼别动队"
（Sonderkommando Eichmann）。[92] 这类用语极具影响力，以致在
纽伦堡审判的证人陈述当中还不时出现。这一现象不能完全用"艾
希曼与帝国保安总局的许多部门负责人不同，在战争期间一直留在
他的职位上"来解释。要是没有合适的公开露面机会，他永远不可
能为自己赢得这样的名声，而若无这样的名声，"艾希曼办事处"
便不可能长年有这样的权力地位。一个人只能在自己手臂够得着或
者命令可达的范围内活动，而艾希曼的形象却能够在他从未去过的
地方产生影响，先决条件是有人把他的声名传播到那里，即便那个
53　人是敌人也无妨。艾希曼曾解释道："人们认为我拥有的权力比我
实际掌握的大得多，结果每个人都以为自己受到监视。"[93] 而这只

不过是因为人们害怕他所谓拥有的权力罢了。

纳粹党的权力概念是非常个人化的，而其取得快速成功背后的机制不只在高层才发挥作用。艾希曼和他的同僚们很快就意识到，一个元首般的人物多么有利于延揽权力。这是促使艾希曼不愿意躲在阴影下，也不吝于自我标榜的根本原因之一。那些人需要一块挂得出去的招牌，使它跟犹太人问题"不可救药地联系在一起"，而"艾希曼"这个名字正是那块能够取信于人的招牌。艾希曼后来试图让这种选择看起来像是出于偶然——此种观点进而不时出现在一些关于艾希曼所扮演角色的书籍和专文当中。然而还有什么其他名字被考虑用作象征符号呢？

艾希曼密切关注其在公众中建立起的与日俱增的名气，因此他不会没有看到，自己的所作所为也跟着越来越出名。国际新闻媒体对此做了报道，纳粹党人则巨细靡遗地研读"世界犹太集团"的报刊文章——在一场同时使用"思想武器"的战争中，新闻检视不啻前线侦察任务。随着艾希曼的计划与行动跟他的名字成功联系在一起，无论是在他自己看来还是在同僚们的心目当中，艾希曼的重要性都在不断提高。与此同时，许多人也因为艾希曼出席部级协商会议和规划会议而对他熟稔起来。尽管我们对透过个人生平来看待历史带着十二分的小心，仍不免惊讶地发现，竟然在那么多重要会议的与会者名单上都找得到艾希曼的名字。他从一开始便参与了各项准备工作，主导各式各样的实验，而那些实验——诸如维也纳中央办公室、多普尔强制劳动营、桑河河畔的尼斯科犹太人保留地、遣送斯德丁（Stettin）*犹太人的行动、建立犹太人隔离区，甚至首次大规模灭绝的尝试——全部可以看成日后大屠杀惯用手法的滥觞。等到海德里希在臭名昭著的万湖会议（Wannseekonferenz）上正式

---

* 即今波兰什切青，斯德丁是它的德语名称。——编注

54 指派他负责全面协调"犹太人问题最终解决方案"（Endlösung der Judenfrage）的跨部门合作之后，艾希曼的职业生涯水到渠成地来到下一个阶段。这种丧心病狂的项目需要能想出非传统解决办法的人，以免陷入冗长烦琐的官僚程序。艾希曼在维也纳犹太移民中央办公室的领导工作，及其之后的所作所为，一再向每个人证明，他完全能够做到这一点。他被认为具备组织方面的才华，有办法完成从来没人做过的事情。其他人每逢束手无策的时候，就会向艾希曼求援。例如，斯特拉斯堡大学（University of Strasbourg）的"骨骼收藏"要求取得仍然活着的"犹太裔布尔什维克委员的颅骨"。由于艾希曼的支持，这也是可以办到的。[94]

棘手问题解决专家的声誉让艾希曼自鸣得意，甚至在他既非倡议者亦非主要推动者的情况下，也有办法让别人相信某项计划出自他的主意。例如所谓的"马达加斯加计划"（Madagaskar-Plan），直到今天都还跟艾希曼的名字连在一起，即便已经证实，最初的想法并非来自艾希曼，他甚至从来不曾具体参与过那项计划。[95]但他还是成功了，以至于直到今日，尽管反驳的证据确凿，在谈论这项人口迁移计划时，却没有人能不提起他的名字。在后来的岁月里，艾希曼极力转移人们的注意力，意图在环境丕变之后淡化自己当初所扮演的角色，但这种做法反而更进一步确认了他昔日掌权时所实际享有的地位。只有心虚的人才会设法隐瞒，而艾希曼在这方面的做法效果惊人。

因此，历史学界花费了不少时间，才弄清那些大规模人口驱逐和迁移计划的重要意义，而艾希曼在其中扮演了不可或缺的角色。作为"IV R 特别部门"*的负责人，他的职责是"于东方地区进行人口驱逐之际，总管安全警察相关事宜"。与艾希曼同时代的人更清

---

* R 是德文 Räumung（清除、清理、疏散、腾空）一词的缩写。——译注

楚其中的关联，这从内政部的一份报告中即可看出端倪。该报告指出，1941年9月，艾希曼主张扩充犹太人的定义，把"半犹太人"也包括在内，"他极力支持新的规定，尽管对于应该采取什么形式没有表态"。报告中关于他的个人简历写道："艾希曼曾负责在维也纳和布拉格设立移民中央办公室，并指挥了将斯德丁等地的犹太人遭送至波兰总督辖区的工作。"[96]

1940年2月13日夜间将犹太人驱离斯德丁，以及随后发生在波森和施奈德米尔（Schneidemühl）*的驱逐行动，成为重新规划整个东方占领区的序幕，并引起了全球媒体的注意。[97]各国的反应受到纳粹的密切监控，艾希曼更利用了这种原本让人感到紧张的国际关注，一如从前利用失败的尼斯科计划那般，在次月和犹太人代表举行会谈时施加压力——威胁他们如果未能达到所要求的移民配额，就会采取类似的"人口迁移计划"。[98]艾希曼的公共形象使媒体夸大了他在人口迁移工作中的角色。他处心积虑地强化别人的印象，让人觉得他隐藏在每件事、每个人的背后。再加上媒体对人口驱逐的报道，那一切所构成的恐怖情景不是外人能够想象的。尽管国际新闻界也报道了过度的暴力，甚至做出加油添醋的宣传，但在当时却反而被艾希曼利用，而没有对他造成伤害。各种报道中越是充满"那是艾希曼干的好事"这种论调，人们越是"纯粹出于习惯把一切事情都算到他的头上"，他的名声也就跟着越发响亮。[99]艾希曼不仅看透了这种舆论传播的机制，甚至还将其为己所用。

---

* 施奈德米尔位于普鲁士的波森省，一战结束后波森被割让给波兰，施奈德米尔和波森北部及西部的边缘地带则继续留在德国。二战结束后施奈德米尔也被并入波兰，更名为皮瓦（Piła）。——译注

公关活动

作为东部人口迁移工作的协调者，不论在受害者还是他的同僚看来，艾希曼的自信都显而易见。1941 年 1 月，希姆莱出于自我吹嘘和公共宣传的目的，下令筹备一项将在同年 3 月举行的名为"大返乡"（Die große Heimkehr）的展览，以庆祝"引领回家"（Heimholung）人口迁移政策的成功。艾希曼迫不及待地要趁此机会大显身手。他竭尽全力，终于成功地"在人口迁移展览中，为强制撤离行动争取到一个特别展厅"。虽然纳粹党国外德意志民族事务部（Volksdeutsche Mittelstelle）由于担心负面的舆论反应而宁愿避开这个部分[100]，艾希曼还是力排异议，实现了他向德国公众展示其"成就"的愿望。所以一方面是欢天喜地的新移入者的照片，另一方面则是被驱离的人数以及图片资料。但不管艾希曼再怎么信心满满，到头来依旧无济于事。开展的日期先是被延后到 1941 年 6 月，又在希姆莱视察过后于最后一刻喊停，敷衍那些大失所望的部门专家们开展日期推迟到 1942 年 3 月。结果那个展览从未举办，部分原因在于实际取得的"成功"不尽人意。然而这个过程表明，韬光养晦的生活从来都不是纳粹的理想，他们自我炫耀的冲动往往甚至必须被压制，因为国家领导们有时会觉得，对某些正在发生的事情选择隐瞒才是更聪明的做法。

* * *

1941 年年初，"艾希曼办事处"再度扩大编制，此后三年多的时间都改称第四局 B 处 4 科。"IV B 4"这个缩写即便在战后依然维持着标志性的名声。艾希曼的名声在接下来的几个月变得越来越响亮，这从伦敦流亡者日报《报纸》（Die Zeitung）在 1941 年 10

月 24 日引述瑞典报道发表的一篇专文中即可看出：

大规模谋杀柏林犹太人

　　斯德哥尔摩《社会民主党人报》（*Social-Demokraten*）针对 5000 多名柏林犹太人被强制遣送至东方一事进行了报道，详细内容如下：

　　　　行动在 10 月 17 日夜间开始。党卫队将受害者从床上叫醒，命令他们穿好衣服并打包随身行李。接着他们被立即带走，住宅被贴上封条，屋内留下的私人财物则被视为已遭没收。遭到拘捕的犹太人被驱赶至铁路货车站和一些犹太会堂的废墟，然后在 10 月 19 日被集中遣送到东方。他们都是 50 岁到 80 岁之间的年迈男性，以及妇女和孩童。他们将在东方"投入有用的工作"，这意味着他们要排干罗基特诺（Rokitno）沼泽的水。这项工作将在俄罗斯的冬季由老人、妇女和孩童完成——身上穿着他们被拘捕时所携带的衣物。由此可见，这项行动毫无疑问是有预谋的对犹太人的大规模杀戮。此次行动的领导人是党卫队集团领袖艾希曼。[101]

　　党卫队集团领袖的位阶相当于中将，对艾希曼来说根本遥不可及，毕竟他在那时候还只是一名党卫队二级突击大队长。* 尽管艾希曼在以色列法庭上声称，他只不过是帝国保安总局里面一个小小的官员而已，但人们在 20 年前可并不这么看待他，那么高的官阶显得完全合情合理。[102] 当时的文件表明，艾希曼在遣送柏林犹太人的行动中发挥了主要作用。1940 年夏天，戈培尔提出要求，务必要

----

* 亦翻译为"党卫队突击队大队领袖"，位阶相当于少校。——译注

在即将获胜的战争结束之后，立刻"于不超过八个星期的时间内，将6.2万名仍居住在柏林的犹太人全部运往波兰"。[103] 1941年3月20日，艾希曼在宣传部的一次会议上宣布，如果与已获希特勒批准的遣送六万名维也纳犹太人的行动结合起来，驱逐1.5万名柏林犹太人将是可能的事情。根据会议记录，此次讨论的结果为："委由艾希曼同志针对遣送柏林犹太人一事，为省党部领导人（Gauleiter）戈培尔博士*研拟建议方案。"[104]这个方案固然暂时还需要从长计议，因为必须考虑到，"当前的生产工作需要每一名具有工作能力的犹太人"，但艾希曼从一开始就已经参与了那个构想。受莫斯科战役的影响，行动方案又发生了改变，而一场灭绝战的暴戾氛围，更进一步让之前人们连想也不敢想的某些"解决办法"变得可以接受。戈培尔马上意识到这个机会，早在1941年8月18日便重新提起"柏林犹太人"的问题。他不但和希特勒讨论这个问题，接着还展开了长达好几个星期之久的反犹太新闻宣传活动。德国境内的第一波遣送行动开始于1941年10月15日，柏林的第一次运输工作则发生在10月18日，将1013名犹太人送往罗兹（Lodz）。

这个消息立即得到广泛传播，再一次登上了《建设》的头版。那篇文章给哲学家马克斯·霍克海默（Max Horkheimer）留下了极为深刻的印象，以至于把它剪下来拿给自己的朋友特奥多尔·阿多诺（Theodor W. Adorno）看，并且保存了下来。[105]接下来的几天，这一事件受到国际新闻界的普遍关注，以致戈培尔在1941年10月28日的日记中写道："从柏林清空犹太人的行动，尽管只是小规模的初步行动，还是成了敌方宣传的一大主题。"[106]斯德哥尔摩《社会民主党人报》的消息正确无误，只不过"5000多人"并非柏林被

---

* 戈培尔除担任纳粹德国宣传部部长之外，并在1926—1945年兼任大柏林地区的"大区长官"。——译注

遣送离开者的数目，而是自 10 月 18 日至出刊日期之间被遣送的总人数，还包括了来自维也纳、法兰克福、布拉格和科隆的犹太人。[107]这些事件过于骇人听闻，以致负责组织的那个人被冠上了如此高的位阶。艾希曼的形象与此一点也不冲突，这表明他后来宣称自己"只负责运输相关事宜"的说法显然只是为了自保而已。对 1941 年的艾希曼来说，那种角色未免太大材小用了。

穷凶极恶的引诱者

1941 年年底，"最终解决方案"的含义已经完全转向"毁灭"（Vernichtung）。由于艾希曼宣称是他"创造"出了"最终解决方案"一词[108]，甚至还吹嘘说，戈林的命令使他从此能够"径自排除其他部委和机关的一切异议与影响"，因此这种含义上的变化也跟他的名字联系在一起。[109]艾希曼从一开始就前往东方，以便亲自视察各种灭绝设施，而且他的造访当然都被记录了下来。艾希曼日后描绘自己是一名为了机密任务而独自出差的文书人员，与事实根本扯不上什么关系。他自己甚至曾不经意间嘲讽了这个形象。在阿根廷时，艾希曼称他一直担心在面对恐怖场景的时候不能维持自制力，"因为总有下属像一条尾巴似的跟在我们后面。他们会把这种表现解读成软弱，并且消息马上就会像野火一样蔓延出去"。小小的听命行事者或许能够表现得踯躅不前，可是党卫队一级突击大队长艾希曼呢？——"那可绝对不行！"[110]他有义务扮演好自己的象征性人物角色。

密切盯着他的不只是艾希曼自己的同僚。虽然世人对疯狂的大规模谋杀感到难以置信，因而起初未曾做出反应，但这并不意味着艾希曼的所作所为没有见诸报纸。国际新闻界在 1942 年 3 月即已消息灵通地报道了有关特莱西恩施塔特集中营（Theresienstadt）的计划[111]，从 5 月起更开始报道了大规模谋杀，而且早在同年春天，报纸已威胁要采取反制行动来收集犯案者的姓名。[112]流亡者报刊记录了对"鲍姆反抗小组"（Widerstandsgruppe Baum）成员的滥捕滥杀*，而且有证据表明艾希曼曾经参与此事。[113]同样受到公开谴责的还有华沙的情况[114]、遣送法国犹太人出境的恶劣情状，以及"儿童转移"（Kindertransporte）列车的背景——今天我们知道是艾希曼下令让那些火车"滚"向毁灭。[115]1942 年 11 月的报道首度提到海乌姆诺（Chełmno）†，以及艾希曼在当地视察过的毒气卡车。[116]披露纳粹谋杀计划的报道中所引述的数字非常骇人听闻（但后来证明正确无误）[117]，以致盟军在 1942 年 12 月 17 日公开威胁要追究所有涉案人员的刑事责任。

犹太人政策方向的改变，意味着新闻媒体失去了可能的用处：只要艾希曼继续跟犹太人讨论移民配额和资金事宜，并为此需要国际组织的合作，威胁恫吓就是有用的手段。然而，等到目标变成谋杀之后，就再也没有进行协商的必要了；之前或许有利于谈判的威逼恐吓的形象，如今已然成为遮掩谋杀意图时的障碍。于是不可再做出威胁，反而要让人安心、放心、转移注意力，并加以安抚，否则就没有办法顺利组织大规模的遣送行动。若必须先把人运送到另外一个地点，然后尽可能不为人知地加以杀害，那么就一定要让这些人或多或少卸除心防，愿意登上火车。谁要是不抱着一丝希望，相信事情或许还有转圜余地的话，就完全不会有动机这样做。

---

* 纳粹政权于 1942 年 5 月 8 日至 6 月 21 日在柏林举办恶意攻讦的"苏维埃天堂"（Das Sowjet-Paradies）展览。以德国籍犹太共产党人赫伯特·鲍姆（Herbert Baum）为首的反抗小组于 5 月 18 日对该展览进行了纵火攻击。案发之后，该小组的成员有 28 人遭到处决，此外并有 500 名柏林犹太男性遭到逮捕——其中一半立刻被枪毙，另一半则被送入集中营（艾希曼组织了运送行动）。——译注

† 海乌姆诺位于罗兹北方 50 公里，或音译为"切姆诺"，是纳粹最初设置的死亡集中营之一。其德文名称为"库尔姆霍夫灭绝营"（Vernichtungslager Kulmhof）。——译注

汉娜·阿伦特很贴切地称之为"较小的恶的逻辑"（die Logik des kleineren Übels/the logic of the lesser evil）。

艾希曼总是有办法引诱他的犹太谈判对手们做出让步与合作。其唯一的凭借就是让他们期待，跟艾希曼进行"谈判"能够防止更糟糕的情况发生。有鉴于此，不难想象一旦那些人发现自己落入了陷阱，会是何等莫名惊骇。在运输途中、在集中营内，以及直接面对灭绝机器的时候，那些非自愿的合作者才终于意识到，他们曾被卷入了什么样的事情。如果在此觉醒的时刻不产生这种印象，认为自己已沦为一个恶魔般的凶手——一个披着人皮的恶魔——的牺牲品，还要等到什么时候呢？日后一些令人闻之色变的标签，诸如"卡利古拉"、"大审判官艾希曼"、"无情的怪兽"等等，都根源于被迫认清纳粹犹太政策真正意图的那些时刻，但也源自那种像真正的暴力威胁一般，让人成为受害者的心理机制。[118]

就一个权高位稳的操纵者而言，他自己是否名实相符基本上无关紧要。他的名气决定了别人对他的期待，以及相应做出的表现。如果把一名党卫队官员看成生死的主宰者，那么就没有什么可怀疑的余地了。外在的期待会让他变成最受人畏惧的那种模样，于是所看见的一切都将确证相关的谣言，传说也就成了现实。如果谁有办法利用这种相互作用，感受到别人的期望，并有意识地反映别人期望中的形象，便足以完全混淆别人的判断能力。谁要是懂得利用这种依赖、恐惧和期望的循环来玩弄自己的受害者，就能够从一名部门主管升格成为"犹太人的沙皇"。艾希曼及其同僚非常明白：他们能够"通过这种操控获得巨大的跃升"。

"艾希曼"变成了那种机制的具体化身，因为这是犹太社区代表们所知道的名字，而且人们相信那些代表。于是这个名字宛如幽灵般在受害者中间广为传播，即便艾希曼根本不可能亲自在场，或者直接为他们的苦难负责。这解释了为什么许多劫后余生者虽然很可能从来都没有跟他碰过面，却能够回忆起当初遇见党卫队一级突击大队长阿道夫·艾希曼时的情景。显然人类自我保护机制所起的作用，让我们既不可能也不愿意把很大程度上决定了我们命运的那号人物，想象成一个微不足道的货色或者低下猥琐的家伙。

凡是经历过苦难、屈辱和死亡的人，都不希望发现自己是完全平庸之人的受害者。因为掌握着我们生杀大权的家伙竟然什么都不是，这个想法只会比有人控制着我们更加令人难以接受。这种机制让人无法清楚看出罪魁祸首的面目，更推波助澜地促进了象征符号的创造，通过单方面限缩自主判断的空间，强化了当权的一方。最终，迫切地想要起码看上自己的折磨者一眼的愿望，导致了一些众所周知的投射性回忆。艾希曼曾"被看见"出现在会议上、机构中，甚至集中营内，然而证据表明，他从来也没有到过那些地方，或者只是在其他时候去过。但我们不可低估那些回忆的参考价值，尤其是它们反映心理投射的一面：受害者们之所以会把穿着长筒皮靴的咆哮者或傲慢的视察官员都当成艾希曼，那是因为"艾希曼"早就不再只是一个具体人物，而是成了人们受其摆布的权势之象征和保证。至于究竟是谁实际体现出并且粗暴地利用了那种权势，反而变得不再重要。这个名字所造成的潜在威胁，远远超出了任何缺乏个性的匿名官僚体制所能达到的程度。

好的新闻，坏的新闻

从艾希曼卷入所谓"菲亚拉新闻事件"（Fiala-Presse-Affäre）一事，即可看出当时德国方面为了各种令人不快的公开报道有多么焦虑，以及艾希曼对国际舆论了解得多么清楚。尽管纳粹不断告诉自己，消灭犹太人乃是维护其自身生存的唯一手段，他们却没有足够信心把这个观点告诉世人。遍布全国各地的密探与监视网络，更意味着他们担心就连本国百姓也无法认同那些谋杀行动。希姆莱很早便意识到，永远也无法把这个"我们历史上的辉煌篇章"形诸文字。他更禁止奥迪洛·格洛博奇尼克（Odilo Globocnik）为莱因哈德行动 * 的"英雄们"立碑纪念以流传后世。其他许多不小心留下的痕迹已经给希姆莱带来了足够的麻烦，于是他在1942年夏天下令想办法避免搞出更多新的万人冢，并且要把旧有的那些都清除干净。[119] 任何形式的公开曝光都只会造成伤害。

在德国百姓与外面世界接壤的边陲地带，亦即在被武力夺取或者主动归附但大致仍保留原有政府的那些地区，新闻媒体最有可能带来危险。每当"大规模谋杀"和"灭绝"之类的字眼甚嚣尘上时，艾希曼与同僚们便愈发频繁地遇到令人尴尬的问题，甚至还遭遇反对。于是他们产生了用新闻报道来反制的念头。据维斯利策尼称，他曾向艾希曼推荐了一位名叫弗里茨·菲亚拉（Fritz Fiala）的斯洛伐克记者。[120] 在德文版《边境信使报》（Grenzbote）的德国犹太裔拥有者被没收财产之后，菲亚拉成为该报主编，并且担任其他许多欧洲报社在斯洛伐克的特派员。菲亚拉曾经自告奋勇，愿意以调查记者的身份来实地调查集中营内的"真实情况"，借此纠正它在公众眼中的阴暗形象。

1942年夏天，当希姆莱因为国际新闻界的报道而日益担忧世界舆论的反应时，艾希曼想起了菲亚拉的提议（艾希曼后来却称那是按照希姆莱的交代），在同年盛夏为菲亚拉安排了集中营参观之行。维斯利策尼于是与菲亚拉一同前往位于日利纳（Žilina）的一座斯洛伐克集中营，第二天早上接着驶向卡托维兹（Katowice）。

---

* 莱因哈德行动（Aktion Reinhardt）是纳粹在1942年7月至1943年10月之间进行的消灭波兰犹太人行动，主要在贝乌热茨（Bełżec）、索比布尔（Sobibór）和特雷布林卡（Treblinka）三座死亡集中营。奥迪洛·格洛博奇尼克则是奥地利党卫队集团领袖（警察中将）、卢布林地区的党卫队与警察首脑，以及莱因哈德行动的总负责人。——译注

在那里，国家警察局的一名刑事专员陪同二人来到索斯诺维茨—本津（Sosnowice-Bendzin），参观了当地的犹太人隔离区和强制劳动工厂，且在吃过午餐并与犹太老人们交谈之后，继续前往奥斯维辛（Auschwitz）。*在下午两点到达之后，维斯利策尼与菲亚拉二人受到集中营指挥官鲁道夫·赫斯的亲自接待。赫斯向菲亚拉展示了指挥官办公室，以及集中营的个别分区，然后与他们乘车来到斯洛伐克和法国女性进行强制劳动的洗衣房。菲亚拉获准向她们问话并拍摄照片。维斯利策尼显然设法礼貌地婉拒了赫斯的晚餐邀请，即便他后来称那是由于时间安排上的问题。根据维斯利策尼的回忆，他们二人在下午四点钟左右，"或者甚至更早"，便离开了那座集中营。

菲亚拉针对德国的集中营和斯洛伐克遭送出境的犹太人，撰写了好几篇图文并茂的报道，而且他知道那些文字必须先通过艾希曼和希姆莱的审查。至于那些文章为什么一直要等到11月才刊出，此事就令人费解了。[121] 也许希姆莱打算把正面新闻留到他亲自前往布拉格视察之际[122]，也许他们只是在观望舆论的发展，或者他们对自己的计划已经丧失信心，毕竟那些专文提到了一些人们通常不会主动提起的地名。但不论实情如何，1942年11月7日、8日和10日，《边境信使报》刊载了三篇很长的文字，配图的照片上呈现出笑脸迎人的白衣少女、整洁的生活环境，以及对德国集中营内状况的赞扬。[123] 菲亚拉提到了一些能够在斯洛伐克证实的地名，而他所引用的女性的话反而完全揭穿了整个把戏的恶毒用意。一位年轻女性不仅嘲笑了菲亚拉关于外国"暴行宣传"的讲法，还语带

---

* 奥斯维辛这个译名有可议之处。包括波兰文在内的欧美语言均直接按照德语发音（奥许维兹）来称呼该集中营。其所在地点固然今日名叫Oświęcim，但波兰语读音为"奥许文琴"。俄语虽称该营为"Освенцим（Аушвиц）"，但读音亦非"奥斯维辛"，而是"奥斯文齐姆（奥许维兹）"。——译注

讽刺地告诉他说，"奥斯维辛集中营内的日子比在巴勒斯坦要好过多了"。菲亚拉在这个背信弃义的把戏中究竟扮演何种角色尚不清楚。于是我们无法晓得，同时身为党卫队保安局线人的菲亚拉是否受到操弄，以致果真"在奥斯维辛只看见了微笑的脸孔"，还是他自行在文章中炮制出了那一切。那些文章的删节版也被其他报纸转载[124]，后来被艾希曼用作拒绝所有官方参访集中营活动的理由。他把不自由的媒体作为世界观斗争的武器，以宣传来反制宣传。

* * *

　　试图借由推出相反的报道来影响公众舆论的做法虽然不无效果，但现场展示终究还是可以产生比菲亚拉的造假报道更好的效果。纳粹党人习惯了德国势力范围内受到严密监控、仰人鼻息的新闻媒体，于是他们才会大惊小怪地一口咬定国外媒体也受到了其死对头——犹太世界阴谋（jüdische Weltverschwörung）——的控制。从种族理论者的角度来看，实现新闻自由根本是难以想象的事情。艾希曼于是通过其他手段化解了人们最初的疑虑，成功将特莱西恩施塔特宣传成一座模范的犹太人隔离区。在 1942 年 3 月出现的第一批媒体报道中，特莱西恩施塔特仍然被视为"犹太人在保护国的殉难"，是通往灭绝的"恶魔计划"的下一步。[125] 但自从 1943 年 6 月安排德国红十字会参观了整理得焕然一新的特莱西恩施塔特之后，舆论便开始转向。用一套只能用成绩斐然来形容的戏码，艾希曼和他的同事们给到访者变出一个截然不同的营区——其中充满了祥和的氛围，没有任何人再从那里遭到遣送。访客们关于过度拥挤和营养不良的批评开始消退，而他们竟然获准参访一事，更有助于集中营的声誉。[126] 尽管此次演出仍不足以抵消其他营区的灭绝行动和大屠杀所不断引发的指控，但特莱西恩施塔特还是让人立场动

65

摇，甚至就连已看出其展示功能因而抱持批判态度的新闻记者，也都受到了误导。结果如纳粹所愿，他们用过于正面的眼光来看待特莱西恩施塔特：那是一座"终点营区"，条件相对较好，以战时标准看还能说得过去。1943 年 8 月 27 日纽约《建设》报细节丰富的封面故事《特莱西恩施塔特：一个"模范隔离区"》(*Theresienstadt: A "Model Ghetto"*) [127] 在结尾写道：

> 当特莱西恩施塔特被创造出来之际，纳粹的势力已在消退中。一些纳粹领导人由于害怕未来不可避免的报复而惶惶不可终日。他们于是开始寻找无罪证明。艾希曼，那名会说希伯来语和意第绪语、曾在布拉格犹太社区制造恐怖的盖世太保专员，想必已经变得紧张起来。特莱西恩施塔特的氛围，与戈培尔和罗森贝格（Rosenberg）的集体迫害心态形成了鲜明对比。等到对纳粹"保护者们"的报复之日来临时，他们将会如此为自己辩护："在那个极度暴虐蛮横的时代，我们竭尽所能表现出了人性，特莱西恩施塔特就是我们的无罪证明。"

66   人们没有质疑那种被刻意营造出来的环境，而只是怀疑德国人的动机，因而从根本上低估了其暴戾和谎言的程度。艾希曼及其同僚们竟然如此大费周章，为了一天的对外展示而粉饰整座城镇，紧接着第二天又重新回到日常的腾腾杀气，这远远超出外界的想象。顺便值得一提的是，汉娜·阿伦特早在 1943 年 9 月的一封读者投稿中，即已反对将特莱西恩施塔特解释成无罪证明（她最晚是在这个时候听到了艾希曼这个名字），然而就连阿伦特也无法想到这种罪行的真实程度。[128] 她试图解释，必须在别的地方寻找"特莱西恩施塔特的真正原因"，因为即便所谓的模范隔离区也是整个遣送手段的一部分。[129] 这种做法是"一个前后一贯的政治路线"中的一环：犹太人只有在这样的地方才会被容忍，甚至得到还过得去的待遇——不是因为能够在当地利用犹太人煽起反犹太主义，就是因为附近有太多目击证人，于是不得不让犹太人逃过一劫。"为了安抚百姓，纳粹在捷克斯洛伐克和德国一再重申，他们并不打算灭绝犹太人，而只是要将之隔离开来。特莱西恩施塔特就用作这个目的，因为它地处保护领地的中央，位于由平民百姓控制的地方。"甚至在流亡海外时期，汉娜·阿伦特即已惊人清楚地看出，"大屠杀的发生地要不然是在俄罗斯大草原那样人烟稀少之处，要不然就是在至少可望争取到部分居民或多或少积极参与的地区"。谁要是想对希特勒统治地区的实况进行可信的描述，首先必须做的一件事情就是"解释迫害犹太人的行动与纳粹国家机器之间的关联"。"无罪证明"的想法在此毫无立足之地。

然而汉娜·阿伦特的声音依然是个例外。倘若知道国际红十字会在 1944 年对特莱西恩施塔特进行第二次正式访问之后所撰写的报告有多么脱离现实，就无法不赞叹艾希曼的公关杰作。德国红十字会的代表在报告中写道："这个居住点给每一位先生留下了非常好的整体印象。"[130] 特莱西恩施塔特的工作人员汲取教训，上一个代表团表达的不满，例如过度拥挤，已及时用最粗暴的手段加以改正，所以这次没有任何事情破坏所欲获得的好印象。艾希曼跟他的同僚们创出一种错觉，让恐怖几乎消失于无形：不期待看见地狱的人，比已经做好最坏打算的人更容易上当受骗。1943 年和 1944 年年初，公众的注意力集中在其他事项上。虽然原因主要是战事的发展，但我们还是不能轻忽"转移注意力策略"通过有针对性的新闻攻势所收到的效果。更何况艾希曼的做法，比戈培尔通过其煽动性文章进行的笨拙宣传可要高明多了。艾希曼甚至有办法诱使"敌方媒体"为他传播他自己的谎言。

"我曾在这里，而且无所不在"

但即使是最高明的公关工作，也只能把美丽画面的逐渐黯淡推迟很短一段时间。人们慢慢对最终胜利产生了怀疑。当初只不过是因为对胜利充满信心，才使他们不怎么在意清理痕迹的工作。将来还有时间清理现场的希望正逐渐消失，涉事者与知情者对战败后个人声誉和个人前途的忧虑则与日俱增。[131]

当其他人已经开始考虑战后时期之际，艾希曼的名声正传遍整个被占领的欧洲和毗邻地区。这不仅是"艾希曼办事处"里那些"犹太事务顾问"（Judenberater）所起的作用，更要归功于不辞辛劳在各地穿梭旅行的部门主管本人。艾希曼日后曾说："我曾在这里，而且无所不在。别人从来都不知道我什么时候会出现。"[132]只需看看艾希曼的出差行程即可明白：在阿姆斯特丹的会议、在布拉迪斯拉发的招待会、在海牙的钻石交易谈判、在尼斯的外交晚会和前往摩纳哥散心、在巴黎召开的部际会议、闪电式访问哥本哈根，此外还到访犹太人隔离区、特莱西恩施塔特与各个毁灭营*，以及东方的分支机构，一直到基辅和柯尼斯堡。[133]艾希曼一直喜欢强调："从前我是个旅行者。"[134]"我们在欧洲的每一个角落，我都有办法钻进去。"[135]"艾希曼这个名闻遐迩的名字"[136]更在各处都是敲门砖，甚至比他那红色的官方通行证还要来得有用——即便许多曾经为艾希曼及其同僚打开大门的人，后来都宁愿自己当时没有被找上门来。

然而艾希曼的事业发展早就不再像从前那样一帆风顺。1943年的时候，有两起事件更是特别产生了妨害。一是华沙犹太人隔离区的起义行动，完全撼动了艾希曼对犹太人的认识；另一则是丹麦人

---

* 毁灭营或按照英文被翻译成"灭绝营"（extermination camp）。纳粹德国虽然也说"灭绝犹太人"（Ausrottung der Juden），但对集中营的分类则主要为让人劳动至死的"劳动营"（Arbeitslager），与直接用毒气杀害的"毁灭营"（Vernichtungslager）。——译注

成功抵制了遣送犹太人出境的计划，这被艾希曼视为个人的挫败。[137] 其原先的计划根本没有把抵抗行动纳入考量，更遑论是被视为"缺乏战斗意志的"犹太人的肢体暴力，以及纳粹想"从犹太人手中解放出来的"各个民族所展开的破坏行动。对于一个只晓得诡计、讹诈，以及玩弄各机构于股掌的人来说，这种转变意味着真正的巨大威胁。艾希曼不得不同时针对两方面的转变采取应对措施，来反制其同党和同谋者在态度上，以及对手在行为上出现的变化。在此情况下，他一方面必须巩固控制，另一方面则必须确保权威，于是因应时势塑造出另外一种自我形象，并且在其同僚的帮助下成功地广为传播：这个艾希曼不仅是一个有影响力的人，他还有许多有影响力的朋友。

海德里希在 1942 年 6 月的突然死亡，使艾希曼失去了最主要的靠山，不仅在公务上如此，在情绪上亦然。自己的顶头上司遭到暗杀，想必让艾希曼感觉是对自己的人身威胁。基于个人安全方面的考虑，艾希曼设法用防弹玻璃和汽车后备箱内的移动武器库来自保，并开始确保没有人拍摄他的照片。[138] 家庭成员的安全防护也得到升级，他的孩子们在上学途中都有一名保镖跟随。[139] 保住自己的权力则是更大的问题。希姆莱起初试图自行接手海德里希的职责，但希姆莱是一个大忙人，且众所周知其反复无常的个性会带来许多麻烦。虽然在外人看来，艾希曼与希姆莱的关系似乎更近了，但实际上他无法指望希姆莱一直成为他的靠山。帝国保安总局第四局的负责人海因里希·米勒（Heinrich Müller）——"盖世太保米勒"（"Gestapo-Müller"）——虽然不是个事业狂，不会在公开场合抢着出风头，但这仍不足以减轻艾希曼适应新局面的困难。

尽管如此，与希姆莱的密切联系还是成为艾希曼及其同僚在敌人和己方竞争者面前自我吹嘘的工具。正如艾希曼派往各个占领区的"犹太事务顾问"表示自己来自"艾希曼办事处"、自称为"艾希曼特别行动分队"那般，艾希曼在各地旅行穿梭以及与德国各机构进行谈判的时候，也打出了党卫队全国领袖的名号。艾希曼真正的合法地位实际上更高，因为他出远门是为了"执行元首的特别任务"。然而在一个建立于关系之上的政权中，只有与当权派的私人接触才可带来真正的影响力。尽管帝国总理府的撑腰有助于在和内政部谈判时壮大声势[140]，但暗示自己有办法当面向希姆莱禀报事情，显然能够产生更大的效果。自1943年以来，艾希曼于谈判陷入停滞时动不动就威胁要立刻飞去见希姆莱的做法，在局外人看来跟小孩子口中的"我要向我的妈咪告状"同样可笑。可是就一个像纳粹领导阶层那般依赖个人关系的体系而言，其中所蕴含的威胁是不容小觑的。

70   有不少例子显示，希特勒或希姆莱的一个决定，往往就能出人意料地把本来无法改变的一切搅得天翻地覆，或者让他人原本飞黄腾达的事业毁于一旦。艾希曼曾在阿根廷向萨森吹嘘，1943年的时候，他有一次在电话里对着希姆莱的参谋长、党卫队上级集团领袖*卡尔·沃尔夫（Karl Wolff）大声咆哮——这或许只是一个吹牛皮大王的白日梦，然而它也显示了国家社会主义的等级结构及其运作方式。[141]谁要是真有办法接近希姆莱，即可成为影响别人计划的巨大不确定因素，从而成为一个有权势的人物。我们有必要意识到，当艾希曼宣称必须立刻飞去希姆莱那里讨论事情的时候，他所表明的是什么含义：他这个一级突击大队长（甚至包括维斯利策尼那样的一般成员），竟然在战争的最后阶段，在红军的炮火声已遥遥可闻、物资和燃料严重短缺之际，随时有一架飞机可供差遣，而且不必预约就能立刻见到希姆莱。

        如果跟艾希曼打交道的人们，包括其同僚在内，的确认为他具

———————————

* 党卫队上级集团领袖，位阶相当于上将。——译注

有这种权力地位的话，那么艾希曼的趾高气扬和自我标榜也就收到了效果。这远远不意味着艾希曼果真拥有这样的权力地位，也不表示他的派头与职位相称。但艾希曼显然靠着自己的派头给了别人那种印象。如果那种印象需要升级，他就必须具备一种可相对应的派头，或者至少不能与之格格不入。艾希曼深谙其中的道理：只因为其同僚们也"以如此尊敬的态度"来对待他，他才有办法做出名过其实的表现。

在党卫队保安局的那些小喽啰粉墨登场之际，古斯塔夫·格林德根斯（Gustaf Gründgens），当时最伟大的舞台剧演员和最聪明的观察家之一，曾以令人印象深刻的简单方式，向自己的演员们解释了那种机制："国王总是由别人演出来的。"舞台上权强力大的国王，未必要由杰出的演员来扮演，因为演技精湛的臣仆就足以让舞台上的幽灵变成君主，而所凭借的就是他们对他做出的行为。权力结构是群体互动产生的现象，永远无法由"强人"独自实现，因为"强人"是被那个现象创造出来的。若是看穿了这种现象，不管经由什么途径，便可进而利用其受害者的无助表现来增强效果。艾希曼的同僚们显然在这方面极具才能，更何况他本人也不是随便找来的角色。于是艾希曼也就令人印象深刻地扮演了"强人中的强人"。结果，维斯利策尼（艾希曼显然也一样）甚至宣称自己与希姆莱有亲戚关系，而那只不过是这种尝试的最终强化，以便在变幻莫测的权力网络中攫得一席之地。[142]但就连这种事情也被人相信了，并且留下深刻印象——不仅艾希曼的受害者和同僚如此，到头来甚至连二战以后的历史学家们也是这样。

大穆夫提的朋友

艾希曼还非常成功地自称享有一种完全不同的关系，即他与"耶路撒冷大穆夫提"（Großmufti von Jerusalem）的亲密个人友谊[143]，这既满足了他的虚荣心，也同时符合他对不切实际的故事的热衷。这个说法对公众产生的效果，可以从其后续发展中看出，甚至为艾希曼在战后的逃亡提供了掩护。若仔细观察艾希曼如何成功地让这种友谊的谎言显得可信，即可看出自我吹嘘、巧妙的信息操弄与公众反应之间的交互作用。

哈吉·穆罕默德·阿明·阿尔－侯赛尼（Hadj Muhammed Amin al-Husseini），耶路撒冷的穆夫提，在 20 世纪 30 年代被视为中东各种谈判的敲门砖。这位昔日的士兵在 1921 年时被英国人授予了这一宗教职务。无论从经济还是政治的角度来看，他都是贸易伙伴炙手可热的接触对象，因此，纳粹德国和阿尔－侯赛尼之间存在着不止一个联系渠道。其中之一是德国情报部门派驻耶路撒冷的赖歇特（Reichert），可直接通达党卫队保安局的犹太事务部门（此外还有当地的线人、艾希曼早年上司米尔登施泰因的朋友奥托·冯·博尔施温）。有人猜测艾希曼与哈根在 1937 年前往中东旅行时曾经会晤过阿尔－侯赛尼，否则至少也见到了他的亲信。这种猜测的根据是艾希曼提出的服装津贴申请——他希望购置新的西服和一件风衣，因为"我的旅行计划包括与阿拉伯权贵们谈判"[144]。

虽然阿尔－侯赛尼在那批党卫队保安局人员抵达之前不久，便因为煽动阿拉伯人起义反抗英国占领当局而仓促出逃，但这个事实似乎并没有推翻日后形成的推测，即认为双方仅仅是因为这个意外才没能见面。但无论实情为何，阿尔－侯赛尼曾在 1933 年希特勒上台之后发函祝贺，并从 1937 年开始加强他与纳粹德国之间的联系。经由安卡拉和罗马逃脱后，他于 1941 年 11 月 6 日在柏林获得政治庇护，之后一直留在德国，直到战争结束为止。其间他带来了形形色色的头条新闻，更造成了巨大的费用开销。1941 年 11 月 28 日获得希特勒接见之后，二人于 12 月 9 日再度会面。[145] 这位穆夫提也在纳粹帝国的其他方面大显身手。1942 年 12 月 18 日，他在柏林伊斯兰研究中心的揭幕仪式上发表演说。他还成立了由波斯尼亚—黑塞哥维那志愿兵组成的"党卫军第十三武装山地师（克罗地亚师）"，非但在自己的党卫队部队里面有了穆斯林战士，而且他还对所谓的"犹太人问题"兴致盎然。希特勒的激进反犹太主义在穆夫提那里找到了知音。后者通过收音机广播，用激昂的煽动言论将仇恨从开罗传播到德黑兰和孟买："不管你在哪里找到了犹太人，都要杀死他们。这可以取悦真主、历史，以及我们的信仰。"[146]

阿尔－侯赛尼在德国停留期间给新闻界带来了充满异国情调的图景，而且为图书出版业提供了一本丰富多彩的传记，描绘那名有着红褐色胡须和蓝眼睛的男子。[147]阿尔－侯赛尼在帝国保安总局第四局有自己的联络官（汉斯－约阿希姆·魏泽 [Hans-Joachim Weise]），陪同他在德国、意大利和被占领地区旅行，并负责他的人身安全。外交部也有专人负责照顾他的生活起居（维尔纳·奥托·冯·亨蒂希 [Werner Otto von Hentig]）。阿尔－侯赛尼的工作人员在 1942 年夏天参加了至少一次党卫队保安局举办的培训课程。[148]1942 年上半年的时候,阿尔－侯赛尼还跟弗里德里希·祖尔（Friedrich Suhr）至少进行过一次长时间的讨论——祖尔是艾希曼旗下第四局 B 处 4 科 b 组（IV B 4b）的主任，负责处理犹太人财产与国外事务。[149]此外还可以确定的是，艾希曼与希特勒和戈培尔一样，也对这位异国客人印象深刻。维斯利策尼回忆说（那一回他同样不在现场），艾希曼非常兴奋地告诉他阿尔－侯赛尼到访办公室的情形，并确认那次见面的时间在 1942 年年初。根据维斯利策尼 1946 年在监狱里的供述，艾希曼告诉他说，大穆夫提在参观之前已经去过希姆莱那里：

　　不久之后，大穆夫提来到位于选侯大街 116 号的办公大楼，

拜访了犹太事务部门主管阿道夫·艾希曼。……过了几天，我
恰好在柏林见到艾希曼，他详细告诉了我那次到访的经过。艾
希曼在他那间收集了欧洲各国犹太人口统计资料的"卡片室"
（Kartenzimmer），针对"欧洲犹太人问题的解决方案"向大穆
夫提做了详尽的报告。据说大穆夫提对此印象非常深刻，并且
告诉艾希曼，他已经问过希姆莱并获得同意，等到轴心国获得
胜利、他返回耶路撒冷之后，将从艾希曼部门派一位成员担任
他的私人顾问。在那次谈话中，艾希曼问我是否乐意自告奋
勇，但我一口拒绝了这样的"东方冒险"。大穆夫提的个人特质
给艾希曼留下非常深刻的印象。他当时曾告诉我，事后还一再
重申，大穆夫提也给希姆莱留下了深刻印象，并且对犹太—阿
拉伯事务发挥了影响。据我所知，艾希曼经常与大穆夫提见面
和商讨。至少 1944 年夏天在布达佩斯的时候，他曾经提到过
这件事。[150]

维斯利策尼越是设法嫁祸艾希曼以便为自己脱罪，他关于艾希
曼和大穆夫提的故事就越发精彩纷呈：他说，这二人是最要好的朋
友，而且艾希曼告诉过他，阿尔—侯赛尼曾经"微服"前往奥斯维辛，
实地参观毁灭行动（根据阿尔—侯赛尼的样貌，这其实大有可疑）。
维斯利策尼最后的一些供述已明显流露出绝望之意。他告诉正在为
以色列情报部门追捕艾希曼的摩西·珀尔曼（Moshe Pearlman）*："据
悉在德国军事胜利的巅峰时期，大穆夫提有一次对希姆莱说，他希
望希姆莱能够在战胜以后把艾希曼借给他一阵子，以便也能够在巴
勒斯坦应用其'解决犹太人问题'的办法。"[151]

---

* 摩西·珀尔曼是出生于英国的以色列作家和记者，以色列军方的首任发言人，并曾为以
   色列情报部门寻找艾希曼。——译注

所有这些故事的根源都是一名被关押在布拉迪斯拉发监狱里的男子,他不惜一切代价逃避被处决的命运,为此可以出卖任何人。因此它们可信的程度并不高。和艾希曼一样,维斯利策尼在战争时期也曾用类似的话威逼压迫犹太谈判对象。当维斯利策尼需要采取强硬立场与被占领国的犹太人代表或政治人物谈判的时候,他会让他们确信:"大穆夫提与艾希曼保持着最密切的联系与合作。"[152]一次,在谈判斯洛伐克犹太儿童移民出境的可能性时,维斯利策尼强调说:"那位穆夫提跟犹太人是不共戴天的敌人……他在与艾希曼的对话中不断提及此事,而大家都知道艾希曼是出生在巴勒斯坦的德国人。那位穆夫提还是德国有系统地灭绝欧洲犹太人的倡议者之一,因而在执行相关计划时一直是艾希曼和希姆莱的合作者与顾问。"在战后为此遭到质疑时,维斯利策尼却改口表示,他"从来没有说过艾希曼出生在巴勒斯坦,以及穆夫提一直是希姆莱的合作者"。换句话说,他并没有收回有关大穆夫提曾与艾希曼合作的说辞,因为这种讲法正意味着犹太人政策中的"国际承诺"。

艾希曼自己也没有审慎对待这种说辞,甚至还利用报刊文章和官方小道消息来推波助澜。阿尔-侯赛尼逃亡到德国,以及他和希特勒的公开亮相,受到了《德国每周新闻》(Wochenschau)和各大报刊的密切关注。许多公职部门也注意到阿明·阿尔-侯赛尼设法干预犹太人问题。那位大穆夫提一听说有人考虑让犹太难民移居巴勒斯坦,便立即写出一大堆抗议信,并亲自前往相关负责部门。这种事情固然也在新闻界引起了反响,但主要还是各个政府机构内部的话题。[153]艾希曼对此做出回应,宣称是他亲自通知了他那位朋友。[154]甚至连艾希曼在其他机构的同僚都认为这的确有可能,而等到他威胁说下一次还会那么做的时候,此事的可能性就显得更大了。最后,1944年在匈牙利,当进一步遣送犹太人的谈判陷入僵局之际,他更声称自己多次在林茨与阿尔-侯赛尼晤面。[155]阿尔-

侯赛尼在 1944 年年底确实置身林茨,而且艾希曼会不时前往该地,
毕竟他的家人就住在那里。更何况即便艾希曼没有发出邀请,也不
难查明有如此一位异国贵宾刚好同时来访。对艾希曼来说,听起来
冠冕堂皇的差事是很好的借口,让他趁机抽身离开已经听得见苏联
红军炮声的布达佩斯。此外,后续的发展也表明,艾希曼最晚在那
时一定已经开始跟他的妻子——尤其是跟他住在林茨的父亲——考
虑,万一战败之后该如何自处,该怎么转入地下生活。历次高度机
密的所谓"拜访大穆夫提之行",为这种模拟演练提供了理想的伪装。

76   等艾希曼在阿根廷讲起他与阿尔-侯赛尼的关系时,却已不再
讲述那些晤面,虽然其他时候当他谈论自己与权贵们的往来时,通
常不会语带保留,而更喜欢把一面之缘夸大成密切接触。[156] 在萨
森访谈会上,艾希曼反而强调他们只打过一次照面,而且不是在他
的办公室。到他办公室拜访的其实只有大穆夫提的三名官员,向他
们解释艾希曼部门的一切事务即已足够。根据艾希曼的说法,他只
在一场招待会上遇见过阿尔-侯赛尼,除此之外都只是与其随从打
交道,他称那些人为"我的阿拉伯朋友们"。艾希曼在萨森的圈子
中表现出显而易见的保留态度,是出于一个简单的原因:萨森的朋
友、出版商埃伯哈德·弗里奇与阿尔-侯赛尼有联系。阿尔-侯赛
尼是弗里奇出版的极右派杂志《路径》的读者,该杂志不时刊登这
位中东人士的明确反犹太信息,有一次甚至还印上了他的签名照片。

艾希曼既无法估量这种关系亲密到何种地步,又无法判定奥
托·斯科尔策尼(Otto Skorzeny)等人所吹嘘的中东交易之真实程
度。*因而他有很好的理由,避免在萨森访谈会上大肆渲染他那段精
彩绝伦的友谊。1960 年在以色列的时候,艾希曼终于意识到他自己

---

* 奥托·斯科尔策尼(1908—1975)或音译为"斯科尔兹内"等,是奥地利裔的武装党卫
  队一级突击大队长,其在二战期间最著名的事迹为率领特种部队营救被囚禁的墨里尼。
  他在战后担任阿根廷和埃及总统的顾问,甚至还跟以色列的"摩萨德"合作。——译注

的故事所带来的巨大危险，因此试图更进一步弱化他与大穆夫提的联系：

> 我记得大穆夫提是在 1942 年或 1943 年带领随员来到柏林的。第四局为了表示欢迎，在帝国保安总局位于万湖畔的宾馆举行了招待晚会，我也被邀请参加。他的随从当中被介绍为"伊拉克少校们"的三位先生曾前往保安总局实地了解情况，但我已经忘记了——或者更贴切地说是一开始就没记住——他们的名字。有人告诉我（应该是第四局的人那么说，不然我还能从哪里听来呢？），其中一位少校后来成了"中东的海德里希"。此外我还听说，那人是大穆夫提的侄子。大穆夫提本人从未去过第四局 B 处 4 科，也从来没有跟我说过话——唯一的例外是在前述那场招待会上，由第四局的一位东道主所做的简短正式介绍。[157] 77

艾希曼接着在审讯中声称，当大穆夫提到访第四局的时候，他根本就不在办公室。诚然，他在招待会上见过阿尔-侯赛尼，但二人压根儿就没有交谈，毕竟国家贵宾与部门主管之间的差距实在是太大了。[158] 无法排除这种可能，即艾希曼这回才所言不虚，其余一切都是吹牛大王编造出来的故事。但这不足以改变这样的事实，即艾希曼所声称的与阿明·阿尔-侯赛尼的关系在纳粹时期非常具有说服力：人们很容易把艾希曼这名犹太事务部门的主管，想象成是阿尔-侯赛尼那位中东贵族的朋友。然而人们之所以相信那些故事，并非因为二人在反犹战争中目标一致。纯粹是通过娴熟的舆论操纵和自觉的形象维护，才使它们能够发挥影响。假若艾希曼是一名唯唯诺诺的听命行事者，做出每一个决定之前都要先得到上级的首肯，那么将永远无法让人相信他所讲的这个故事。艾希曼在他的那些故事以及自我形象建构中，都充分利用了刻板印象。

从战后立即发生的事情，便不难看出这些故事取信于人的程度：当艾希曼在战俘营内表示他将逃往中东，投奔大穆夫提的时候，难友们马上相信了他。没过多久，有关艾希曼在中东展开新的职业生涯的流言已经甚嚣尘上，甚至直到他被逮捕都不曾稍歇。他所宣称的"个人友谊"如火如荼地继续自动发展，到艾希曼人生的尽头时，竟然反噬了他。在以色列审判时，检方突然出示了一本据称曾属于阿明·阿尔－侯赛尼的行事历。1944 年 11 月 9 日那天清楚地写着"艾希曼"这个名字。结果吹牛皮大王万劫不复地被困在自己的谎言中。[159] 就在那个说谎者提出完美无缺的证据，证明他自己的谎言的确所言不实的时候，已经不再有人相信他讲出的任何事情了。

那个疯子

78

在纳粹时代的最后几年，艾希曼已经开始面对昔日成功塑造出的形象所带来的危险后果。假使他名不见经传的话，根本就不必担心自己的战后声誉。但如果艾希曼希望自己会被人遗忘或忽略，那将是非常不切实际的想法。原因有二：首先，他并非浪得虚名，无缘无故就成了纳粹犹太政策的象征。其次，恰恰是这种名气使他成为一个理想的投射面，让别人把自己的罪责推得一干二净。既然艾希曼老是喜欢出风头，人们如今很容易就能躲藏在他的背后。这种倾向在 1944 年的时候即已显现出来。尽管多线作战带来各种人力方面的问题，艾希曼的部门还是再次扩大编制，改称第四局 A 处 4 科（IV A 4），业务进而涵盖了之前最负盛名的职权范围：所谓"政治化的教会"（politisierende Kirchen）。那时艾希曼即便在教会的圈子里也早已不是无名之辈。其傲慢自大的行为方式，甚至使他出现在一份同时写给新教和天主教教会代表的报告当中：一位名叫格

哈德·莱费尔特（Gerhard Lehfeldt）的新教律师曾在1942年年底
1943年年初与艾希曼有过接触，并且确信正在筹划中的"混血人种"
（或"半犹太人"）相关法案，以及引发"玫瑰大街抗议事件"*的那
场行动，都"出自党卫队一级突击大队长艾希曼的倡议"。所谓的《莱
费尔特报告》（Lehfeldt-Bericht）也被交给了富尔达（Fulda）主教
会议主席阿道夫·贝尔特拉姆（Adolf Bertram），特别用于向教宗
报告。[160] 如今艾希曼正式负责宗教业务一事已经传播开来，他的
名声甚至变得更加响亮。从1944年3月起，严格说来有两个艾希曼：
一个是难得出现在柏林的艾希曼本人，另一个是他那盲目忠诚的副
手罗尔夫·金特（Rolf Günther），完全按照其上司的意思负责"艾
希曼办事处"。"艾希曼"因而能够同时出现在两个不同的地点。[161]

　　但这时开始窝里反了。正当艾希曼置身匈牙利，以惊人的高效
首次亲自督导遣送行动，配合"艾希曼特别行动分队"让自己的恶
名更上一层之际，他最亲密的同事和同僚却纷纷将触角伸往其他方：
迪特尔·维斯利策尼、赫尔曼·克鲁迈（Hermann Krumey）、库尔
特·贝歇尔（Kurt Becher）等人，甚至包括海因里希·希姆莱在内，
都努力与一个特定的人群建立联系，而那些人正是他们整整十年来
唯恐避而不及，甚至打算从地球上抹去的对象。维斯利策尼和克鲁
迈一再与具有影响力的犹太人长谈，将艾希曼描绘成一个邪恶的怪
物，而他们自己则是一筹莫展的听命行事者，竭尽所能想要阻止一
切。希姆莱试图与国际代表谈判；保安总局局长恩斯特·卡尔滕布
伦纳（Ernst Kaltenbrunner）已在探讨与奥地利单独媾和，或者至

79

---

* 盖世太保在1943年2月27日逮捕了柏林市内剩余的8000多名犹太人，并将其中与"雅
　利安人"通婚者（约2000人）拘禁于柏林市玫瑰大街（Rosenstraße）的犹太社区中心大楼，
　以便运往集中营。那些人的"雅利安"妻子和亲友立刻开始聚集在大楼前方，于2月底3
　月初演变成纳粹德国最大规模的自发性示威抗议行动。最后纳粹政府做出让步，释放了
　那一批犹太人。——译注

少于战后获得特殊地位的可能性；保安总局情报部门的威廉·霍特尔甚至已被招募成为敌方的特务。最重要的是，人们正在重新拉帮结派，以便为将来的问题预先做好准备，并且有了新的动机要把艾希曼这个名字推向世界。[162]

事实证明，艾希曼深植于公众心目中的特殊地位对所有这些努力助益颇大。既然人们已经相信，这名党卫队一级突击大队长在自己的位置上享有比别人更大的权力，其他人大可乘机夸大艾希曼的影响力，从而淡化自己的角色。但这种做法不可能总是奏效，尤其若是像卡尔滕布伦纳那样的人物声称自己的意见一直被艾希曼推翻，更只会显得荒谬可笑。但即便如此，这也表明了艾希曼显赫的地位：甚至连卡尔滕布伦纳也看见了机会，以为或许会有人相信他的说辞。不过对其他许多不像帝国保安总局首脑那般位高权重的人来说，这法子倒还真是管用。因此好几个不同因素在1944—1945年共同决定了艾希曼的形象：首先，由于其职务上的相对独立性、他在布达佩斯所处的地位，以及战局的灾难性发展，艾希曼自己的行为变得越来越一意孤行。其次，他的同僚们已经开始改变跟犹太受害者打交道的方式，从而借由与他们那位上司保持距离来强调艾希曼所起的作用。最后，那些犹太谈判代表如今再度被派往国外接洽，他们不仅在那里谈论艾希曼，还在信件或报告中写下他们与艾希曼接触的经过。

艾希曼自己在匈牙利的行为夹杂着狂妄自大和绝望无助。起先他短暂地以令人难以置信的虚伪态度[163]施展了所谓的外交手腕："既然我的顶头上司党卫队集团领袖米勒亲口表示，他是派了大师本人过来，我自然希望能够表现得像是一位大师"[164]，毕竟"来到匈牙利的是党卫队一级突击大队长艾希曼"。[165]结果却演变成一场令人毛骨悚然的过激行动，看不出一丝一毫节制与慎重的迹象。艾希曼再次大肆吹嘘一切让他觉得可以拿来唬人的东西：他与匈牙利最高领导当局之间确实存在的密切接触、与第三帝国权威人士之间未必存在的直接联系，以及他所掌控的从所谓"个人专机"到奥斯维辛毒气室的所有器材设备等等。"我是嗜血猎犬！""我让奥斯维辛的磨坊磨起来！"[166]"我可以把你想要的犹太人都交给你""以货换血""我会向希姆莱报告""我要撂倒布达佩斯所有肮脏的犹太人渣"。[167]他并不总是清醒和懂得分寸，跟别国外交人员起争执；威胁要暗杀"犹太人的朋友"——例如"[拉乌尔·] 瓦伦贝里（Raoul Wallenberg）*那只犹太狗"[168]；他还声称准备前去拜访大穆夫提，后者当时的确在插手纳粹政治；出现问题的时候，他会亲自前往奥斯维辛集中营解决；外交部的人员和集中营指挥官鲁道夫·赫斯都来拜访过他。他似乎无处不在，同时又哪里都不在。艾希曼滔滔不绝地讲来讲去，以致周围不明就里的人相信他确实直接参与了推翻匈牙利摄政米克洛什·霍尔蒂（Miklós Horthy）的行动。[169]等到解放马伊达内克（Majdanek）毁灭营的照片传遍世界，又有人认为艾希曼要为所发生的一切负责，而且他最终会与希姆莱公开决裂。[170]如果维斯利策尼后来的讲法可信，那么艾希曼当时在下属面前的炫耀也已经达到了新的高度。维斯利策尼声称，艾希曼曾在匈牙利吹嘘，说他和奥迪洛·格洛博奇尼克就是整个灭绝犹太人构想的幕后推手。[171]艾希曼疯狂沉迷于他那杀气腾腾的毕生志业，并且相信"布达佩斯铁定会为我树立一座纪念碑"。[172]他吓唬受害者，等到取得了"最终胜利"，希特勒将任命他担任"世界犹太人专员"（Weltjudenkommissar）。[173]要不是艾希曼在匈牙利的恐吓记录如此严肃清醒，我们恐怕会误以为他在当地登台演出了一场荒诞剧。但他的表演甚有成效，最终为他赢得了"以疯子般的痴狂"迫害犹

81

---

* 瓦伦贝里是拯救了许多匈牙利犹太人的瑞典外交官，他的名字亦音译成"瓦伦贝格"（按德语发音）或"瓦伦堡"（按英语发音）。——译注

太人的名声。[174] 根据官方统计，匈牙利遭到遣送的男女老少共有437,402 人，但甚至连这个数字听起来都简直像是低估了。

当艾希曼对着犹太谈判代表约埃尔·布兰德和赖热·卡斯特纳大声咆哮的时候，他的同事们正设法小心翼翼地展开对话。这种一个唱白脸一个唱红脸的做法并非新鲜事，但艾希曼的同僚们如今迫不及待地想要"扮白脸"。维斯利策尼只管信口雌黄，声称消灭犹太人是"艾希曼的梦想"[175]，并且夸大自己的影响力来证明他是多么积极地帮助受害者。[176] 最后他甚至还在卡斯特纳面前，把自己形容成艾希曼威胁、逼迫、恐吓的受害者，借此争取同情。此外，维斯利策尼强调自己一直竭尽全力、无私无我地在可能范围内对抗他那位恣意妄为的上司。[177] 克鲁迈试图把自己打造为可靠的暴行见证者，宣称只想借此揭发真相。与艾希曼在希姆莱面前争宠的库尔特·贝歇尔，当时正在匈牙利执行一项特别任务，当他自己针对犹太资产的谈判陷入僵局时，就拿出艾希曼的名号用作威胁恫吓的手段。因此艾希曼后来解释说："每一个部门都试图从匈牙利犹太人那里榨取一切有用的东西，而在压榨的时候就用艾希曼那个大坏蛋来吓唬他们。"[178] 运用这种策略，库尔特·贝歇尔不仅组织了灭绝犹太人背景下的最大规模劫掠行动之一，同时也为纽伦堡审判成功制造出了不在场证明。[179] 最后，匈牙利的犯案者也尝试使用这种策略，并设法亲近犹太人代表。[180] 就像此前迫害犹太人时那般，同样疯狂的反犹太主义使他们过分高估了那些代表们的重要性，认为只要有一两个犹太人帮忙讲好话，就足以让人忘却十年来对犹太人的迫害。结果这种期望只在极少数几个案例中得到实现。维斯利策尼与卡斯特纳的各种谈话并没有给他带来任何好处，因为最后连卡斯特纳的缓颊之辞也还是救不了他。不过他的那些言论为艾希曼具有高度影响力的形象奠定了基础。库尔特·贝歇尔就幸运许多。墙头草两边倒的作风固然拯救了他，但他保住一命的原因也在于：

尽管无论从任何角度来看，数以百万计的财产掠夺案都必须算到他的账上，他却成功地抹除了自己卷入谋杀方案的一切痕迹。许多人将在战争的最后几个月仿效他的范例，利用一切机会与艾希曼公开保持距离，从而在此过程中预先表明了艾希曼的独特角色。这在战后被证明是极为有效的自保举措。

赖热·卡斯特纳和约埃尔·布兰德则把"怪物艾希曼"[181]的形象传播到了国外。布兰德在土耳其被逮捕之前和之后，以及在开罗被关押期间，都曾向"战时难民事务委员会"的代表艾拉·赫希曼（Ira Hirschmann）以及英国情报部门报告了艾希曼在灭绝犹太人方面所扮演的角色。[182]这间接促成了全球新闻界对臭名昭著的"用货物换鲜血"（Blut-für-Ware）*交易的报道。[183]卡斯特纳在战时记载日记，战后立即在此基础上形成了所谓的《卡斯特纳报告》（Kasztner-Bericht），与他其余（曾受到维斯利策尼和贝歇尔强烈影响）的声明共同构成美国和英国当局筹备纽伦堡审判时的主要书面资料。[184]这些结合早些年由艾希曼本人自豪地公开建立起来的形象，便形成了一种再也不受其创造者控制的局面。最后他别无出路，只能借着那个名声进一步实现自己凶残的目的，直到再也用不下去为止。接下来他就只能改名换姓了。

战争罪犯第 14 号……第 9 号……第 1 号

艾希曼知道他的名字已经产生了越来越不利的效果。当希姆莱让他暂时离开布达佩斯一阵子的时候，他认为那是针对其名声所做 83

---

* 艾希曼在 1944 年 4 月下旬提议把 100 万名犹太人卖给约埃尔·布兰德，用于交换一万辆卡车和英美货物，接着在 5 月把布兰德送往伊斯坦布尔进行斡旋，结果以失败告终。消息于 7 月中旬泄露后，《泰晤士报》称之为"战争中最令人厌恶的故事之一"，是一种"敲诈、欺骗和分裂盟军"的企图，以及"新的幻想和自我欺骗"。——译注

出的反应。因为如果再继续留下去的话，"我的名字将会造成一些
困扰"。[185] 但在某种程度上，艾希曼却把这种走投无路的处境当成
了褒奖，这从他开始炫耀一个最新的排行——自己在战犯名单上的
位置——就可以清楚看出。这样做的也不是艾希曼一个人，那些凶
手们争先恐后地竞争在通缉令上的位置。自从同盟国威胁要收集涉
案者的姓名以后，他们便开始猜测谁会出现在头号通缉令上。对涉
案者姓名的宣布，主要是通过被占领地区的地下广播电台来进行，
同时警告他们不得继续参与大规模谋杀行动。威廉·霍特尔报告说，
艾希曼和卡尔滕布伦纳二人都曾谈起过自己的战争罪犯排名。[186]
尽管霍特尔是最不可信的证人之一，他对此事的说明却与其他人
的证词相吻合。艾希曼自己也没有否认这种大吹大擂的说法，并
且在阿根廷讲述了相关细节："有一次我在新闻评论中……发现了
战争罪犯名单。那时我排在第 9 位，而且还被整件事情逗得有一
点开心。"[187] 在以色列的审讯中，他声称自己是第 14 名。驻布达
佩斯大使馆的犹太事务处处长霍斯特·特奥多尔·格雷尔（Horst
Theodor Grell）是艾希曼的联络人，他也记得艾希曼曾经在 1944
年秋天自豪地向他表示，自己是敌人眼中的"头号战争罪犯"，因
为有 600 万犹太人都要记到他的账上。格雷尔并没有把这件事放在
心上，认为艾希曼只不过是套用"敌人越多，荣誉越大"那句俗语
来吹嘘自己的重要性罢了。[188] 尽管格雷尔对大屠杀表现出的惊讶
和难以置信是彻头彻尾的假象，但他关于艾希曼的说法却含义分明：
虽然战败在即，但艾希曼对自己"职业生涯"的骄傲之情以及夸大
其实的倾向却始终保持不变。艾希曼的话甚至还带有预见性，因为
到 1947 年的时候，他果真已作为"犹太人的头号敌人"（Judenfeind
Nr. 1）遭到大卫·本-古里安和西蒙·维森塔尔的通缉。[189]

随着战争接近尾声，艾希曼的同事们越来越避免跟他一同公开
亮相。他们显然非常清楚地知道为什么应该这么做。人们不想被看

见跟"犹太人的沙皇"一起享用午餐。尽管艾希曼那栋办公大楼内的食堂是少数幸免于空袭的建筑之一，选侯大街116号的那位先生却让大家避之唯恐不及。当权时期的事业狂人如今已沦为贱民，这种羞辱当然瞒不过艾希曼。他在1957年抱怨说，人们起初"巴不得能够邀请我参加各部委举行的会议、非正式的磋商、私人餐会和其他类似的活动"，后来却是每一个人都假装不认识他。[190]在接下来的那些年头，艾希曼成功地谎称自己在1945年战争的最后几个月所做的唯一事情，就是为他的办公大楼安排食物供应和防御措施。许多对此知道得一清二楚的人刻意没有纠正他，但这并不表示艾希曼在纳粹政权的最后时刻已经洗手不干了。

虽然不借助艾希曼的谎言来重构战争最后几个月所发生事件的工作才刚刚起步，但我们已知的少量资料已足够表明，杀害犹太人的凶手们以"令人动容"的方式把谋杀事业贯彻到了最后一刻。艾希曼不但奉希姆莱之命，继续穿梭于帝国的残余部分，将知名犹太人士扣留为人质——因为希姆莱还认真地希望能够借此与同盟国谈判，保住自己一命，此外更有各种迹象表明，艾希曼甚至参与了最后的灭绝行动，用毒气杀害了拉文斯布吕克集中营（KZ Ravensbrück）的犹太人。1945年1月26日，不仅臭名昭著的莫尔别动队（Sonderkommando Moll）和毒气卡车都被派去了那座集中营，营内还特地设置了毒气室。[191]2月初，一些妇女被从拉文斯布吕克转移到特莱西恩施塔特，并且在该地平安活到战争结束。她们后来回忆曾被艾希曼审问，以便查明她们对这些谋杀行动知道多少。艾希曼还威胁说，假如她们把在特莱西恩施塔特的见闻讲出去的话，将会受到惩罚。[192]

1943年1月被遣送离开荷兰的夏洛特·扎尔茨贝格尔（Charlotte Salzberger）回忆，艾希曼与金特、恩斯特·莫斯（Ernst Moes）和卡尔·拉姆（Karl Rahm）联手审问了她、她的妹妹以及另外三位女性。他们"非常彬彬有礼地"审问,"想要查明我们对灭绝行动知道多少"。几名女性全都立刻意识到是谁、出于什么目的在审讯她们:"我们甚至早在荷兰就已经晓得艾希曼是何许人物。我们知道,他会使用许多意第绪和希伯来字眼,此外还有谣言称他会说希伯来语,出生在萨罗纳。他的说话方式非常清楚地呈现出那种特点。他对我们的过去、我们的出身背景,以及我们在荷兰的生活很感兴趣,针对犹太会堂、锡安主义、各种证件和我们参加过的青年团体提出非常具体的问题。"然而所有人都意识到那是转移注意力的障眼法,因为"他告诉我们,现在我们获准前往特莱西恩施塔特的犹太人隔离区。但我们要是在那边泄露了在拉文斯布吕克的经历,或者我们所知道的任何事情,那么'您们'——他使用了这个称呼*——将会从烟囱飘出去"。

尽管如此,恐惧还是在特莱西恩施塔特迅速蔓延开来,担心那里也会设置毒气室。幸存下来能够对此发表意见的每个人都表示,艾希曼正是那些计划背后的推动力量。[193] 当时艾希曼果真刚好在特莱西恩施塔特,正在为国际红十字会的下一次参访做准备,而他最不需要的就是关于毒气室的话题。可是到 4 月初,当他与外交部代表和其他纳粹高官一起陪同汉斯·杜南特先生(Hans Dunant)参观特莱西恩施塔特的时候,清楚表明立场的反而是他自己。在布拉格举行的晚宴上,他介绍自己为"负责处理所有犹太问题的党卫队全国领袖直接代理人"。国际红十字会的奥托·莱纳(Otto Lehner)记得,"整个晚上,艾希曼都在发表他对犹太人问题的理论"。他对着齐聚一堂的各国外交人员唠唠叨叨地讲述有关犹太人保留地的计划,"关于整体的犹太人问题,艾希曼坚称,希姆莱目前主张

86

---

* 艾希曼的这句话相当怪异:他在威胁恫吓的时候使用了敬称"您们"(Sie),而非"你们"(Ihr)。——译注

采取人道做法。他本人虽然不完全认同那些办法，但身为良好的战士，自然必须无条件服从党卫队全国领袖的命令"。[194] 尽管如此，莱纳还是在自己的报告中满怀信心地指出，他已经从艾希曼那里得到保证，特莱西恩施塔特的犹太人不会有任何事。

鲁道夫·赫斯记得，艾希曼经常造访希姆莱位于柏林郊区的宅邸齐腾宫（Schloss Ziethen），而且即便在那里也毫不隐瞒自己的计划。此外甚至连晋升为党卫队旗队长与警察总监（Oberst der Polizei）的前景也不能打动艾希曼了。[195] 艾希曼后来一再表示，那倒不完全是因为战争就要失败的缘故，主要的理由反而在于，如今他既不相信那些能够拔擢他的人，也不怎么相信自己的同事们。从他早有预谋的、招人怜悯的退场表现，即可看出其不信任感已经达到了何种程度。艾希曼位于选侯大街 116 号的办公大楼成为纳粹高官们碰面的地方，不仅因为还有片瓦遮身，以及一些东西可吃，更重要的理由在于，那里可以让他们获得一个新的身份——提供伪造身份的人如今就在此办公，如流水线作业般按需核发身份证件。艾希曼喜欢借此机会佩戴着公务用枪在其顶头上司面前装模作样，大声嚷嚷表示他不需要新的证件，因为他的手枪就是他的新身份。海因里希·米勒则如他所愿地回应道："假若我们有 50 个艾希曼的话，就一定能够打赢这场战争。"[196] 艾希曼在自己的同事们面前也做出这样的表演：艾希曼永远追随他的元首，至死不渝。并且发表了他迄今最著名的临别感言：他会笑着跳进坑里，因为那里有好几百万犹太人跟他躺在一起。

这个可怕的吹牛皮大王没有告诉柏林的任何人，他为自己在元首死后的生活做出了怎样的规划。他其实早已安排就绪，会有人在一个安全的地点为他备妥新的身份证明。艾希曼同时还向迪特尔·维斯利策尼和威廉·霍特尔谎称已断绝与家人的联系，并编造了一个假的逃亡计划——他们二人很快便证明了自己是散播

谎言的高手。[197] 这种小心谨慎的态度非常有道理，因为他的同事
们早已另有盘算，不惜牺牲艾希曼，以使自己尽可能清白地进入新
纪元。毕竟，就连恩斯特·卡尔滕布伦纳，艾希曼的老上司、称兄
道弟的老朋友、当年在奥地利拉他入党的那个人，也竭尽一切努力，
想要在自己被捕之前先摆脱掉那个不受欢迎的伙伴。他把艾希曼派
往一个并不存在的"阿尔卑斯要塞"（Alpenfestung），让他在山腰
的一栋小屋内用性命捍卫德国。不难想象的是，许多人巴不得艾希
曼在为祖国而战的时候一脚坠入冰川的裂缝。最后，就连他多年以
来的同事们也要求他离开，因为身边那名"被通缉的战争罪犯"给
他们带来了太大的危险。[198] 等到全国各地的希特勒照片被纷纷丢
出窗外，人们羞愧莫名地把成千上万册《我的奋斗》埋进花园地下、
从仍然竖立的墙面上凿除一个个卐字符号时，国家社会主义最大恶
行的象征符号已经别无选择，只能尽快消失。

一个名字在战后的事业生涯

阿道夫一直是我们家里的黑羊。

——卡尔·阿道夫·艾希曼向美国陆军防谍队

（Counter Intelligence Corps, CIC）做的供词[199]

谁要是放弃了自己的名字，就会永远失去对它的控制权。如今已属于市场行销基本法则的这个道理，当时却让艾希曼感到惊讶，尽管除此之外他熟练掌握了自我推销的技巧。艾希曼早就放弃了仍然受到持续宣扬的"最终胜利"，甚至及时规划了可能的逃跑方案。但即便如此，他显然也料想不到，自己周遭的每一个人都能那么快就找到新的救赎，把纳粹礼向前伸出的手臂对准了他，并用"艾希曼这个名闻遐迩的字眼"开启了完全不同的大门。

最晚在 1944 年，艾希曼就已经知道，自己是一名遭到通缉的战犯。截至目前，只有极少数这样的通缉名单得到了研究，但每一份已知的名单上面都找得到艾希曼的名字。在"巴勒斯坦犹太事务处"（Jewish Agency for Palestine）1945 年 6 月 8 日的通缉卡片上，编号 6/94 的艾希曼高居首位。[200]1945 年 6 月 27 日，世界犹太人大会请求美国公诉人缉捕阿道夫·艾希曼，并在纽伦堡指控他为主要战犯之一。[201]8 月，维斯利策尼在美国方面的审讯中针对艾希曼做出了详尽报告。[202]维也纳警察当局也对艾希曼展开了搜寻行动，并在一年后发出了拘捕令。[203]1945 年 9 月，艾希曼出现在英国军情四处制定的《德国警察、党卫队以及各种党派和准军事组织人员黑名单》上。1946 年 6 月 17 日，美国陆军防谍队制作了一份关于艾希曼的三页报告，其主要依据为霍特尔、贝歇尔，以及艾希曼家族（显然是为了混淆视听）的供词，该报告已经纠正了有关萨罗纳的神话。时至 1960 年，美国中央情报局（CIA）关于艾希曼的档案已经包含了一百多份报告和文件。[204]"联合国战争罪行委员会"（UN War Crimes Commission）的前身组织自 1943 年秋季以来，就一直在收集犯案者的名单，而在被称为"纳粹猎人圣经"的"战争罪犯和安全嫌疑人中央登记处名单"（CROWCASS List）上面，当然也出现了艾希曼的名字。[205]

尽管如此，在德国投降之后，最让艾希曼担心的并不是盟军无所不在的军事单位。美国人固然逮捕了他，但他们仅知道人名，而他在德国彻底战败的局面下很容易就可以改名换姓。艾希曼先是在乌尔姆（Ulm）和上普法尔茨魏登（Weiden/Oberpfalz）的战俘营假装自己是一个名叫阿道夫·卡尔·巴尔特的低阶人员，但很快就改称自己是出生于布雷斯劳的党卫队三级突击中队长奥托·埃克曼。这个名字听起来相当接近他的真名，万一有人认出他并喊出来，也不至于引人侧目。此外，军官的职阶能够让奥托·埃克曼免服劳役。艾希曼的选择经过了深思熟虑：如今在布雷斯劳已不复保有任何书面记录*，而且他把自己新的出生日期"往前挪了一年……这样

***

* 党卫队三级突击中队长的官阶相当于少尉。布雷斯劳原为德国下西里西亚省的首府，下西里西亚在战后被割让给波兰，当地居民遭到驱离，布雷斯劳则被更名为弗罗茨瓦夫（Wrocław）。——译注

我可以比较容易地记住那些数字。我的签名也变得比较顺手，即便一时失神也不至于在签字时露出马脚"。[206] 他在被转囚于弗兰肯（Franken）地区的上达赫施泰滕（Oberdachstetten）时，仍旧保留了那个姓名和官阶。[207]

艾希曼自己毕竟有过审讯的经验，因此并不担心会在接受审问时露馅。战俘营很大，验明正身几乎是不可能的事情。更危险的反而是可能认得其长相的人，亦即集中营的幸存者以及曾跟"移民专家"艾希曼打过交道的犹太人。这些人偶尔会现身战俘营，寻找曾经折磨他们的人和杀害了他们家人的凶手。艾希曼后来絮絮叨叨地表示："犹太人委员会一来到营区，我们就必须排队集合。嗯，他们会盯着我瞧，想确定是否曾经看见过这样的嘴脸。……我们必须排成连队……然后过来一个大约由 15 名傻蛋组成的犹太委员会……他们很仔细地从一排又一排的队伍前面走过，盯着我们每一个人的脸。可不是吗？他们也盯着我的面孔瞧个不停，一直非常起劲。我们不准开口讲话，否则我们肯定会对着他们叫出最好听的名字。等他们检查完毕，我们便向前走两步，轮到下一排。" [208]

然而艾希曼却说，这种追捕方式很好逃脱，只要所有战俘都团结一致，彼此不动声色就够了。想从成千上万名衣衫褴褛、满脸胡茬的男子当中辨认出身穿制服、脸孔白净的党卫队官员，是非常困难的事情，更何况是在这些囚犯因为战败而自视为一个团结整体的情况下。但随着越来越多纳粹罪行的细节被披露出来，甚至让一些立场坚定的纳粹党人也感到恐惧和震惊，这种团结一致很快便宣告瓦解。此外，即便最亲密的战友情谊也未必能一直保持稳固，通常等到人们开始为自己的前途感到担忧之际就会破裂——例如直面来自美国陆军防谍队的审讯军官，或者面临纽伦堡审判的时候。到了这样的节骨眼，就再也无法继续隐身于茫茫人群当中了。艾希曼很快意识到，危险除了来自他的敌人之外，也来自他所认为的朋友。

90

那些对绞刑架心生畏惧的纳粹党人突然回想起来，他们不管在哪里
都有办法认出艾希曼的脸，同时却又极力设法让人忘记他们为何如
此熟悉艾希曼那张脸。

　　谁要是常年一直大声宣扬自己的独特角色，难免会在政权更迭
之后成为理想的投射屏，让其他每个人都可以把自己的罪责推得一
干二净。艾希曼尽管并非可怜无辜的替罪羊，却也从未享有过战争
罪行审判的证词中给他冠上的那种权力地位，毕竟艾希曼绝不可能
独力杀害 600 万犹太人。正因为人们十分清楚地知道艾希曼是谁，
91　现在才必须声称自己根本不认识他、从来没有和他见过面，而且顶
多只是粗略知晓他所做过的事情——由于灭绝犹太人的行动属于最
高机密，他们甚至不知道参与者的名字。结果每当提到艾希曼的名
字时，那些被告和证人们的回答非但不是："谁？从来没听过！"
反而都假装做出惊骇的反应："他？没见过！"他们进而滔滔不绝
地解释为什么不清楚那个人的底细，反正他们显然完全不可能认识
他。这么一来，真正令人诧异的事实反而消失不见了：竟然有那么
多纳粹党人、纳粹政权的反对者与受害者，其实对那个名字知之甚详。

"我会笑着跳进坑里……"

　　在纽伦堡审判中，犹太人大屠杀只是诸多审理事项之一，而且
无论如何都不是特别重要的那一个。从美国公诉人的相关准备工作
即可看出，这个主题是多么不受重视。最终只有一个人被派来执行
这项任务，结果他不堪重负，几乎只能心怀感激地完全仰赖卡斯特
纳的报告。[209] 鉴于犯罪规模的庞大、没完没了的涉案名单，以及
要在短短几个月时间内弄清楚一个四面受敌的政权内部是如何运作
的（这是研究人员至今仍在设法解决的问题）这个惊人的任务，此
种处理方式并不让人感到意外。检方为了避免可能来自本国内部的

批评，小心翼翼不特别强调犹太事务的做法，也阻碍了对犹太人的屠杀成为国际军事法庭最重要的课题。虽然当时也出现了贝尔根—贝尔森（Bergen-Belsen）、布痕瓦尔德（Buchenwald），以及奥斯维辛等集中营尸体堆积如山的照片，但罪行真正的规模一直要等到1945年年底，才通过鲁道夫·赫斯、威廉·霍特尔和迪特尔·维斯利策尼等人的证词而公之于世，而那时第一次审判已经进行了三个月（虽然应该指出的是，所有这些供词早在好几个月之前即已提交给调查当局）。如果有谁用搜索引擎在第一次纽伦堡审判的记录中搜索"艾希曼"这个名字，很快就会得出印象，此人被谈及的次数不多。[210] 事实上，被用作基础证据的《卡斯特纳报告》甚至还把艾希曼的名字拼错（Eichmann 被写成"Aichmann"），更进一步强化了这种印象。但若是看一看那个名字在分配给相关主题的有限时间内出现得多么频繁，并且考虑到审判期间只有宣誓的证词被当庭宣读，事情看起来就截然不同了——每当讨论到灭绝犹太人的行动，艾希曼就是最重要的名字之一。[211]

1945年7月，当艾希曼还冒充阿道夫·卡尔·巴尔特被困在上普法尔茨的一座美国战俘营时，不久前还在维也纳担任安全警察与党卫队保安局负责人的鲁道夫·米尔德纳（Rudolf Mildner）已勾勒出一条"责任序列"（Verantwortungslinie），让人很容易成功地躲在后面："执行之前，党卫队集团领袖米勒先与 IV A 4 部门的负责人、党卫队一级突击大队长艾希曼口头讨论。艾希曼原本隶属于党卫队保安局第三处，为了这项任务而被调职到帝国保安总局第四局。"[212] 米尔德纳的把戏显而易见：既然其间既没有文件也没有证人，他身为局外人也就无从得知任何事情。只可惜不曾有人当面质问米尔德纳，他是从哪里得知了那种下达指令的方式。纽伦堡战争罪行审判开始之前，在许多昔日的纳粹犯罪地点，各种关于艾希曼的报告和陈述已经开始出现。它们或来自从前的敌手（罗斯韦尔·麦

克莱兰 [Roswell McClelland]，瑞士，1945 年 8 月 2 日），或来自
盟友（匈牙利萨拉希·费伦茨 [Ferenc Szálasi]* 政府的内政部部长
沃伊瑙·加博尔 [Gabór Vajna]，匈牙利，1945 年 8 月 28 日），或
来自同事和朋友。纽伦堡第一次审判开始一个多月后，检方出示了
威廉·霍特尔那篇恶名昭著的证词，其中谈到艾希曼曾经向他提及
的 600 万名受害者（1945 年 11 月 26 日）。12 月中旬，卡斯特纳的
书面证词被当庭宣读，紧接着又宣读了霍特尔的声明，于是掀起一
股以《600 万犹太人遭到谋杀》为标题的新闻报道浪潮。这个死亡
统计数字——400 万人死于集中营，另有 200 万人被特别行动队杀
害——顿时传遍世界各地，其始作俑者的名字随之闻名遐迩：阿道
夫·艾希曼。

　　例如 1945 年 12 月 19 日的《富尔达人民报》(*Fuldaer Volkszeitung*)
指出："霍特尔证词的根据是一个名叫艾希曼的人向他所做的陈述，
该人身为党卫队高级官员，在灭绝行动中扮演了重要的角色。""霍
特尔认为艾希曼的陈述正确无误，因为其所处的位置必然使其对被
害犹太人的数目有着最清楚的认知。一方面，艾希曼通过特别行动
队把犹太人送进毁灭营；另一方面，他自己在盖世太保高层的职位，
让他得以深入了解有多少犹太人被以其他方式杀害。"自此，在涉
及受害者数目时，艾希曼被视为关键证人，无与争锋。在阿根廷，
这个名声将为他打开进入萨森圈子的大门。12 月 20 日，法庭开始
设法还原包括艾希曼部门在内的盖世太保的组织结构，却被一再改
变的部门名称搞得一头雾水。1946 年 1 月初，特别行动队 D 支队
领导人奥托·奥伦多夫（Otto Ohlendorf）和迪特尔·维斯利策尼
的证词，让艾希曼的名字出现在更多新闻报道中。艾希曼那位昔日
的朋友和下属刻画出一个颐指气使的上司，而把自己表现为深受其

---

*　匈牙利姓名姓在前，名在后。——译注

害的人，并且引述了艾希曼讲过的一句名言："他说他会笑着跳进坑里，因为一想起有 500 万*条人命要算在他的账上，他就感到极大的满足。"[213] 对此，纽伦堡审判中官阶最高的被告戈林不禁充满同情地评论道："这个维斯利策尼只是一个小人物，因为艾希曼不在这里，他才山中无老虎，猴子称霸王。"[214] 所提到的艾希曼正是戈林于 1938 年 11 月展开迫害犹太人行动之后，在会议上结识的那个艾希曼。

精心策划的逃跑计划

94

艾希曼一再表示，正是这些证人的陈述促使他逃离战俘营。如今人们甚至开始在战俘营里谈起他的名字，而美国陆军防谍队在安斯巴赫（Ansbach）的讯问，让这名现在叫奥托·埃克曼的囚犯越来越不舒服。他意识到，被拆穿身份只是时间早晚的问题。对上达赫施泰滕战俘营内的难友们而言，知道或者猜出奥托·埃克曼究竟是谁都是一种风险。当听到艾希曼说出他的逃跑计划时，他们一定都松了一口气，因为即便只是在艾希曼的附近被别人看见，也会给自己的前途带来危险。艾希曼则像在随后的岁月里一次又一次做的，巧妙地故布疑阵。他故意告诉一群军官，自己打算"去大穆夫提那里"。[215] 这个消息只用了几星期即已传播出去，而直到艾希曼在阿根廷被绑架为止，人们都还一直怀疑他已经去了中东。但实际上，他在一位名叫库尔特·鲍尔的低阶党卫队队员的合作下，精心而冷静地研拟了一个截然不同的脱跑计划。鲍尔的姐姐内莉已答应为此提供协助，而且最重要的是，艾希曼在甚至连最亲密的朋友也想象

---

* 维斯利策尼在证词中称，艾希曼曾告诉他共有 400 万犹太人遇害，有时则称是 500 万。——编注

不到的一个地区——德国北部——找到了联系人。当他还在战俘营的时候，党卫队队员汉斯·弗赖斯莱本[216]就已经为艾希曼安排好了一个躲藏地点：其兄沃尔德马尔（Woldemar）是下萨克森策勒（Celle）附近一个林区的林务员，绝对会守口如瓶。当艾希曼的军官狱友们首先被问到他的下落时，他们一致认为那个胆大包天、喜爱旅行的艾希曼正打算潜逃中东，投靠他的穆斯林好友。但他们的同志其实早就在别人的默默帮助下，开始安排自己的新生活了。

1月，奥托·埃克曼头戴一顶麂皮帽、身穿一件改成"巴伐利亚式样"的国防军外套，与鲍尔一同消失了。鲍尔孀居的姐姐内莉·克拉维茨帮他在农庄找到了一个藏身之处。那位在目击证人眼中风姿绰约的少妇，同他一起搭乘火车前往汉堡。结伴旅行的男女不像单独出门的男子那样显眼，因而很少受到盘查。但在前往策勒之前，艾希曼还有另外一个目的地：莱茵兰（Rheinland）。[217]我们尚不清楚他是否认为那里有一个连内莉都不该知道的更好的躲藏地点，但能够确定的是，他去那里是为了取自己的新证件——"我为奥托·黑宁格安排的证明文件。"[218]我们虽不知道是谁帮他准备了那些文件，但至少有一个迹象显示出那些文件放在谁那里：他父亲的一位兄弟仍然住在阿道夫·艾希曼的祖籍地，杜塞尔多夫附近的贝吉施地区（Bergisches Land）。艾希曼的父亲对自己的兄弟完全信任，随后几年不断告诉他儿子的确切下落，甚至还写信告诉他艾希曼的逃亡和在阿根廷的新生活。[219]艾希曼之前曾经探望过他的叔叔。这个地址可想而知是新身份证件的存放地点，而且或许是艾希曼与他父亲保持联系的渠道之一。[220]不管怎样，艾希曼早已及时妥当地安排了他的逃亡行动，因此还有足够的时间来伪造能够取信于人的证件，并把它们好好地藏匿在莱茵兰。考虑到战败投降的各种后果，以及交通运输和邮政投递的全面崩溃，艾希曼想必很早就已经做好了应急准备工作。

奥托·埃克曼从巴伐利亚的战俘营消失将近三个月后，奥托·黑宁格^[221]于 1946 年 3 月 20 日——艾希曼 40 岁生日的第二天——正式登记成为吕讷堡石楠草原的居民。登记流水编号 1757 的下面，写着对这名据称"1906 年 3 月 1 日出生于布雷斯劳的商人"的附注："已婚、新教徒、难民"，之前的居住地址是基姆湖畔普林（Prien am Chiemsee）。沃尔德马尔·弗赖斯莱本自己刚在 1945 年 6 月带着妻子和小孩一起逃亡到该地区，如今在修道院森林管理处担任林务官，住在"科伦巴赫森林管理所"（Forsthaus Kohlenbach），可以施予援手。^[222]黑宁格和当时许多"投靠弗赖斯莱本"*的男子一样，藏身在森林中一间被他们昵称为"岛屿"（Die Insel）的小屋里，为一家名叫布尔曼（Burmann & Co）的公司收集木材和砍伐树木。

艾希曼依然头脑冷静且深思熟虑，就连比绝大多数人都更熟悉他的维斯利策尼，也料想不到会有这么一个藏身之处。当维斯利策尼主动请缨协助盟军查明其昔日上司的下落时，曾聪明地针对艾希曼可能的逃亡地点列了一份清单，果真证明他已将艾希曼的习惯摸得一清二楚。维斯利策尼信心十足地说："凡是认得艾希曼的人都知道，他胆小得不敢一个人独处。"^[223]但显然没有人真正足够了解艾希曼。那份清单列出的可能藏身处所既没有包括德国北部，甚至连莱茵兰也付之阙如。维斯利策尼料到了他的上司可能做出的一切，却百密一疏没有料到艾希曼也有办法耍弄他。艾希曼已对纽伦堡审判将给他带来的危险做出了正确判断。

---

* 弗赖斯莱本 (Freiesleben) 这个姓氏具有强烈的象征意义，在德文意为"自由的生活"（freies Leben）。——译注

纽伦堡的幽灵

······这个负责执行灭绝计划的邪恶人物。

——罗伯特·杰克逊（Robert H. Jackson），
纽伦堡国际军事法庭美方首席检察官

　　艾希曼不但立刻成为纽伦堡相关新闻报道的主题，防谍队所有
分支机构更于维斯利策尼做出证词几天之后，在 1946 年 1 月 10 日
接到通知，要求缉捕阿道夫·艾希曼那名共谋杀害了 600 万犹太人
的凶手。通知中还提出警告，把他形容成"不惜设法杀出一条血路
的亡命徒"。[224] 到了 2 月的时候，艾希曼的名字也出现在法国犹
太人遭受迫害的文件中。时至 1946 年 3 月 4 日，卡尔滕布伦纳的
辩护律师更已认定每个人都知道艾希曼是谁，他指出："众所周知，
艾希曼就是负责整个犹太人灭绝行动的人。"4 月 5 日，正当匈牙利
前总理斯托尧伊·德迈（Döme Sztójay）在布达佩斯忙着做出对艾
希曼不利的证词时，鲁道夫·赫斯向纽伦堡军事法庭提交宣誓证词，
声称近几年艾希曼所产生的象征意义让他的地位获得了"巨大的上
升"——尽管这种说辞在 1946 年就像在 1942 年一样，并不怎么站
得住脚。这个发展非常有利于过去那帮人的自我辩解策略，他们很
快就抓住了这个机会。于是霍特尔帮卡尔滕布伦纳说谎，宣誓"确
认"艾希曼跟他那位来自奥地利的同志＊"没有直接的公务往来"。[225]
卡尔滕布伦纳则声称艾希曼通常直接向希姆莱汇报，甚至绕过了盖
世太保的负责人米勒。既然米勒刚好消失得无影无踪而希姆莱又已
经死了，卡尔滕布伦纳干脆厚颜无耻地撒谎，称他一辈子总共只跟

97

＊　霍特尔、卡尔滕布伦纳二人都来自奥地利（艾希曼反而只是在奥地利长大的德国人）。卡
　　尔滕布伦纳和艾希曼早在中学时代就已彼此熟识，他们二人甚至是希特勒在林茨市同
　　一所中学的晚辈校友。——译注

艾希曼见过两次面。[226] 霍特尔的上司威廉·布鲁诺·瓦内克（Wilhelm Bruno Waneck）也是卡尔滕布伦纳的好朋友，他狡猾地进一步帮腔说，卡尔滕布伦纳还经常因为"疏于管理第四局，把所有事情都留给米勒"而饱受批评。就"解决犹太人问题"而言，希姆莱"在海德里希遇刺身亡之后已完全把工作交由艾希曼办理"，甚至"早在海德里希还在世的时候，艾希曼就已经享有了持续扩大的主导权和绝对的特殊地位，以致他在整个犹太部门（指在帝国保安总局内部）完全独断独行。在海德里希死后，他便直接对希姆莱负责。据我所知，这在帝国保安总局内部是每个人都清楚的事实"（1946年4月15日）。卡尔滕布伦纳的辩护律师考夫曼（Kauffmann）称奥斯维辛集中营一直处于"臭名昭著的艾希曼的思想指导下"。[227]

鲁道夫·赫斯于1946年4月15日首度现身法庭。多亏其鬼魅般的外表，战后人们的脑海中终于凝结出那批"躲在黑暗中的人"的具体形象。赫斯曾是拥有最恐怖记录的死亡集中营的指挥官，他指出艾希曼非但实地参与营地的建造并决定使用"齐克隆B"（Zyklon B）毒剂，而且还向他传达了各种命令，是一个比赫斯自己还要狂热的反犹太主义者。尤利乌斯·施特莱歇尔于1946年4月29日结结巴巴地表示，他之前从未听说过艾希曼（尽管他曾经在1937年邀请艾希曼参加党大会）。负责从巴黎遣送犹太人的赫尔穆特·克诺亨（Helmut Knochen）在1946年6月17日解释说，下达给他的命令原则上直接来自艾希曼或希姆莱。6月28日，曾经主管盖世太保组织与人事的维尔纳·贝斯特（Werner Best）谈到了"艾希曼办事处"。卡尔滕布伦纳的辩护律师更在7月9日要求进行无罪辩护，因为"在只有博尔曼*、希姆莱与艾希曼知情的情况下，才从1941年开始密谋并执行了大规模的犯罪行为"，那不折

98

* 希特勒的秘书马丁·博尔曼往往被误译成"鲍曼"或"包曼"（Baumann）。——译注

不扣是"希姆莱和艾希曼的犹太人行动"（Judenaktion Himmlers und Eichmanns）。1946 年 7 月 13 日，自己的罪责尚不清楚的康拉德·摩根（Konrad Morgen）解释了为什么自己担任党卫队法官的时候曾极力争取对艾希曼提起诉讼，试图借此证明艾希曼即使在党卫队里面也是一个特例。三天以后，美国首席检察官罗伯特·杰克逊称艾希曼为"负责执行灭绝计划的邪恶人物"——艾希曼后来在读到此种说法时特别火冒三丈。[228] 瓦尔特·胡本柯腾（Walter Huppenkothen），帝国保安总局的盖世太保组长以及"7 月 20 日特别调查委员会"成员，在 1946 年 7 月 18 日表示："犹太事务部门（IV B 4，后来的 IV A 4b）及其主管党卫队一级突击大队长艾希曼，在第四局享有特殊地位。该部门位于选侯大街的一栋大楼内，艾希曼及其办公室的大多数成员都住在里面。"艾希曼"经常出外旅行"，米勒名义上是他的"顶头上司"。显然是为了保持距离，胡本柯腾继续补充道："艾希曼和他的同僚们从来没有提到过自己的任务。但是我通过与同志们的谈话，知道艾希曼经常晋见希姆莱。"[229]

99 　　丹麦盖世太保的前负责人卡尔·海因茨·霍夫曼（Karl Heinz Hoffmann）继续采取同样的路线："犹太人问题的处理权当时掌握在艾希曼手中。他并非国家警察出身，而是从党卫队保安局调职到警界的。他和他的办事处位于一栋特别的建筑物里面，与其他部门几乎没有往来。……他名义上隶属于第四局，却非常特立独行。我在此特别强调，这在很大程度上是由于他并非警界出身的缘故。"（1946 年 8 月 1 日）

　　盖世太保审判的辩护律师鲁道夫·默克尔（Rudolf Merkel）总结道："希特勒在 1942 年 4 月下令实施'犹太人问题最终解决方案'，那意味着从肉体上消灭——亦即谋杀——犹太人。……希特勒和希姆莱用于执行命令的工具，是党卫队一级突击大队长阿道夫·艾希曼。艾希曼和他的犹太事务部门虽然在编制上隶属于帝国保安总局第四局，但其实享有绝对自主的地位，甚至完全独立于盖世太保之外。"默克尔提到了"艾希曼的机构"，并声称只有两个人要为迫害犹太人的行动负责：艾希曼和克里斯蒂安·维尔特（Christian Wirth）*（1946 年 8 月 23 日）。霍斯特·佩尔克曼（Horst Pelckmann）律师在为党卫队辩护的时候解释说，德国外交部也是艾希曼谎言下的无助牺牲者，"受害于他巧妙的以假乱真戏法"（1946 年 8 月 26 日）。最后，甚至党卫队保安局的辩护律师也试图撇清与艾希曼部门的关系，并且宣称"艾希曼部门"不在党卫队保安局的职责范围内。最夸张的是，这到最后竟然演变成同为党卫队上级集团领袖的一名前武装党卫队上将和一名前警察上将争论，他们二人究竟是谁比较畏惧党卫队一级突击大队长艾希曼。[230] 他们同时却又相互支持对方的供词，表示自己非常希望采取行动来阻止匈牙利的犹太人遣送行动和徒步行进，然而他们完全不可能对抗艾希曼的权力地位。卡斯特纳早在 1945 年就已经用一个词描述过这种现象："艾希曼主义"（Eichmannism）。[231]

检方和法官基本上清楚这里在搞些什么名堂。美国公诉人托马斯·多兹（Thomas J. Dodds）因而在 1946 年 8 月 29 日纠正说道："根本就没有那样子的'艾希曼部门'。艾希曼只不过是盖世太保里面的一个部门负责人而已，主管教会和犹太人事务。盖世太保的这个部门主要负责将欧洲犹太人驱赶到一起，然后把他们送进集中营。盖世太保内部所称的这个'艾希曼部门'，并不比米勒属下的其他任何部门更加独立于盖世太保之外。"多兹的俄罗斯同僚也表示赞同："艾希曼借由毁灭营……来灭绝欧洲犹太人的计划，来自盖世太保的体制。"（1946 年 8 月 30 日）但尽管

100

---

* 克里斯蒂安·维尔特是党卫队二级突击大队长以及莱因哈德行动的要角之一，负责督导该行动所涉及的集中营。维尔特很适合作为替罪羊，因为他已经在 1944 年死了（被南斯拉夫游击队击毙）。——译注

如此，那种对艾希曼的描述依然产生了显而易见的效果，并且在
判决书中留下了痕迹。艾希曼的名字被提到了三次："在党卫队
旗队长*艾希曼的主导下，帝国保安总局所属的盖世太保成立了一
个特别部门，负责处理犹太事务，并且利用自己的密探来调查被
占领地区的犹太人问题。"[232] 一个后来成为灭绝犹太人同义词的
术语，从此变得与艾希曼的名字密不可分："'最终解决方案'意
味着灭绝犹太人。正如希特勒早在 1939 年年初即已发出的威胁，
这将是战争爆发的后果之一。为了执行这项政策，盖世太保成立
了一个特别部门——由艾希曼担任主管的 B 4 部门。灭绝犹太人
的计划在进攻苏联后不久即已开始施行。"艾希曼的正统性也被
清楚地阐明，因为判决书中写道，艾希曼"被希特勒委派来执行
这项计划"。[233]

在谈论艾希曼和纽伦堡审判时，或早或晚都会有人引用弗朗
西斯·比德尔（Francis Biddle）的一个手写注记。[234] 那位来自美
国的法官在审判文件上艾希曼的名字旁边写下了一个疑问："他是
谁？"人们普遍认为，这并非一个哲学或者心理学上的问题，纯粹
101 只是因为比德尔不知道被提到的那个人究竟是谁。但人们很容易忽
略那个注记的时间，它其实写在审判开始之前。当时只有少数几个
法学专家，其中多半并非德国人，他们必须在非常短的时间内摸清
楚纳粹的国家体制及其犯罪的规模。即便今日也没人能严肃地宣称
自己已经看清了那一切。盟军的战犯通缉名单上包含了六万多个名
字，所以法官没听过文件初稿上提到的名字之一，完全不令人感到
意外。弗朗西斯·比德尔的注记反而显示出他在准备时的认真态
度。更令人惊讶的反而是比德尔在哪里读到这个名字。因为比德尔
在名字旁边写下疑问的那个文件，是"审判框架"（Urteilsrahmen/

---

* 艾希曼从未晋升至党卫队旗队长。——译注

Frame of the Judgment）早期的版本，亦即一份严格保密的起诉书草案。[235] 时隔一年，等到法官小组决定将艾希曼这个名字纳入判决书中列出的 80 个名字当中，而且提到它至少三次时，比德尔的疑问显然已经得到解答。

艾希曼名副其实地成了"纽伦堡的幽灵"，无处不在却又难以捉摸。[236] 他的名字还会在随后所有的相关审判中继续作祟。严格说来，1946 年 9 月的纽伦堡与 1939 年春天的维也纳情况没有两样：艾希曼的名字又一次在其长官和同僚的大力支持下，不可救药地与犹太人政策关联在一起。但时代已然改变，艾希曼至少在刚开始的时候无法乐在其中，因为再也没有"工作"可通过他和他的赫赫声名获得"巨大推动"了。他不再被崇拜者包围，反而被弃如敝屣，是人们宁愿不认得的对象——除非把艾希曼送上死路能够让自己受益。艾希曼因此相当孤独地待在森林里。尽管昔日同志们使尽浑身解数把自己的罪过都推到他身上，艾希曼后来甚至还能充满体谅地说："假如换成是我的话，恐怕也会表现得一模一样。"[237] 只不过倘若情况反过来，艾希曼却很难找到像他那样合适的替罪羊。结果艾希曼无计可施，只能看着他闻名遐迩的名字出现在报道和他在北德最先拿到的小册子上。许多年后，艾希曼描述，如此一来他终于被拉到了"国际聚光灯下"[238]，而他打定主意要做出他在过去十年内无论如何都不肯的事情：保持隐身。

艾希曼究竟在什么时候才真正是"躲在黑暗中的人"（Mann im Dunkeln）[239]？或许只有在他穿着黑色皮革长大衣、只想当一名党卫队保安局专员的短暂时期，宛如来自"黑色电影"系列的角色一般令人畏惧和神秘感十足。然而最晚从 1937 年开始，其他各种角色已经更加吸引人，很快还变得更有用处。正如艾希曼自己所希望的那样，他已经成为国家社会主义犹太人政策的象征——不仅在别人眼中如此，在他自己的行为表现和自我认知中显然也一样。战

102

后出现的唯一改变，就是他更进一步被夸大为独来独往的犯案者。这要归因于知情者与同谋者的自保需求，以及其他人所想要的心灵慰藉。他们一厢情愿地认定，只有一小撮人、一个由极少数圈内人所组成的秘密团伙，犯下了那个有史以来最大的罪行，而且就连纳粹党人也对那批怪物避之唯恐不及。凶手的团伙越被说成是对外封闭的，"其他人"宣称自己毫不知情的谎言也就越发能够取信于人。

艾希曼要等到1960年在以色列的时候才终于体会到，被认为是"躲在黑暗中的人"也能带来益处。他欣然接受了维斯利策尼有关于此的描述，尽管在担任犹太事务部门主管的时候，艾希曼会觉得那是一种令人难以置信的侮辱。如今他坐在以色列的牢房里，一心只想证明从来都没有人认识他，但并非因为他有着巨大而神秘的力量，反而是由于他如此不显眼和不重要。艾希曼对他昔日朋友和同志们的连篇谎话，表现出一种交织着不理解、不相信和失望的态度，有时显得如此可怜兮兮，简直会让人以为他至少在某些时候确实相信自己的说法。最耐人寻味的疑问莫过于：为什么艾希曼事后能够如此成功地否认自己曾经享有的突出地位，以致人们忽视了他在1960年和1961年之前的形象？其实只需要稍看一下他在审判之前的形象即可发现，艾希曼根本不可能既是一个象征，同时又无籍籍名。

事情的真相是，艾希曼在受审期间试图拿来跟自己相提并论的昔日同僚当中，没有任何人曾经享有像他那么突出的地位——不仅在1960年之前的文献当中如此，在纳粹时期的公众印象里也是一样，无论加害者或受害者都有相同的看法。以拉德马赫（Rademacher）、塔登（Thadden）、维斯利策尼、布伦纳乃至于西克斯（Six）等人为例，我们在谈论艾希曼的报纸上怎么样也找不到他们的名字，纽伦堡的判决书同样也没有提及他们。当以色列政府在1951年公开向德国提出赔偿要求时，其官方的原始文件中仅仅列出了五个凶手的名字，艾希曼就是其中之一 [240]，而报道此事的那些报纸都没有问为什么。

讨厌的隐姓埋名状态

他想必无聊得要命。

——汉娜·阿伦特评论躲藏在德国北部的艾希曼

乍看之下，吕讷堡石楠草原没有什么能让人联想到飞黄腾达的党卫队事业生涯。阿道夫·艾希曼的生活方式与奥托·黑宁格有着天壤之别。如今已无量身定做的制服、光可鉴人的皮靴、办公大楼与勤务人员，留给他的只剩下一件褴褛的国防军外套和森林里的一栋小屋。他不再拥有发号施令的权力，再也不能"颐指气使"，再也无法乘坐自己的公务汽车行遍半个欧洲，再也不可能用新的手段来消灭敌人。艾希曼的世界在短短几个月时间内就变得非常简单，甚至几乎可称之为"一目了然"，因为作为一名战俘和逃犯，他的生命始终处于危险之中，全部精力都集中在求生上面。森林中的宁静、充足的食物供应[241]、日复一日的日常生活，这一切不仅提供了某种安全感，更令人不得不回归内心世界。艾希曼后来在阿根廷宣称："1946年的时候，我第一次尝试以书面形式记录我的回忆，并写下了当时还记忆鲜活的一些数字。"[242]考虑到艾希曼所处的环境和他日后的写作热忱，此事一点也不令人意外。然而不能把这种举动看成反躬自省，因为艾希曼即便已经失去了他的办公桌，却完全没有失去他的旧心态。除此之外，他写作的原因并不是要设法理解自己的所作所为，而是由于被他视为毕生成就的那些行为如今普遍受到了谴责。艾希曼并不打算追求真理，而是要为自己的行为寻找一种最可信的辩解以防万一。

他想必早在成为战俘、随时可能面临审讯威胁的时候就已经开动脑筋，到底该如何描述他那惊人的职业生涯，以便尽可能减轻自己的罪责。许多上司和同僚接受审判的新闻，让他联想到自己迟早也会——无论是以证人还是被告的身份——被传唤出庭。艾希曼自己曾经多次扮演审讯者的角色，足以知道简单的谎言根本不可能让他全身而退。然而事情的真相实在太骇人听闻了，甚至无法用轻描淡写的方式表达。若是跟奥斯维辛集中营的指挥官坐在一起小酌红酒，他们或许不难达成共识，认为谋杀数百万犹太人的行动只不过是"后代子孙们不必再进行的战役"。[243]可是艾希曼足够聪明，知道其他大多数人不会这样看。那个时代的多数人一心只想推诿卸责，忘记自己在过去12年中跟在谁的背后做出了什么事情。但是对于因犯下反人类罪行而遭到通缉的信仰坚定的纳粹党人而言，战争还远远没有结束。

艾希曼始终承认，他从一开始就阅读了所有关于纳粹灭绝犹太人的报道和文章。他曾有些漫不经心地告诉萨森："在林木茂密的石楠草原，我的面前摆放着一大沓旧报纸，上面都有关于我的文章，用了像是'大屠杀凶手艾希曼'、'大屠杀凶手在哪儿'和'艾希曼躲藏在哪里'之类的标题。"[244]艾希曼后来的各种谈话和证词都显示，他确实知道当时主要的文章和事件，只不过我们无法确定他是在什么时候读到它们的。因此我们只能设法找出他在那段时间或许已经读过哪些东西，而且无法排除他是后来才看到那些材料的。第

105

一本他后来反复引用的书是欧根·科贡（Eugen Kogon）所撰写的
《党卫队国家》（Der SS-Staat），其主要根据是美国军事当局委托
昔日集中营囚犯集体整理出来的"布痕瓦尔德报告"（Buchenwald
Report）。[245] 该书在 1946 年出版，将罪魁祸首描绘成一小撮反社
会的变态虐待狂，想必会让艾希曼觉得既受侮辱又遭挑衅，这完全
不符合他对纳粹领导阶层的理解——在他眼中，那是一个新的精英
集团，而他信仰坚定地自视为其中的一员。除此之外，艾希曼很早
就在报纸和小册子上读到了霍特尔和维斯利策尼的证词，因为它
们已在新闻媒体引发了巨大的回响。根据艾希曼自己的说法，他
在北德的时候就已经读过了 1946 年秋季出版、由罗伯特·肯普纳
（Robert M. W. Kempner）编辑的《纽伦堡审判》（Das Urteil von
Nürnberg）。[246] 基本上，没有任何证据能够否定，艾希曼在做伐木
工人时期的确读过那些出版物，因为在"岛上"，怀旧的政治性谈
话显然经常发生。该地区的百姓至今仍然记得，如果有谁想要喝杯
啤酒谈谈往事，森林里那群伐木工以及与他们同住的红十字会护士
露特（Ruth）的房子是一个受欢迎的晚间聚会场所。那些小册子不
必花钱就能获得，因为英国占领军把它们作为再教育工作的一部分
而免费分发。无论如何，当艾希曼在 1948 年离开森林，搬到阿尔
腾萨尔茨科特（Altensalzkoth）那个小村庄经营一家养鸡场的时候，
他的兴趣已经非常明显。可是在回顾当时的生活时，艾希曼却提出
了相反的说法："在美丽的石楠草原上，生活平静地发展下去。每
逢周日，我就骑着自行车前往策勒附近的乡村酒馆……酒馆主人有
时会告诉我当地报纸写了关于艾希曼的什么，我听了便不禁难掩笑
意。他总是习惯性地说：'说不定一切都是谎话和捏造出来的东西。'
那让我非常高兴和满意。"[247]

　　艾希曼不只从报纸和书籍中读到他在历史上的特殊角色，周遭
环境也在提醒他这一点。他的新居住地距离昔日的贝尔根—贝尔森

集中营只有几公里之遥，该营区当时已经变成了一座难民营，暂时
收容那些从纳粹杀戮行动中幸存下来的无家可归者。艾希曼就生活
在他的受害者附近，只不过如今他已是鸡农而非刽子手了。他后来
在阿根廷用这个光怪陆离的场景来附和萨森的意见："吕讷堡石楠
草原附近就是贝尔根—贝尔森集中营，当地周遭的一切都飘荡着大
蒜味，而且那里只有犹太人，因为那个时候还会有谁过来买东西呢？
当然只有犹太人。于是我告诉自己说，我把木材卖给了犹太人、把
鸡蛋卖给了犹太人。我感到震惊和困惑，在心中自忖道：你瞧瞧看，
真是天杀的！那些家伙应该都已经被杀光了，可是他们却正在跟我
讨价还价。可不是吗？"[248] 但不管艾希曼在老朋友们之间发出怎
样令人作呕的纳粹式吹嘘，近在咫尺的贝尔根—贝尔森还是对他造
成真实的困扰，即便艾希曼只是轻描淡写地顺手写道："在那几年，
我从来没有摆脱这样的恐惧：有人会站在我的背后突然大喊：'艾
希曼！'"[249] 而他揽镜自顾时显然不曾产生同样的担忧。

我们不知道艾希曼在吕讷堡石楠草原写下了哪些想法。至少
按照他在阿根廷的说辞，当他再次离开藏身之处的时候，已经先
后将回忆录和各种统计数字一把火烧掉了，因为不想带着它们一
起上路。[250]

在米勒—科伦贝格林区（Revierförsterei Miele-Kohlenberg）
和阿尔腾萨尔茨科特认识奥托·黑宁格的人们，都没有意识到他的
恐惧和内心的挣扎。他们遇见了一位不酗酒也不赌博的好好先生，
有办法公平地安排食粮分配，十分熟悉"公家机关的繁文缛节"，
既聪明又彬彬有礼，而且还按时缴纳房租。此外，这名带有轻微维
也纳口音的男子声音相当有魅力，行为表现更显示出他绝非出身乡
间地区。村内的女性居民在 1960 年告诉新闻记者："他是那样安静
谦卑的一个人，经常在温暖的夏夜为我们演奏小提琴。他演奏过莫
扎特、舒伯特、巴赫和贝多芬。"[251] 当地的男性也高度评价这位新

108 来者：他通常被认为掌握娴熟的技术知识，有办法修复损坏的机械设备，更何况他还拥有该地区唯一一台收音机，特别喜欢追踪新闻动向。奥托·黑宁格表现得随时随地都乐于助人。尽管这听起来像是庸俗的陈腔滥调，但就连小孩子都喜欢他，因为他能够辅导功课，还会给他们巧克力。[252] 没有人真正清楚奥托·黑宁格的底细。这个小村庄的居民让他进入他们的生活，把房间和田地租给他，用车子帮他把鸡运往市场，购买他的鸡蛋，并且尊重其不事张扬的作风。在战争刚结束的那段时期，没有人喜欢被别人问起，因此也不会询问别人。[253] 然而艾希曼对自己身边的那些人并没有很高的评价。"如果我不想让周遭的寻常百姓起疑心的话，那么就不能阅读比儿童故事更有深度的东西。"[254] 汉娜·阿伦特尽管没有听到这种贬损言论，却还是做出了相当正确的推断，认为艾希曼在吕讷堡石楠草原想必"无聊得要死"（tödlich gelangweilt）[255]——而这带来的无可否认的好处就是，至少他不必再算计别人的性命了。

"北方要塞"

艾希曼将自己描绘为一个孤独异乡人的做法还另有一层用意：在随后的那些年里，他基本上总是避免提到当初接触对象的姓名。因为即便是在吕讷堡石楠草原，一名昔日的党卫队队员其实也不可能那么遗世独立。艾希曼无论如何都不是唯一有类似的过去，并且选择藏匿在这个乡下地方的人。柏林的纳粹党人很早即已讨论过可能的紧急会面地点。虽然有些人还对虚无缥缈的"阿尔卑斯要塞"和"北方要塞"（Festung Nord）等防御阵地心存幻想，可是像艾希曼这样的人物应已十分清楚那些地区的真正意义：纵使战败，一109 群志同道合的人也可以迅速在那里聚集起来，以便交换重要的信息。奥地利的萨尔茨卡默古特（Salzkammergut）和德国北部的策勒地区，其战略位置都非常有利。二者皆地处边陲，距离国界不远。在那里可以不引人注目地重建网络，一旦遇到紧急状况也可以就近逃离：位于奥地利地理中心的阿尔陶塞距离属意大利的南蒂罗尔地区（Südtirol）*只有一箭之遥，从阿尔腾萨尔茨科特则不难抵达德国的一些主要港口。长年扮演移民专家角色的艾希曼，必定立刻看出了这些"要塞"带来的可能性。他把自己和家人刚好分别安置在这样的地区，绝非出于偶然。当年阿尔腾萨尔茨科特一带的居民，直到今天都还记得曾经到访过的昔日党卫队人员，例如维利·科赫（Willi Koch）[256]，他甚至很可能知道奥托·黑宁格究竟是谁。另外一位名叫路易斯·辛特霍尔策的访客则绝对知晓其身份，许多年后该人还肆无忌惮地吹嘘，自己所属的一个小圈子曾经帮助艾希曼逃亡，他的言论甚至还传到了西德（联邦德国）情报机关一名线人的耳中。[257]

路易斯（阿洛伊斯）·辛特霍尔策是最残暴的党卫队打手之一，那批人早已因为卷入1938年11月集体迫害因斯布鲁克犹太人的行动，成为臭名远扬的罪犯。[258]但对于这名1914年出生、年轻时代就小有名气的奥地利拳击手而言，那不过是其谋杀事业的开端而已。辛特霍尔策深度参与了武装党卫队针对意大利平民采取的所谓"报复行动"，在1943年摧毁了村落卡维奥拉（Caviola），导致40人遇害，其中一些人更被活活烧死在自己家里。此外他还在1943年积极参加了对犹太人的迫害，最终在1945年2月成为特伦托（Trient）的盖世太保领导人。他在战争末期的撤退甚至也伴随着各种谋害打杀。[259]尽管在战后多次被捕，甚至两度在缺席审判的情况下被意大利法院判处无期徒刑，辛特霍尔策却一再成功地逃脱法网。在20

---

* 南蒂罗尔亦音译为南提洛，原属奥地利（当地居民使用德语），一战结束后被割让给意大利。——译注

110　世纪 40 年代末期，这名不肯悔改的党卫队成员与妻子和后来生下的孩子们定居在比勒费尔德（Bielefeld）。他保留了自己的真名，却仍然使用伪造的德国护照，因为奥地利已经对他下达了逮捕令。我们不清楚辛特霍尔策与艾希曼在德国北部会面时的情形。他们可能通过奥地利党卫队同志的圈子建立了联系（辛特霍尔策直到 1989年去世为止都是该团体的坚贞成员），也可能因为其他的机缘而重新相见，但无可争议的是，他们二人都知道彼此的来头。辛特霍尔策后来表示，艾希曼亲口告诉过他，自己在德国北部藏匿了"犹太人问题最终解决方案"的相关档案和文件，其中包括各种统计数字，而且更重要的是，还有参与者的背景资料。[260] 辛特霍尔策还是奥托·黑宁格在吕讷堡石楠草原的最后一位访客：他从那里带着艾希曼不被察觉地抵达奥地利边界。艾希曼后来开玩笑地和威廉·萨森说道："当初在吕讷堡石楠草原的时候，我到处跑来跑去。可不是吗？你瞧，我总是马不停蹄，并没有一直窝在某个角落里面。"[261] 鉴于艾希曼甚至能够跟来自比勒费尔德的老同志们见面，我们不难想象他的话中意味着什么。

随着时间的流逝，许多人从战俘营回到家里。其中至少有一个人重新与艾希曼取得了联系：获释之后也前往阿尔腾萨尔茨科特定居的汉斯·弗赖斯莱本。党卫队的同志情谊再度被证明持久不渝。起初只是有利于苟活偷生和隐匿躲藏的联系，在随后几年发展成了一个协助逃亡的网络。对于许多避居北德的前纳粹官员而言，逃亡计划从此几乎再也不是单打独斗，他们当中的一些人将在阿根廷与艾希曼重逢。

111

家庭联系

艾希曼并没有在吕讷堡石楠草原长久定居下来的打算。但随着日子一天天过去，他在当地已觉得非常安全，甚至还在1947年应邀参加一位昔日伐木同伴的婚礼，并在婚礼照片上毫不畏缩地站在新娘身旁不远。假使艾希曼乖乖留在这个地区，他很可能永远都不会暴露行踪。然而安全感取代不了自己的家庭。尽管内莉·克拉维茨那位有着美丽浅褐色头发的少妇不时从南方前来造访奥托·黑宁格，不但为他准备了像是"皇帝煎饼块"（Kaiserschmarrn）之类充满异地风情的餐点，也给村内的闲言闲语带来蓬勃生气。[262] 尽管人们谣传他在当地另有一二红粉知己，但艾希曼还是想重新回到自己家人身边。

首先尝试重返旧生活的是薇拉·艾希曼。她在其臭名昭著的丈夫失踪之后的行为，从一开始便泄露了一家人曾事先讨论过他们的应急策略。薇拉不但表现得小心谨慎，更以惊人的毅力承受了侦讯、搜家，以及盟军和幸存者组织的监视。多亏了艾希曼的妻子，在很长时间内，一张他的照片都找不到。与在林茨的其他家人一样，薇拉一定也把所有文件都好好藏了起来，直到1952年出发前往阿根廷之前才又把它们拿出来。她在1946年11月接受美国陆军防谍队讯问时，表示已在1945年3月与丈夫离婚，最后一次见面是他在4月来阿尔陶塞与孩子们告别的时候。她宣称自己对丈夫的罪行一无所知，说辞与艾希曼的父母和手足在一个月前做出的声明惊人地如出一辙。[263]

艾希曼在战争结束之前向同志们灌输的"家中黑羊"神话，从一开始就被有系统地传播出去。薇拉·艾希曼依然得到丈夫家人接济的事实，似乎没有引起任何怀疑。[264] 同时也没有人注意到，卡尔·阿道夫·艾希曼根本不可能因为国家社会主义世界观而与他的儿子在政治立场上产生歧异，因为他本身就是一个立场坚定的国家社会主义者。艾希曼的父亲在20世纪30年代末加入了纳粹党，后来如薇拉·艾希曼所言，这在1945年给他带来了一些麻烦。但那不仅"因为他曾经是一名纳粹",更因为他缺乏有效的财产证明，以致某些明显不属于他的物品遭到没收。英国历史学家大卫·切萨拉尼（David Cesarani）因而相当正确地提出警告，千万不要低估了"父子之间的相互作用"。[265]

1947 年 4 月，艾希曼的妻子迈出了下一步，试图在巴特伊施尔（Bad Ischl）宣布她的丈夫已经死亡。她声称艾希曼已在 1945 年 4 月阵亡于布拉格。这样做很可能事先已与艾希曼的父亲商量过，而父亲同样早就与儿子讨论过各种逃亡的可能性。假如这个尝试成功，阿道夫·艾希曼或许真的有机会在欧洲安度余生，更何况我们从许多照片都可以看出来，此人具备多么强大的适应能力。除此之外，他的妻子还可以借此获得领取抚恤金的资格。薇拉·艾希曼提出的证据乍看之下颇有说服力：她的证人丽莎·卡尔斯（Lisa Kals）是一名嫁给阿尔陶塞人并定居当地的女子，出示了一封由某个名叫卡尔·卢卡斯（Karl Lukas）的捷克上尉写来的信函，信中提及了艾希曼的死讯。然而西蒙·维森塔尔立刻注意到，他曾经听过那个名字：此人是薇拉的妹夫，而那位妹妹现在正与她们的母亲居住在林茨附近。经过维森塔尔的提醒，阿尔陶塞警方立刻发现了另外一件荒唐事。原来，从薇拉的妹夫处收到信函的那位丽莎·卡尔斯，婚前的姓氏同样为利布尔。[266] 也就是说，薇拉·艾希曼试图在她的两个妹妹和一个妹夫的协助下，为自己的丈夫取得死亡证明。[267]

113　　等到维森塔尔出示两份宣誓证词，指称 5 月的时候还曾经有人在阿尔陶塞看见过艾希曼，薇拉·艾希曼便撤回了她的申请，但已经产生了与预期完全相反的效果。如今每个人都知道艾希曼还活着，否则他的家人根本没必要如此大费周章。于是美国陆军防谍队再次搜查了艾希曼家人的房屋，以及他一个情妇的住处。除此之外，一名以色列特工甚至设法通过艾希曼的另一位女性友人玛丽亚·莫森巴赫尔（Maria Mösenbacher），成功获得了第一张艾希曼的照片。[268]

维斯利策尼曾派调查人员调查另外一名男子，该人据称是"艾希曼的司机"，因而能够交出一份内容翔实的艾希曼女友名单。那个人其实就是约瑟夫·魏斯尔，"多普尔的犹太人皇帝"，一个臭名昭著的虐待狂，皮鞭已经成为他的标志，而且他还是威廉·霍特尔的连襟。[269]魏斯尔不久之后就在巴黎站上了军事法庭，在那里讲出更多关于其上司的细节，因为他自己只是"奉命成为虐待狂"而已。虽然艾希曼一家很可能并不知道那张照片，但阿道夫·艾希曼肯定从父亲那里获悉了搜查的事情。后来在阿根廷与同伴们谈话时，艾希曼甚至知道维也纳已经对他发出了拘捕令。[270]艾希曼的所有家人都清楚看出，阿道夫·艾希曼已经别无选择。他必须启动应急计划：逃离德国。对薇拉·艾希曼来说，这意味着更多年的等待，而且其间不可做出任何启人疑窦的行为。等到她终于在布宜诺斯艾利斯与丈夫重新相聚时，他们已经整整七年没有见过面了。

艾希曼的犹豫不决

我们可以合理地推断，艾希曼为什么会把阿根廷列为可能的避难地点。他后来表示，自己曾经读到"昔日克恩滕（Kärnten）*的纳粹省党部领导如今生活在阿根廷"。[271]艾希曼指的显然是西格弗里德·于伯赖特尔（Siegfried Uiberreither）。但严格说来，那人其实是施泰尔马克（Steiermark）的省党部领导，曾在1947年5月设法逃离达豪，后来与真正的克恩滕省党部领导弗里德里希·赖纳（Friedrich Rainer）一同被引渡到南斯拉夫。奥地利的报纸充满了相关报道，而且很早便有人猜测于伯赖特尔已逃往阿根廷。[272]到20世纪40年代末，事实上许多人都已知道，昔日的纳粹要员正置

114

---

* 克恩滕是奥地利最南方的联邦州，亦音译为卡林西亚（Carinthia）或克恩顿。——译注

身阿根廷。因为不仅相关谣言甚嚣尘上，更有杜勒出版社的书籍和杂志四处流传，从布宜诺斯艾利斯向外传播激进的国家社会主义思想，公然用一些非常著名的作家来招徕读者。此外，德国极右派人士如饥似渴地阅读的《路径》杂志，明显是所有战后纳粹刊物当中最右倾的一个，同样出自杜勒出版社，自 1947 年开始发行。它公然宣扬反犹太主义、种族主义和国家社会主义，仿佛第三帝国的崩溃从未发生。

　　埃伯哈德·弗里奇，杜勒出版社的年轻出版商，表现得积极又自信，在德国大打广告，使这份来自国外的褐色宣传刊物＊销路持续上升，以致早在 1949 年就在德国新闻界激起了一波警告和挞伐的浪潮：人们撰文评论阿根廷的"纳粹负隅顽抗中心"和"南美洲的希特勒们"，并且针对"通往深渊的'路径'"提出警告。慕尼黑的《新报》（Neue Zeitung）甚至把弗里奇形容成"第四帝国的明日之星"。[273] 汉堡的《明镜周刊》（Der Spiegel）进而声称，纳粹要员纷纷逃往阿根廷一事，实乃出自国防军最高指挥部当初的指令。[274]《路径》杂志为一个听起来让人心生信赖的社团"同志工作会"（Kameradenwerk）以及各种旅行中介机构打出的广告，更发挥了推波助澜的作用。对于像艾希曼这种信仰坚定的国家社会主义者而言，那样的新闻听起来想必宛如来自应许之地的信息。

　　威尔弗雷德·冯·奥芬是戈培尔曾经的下属和不肯悔改的国家社会主义者，也在 1945 年以后来到德国北部。他毫不隐瞒地表示，正是杜勒出版社的刊物激起了他对阿根廷的好奇。当他还躲在石勒苏益格—荷尔斯泰因（Schleswig-Holstein）的时候，就已经利用德国和布宜诺斯艾利斯之间显然早已运作良好的通信网络，直接在埃伯哈德·弗里奇那里出版了他关于戈培尔的专著。[275] 艾希曼日后

115

＊　褐色是代表纳粹的颜色，纳粹恐怖因而也被称为褐色恐怖（Brauner Terror）。——译注

在阿根廷也会称赞这个网络的价值。

* * *

　　阿根廷不仅听起来相当不错，更是真正现实可行的逃亡目的地。多亏阿根廷作家乌基·戈尼（Uki Goñi）利用第一手资料进行的开创性研究，现在我们对于是哪些人建立了这样的网络使那些渴望移民的人能够潜逃出境，以及该网络的组织结构有了丰富的了解。对于拥有像艾希曼那种履历的人来说，个人临时起意的做法是行不通的。刚开始的逃亡路线经过瑞典的海港，距离艾希曼在北德的住地只有咫尺之遥。可是自从这条路线在 1948 年被曝光之后，人们不得不完全转向南方的替代路线。一个由德国帮手、阿根廷公务机关、奥地利边防人员、意大利登记机构、红十字会、梵蒂冈内部人员，以及航运巨子所构成的连锁网络，使逃亡成为可能。在开始行动之前，必须先备妥两份文件。其一为阿根廷的短期签证，由得到阿根廷总统胡安·庇隆默许的人口走私贩子奥尔斯特·卡洛斯·福尔德纳负责提供。其二是与短期签证持有人姓名相同的身份证件。就艾希曼的情况而言，身份证件应由南蒂罗尔的泰尔梅诺（Termeno）核发。*除了艾希曼之外，一些同样特别有问题的人物——诸如集中营的"医生"约瑟夫·门格勒（Josef Mengele），以及希姆莱的首席副官卢多尔夫·冯·阿尔文斯莱本——都同时于 1948 年在那个小镇取得了身份证件。艾希曼自己的证件核发于 6 月 11 日，编号为 131，证件上的姓名则写成了里卡多·克莱门特（Riccardo Klement）。†[276] 以保护"被迫害者和受折磨者"（他指的是纳粹党人）

---

*　泰尔梅诺的德语名称为特拉敏（Tramin）。——译注

†　里卡多的意大利文拼法是 Riccardo，西班牙文的写法（艾希曼在阿根廷登记的名字）则为 Ricardo。——译注

为己任的阿洛伊斯·胡达尔主教，后来也将因为从罗马为这名逃亡者安排证件而出名。[277]

116   值得注意的是，从这些身份证件的核发到艾希曼真正脱逃，时间上相隔了将近两年。换句话说，艾希曼是在有效期两年的短期签证即将过期前的最后一刻才使用的。到底是什么事情让他犹豫不决，迟迟未曾采取行动？一个可能的原因是德国 1947—1950 年的政治动荡。在 1947 年 12 月举行的伦敦外交部长会议上，同盟国与苏联的歧见明显日益扩大，昔日盟友的分裂已经势所难免。许多纳粹党人甚至早在战争结束之前即已预见到这种东西方的冲突。他们寄望于西方列强的反布尔什维主义，期待它最终能够胜过打垮希特勒德国的愿望。之后德国就可以重新成为一个主权国家。艾希曼的一位亲密同僚后来报告说："艾希曼对西方列强与俄国之间的争端深信不疑，并将之视作他最后的机会。"[278] 戈林也在纽伦堡多次表达了这种期待，甚至希望自己能够因此重新掌权。[279]

期待中的东西方分裂在 1948 年逐步成为事实，于是对一个新的开始，尤其对全面大赦的希望也随之而来。另外一个改变却显然不利于艾希曼：货币改革已于 1948 年 6 月 20 日开始生效。这不仅意味着失去工作，因为他在布尔曼公司之后所在的东家迅速走向破产。货币改革进而威胁到艾希曼辛辛苦苦存下来的钱。对于过着非法生活的人来说，"德意志马克"*的引进带来了严重问题。如果完全逃避跟公家机关打交道，就既不能领取所谓"人人有奖"的 40 德意志马克，也没有办法获得新的货币。若无外界帮助，他也无法兑换攒下的"帝国马克"，因为兑换新币必须有银行账户，以及供财政机关核可的相关证明文件。艾希曼却二者皆无。他固然合法申报

---

* 德意志马克（Deutsche Mark, DM）亦翻译为德国马克或联邦德国马克。之前的货币则为国家马克(Reichsmark)。1871—1918 年之间的"国家马克"通常被翻译为"帝国马克"。——译注

了户口，并已取得有效证件，但他还是小心翼翼地避免与官方有任何接触。这个非法人士如今必须仰赖洗钱业者，但那些人的兑换汇率可想而知好不到哪里去。万一受到讹诈，也无法寻求司法保护。像艾希曼这种曾经在维也纳利用不公平汇率手段，为帝国聚敛了千百万不义之财的人，自然对此有着特别深刻的体会。

除了刚好待在没收得来、酒窖装得满满的豪宅里面执行"公务"的时期，艾希曼终其一生都过着节俭的生活。货币改革难免给他在海外寻求新生活的计划带来了挫折，因为即使老同志也不会免费提供帮助。或许我们可以从这个角度理解他投资养鸡场的原因。20 世纪 30 年代，犹太人总是在被剥夺了一切之后才获准离开这个国家。艾希曼从中得到的教训是，如果想要保护资产，就必须投资于实物。但其先决条件是不道德的政权没有颁布恶法，禁止购置实物资产。

没有人阻止艾希曼把钱投资于养鸡业，几周之后，也没有人阻止他用家禽换来新的货币。由于引进这种新型稳定的通货，他获得了不少投资收益。村内当时的孩子们还记得，艾希曼养了 100 多只鸡，一枚鸡蛋要价高达 20 芬尼（Pfennig）。* 相比之下，艾希曼每月的租金只有 10 马克。[280] 这样一来，他不但赚到了钱，还能够暂时观望，期待战争结束五周年的时候能够出现大赦。但另一个事件或许也对艾希曼的犹豫不决产生了影响。那就是 1948 年冬天，警方、以色列"访客"和一名纳粹猎人在奥地利试图逮捕他未果。

探访家人？

在 1960 年 10 月的一场新闻发布会上，西蒙·维森塔尔向惊讶莫名的观众宣布，他曾试图利用阿道夫·艾希曼计划在 1949 年圣

---

* 100 芬尼等于 1 马克。——译注

诞节前往阿尔陶塞探访家人的机会抓捕他："那栋房子被团团包围
起来，可是艾希曼没有现身。他显然得到警告或者起了疑心，于是
再次消失不见了。"[281] 这不只是维森塔尔所讲的诸多戏剧性故事中
的一个，而是一次真正的行动，即便他给出的日期并不完全准确。

　　早在 1948 年秋天即已有线索表明，艾希曼打算在圣诞节和新
年之间前往探访他的家人。关于随后发生的事件，有许多当事人的
报告保存了下来。它们的内容并不总是一致，却都可以归结到一个
共同的核心和日期。[282] 根据消息，1948 年 12 月的时候，林茨的
奥地利刑事警察（莱奥·弗兰克-迈尔 [Leo Frank-Maier][283] 等人），
配合包括米迦勒·布洛赫（Michael Bloch）[284] 在内的以色列特工
人员，与西蒙·维森塔尔在阿尔陶塞布下了天罗地网。计划是逮捕
艾希曼，并把他交给以色列人。为此林茨刑事警察的负责人不但不
用负担行动开销，还能另外获得 5000 美元。于是他们试图在那个
人口稀疏的地区尽可能不令人起疑地进行部署，而当时正值深冬，
夜间气温低达零下 20 摄氏度。所有参与人员都提到监视工作出现
了纰漏，却对失败责任的归属莫衷一是，讲不出究竟是谁的疏失导
致艾希曼事先获得警告。但最可能的解释是，在一个像阿尔陶塞菲
舍恩多夫（Fischerndorf/Altaussee）这样小的地方，由那么多人共
同参与的行动根本不可能不被发现。报告中甚至提到，小镇上流传
着有关以色列人或纳粹猎人西蒙·维森塔尔出没的流言蜚语，后者
在奥地利已不再无籍籍名。

　　艾希曼是否真的尝试过在 1948 年圣诞节和新年之间前往探访
他的家人？他是否的确愿意冒着巨大的风险旅行穿越整个德国，还
要以伪造的身份出境？我们从后来那些年发生的事情可以知道，不
管艾希曼再怎么"虔信宗教"，圣诞节总是与强烈的家庭情感联系
在一起。更何况他的身份证明文件已经在意大利准备妥当，因此艾
希曼若是提前展开逃亡行动的话，探访家人正好让他在半路上歇歇

119

脚。可是如此一来，艾希曼势必来不及变卖他在当地的资产就要从阿尔腾萨尔茨科特消失，这对他是一笔严重的财务损失。薇拉·艾希曼和孩子们后来并没有提到过这样的计划，艾希曼在阿尔腾萨尔茨科特细心的邻居们也都不曾观察到他有长时间出远门的迹象。艾希曼后来指出，自己至少曾经有过探访家人的念头，但他把时间定在 1950 年，也就是当他展开逃亡计划，在距离妻儿几公里外的地方穿越奥地利之际。那时他一度考虑是否该冒险与家人见面，却还是很克制地决定不要那么做。[285] 艾希曼不太可能偏偏在 1948 年丧失了自制力。同时他自己的思维方式非常接近调查人员，不太可能犯错误挑选这么一个具有标志性的日子，而且刚好是在谎报死亡的企图失败不久之后。

还有别的因素表明，艾希曼不可能企图在这个时候接近他的家人。1948 年 9 月底在林茨进行的一次采访引发了一系列报纸专论。维也纳的《世界晚报》（*Welt am Abend*）报道说："艾希曼的父母自战争结束以来，便不曾听到过有关他们儿子的消息。"然而在那一地区完成的调查却指出，有谣言表明阿道夫·艾希曼在 1946 年以前曾是美军战俘。他已化名埃克曼，据悉目前正在中东"担任耶路撒冷大穆夫提阿尔—侯赛尼的顾问，协助解决巴勒斯坦的犹太人问题"。以《帝国犹太专员》或《阿拉伯军团之一员》等为标题，那个故事在 1948 年 10 月顽固地持续出现在新闻媒体上。[286] 就连刚刚完成其戈培尔传记的库尔特·里斯（Curt Riess），也以"特约记者"的身份前往阿尔陶塞，寻找艾希曼的踪迹。最后他只能勉强挤出一个哗众取宠的文章系列，来讲述"阿尔陶塞的风流娘儿们"（Die lustigen Weiber von Altaussee）*，里面当然也少不了提到纳粹

120

---

* 这个系列标题的灵感来自莎士比亚的戏剧，以及作曲家奥托·尼古拉（Otto Nicolai）的喜歌剧《温莎的风流娘儿们》（*The Merry Wives of Windsr/ Die lustigen Weiber von Windsor*）。——译注

黄金的传说。《新世界》(*Die Neue Welt*)在 11 月 13 日刊登了一份还算具有启发性的文件，发布了两页艾希曼在 1937 年手写的个人简历，出自其官方人事档案。所有人都可以从中清楚地看到他真正诞生于何时何地，以及他的谋杀事业是如何开始的。里斯也详细描述了艾希曼家人现在的居住地。然而一个信息反复出现于各篇文章中，想必也让艾希曼的家人特别感到忧心忡忡："艾希曼在所有战犯名单上都排在第一位。"不管艾希曼考虑过怎样的逃亡计划，1948 年年底都不是付诸行动的良好时机。因为人们显然都还十分清楚地记得他是谁，知道他曾经一心梦想成为"帝国犹太专员"。

德国联邦情报局（BND）的前身盖伦组织（Organisation Gehlen）于几年后获悉，以色列驻维也纳领事曾在 1949 年，也就是圣诞节抓捕行动失败一年之后，提供 5 万先令用于追捕艾希曼。[287] 甚至还有人宣称悬赏金额高达 100 万先令。盖伦组织的线人称，有一个以色列特工小组曾经潜伏在奥地利，准备趁艾希曼在圣诞节探访家人时绑架他，甚至已经在萨尔茨堡（Salzburg）机场租好了一架飞机。那么在维森塔尔抓捕行动失败一年之后，是否有人再次尝试围捕艾希曼呢？

根据档案资料，盖伦组织的线人是约瑟夫·阿道夫·乌尔班（Josef Adolf Urban）。这个八面玲珑的人物出生于 1920 年，1948 年在林茨市内一间沦为假护照交易中心的咖啡馆遭到逮捕。他的袋子里装满了厚厚一叠伪造证件，足够让林茨警方逮捕他了。莱奥·弗兰克—迈尔是参与逮捕行动的警官之一，报告了侦讯乌尔班的情形。他甚至还允许西蒙·维森塔尔旁听，因为被捕的那个人显然意图协助战争罪犯逃亡。尽管罪证确凿，两天之后他们却不得不释放约瑟夫·阿道夫·乌尔班。按照莱奥·弗兰克—迈尔的讲法，有两名美国防谍队的密探上门要求释放那名嫌犯，因为乌尔班在一个针对苏联的间谍网中是不可或缺的协调者。迈尔很快发现，乌尔班其实是在向情报单位提供编造的"情报"，来源是同样被他炮制出来的一些"在地特工"。他甚至还在东欧编造了若干武器工厂。[288]

迈尔显然有所不知的是，极力避免让乌尔班接受审判的不止美国谍报机构一家。那名情报制造者同时也是奥地利内政部国家安全部门的线人，万一他出庭受审，这个事实将不可避免地被曝光出来。[289]事实上乌尔班向几乎所有情报单位通风报信，从法国的第二局（Deuxième Bureau）到以色列的情报机构，无所不包，而盖伦组织当然包括在内。[290]无怪乎在迄今关于德国联邦情报局内容最详尽的那本研究专著中，作者恰如其分地称之为"一个浪迹天涯的特务机构雇佣兵"（ein vagabundierender Geheimdienstsöldner）。[291]莱因哈德·盖伦（Reinhard Gehlen）更委托这名所谓的消息灵通人士，在1948年与布鲁诺·考舍恩（Bruno Kauschen）一起，发展德国情报组织在奥地利的分支机构。[292]我们不确定盖伦当时是否知道，乌尔班的爆炸性情报往往都是编造出来的，以及乌尔班究竟在哪里学会了这套功夫。

计划绑架艾希曼的消息是否属实？我们不需要花太多时间，就能从阿尔陶塞当地酒馆主人的口中听到有关1948—1949年冬天那场失败行动的花絮。但不能排除这样的可能，即乌尔班在1952年透露他的内幕消息时，虚构多过了事实。因为正如我们即将看到的，盖伦组织在1952年的时候对艾希曼非常感兴趣。乌尔班甚至宣称，他曾亲自帮助艾希曼逃亡——这个招供似乎并没有给他在战后西德情报部门的职业生涯带来负面影响。[293]然而与情报机构的典型做法一样，对外公开的文件显示不出什么东西来。不过我们还是知道，乌尔班到底在哪里学会了这种瞎编乱造的本事：先是在党卫队保安局，后来在匈牙利跟艾希曼一起。[294]

那名年轻的事业狂人在18岁时即已加入纳粹党（党员编号6312927），很快就跃升为维也纳党卫队保安局的负责人，被认为是

瓦尔特·舍伦贝格（Walter Schellenberg）手下的一名巴尔干问题
专家，最后成为党卫队保安局布达佩斯总部的负责人。而当时艾希
曼正在那里向世人展示，在六周时间里可以将多少人"带往毁灭"
（der Vernichtung zuführen）。乌尔班关于鲁道夫·卡斯特纳的故事
让维森塔尔目瞪口呆。[295] 无疑，莱因哈德·盖伦对受过良好训练
的人别具慧眼。

　　但如此一来，乌尔班应该也是最不希望看见艾希曼重新现身的
人之一，因为不仅乌尔班知道艾希曼在 1945 年以前做过什么事情，
艾希曼当然也清楚乌尔班的过去。假如有机会的话，乌尔班甚至巴
不得能够把伪造的证件送交给艾希曼，即便艾希曼永远不会依靠像
乌尔班这样的小罪犯。然而那名前任布达佩斯党卫队保安局首脑不
愿背叛艾希曼，还有另外一个重要动机：乌尔班终其一生都是信仰
坚定的纳粹党人。根据其同僚的报告，乌尔班总是"以元首阿道夫·希
特勒之名任命属下，因为他有可靠的情报指出，希特勒还活着，而
且按照乌尔班的讲法，就置身南极地区一个温暖的绿洲"。缺少地
理学知识显然不是乌尔班的最大问题所在。[296] 但他的政治观点也
没有妨碍莱因哈德·盖伦在 1956 年以后继续雇用约瑟夫·阿道夫·乌
尔班为联邦情报局工作。他直到 20 世纪 70 年代都还一直出现在普
拉赫（Pullach）的薪饷名册上。*

　　除了盖伦组织的档案之外，还有更多证据显示，曾经有过第二
123 次企图将艾希曼从奥地利绑架出境的尝试。除了西蒙·维森塔尔，
还有另外两名男子报告了 1949—1950 年新年之际可能的行动。那
二人分别是不知疲倦的纳粹猎人托维阿·弗里德曼，以及绝对知道
内情的阿舍·本—纳坦（Asher Ben-Natan），他当时仍然主管以色

---

* 盖伦组织于 1956 年改组为德国联邦情报局，其总部位于慕尼黑南郊的普拉赫，普拉赫因
　 而曾成为德国联邦情报局的代称（其总部已在 2014 年迁往柏林）。——译注

列外交部的政治司，亦即日后"摩萨德"的前身。然而这次行动也失败了，因为艾希曼根本没有过来。[297]

盖伦组织的档案里面不仅包括了乌尔班的胡言乱语，也显示出两次绑架企图之间的一年发生了重大改变：按照乌尔班的讲法，捉拿"犹太人的头号敌人"的悬赏金额已经增加，可是明显变得比较不值钱。金额从 5000 美元提高为 50000 先令，尽管多出一个 0，实际的价值却减少了一半以上。也有人提到 100 万奥地利先令的巨额悬赏金，但这种不一致的情况证明消息未必可靠。

过了 11 年，等到以色列特工小组再度设法绑架艾希曼，并且果真把这名被追捕了那么久的罪犯送上飞机之后，美国中情局一口认定该计划出自西蒙·维森塔尔之手。[298] 显然中情局也早已听说了 20 世纪 40 年代末期失败的绑架尝试。

我们不知道究竟是谁暗中通报了艾希曼的探访行程，让西蒙·维森塔尔提高警觉，以及为什么那么多人相信逮捕行动会成功。但我们不得不怀疑那个通报是否值得被认真看待。说不定出自误会，是各种混淆所造成的结果，甚至是艾希曼家人的测试，以查明自己受监视的程度。但无论如何，艾希曼一定已经发现，人们依旧对他兴趣不减。如果以色列人曾出现在阿尔陶塞的流言事后传到了艾希曼那里，他想必会特别感到不安。在 1960 年遭到绑架之后，艾希曼曾表达过一种特别的恐惧：他担心失去了许多孩子的犹太民族会把对此难辞其咎的人当成目标，派人针对他的孩子展开复仇行动。[299] 可是鉴于战犯名单广为人知，加上奥地利警方已受到惊动，最好的对策还是尽可能远离危险。所以他继续冒充与世无争的奥托·黑宁格，待在偏僻的阿尔腾萨尔茨科特养鸡，再用高价将鸡蛋出售给他来不及送上死路的那些人。艾希曼虽然在 1950 年的时候已经攒了一点钱，却不得不认清一个事实，那就是新成立的德意志联邦共和国并没有让他免遭起诉。他的阿根廷签证即将到期，现在该是他上路的时候了。

有条不紊的脱逃行动

艾希曼即使在离开阿尔腾萨尔茨科特的时候也保持头脑清醒。半夜偷偷溜走的做法只会引人疑窦，然后制造出各种故事传进不该听的人耳中。但另一方面，在国内迁徙甚至移居国外的人，在那些年头并不少见。战争及其造成的后果，诸如逃亡、劫持、驱逐、难民营和城市住房短缺等，让许多人仍在寻找一个能让他们重新产生归属感的地方。艾希曼成功地使奥托·黑宁格也成为那些寻觅者当中的一员。他把鸡卖给了弗赖斯莱本的森林管理员、告诉房东太太自己准备去斯堪的纳维亚做机械工程师，并且写信向内莉道别，以掩盖在她那里留下的所有痕迹。[300] 他宣称自己打算向俄国人投案——跟今天人们想象的不同，此事在当时听起来并不显得那么突兀，因为有许多人揣测，一些盖世太保高官（例如艾希曼的顶头上司米勒）已经躲进了苏联占领区。只可惜至今还没有系统化地研究，到底哪些人真的选择了这条脱逃路线。那个搬家地址在当时还另有好处，因为查核起来不那么容易。总而言之，奥托·黑宁格没有不告而别，或者像小偷一样在夜里逃走，而是缴清房租，并且有模有样地和阿尔腾萨尔茨科特道别。于是没有人怀疑，也没有人报警。在人们的记忆中，过去四年那位邻居都是一位令人愉快的外来客。如果有谁怀念其不事张扬的作风或者他的小提琴演奏，仍旧可以在那张婚礼照片上看见他。要是能偶尔收到他的消息，知道他在远方过得怎么样，那就更好了。然而没有任何人料到，那会是一张来自以色列的明信片。

* * *

究竟是艾希曼自己想办法与逃亡网络取得了联系，还是对方的代表主动找上门来，这个问题至今依然悬而未决。同样，我们也无法排除艾希曼的父亲在林茨提供协助的可能性：既然奥地利报纸上谈论于伯赖特尔逃亡经过的文章能够一直传到德国北部，可见艾希曼一定与奥地利保持着密切联系。不过艾希曼自己在谈起这些事情的时候，却说出了好几个自相矛盾的版本。根据其中一个版本，他在当地报纸上刊登精心编成密码的广告，由此联络上蛇头集团。[301]而根据艾希曼在1961年年初讲述的狂野浪漫版逃亡故事，是他自己的冒险精神和一位值得信赖的同志，才终于促成了双方的接触："我在石楠草原向一位密友透露自己打算前往海外，问他是否知道谁清楚与逃亡有关的各种事情。通过这种方式，我在1950年与汉堡的一位先生取得联系。他从前是党卫队的人，现在经常来往于德国和意大利之间。我从自己的储蓄（靠鸡蛋生意赚来的2500马克）当中给了他300马克，于是从他那里获得了关于经由'潜水艇路线'（U-Boot-Route）前往南美洲的最精确信息。我了解到每一个细节、每一个停靠站、每一个联络点。"[302]

126

所有的故事版本都有一个共通之处，那就是尽可能转移人们对实际参与者的注意。艾希曼直到被处决时都心怀感激，对每一个帮助过他的人展现出这种休戚与共的精神。时至今日，我们知道其故事中的一个关键要素完全无法成立：逃亡所需的第一份证件在1948年6月初即已核发，时间早于货币改革，甚至是在艾希曼从林区伐木工人变成鸡农之前。他刻意在讲述中把日期往后挪了。这种提供错误日期的做法旨在释放假消息，艾希曼后来曾经对此做过详细描述[303]，并且一再以惊人的完美手法实际加以运用。[304]通过推迟日期，他得以始终一贯地淡化自己所扮演的角色：一个人若是在某个机构揭幕时才首次现身，其角色自然不同于在筹备阶段即已造访该机构未来场地的人。他把这种策略应用于成立犹太移民中央办公室和设置死亡集中营的时间。同样，一个花了两年多时间来安排自己逃亡计划的人，给别人的印象自然迥异于一个在1950年才临时决定前往意大利，手中只有几个地址准备见机行事的脱逃者。类似这样窜改日期的做法，可以掩盖很长一段时间内发生的事情，借此规避各种令人不快的问题。例如，在1948年货币改革前夕，艾希曼从哪里获得的金钱与联系，以了解逃亡的各种细节？另一个问题就是，他如何联系上相关教会机构，并在其协助下获得了南蒂罗尔的身份证件和阿根廷的短期签证？因为艾希曼显然没办法亲自过去。曾经帮助艾希曼逃亡的内莉·克拉维茨不是可能的人选，因为艾希曼显然并不信任她。

127　　　　建立新身份的过程非常复杂，短期签证和来自南蒂罗尔的身份证件只不过是第一步而已。有了这些文件、照片，以及方济会神父爱德华多·德默特尔（Edoardo Dömötör）出具的一份品行证明，艾希曼才得以向热那亚的国际红十字会申请护照。等到取得护照和短期签证之后，才有办法向阿根廷大使馆申请长期签证。长期签证加上医师出具的健康证明，以及更进一步的身份证明文件，是艾希曼在布宜诺斯艾利斯申请个人身份证件的基础。除此之外，他还必须坐船过去。热那亚只需要两个多礼拜的时间来完成整套程序。即使是艾希曼那样经验老到的移民专家，也不可能临时起意便如此高效率地利用这许多国家和机构的漏洞，至于约瑟夫·门格勒和卢多尔夫·冯·阿尔文斯莱本之类完全缺乏经验，不知该如何灵活处理过境突发状况的人士，自然就更不用说了。

　　　　从国际红十字会保存至今的护照申请档案中的照片，即可看出逃亡组织的专业程度：在那张照片上，艾希曼的化装效果好得令人叹为观止。精心修剪得露出头顶的发型、圆框眼镜、八字胡、西装和领结，都让他看起来不仅明显老了许多，并且就像刻板印象中的工程师模样，完全不会让人联想到一名官员。艾希曼的照片并非特例。希姆莱的前任首席副官，身高将近两米的卢多尔夫·冯·阿尔文斯莱本，原本有着严重后退的发际线，如今却戴着蓬松的遮秃假发、蓄着小胡子、双肩下垂。那里的化妆师完全知道自己在做什么。

艾希曼和其他许多流亡者一样利用的体系得到很多方面的支持，其中更包括得到阿根廷总统胡安·多明戈·庇隆许可的专业人口走私集团。阿根廷对德国的专业人士极感兴趣，希望借由他们推动从农业国向工业国转型的进程，这让协助逃亡的工作看起来像是一笔合理的投资。战后欧洲的局势非常有利于这种技术转移，由于整个地区都已沦为废墟，人人都必须为自己寻找新的出路，因此很容易接受邀约。就争取受过良好教育的移民而言，阿根廷并不是唯一这么做的国家，但很少有别的地方像它一样为艾希曼这样的罪犯提供移民机会。在阿根廷方面，德裔阿根廷人鲁道福·弗洛伊德（Rudolfo Freude）与移民局密切合作，组织了援助逃亡者的行动。另一个之前已经提到过的德裔阿根廷人奥尔斯特·卡洛斯·福尔德纳，在1948年前往欧洲，在阿根廷领事馆的协助下，提供各种文件和组织架构帮助逃亡者脱逃。艾希曼的儿子将在许多年后表示，福尔德纳是"父亲最好的朋友"。[305]

敖德萨（O. D. E. S. S. A.）*的神话——亦即认为有一个结构严密的前党卫队成员组织，在第三帝国土崩瓦解之后走入地下，如钟表般继续运作——长久以来扭曲了人们对现实的看法。其实"敖德萨"一词最初只不过是战俘营内的暗号，让党卫队成员能够认出彼此并相互扶持。[306] 神话之所以历久不衰，是因为它满足了我们的想象力。这样一个地下组织的神话，同时为两个受到创伤的群体提供了满足。一个是纳粹猎人，他们和所有追捕者一样，随着时间流逝，高估了对手的实力，倾向于阴谋论。另一个是纳粹党人自己，

128

---

* O. D. E. S. S. A. 是"前党卫队成员组织"（Organisation der ehemaligen SS Angehörigen）的德文缩写。——译注

他们在掌权期间早就理想化了党卫队之类组织的高效率，等到战败之后，觉得党卫队会以某种方式延续命脉的想法给他们带来了安慰。认为存在一个地下组织，所有党卫队队员在1945年后都自动成为其成员，而且该组织不受影响地继续存在，仿佛当年5月什么事情都没有发生过一般，这显然是恐惧或希望所引发的幻想。但同样自然的是，即使一个建立于某种意识形态之上的国家已经分崩离析，该意识形态的坚定支持者们也不会停止忠于自己的信念，不会失去彼此休戚与共的归属感。德国的战败在国内创造了一个无所不在的新敌人——同盟国的军队，而这个共同的敌人又回过头来强化了他们的凝聚力。对党卫队的浪漫想象并没有消失在怀旧的记忆中，而是创造出一个适应新时代的网络。昔日的党卫队成员从来都没有过自己的大型地下组织，可是有不少藏身地下的前党卫队成员需要帮助，而且他们很容易就可以从正面看待党卫队的人士那边得到帮助。这种权宜的联盟有赖于私人引荐和良好的关系，非法的联盟尤其如此。归属于一个意识形态色彩强烈的共同体，此种身份就是最好的"推荐函"，无论在安排住宿、代为联系、邮寄服务或者提供更大帮助的时候都管用。其基本结构与帝国保安总局之类的纳粹机构并无差别，但已经因时制宜。一个体制僵硬的逃亡协助组织，即使可行，也永远没办法像这个灵活的利益共同体一样高效，素昧平生的人也可以依赖彼此的帮助。艾希曼在欧洲的逃亡以及在阿根廷的生活都深受其影响，甚至连他在耶路撒冷出庭受审时的表现也不例外。因此我们若想查明和理解艾希曼在阿根廷的生活背景，就不能不先考察一下他的脱逃行动是如何组织起来的。在老同志和他们新的同情者相互支援扶持的背后，隐藏着一种特殊的思维方式，那就是不轻易公开自己的身份，因为这整个网络都建立在不引人注意的作风之上。提供帮助必须悄悄地进行，因为敌人到处都是，而那些看似松散的网络联结，其价值主要就在于永远不透露它们是如何运作的。

艾希曼直到 1962 年也对此深信不疑，在回顾往事的时候一再对协助他和家人逃亡并展开新生活的"那个组织"表达深切的感激之情。[307]

自求多福的旅人

艾希曼的道路并没有通向罗马，尽管要是没有与梵蒂冈关系紧密的教会机构从旁协助的话，他根本不可能逃跑成功。尽管如此，很长时间都一直有人怀疑艾希曼去了那座永恒之城。不过早在 1961 年春天，摩西·珀尔曼就已经提到了热那亚港以及在当地接应艾希曼的方济会神父——他通过特殊渠道获得了艾希曼在审讯中的供词。[308] 珀尔曼的发现固然因为汉娜·阿伦特而广为人知，但仍不足以撼动一个牢不可破的谣言，即艾希曼在罗马会见了阿洛伊斯·胡达尔主教，并且在"圣拉斐尔协会"（St.Raphaels-Verein）*的安东·韦伯（Anton Weber）神父那里通过了信仰测试。尽管胡达尔或许在安排艾希曼取得假证件方面提供了协助，但我们还是可以完全排除二人在罗马见过面的可能性。不过话说回来，从 20 世纪 50 年代初开始，胡达尔便成了一个家喻户晓的名字，与协助纳粹逃亡的行动密不可分。等到艾希曼被逮捕以后，最自然不过的不就是把艾希曼在教会协助下经由意大利逃跑一事，与人们所知道的唯一一个名字——阿洛伊斯·胡达尔——联系在一起吗？

尽管有证据表明，胡达尔主教曾在罗马接见潜逃的纳粹人士并在他们逃亡期间给予照顾，但艾希曼不是其中之一。他在 1950 年 5 月的逃亡路线，是从阿尔腾萨尔茨科特直接前往奥地利边界附

130

---

*　圣拉斐尔协会是协助德国天主教徒移民国外的组织，成立于 1871 年，总部在汉堡。——译注

近。那段旅程既轻松又舒适。路易斯·辛特霍尔策从比勒费尔德赶过来,亲自开车载着他的老同志,从策勒一直来到奥地利边界上的巴特赖兴哈尔(Bad Reichenhall)。至少按照这名前因斯布鲁克党卫队领袖后来的讲法,情况就是这个样子,而他也为此给自己惹来一身腥。[309] 这只是一个白天的车程,所以不需要另外找地方住宿。抵达巴特赖兴哈尔之后,艾希曼在一名人口走私者的帮助下,抄小路偷偷来到奥地利的库夫施泰因(Kufstein),接着坐出租车前往因斯布鲁克,他在那里有一个联络地址。在纳粹的圈子内,因斯布鲁克是众所周知的逃亡者歇脚点,尤其聚集了打算逃离自己过去的那些人。有许多迹象显示,艾希曼在此还见到了他的父亲,或者至少见到了一个中间人,因为他把自己赚来的钱留了一部分给他在奥地利的家人。[310] 在职业蛇头集团的协助下,艾希曼又从因斯布鲁克向南来到布伦纳山口格里斯(Gries am Brenner)的维纳德尔斯客栈(Gasthaus Vinaders),然后越过边境进入意大利。施泰青(Sterzing)* 的约翰·科拉迪尼(Johann Corradini)神父赶来与艾希曼会合,并把行李交还给他,之前这位神父亲自骑车载运他的行李穿越边界,现在还帮他安排了一名“出租车司机”。由于科拉迪尼的协助并非孤立事件,我们可以推断,那名“出租车司机”也是局内人,靠特殊的乘客来赚取外快。不管怎样,司机载着逃亡者继续来到博尔扎诺博岑省(Bozen/Bolzano),也就是在艾希曼的新简历上,他于1913年作为安娜·克莱门特(Anna Klement)的私生子来到世上的地方。根据艾希曼自己的说法,他在当地免费取得了阿根廷移民局的短期签证,而且他显然还拿到了已事先帮他办妥的证件——由南蒂罗尔的泰尔梅诺核发的身份证明,上面称他是“无国籍者”。

---

* 施泰青是德语名称,意大利名称为维皮泰诺(Vipiteno)——编注

离开博尔扎诺,行程继续经维罗纳(Verona)前往热那亚,艾希曼就在热那亚的一座方济会修道院内避难。不过我们尚不清楚艾希曼在那里还遇见了其他哪些昔日的同志。艾希曼自己只提到过佩德罗·盖勒,一位本名赫伯特·库尔曼的前坦克部队军官。艾希曼甚至声称曾经借钱给那人以便他漂洋过海。但我们可以推测,别名盖勒的库尔曼并非艾希曼于逃亡途中异地重逢或首次见面的唯一对象,他在这段时间已为未来的海外生活建立了联系。艾希曼在修道院内度过了他在欧洲的最后几个星期,在前往红十字会和阿根廷移民当局在热那亚的驻外机构的空档,靠下棋以及与"老僧侣方济各"(alter Mönch Franziscus)讨论世界观来打发时间。有关艾希曼在此期间正式皈依天主教并受洗的谣言,是完全站不住脚的。[311] 受洗既不明智也没必要,因为泰尔梅诺颁发的假证件早已把他注记成了天主教徒。艾希曼后来一再把自己描述成"信神的人",并且以个性鲜明的傲慢口吻表示,自己曾经接受东道主的请求一同参加了晨间的礼拜仪式:"方济各神父在我出发的前一天恳求我过去望弥撒,因为他想要为我赐福。'反正这不会有坏处。'他说。我伸手揽住他的肩膀,称他是'我的好老法利赛人'。"[312] 艾希曼没有因为护照上面捏造出来的宗教信仰而良心不安,还以令人不解的唐突方式描述了自己的态度:"我毫不犹豫地自称为(但这并不表示我变成了)天主教徒。事实上我不属于任何教会,但天主教神父们对我的帮助令我铭记于心,所以我决定成为荣誉教友,借此给天主教会带去荣誉。"[313] 希姆莱周围那帮人的荣誉观,本来就有些自成一格。*

等到"乔凡娜 C"(Giovanna C)号蒸汽船终于载着约莫 15 位逃亡者驶离热那亚港的时候,艾希曼心中的解脱感不禁油然而生。即使当他在以色列回想起渡海经过时,那种感觉依然非常鲜明地

132

---

* 纳粹党卫队的座右铭是:"吾之荣誉即忠诚。"(Meine Ehre heißt Treue)——译注

溢于言表。[314] 回顾了自己得救所经历的艰辛之后，艾希曼立即十分不得体地与另一类难民做了对比："从前是犹太人，如今是艾希曼！"[315] 这种比较非但恬不知耻，同时也泄露了真相：艾希曼虽然试图在 1960 年说服每一个人，他其实不过是个无名小卒，却又一次在此突显了"艾希曼"这个名字所具有的象征意义。那句话乍看之下像是荒谬可耻的挑衅，仿佛这名凶手妄图把自己跟他的受害者混为一谈，可是仔细思考，它却精确地呈现出艾希曼的真正面目：一个自视与犹太人势不两立的人，而且知道别人也如此看待他，能够马上理解"犹太人—艾希曼"之间的对立性。任何人写出这种句子，所基于的都是一个姓氏的名声，亦即"艾希曼这个名闻遐迩的字眼"。

133 艾希曼在追忆自己逃亡的最后阶段时回想起那样的感觉，这绝非偶然。毕竟正是其原有姓氏的响亮名声，让他认为自己能够在新家园迎来新的开始："我知道，在南美洲的这个'应许之地'，有一些好朋友正等着向我伸出援手。我可以公开地、自由地、骄傲地告诉那些朋友：我是阿道夫·艾希曼。"[316] 换句话说，那些朋友之所以愿意帮助他，正是因为他们知道他是谁。对艾希曼来说，里卡多·克莱门特从一开始就只不过是身份证明上面的另外一个名字而已。前往阿根廷的航程非但让艾希曼重获自由，更让他重新获得了自己的姓名。

第二章

间奏曲：在中东的虚假踪迹

阿道夫·艾希曼目前人在大马士革。

　　——1952 年后，德国情报机构艾希曼档案中的说明文字

　　艾希曼后来在以色列写道："当'乔凡娜 C'那艘轮船离开热那亚港的时候，我感觉像是一只被狩猎的鹿，终于成功摆脱了追捕者。一股自由的感觉将我淹没。"[1] 如果这真的是艾希曼在 1950 年夏天横渡大西洋时的心境，那么他对自由的希望不无道理。他固然仍受到通缉，但追捕他的人当时怎样都料想不到他正在前往拉丁美洲的途中。艾希曼把捉迷藏的游戏进行得如此天衣无缝，以至于直到他十年后被逮捕为止，都没有人发现他在北德的栖身地点。所有关于他最初藏匿之处的猜测，都一直围绕着最容易跟他联想在一起的地区打转，那就是奥地利。人们以为他会躲在离家人不远、可与老同志们密切联系的地方。自从艾希曼真正的逃亡路线在 1960 年曝光以来，西蒙·维森塔尔便不断受到讥讽和嘲笑[2]，因为他始终坚信艾希曼"与'雪绒花'（Edelweis）、'六星座'（Sechsgestirn）和'蜘蛛'（Spinne）之类的地下组织保持着密切联系"，而且由于

"蜘蛛"就把"自己的总部设在叙利亚驻罗马大使馆",那些纳粹秘密团体共同构成了"敖德萨"的支柱。[3] 但维森塔尔绝不是唯一听信了这种谣言的人,就连防谍队的探员亦对此有所听闻。[4] 除此之外,同样的故事还出现在位于林茨的上奥地利安全局的机密报告中。

一名昔日的党卫队成员添油加醋地把艾希曼描绘成一个跨国组织的资助者,但其情节过于夸张不实,只会让人不由得心生怀疑。例如他声称那些地下团体的领袖之一是党卫队将领保罗·豪塞尔(Paul Hausser),但美中不足的是,豪塞尔一直到 1949 年都还被囚禁在战俘营内。尽管如此,这方面的记录还是进入了联邦德国的情报机构 [5] 和美国中央情报局 [6] 的档案。但在 1960 年之前,任何地方都没有提到北德。在吕讷堡石楠草原伪装成奥托·黑宁格的做法,无可否认是逃亡的艾希曼的一大杰作。

1950 年,除了艾希曼的家人和直接帮助他逃亡的人(但其中大多数人声称并不知道他们帮的是谁),没有人料到阿根廷已成为艾希曼最新的目的地。除了艾希曼潜藏时始终如一和严格自律,以及总是只跟真正信得过的人打交道之外,主要还是因为他在 1944 年年底向最后的同伴们告别时便已经布下疑阵。等到艾希曼在 1946 年逃离战俘营不知所踪,而且有关奥地利的谣言也全部落空之后,每个人都认为他已经把自己的计划付诸行动,逃往中东躲在耶路撒冷大穆夫提阿明·阿尔–侯赛尼那里。

人们迄今所听说的有关艾希曼的一切,似乎都指向了那个计划:他号称具有的语言能力、所谓与大穆夫提和阿拉伯人的友谊、谎称在萨罗纳圣殿骑士殖民地出生的背景,再加上他对犹太人的狂热仇恨,以及他一再强调的意图,只要一息尚存就会使尽各种手段在全世界与"犹太集团"战斗到底。艾希曼在他所讲述的故事和自我呈现中,巧妙地运用了各种陈词滥调。这个以谋杀犹太人为己任的凶手便用这种方式继续云游四方,不断跟着自己的任务走下去。从追踪这名罪犯最初的尝试，即可看出艾希曼多么成功地激发了那些幻想。

　　早在 1946 年 8 月 16 日，柏林探讨犹太人问题的杂志《路径》137
即已刊出第一篇内容非常丰富的专文《卡尔·艾希曼依然踪迹全无》
（'Von Karl Eichmann fehlt jede Spur'）[7]，随后被摘要转载于其
他报纸。这篇文章除了犯了那个著名的张冠李戴错误，即把艾希曼
的名字（Otto Adolf）跟他父亲的名字（Karl Adolf）搞混外，还
详细介绍了那名犹太事务主管的发迹经过。它还提到了艾希曼的语
言习惯，以及他不断改变的外貌。由此不难看出，该文参考了当时
许多目击者的报告。有人怀疑艾希曼可能躲进难民营冒充受害者，
甚至认为他可能已经动过脸部整形手术。该文昭告天下，劫后余生
的犹太人的任务就是要找到艾希曼，并把他送上法庭。

　　1947 年 1 月，《英国占领区犹太社区周报》（Jüdisches
Gemeindeblatt für die britische Zone）也发表了一篇内容详尽的文
章，并给它起了一个宣示意味十足的标题《我们正在找的人》（'Der
Mann, den wir suchen'）。[8] "卡尔·艾希曼"被描绘为一名年约
35 岁的男子，"年轻、瘦长、高大、金发、蓝眼、曾经研读过神学"，
而且是"纳粹迫害犹太人的最有力工具"。那篇文章重复了有关"完
美希伯来专家"的神话，称他出生于萨罗纳，曾在 1936 年旧地重游，
以便在穆夫提、希姆莱和希特勒之间建立起联系。他最后一次被人
看见是在特莱西恩施塔特，现在可能正"伪装成犹太人"藏匿在犹
太人中间。"他也有可能已经返回巴勒斯坦，以非法移民之姿在那
里继续为非作歹，或许更已伪装成犹太恐怖分子？"人们在战争结
束后普遍担心的是，凶手艾希曼可能已经在他的受害者中间找到了
避难所。西蒙·维森塔尔也有同样的忧惧。他在同一年发表了一
本名为《大穆夫提——轴心国的大特务》（Großmufti—Großagent
der Achse）的小册子，其中用一章篇幅专门讨论艾希曼，最后做出
这样的推断："犹太人的头号敌人艾希曼仍未缉捕到案。无法排除

的可能是，这名罪大恶极的犯人也许会利用自己的意第绪语和希伯
来语能力，伪装成犹太人藏在难民营内，或者甚至冒充非法的犹太
复国主义移民，逃往中东投靠他的阿拉伯朋友们……"[9]在那本附
有插图的小册子里，还有一张维森塔尔误以为是艾希曼的照片。

　　第一张真正的艾希曼照片由莱昂·波利亚科夫（Léon Poliakov）
于1949年在其关于艾希曼的专文《阿道夫·艾希曼或卡利古拉之梦》
（*Adolf Eichmann ou le rêve de Caligula*）中发布。[10]由于该文以
法文撰写，在德国几乎没有引起注意，因此艾希曼竟然知道有人将
他与那个疯狂嗜杀且仇视犹太人的罗马皇帝相提并论，就更令人惊
讶。据说艾希曼会根据谈话对象的不同而表现得愤愤不平或沾沾自
喜。波利亚科夫驳斥了萨罗纳的神话，并且引述了纽伦堡第一次审
判的证词和文件，但最重要的还是那张照片，因为它首度向世人展
示了艾希曼的模样——或至少是他加入党卫队之前的样子。照片中
那个神情懒散的青年既没有穿制服也没有摆出傲慢的姿态，反而引
发人们对他那所谓的"典型犹太人长相"做出各种揣测。当威廉·萨
森后来问起此事的时候，艾希曼坚称那张照片显然被修饰过了，因
为他根本没戴过那样的领带，而且他从来没有过那种面部表情。[11]

　　一些果真逃往中东，不仅在当地寻求庇护，同时也在等待新任
务的党卫队人员，使艾希曼逃往南方的推测显得更加可信。于是《英
国占领区犹太社区周报》在1948年夏天率先刊出专文，讲述一名
"替阿拉伯人效劳的党卫队将领"。该人"名叫汉斯·艾希曼（Hans
Eichmann），生于巴勒斯坦"。[12]事实上，除了一个有组织的跨大
西洋逃亡网络之外，的确也有人帮助老纳粹逃亡到中东。

　　对劫后余生的犹太人而言，在北非的纳粹余孽显然更加可怕。
希特勒的"沙漠之狐"隆美尔（Rommel）率领部队逼近耶路撒冷
的时刻，仍然让幸存者记忆犹新，以致他们仍然把阿拉伯人和德
国人的联盟视为莫大威胁。西蒙·维森塔尔后来承认，正是这种

恐惧促使他在 1948 年刻意向世人散播假消息，宣称艾希曼从开罗
打了电话给他的家人。维森塔尔和一位任职于合众国际社（United
Press）的朋友认为，当时到了"塞给阿拉伯人一个合适的盟友"的
时刻。他们于是通过奥地利广播电台把消息传给以色列新闻界，然
后从那里传播到全世界，以便进行"有利于犹太人方面的宣传"。[13]
那个行动产生的效果，以及它对之前各种谣言的依赖，充分展现于
1948 年 8 月 27 日纽约《建设》刊登的一篇专文中：

艾希曼在开罗

　　早在开罗爆发对犹太人的攻击之前，就有来自维也纳的消
息指出，臭名昭著的盖世太保特务阿道夫·卡尔·艾希曼已化
名逃往埃及，持假身份证件居住在开罗。艾希曼在从雷根斯堡
（Regensburg）附近的一个战俘营脱逃之后，便消失得无影无踪。
有一天，艾希曼住在林茨（上奥地利）的亲属收到一则消息，
令人怀疑那名被通缉的罪犯一定藏在开罗。

　　根据沃尔夫冈·布雷特霍尔茨（Wolfgang Bretholz）的报
道……在开罗恐怖期间，总共有数以百计的犹太人遇害。大屠
杀进行得按部就班，显然经过了长时间的筹划。

　　此事很可能与艾希曼脱不了干系。艾希曼出生于特拉维夫
附近的萨罗纳，操一口流利的阿拉伯语，并且深谙阿拉伯习俗，
因此能够不引人注意地冒充阿拉伯人。大家也许还记得，当初
正是艾希曼以穆夫提老友的身份，率先在穆夫提与希特勒之间
建立起联系。穆夫提目前定居开罗，而且来自维也纳的报道同
样指出，他还为其他昔日的盖世太保人员安排了住宿和工作。
开罗如今已然成为众多纳粹罪犯的避难天堂。

　　会说意第绪语和希伯来语的艾希曼曾经被视为犹太问题的

140　　　　"专家"，组织了从柏林、维也纳和布拉格遣送犹太人的行动，而且是各地死亡集中营谋杀 600 万犹太人的罪魁祸首之一。

　　这种描述所反映出来的，已不只是昔日受害者身上常见的偏执，或者一种亲以色列的宣传技巧。艾希曼从前的若干下属，例如阿洛伊斯·布伦纳，果真走上了被艾希曼用作障眼法的逃亡路线，前往中东。德国新闻界从 1952 年开始，也再次以艾希曼为着眼点，探讨德国的国家社会主义者在埃及所扮演的角色[14]，而且这种角色现在已经无可辩驳（虽然还需要更进一步的研究）。德国和美国情报部门的报告中也出现类似的指控，一名中东的线人混淆了艾希曼与其他在逃的纳粹分子，宣称他已经改信了伊斯兰教。[15] 出现这种猜测的根源在于，没有人知道艾希曼在哪里，以及他准备逃往何方。正是这种情况让人焦虑不安，因为人们希望看见他被捕的愿望始终不减。他们追踪每一条线索，而艾希曼已经巧妙地做好安排，让其中的一条线索指向了阿拉伯世界。要是没有这种蓄意误导的话，维森塔尔的开罗神话就不可能产生这么大的影响。

　　关于艾希曼已逃往中东的猜测是如此牢不可破，以至于即使在 1960 年之后，在探讨艾希曼的早期著作当中仍然能读到类似论述。除此以外，其他版本的逃亡故事也不断涌现，按照其说法，艾希曼在 1948 年即已离开德国，先去了西班牙或中东地区，最后才终于逃到阿根廷。1959 年，有人向德国记者海因茨·魏贝尔-阿尔特迈尔（Heinz Weibel-Altmeyer）"兜售"大屠杀凶手阿洛伊斯·布伦纳和阿道夫·艾希曼，这位曾与前任大穆夫提合影的记者声称，阿明·阿尔-侯赛尼在访问中亲口表示知道这两位先生躲在哪里。[16] 昆廷·雷诺兹（Quentin Reynolds）则在艾希曼被绑架之后报道说，

141　　艾希曼起先化名卡尔·布林克曼（Karl Brinkmann）去了叙利亚，跟阿洛伊斯·布伦纳和瓦尔特·劳夫（Walter Rauff）待在一起。

接着他穿越黎巴嫩、伊拉克、埃及、约旦、北非和沙特阿拉伯，其间使用了埃克曼和希尔特（Hirth）等等假名，最后才途经西班牙和热那亚逃往布宜诺斯艾利斯。[17] 这些故事虽然错得离谱，却明白显示出来，相信它们的并非只有纳粹政权的受害者。[18]

　　尽管艾希曼的逃亡故事充斥着连篇累牍的错误，但值得告慰的是，这些不正确的踪迹最后还是促成了艾希曼的落网。1959 年年底，当主事者们终于发现了艾希曼的确切藏身地点，并且开始筹备从阿根廷绑架他出境的行动时，他们必须先做好一件事情：要让猎物和他的朋友们误以为自己是安全的。面临这个棘手局面，已追踪到艾希曼下落的法兰克福总检察长弗里茨·鲍尔于是在其以色列盟友的配合下，联手重新散播旧日的谣言。他们借由一系列的报纸文章，对外声称艾希曼如今身在科威特。这个策略利用艾希曼自己布下的谎言来抓捕他，最后果真收到了效果。

　　然而战争结束后的最初五年，无论在哪里都找不到艾希曼的踪迹。但这绝不表示人们没有竭尽一切手段来寻找他的下落。毕竟报仇的欲望实在太强烈了。复仇小组拿着死亡名单，四处寻找曾经折磨过他们的那些人。汤姆·塞格夫在访谈了若干昔日的小组成员之后，注意到"复仇者的方法很简单。他们伪装成英国宪兵，开着一辆军车出现在复仇目标的家门前，车牌沾满泥，难以辨识。接着他们敲门确定找到的是对的人，之后便以例行公事为借口，要求对方跟他们走，通常不会遭遇任何抵抗。等到把复仇目标拉到一个事先选好的地点，他们便宣布自己的身份，然后开枪射杀对方"。[19]

　　艾希曼当然也出现在了死亡名单上。熟识大卫·本-古里安和摩西·达扬（Mosche Dajan）的以色列作家米迦勒·巴尔-祖海尔（Michael Bar-Zohar），曾设法在 1966 年 11 月访谈了艾希曼追捕小组的负责人。那些人在监视薇拉·艾希曼的时候发现，她经常跟她的小叔一同前往一栋有些偏僻的别墅。他们于是跟踪她和艾希曼的

142

弟弟前往那栋房子。屋内住着四名显然不喜欢在光天化日之下露面的男子，因为他们只在晚上才走到屋外，而且他们接受食物补给的方式也十分隐秘。有一天晚上，小组成员在他们误以为是艾希曼的那个人出门散步时上前拦阻，告诉他他们来自巴勒斯坦。那人傲慢地回答说："你们根本奈何不了我。"然而他才把话讲完，就被一枪打死。[20] 多年以后，汤姆·塞格夫与曾经是小组成员之一的希蒙·阿维丹（Shimon Avidan）交谈。阿维丹告诉他说，当时每个人都相信已经逮到了那名"犹太事务主管"，却只有阿维丹从一开始就不那么笃定。[21] 几年后，艾希曼从奥地利的报纸上读到相关消息，之后总是带着一种诡异的自豪谈论此次处决行动。

* * *

阿根廷暂时为艾希曼提供了保护。他迄今未被发现的原因，不仅在于藏身地点选择得十分巧妙，更是因为没有人想得到，阿道夫·艾希曼会有办法长年生活在黑暗之中。其同僚与受害者们在他大权在握时所见到的那个机灵、傲慢、虚荣的自卖自夸者，想必会给自己寻觅一个新"任务"，因为隐姓埋名的平淡生活完全违背他的本性。毕竟，他在捍卫国家社会主义世界观时展现出的狂热，让人无法想象他竟然能够默默适应新的时代及其法律规范。艾希曼喜欢出风头和爱表现的欲望早就深深烙印在许多人的记忆中，以至于从 1946 年开始，便有谣言表示艾希曼已对他那张广为人知的面孔进行了整容手术，以便改头换面重新获得具有影响力的位置。[22] 尤其是艾希曼年轻时一场摩托车事故在他左眼上方留下的醒目疤痕 [23]，更激发了别人的想象。[24] 人们认为艾希曼根本不可能打算一直留在地下。这样一个自视为"优等民族"的一员而如此逾越人性界限的人，怎么会乐意默默无闻地躲在世界的一个小角落里？阿道夫·艾希曼难道真有办法停止为他的疯狂理念继续战斗下去？尽管最初几年，寻找艾希曼的努力总是误入歧途，然而追捕者心中的怀疑终究被证明是正确的——艾希曼果真没有办法。1961 年的时候，他在以色列的一间牢房里扪心自问，1945 年以后，什么事情让他最感到痛苦。他的答案直截了当：那就是"个人的隐姓埋名所造成的精神负担"。[25]

第三章

艾希曼在阿根廷

薇拉，你必须这样想：假如战争期间的许多炸弹中，
有一颗把我带走了，那将会如何呢？
命运给了我们这么多额外的岁月，
我们必须为此感谢它。

——阿道夫·艾希曼写给妻子的诀别信，
1962 年 5 月 31 日

第一节

在"应许之地"过生活

1950 年 7 月 14 日,"乔凡娜 C"号载着第三帝国的货物抵达布宜诺斯艾利斯港口,阿道夫·艾希曼首次踏上了阿根廷的土地。时隔多年之后,他依然清楚记得当时的感觉:"我心中充满了喜悦。对被揭发的恐惧顿时烟消云散。我已经到了那里,并且获得了自由。"[1] 他关于该时期的评论,简直让人觉得那出自一个迷途知返的浪子,而非一名刚刚踏入陌生世界的亡命之徒。在艾希曼的记忆中,完全没有出现其他移民出境者(尤其是那些使用伪造旅行证件的人)通常必须面对的不确定感,或者充满期待的好奇心。毕竟他比大多数人都要轻松多了,不但与老同志们一同旅行、在港口得到更多愿意帮忙的人的欢迎,而且立刻被流亡者社区接纳。艾希曼最初的下榻地点是一家小旅馆,那里通常被用来接待新抵达的纳粹分子。8 月 3 日,艾希曼提交自己的证明文件,申请了阿根廷的个人身份证件:如今他比实际岁数年轻七岁、用西班牙文拼字法(只有一个 c)改名为里卡多·克莱门特(Ricardo Klement),1913 年 5
月 23 日出生于博岑(博尔扎诺),未婚,信仰天主教,职业为机械技师,而且无国籍。没过多久,曾在 1948 年协助艾希曼办理证件的德裔阿根廷人口走私犯奥尔斯特·卡洛斯·福尔德纳，又帮他在市内富裕的佛罗里达区找到一栋公寓。艾希曼搬去和另外一位新阿根廷人费尔南多·艾夫勒（Fernando Eifler）同住。在一家金属加工厂的过渡性工作，让艾希曼很快就能维持生计。艾希曼的上司是一位工程师，先前担任过党卫队上级集团领袖汉斯·卡姆勒（Hans Kammler）的专业顾问。卡姆勒主管党卫队的建设与公共机关部门，也负责集中营和灭绝设施的建造。[2] 那位工程师甚至允诺继续雇佣艾希曼，但艾希曼和其他许多德国逃亡者一样，早就着眼于更好的前景。艾希曼后来讲述："一天，有一位前任武装党卫队二级突击大队长与我联系，告诉我'组织'已帮我找到了一个职位。一家由阿根廷人和德国人共同领导的新公司，将在该国北部安第斯山脚下的图库曼市建造一座水力发电站来改善电力供应，而我将担任管理职位，做领导组织方面的工作。"[3] 那家新公司刚好注册登记于艾希曼抵达一星期之后，名字简称为 CAPRI – Compañia Argentina para Proyectos y Realizaciones Industriales，Fuldner y Cía（阿根廷工业规划及执行公司，福尔德纳公司）。根据乌基·戈尼的报告，阿根廷人把当时一首德国流行歌《卡普里渔夫》（Capri-Fischer）拿来开玩笑，将卡普里（CAPRI）公司贬称为 "Compañia Alemana para Recièn Immigrad"（为新移民开设的德国公司）。[4] 事实上正如人们所猜测的，那是一家得到庇隆支持，专为第三帝国技术专家而设的化名公司，其设立的目的主要是为了承接发展大型水力发电站的政府合同，同时也被用于新移民的就业辅助方案，即便他们当中只有极少数人具备相关工作资格。[5]

艾希曼在一个勘测队的项目办公室工作。随后几年，那个团队在僻远的图库曼省雇用了多达 300 名员工。对这样的一家公司来说，图库曼不只是具有优越的地理条件而已。直到 1955 年为止，该省一直由费尔南多·列拉（Fernando Riera）和路易斯·克鲁斯（Luis

Cruz）等庇隆主义党成员统治。这个当时已有 70 多万人口的省份
位于阿根廷西北部，一直延伸到安第斯山脉东麓。其自然景观从安
第斯支脉地区的稀树草原先是转变为丘陵地，然后变为起伏的山
区。除了亚热带气候以及夏季在 25 度左右、冬季在 14 度上下的气
温之外，那里的许多方面都让艾希曼回想起在奥地利的时光。然而
当地的生活条件远不如他的家庭在林茨所处的中产阶级生活优渥。
图库曼的主要产业是甘蔗种植，而水力发电旨在把高科技带往那个
降水量充沛的地区。当地的生活环境虽然简单，却并不简陋。艾希
曼起初住在该省南部、项目办公室的所在地拉科查（La Cocha），
公司为他在那里租了一栋房子，还安排了两名女管家。[6] 那种生活
一点也不与世隔绝，因为前往 1200 公里外的首都，也属于艾希曼
新生活当中的一部分。每当他在布宜诺斯艾利斯停留的时候，科
尔多瓦大道 374 号（Avenida de Córdoba 374）的办公室里面都有
一张写字桌供他使用。前党卫队旅队领袖汉斯·菲施伯克（Hans
Fischböck）也在同一栋建筑里上班，比艾希曼高一层楼。菲施伯
克曾任纳粹在奥地利的财政部部长，在系统化抢劫犹太人财产方面
扮演了重要的角色。[7] 除此之外，与艾希曼重逢的老熟人应该比我
们今日所知道的还要多出许多。例如贝特霍尔德·海利希也通过卡
尔·克林根富斯在"卡普里"找到了一份工作。海利希在此之前还
曾求助于希姆莱昔日的首席副官和阿根廷最高阶的纳粹分子卢多尔
夫·冯·阿尔文斯莱本，以及几年前担任里加（Riga）犹太人隔离
区负责人的爱德华·罗施曼（Eduard Roschmann）。[8] 在那些移民
圈子里面，找到正确人物的门道根本不是秘密。克林根富斯曾经任
职于纳粹德国外交部的"犹太人事务处"，之后直到 1967 年都担任
德国阿根廷商会的负责人。艾希曼在萨森访谈会上直截了当地称之
为"埃伯哈德·冯·塔登（Eberhard von Thadden）的代表"。[9]
148 克林根富斯曾参与了遣送一万名比利时犹太人的行动——尽管他在

战后声称，自己正是为了此事而主动申请调职。克林根富斯是纳粹宣传家约翰·冯·莱斯的好友，当然不但清楚艾希曼是何许人也，而且知道艾希曼长什么模样。[10]

艾希曼后来在萨森访谈会上，亲口说明了他1952年在布宜诺斯艾利斯与埃里克·拉亚科维奇（Erich Rajakowitsch）重逢的经过。那人是艾希曼昔日的密切合作伙伴，在1938年由他亲自为维也纳犹太移民中央办公室招募。作为一名律师，拉亚科维奇在榨取犹太人旅行护照的商业利益方面有着杰出表现，是艾希曼那个部门所急需的理想党卫队队员和法律专家。[11] 艾希曼的眼光非常正确，作为艾希曼派驻荷兰的"犹太事务顾问"，拉亚科维奇曾共同负责将大约十万人"成功地"遭送出去。在布宜诺斯艾利斯街头讲德语的人显然为数不少。[12]

艾希曼在图库曼也遇见了老同志和昔日熟稔的同僚。例如图库曼项目的科学总监阿明·萧克利契（Armin Schoklitsch），曾任格拉茨工业大学的院长、党卫队队员和保安局线人。这个如今重返平民之身的科研工作者，并非唯一来自施泰尔马克的逃亡者。昔日施泰尔马克省党部领导的若干成员，如今也在图库曼工作。纳粹党布伦瑞克省党部的领导人贝特霍尔德·海利希和其他一些普通党卫队人员也在那里找到了新家。[13] 海利希的孩子们一直还记得艾希曼——他们的父亲偶尔会与艾希曼共饮啤酒，共同商讨未来的计划，但海利希在"卡普里"的职位一直比不上艾希曼。[14] 昔日林茨省党部领导人的秘书赫伯特·哈格尔也在当地工作。他曾在1944—1945年的时候，参与将从匈牙利犹太人那里掠夺来的财物运送到阿尔陶塞。哈格尔后来在1999年的一次采访中公开指出，他曾经在图库曼向艾希曼问起被杀害犹太人的真正数目。艾希曼顺口回答说："我不知道死了多少人——顶多50万人吧。"[15]

在这个情节中，比艾希曼谎称的数字更饶有趣味的地方是：他

149 此时显然已经开始以他的真实身份亮相。他之所以可以那么做，是因为周遭的人们无论如何都会重新认出他来。像哈格尔之类的人便清楚，如果想要更加了解灭绝犹太人的细节，以及受害者数目，艾希曼正是不二人选。艾希曼作为幸存的谋杀细节知情者，他的名声甚至在本人抵达之前就已经传到了阿根廷。另外一位"卡普里"的员工海因茨·吕尔（Heinz Lühr）需要跟那批第三帝国的重要人物打交道，但是没能融入他们的圈子，他将图库曼的"卡普里"社区描述为一个"每个人都藏起自己的过去的地方"。可是艾希曼寡言少语的态度引发了他的好奇心，问了太多问题，结果萧克利契太太把他拉到一旁，告诫他说："吕尔先生，您就不必再提从前的事情了，那个人一生当中遇到的麻烦已经够多了。"[16] 这个圈子里的人在藏匿自己的过去时并非孤军奋战，而是心有灵犀地相互提供保护，提防过于好奇但对他们一无所知的人。对苟延残喘的大屠杀凶手来说，"卡普里"是理想的避隐之处。

艾希曼在船上同行的赫伯特·库尔曼是"卡普里"项目的设备管理人，并在公司内得到迅速晋升。艾希曼自己的工作要靠搜集水位资料完成，而这意味着要与一群男性在马背上长距离跋涉。总有人带着照相机，而艾希曼对照相已不再回避。他写道："图库曼成为一段幸福的时光。我同时也有机会追求我最大的乐趣之一：骑马。出外跋涉的时候，我要在马鞍上度过许多个小时。"[17] 艾希曼无拘无束地在乡间、在缆车中，甚至在马背上摆姿势，他披着斗篷在同事们的簇拥下合影，在阿根廷最高峰前方的高原登山，身穿白衣在雨中工作，在艳阳高照下骑着灰马驰骋——那一切与香烟广告中的情景几乎难分轩轾。阿根廷的生活消除了艾希曼对于被看见和被揭发的恐惧。他非常喜欢自己的新生活，以及周遭人们对他的认可。

"管理专家"的职位不仅意味着率领一队人马进行田野测量，
150 同时也需要定期造访图库曼大学。艾希曼有一些更专业的难友在此任职，同时也遇见了新的朋友，例如何塞·达尔马宁（José Darmanín）教授。[18] 达尔马宁直到 1993 年都还记得那名定期把测量数据交给其同事萧克利契，并且用"杰出的法语"讲述风土民情的男子。艾希曼显然没有荒废自己引别人注意的本事，再度成功地将些许语言能力拿来炫耀卖弄。他虽然小时候在学校上过法语课，实际上却讲不了几句话，而且根本听不懂多少法语。[19] 艾希曼无疑也曾利用这个功夫，尽可能快速地学习西班牙语，他渴望融入那个国家。1950 年 10 月 2 日，又一次在"我的朋友们"的协助下，他获得了第一张阿根廷身份证件和永久居留资格。[20] 阿根廷的热情好客给艾希曼留下了深刻印象。作为一名纳粹党人，他并不习惯有国家如此对待外来者。

里卡多叔叔的圣诞贺卡

老朋友和新朋友、一个新身份、一份工作和财务上的稳定，这一切都构成了采取下一步动作、恢复旧日生活的先决条件。艾希曼在图库曼找了一栋房子，并且给奥地利写了一封信。他后来回忆说："距离我告别妻子和三个儿子已经过去了六年的时间。我不得不把他们留在祖国阿尔卑斯山区的那个湖畔小镇。我没有忘记，别人为了找出有关我下落的蛛丝马迹，会对他们进行严密监控。不过如今或许已经到了冒险联络他们的时候。通过同样由'组织'建立起来的一种连环交换（Ringtausch）体系，我和妻子能够互相写信给对方。布宜诺斯艾利斯的纳粹党高层人士更在 1952 年做出安排，由德国的特定联络人为我妻子提供前往南美洲所需的旅费。"[21]

151

艾希曼在以色列写下的这些字句，暗示存在着一个星罗棋布的网络，其业务范围已远远超出单纯的沟通交流。来自德国的大批难民不仅创造了邮递业务，还形成了自己的旅行社、转账渠道、社会福利机制，并且针对各种证件问题提供服务。

帮助逃亡在阿根廷也是一本万利的生意，许多移民者主要就靠它来维持生计。例如汉斯－乌尔里希·鲁德尔——希特勒旗下最高骑士十字勋章获得者，以及在全世界都备受尊崇的空战英雄*——于1948年6月抵达布宜诺斯艾利斯不久后便加入了这个行业。鲁德尔和康斯坦丁·冯·诺伊拉特等人共同创办了"同志工作会"。诺伊拉特是法学博士，与他父亲同名。父亲是在纽伦堡审判中被判刑的战犯和德国外交部前部长。同志工作会是一个法律协助和急难救济基金会，向那些因第三帝国没有获得"最终胜利"而地位一落千丈的人伸出援手。服务项目包括递送包裹、安排汇款，以及代为处理法律事宜等等。鲁德尔与阿根廷总统庇隆维持着亲密的友谊，而且能够提供专业知识帮助建设阿根廷空军，这让他的业务开展起来更加容易，而且能够获得政府的合同和进口许可。诺伊拉特一路晋升至西门子阿根廷分公司的负责人，利用这个职位继续帮助他的老同志们。[22] 其他人则各尽所能，承担邮递职责或者解囊相助。

鲁德尔迅速联络上了阿根廷最成功的德国网络，所谓的"杜勒之家"（Dürer-Haus）。在它背后隐藏着一个复杂的多级组织，领导人是1921年出生于布宜诺斯艾利斯的德国侨民埃伯哈德·弗里奇。
152 弗里奇是一个激进的国家社会主义者，虽然他从来没有机会把自己的信念转化成犯罪行为，而只能在阿根廷经历国家社会主义的兴亡。弗里奇仅去过德国一次，而且是为了参加1935年在柏林市郊一个巨大露营地举办的"希特勒青年团世界大会"。当时希特勒政权建立未久，仍想摆出对世界开放的姿态。[23] 我们可以想象，纳粹举办的这次宣传活动，给时年14岁的阿根廷希特勒青年团领袖留下了

---

* 鲁德尔是空军上校，主要驾驶 Ju87 俯冲轰炸机（Junkers Ju 87）。总共出任务 2530 次（被击落 32 次），击毁 519 辆坦克、150 多个炮兵阵地、800 多辆军车、2 艘军舰，并击落敌机 9 架……纳粹德国为他特制了"金橡树叶双剑钻石骑士十字勋章"。——译注

多么深刻的印象。不过弗里奇没有参加战争，而是回到世界的另一端继续上学，之后在腓特烈小学担任德语教师。在 1946 年开始建设杜勒旗下的事业之前，他已经有过主编一本青少年杂志的经验。[24]在资助人的帮助下，弗里奇买下一家德文书店的剩余部分，开设了一间同时作为借阅图书馆、旧书店和工艺品店的商铺。[25]但最重要的是，那里对滞留海外、思乡情切的纳粹来说，是一个理想的联络点。

　　这些方面的业务随着弗里奇创办出版社而继续扩大。杜勒出版社随之变成了新来者的聚集地，一些人甚至可以担任"编辑"来赚钱，直到更好的工作机会出现。例如汉斯·黑弗尔曼（Hans Hefelmann），拥有博士学位的农业专家、"儿童安乐死"（Kinder-Euthanasie）的组织者之一，以及"精神病患者"（Geisteskranke）判定委员会的负责人，便在这里找到了工作。黑弗尔曼日后在亲自出庭受审时宣称，他来到杜勒出版社纯属意外，以致参与发行了"战后全世界最具破坏性和犯罪性"的出版物。这么看来，不久之后格哈德·博内（Gerhard Bohne）目标明确地去那里敲响大门并成为编辑一事，想必同样"纯属巧合"。博内曾担任"T4 中央办公室"（Zentraldienststelle T4）的主任，该办公室按计划谋杀了七万人，那些人正是黑弗尔曼的"全国委员会"从各地医疗与护理机构筛选出来的。[26]

　　弗里奇不仅吸收被迫离开德国的罪犯，还有目标地积极争取纳粹的"同路人"（Mitläufer），也就是那些虽然能够继续留在德国，却再也无法发表作品的著名极右派作家。弗里奇的方法很简单：写信给他们。今天还能在那些过气作家在德国各地档案馆留下的遗物当中找到弗里奇的招徕信件。他在信中把自己描绘为一个具有政治雄心的团体的发言人，以此激起对方的兴趣，并强调只想为自己的出版社争取最杰出的人士，从而维护"德意志民族精神"。弗里奇进而奉承他们："时至今日，几乎再也听不到昔日那些美好的名字了。

当务之急莫过于使之重新脍炙人口。"[27] 弗里奇同时还技巧十足地附上他已经联络过的其他作家所写的各种推荐[28]，挑起那些希特勒样板作家们的好奇心。维尔纳·博伊梅尔堡（Werner Beumelburg）曾向他的同行、《没有生存空间的民族》（*Volk ohne Raum*）的作者汉斯·格林（Hans Grimm）问起弗里奇，格林回答说："像他那样待在外面的人，似乎不仅是老党员，更是有脊梁的德意志人。"[29] 弗里奇于是成为被这些作家寄予厚望的对象，积极地不断收集地址。此外，弗里奇还能够提供与众不同的东西，那就是《路径》——该杂志从 20 世纪 40 年代末期开始，已成功地在德国新闻界引发畏惧，让人对"第四帝国"即将到来和阿根廷的强大纳粹势力担忧不已。对坚定不移的国家社会主义者来说，这份刊物以其纳粹意识形态和最骇人听闻的人种理论，以及夹杂着阿尔卑斯媚俗文艺、圣诞节情怀与日耳曼浪漫主义的"褐色乡愁"，具有一种令人难以抗拒的吸引力，就跟带有纳粹卐字标志的蕾丝花边桌巾没什么两样。[30]

　　极右派的作家都巴不得能够为《路径》撰稿。威尔弗雷德·冯·奥芬虽然已成为杜勒出版社的作者，却始终找不到进入《路径》杂志的门路，于是满怀憧憬地赞叹："这份世界闻名的新国家社会主义杂志具有公认的高水准。谁会不希望成为其写作团队的一员，跻身诸如维尔纳·博伊梅尔堡、汉斯·弗里德里希·布隆克（Hans Friedrich Blunck）、赫伯特·伯内（Herbert Böhne）、汉斯·格林、斯文·赫定（Sven Hedin）、米尔科·耶卢西希（Mirko Jelusich）、汉娜·莱契（Hanna Reitsch）、威尔·费斯佩尔（Will Vesper）、安东·齐施卡（Anton Zischka）等等杰出作家之列呢？那还只是……最重要的一些名字而已。可惜我从来无缘登上这座第三帝国的帕纳塞斯山（Parnass）。"[31] 艾希曼将在那里变得更加成功。

154

　　除了对右派民族主义论调的迷恋之外，让弗里奇产生如此巨大吸引力的，还有更具体的原因：他提供报酬。他寄出的询问信函甚至往往都会附上一个"家乐牌包裹"（Knorr-Paket）"聊表心意"。杜勒出版社主要以食品包裹而非货币形式支付海外作者的报酬，甚至受到许多人的欢迎：他们只学会了写"血与土文学"（Blut-und-Boden-Literatur），因此在被禁止教学和出版著作的情况下，名副其实地不知该如何维持生计。让他们填饱肚子的食品包裹却并非来自想象中无所不能的 O. D. E. S. S. A.，而是由 E. R. O. S. 爱心邮包服务社（E. R. O. S.-Liebesgaben-Dienst）交付的。[32]

　　起初，弗里奇也通过明爱会（Caritas）、瑞士巴塞尔的 Pax 救济机构（Hilfswerk Pax），以及基督徒互援会（Christliche Hilfe）来发送包裹，但后来则是由那家总部设在布宜诺斯艾利斯雷孔基斯塔大街 680 号（Reconquista 680）的企业独占鳌头。E. R. O. S. 旅行社所在的位置恰巧邻近"卡普里"和奥尔斯特·卡洛斯·福尔德纳的银行办事处，这绝非偶然，我们有充足的理由把它称作一个"纳粹机构"。[33] E. R. O. S. 的经营者是海纳·科恩（Heiner Korn），他曾经领导纳粹党在阿根廷的海外分部，是该分部第一任领导——法本公司（IG Farben）海外分公司负责人海因里希·福尔贝格（Heinrich Volberg）的继任者。[34] 科恩曾在《路径》上大打广告。弗里奇和科恩因为共同为纳粹党工作而相互熟识，如今互为匿名合伙人。科恩直到老年都还继续经营着他的公司[35]，打造了一家同时兼具银行、汇款机构、救援组织、旅行社和邮递服务的企业，既能随机应变又十分灵活。其存储"慈善"援助用品的中央仓库位于杜塞尔多夫，但他们在瑞士也设有前哨基地，用于来回发送手稿和赠送本。[36] 通过这种方式，弗里奇能为他的作者们提供不少东西：除了咖啡、可可、罐头肉、油脂和巧克力等供不应求（而且也是黑市通货）的稀缺商品之外，还有皮鞋与定做的西装。同时也有联络人提供汇款服务，订阅户可以把款项直接汇到作者的户头。因此杜勒出版社的自由撰稿人们寄来的感谢函也相应地充满了热情，虽然偶尔也会因为转运站收取额外费用而出现投诉。纵使在最好的纳粹圈子里面，人们似乎也喜欢从别人的困境中盘剥获利。

艾希曼在阿根廷的新家园，一切都显得充满可能。《路径》为必须外逃的人们提供了非常实用的路线指南，宣传介绍了旅行社、同志工作会与法律援助、它自己的寻人服务，以及在布宜诺斯艾利斯的各种联系地址，从 ABC 餐厅一直到专门销售高品质德国制品的专门商店。当然，那里也有"地道的德国服务"。

弗里奇最大的幸运，是在 1948 年遇见了荷兰籍党卫队战地记者威廉·"威姆"·萨森。弗里奇不仅租了一间房屋给萨森及其妻儿 [37]，而且立刻为自己的出版社签下了那个充满魅力、天赋非凡、善于自我表现的人。萨森具备海外老派作家们所欠缺的功夫，能够以一种风格清新、现代感十足的德文写作，读来让人精神为之一振。萨森使用各种不同的笔名，还为昔日的纳粹要员捉刀代笔，几乎单枪匹马地将杜勒出版社的销量提升到难以置信的高度。当他应弗里奇的要求，协助汉斯–乌尔里希·鲁德尔写作他的第一本书《尽管如此》(*Trotzdem*)，并担任他的司机的时候，这个年轻又雄心勃勃的三人组合终于完整了。[38] 鲁德尔、弗里奇和萨森，带着他们大相径庭的接触对象，构成了一个联系紧密的团体。其凝聚力来自个人的好感、共同的国家社会主义世界观，以及对利润的追求。这个团体存在的时间甚至超过杜勒出版社，他们共同参与的项目还包括日后为艾希曼辩护。

156

空军英雄鲁德尔打开了通往世界各地重要联系人的大门，并且借由向落难的同志提供法律援助，继续维持与德国的联系；出版商弗里奇提供自己的出版社用作避难所和联络站；萨森则用他那蛊惑性的语言为"褐色怀旧感"发声，唤醒了对国家社会主义复兴的希望。极右派德国移民获得了从奥尔斯特·卡洛斯·福尔德纳一直到庇隆总统的阿根廷最高阶层人士的支持，有强大势力在旁撑腰，无怪乎他们在接下来几年大大高估了自己的政治影响力。

1950 年的时候，《路径》在联邦德国的订阅人数就已经达到了五位数。由于大部分的销售业务已经在前一年遭到禁止，弗里奇因而委托他的一位作者胡安·马勒——出生于汉堡附近的哈尔堡（Harburg bei Hamburg），原名莱因哈德·科普斯的纳粹党人——按照秘密情报机构的方式来重建发行网络。通过这种方式创建了各种不再依赖官方邮政服务的分销方法，这意味着再也不会遭到压制或监控，而且派送的速度更快。我们现在知道德国有两个配送中心，而且听起来格外熟悉：分别位于吕讷堡和贝希特斯加登（Berchtesgaden）。[39] 若考虑到在 1953 年的时候，这个网络就有办法定期向联邦德国的 1.6 万名非法订户和南非的 2500 名非法订户派送，即可看出它的运转有多么高效。只可惜埃伯哈德·弗里奇在 20 世纪 60 年代已经交代他的妻子，把手写的订户姓名卡片全部拿去生火烧了。[40]

在鲁德尔的《德国和阿根廷之间》（*Zwischen Deutschland und Argentinien*）一书中，可以间接找到艾希曼所谓的那个“小圈子”当中的一个重要环节。书中写道：在阿根廷，“与故国的联系既频繁又活跃，因为几乎每个星期都会有熟人前往欧洲，同样几乎每个星期都有人‘刚从德国回来’。”[41] 弗里奇和鲁德尔善于让人们对他们产生依赖，那些旅行者显然很容易就被说服，除了自己的行李之外再多带一些东西。对于艾希曼之类的人来说，自己的履历使他们再也回不了德国，于是像 E.R.O.S. 那般掌握在可靠同志手中的企业和那些自告奋勇当信差的人，便成了向家里寄信和送钱的唯一可靠途径。艾希曼也利用了这个网络，因为它是迄今为止最健全的一个。艾希曼曾经为“卡普里”和奥尔斯特·卡洛斯·福尔德纳工作，威廉·萨森有时显然也为他们效劳。[42] 接下来的几年，埃伯哈德·弗里奇周围那些人将在艾希曼的阿根廷生活中一再发挥重要作用。[43] 他们相互之间极为信任，以至艾希曼在 1952 年委托弗里奇代为关照他心中最珍视的东西：他的家庭。艾希曼不必独自临时想办法建立与妻子和孩子们的联系，有许多现成的组织结构可以代为效劳，而艾希曼显然清楚地知道该如何运用它们。

1950 年圣诞节的时候，阿尔陶塞的薇拉·艾希曼收到了一则消息：“虽然大家都以为你孩子们的叔叔已经去世，但他其实还好端端地活着。”[44] 从那时起，薇拉开始向孩子们讲述她自己版本的救赎故事：远方有一位叔叔养了一匹名叫“勇士”（El Bravo）的马儿，他们有朝一日肯定会过去拜访他。我们可以推测那封信是她在林茨的公公转交给她的，因为正如阿道夫·艾希曼所怀疑的那样，仍有各式各样的人物在严密监视他的妻儿。自迪特尔·维斯利策尼和威廉·霍特尔在 1945 年年底的审讯中告诉防谍队，艾希曼的家人住在阿尔陶塞地区之后，薇拉·艾希曼就习惯了搜家调查和持续不断的监视。起初还只有盟军的代表，但其他猎人们很快也跟着过来探查。阿舍·本-纳坦所委派的一名“罗密欧”探员，亨里克·“马努斯”·迪亚曼特（Henryk "Manus" Diamant），非但从艾希曼的一名情妇那里弄来了这名通缉犯的第一张照片，而且在追踪线索的过程中接近了艾希曼的妻子和小孩。最晚从 1947 年开始，在西蒙·维森塔尔阻止了薇拉·艾希曼宣布丈夫死亡之后，监视行动便从来没有停止过。他们一家人在 1948 年 7 月迁居到阿尔陶塞行政区下地方更小的菲舍恩多夫，让秘密监视行动变得更不容易。[45]20 世纪 40 年代末期的圣诞节追捕行动无法瞒过任何人。那个小聚落太过一目了然，根本隐藏不了任何事情。[46] 若直接从阿根廷寄信到那个小村子，完全就是跟自己过不去，更何况刑侦警员瓦伦丁·塔拉会定期询问邮差。[47] 而林茨则是暗中交换信息的理想地点，尤其是艾希曼的家人在市内的主要购物街上开了一家电器行；相形之下，在小小的阿尔陶塞，任何来访的陌生人都会受到密切关注。由于艾希曼的父亲那时已将儿子安全抵达阿根廷的好消息告诉了他住在莱茵兰的兄弟，我们同样可以笃定地认为，这个令人高兴的圣诞节信息最初也是传到林茨。[48]

薇拉·艾希曼这一回也极度小心行事，刻意没有向孩子们透露全部的真相，免得他们不小心说漏了嘴。毕竟孩子们已经多次向她谈起"一些友善的先生们"。克劳斯·艾希曼时隔多年之后仍然记得："他们送巧克力和口香糖给我们吃，想要知道父亲在哪里。"[49] 当瓦伦丁·塔拉向时年九岁的迪特尔问话时，那个男孩不经意地顺口散播了一个精心炮制出来的假情报："他告诉我说，他们即将前往德国北部的一座庄园，然后他会重新有一位父亲。那位住在北德的叔叔将送给每个男生一匹马儿来骑，而且他们会变得非常有钱。"[50] 薇拉·艾希曼必须为他们的旅程做好准备，她的丈夫则早已安排妥当，确保他们能够得到必需的金钱和帮助，从而拿到相关的证明文件。她再度依靠艾希曼家族的奥援。塔拉注意到："艾希曼在林茨开电器行的弟弟来得更频繁了。"[51]

1952 年 2 月 12 日，薇拉·艾希曼在德国驻维也纳大使馆领到了她和孩子们的临时旅行护照，因为她有办法出示他们的"祖籍证明"（Heimatschein）。这种文件直到 20 世纪 30 年代中期在德国和奥地利都被用作籍贯证明，表示持有者曾在某个特定社区享有公民权。祖籍证明直到今天都还被承认为取得德国国籍的依据。[52] 薇拉·艾希曼自 1935 年结婚以来，便有权获得丈夫出生地即索林根的籍贯资格，她的婚生儿子们也享有同等权利。她在申请临时护照时向德国大使馆出示的是 1952 年 1 月 2 日由科隆地区主管当局核发的祖籍证明。由于她不曾亲自前往科隆，这想必也是由"组织"提供的"服务"之一。他们一家随即在 1952 年夏天，以最不引人注目的方式消失得无影无踪。密切关注他们的刑侦警察塔拉后来报告说："艾希曼太太没有向警方办理户口迁出手续、没有注销粮食

159

配给券，更没有去巴特奥塞（Bad Aussee）的学校为克劳斯·艾希曼办理离校证明，因为她不想告诉任何人新的住址。房租也继续支付。"到1953年1月1日，塔拉总算获得了更详细的信息。他写信给西蒙·维森塔尔："我在一个钟头以前获悉，薇罗妮卡·利布尔－艾希曼似乎已经在1952年7月带着儿子们移居南美洲。"[53]离开阿尔陶塞地区而不引人注意，并非一件简单的事情。然而，这一家人却像艾希曼在两年前所做的那般，以精湛的技巧完成了惊人的逃亡壮举。薇拉·利布尔与她的三个儿子克劳斯、霍斯特和迪特尔，拿着阿根廷驻罗马大使馆核发的签证，用真名从维也纳经热那亚前往阿根廷。[54]

　　2011年年初以来，我们已经知道艾希曼一家的旅行准备工作并非完全没有受到注意。1952年6月24日，他们在意大利登船之前不久，曾有人向德国联邦情报局的前身盖伦组织报告："党卫队旗队长艾希曼并不在埃及，而是化名克莱门斯（Clemens）待在阿根廷。阿根廷德文报刊《路径》的总编辑知道艾希曼的地址。"[55]不同于情报机构之前收到的有关艾希曼"置身大马士革或埃及"的消息，这回关于阿根廷的报告精确得令人难以置信，即使到了今天，仍然能够让我们从中发现一些值得注意的内情。此情报明显不是来自阿根廷的线人，因为如今我们知道，报告中所指称的官阶是错误的。虽然在1944年年底时，艾希曼曾得到许诺，即将被晋升为党卫队旗队长，他的下属甚至曾经为此举办过庆祝会，可是他再也无法得到那个官阶了。"党卫队旗队长"一词虽然仅在法庭的判决书中出现过，但由于纽伦堡审判的判决过于著名，因此这个信息已经传遍了整个欧洲。[56]而艾希曼在阿根廷自我介绍时，使用的却是与其变态名声联系在一起的那个官阶：他是来自犹太事务部门的党卫队一级突击大队长艾希曼，他在为新老同志们写赠言时也如此自称。他坚持使用曾经连续四年让他成为恐怖象征的那个官阶。至少在阿根廷，其用意并非试图让自己看起来不那么重要，而是刚好相反。正如我们即将看到的，艾希曼刻意卖弄地使用这个官阶，宛如商标一般。在阿根廷，不会有人想到报告"党卫队旗队长"的消息。"克莱门斯"这个听写错误也显示出那是二手消息。不过情报机构的档案卡片还泄露了更多细节。

　　虽然艾希曼在阿根廷联络人的帮助下，能够为妻子提供逃亡所需的金钱和信息，不过薇拉·艾希曼还需要一个地址，以便在布宜诺斯艾利斯上岸之后即使在紧急情况下也能独自找到门路。毕竟在四个星期的行程当中，随时都可能发生意想不到的事情，而他的妻子不会当地语言，恐怕很难独自找到一栋位于偏远省份的小屋。因此最聪明的做法莫过于不仅告诉她艾希曼的化名，同时也告诉她布宜诺斯艾利斯那位可靠的德国新移民接待主任的名字：埃伯哈德·弗里奇。结果正是这个消息，被某位接近那个"小圈子"的人士通报给了盖伦组织。[57]

161

　　对艾希曼的藏身地点几乎不可能再做出更精确的提示了。1952年时，若想知道阿根廷那份德文报刊的总编辑是谁，在每一期的刊头都找得到答案，因为那里大剌剌地写着"总编辑：埃伯哈德·弗里奇"，并且附上了正确的通信地址、街名和电话号码。[58] 因此若有谁体谅地解释说，听写错误和不正确的官阶名称让这个信息无法精准地用于搜捕，以致"1952年的时候不管再怎么努力都会徒劳无功"，更何况艾希曼根本就不住在布宜诺斯艾利斯[59]，那么这种体谅只会变成对情报组织的严重侮辱。毕竟人们理所当然会期待它的工作人员至少能胜任新闻机构的实习生会做的工作。官阶名称根本不足以成为"持怀疑态度"的理由，因为纽伦堡审判的各种相关文件就是如此描述艾希曼的。"双重拼写错误"同样不足挂齿，因为每一个在西班牙语地区活动的人都知道 C 的读音就是 K，因此在查阅居民登记簿的时候最好 C 和 K 都找一遍。[60] 然而最重要的是，官方已经有了准确的联络地址。读到刊头都不需要接受特别训练，顶多只需要打一通电话给联邦宪法保卫局的同僚，因为那里早就收集了全套《路径》，盖伦组织甚至都没有再买一本的必要。

唯一的障碍就只在于如何让弗里奇开口说话。但其实从艾希曼周遭那些德国移民的行为表现即可看出，为此并不需要采取特别激进的手段，只需要一点智慧和一个好的托词就够了，而那正是情报人员所擅长的功夫。杜勒出版社是一个交通方便的"中央车站"，而非精心隐藏在小巷子里面的秘密组织。人们在那家出版社进进出出，以便重新找到遍布全国各地的旧识，那里的人当然都知道"克莱门斯"和"艾希曼"意味着什么，即便这个化名突然多出了一个"S"。听错名字在阿根廷也是常见的现象，因为人们彼此之间很少使用化名。因此让德国当局尴尬的内情是：只要巧妙地在布宜诺斯艾利斯进行一次检查，便足以在1952年找到艾希曼的下落。我们不知道是否曾经有人如此尝试过，但我们非常清楚，无论是那则消息本身还是随后对此的反应，都没有带来任何结果。

当然，有人可以反驳说，除此之外还有各种报告指示艾希曼在中东，这许多相互矛盾的信息让人根本无所适从。尽管此类线索通常在本质上都难得"准确"，但实际的情况却是，与中东有关的各种报告当中，没有任何能够比得上薇拉·艾希曼离开奥地利之前传出的风声，都不像它那么精确又容易查证。在叙利亚和埃及进行的查证工作最后当然都不得要领，但这个结果仍然显示出，长年以来，德国情报组织不管遇见多么荒诞不经的谣言，也都会仔细核查。因此我们没有理由怀疑盖伦组织在面对阿根廷线索的时候变得比较漫不经心。如果我们仔细检视档案卡片，一个细节就会跃然眼前："克莱门斯"不仅出现在1952年6月24日的报告中，甚至也被用于卡片索引和档案本身的名字。[61] 虽然在艾希曼接受审判之前，那名前任一级突击大队长曾被怀疑在中东使用了其他许多化名，然而在档案卡片上，艾希曼的"DN"（Deckname——化名）却并非鲁道福·施佩（Rudolfo Spee）、埃克曼、希尔特、阿尔弗雷德·艾兴瓦尔德（Alfred Eichenwald）、恩斯特·拉丁格（Ernst Radinger）、斯穆尔（Smoel）、维瑞斯（Veres）、阿扎尔（Azar）、卡尔·布林克曼，或者埃里克等。[62] 卡片上的标题文字既简单明了又接近事实："Eichmann, Adolf DN Clemens"（阿道夫·艾希曼，化名克莱门斯）。

那则消息和这个化名就停留在盖伦组织的一张档案卡片上，从此石沉大海。其他公开搜寻艾希曼下落的人直到1957年都还只能想方设法，用西德情报机构在1952年即已牢牢掌握的那些信息，拼凑谜题的答案。一直要等到1958年，美国中央情报局才赫然注意到，德国联邦情报局早就有报告指出，艾希曼正化名"克莱门斯"在阿根廷过生活。尽管如此，当莱茵兰—普法尔茨州（Rhineland-Pfalz）宪法保卫局在1959年年底提出具体询问时，德国联邦情报局依然回复说：可惜还没有关于艾希曼居住地点的确切消息，只能推测他曾在1952年前往埃及，而后去了阿根廷。[63]

2009年，导演雷蒙德·莱伊（Raymond Ley）在拍摄《艾希曼的末日》（*Eichmanns Ende*）时，曾经询问以色列绑架小组的负责人拉斐尔·埃坦（Rafael Eitan），为什么摩萨德需要两年的时间，才终于确认了一条正确的线索并加以运用？埃坦难掩尴尬地回答，他们不幸地忽视了那条线索两年："我们什么事情都没有做！直到两年以后，我们才开始注意到它。"事到如今，联邦德国有关当局的负责人也应该同样鼓起勇气，通过完全开放艾希曼档案来公开承认其已故前任领导们所犯下的错误，而非留待靠一家八卦小报才让大家终于得见那些令人汗颜的文件。西德方面曾经至少在八年的时间里没有采取任何行动，直到以色列人和一位勇敢的德国总检察长挺身而出，才阻止了我们继续因为无所作为而丢人现眼。

1952年7月28日，萨尔塔号轮船（*Salta*）[64] 在国丧期间抵达布宜诺斯艾利斯港——被视为圣人一般的总统夫人艾薇塔·庇隆（Evita Perón）在两天前去世。艾希曼在阿根廷的帮手们非常严肃地对待自己的任务，确保没有人想要跟踪那家人寻获艾希曼的下落。克劳斯·艾希曼回忆道："在下方的码头边站着几位绅士。他们对我们非常友善，但我一个都不认得。后来在旅馆里又来了一位先生。母亲说：孩子们，这是里卡多叔叔。他给了我们 100 比索，那在当时是很多钱。[65] 我们买了冰激凌和糖果，我还买了我的第一支香烟。"[66] 与此同时，那对夫妇则有机会单独相处。艾希曼终于大功告成。历经七年的分离、地下生活、努力工作以筹措逃亡经费之后，他不但有了新的生活，而且家人也重新回到他身边。时隔多年之后，艾希曼反常的寡言也隐藏不住他的兴奋之情："团聚实非言语所能形容。"[67] 那名耶路撒冷的囚犯滔滔不绝地散播一种论调，表示他甚至不能向孩子们解释他到底是谁："我无法成为自己儿子们的父亲。对克劳斯、霍斯特和迪特尔来说，我就是'里卡多叔叔'。"但其实除了在各种文件上，以及当着陌生人的面时继续使用假名外，这种情况并没有维持多久。艾希曼只不过以此作为借口，试图通过"没有人知道里卡多·克莱门特的真实身份"的讲法来保护他在阿根廷的朋友和帮手们。这个再度团圆的家庭一起用罢晚餐，在旅馆度过一夜之后，便共同搭乘普尔曼快车（Pullman-Express）前往图库曼，然后继续从那里来到里约波特雷罗（Rio Potrero），艾希曼已经在那里租了一栋房子。等他们终于安顿妥当，艾希曼便向孩子们表明了自己的身份。克劳斯·艾希曼还记得当时的情况："他只是说：'我是你的父亲。'就此而已。"[68]

休戚与共

在多年的独居之后，重新开始的家庭生活很可能并不像当事人后来所形容的那么和谐。荒郊野外一栋没有电力供应的房子，与薇拉·艾希曼从前在丈夫身边所习惯的生活水平相差甚远。而对分别时年 16 岁、12 岁和 10 岁的儿子们来说，这种充满南美牛仔风味的生活却紧张刺激极了，尽管那位严格的父亲逼迫他们尽快学会西班牙语，每天必须学会 100 个单词——严格 100 个单词。艾希曼的妻子不仅带来了往日的记忆、相册[69]和家人的问候，一同带来的还有来自欧洲的新消息。薇拉·艾希曼回忆道："我把剪报拿出来给他，上面写着'谋杀犯、大屠杀凶手艾希曼'。他看见后忍不住说道：'难道他们发神经了吗？我可不是什么凶手，我不能接受这样的说法，现在我要回德国去。'"可是他妻子的反驳十分具有说服力："那可不成！现在我带着孩子们过来了，我们要怎么办呢？不如再等一段时间，等孩子们长大了再说。"他回答道："好吧，那我就等着。"[70]

这些新闻剪报再次唤醒了艾希曼潜藏在北德地下时一直折磨着他的无力感，但他却没有因此变得更加温和。奥地利的纳粹圈子里很快便有传言，称艾希曼已经发下誓言，要因为威廉·霍特尔在纽伦堡的证词杀了他。[71]艾希曼的名字早已有了自己的生命。如今艾希曼必须想出一套说辞，向他的妻子，有朝一日也必须向他的儿子们解释，为什么会出现那样的新闻标题。没有人比他自己更清楚，这绝对不是一件容易的事情。

尽管如此，艾希曼说他想回德国投案的讲法却并不只是意气用事，想要证明自己的"无辜"而已。虽然艾希曼曾经努力打造了自己的狼藉声名，但他也清楚，自己并非单独行动，而他从前的共事者之所以多少能够在德国逃过一劫，是因为他们也跟着夸大了艾希曼所扮演的角色。在图库曼山区快乐地与家人团圆是一回事，但知道他昔日的同僚们能够若无其事地继续在德国生活下去，甚至可以领取退休金和养老金，还是让艾希曼重获的幸福蒙上了浓厚的阴影。那些健忘的同志们还要再等好几年，才会因为想到艾希曼而寝食难

166　安。然而，艾希曼却早在 20 世纪 50 年代初期就已经无法摆脱对自己的声誉名望和历史形象的忧虑。假如他能够忘记这一切，能够不那么斤斤计较的话，说不定从此可以用里卡多·克莱门特那个清白的德国移民身份幸福地生活，然后在布宜诺斯艾利斯颐养天年。

　　不过艾希曼在开始捍卫自己的"荣誉"之前，先利用在图库曼的时光向孩子们展示了这个刚被征服的世界。他用自己的新职业给儿子们留下了深刻的印象，因为并不是每一个孩子都有一个率领人们穿山越岭、管理炸药，并且为总统修筑水坝的父亲。[72] 他们还听他讲述远征安第斯山脉最高峰的故事，尽管他只到了高原，不像汉斯－乌尔里希·鲁德尔，虽然有一条假腿，依然登顶了阿空加瓜山，并且在萨森的帮助下，把这件事写进了书里。[73] 孩子们也认识了父亲的新同事和新朋友，其中就包括赫伯特·库尔曼，他显然在阿根廷总统府附近过着精彩的生活。贝特霍尔德·海利希的女儿至今依然记得，他们全家人"去艾希曼家烹煮橘子果酱"。[74] 如果当时还有谁对克莱门特就是艾希曼持怀疑态度的话，看到他的妻子和孩子来到图库曼以本名过日子之后，便完全消除了疑虑。

　　艾希曼后来自豪地写道："我教会了孩子们怎么骑马。我们好几次一同坐车前往壮观的布宜诺斯艾利斯。我在那里认识了庇隆总统，他对我们德国人总是照顾有加。"[75] 从前艾希曼能够直接接触到党卫队全国领袖，如今又是阿根廷总统的熟人。乍看之下，这个说法似乎异想天开，但事实上却完全不然。庇隆对德国移民的支持不仅限于慷慨地授予"卡普里"政府合同，他还不时让这些新国民出现在自己身旁，无论是在官方的招待会上，还是当他亲自前往视察"卡普里"工作团队的时候。他也曾跟那名集中营"医生"约瑟夫·门格勒进行过对话，虽然后者用的是他的新名字赫尔穆特·格雷戈尔

167（Helmut Gregor）。由此，庇隆完全有可能真的跟"里卡多·克莱门特"见过面。

　　然而图库曼的田园生活没有持续很长时间。艾希曼的家人过来还不到一年，"卡普里"就在 1953 年陷入了破产危机。尽管艾希曼和他的同事们失去了稳定的工作，但"卡普里"团队并未于一夜之间解散。[76] 该公司在相当长一段时间里依然是他们的根据地，例如贝特霍尔德·海利希和汉斯·菲施伯克都宣称自己直到 1955 年还为"卡普里"工作。奥尔斯特·卡洛斯·福尔德纳甚至在 1960 年依然告诉警方，他是"卡普里"公司的总经理——该公司仍在进行破产谈判，而且已改名为"福尔德纳 & 汉森"（Fuldner & Hansen）。[77] 福尔德纳公司的实际规模和业务范围直到今日还不清楚。

　　艾希曼自己想必也继续在"卡普里"的环境里待了一段时间，因为贝特霍尔德·海利希的大女儿曾短暂地跟艾希曼的儿子霍斯特在学校同班。[78] 海利希的女儿们仅在 1953 年 3—12 月之间生活在阿根廷，大致相当于阿根廷的学年期间。她们先是与父亲住在图库曼，后来迁居到位于布宜诺斯艾利斯西北 300 公里的阿根廷第三大城罗萨里奥（Rosario）。罗萨里奥以良好的学校教育闻名，当地同样有一大批德国移民定居。根据海利希的说法，"卡普里"也在罗萨里奥设置了办事处。但图库曼的人马对那个地区产生兴趣还有其他原因。从 1952 年开始，德国西门子公司便在当地开始初步规划一个非常类似的大型项目：建造圣尼古拉斯发电厂（Kraftwerk San Nicolás）。[79] 施工阶段许诺了工作机会，对具有"卡普里"背景的那些男性而言尤其如此。从 1953 年开始，康斯坦丁·冯·诺伊拉特正式出现在了西门子的薪饷名册上。诺伊拉特是"同志工作会"的创始人之一，因此那些人能够合理地期待获得他的奥援。曾经犯下多起谋杀罪行的前任犹太人隔离区指挥官约瑟夫·施万伯格，便在他的庇护下长年任职于西门子阿根廷分公司。诺伊拉特承认，自己从 1950 年便开始雇用施万伯格。[80] 由于艾希曼至少把一个儿子 168

送去了罗萨里奥上学，因此在他带着家人搬到布宜诺斯艾利斯之前，很可能也曾经希望能在那里找到工作。

但很明显的是，在福尔德纳公司破产后，艾希曼没有考虑继续留在图库曼，开一家咖啡馆或者以其他方式过一种不起眼的生活。其实那个北方省份即便在当时也已经属于阿根廷人口较多的地区，想在那里维持生计并非难事。但艾希曼对那种前景显然兴趣缺缺，其中原因可能也在于他先前的收入还算相当不错。他曾经提到，自己在短时间内便获得加薪。他的儿子则记得，艾希曼在"卡普里"的最后工资为每月 4000 比索。那在当时相当于 800 马克或 190 美元，远远高于西德的平均收入。[81] 可以理解，他希望继续维持这个收入水平。他们一家人于 1953 年 7 月迁居到布宜诺斯艾利斯，里卡多·克莱门特在那里正式登记并获得了新的身份证明（编号 1378538）。[82] 赫伯特·库尔曼早已在当地站稳脚跟，而且生活得比较无忧无虑，在他的担保下，艾希曼一家人在城市北部的奥利沃斯（Olivos）租了一栋有花园的小房子。屋主是一位名叫弗朗西斯科·施米特（Francisco Schmitt）的奥地利人。跟图库曼比较起来，艾希曼的新住址"查卡布科街 4261 号"（Chacabuco 4261）绝不会相形见绌。奥利沃斯属于布宜诺斯艾利斯较高级的社区之一，他们一家可以充分利用市内的基础设施，让孩子们就读良好的学校，而且同样重要的是，屋内终于有了电力供应。对艾希曼来说，那里有 ABC 咖啡餐馆（ABC Café-Restauran）和橡树餐厅（Die Eiche），可以让他跟老同志和新朋友们坐下来小酌一杯葡萄酒。一直要等到艾希曼后来于返家途中被以色列人绑架，以致和他的交情可能会带来危险之后，这位善于交际的先生才开始在别人口中变得内向害羞。[83]

1953 年，庇隆时代的辉煌岁月即将成为过去。像阿根廷这样依赖世界市场原材料价格的国家，深受朝鲜战争结束之后价格崩跌的打击，经济状况全面恶化。艾希曼曾设法与两位"卡普里"的同事一起开洗衣店，但很快就在这个传统上被中国人占据的行业里一败涂地。进入纺织业的尝试也被证明是同样糟糕的投资。[84] 但艾希曼并非孤立无援，在这些项目都失败后，他的同志们又一次过来鼎力相助。1954 年年初，艾希曼在"艾菲弗"（Efeve）公司获得了运输主管的职务。那是一家大型卫生器材公司，总部设在市内高档的佛罗里达区，出资者之一是另外一位来自德国的难民，弗朗茨·威廉·普法伊费尔。这位精力充沛的先生据悉曾在战争最后几个月参与了帝国黄金的运送工作，但最重要的是，他是萨森和鲁德尔的朋友。[85]

　　据艾希曼的儿子回忆，他的起薪是 2500 比索，明显低于之前的水平，但也绝对算不上微薄。[86]1953 年下半年无疑是艾希曼经济最拮据的时期，不过这种情况没有持续多久，显然也不是他在阿根廷的典型生活状态。艾希曼虽然日子过得简朴，但这并不表示他没有挥霍的机会。当他还是一名党卫队事业狂人的时候，就已经不热衷于奢侈的生活方式了。尽管每当他进驻一栋被没收的宅邸时，都不会错过里面的食物贮藏室和葡萄酒窖，而且他也不会反对别人邀请他参加社交活动，或者拒绝乘坐既舒适又配备装甲的公务轿车，可是在私人生活中，讲排场的作风显然从未对他产生过吸引力。与其他同僚不同的是，没有任何证据显示艾希曼曾经滥用职权来自利自肥。艾希曼后来回想从前的情况时，却为此责备自己：假如他当时也把口袋塞满的话，家人就能过上好得多的生活。尽管如此，让他引以为傲的却是，他在处于权力巅峰的时候仍然每天早晨亲自冲泡薄荷茶，始终亲自擦靴子。他几乎要崇尚使用行军床和寄物柜的节俭生活。[87] 就连迪特尔·维斯利策尼那个在 1946 年不放过任何机会，务必要把责任推诿给自己昔日上司的人，也报告说："艾希曼的生活方式基本上非常朴素。他的需求不多。"维斯利策尼甚至补充道："就财务方面而言，我相信艾希曼是干净的。"[88]

阿道夫·艾希曼虽然是大屠杀凶手，但他贪求的对象是死亡人数，而非奢侈与财富。有关纳粹罪犯流传甚广的刻板印象显然并不适用于艾希曼，他并没有因为对屠杀肆无忌惮，而在别的方面也跟着失了规矩。养尊处优的生活从来都不是艾希曼追求的人生目标。若非这样的话，他在之前那些年其实早就可以经由各种途径来达到目的了，毕竟艾希曼的职务使他能够全权掌管许多装满被没收钱财的银行账户，他自己也一再有机会敲诈受害者。尽管他在1945年以后过着非常节俭的生活，甚至连摩萨德特工也对其破旧的衣服和磨损的内衣感到惊讶[89]，但我们不能忽略一个重要事实：艾希曼成功地把家人接到阿根廷并且让他们生活无虞，供三个孩子上学接受教育，好几次带他们出外旅行，一起前往马德普拉塔（Mar del Plata）享受假期，最后还买了一块地盖起自己的房子。失意落魄的生活看起来应该与此不同。那种"匮乏而孤独的日子"的说法，源于他在以色列编造出来骗取同情的谎言。这种说法很容易传播，因为它完美契合了艾希曼周围那些人在他被捕之后推诿责任的故事，声称自己完全不认得艾希曼，当然更不可能跟他一起度假。[90]

就财务而言，艾希曼在满足希姆莱有关"得体"的要求方面，一向没有遇到任何困难——他只不过是专门代表帝国盗窃、勒索、掠夺和挥霍罢了。阿根廷的艾希曼虽然无论如何算不上一个有钱人，但也没有落魄潦倒。无论是在乡间还是在首都，他从来不必自力更生，而是受惠于一个共同体，人们在其中彼此认识并且相互帮助。如果说艾希曼缺少了点什么的话，那就是不再握有公务职位带给他的大权，不再过着被晋见希姆莱和巡视集中营填满的紧张刺激生活，不再能够搭乘公务车出行，以及无法再欢快地与下属来往，而他们都知道那名一级突击大队长不高兴的时候是何种模样。

艾希曼后来一再喜欢表示，"我是个理想主义者"。理想主义者为使命和荣誉而工作，并非着眼于获取金钱和浮华——至少在理论上如此。但实际上，艾希曼从来不曾让人觉得，德国公务人员默默耕耘的职业生涯即可令他满足，因为他想要成为一个重要的人物。他在阿根廷所缺少的，是一项具有世界历史意义的伟大任务。而更令他痛心疾首的，则是他的上一项工作未能成功进行到底，世界上仍有犹太人活着。里卡多·克莱门特或许在阿根廷已经适得其所，阿道夫·艾希曼却还有志难伸。若非如此，接下来发生的事情将无法得到解释。因为里卡多·克莱门特返回布宜诺斯艾利斯之后，很快便从其他搬去那里的前"卡普里"成员当中传出了一个流言，而这则信息再也无法被欧洲的情报机构锁起来了：艾希曼还活着，人就在拉普拉塔河畔。

国内战线

因此不能认为，1953 年的时候，

以色列就已经知道艾希曼在阿根廷了。

其实只有档案知道。

——汤姆·塞格夫[91]

根据一个经常被引述的故事，1953 年，纳粹猎人西蒙·维森塔尔不疑有他地前往因斯布鲁克，拜访某位准备卖给他一些有趣邮票的贵族绅士。他们二人恰巧谈起有关纳粹的话题。维森塔尔听从医生的建议，开始收集邮票，以便至少能够偶尔将注意力从他所专注的猎捕罪犯行动上转移开来。那位收集同好随即拿出朋友借给他的一个信封，上面贴着一些特别漂亮的彩色邮票。维森塔尔花了一些时间才注意到，那封来自阿根廷的信上有一段引人注目的附言："你肯定猜不到我在这里看见了谁……我看见了艾希曼那头可怜的猪，那个对犹太人颐指气使的家伙。他就住在布宜诺斯艾利斯附近，为一家水力发电公司做事。"维森塔尔立刻把医生推荐的散心活动抛诸脑后。他还试图买下这封信，但那位同好没办法配合，因为这封附有美丽邮票的信——可惜！——属于他的朋友所有。对维森塔尔来说，这个铁一般的事实终于确认，有关艾希曼在中东的线索是错误的，因为那名犹太人灭绝行动的组织者——他在战争结束后就一直寻找的那个人——正躲在阿根廷。维森塔尔随即连忙赶回家中，在 1953 年 3 月 24 日写了一封信给维也纳的以色列领事阿里·埃歇尔（Arie Eschel），告诉他这个经历。[92]

几个月后，维森塔尔又写了一封信给纽约世界犹太人大会的主席纳胡姆·戈尔德曼（Nahum Goldmann），他在信中更清楚地描述了那个事件，但是把时间往后挪了一些："在 1953 年 6 月，我结识了一位马斯特男爵（Baron Mast），他曾是奥地利联邦军的情报官员，后来为美国和联邦德国的情报单位服务。马斯特骨子里是个君主主义者，既反对纳粹主义又反对共产主义……他拿出一封信给我看。那封信是一位住在阿根廷的退役军官寄给他的，寄出的时间为 1953 年 5 月。信中称寄信人当时在布宜诺斯艾利斯遇见了艾希曼，还说艾希曼在布宜诺斯艾利斯附近一个发电站的工地工作。"[93] 正如我们今天所知道的，西蒙·维森塔尔确实在摩萨德突击小组捕获艾希曼七年前就已经掌握了真相。唯一不清楚的地方在于，他是否已经意识到，这个消息之所以会传到他那里，并不是因为对集邮的喜爱或者纯属意外。

* * *

时年 65 岁的海因里希·"哈里"·马斯特男爵并非热衷收藏的退休老人，而是一名经验老到的情报官员。他不但曾相继为维也纳的情报部门和纳粹德国军事情报机构的首脑威廉·卡纳里斯海军上将（Admiral Wilhelm Canaris）工作，更在战后把大部分卡纳里斯档案及其包含的国家机密一同保存下来。战争刚一结束，这位"鲍

比伯爵"（Graf Bobby）*就被美国情报部门招募过去。他和一位朋
友在巴特奥塞投资了一家出版社，并在 1951 年开始建立盖伦组织
的奥地利分支机构。盖伦组织是德国的情报部门，在 1956 年脱胎
成为德国联邦情报局。维森塔尔对此并非一无所知，因为与两位集
邮爱好者偶然相遇的故事相反，他之前早就见过海因里希·马斯特，
而且马斯特介绍自己是盖伦组织的员工。[94]

174　　　　海因里希·马斯特是被一个人带进盖伦组织的，那个人和马
斯特一样野心勃勃，在当时就以纳粹历史见证者的身份，成为最成
功的故事兜售者之一。这个人就是威廉·霍特尔，曾被艾希曼当
成朋友看待的那个威廉·霍特尔。二人在生意上也有往来，因为
马斯特受雇于霍特尔的出版社。霍特尔和马斯特在为盖伦组织工
作之后不久，便在 1951 年双双去了海因茨情报处（Heinz-Dienst,
FDHD）。那个跟盖伦组织打对台的机构由弗里德里希·威廉·海
因茨（Friedrich Wilhelm Heinz）在 1950 年创立，并得到了联邦
总理康拉德·阿登纳的直接支持。[95]阿登纳需要一个独立于盟军
的情报来源，尤其是在涉及东部地区，也就是昔日苏联占领区——
民主德国——的时候。但海因茨情报处显然也不可能完全独立于西
方盟国之外。然而其林茨分支所面临的真正问题，却是霍特尔和马
斯特自己：二人把他们的小俱乐部称作"XG"，并且常常自行其
是。霍特尔更是非常熟练地平衡各种关系并设下骗局，以致有时候
恐怕他也不确定自己到底是在为谁工作。对他而言，金钱比忠诚更
加重要。他的野心几乎没有边界。在维森塔尔那段插曲发生的前一
年，霍特尔还试图在弗朗西斯科·佛朗哥（Francisco Franco）的
西班牙建立一个情报基地，以之作为北非间谍活动的桥头堡，但同

---

*　鲍比伯爵是奥匈帝国末期开始出现于维也纳笑话中的丑角人物。他没有受过很好的教育，
　但常常神气活现地摆出贵族气派。——译注

时也用于侦查阿根廷的政治团体。[96] 霍特尔的专长就是说大话，因此他将约瑟夫·阿道夫·乌尔班视为主要竞争对手并非没有缘由。美国中情局和其他情报单位最后之所以跟霍特尔分道扬镳，原因就在于这名顾问所提供的"情报"往往被证明是按照需求凭空捏造出来的。对于后来许多求助于霍特尔的历史学家来说，这种不值得夸耀的经验有时给他们的工作带来了灾难性的后果。例如彼得·布莱克（Peter Black）就很沮丧地表明："在许多情况下，现有的第一手材料并不支持他的猜测，甚至还揭示出他的不少故事根本出自捏造。"[97]

　　可是太多人完全没有注意到这个问题，因为霍特尔总是显得不可或缺。在西蒙·维森塔尔报告马斯特那封附有彩色邮票的信之后仅一天，威廉·霍特尔便遭到逮捕[98]，因为有人怀疑他参与了"蓬格—韦贝尔事件"（Ponger-Verber-Affäre），亦即涉嫌与两名苏联间谍一起工作。有关当局显然认为他无所不能。在以闲聊口吻进行的审讯过程中，霍特尔告诉美国情报人员，库尔特·蓬格（Curt Ponger）代表美国犹太人联合分配委员会或"其他什么犹太人组织"联系他，并且愿意为捉拿艾希曼的行动提供十万美元经费。但霍特尔并不想跟以色列的特工合作。[99] 中央情报局却认为，打算付钱给他的人并非蓬格，而是威森塔尔，因为库尔特·蓬格据悉是西蒙·维森塔尔的朋友。[100] 蓬格是一名逃离奥地利的犹太人，在战后为美国陆军防谍队进行审讯工作，维森塔尔便是通过他取得维斯利策尼关于艾希曼的供词的。海因里希·马斯特后来曾写信给霍特尔，称他一直认为蓬格是以色列的特工。[101] 在美国中情局看来，蓬格却是苏联特工，维森塔尔则是以色列的间谍，有传言说维森塔尔亲自帮防谍队招募了霍特尔。[102] 德国情报部门曾收到关于霍特尔的警告[103]，尽管海因茨认为该人"粗暴鄙俗且没有格调"，但至少有一段时间还是认为霍特尔不可或缺。最后海因茨终于也放弃了他。[104] 在寄出那封信一个月之后，维森塔尔就可以读到德国《明镜周刊》如何运用美国中情局的材料，在众目睽睽之下终结了霍特尔及其朋友马斯特的情报工作之路。[105] 人们普遍担心霍特尔最终会为苏联从事间谍活动，或者像西蒙·维森塔尔那般与以色列特工合作。

如果有人读到这里已经被一大堆姓名和关系搞得七荤八素的话，应该不难想象战后时期的间谍活动纷乱到了什么地步。被四个强国占领的奥地利更是如此。人们彼此熟悉又彼此怀疑，任何两个人坐在一起喝咖啡，都无法避免有第三者正在监视他们，此外还有第四者已经渗透到了他们三人中间——那一切看起来就像是一个架设起间谍设备的大型儿童生日派对。汤姆·塞格夫非常贴切地形容说："在这种尔诈我虞、关系网络纠缠不清的背景下，马斯特完全有可能出于某种原因向维森塔尔透露，艾希曼就在阿根廷。"[106] 倘若再加上另外一块拼图，我们还可以更进一步接近事情可能的原因。威廉·霍特尔后来宣称，他正是那位来自奥地利的朋友，是他因为威森塔尔而把那封信交给了海因里希·马斯特。[107]

如果情况的确如此——而且确有迹象证实此种说法——那么这则重要消息就来自一个自称曾是艾希曼朋友的人。[108] 艾希曼和霍特尔之间的关系错综复杂。我们必须先弄明白这种关系，才有办法理解以上事件的来龙去脉和大屠杀的整个历史。霍特尔是纽伦堡缺席审判艾希曼时的检方主要证人之一，因此同时也成为关于大屠杀规模的关键证人。正是霍特尔宣称，艾希曼在 1944 年发生于匈牙利的那场臭名昭著的谈话中，讲出了总共高达 600 万人的遇害者数字。正是这个说法使霍特尔一举成名。霍特尔自己也想要这样的名声，并利用每个机会大肆渲染一番，尽管他总是摆出一种姿态，好像知道这些是命运的选择。在马斯特让维森塔尔不经意地看见那封密报信之后不久，霍特尔便利用自己在萨尔茨堡被美国防谍队逮捕的机会，再度强调了自己扮演的特殊角色。《明镜周刊》在报道中对此发表评论："（艾希曼告诉霍特尔的）这项陈述直到今天仍然是600万犹太人被纳粹杀害的唯一确凿根据。"[109] 然而这个评论并不正确，因为艾希曼不只在霍特尔面前提到过这个数字，但它完美地呼应了霍特尔的自吹自擂。在战后时期，艾希曼和霍特尔俨然不可分割的两面：霍特尔独一无二的内幕消息导致艾希曼成为特别被通缉的罪犯，艾希曼的故事则使霍特尔成为炙手可热的人物。尽管如此，他们的私人关系却并不是一直充满了对立。[110]

艾希曼在1938年3月前往维也纳组织驱逐犹太人的行动时，认识了比他年轻九岁的霍特尔。霍特尔主管党卫队保安局在维也纳的犹太事务部门，因此他们二人从一开始就密切合作。每当艾希曼需要钥匙来打开被查封的犹太机构时，他便去找负责保管钥匙的霍特尔。二人在那个时期于公于私都经常来往，艾希曼曾愉快地回忆起当时与霍特尔的谈话，并且非常赞赏霍特尔的学识。此后他们的联系有限，因为霍特尔继续待在维也纳，最多每月返回帝国保安总局第四局一次报告进度。霍特尔即便在1943年被调到帝国保安总局之后，也没有在柏林停留很长时间，而是推动他的办公室搬到维也纳。直到1944年3月，艾希曼和霍特尔的关系才又重新密切起来，当时二人都被派驻匈牙利，分别执行不同的任务。艾希曼负责将数十万犹太人送上死路；霍特尔则被国外情报部门派任为帝国全权代表埃德蒙·维森迈尔（Edmund Veesenmayer）的顾问，将被谋杀的人数回报给柏林。艾希曼和帝国保安总局的首脑卡尔滕布伦纳后来都曾经表示，当时没有任何人比威廉·霍特尔更加了解匈牙利的情况。[111] 艾希曼于1944年年底回到柏林，1945年4月才在阿尔陶塞与霍特尔重逢。然而等到战争结束之后，他们二人仅在一件事上达成了共识，即他们真的曾经是朋友。他们两个人甚至在同一天过生日。霍特尔的妻舅恰好是艾希曼在奥地利最亲密的同事之

一，"多普尔的犹太人皇帝"约瑟夫·魏斯尔。魏斯尔曾担任指挥官，
178 在艾希曼亲手建立的第一个犹太人营区横行霸道，随即以"遣送行
动专家"的身份在法国有过不同凡响的表现——最后他却声称自己
只不过是艾希曼的"司机"。不管怎样，喜欢自我吹嘘的魏斯尔随
时都能够向他的妹夫通报艾希曼的行动。但霍特尔却设法隐瞒了那
一切，技巧十足地把自己包装成艾希曼罪行的关键证人，并且有目
的地混淆视听，使得直到今天都很难还原他 1938 年在维也纳以及
后来在匈牙利的活动。相反，霍特尔假冒成抵抗运动的斗士，从一
开始就以他自己根本不可能知道，当然也不符合事实的数据和细节，
炮制了艾希曼的形象。他运用自己所知道的关于犹太人大屠杀的知
识，以及从别人那里听来的艾希曼逃亡信息，建立起自己内部知情
人士的声誉。[112] 因此在 1953 年的时候，霍特尔已经不是第一次泄
露艾希曼的逃跑计划了，尽管他最初提供的有关中东的各种线索都
大错特错。

　　霍特尔这样做，绝非出于对真相不同寻常的热爱，或是受到了
正义感的驱使。每当涉及瓦尔特·舍伦贝格、恩斯特·卡尔滕布伦
纳等与他有过密切接触的对象时，霍特尔也会三缄其口，甚至还倾
向于说谎。他保护朋友和自保的主要方法之一，就是前后一贯地把
罪责推给一小群昔日的同事。艾希曼首当其冲，而且霍特尔终其余
生都以非凡的投入，竭尽一切努力来充实他的艾希曼形象并加以传
播。他不但技巧纯熟地与情报机构周旋，同时也十分擅长跟历史学
家、新闻记者和电影制片人打交道。于是直到今天，那名兴高采烈、
身穿奥地利短上衣的男子，以阿尔卑斯山地为背景，面露狡黠地微
笑着侃侃讲述艾希曼的轶事，并傲慢自大地自我标榜，都是相关电
视纪录片的固定内容。他战时的一位朋友甚至把媒体界人士对这名
职业证人的热衷称为"霍特尔奴"（Höttelhörig）。[113]

　　霍特尔不仅利用其虚实参半的消息，建立起了自己作为时代

见证者的名声，还向不同情报机构大肆兜售，甚至从一开始就像 179
作家一样处理那些消息。他以瓦尔特·哈根（Walter Hagen）为
笔名，在 1950 年出版了《秘密战线：纳粹特工局黑幕》（*Die
geheime Front. Organisation, Personen und Aktionen des deutschen
Geheimdienstes*）一书[114]，从德国情报机构的角度天马行空地讲
述了色情与犯罪的故事。该书随即被翻译成多种语言，并迅速造成
轰动。它在阿根廷也引发了读者们的批判和焦虑。笔名后面那个人
的真实身份从来都不是秘密。霍特尔的八卦消息为数小时的讨论提
供了材料，甚至还成为萨森访谈会中嘉宾长篇演讲的主题。继维森
塔尔关于耶路撒冷大穆夫提的那个小册子之后，该书是第一本专门
用一章篇幅来讲述艾希曼的上司们——海因里希·希姆莱、莱因哈
德·海德里希、海因里希·"盖世太保"·米勒——以及"犹太人问题"
的书。艾希曼不仅在霍特尔的书中读到，他所属的一个小团体在"海
德里希邪恶万分与草菅人命"的秘密领导下，几乎独力完成了海德
里希邪恶的杰作——"犹太人问题最终解决方案"[115]；此外他更只
能眼睁睁看着霍特尔向公众兜售"内幕故事"，而那些故事其实都
是艾希曼从前在维也纳、柏林和匈牙利闲谈时告诉霍特尔的。[116]
当霍特尔靠着牺牲别人一跃成为畅销书作家的时候，艾希曼正准备
穿越半个欧洲逃往阿根廷。对老同志的"友情相助"看起来可不是
这个模样。

　　维森塔尔据称在 1953 年夏天看见的那封霍特尔信函，直到今
天还没有再被发现。[117]霍特尔和马斯特似乎都没有把它交出来，
甚至也没有公开副本，尽管这样一封信即便在 1960 年之后也能卖
个好价。如果我们不认为这封信纯属伪造，那么二人遮遮掩掩的原
因想必在于这封信的其余内容，因为里面一定包含了在阿根廷的其
他人名，即便只是寄件人的姓名。与马斯特不同，霍特尔名声响亮
又引人注目，更有资格收到这样一封来自阿根廷的信件。况且经常 180

有人向霍特尔打听有关各种老同志们可能下落的消息，次数多得已经到了泛滥成灾的地步。1953 年的时候，霍特尔甚至计划跟弗里德里希·施文德（Friedrich Schwend）那个负责制作伪钞*、在战后逃往秘鲁的昔日同僚合作，联手进行瑞士和南美洲之间的生意。[118] 无论是谁在 1953 年写了那封信给霍特尔，都绝对知道自己把这个爆炸性的信息寄给了一个什么样的人：一个通过销售此种情报来赚钱，因此绝对不会对此守口如瓶的人。即使在出版他的第一本书之前，霍特尔就已经在纳粹圈子内被视为安全隐患，因为每个人都知道，他在战后的职业生涯是用背叛建立起来的，老同志们都相信他早就把自己卖给了战胜国。像奥托·斯科尔策尼之类的人，甚至主张霍特尔是基于纯粹的机会主义而"杜撰了那 600 万人"。[119] 在霍特尔的书和报纸文章纷纷出炉之后，即使从未跟情报机关打过交道的人也必定知道，把机密消息传给威廉·霍特尔，就好比是把它贴到街头广告柱上一样。不管当初是谁向霍特尔通报了艾希曼的下落，都一定知道自己是在告发他。

　　许多人都可能是那个消息的来源。但阿道夫·艾希曼的家人从一开始就已经认定是谁出卖了他们的父亲（他们甚至对那封信一无所知）：跟艾希曼一同乘船漂洋过海的赫伯特·库尔曼。克劳斯·艾希曼在 1966 年说道："我的父亲为他支付了渡海旅费，他却背叛了我的父亲。他到处嚷嚷：'你们可得当心那个克莱门特。他其实就是艾希曼。艾希曼是一头猪。'"[120] 相似的用字让人很难视而不见。尽管如此，库尔曼显然不是唯一一个喜欢使用激烈字眼，并泄露艾希曼在阿根廷行踪的人。即使在 1953 年的时候，也有办法通过其他许多渠道获得这个消息。不仅因为阿道夫·艾希曼变得越来越不

---

* 施文德乃党卫队保安局伪钞制造计划"伯恩哈德行动"（Unternehmen Bernhard）的组织者之一，负责差遣犹太囚犯大量制作高品质的英镑伪钞。据悉在 1945 年的时候，市面上流通的英镑有三分之一出自伪造。——译注

小心，也因为早有他的熟人带着关于他的消息回到德国，而且不光是出于私人原因。

德国—阿根廷关系

在 20 世纪 50 年代初，杜勒出版社圈子内的人不光是出于怀旧感伤之情，才密切关注联邦德国的事态发展的。他们明目张胆的政治野心早已反映在《路径》的文章当中。那些文章越来越直接地讨论年轻的民主体制，而且其字里行间无法隐瞒的是，杂志背后的那些人所关心的并非其他任何国家，甚至也不是阿根廷的一个特殊德国社区，而是想要唤回另外一个德国。他们试图干预德国政治，越来越把一般德国大众视为诉求对象。尽管在 20 世纪 50 年代初时，他们的想法听上去就像在今天一样脱离现实，但萨森、鲁德尔、弗里奇，以及其他所有作者一心想要的，就是在德国发动一场革命。其国家社会主义立场主要是通过他们所反对的事情定义的：反对联邦德国加入西方阵营、反对重整军备、反对美国。正因为如此，他们反对代表了这一切的那个人：康拉德·阿登纳。《路径》杂志新的副标题虽然改成了"一份为了自由与秩序的月刊"，但他们的目的不仅限于此。他们想要在特定自由下拥有一种具体可见的新秩序，亦即"建立一个新的德国"。他们甚至一度还想成立一个德国流亡政府。[121]

若仔细检视那些早已好端端地在阿根廷安身立命的人的不可理喻的行为，便无法不注意到激发这种政治野心的一个主要原因：谁要是曾经受到迷惑，自视为未来世界的精英，并且参与塑造了曾撼动世界长达 12 年之久的德意志帝国政治，那么他将无法再满足于正常的生活。在萨森笔下，汉斯—乌尔里希·鲁德尔曾令人印象深刻地表示：

　　我们活着，在物质上肯定比我们千百万战败的同胞们生活
得更好。可是我们果真能够在短短几年时间内，就把自己的视
野缩小到如此狭隘的范围吗？我经常……不得不回想起不久前
最后一次和希特勒对话时的情景，回想起在战争最后几个月里让
我们屹立不摇、奋身向前的那些理念，回想起我毕生的伟大目标：
祖国的繁荣与幸福。然而我现在的生活看起来是这么的可悲、这
么的渺小而没有意义！难道人们能够一下子改头换面，变得只
为自己、只为最亲近的家人和同志的小圈子着想吗？ [122]

　　战争的结束和随之而来的逃亡，把那些人抛回了对他们而言从
来都不是常态的日常生活。这种生活想必只会让他们觉得琐碎，因
为布宜诺斯艾利斯令人清醒的流亡生涯，使"统治世界之梦"做起
来更加困难。这种改变让他们尤其难以接受的地方在于，他们都还
相当年轻。战争的结束使他们的职业生涯在半途戛然而止。鲁德尔
出生于 1916 年，萨森出生于 1918 年，弗里奇出生于 1921 年。40
多岁的艾希曼已经属于老一辈了，而联邦德国却选了一个年逾古稀
的人出马担任总理。从流亡者的角度来看，所有那一切都让人回想
起魏玛共和国时期，"年轻人"成功地从年迈的国家总统兴登堡手
中夺走权力，并废除了受人憎恨的民主体制。他们正打算做同样的
事。对那些人来说，国家社会主义是他们尚未完成的使命。[123]
　　不仅阿根廷有人梦想着第二次"夺权行动"（Machtergreifung）。
20 世纪 50 年代初期，所有具有影响力的右翼极端分子都试图招兵
买马扩大规模。其中最著名的例子，是昔日戈培尔的国务秘书维尔
纳·瑙曼（Werner Naumann）所领导的小组。他们试图渗透进北
莱茵—威斯特法伦（North Rhine-Westphalia）的自由民主党，在
西德追求让人摸不着头绪的政治目的，进而最晚从 1952 年开始，
还串联了其他欧洲国家的法西斯政党。与此有关联的一些最重要的

人名，也出现在埃伯哈德·弗里奇的作者与通讯员名录中，例如英
国人奥斯瓦尔德·莫斯利（Oswald Mosley）和法国人莫里斯·巴
代什（Maurice Bardèche）。几乎在同一时间，杜勒出版社的圈内
人也设法扩大自己在德国的政治影响力，因此与国家社会主义政党
社会主义国家党（Socialist Reich Party, SRP）建立了联系。该党
由奥托·恩斯特·雷默（Otto Ernst Remer）和"民族"作家弗里
茨·多尔斯（Fritz Dorls）领导，两人都是激进的反犹太主义者，
具有潜在的历史影响力。[124] 尽管他们言不由衷地对希特勒的方法
表示了批评，但"解决犹太人问题"是他们竞选纲领中的公开内
容。他们的直接目标是在即将于1953年举行的联邦议会选举中赢
得大量选票，阻止阿登纳获得胜利，并由此使自己成为保守派阵营
的要角。杜勒出版社的圈内人以及雷默和他的同党都认为，大多数
百姓私下里毫无疑问都是偏右的，也就是站在他们一边。地方层级
的初选结果更是让他们对此满怀憧憬。[125] 早在1951年的时候，极
右派的《路径》就已经和当年成立的、立场同样鲜明的《国族欧洲》
（Nation Europa）杂志公开合作了。威廉·萨森为此发表了一篇尖
酸刻薄的文字批评美国与重整装备，使杂志在德国的销量暴增，以
致包括《明镜周刊》在内的其他媒体业者都开始留意到它。[126] 甚
至也有证据显示，阿根廷那批人通过维尔纳·瑙曼与哥廷根的普雷
瑟出版社（Plesse-Verlag）取得了联系。[127] 因此同样不能排除的
是，弗里奇或许果真像他在寄给作者们的信中所宣布的那般，曾
经前往德国，亲自与《国族欧洲》的联合创办人卡尔-海因茨·普
里斯特（Karl-Heinz Priester）达成协议，今后应如何继续像这样
制造舆论。

　　1952年夏天，的确曾有若干名阿根廷阵营的成员前往联邦德国。
他们在那里缔结了密切的合作关系，尤其给弗里奇的网络带来了积
极的影响。社会主义国家党原有的联络体系被纳入《路径》的订户

名录中，此举不但意味着 3000 名新订户，更为"小圈子"增加了
3000 个联络地址。政治事业从一开始就是计划当中的一环。空战
英雄汉斯-乌尔里希·鲁德尔更被视为潜力十足的国会选举候选人，
曾在联邦宪法保卫局的密切监视下多次前往德国。[128] 新闻报道甚
至声称，同样出现在联邦宪法保卫局监视名单上的埃伯哈德·弗里
奇，也曾经悄悄进入德国。[129] 有证据表明，弗里奇最亲密的合作
伙伴迪特尔·福尔默在 1953 年永久搬回德国，之后继续与杜勒出
版社保持密切联系，并且对他们的计划和项目知道得一清二楚。[130]
至少所有这些旅客都知道艾希曼藏在阿根廷，而谁若是想给志同
道合的新朋友留下深刻印象，通常不会对这种耸人听闻的旧识保
持沉默。

　　随着社会主义国家党因违宪而遭到禁止，以及雷默在联邦议
会大选前由于诽谤 1944 年 7 月 20 日的反希特勒团体而被判有罪，
那批新阿根廷人又把目光投向了汉诺威，寄望于同样反民主的德
意志国家党（Deutsche Reichspartei，DRP）。该党还有一个优势，
就是完全不反对市场经济，符合那些积极从事经济活动的海外移
民的立场。鲁德尔的新联系对象是阿道夫·冯·塔登（Adolf von
Thadden）。他和埃伯哈德·弗里奇一样年轻，是战后最活跃的纳粹
人士之一，后来更积极促成德国国家民主党（Nationaldemokratische
Partei Deutschlands, NPD）的崛起。塔登在 1952 年 12 月就已经和
鲁德尔见过面，之后更资助了他在 1953 年的下一次行程 [131]，以便
他前来为德意志国家党的选战助力。塔登希望这位空战英雄跟雷默
一样，散发出昔日国家社会主义的光芒。维尔纳·瑙曼也加入了德
意志国家党。他曾被《法兰克福环视报》（Frankfurter Rundschau）
形容为"盘踞在有计划的渗透网上的蜘蛛"。[132] 鲁德尔在跟他初次
面谈后，就立刻兴奋莫名地聘请他担任自己的政治顾问。塔登则对
重新引进阿根廷的鲁德尔一事头脑清醒："就个人方面而言，他似

乎是非常适当的人选。然而他对德国国内的政治往往有着完全错误的看法，这显然是因为他始终只跟某一类型的昔日同志打交道所造成的结果。"尽管塔登本身也对德国的未来抱持奇怪的看法，但他对鲁德尔关于"复兴一场真正的民众运动"的想法大不以为然。他认为更切实际的做法是渗透新的民主政体，通过一个政党使国家社会主义者进入政府。这个目标在迫不及待的鲁德尔看来"过于含蓄保守"。不过塔登也看到了"他的名字所产生的吸引力"，而且最重要的是，他立刻看出了鲁德尔的强烈欲望："无论如何，他有政治野心，而且想要在德国扮演重要角色。"^[133] 此外杜勒出版社圈内人的统筹能力也令塔登印象深刻。

　　阿道夫·冯·塔登后来的笔记显示，鲁德尔跟他会面时的态度非但一点也不保留，反而毫无顾忌地畅所欲言。艾希曼被捕之前很久，塔登就已经知道那名"犹太人事务主管"生活在阿根廷，且与杜勒出版社圈子内的人有联系。^[134] 鲁德尔虽然名列德意志国家党的候选人，最后却不了了之，因为他甚至不满足作为被选举人的条件，并且由于其鲜明的国家社会主义言论，一再被禁止公开发表演说。联邦宪法保卫局在 20 世纪 50 年代初期制作的鲁德尔和弗里奇的文档，至今仍不对外公开，尽管其中至少一部分应被分类为"可归档"。德国外交部同样密切关注此类新右派活动，因为自 1950 年以来，鲁德尔和弗里奇就奔波于南美洲各地，为同志工作会募款，并为即将到来的革命进行宣传。联邦德国在智利的代办处甚至传回警讯，面对如此广泛的对纳粹的公开怀念，有人担心德国在海外的名声恐将受到损害。然而布宜诺斯艾利斯大使馆对相关询问的回答让外交部感到放心不少：它表示在 1953 年年底的时候，公开怀念纳粹的总共只有 50 ～ 100 人，而且他们都毫无重要性可言，根本不值一提，也无须列举出来。^[135] 美国中情局的看法显然与此大相径庭。同一年他们关于阿根廷德意志民族主义者和新纳粹主义者活

186　动的报告长达 58 页。[136] 我们至今还不清楚联邦德国情报部门的报告到底有多长。

　　尽管在 20 世纪 50 年代初期，国家社会主义者和形形色色法西斯主义者所进行的各种活动看起来像是一场巨大的全球性纳粹阴谋，但它最后没有成功。其实进行这种阴谋行动的外在环境并非完全不利。联邦德国在战后最初几年并未像战胜国所希望的那般，通过"启蒙"（Aufklärung）和"再教育"（Umerziehung）等措施达成民主共识。可即便如此，那批心怀夺权梦想的纳粹忠实信徒在战后世界还是欲振乏力。如果仔细观察一下这个诡异戏码中的那些角色，便可以明白为什么会这样。那些人来自截然不同的世界，更何况一个"国家社会主义国际"在本质上即已矛盾百出。不管再怎么期盼推动阴谋，他们缺乏一致的宣誓效忠对象，除了负面目标之外并无共识，更何况他们对旧时代的记忆也千差万别。最根本的，他们是着眼于旧日图景的阴谋家，因此没有关于现在究竟该如何夺权的实际想法。这样一个纯粹感时伤情的团体无法激发对自身力量的信心，无论在彼此之间还是对潜在的选民来说都是如此。

　　尽管如此，逃往阿根廷的纳粹党人与德国和奥地利的同党之间维持着多方面的联系，远不止寄送贴着彩色邮票的航空邮件而已。即使没有像霍特尔这样的情报贩子，以及他与许多情报机构的联系，1953 年时仍有许多人知道艾希曼的藏身之处和庇隆的水力发电项目。假如盖伦组织继续追踪了 1952 年 6 月那条线索的话，那么其探员可能已经查明了艾希曼在哪里工作，这是原始消息中没有提到
187　的。西德各个机构对弗里奇和鲁德尔政治野心的紧张反应表明，他们至少已经意识到，还有哪些人可能在阿根廷。他们其实根本不必向马斯特和霍特尔支付大笔金钱，就能够获得相关情报。

艾希曼被双手奉上

　　不管有关艾希曼下落的消息是如何传到霍特尔和马斯特那里的，决定要把这个消息透露给西蒙·维森塔尔的做法还是引人深思。1953 年年初，任何跟情报部门打过交道的人都知道霍特尔会怎么处理各种消息，也知道集邮爱好者西蒙·维森塔尔究竟是何方神圣。他一直张扬地热切参与追捕纳粹的行动，1947 年即已在林茨成立"犹太文献中心"，并且与美国和以色列的情报机构保持联系。霍特尔和马斯特一定已经充分意识到了自己在干什么——那就是告发阿道夫·艾希曼。关于水电站建设工程的线索是如此精确，仅需在布宜诺斯艾利斯随便问一下即可追踪到"卡普里"，毕竟该公司正在进行阿根廷政府最大规模的工程项目之一。这次揭发工作最终没能成功，原因在于二人秉持典型的反犹太主义纳粹思维方式，以致过分高估了西蒙·维森塔尔的影响力。在那种相信"犹太世界阴谋"的教义当中，"犹太人"（der Jude）只可能被想象成一个群体。[137] 按照国家社会主义的狂想，街角随便一个犹太小贩所具有的影响力，实际上便已远远超过大型犹太组织。此外，"犹太人"所思所想的事情，当然就只有统治世界和复仇。从表面上来看，二人的做法简直是向"犹太人"奉上一个大银盘，在里面装着他们的敌人阿道夫·艾希曼。这不禁让人提出一个很难回答的问题：到底谁在 1953 年会希望借此获利？

　　当一个人想要伤害另一个人的时候，其背后的个人动机可能是畏惧、报复，或者是幸灾乐祸的心理。霍特尔无疑知道艾希曼曾发誓要杀死他，因为是他把艾希曼承认杀害 600 万人的说辞公之于世的。可是艾希曼远在天边，更何况霍特尔对此类威胁并不陌生，毕竟他与盟军的合作早就给自己制造了为数众多的敌人。萨森访谈会成员之一朗格尔博士（Dr. Langer）曾告诉阿根廷的人，早在 1945

年 5 月的时候，维也纳地区就已经到处都能听到对霍特尔的威胁了："每个人心中都怀有对霍特尔的莫大恨意。我从许多人——而不只是一个人——那里听到'如果逮到那家伙，我非把他杀掉不可'之类的话。"[138] 尽管威廉·霍特尔显然十分乐意通过自己的言论尽可能抹黑艾希曼，甚至在艾希曼被处死之后仍然对他的名气嫉妒不已，但我们实在很难想象霍特尔需要如此大费周章。如果霍特尔自己真的想要揭露艾希曼的踪迹，或者不管是谁促使霍特尔走上这一步，那么他其实只需要把这封信复制几份，然后发给国际新闻媒体即可。然而据我们所知，霍特尔和马斯特在 1953 年并没有向维森塔尔以外的任何人出示那封信件。但由于德国安全机构的档案处大门紧锁，我们所知的非常有限，只能猜测霍特尔和马斯特是否果真有办法在盖伦组织、海因茨情报处、联邦宪法保卫局等单位都不知情、不参与，或者至少事后也没有得到消息的情况下采取那样的行动。

对于怀抱无限野心的人而言，采取这样行动的原因当然有可能是为了在情报界扬名立万。但如果真有人打算通过追踪战争罪犯来给自己加分的话，那么自己所属的情报机构肯定会成为递交消息的首选对象。然而霍特尔在美国和德国情报单位那里已经名誉扫地，189 曲线救国可能反而是最好的出路。早在 1952 年 11 月的时候，霍特尔就已被列入联邦宪法保卫局的警告名单。所有德国和美国的情报机构都把他视为不可靠的联系人，因为他编造了一系列假情报。[139] 但如果绕路绕到了一个被怀疑替以色列搞情报的人那里，这种思路未免太过复杂。贪财的动机同样也可以排除，因为那封信从未出售过，至少维森塔尔从未支付过十万美元，而且他从来也没有过那么多钱。就算有另外一方为此行动向马斯特和霍特尔支付了丰厚的报酬，问题依旧存在：为什么会有人对公开艾希曼的地址感兴趣？

假如那个信息不只是让维森塔尔心头一惊，而是果真成功地告诉了"犹太人"艾希曼躲在哪里，结果又会怎样呢？马斯特和霍特尔，或者其幕后主使者，期待看到纳胡姆·戈尔德曼（"犹太世界阴谋"那种鬼话的支持者认定他是全体犹太人的专制头目）做出何种反应？"那些犹太人"会做出怎样的事情？站在今天来看，可能出现的情况有二：要不就是当时仍然积极活动的复仇小组果真悄无声息地把艾希曼杀了，否则就像后来那样把他带上法庭，除非艾希曼及时获悉自己行踪败露，并且及时找到新的躲藏地点。可是除了身为受害者的犹太人之外，还有谁会对这些可能有兴趣呢？

霍特尔作为唯一能够直接引述艾希曼原话的人，借此过上了很不错的生活。除非霍特尔和马斯特打算让关于犹太人大屠杀的情报随艾希曼一起离开人世，不动声色借刀杀人的做法才会带来好处。换句话说，让犹太人执行这项肮脏的工作干掉艾希曼，从而使真正的关键证人再也无法证实受害者数字。然而这种解释具有一个重大缺陷：假如二人果真这么想的话，那么他们必须先认为艾希曼所引述的数字符合真相。除非相信艾希曼会说出让人难堪的事情，否则杀人灭口就没有意义。在 1953 年的时候，德国和奥地利没有几个人相信此事，甚至连威廉·霍特尔自己也不信。[140]

今天我们简直无法想象，20 世纪 50 年代初期的人们究竟对纳粹罪行知道多少，或者想知道多少——他们几乎一无所知。在德国和奥地利所能获得有关犹太人大屠杀的资讯——假如人们在重建和新生之余还有闲暇顾及于此的话——差不多全部来自新闻界，亦即来自对战争罪行审判的报道。然而在一个刚刚战败的国家，这些审判并没有什么好名声。诸如"胜利者的正义"（Siegerjustiz）、"宣传说辞"（Propaganda-Aussagen）、"用来吓人的故事"（Greuel-Geschichten）、"集体罪责"（Kollektivschuld）、"报复性判决"（Racheurteil）等等字眼流传甚广，而且"600 万"这个数字更是显得完全不可思议，需要各种解释说明和证据资料才可让人勉强理解。然而此类解释说明和证据资料在 1953 年的时候完全付之阙如，当时虽已开始出现第一批讨论希特勒和国家社会主义的书，但还没有关于灭绝犹太人的出版物。战争结束八年之后，获得对大屠杀初步印象的唯一途径就是研究审判文件，然而只有极少数人能够接触到它们。在这种情况下，最常见的反应莫过于怀疑和排斥。大屠杀否定论者很容易就能得逞，甚至连帮凶们都可以安慰自己，"没有人知道到底是怎么一回事"。

　　今天我们能够读到集中营指挥官鲁道夫·赫斯的供词、万湖会议的记录、各个特别行动队指挥部的报告、对集中营的描述、谋杀统计数据，当然还有艾希曼的供述。除此之外更有各种精心编辑的文献选集、汗牛充栋的专题报告文学，以及多得令人难以忍受的图像资料。可是在1953年的时候，除了纽伦堡的判决书之外，一本这样的书也找不到，相反只有企图模糊一切、否认一切的犯案者和知情者，以及几乎没有重新找到自己声音的幸存者。即使在新成立的联邦共和国，其议员针对国家社会主义罪行所发表的声明，读起来往往也像照本宣科，说出政治正确的言论——实际上只是讲一些自己知道不得不讲的话，而并没有真正认同它们的含义。[141] 除了曾经直接参与犯罪，因而确切知道发生过什么的人以外，大多数人甚至不知道艾希曼还能透露什么更糟糕的事情：另一个没人想要听到的、令人难以置信的证词？所以何必继续动脑筋，推测为何会有人想要掩盖他的证词？只有知道内情的人，才会希望在艾希曼讲出更多名字之前就让他闭上嘴巴。然而相比于干脆让他不受干扰地骑马穿越图库曼的崇山峻岭，泄露艾希曼的行踪是危险万分的事情。

　　在狂热的大屠杀否认者看来，亦即在固执地相信另一种真相的人们眼中，事情却显得截然不同。《路径》的撰稿者们、退役的奥托·恩斯特·雷默将军，以及数目多得吓人的不可救药的反犹太主义者，他们一方面对犹太人恨之入骨，热衷于灭绝犹太人的想法，同时却又把多达数百万的遇害人数视为谎言，或至少尽可能地加以淡化。从此角度观之，最清楚事情真相的艾希曼就有了迥然不同的意义。在否认者的世界里，艾希曼只可能说出他们想要的真相，那就是一切都不像大家在纽伦堡所听到的那样，是"犹太人"自己杜撰了屠杀的规模。艾希曼的证词可望减轻德国人的罪责，并表明是犹太人自己一如既往地颠倒了事实，从谎言中牟利。《路径》最成功的文章之一就叫《600万人的谎言》（*Die Lüge von den sechs Millionen*）。[142] 用吉多·海曼（Guido Heimann）这个假名，该文作者声称，只有36.5万国家社会主义者的反对者遇害，而且既没有系统化的大屠杀，更没有毒气卡车或毒气室。其他与此不同的讲法都是对历史的大肆篡改。需要一名关键证人来驳斥这种"谎言"，而且即使在这种粗糙的历史观中，那个证人同样也是艾希曼。

192

　　1953年联邦国会选战期间，这个所谓"谎言"在政治层面所产生的意义将给国家带来改变。仅仅两年前，康拉德·阿登纳才终于痛下决心，在联邦国会公开承认德意志民族因为国家社会主义罪行所应承担的罪责与责任，以及全体德国人对以色列国家和犹太民族所应承担的义务。[143] 西方盟国在赔偿问题上施加的压力，让人无法再继续沉默下去。西德不得不公开承认自己的过去，否则就不可能重新加入国际社会。联邦政府在与犹太人"要求赔偿联合会"（Claims Conference）的代表进行了旷日持久的谈判之后，于1952年针对赔偿事宜签订了《卢森堡条约》，分12年向以色列偿付总值34.5亿德国马克的金钱、实物和服务。这个条约在许多人眼中是一个丑闻。为了获得联邦议会的批准，阿登纳需要社会民主党的选票支持，因为在他自己的政党基督教民主联盟（Christlich Demokratische Union）中有太多议员拒绝这个条约。与纳胡姆·戈尔德曼签订的条约所引发的激辩，导致基督教民主联盟—自由民主党联合政府内部出现巨大危机，阿登纳似乎已岌岌可危。不仅极右翼的圈子否认以色列有权获得任何赔款，民意调查更显示，只有

11% 的德国人支持《卢森堡条约》。[144] 假如在这种情况下，能像阴谋论者所期待的那般，有一个像艾希曼一样懂得详细计算的人挺身而出，表明纳粹的罪行没那么严重，或至少不是由德国人犯下的，后果将极为惊人。不仅可以抹黑阿登纳，让那个条约再也站不住脚，令犹太人因为自己的"欺骗"在全世界颜面尽失，而且——最重要的是——让德国人摆脱罪责。真相终于可以大白，原来是"犹太人"自己炮制出的那一切，为的就是获得巴勒斯坦和攫取金钱。

从各种五花八门的论述即可看出，当时人们确实是这样想的（其实今天也还有人如此认为 [145]）。那些不断推陈出新的阴谋论所涉及的范围，从简单否认大屠杀到精心炮制理论，宣称犹太人在希特勒的背后渗透进盖世太保，并且自导自演了一场大规模犹太人自相残杀的戏码。在此亵渎事实的胡言乱语中，凶手阿道夫·艾希曼转变成为希望的象征，变成了那种奇特"真相"的关键证人。艾希曼被捕之后，媒体——不只是右翼报刊——的反应立刻以骇人听闻的方式呈现出，这种偏执的救赎希望在 20 世纪 50 年代盛行到了什么程度。那些新闻报道充斥着对以色列的警告，强调艾希曼恐怕会"披露对他们不利的事实"。例如《纽约时报》预言说，对艾希曼巨细靡遗的公开审判"对以色列弊大于利"，并且不可避免地"会对以色列产生负面影响"。《明镜周刊》则在事情发生之前就引述了"最初让人意想不到的反应"。极右派的《国族欧洲》月刊津津有味地列出了每一个这样的警告——或至少几乎每一个，因为《明星周刊》(Stern) 提出的警告——"以色列国恐有成为纳粹继承人之虞"——就被置之一旁，《国族欧洲》显然不想给自己的国家社会主义读者们添堵。[146]

荷兰籍党卫队队员威廉·萨森更在 1960 年年底的一次采访中将那种妄想表达得淋漓尽致。他解释说，以色列政府根本不可能卷入绑架艾希曼的行动，因为以色列当局是最不愿意让艾希曼开口的人，免得他揭穿了以色列赖以立国的谎言。显然是一小群自行其是的犹太"狂热分子"（elementos fanáticos）绑架了艾希曼，有人一心想要隐瞒的事实如今终于到了重见天日的时候。[147] 阿道夫·冯·塔登作为年轻的联邦德国最具影响力的极右派人士之一，甚至直到1981年都还希望出版艾希曼的阿根廷随想："那'600 万人'将被证明是个谎言，是 35 年来一直被恶意传播的不实陈述。"[148] 可是这一团胡言乱语有一个关键的问题：犹太人大屠杀并非犹太人的谎言，而是完全出自德国人的策划，德国人艾希曼更因为能够实施谋杀行动而沾沾自喜，绝不可能矢口否认。如果寄希望这个人能以某种方式帮助德国洗脱罪责，那根本是异想天开。毕竟艾希曼的言论向来只揭露了一个事实，即德国所犯下罪行的巨大规模，以及成为德国人狂妄的受害者的人所承受的无法估量的痛苦。

今天我们会觉得许多事情难以想象，因为我们确切地知道艾希曼实际讲过哪些话，而且可以参考半个多世纪以来的各种文献记录与研究成果，但在 1953 年的时候，仍有许多人相信，艾希曼将把他们想象中的真相公之于世，因此光是他的存在就足以对以色列的地位和康拉德·阿登纳的和解政策构成威胁。年轻的联邦共和国与战后的德国社会都还远远称不上稳定，一旦"揭露了事实"（如果真有那种事实的话），必然会受到巨大冲击。这种对王牌证人艾希曼的偏执信赖，很可能就是马斯特向维森塔尔出示阿根廷来函的隐藏动机。他们以为这样便有办法用艾希曼的证词来威胁"犹太人"，进而释放出爆炸性的政治后果。既然他们的想法错得如此离谱，行为自然也就脱离了现实。

维森塔尔现在确信，他之前关于艾希曼下落的线索全部误入歧途，更何况他从威廉·霍特尔和海因里希·马斯特那里得知的艾希曼下落，并非当时接获的唯一线索。薇拉妹妹的一个朋友住在林茨附近，同样告诉维森塔尔薇拉已经移民到了南美洲。不止于此，"1953

194

195

年7月，我在维也纳……与公安总长帕默博士（Dr. Pammer）会谈，恰好谈起了艾希曼。帕默也告诉我，他有情报显示……艾希曼正藏在阿根廷。"此外，维森塔尔还间接通过另外一封信件，获得了至少同样可疑的暗示，而且寄件者就是阿明·阿尔－侯赛尼本人。[149]收件人是维森塔尔住在慕尼黑的一位朋友，名叫艾哈迈德·比吉（Ahmed Bigi）。[150]比吉帮维森塔尔把那封信的内容翻译了出来，穆夫提在信中直接提及"有关艾希曼去向的问题"。维森塔尔自己听得半信半疑，毕竟那也有可能是"穆夫提聪明的一步棋"，试图通过维森塔尔的朋友，转移别人对艾希曼可能置身中东一事的注意力。维森塔尔本身不懂阿拉伯文，但他与比吉的私人关系令他相信，信中真的包含了比吉翻译给他的内容。即使后来有人发现，提出问题的人并非阿尔－侯赛尼，而是曾经为希特勒的外交部工作过的另一个穆斯林，维森塔尔仍然没有改变态度。他写信告诉纳胡姆·戈尔德曼，他"当然不能百分之百保证艾希曼在阿根廷"[151]，但可以确定的是，诸如"艾希曼在特拉维夫重新现身"、"党卫队将领在中东"，或者穆夫提的"德国顾问"之类的大标题都错得离谱。[152]

在相当短的一段时间，维森塔尔已经获得了好几条线索，纷纷指出艾希曼根本不在中东，只能去南美洲找。但与这个事实一样令人惊讶的是，尽管维森塔尔把他的新发现通报给了包括以色列驻维也纳领事馆和纳胡姆·戈尔德曼在内的所有联络对象，而且这个消息甚至还传到了美国中情局那里[153]，对艾希曼的搜捕却并没有因此加强。相关信息几乎无处不在，却一直被置之不理。与盖伦组织在前一年的表现一样，非德国的情报机构对于将那名战争罪犯绳之以法同样兴趣缺缺。

不管是谁曾经打算借由透露艾希曼的行踪来产生回响，结果都只会大失所望。维森塔尔更因为其他人兴趣寥寥而深受打击。他在回忆录中把自己描绘成一个孤军奋战的正义斗士，但几乎没有人对他感兴趣，"感觉自己与少数几个志同道合的傻瓜一起孤立无援"。[154] 日常的政治事务更加重要。时值大国进行冷战、朝鲜爆发热战之际，"在此背景下，阿道夫·艾希曼的形象已经褪了颜色。每当我试图和美国朋友们讨论他的时候，他们总是略显疲态地回答：'我们还有其他问题。'"[155] 康拉德·阿登纳虽已承诺要负起责任，但这并不表示他会锲而不舍地揪出那些该负责任的人。相反，正当外交部某些人员背景可疑的争议甚嚣尘上时，阿登纳在签订《卢森堡条约》之后立刻向联邦议会宣布："在我看来，我们应该停止到处搜寻纳粹了。"[156] 接下来几年，总理的这句话将对德国官方机构产生法律般的效力。

友情相助

请您明白，我无意让艾希曼这样的专家能手离开总局，
而且今天他对我来说更是无可取代。

——弗朗茨·阿尔弗雷德·西克斯
（Franz Alfred Six）评论其下属，1938 年 [157]

虽然艾希曼在阿根廷，完全不可能知道那封寄给他昔日奥地利
朋友威廉·霍特尔的信，但他绝对清楚杜勒出版社圈内人的野心。
鲁德尔公然计划搬回德国，以便在那里投身政治；萨森因为写给美
国艾森豪威尔（Eisenhower）*总统的公开信闹得满城风雨，以致凡
是在这个流亡者圈子内走动的人，都无法不注意到焦点已重新转向
德国；弗里奇已在欢庆《路径》的成功，而且目标明确地与一些德
国报刊积极合作，宣扬几乎原封不动的纳粹意识形态。他们都密切
关注 1953 年的联邦议会选举，因为那将影响到未来的发展。德国

---

*　艾森豪威尔亦音译成"艾森豪"，但更准确的译法是"艾森豪尔"，那位美国将军和总统是
德国后裔，其姓氏的英语发音保留了德语 Eisenhauer（艾森豪尔）的读法，原意为"打铁人"
（采铁工人）。——译注

经济复苏并显露出经济奇迹的端倪也是一个吸引力，因为阿根廷正
日益陷入危机。

我们尚不清楚艾希曼、弗里奇和萨森第一次见面究竟是在什么
时候——基于显而易见的理由，他们三人都难得对此做出可靠的说
明。一名曾在纳粹国防军服役、在阿根廷不时帮德国有钱人工作的
波兰男子，作为独立证人宣称：萨森在图库曼就已经和艾希曼打过
交道，但要等到艾希曼于 1953 年回到布宜诺斯艾利斯之后，俩人
才经常见面。[158] 艾希曼自己则宣称，他是在欢迎奥托·斯科尔策尼
的一个大型社交场合首次遇见弗里奇和萨森的，但要等到弗里奇以
出版商的身份邀请他合作出书之后，他才真正与萨森成为朋友。[159] 198
这两种情况都不无可能，因为威廉·萨森非但知道奥尔斯特·卡洛
斯·福尔德纳和"卡普里"，还是各种社交活动上广受欢迎的常客。
人们因为其国家社会主义者的身份对他产生兴趣，而他与许多团体
和个人有所交往，更可一直上达阿根廷的庇隆总统。奥托·斯科尔
策尼关于他在 1954 年才把萨森介绍给艾希曼的讲法，则根本是无
稽之谈，因为所有参与者在那个时候早就相互认识了。斯科尔策尼
显然是想转移别人的注意力，忽略他与阿根廷德国人群体的深层羁
绊。[160] 斯科尔策尼很可能是在 1949 年年初第一次来到阿根廷的，
比艾希曼的抵达时间早了很久，之后几年往返于布宜诺斯艾利斯和
马德里之间。这名所谓的"墨索里尼营救者"和希特勒手下的破坏
工作专家，直到老年都在右翼圈子内极受敬重，因此从防谍队到摩
萨德之类的所有情报机构都跟他是老相识。艾希曼和他至少在柏林
的一次宣传活动上就已相识，所以斯科尔策尼确实有可能把萨森和
弗里奇介绍给艾希曼，不过艾希曼和弗里奇最晚在 1952 年 6 月就
已经彼此认得了。此外他们也有可能是因为安排艾希曼一家团圆的
那个组织建立了交情。但不管怎样，任何认识弗里奇的人都不可避
免地也会认识威廉·萨森。

　　萨森这位荷兰武装党卫队志愿者、昔日的战地记者，想必对艾希曼产生了特别的吸引力，因为他致力于艾希曼也非常想做的事——著书立说。萨森用威廉·斯劳瑟（Willem Sluyse）那个广为人知的笔名发表过许多耸人听闻的文章，并吹嘘自己作为记者在国际新闻刊物上的成功表现，但最重要的是，他协助鲁德尔和阿道夫·加兰德（Adolf Galland）等人撰写了回忆录。* 萨森在1953年年底、1954年年初更是忙得不可开交。他不但重新包装了鲁德尔关于德国的报道以利行销，并在鲁德尔回来以后立刻用"磁带录音机"[161] 将其内容保存下来，此外萨森还在撰写自己的小说。两本

199

书后来都在1954年发行，那本小说甚至在年中即已出版。

　　鲁德尔的《德国和阿根廷之间》一书，主要以紧张刺激的细节来讲述他时而非法进行的德国之旅，以及在当地的政治活动；萨森的小说则设法勾勒出国家社会主义者的战后心态。萨森的新作也用笔名"威廉·斯劳瑟"发表，那个笔名早已因为《给艾森豪尔将军的公开信》有了名气。《门徒与婊子》（*Die jünger und die Dirnen*）这本小说包含七个样板角色。当最后的胜利化为泡影后，他们必须决定自己到底是谁，以及真正想成为什么样的人：是国家社会主义理念的门徒，还是敌人——也就是占领国——的婊子？因为占领国正在折磨、羞辱、引诱和驱逐那些可怜的希特勒理念的追随者，更打算通过"再教育"来根除萨森一心所系的国家社会主义精神。

　　这部小说的各种元素被包裹在一种呼吁奋战不懈的赞美诗当中，其感伤的语言力量远远胜过了寻常的纳粹文学。写出这本书的人，宛如演奏家熟练运用乐器一般精湛地控制着德国语言铿锵有力的节奏。萨森信手拈来的丰富语言却让人觉得格外不幸，因为他把这种天赋浪费在如此让人难以忍受的胡言乱语上面。他写出来的并

---

*　加兰德回忆录中译版的标题为《铁十字战鹰》。——译注

非文学作品，而是一场由淫秽暴力、偷窥狂热、反犹主义阴谋论、诽谤一切意识形态"敌人"，以及怀旧感伤的纳粹八股所共同构成的狂欢。不过我们还是必须感谢萨森，让我们得以借此直接窥见那一代人的内心世界——他们不但事业生涯在半途戛然而止，而且带着一个彻底失败了的意识形态，搁浅在现实的或心灵的流亡生活中。由于萨森毫无保留地套用他自己＊以及他周围那些人的生平事迹，这本当然也由杜勒出版社发行的小说提供了不少关于那个小圈子的宝贵资料。艾希曼认出第二章的一个人物是自己，很难让人相信此事纯属偶然。

　　书中的埃尔温·霍尔茨（Erwin Holz）曾是党卫队旗队长和集中营指挥官，在精神病院向托马斯·鲍尔（Thomas Bauer）医生解释了自己的想法和行为。鲍尔医生的任务是鉴定这名来自美国战俘营、已经"被拷打得半死不活"的病患是否具有责任能力。其鉴定结果将决定霍尔茨是继续留在医院，还是必须接受死刑。医生对这名"最终解决者"（Endlöser）的态度先是厌恶，后是冷淡，最后却反而被其吸引。最终，霍尔茨在西德兰茨贝格（Landsberg）监狱执行死刑前自尽身亡。除了医生清醒的声音外，这一章由主人公埃尔温·霍尔茨的话贯穿全局。萨森让霍尔茨发表了一篇独特的辩解演说——其"充满穿透力的声音"宛如"解剖刀"那般让人一听难忘，其"时而相当粗糙的论点和主张"令人心烦意乱，却都是硬道理。

　　弗里奇似乎也很喜欢这一章，把它作为该书的试读篇发表在《路径》上。[162] 任何曾经听过艾希曼讲话录音、观察过他的论证方式的人，都会注意到他与书中人物的相似性，甚至连个别措辞用语都

＊ 例如第六章的题材，是萨森带着身怀六甲的妻子和他们的小孩从爱尔兰逃往阿根廷的经过。——原注

相同！[163] 即便人物的外貌形象让人联想起萨森也熟识的那位集中营"医生"约瑟夫·门格勒，但门格勒长篇大论的自我辩护有着截然不同的风格，这从他的日记就可以看出来。[164] 当我们阅读萨森笔下的霍尔茨的言论时，艾希曼的声音如在耳畔："我们只不过是死神的簿记员罢了"、"我没有什么好后悔的"、"我们想把犹太人从我们中间赶出去，可是失败了"。[165] 实在很难想象萨森在见到艾希曼之前就能写出这种文字。[166] 假使果真如此的话，那么这个埃尔温·霍尔茨就惊人准确地预言了一个即将与萨森共同度过一生中最紧张工作阶段的人物，而且萨森早在 1954 年即已充分理解了那个人的想法，所以才有办法加以模仿。

＊　＊　＊

201　　然而还有另一段插曲清楚地显示，弗里奇、萨森和艾希曼最晚在 1954 年年中就已经往来密切：在那年 8 月期的《路径》上，艾希曼读到他和妻子已在 1945 年 5 月离开了人世。这个来得过早的死亡公告被伪装成一封来自一位"美国名人"的冗长读者来信，而其标题《在真理的道路上》（'Auf den Straßen der Wahrheit'）下面出现的却是一个完全无人知晓的名字——沃里克·赫斯特（Warwick Hester）。那篇冗长的文字着眼于摧毁一切涉及系统化灭绝犹太人的证据，是海曼在同年 7 月大获成功的《600 万人的谎言》一文的直接延续。该文作者将每一个可能的证人都诋毁成说谎者或骗子，为的是在第三页"驳斥"了毒气卡车的存在之后，随即几乎不经意地提到艾希曼已经死亡的消息：

> 　　一名低阶党卫队军官声称自己认识一个名叫艾希曼的高级官员，曾在其手下做事。战争结束前不久，那位犹太人事务专

家艾希曼曾私下向他透露，迄今共有大约 200 万犹太人遭到特别行动队杀害。等到投降的时候，艾希曼和他的妻子便服毒自尽了。这个信息同样无法验证，但我找不到任何诱使他说谎的动机。[167]

这是第一次，同时也是唯一一次出现此种有关艾希曼全家自杀的消息。此外很少有人认为艾希曼有可能自寻短见，尽管威廉·霍特尔显然曾在 1947 年年初散播过这样的消息，甚至在英国追捕人员那里还获得了些许成效。[168]对迪特尔·维斯利策尼来说，那根本是不可思议的事情。[169]那场"戈培尔式落幕"*的"见证"，与《路径》那篇文章中的许多所谓"事实"一样，都是公然杜撰出来的。该文作者的意图，摆明是要让艾希曼及其家人在世上享平安，免于继续受到追捕。但这种做法也不无风险，因为艾希曼的名字迄今从未在《路径》上出现过。此刻突然谈论起他的"专业领域"，难免让人明显地察觉到，最近刊出的各种相关主题报道都有意没有提及艾希曼，即便他的名字本应在那里有一席之地。霍尔格·梅丁（Holger Meding）曾对《路径》进行过系统研究，并采访过《路径》昔日的工作人员迪特尔·福尔默，同样得出结论，认为"《路径》在此之前极力避谈艾希曼，以免间接泄露任何有关其停留地点的线索"。[170]但似乎没有人意识到这个自杀公告露出了马脚，尤其对维森塔尔和霍特尔之类后来还见过艾希曼或其妻子的人来说，那根本就是个谎言。杜勒出版社的工作人员，以及知道里卡多·克莱门特是谁的新阿根廷读者们，或许会与那个"死人"在 ABC 餐厅共饮一杯葡萄酒，痛快地嘲笑一番这个诡计。但那篇文章还有更多含义，泄露了作者与艾希曼之间的许多关联。

202

---

* 戈培尔夫妇于 1945 年 5 月 1 日在毒杀六名子女之后双双自尽。——译注

《路径》上的那篇文章试图把所有涉及灭绝犹太人的证词都一笔抹杀。因此同一篇文章当中还出现了诋毁"霍特尔博士"的文字，称他为防谍队跑腿、把自己卖给了犹太人、为苏联搞间谍活动、勒索了"一大笔钱"、有计划地撒谎，现在更以他"遍及西德、奥地利和东南欧的谍报组织"挑拨所有各方相互对抗。但由于他知道"600万人的谎言"的实际内情，结果却没有人敢对他怎么样。[171]作者令人目瞪口呆地计算，证明"犹太人的"人口结构使大规模灭绝事件根本不可能发生。为求保险起见，他还引述了与"一位我非常敬重的北美犹太裔人士"私下谈话的内容。那位想必还是心理学家的先生向沃里克·赫斯特坦承，600万这个数字是一场骗局："我们认为600万虽不至于多得看起来不可能，但足以在一个世纪的时间里让人毛骨悚然。希特勒给了我们这个机会，我们只不过是加以利用，并且正如您所看见的那样，取得了非常好的效果。"[172]由于这位沃里克·赫斯特对犹太人"一片好意"，他在文末特地向犹太人提出警告，千万不要把这种游戏玩得太过火，因为谎言被揭穿只是时间早晚的问题，然后"对谎言的内在抗拒"将会演变成外在的反抗。他总结说道："让我担心的是，这恐怕会激起对谎言编造者的事后报复，那时，在事件以一种既悲剧又讽刺的方式发生翻转后，谎言将成为事实。"换句话说，如果再有数百万犹太人遭到谋杀的话，那他们就是自作自受。不管躲在沃里克·赫斯特这个名字背后的到底是什么人，他都出色地掌握了犬儒主义。

除去关于艾希曼死讯的部分之后，《在真理的道路上》通篇都像是篡改历史的典型范例，亦即习称的修正主义。修正主义的支持者们声称1945年以后的整部历史都是政治宣传，必须从根本上修改。但这篇文章的意义不仅于此。它恰恰就是大屠杀修正主义的主要立论根据，而这一事实长期以来一直未被注意。仅仅几个月后，所谓的《赫斯特证人报告》（Hester-Zeugenbericht）便与据称来自萨尔茨堡的"吉多·海曼"撰写的那篇专文紧密结合，在德国广泛流传开来。极右派作家与出版商赫伯特·格拉贝特（Herbert Grabert）在其同样以化名发表、题为《缺乏领导的民族》（*Volk ohne Führung*）的一本小册子中，也谈到了"美国记者沃里克·赫斯特"，以及36.5万名纳粹政权的受害者，而且犹太人在其中仅占了很小一部分。[173] 除此之外，巴特沃里斯霍芬（Bad Wörishofen）的新纳粹主义刊物《控诉：被剥夺权利的战争受害者的声音》（*Die Anklage: Organ der entrechteten Kriegsgeschädigten*）也刊登了一篇文章，试图驳斥"最卑劣的篡改历史行为"，并且引述了一位新专家的话，一位"举世闻名的北美人士"。那位专家不是别人，同样还是沃里克·赫斯特。[174] 文章还配上了一份臭名昭著的虚构红十字会报告，确证纳粹政权敌对者的受害人数为36.5万——多么凑巧的数字！极右翼的图书和杂志，以及故意发表在严肃刊物上的目标明确的读者投书，共同机巧地配合，构成了否认犹太人大屠杀的主要"证据来源"，而且直到今天都还构成历史修正主义的核心内容。[175] 一名杜撰出来的美国专家、一个据称来自萨尔茨堡的"内部人士"，而且二人都帮同一家阿根廷纳粹刊物撰稿，以及一份据称来自德国的虚构红十字会报告，巧妙地交织在一起并相互引证，已经足以通过媒体网络掀起铺天盖地的报道。

　　赫斯特那篇文字在1990年又被重新翻出，但如今宣称隐藏在沃里克·赫斯特背后的人，其实是同样著名的"美国律师史蒂芬·平特（Stephen F. Pinter）"。从此这份伪造文件以《平特博士报告》（'Der Dr. Pinter-Bericht'）之名肆虐于相关出版物和互联网。[176] 史蒂芬·平特据说对什么都一清二楚，因为这位来自美国圣路易斯的先生是"达豪审判案的公诉人之一"。除此之外，不时还有人为了保险起见而称他自己就是犹太人。一个犹太裔美国律师出面作证驳斥犹太人大屠杀的说法，这当然是不容置疑的事情——至少跟纳

204

粹一样想法的人必定如此认为。但其实从来没有过一个名叫史蒂芬·平特的美国起诉人，这是否令人惊讶？这个名字在 1959 年年底、1960 年年初时首次出现在两封读者来信里，内容几乎逐字逐句地重复了赫斯特与海曼的胡言乱语。其中一封来信出现在广受欢迎的美国杂志《我们的星期日访客》（*Our Sunday Visitor*）上，随即被《国族欧洲》刻意收录转载。《国族欧洲》也刊登过斯劳瑟的公开信，而且与《路径》有着长久的合作历史。[177]

分析过这种协调一致的行动，即可理解小团体如何发挥出巨大的力量，以及弗里奇和他的小圈子为何有信心梦想再次夺取权力。多亏了布宜诺斯艾利斯的这个伪造工坊，系统化灭绝犹太人行动的否认者获得了他们最常引用的基本材料。阿根廷曾有其他国家所不可能具备的新闻自由，并且被有目的地充分利用。老同志之间跨大西洋的出版物交流以惊人高效的方式运作，那批人显然在"赔偿"条约签订之后已经绝望至极，以至不惜使用这样的欺瞒伎俩。

至今仍然无法完全确定，究竟是谁躲在"沃里克·赫斯特"这个名字背后写出了那篇文章。虽然它所使用的隐喻手法和夸张效果像极了萨森，但也可能出自约翰·冯·莱斯之手，因为他同样以各种不同的笔名为《路径》撰稿，后来还很不情愿地承认自己在阿根廷曾经问过艾希曼遇害者的人数。杜勒出版社在伪造读者来信和为杜撰的作者炮制骇人听闻的履历等方面很有办法。此外可以确定的是，这位"著名的美国人"就来自杜勒出版社和艾希曼的周围。原因不仅在于该文充满了典型《路径》风格的表达方式，而且只有这样才能解释那个离奇的死亡通告。艾希曼自战争结束后就试图让自己被宣布死亡或者遭人遗忘，可惜一直徒劳无功。1954 年 8 月，他终于能够白纸黑字读到自己已经完全消失的信息。这也向他证明了，弗里奇和杜勒出版社的确具有足够的影响，能够左右政治。至少对艾希曼而言，他再次置身一个新运动的中心。[178] 另一个额外的好处是，艾希曼可以庆祝威廉·霍特尔的人格宣告破产，看着那个处心积虑让他活得艰难的人名誉扫地。这是骷髅头同志们做出的另一次"友情相助"。

* * *

有趣的是，1954 年在奥地利也出现了一则死亡通告。林茨和维也纳的报纸在 6 月初引用伦敦路透社的错误消息，称 1946 年年中的时候，党卫队二级小队长沃尔夫冈·鲍尔（SS Oberscharführer Wolfgang Bauer）在萨尔茨卡默古特山区（林茨附近的特劳瑙恩 [Traunauen]）被一个犹太复仇小组枪杀，因为对方误以为他就是艾希曼。他的尸体被草草掩埋在树林里，结果等到几个星期之后才发现杀错人了。最初的一些文章却让人心生疑窦，认为搞不好真有可能是艾希曼遭到枪杀。艾希曼在阿根廷收到这些专文报道（或至少是《上奥地利日报》[Oberösterreichischen Zeitung] 的版本），很可能是得到了他父亲的帮助。按照他一贯的做法，艾希曼很快就用这个故事编制了神话，然后在萨森面前兜售。艾希曼从此宣称，当他还待在吕讷堡石楠草原的时候，就已经听说过那个处决的消息，并且还沾沾自喜地引用文章中的说法："惊人的是，艾希曼死得相当体面。"艾希曼表示，"那让我非常开心"，并且兴高采烈地继续撒谎，"我把剪报保存了很久，然后才将它烧毁"[179]，毕竟艾希曼不得不预防有人想要亲眼看看那篇文章。等到萨森质疑他究竟是在什么时候读到时，艾希曼才闪烁其词地回答说："大概是在战争结束四五年之后吧。"[180]

西蒙·维森塔尔一如既往地高度关注有关艾希曼的风吹草动。他立即驳斥了这篇 9 月也出现在以色列报纸上的错误报道[181]，以免艾希曼的死讯被信以为真。维森塔尔于是通过奥地利犹太宗教社群发表了反驳声明，却仍然无法阻止这个假消息进入研究文献。阿尔腾萨尔茨科特一名与世无争的养鸡人，在奥地利报纸上读到自己被暗杀身亡的消息，这样的故事实在是太诱人了。[182]

同样保持警觉的阿尔陶塞刑事调查员瓦伦丁·塔拉，也在1960年向弗里茨·鲍尔谈起那篇报纸文章，并表示他怀疑是"伦敦的纳粹圈子"散播了消息，以结束对艾希曼的搜寻。但那个消息的真正来源至今依然不详。

207 盖伦组织这时却在努力不懈地继续散播截然不同的消息，称它收到了关于艾希曼在中东事业的新细节。消息来源是赛义达·奥特纳（Saida Ortner），前党卫队成员费利克斯·奥特纳（Felix Ortner）的新妻子。她声称艾希曼在1947年从意大利的一座美国战俘营逃脱之后，便潜赴叙利亚，并于1948年改宗伊斯兰教。1951年，他在开罗尝试与鼎鼎有名的阿尔—侯赛尼大穆夫提取得联系，但后者拒绝提供帮助，于是艾希曼被迫在同年离开了埃及。[183]如果我们认为赛义达没有说谎，那么可能会认为这位见惯了阿拉伯姓名的女性或许搞错了，把艾希曼和常被称为"艾希曼最得力助手"的阿洛伊斯·布伦纳混为一谈。后者杀害了超过12.8万人，如今摇身一变为格奥尔格·菲舍尔（Georg Fischer）博士，在大马士革代表一些德国公司的利益，并且还是西德情报部门的非正式雇员。盖伦组织尽管知道真相，却还是将那个消息传给了它的美国朋友。这表明德国情报收集人员之间一定存在着若干内部沟通问题。

1954年，相当多人开始猜测艾希曼的死亡。于是那个渴望被宣布死讯的人把相关消息告诉了家人。克劳斯·艾希曼在1966年依然印象鲜明地记得，"不断有人带着报纸文章过来"，上面写着他如何在林茨附近遭到枪杀。[184]一个父亲，给孩子们读关于自己被处决的描述，在长达七年的时间里，让年幼的孩子们以为永远再也看不到自己的父亲了，这恐怕不符合人们对一位体贴入微的家长的期待。难怪他的孩子们一直对此难以忘怀。

1954 年 8 月，就在《路径》宣布艾希曼夫妇已于 1945 年 5 月自杀的同一个月，西德驻布宜诺斯艾利斯大使馆延长了两名德国青年人的护照。他们在母亲的陪伴下接受面试，并出示了来自科隆和维也纳的身份证件，证件的持有人分别名叫克劳斯·艾希曼和霍斯特·艾希曼。[185] 那位据称已经自杀身亡的薇罗妮卡·卡塔琳娜·艾希曼（Veronika Katharina Eichmann），以法定监护人的身份帮两个男孩签了名——她婚前的姓氏为利布尔，当时居住在市内的奥利沃斯区，查卡布科街 4261 号（Chacabuco 4261, Olivos）。那两个男孩在接受询问的时候，能够正确说出他们出生时父亲的官阶。[186] 记录中没有表明他们离开时是否有人请孩子们代向他们的父亲问好。然而鉴于西德大使馆工作人员在接下来几年里的表现，我们不能排除这种可能性。

即使不恶意揣测，艾希曼一家对德国大使馆的造访也已经强烈地令人怀疑，那里没有人真正愿意参与挖掘德国的过去。1954 年时，阿道夫·艾希曼不仅愉快地发现，周遭都是愿意帮助他、认为他够重要、值得一写的人，同时还意识到，自己不仅在偏远的图库曼安全无虞，在布宜诺斯艾利斯也没什么危险，联邦德国的法定代表机构完全不对他构成威胁。仅仅两个月前，他们才按照真实姓名发了一本新护照给他的一位老朋友，曾经担任过犹太人隔离区指挥官的大屠杀凶手约瑟夫·施万伯格。[187]

不同的头条标题

与各种关于艾希曼战后生活的混淆视听的做法同时存在的，是一个不利的发展：艾希曼之前的所作所为已经不可避免地暴露无遗。1953 年的时候，格拉尔德·赖特林格（Gerald Reitlinger）在伦敦出版了《最终解决方案》(*The Final Solution*)一书，首次尝试全面描述德国对犹太人犯下的罪行。虽然那本大部头著作起初只有英文版，但它不仅包含了各种统计数字、地图和丰富的细节，还有整整一章关于阿道夫·艾希曼的内容。那本书一开始在德国找不到出版商，慕尼黑的当代历史研究所先是拒绝翻译该书，然后又拒绝在《当代历史季刊》上发表该书的书评。[188] 尽管如此，赖特林格的《最终解决方案》即使在 1955 年德文译本出版之前，就已经从根本上改变了讨论的方式。赖特林格设法计算出种族屠杀的规模，为日后的研究定下了标准。1954 年 8 月的时候，赫尔穆特·克劳斯尼克（Helmut Krausnick）已经在联邦政治教育中心主编的《国会周报》（*Das Parlament*）增刊上发表了一篇引人注目的专文，当然，文中详细地讨论了艾希曼。[189]

但当时更令艾希曼烦心的是另外一件事情：1954 年 1 月 1 日在耶路撒冷开始、将以"卡斯特纳审判案"（Kasztner-Prozess）这个具有误导性的名称被载入史册的那场司法审判。[190] 那其实是针对一位名叫玛结·格林瓦尔德（Malchiel Grünwald）的作者而发的诽谤官司，因为格林瓦尔德把鲁道夫（"赖热"）·卡斯特纳形容成纳粹在布达佩斯的狗腿子。如今普遍认为，正是由于本亚明·哈列维（Benjamin Halevi）法官做出的误判，整个案件很快离奇地翻转成为对卡斯特纳自己的控诉。卡斯特纳不得不公开辩解，当初他是为了拯救匈牙利犹太人才设法与艾希曼进行"谈判"的。[191] 由于对当时的实际情况认识不足，再加上卡斯特纳在以色列的政党身份早已让那起官司沦为了政治事件，结果使整个诉讼演变成一场聚焦于卡斯特纳做过什么的全球新闻报道，尤其关注一场为拯救人命而进行的戏剧性对决——卡斯特纳与阿道夫·艾希曼的会面。在接下来的几年里，世界各大报刊一再详细报道了初审和上诉的过程及后果。[192] 甚至布宜诺斯艾利斯自由派的——杜勒出版社圈内人则

称之为"犹太人的"——《阿根廷日报》（*Argentine Tageblatt*）[193]
也对此做出了报道。而特别留意阅读报纸的艾希曼，将会不断读到
一些熟悉万分的表达和人名，诸如"用货物换鲜血"、约埃尔·布兰德、
卡斯特纳，以及特别是他自己的名字。全世界的其他人还必须努力
理解各种全新的事实，诸如犹太人与犹太人屠夫之间的不对等谈判、
在短短几个星期内集体遭送了40多万人，以及二战末期的混乱情
况等等，艾希曼却从一开始就清楚将有哪些案情被公之于世。艾希
曼密切关注公众对每件事的反应，而且很早就认识到，信息上的优
势使他有办法利用那场官司的灾难性发展，让各种事件转而变得对
自己有利。那位法官后来在判决中表示："艾希曼擅长把人们变成
叛徒。卡斯特纳把自己的灵魂卖给了魔鬼。"新闻标题更有助于艾
希曼巩固自己的防线——"卡斯特纳是艾希曼的合作伙伴"。三年后，
当萨森访谈会开始高强度工作时，这正好就是第一个要讨论的主题。
当艾希曼开口向惊讶莫名的听众解释时，心中已做好充分准备："卡
斯特纳和我，我们全面控制了匈牙利地区的局势。请原谅我的用词，
可是它有助于澄清真相。"[194]

210

纳粹的黄金

　　1954年秋天，在完全不同的背景下，艾希曼的名字重新成为奥
地利报纸详细讨论的对象。有传言指出，艾希曼与传说中失踪的纳
粹宝藏有关。那些在柏林敛来的财富，最后被人看见在装箱运往"阿
尔卑斯堡垒"的途中，现在想必就存放在施泰尔马克的某个地方。
或许是对艾希曼已经死亡的各种猜测在奥地利引发了调查，新闻界
很快便认为他还活着，用假名生活在上奥地利。1954年10月1日，
八卦小报《晚报》（*Der Abend*）以《党卫队大屠杀凶手阿道夫·艾
希曼今何在？》为标题，刊出了来自阿尔陶塞地区的谣言，称那名

通缉犯藏匿在奥地利山区："阿尔陶塞地区公认的事实是，前党卫
队将领阿道夫·艾希曼——东欧犹太人的屠夫——目前还活着。"
根据那篇报道，在他的妻子试图宣告他死亡的那段时间，艾希曼曾
211　经多次前往阿尔陶塞探访妻子。1954 年夏天，有人看见艾希曼待在
他妻子的公寓内，尽管她早在 1953 年就已不知所踪。那栋空置公
寓的租金还是照常支付。记者采访的那些人大概是把艾希曼与他同
父异母的弟弟混为一谈了，因为后者的确在一段时间之后，悄悄帮
薇拉·艾希曼办理了公寓解约手续，但此事并没有逃过侦查员瓦伦
丁·塔拉的法眼。[195]

　　新闻报道引起了维也纳州刑事法院的注意，于是在年底要求提
供一份报告，随后更实地进行了相关调查，并披露了邻居中关于艾
希曼的各种传言，像是艾希曼据称拥有的巨大财富，以及他改变外
貌之后在周边地区的秘密生活。[196] 那些传言经久不衰。直到 1955
年 1 月 10 日，奥地利的《星期一世界报》(*Die Welt am Montag*)
还在刊登以《神秘情事：一个幽灵在阿尔陶塞游荡》为题的文章，
声称艾希曼回来取走他的金子了。

　　以失踪的纳粹宝藏为主题的传说比比皆是。据说一个又一个箱
子被沉入山中湖泊，或被大费周章地运往世界各地。那些故事不但
激发了人们的贪念，同时更滋养了有关纳粹继续在地下进行阴谋活
动的神话，并且契合了"战争无法完全打败国家社会主义"的梦想。
1954 年的种种臆测，使原本不想跟那名"犹太人屠夫"有所瓜葛的人，
也对艾希曼的见证者身份产生了兴趣。对艾希曼来说，那些故事让
他放下心来，因为人们显然以为他正置身完全不相干的地方，所以
他在庇隆的国度安全无虞。即使那些对黄金贪得无厌、正在追逐赃
物的纳粹分子，也不至于对他构成威胁，因为随便谁都可以从艾希
曼的生活水平看出来，他并不是一个坐拥财富的人。尽管如此，当
人们在 ABC 餐厅遇见他，或者当新成为阿根廷人的老同志们聚会

时，还是会有人向他问起此事。艾希曼曾经一度为弗朗茨·威廉·普 212
法伊费尔工作，而该人正好被怀疑是纳粹财富的实际守护者，这给
那些谣言在阿根廷额外增添了分量。

再度成为专家

　　在整个罪恶的职业生涯当中，艾希曼都知道如何利用自己的公
众形象来获取利益。到了20世纪50年代中期流亡阿根廷的时候，
明显甚至连他的战后形象也能够带来好处。证人陈述、报纸文章和
各种谣言流传得越多越广，那位前任一级突击大队长在埃伯哈德·弗
里奇和威廉·萨森等人的眼中也就变得越有趣。尤其是对出版商弗
里奇而言，他除了参加过希特勒青年团国际大会之外，完全没有关
于纳粹德国的经验，因此每一个流亡者在他看来都是内部消息人士。
但即使是萨森，他作为党卫队战地记者，看到的也是与艾希曼很不
一样的事情，而且他出入的圈子与艾希曼截然不同。例如他从来没
有见过海因里希·希姆莱、赫尔曼·戈林，甚至莱因哈德·海德里希，
而艾希曼却认识他们每一个人，并且对纳粹的各个办公室和机构所
知甚详，因为他必须一再像操作许多小齿轮一样协调这些机构的工
作，从而使灭绝的机器顺利运转。20世纪50年代中期，那些流亡
者重新向联邦德国伸出触角，他们想知道他们的联络对象究竟是何
许人也。这时最好的办法莫过于相互询问到底谁认识谁。威廉·霍
特尔的书让他们感到紧张，因此杜勒出版社的圈内人希望能够找到
对霍特尔有所认知的人，更好地评估他所带来的危险。可是鲁德尔
和萨森、卢多尔夫·冯·阿尔文斯莱本、约翰·冯·莱斯，或者约
瑟夫·门格勒等人都从来没见过霍特尔。变化的时代需要汇集知识，
于是专家再度变得炙手可热。

　　甚至最受规避和最被畏惧的题材——犹太人问题——也需要专 213

家。新闻媒体的各种活动，尤其是巨大的市场需求，已经在在显示出，即使逃亡中的纳粹党人也日益需要更多信息，而且要来自他们这些阴谋论爱好者所信任的源头：其他纳粹党人。凡是过度沉迷于国家社会主义阵营的片面想法，以致不肯相信萨森访谈会所称的"敌方文献"的人，都想要在自己的队伍当中找到答案。虽然大多数人起初可以毫无困难地把一切关于集中营和大屠杀的报告都斥之为敌方宣传和恐怖神话，可是积年累月下来，许许多多的小故事和他们自己记忆中的各种细节，已经浓缩为一幅令人不安的画面，更何况他们还必须面对自己子女所提出的问题。尽管这些人没有资格宣称"我什么都不知道"，然而他们的确有着很大的知识空白，因为他们总是只想知道自己想知道的"事情"。他们或许坚持谎言、偏执一词，但最终，即使是最坚定的国家社会主义者也免不了面对一个让人不安的问题：在他们自己的推测和各种新闻报道中间，到底有哪些是真相，哪些是谎言呢？希特勒对那一切真正知道多少？确实存在毒气室吗？毒气卡车呢？真的枪毙过游击队员吗？究竟有多少人被杀？

尽管每个人基于自己的立场有不同的疑问，但最后都想把事情弄个一清二楚，因为"最终解决方案"当时正影响着全球政治，已经成为任何人都逃避不了的一个问题。德国在世界舞台上的地位取决于它对犹太人大屠杀持有明确立场、支付"赔偿"，并承诺奉行对以色列友好的外交政策。中东发生的事情具有重要意义，因此凡是想了解新的结盟关系的人，都必须具备相关知识，否则走不了多远就会让自己的事业受损。更何况人们一如既往地怀疑"犹太人"就躲在每件事情和每个人的背后，并将他们视为主导美国的力量，而美国正是《路径》编辑部所宣称的敌对力量之一。

214　　艾希曼很快博得名声，被视为唯一幸存的当事人，掌握着犹太人大屠杀规模和灭绝执行过程的可靠信息。这使他成为越来越受欢迎的交谈对象。他的确跟"敌人"打过照面、与犹太社区和机构代表进行过谈判。跟约埃尔·布兰德和鲁道夫·卡斯特纳等人都很熟悉，而不是只在报纸上见过这些名字。他把自己推销成"知名专家"的本事进一步发挥了作用。尽管在艾希曼被绑架之后，没有人会主动承认听说过他的名字，但被证明曾与艾希曼讨论犹太大屠杀的人数还是相当可观。早在艾希曼藏身图库曼时，萧克利契夫妇与赫伯特·哈格尔就曾直接问过他被害犹太人的数目。即便据悉艾希曼回答得闪烁其词，但事实仍然是，他们都清楚里卡多·克莱门特实际上就是阿道夫·艾希曼，而且知道艾希曼正是这方面问题的专家。在阿根廷一个北方省份，没有人会随随便便在晚宴上问他们遇到的第一个德国移民对纳粹屠杀犹太人的看法。

　　我们所知道的另一个直接与艾希曼攀谈过的流亡者是约翰·冯·莱斯。他比艾希曼年长四岁，是一名法学家，曾经写过诸如《立法中的血统与人种》（*Blut und Rasse in der Gesetzgebung*，1936 年）之类的书，并借此获得了耶拿大学的全职教授职位。莱斯在该校讲授的课程之一是"基于人种的法律、经济及政治史"，并在担任国家宣传部人种问题顾问的间隙，撰文描述了"犹太人的犯罪本质"（1944 年）。1950 年，他经由意大利逃到阿根廷。[197] 他在那里可以继续被贴切地描述为职业反犹太主义者，忙着为《路径》撰写让人大倒胃口的文章。20 世纪 50 年代中期，他离开布宜诺斯艾利斯前往开罗。他在埃及改名阿明·奥马尔·冯·莱斯（Amin Omar von Leers），并且让德国老同志们大吃一惊地摇身变成一个伊斯兰宣教者。不过在此之前，他曾抽空与艾希曼谈话，所问事项之一就是犹太遇难者的确切人数。在被指责为"艾希曼在阿根廷最要好的朋友"之后，莱斯曾讲述这段插曲来为自己辩解："我从来不认得艾希曼，1955 年才在布宜诺斯艾利斯第一次听到他的名字。我在那里和他简单交谈了一下，并试图从他口中得到有关死于集中营的犹太人人数

215

的历史真相。但他没有告诉我任何相关信息。"[198]

尽管莱斯宣称自己之前从未听说过"艾希曼"这个名字，却显然清楚地知道艾希曼是谁：那名遇难者人数专家。莱斯把见面时间挪后的做法，更凸显了他的意图。由于莱斯在1954年就已经离开了阿根廷，所以他当时一定早就知道自己问的人是谁，并且带着极大的负罪感清楚那意味着什么。[199] 这可以有两种解释。或者莱斯宣称自己没有听过那个名字是在撒谎，否则就是别人在介绍艾希曼给他时使用了自纽伦堡审判以来便与艾希曼的名字连在一起的那种描述。既然莱斯在辩护时承认自己认识艾希曼，由此可以推断，他们二人谈话的时间显然不像莱斯所描述的那么短暂。莱斯曾是《路径》的主要撰文者之一，自然不可能看不出他的出版商正在极力争取艾希曼。莱斯在1954年迁居开罗时，也一同带上了那次与艾希曼见面的记忆。莱斯明显推迟那次谈话的日期的做法，更让人得以从一个有趣的角度一窥威廉·萨森的访问开始之前，艾希曼在阿根廷的公共生活。

* * *

然而，并非所有纳粹流亡者都要询问艾希曼才能了解大屠杀的规模。例如埃里克·米勒（Erich Müller）、约瑟夫·弗特尔、库尔特·克里斯特曼（Curt Christmann）等人，在这方面都有自己的丰富经验。他们加入了特别行动队，从1941年开始躲在前线后侧展开大规模枪杀，后来则用毒气卡车施行屠戮。格哈德·博内和汉斯·黑弗尔曼是"安乐死"谋杀的专家，昔日犹太人隔离区指挥官约瑟夫·施万伯格更相当清楚"通过劳动来毁灭"意味着什么。他们多半有机会彼此见面，而且这不仅是因为移民者的圈子通常都很小的缘故。以迪特尔·门格为例，他和鲁德尔一样是德国前空军飞行员，不但在布宜诺斯艾利斯郊外拥有一座富丽堂皇的庄园，还经营着获利颇丰的废金属生意。他有一个奇怪的嗜好，喜欢让那些可怕的同侪簇拥在自己身边。在他家举行的社交活动直到今天仍被称为"集纳粹崇拜之大成"，并特别偏好让人脊背发凉的元素。在那些活动中，当然不会有人用假名或其他形式的遮掩，而艾希曼和约瑟夫·施万伯格之类的人物则成为吸引人的所在。那些人之间最流行的一个笑话，就是拿东道主和他的座上嘉宾来玩名字游戏——门格（Menge）尤其喜欢招待门格勒（Mengele）。[200]

萨森后来声称，当初是他介绍艾希曼与那位对《希波克拉底誓言》有自己独特解读的集中营"医生"相互认识的。许多犹太幸存者都无法忘记门格勒，因为他就是那个在奥斯维辛进行"筛选"的人。人们怎能忘记一个大手一挥就可以决定千百条性命的人？[201] 这两个人进行谋杀事业的过程中未必相互熟悉，尽管艾希曼在1944年频繁造访奥斯维辛的时候，他们说不定有过一面之缘。然而，他们经由相同的路径来到阿根廷，都使用了来自泰尔梅诺的假身份证明文件，甚至连签发时间也相差无几。门格勒比艾希曼早一年抵达阿根廷，而且与艾希曼不同，他的优势在于得到了自己父亲的慷慨财务支援。但尽管如此，两人在阿根廷的发展道路一再交汇。萨森是门格勒的密友，直到1991年仍然高度赞扬后者的"医学实验"。他相信艾希曼和门格勒几乎没有什么可谈的，因为"他们体现了两种完全不同的类型"。[202] 就二人的经济能力和教育背景而言，这 217 种说法或许不错。因为门格勒不但财力雄厚，而且除了医学博士之外还有哲学博士学位，论文题目是《关于四个种族群体下颌前段部分的种族形态调查》（'Rassenmorphologische Untersuchung des vorderen Unterkieferabschnitts bei vier rassischen Gruppen'）。但萨森并非完全正确。1962年艾希曼被处决后，他的老朋友当中只有一人对那名种族屠杀的组织者表达了欣赏和令人惊讶的同情，这个

人就是"奥斯维辛死亡天使"门格勒。他们二人想必曾经有过不少
共同话题。

在开始与萨森共同录制磁带之前很久，艾希曼就已经再度成为
他感兴趣的一个团体的一员，而且更重要的是，那个团体也对他非
常感兴趣。尽管少数谈起此事的人后来表示，那种好奇仅仅源自对
恐怖事物的着迷，但这种说法相当值得怀疑。人们普遍的健忘和审
慎的沉默显然是艾希曼被绑架一事所产生的直接后果。20 世纪 50
年代中期，那位公认的专家吸引了广泛的兴趣，令人无法忘记，毕
竟人类生来就喜欢谈论难忘的经历。然而这种兴趣却给艾希曼带来
了危险。在战争结束十年之后，许多逃亡的难友已经逐渐失去对被
起诉的恐惧，并且不断加强自己与德国和奥地利的联系。有人直接
在德国报纸上刊登征婚广告[203]，许多人甚至考虑搬回联邦共和国。
经济奇迹之父路德维希·艾哈德（Ludwig Erhard）亲自在 1954 年
12 月访问阿根廷。早已为情报机构工作的奥托·斯科尔策尼，则以
克虏伯工业集团官方代表的身份晋见了庇隆总统。1954 年，门格勒
甚至大胆地在德国正式办理离婚手续。[204] 连有着骇人过去的昔日
同志们也开启了惊人的新职业生涯。比艾希曼年轻四岁的萨尔茨堡
人约瑟夫·弗特尔，也曾经拿着红十字会的护照逃亡。他在担任刑
事警察和边防警察的时候，不但与特别行动队 D 支队的 10A 行动
分队"在东边"有过瓜葛，接着又致力于"绥靖边区"和"清剿游
击队"。尽管如此，他已于 1955 年返回德国停留三年。他在联邦宪
法保卫局找到了工作[205]，稍后我们还会再遇见他。

艾希曼出门与新老同志们见面时，总是把家人留在家里。他很
可能是想避免妻子产生疑问，她显然相信她的丈夫是无辜的。然而
他无法完全避免家人接触到那些人，因为布宜诺斯艾利斯的圈子很
小。"有一天，父亲说道，上个星期你和门格勒握过手。"但如果我
们相信克劳斯·艾希曼的说法，那么这样的信息透露其实是例外情

况而非常态："父亲把保密看得非常重要。每逢有人过来拜访，他就会赏给我们这些小家伙一巴掌，提醒我们第二天早上不可以在学校把事情张扬出去。"当记者询问访客都有哪些人的时候，那种教育方法仍然奏效，因为克劳斯·艾希曼回答说："我只记得那些耳刮子。"我们若仔细查看后来那些年的采访内容和证人陈述即可发现，绑架艾希曼的行动也对阿根廷知晓里卡多·克莱门特真实身份的那些人产生了类似效果。

人生的胜利

婚姻：两种不同性别之间为物种繁衍而进行的结合。
　　　　　　　　　　　——艾希曼的心理评估，1961 年年初 [206]

1955 年开启了一段动荡不安的时期。对德国人关爱有加的阿根廷总统丢了官职。阿根廷海军军官在 6 月 16 日发动政变，很快便导致庇隆黯然下台。1960 年的时候，《生活》（Life）杂志的记者听到谣言，艾希曼化名"恩斯特·拉丁格"（Ernst Radinger）当了牧人，相继在巴拉圭、智利、乌拉圭和秘鲁等国停留，庇隆被罢黜之后又在玻利维亚待了好几个月。[207] 这个传言显然是认错了人，却生动地反映出德国移民所处的环境。没人知道此类政局动荡对自己的处境意味着什么，更何况新政权正采取行动打击庇隆独裁时期的腐败行为，并在此过程中关闭了七家涉嫌的德国公司。

1955 年 12 月，警方在汉斯-乌尔里希·鲁德尔位于科尔多瓦省的住宅前按响了门铃，因为他被视为庇隆的亲信。在搜查房屋时，调查委员会发现了许多文件、三本不同名字的护照，以及他参与政治活动的证据和联络信息。[208] 虽然众所周知，鲁德尔在庇隆的保护下，多年来一直试图建立一个法西斯运动的国际网络，但其联系范围之广泛仍然令人惊讶，尤其是鲁德尔在仓促离境之前已经烧毁了许多其他文件。不幸的是，被查缴的文件至今还没有重新出现，但调查委员会已在报告中提及一些初步的发现，其中包括一本红十字会护照，以及这本假护照上的各种出入境登记戳，证明了鲁德尔在何等努力地兜售极右派梦想。此外在他的文件中还找到了向同志工作会求助的信件，有一些来自联邦德国热心的联络人，例如正在为希特勒的妹妹募款的汉斯·雷兴贝格（Hans Rechenberg），二人日后都将为艾希曼出庭辩护。这一事件在阿根廷引起的最大轰动，无疑还是发现鲁德尔竟有办法把英国法西斯领袖奥斯瓦尔德·莫斯利带进国内，并安排他跟庇隆总统私下会面。德国大使馆在震惊之余甚至采取预防措施，将布宜诺斯艾利斯的报纸文章寄往波恩。[209]

220但在最初的激动之后，人们得出结论，"庇隆纳粹主义"只不过是一场"闹剧"而已，鲁德尔"则代表了许多'英雄人物'典型的战后职业生涯，他们早就已经没有角色可演，却依然不肯退场"[210]。鲁德尔的盟友们甚至不得不在报纸上看到他们名义上的领袖被描述成一个"相当可笑和傲慢的人物"，而且他们的政治计划与联系网络已被公之于世。鲁德尔一度躲到巴拉圭暂避风头。无法忽视的事实是，阿根廷显然已不再如庇隆时代那样具有吸引力了，对于不像鲁德尔那般有办法逃跑的人而言更是如此。

在阿根廷，对通货膨胀的恐惧已经持续了很长一段时间，反庇隆的政变也部分源于对日益恶化的局势的反应。不难想象，艾希曼新近换工作的举动也与此有关。在动荡时期，实物便重新成为最稳当的投资方式。艾希曼于是在 3 月接手了"七棕榈"（Siete Palmas）兔子农场的管理工作，地点位于距离布宜诺斯艾利斯 45 公里的华金—戈里纳。那家企业同样归弗朗茨·威廉·普法伊费尔所有。他正打算返回欧洲，想要就地寻找一个可靠的代理人。[211] 克劳斯·艾希曼曾经谈论起和父亲一同管理那座农场的"两位伯伯，现在（1966

年）他们已经回到了欧洲"。"他们拥有大约 5000 只鸡和 1000 只兔子"，那些兔子是安哥拉兔。

那些可爱的白色毛茸茸的动物不仅能提供昂贵的兔毛，还能生产广受欢迎的肥料。兔子的粪便中含有高浓度的氮、磷和钾，是一种非常有用的混合物，在阿根廷需求量很大（该国直到今天仍然是柑橘类水果的主要出口国）。在这样一个农场的日常生活相当枯燥乏味，就是喂食兔子、清理兔笼和收集粪便，此外每年还要修剪兔毛三到四次。但此种自力更生的方式在经济上是可行的，并且可以带来成功。艾希曼在战时很喜欢告诉他的谋杀同伙，他已经向党卫队全国领袖表达意愿，希望在赢得最终胜利之后拥有一座位于波希米亚的庄园，成为一名农民。[212] 那些"黑太阳符号（Sonnenrad）的门徒"自称崇尚简朴生活，可是当他们掌握权力的时候，却不曾有任何人放弃自己的职业生涯去务农。因此对艾希曼而言，自己曾经有过养鸡成功的经验，以及甚至党卫队全国领袖海因里希·希姆莱也喜欢讲他曾经是养兔人的经历，这实在无法令他产生欣慰的感觉。他的家庭生活也出现了重大变化。艾希曼后来喜欢称之为"牧场上的生活"，而这种生活也意味着在乡下过日子。即便艾希曼时而能够把家人一起带过去，但在大多数时间里，他还是与他们分隔两地。毕竟他时年 13～19 岁的三个儿子都必须继续上学。艾希曼的札记以及孩子们的回忆都显示，他们低落的学习意愿让他忧心不已。艾希曼在札记中写下自己的想法，表达出对"三个儿子在知识上的傲慢"和"无知"感到无奈，因为他们都懒得分清宗教信仰与马克思主义之间的差别。[213]

如今情况又变得跟在阿尔腾萨尔茨科特的时候一样，艾希曼再度无法照顾自己的家庭，只能忙着赚钱和沉溺于自己的想法。然而这个兔子农场比吕讷堡石楠草原上的那个小村落还要来得偏僻，这意味着艾希曼甚至无法在温暖的晚上用舒伯特和吉卜赛旋律让村姑

221

农妇们为之倾倒。在那些漫长的夜晚，昔日遣送行动的主导者如今却顶多只能为数以千计的母鸡，以及毛茸茸的白兔拉拉小提琴。但待遇显然相当不错——艾希曼说他的收入为每月 4500 比索，大约相当于 1000 马克。[214] 他们一家急需这笔钱，因为发生了一个意想不到的事件：薇拉·艾希曼又怀孕了。五年以后，艾希曼讲了一些奇怪的话形容他的感受："第四个儿子的诞生，让我们的幸福达到了巅峰。对我来说，这不仅合理地让我感到成为父亲的骄傲。在我眼中，这更是自由与生命的象征，是对抗意图毁灭我的那些势力所取得的胜利。即便现在，当我在牢房里想到此事的时候，儿子的诞生仍然让我充满了胜利的满足感。"[215]

222   一个孩子的诞生变成了令人振奋的胜利？考虑到艾希曼在 1955 年时的处境，首先占据他头脑的想必是其他的担心。从许多方面来看，这次怀孕都有很多风险：46 岁的薇拉·艾希曼在那个年代属于非常高龄的产妇，而且她因为长年罹患严重的胆囊疾病而很不健康。再加上是在异国，面对一个不同的医疗体系，更何况薇拉·艾希曼还有语言上的问题。这位准父亲有充分的理由担心自己的妻子，与此相关的各种额外开销就更不用说了。

妻子和孩子在艾希曼眼中具有真正重要的意义，这是难以忽视的事实。对他来说，没有家人的逃亡生活根本无法想象。艾希曼与妻子都有着坚定的决心要生活在一起，他的妻子也同样坚忍不拔地为共同生活而奋斗，并且全力支持他的逃亡。当然，让他们的婚姻变得困难的不仅是外在环境，但有各种迹象显示，他们在 1935 年纯粹是因为爱情而结婚。艾希曼在 20 世纪 30 年代初期前往波希米亚的时候，认识了年纪小他三岁的薇拉·利布尔。薇拉的母亲在那里有一座农场。后来成为艾希曼朋友与部属的迪特尔·维斯利策尼，曾经描述薇拉"矮小肥胖，有光滑的黑色直发、深色的眼睛和圆圆的斯拉夫脸孔"。但话要说回来，维斯利策尼自己就胖得足以让身边任何人都显得像竹竿一样纤细，更何况他摆明对艾希曼充满了嫉妒（而且通常不是因为女性的缘故）。薇拉年轻时的一张全身照片显示她是一位颇具魅力的女性，留着时髦的童花头发型（Pagenkopf-Frisur），眼睛大而灵活，嘴唇丰满，打扮优雅，并且围着皮草披肩，在外形方面完全合乎艾希曼的口味。艾希曼曾亲口告诉萨森，他从来都不热衷莉娜·海德里希（Lina Heydrich）和玛格达·戈培尔（Magda Goebbels）等人所代表的国家社会主义理想女性形象——金发碧眼、高大、苗条，因为他觉得这样的女人"太冷漠、太拒人于千里之外了"。[216] 威廉·霍特尔所说艾希曼因为妻子来自农家而感到羞愧的故事则根本是胡扯。因为一方面，按照纳粹"血与土"的意识形态，没有比这更好的出身背景；另一方面，艾希曼总是带着尊重和敬佩来描写和谈论自己的妻子，那位"来自姆拉代的骄傲的农家女"。从艾希曼的婚礼也可看出他是出于个人原因而不是为了事业选择他的妻子的。由于他的新娘无法出示党卫队所要求的各种必备文件，艾希曼为了获准结婚必须略施小计。此外艾希曼为了迁就他那特别虔诚的妻子，甚至愿意在教堂举行结婚仪式，尽管党卫队不喜欢看到这样的事情。

　　艾希曼一家起先住在柏林，然后在维也纳，最后定居布拉格，而且薇拉的姐妹之一也住进了布拉格的同一栋房子——艾希曼飞黄腾达的事业使此事成为可能。艾希曼接受了妻子在柏林感觉不舒服的事实，于是同意家人留在布拉格。这意味着他必须在周末往返于柏林和布拉格之间。另一方面，布拉格正好位于艾希曼的公务途中，因为他必须经常前往维也纳和特莱西恩施塔特，此外他的单位很快就在布拉格市比利时巷 25 号（Belgische Gasse 25）设立了自己的分支办事处。尽管他的婚姻生活有个幸福的开端，但艾希曼的工作人员从 1938 年的维也纳时期即已知道他们的上司有一位情妇。这段婚外情还跟公务有所关联。艾希曼用维也纳犹太移民中央办公室

的经费向玛丽亚·莫森巴赫尔购买了一块地产，这引来了流言蜚
语，人们怀疑他为了让自己的女友有利可图，支付了过高的购地
价格。[217] 他的同事们显然还有很多话要说，因为他们把玛丽亚和
附近一家小客栈的经理"米齐"（Mitzi）混为了一谈，艾希曼应该
也跟她有过一段关系。[218]

　　薇拉·艾希曼想必至少也听到过一些风声，但他们的婚姻显然
并没有因此受到伤害。1939年复活节薇拉过生日的时候，这对夫
妇还联袂前往意大利度假。[219] 对艾希曼来说，周末、结婚纪念日、
生日和母亲节都非常重要，不过有关他在1960年婚礼纪念日购买
花束时终于被捕的故事，却是个美丽的错误。[220] 不管怎样，这对
夫妇生了三个孩子，是二人共同的生活中心。除此之外，还有一些
女性或短或长地出现在艾希曼的生命中。固然我们不必过于认真地
看待维斯利策尼所说的艾希曼"拈花惹草的故事"，但确实有证据
显示，艾希曼对自己的妻子并不怎么忠诚。无论是在其部门工作的
女性还是他的情人，都将他形容成"有吸引力"、非常"迷人"、一
个既风趣又喜欢室内游艺和演奏音乐的人——就是"一个很棒的男
人"。[221] 男人们同样也记得"艾希"（Eichie）"人缘很好，在哪里
都很受欢迎"，至少集中营指挥官鲁道夫·赫斯在被问起时是这样
回答的。[222] 有一卷来自阿根廷的录音带，可让人稍稍感受艾希曼
在女性面前的表现。它记录了艾希曼与萨森"同志"的妻子见面时
的情景：她拿香烟给艾希曼，并且充满歉意地表示他喜欢的那个牌
子已经卖完了。艾希曼原本尖锐刺耳的声音立刻变得低沉柔软，他
为"尊贵的夫人不辞辛劳"而表达的"由衷谢意"，怎么听都显得
非常谦逊。[223] 根据资料，艾希曼在纳粹时期至少曾经跟三位女性
有过婚外情。在阿尔腾萨尔茨科特也有传闻表示，除了那位来自基
姆湖畔普林的金发内莉之外，他还跟一位独自抚养小孩的寡妇和他
的女房东有染。无论我们如何看待此类乡村八卦，它都揭示了令人

难以置信的事实：尽管艾希曼只穿着破旧的国防军外套，而且不再拥有权力地位，却仍被认为具有足够魅力来引发那样的闲话。

就艾希曼而言，他始终努力设法隐瞒自己的那些艳遇，因为中产阶级的表面功夫在他眼中非常重要。只有在匈牙利的时候，这种双重生活才变得不那么遮遮掩掩。艾希曼同时与玛吉特·库切拉（Margit Kutschera）和英格丽德·冯·伊内（Ingrid von Ihne）有过绯闻。前者来自维也纳，维斯利策尼曾经很不屑地称之为"职业情妇"；后者则是一位来自上流社会的离异贵妇，是国家社会主义女性的理想代表：金发碧眼、身材高挑、苗条纤细，而且有着冷艳的美感，这使她成为社交场合的完美伴侣。大卫·切萨拉尼总结道："艾希曼并不像后来报纸所描绘的那样，是一个残暴的好色之徒，但他同样也不是一名麻木不仁的公务员或者宛如机器人一般的官僚。权力——决定生死的权力——腐蚀了艾希曼。时至1944年，权力已经让他从内到外完全烂透了。"[224]

但他的婚内出轨行为是否果真为从根本烂透的结果，仍然相当令人怀疑。那种出轨看起来反而更像是摆脱压抑之后的结果，而且酒精在其中起到了决定性的作用。维斯利策尼写道："最后几年，艾希曼在女人方面完全不加节制，在布达佩斯更是每天晚上都喝得醉醺醺。"[225]光是在匈牙利对权力的狂热还不足以让这名出身中产阶级家庭的男子变成一个不"循规蹈矩"的堕落浪子。值得注意的是，虽然在回忆录中，以及在阿根廷的访谈会上，艾希曼能够毫无窒碍地夸夸其谈他在匈牙利的"有力"措施，如何以"大师"之姿安排了整个纳粹时期最高效的遣送行动，并自豪地讲述了恶劣的运输条件，以及骇人听闻的死亡行军等故事，但他在婚外拈花惹草之事，却让他难堪得顾左右而言他。那位贵族出身的社交名媛只不过是他的"晚餐伴侣"罢了，而且只在他某天举办晚宴的时候出现过一次。他大费周章地解释说："我家中没有女主人，而那时必须要有一位

女主人。所以我请求冯·伊内女士代劳。就是这样。"为了稳妥起见，
艾希曼又重复说道："我既没有女主人，更没有小妾，绝不像此处（他
指了指面前的一本书）某人所宣称的那般。你知道吗？她只不过是
一位偶尔能够跟我一起出去吃晚餐的熟人而已，而且我跟她从来没
有过亲密的关系。"等到再度出现需要女主人的情况时，"我邀请了
另外一位跟我没有亲密关系的女士"，即当时已有婚约的库切拉小
姐，"所以当天晚上就由她扮演女主人的角色"。[226]

226

　　艾希曼当然一直只是和女性维持纯粹的友谊，甚至在阿尔腾萨
尔茨科特也一样。此外，他更假道学地极力撇清任何有关婚外情的
暗示，并且避免回应萨森喜欢的含沙射影和淫秽细节。[227] 在女性
方面的成功，并不是艾希曼引以为傲的事情。被捕之后，关于其爱
情生活的传言很快登上新闻媒体的版面（其中多半出自编造）。读
到维斯利策尼的毁谤后，艾希曼再次极力强调自己从来没有过情妇，
除了自己的妻子之外，他与所有女性都只维持着"纯粹柏拉图式的
关系"。[228] 不过艾希曼对这种自我表现也相当不满意，因为他随即
加上了一个"保险机制"，补充说道："有机生命的承载者普遍得自
大自然的那种能力，也被大自然赐给了我。我可不是进行无性繁殖
的木贼。"[229]

　　这种尴尬的声明不仅是男性虚荣心的告白，同时还深刻表达出
国家社会主义的信念：性能力与对性欲"顺其自然"的态度，属于
纳粹对党卫队成员的人种生物学定义之一。按照希姆莱的理解，党
卫队是一个由全新的、纯净人种精英组成的核心。正是为求实现这
个梦想，才进行了精心的挑选。[230] 未来的党卫队队员妻子（党卫
队队员本身也一样）都必须先接受彻底的身体检查，然后党卫队人
种与移居部（RuSHA）才会批准他们结婚。性无能或任何异常的性
倾向，都会阻断通往党卫队阵营的道路。

　　对阿道夫·艾希曼而言，面对性欲不加限制的态度与其说是机

会，倒不如说是一种挑战。当希姆莱因为情妇帮他生了孩子，下令巧取豪夺一条珍贵项链作为送给她的礼物时，目击此事的艾希曼感到惊骇不已。原因有二，除了腐败之外，另外让艾希曼十分反感 227 的是，党卫队全国领袖海因里希·希姆莱竟然没有对部下保密其重婚生活中发生的这个"项链事件"。因为"如此高阶的上级官员"不应该让别人有机会洞悉这种"最棘手的问题"，以致在被看穿之后沦为知晓内情者的"囚徒"。[231] 艾希曼摆明并不赞同希姆莱在这方面的观点：党卫队必须破除"旧有的道德观"，因为那只不过是"建立在基督教义之上的所谓道德法则"而已，现在必须跟"虚伪作风"一刀两断。[232] 至于他对萨森那种逢场作戏态度的看法，自然就更不用说了。即使在萨森访谈会那样全男性的聚会上，艾希曼也不赞成使用下流的言语。萨森却喜欢非常明显的性暗示，这种做法经常导致艾希曼无言以对。他在其他方面很喜欢紧跟话题，能够毫无困难地针对死亡集中营内的环境侃侃而谈，发表令人无法忍受的冷嘲热讽，但在谈到集中营妓院（Lagerbordell）之类的话题时却支支吾吾，表现得跟别人问起他的婚外情时一模一样。艾希曼不喜欢这类男性话题。在以色列接受心理检查时，这名通常非常合作的囚犯却表现出与在布宜诺斯艾利斯时相同的反应。负责检查的心理学家什洛莫·库尔恰尔（Shlomo Kulcsár）指出："他在访谈中第一次和唯一一次拒绝合作，就是在我们询问他的性经历之际。在艾希曼的案子中，性行为是如此遭到压抑、隐瞒和掩饰，以致很难重建事实的真相。"[233] 库尔恰尔的妻子也是那个经验丰富的心理学家团队的成员之一，在评估了进行过的各种测试之后，他们得出结论如下：艾希曼"在性生活这个主题方面非常拘谨"。参与检查的三位心理学家都推测那是一种"性虐待情结"（sadomasochistischer Komplex）。[234] 他们确信艾希曼的情况不同于那一代人所特有的对私密行为的拘谨不安。然而他们所能进行的各项研究，仍不足以在他们一致判定的"潜在攻击性"（latente Aggression）方面更进一步。

228　　在此背景下，艾希曼公开强调自己性能力的做法显得特别引人注目。他甚至多次对监狱工作人员做出这样的暗示。在被提供了纳博科夫的《洛丽塔》作为牢房里的休闲读物之后，艾希曼便拒绝接受其他小说，因为它们"能引发性欲"。鉴于他是以因犯身份待在一间灯火通明、随时有守卫在侧的牢房里，那种念头未免显得异想天开。另一次，艾希曼更直截了当地强调，这么长时间没有女人对他而言是多么困难的事情。[235]若只考虑这些言论以及艾希曼的多次婚外情，我们就很容易陷入一些小说和最近的某些电影的危险，认同关于"大屠杀禽兽"（Holocaust-Bestie）的常见说法，把艾希曼看成一个沉湎于谋杀、罔顾道德的纵欲狂魔，在受害者的坟墓上满足自己的性癖好。[236]但艾希曼的性格跟这种媚俗的纳粹色情八股完全格格不入。他关于"得体"的观念允许他谋杀犹太人，却在个人生活领域将自己限制在严格的资产阶级框架内。若想突破那个框架，就必须求助于纳粹意识形态，援用其分类方式，尤其是套用其词汇。虽然关于自己生理需求的讨论让艾希曼陷入双重标准和拘谨不安，生殖繁衍那方面的话题却让他抛开一切禁忌，侃侃谈论所谓"对抗犹太种族直到获得最终胜利的生存斗争"。正是此种将生殖繁衍极度政治化的粗俗做法，以及对"维系种族延续的动力"的夸夸而谈[237]，才使这样一个非常放不开的人，在与萨森那种恶名昭著的登徒子交谈时承认自己有过一段婚外情，并且大肆炫耀自己上了年纪还能够生出第四个儿子，以及自己仍然具有的繁衍后代的能力。

　　海因里希·希姆莱曾要求他的党卫队成员，每个人至少要生四个孩子。尽管艾希曼没有办法把所有犹太人都杀掉，但在1955年11月喜获第四个儿子之后，他至少已经圆满贯彻了上述命令。若不229　以此自我标榜一番，就未免太强人所难了。在这方面，他能够与萨森那样的国家社会主义者取得共识。萨森同样把自己在成功脱逃之后生下的孩子自夸为“对敌人的世界做出的挑战，对遭到敌人践踏和唾弃的生活和价值观做出的狂热赞同”。[238] 只有信奉种族生物学的死硬派反犹太主义者，才会把生小孩看成对“一心一意要摧毁我方的敌对势力”所取得的胜利。因为只有一场不折不扣的全面种族战争，才会在军事失败后仍要继续下去，并从儿子的诞生中获得“胜利的满足感”（triumphierende Genugtuung），借此自我安慰。在一场种族战争中，繁衍后代的能力是无与伦比的长效武器。那名党卫队一级突击大队长虽然已经退役，却仍全心全力恪尽职守。

* * *

1955 年 11 月，薇拉·利布尔在布宜诺斯艾利斯的一家天主教医院产下一子。[239] 艾希曼后来严肃至极地说道：“我无法正式成为我儿子的父亲，因为按照官方说法，我和我的妻子根本就没有结婚。”[240] 他这么讲的时候，活像大家都不清楚那是因为不方便拿出结婚证书的缘故。令人惊讶的是，护士们已经堂而皇之将那个婴儿称为“艾希曼宝宝”。[241] 但即便如此，如果真用这个闻名遐迩的姓氏去办理户口登记的话，就未免太粗心大意了。艾希曼的儿子被登记为薇罗妮卡·卡塔琳娜·利布尔的非婚生子。[242] 名字当中除了包含他父亲的化名“里卡多”之外，还加上了一个中间名“弗朗西斯科”，借此向热那亚的那位神父表示敬意*，是他使这次“胜利”成为可能。这种被迫采取的低姿态让艾希曼陷入窘境。他后来写道：“必须采取这种处理方式，这让我备感痛苦。”[243] 而且艾希曼十分清楚

---

*　艾希曼的小儿子在阿根廷的全名为里卡多·弗朗西斯科·利布尔（Ricardo Francisco Liebl）。方济各神父（Pater Franciscus）的名字则使用了“弗朗西斯科”的拉丁文形式。——译注

谁应该为他的忍气吞声负责："政治环境造成了这种复杂情况，使我们在婚姻关系中生出的合法儿子只能被登记为私生子。"[244]

230

一群失落者在失落的岗位上

是的，亲爱的朋友，

我们是一群失落者，在失落的岗位上。

这就是我们的力量所在，

因为我们没有比我们的绝望更坏的敌人。

——威廉·萨森，1955 年圣诞致辞[245]

艾希曼本来其实可以对事情的发展感到满意。他有了一份新工作、妻子产后复原良好、孩子非常健康，而且他自己即将过五十大寿。所有这一切通常都足以成为庆祝的理由。然而对艾希曼来说，所有这些都变成了一场噩梦。不仅因为孩子的出生与 50 岁生日常常让许多人产生危机感。即使没有大屠杀凶手那种背景的人，也不免因为孩子的出生而联想到许多问题，最起码会扪心自问，孩子将如何看待自己的父亲？而艾希曼清楚地知道他的孩子们在任何地方都能够读到，他曾经是一名战争罪犯和大屠杀凶手。虽然艾希曼有一位忠实的好妻子，但对外却只能把她讲成自己的情妇，否认了她应得的赞许。艾希曼有一个健康的骨肉，却不能正式宣称那是他的孩子。艾希曼的五十大寿是 1956 年 3 月 19 日，里卡多·克莱门特的生日却在 5 月，而且年纪还小了七岁。除此之外，艾希曼昔日的"伟大事业"只留给他一个自己完全无力影响的姓名。艾希曼想要做出改变，而且不只他周围的人乐见其成。他后来将表示，"我是自作孽才会被犹太人抓到"。[246] 我们若仔细观察艾希曼在 1955 年以后所过的生活，一定会得出结论：他讲得没错。

1955 年的大环境不只给艾希曼带来了改变。无论是待在前纳粹德国还是流亡在外的国家社会主义梦想家，这一年都必须面对不少坏消息：奥地利签订《国家条约》而重获独立、联邦德国结束被占领状态且成立了联邦国防军、西德加入了北约组织并根据哈尔斯坦主义（Hallstein-Doktrin）声称自己是德国利益在海外的唯一代表。对仍然心怀国家社会主义的那些人来说，这意味着放弃大德意志的一切利益，转而投靠战胜国，即可恨的美国。此外，选举的梦想也未能实现。汉斯－乌尔里希·鲁德尔在 1954 年时还一厢情愿地幻想着，假以时日，"头脑清醒的少数人"将会说服愚蠢的其他人。结果德意志国家党在下萨克森州（Niedersachsen）——也就是极右派政党此前获得最大成功的联邦州——的议会大选中，只得到了 3.8% 的选票。老百姓显然还没有办法理解"一张由谎言构成的罗网正笼罩在德国上方"，不明白"那些自认为已经支配了世界的团伙，正肆无忌惮地跟我们玩着多么邪恶的把戏"。[247] 相反，德国人在开心地享受繁荣的生活，更为了康拉德·阿登纳总理在莫斯科成功谈妥释放德国战俘一事而欢欣鼓舞。联邦总统特奥多尔·豪斯（Theodor Heuss）在一次演说中直接对杜勒出版社那帮人开门见山地表示:《路径》"依然是一份令人汗颜的刊物"，可是"在过去几年的选举中，百姓用选票十分清楚地表现出，尽管有人大放厥词——或许正因为有人大放厥词的缘故——他们已经具备相当的免疫力"。那个"在庇隆的太阳下取暖的团体"大可继续"用老掉牙的词汇来传播灌输他们关于未来德国的愚蠢看法"。可是德国人，豪斯说，早就已经走上了一条截然不同的道路。[248]

1955 年夏天，以色列在科隆设立了代办处，即大使馆的前身，而阿根廷的德意志爱国同志们却必须继续等待大赦的机会。若有谁像萨森那般乐观地在 1955 年年初宣布，德国的民主只不过是一个没有前途的临时状态、一个"过渡时期"（Interregnum）[249] 而已，

将只会发现自己错得离谱。如今几乎完全看不到"帝国的意志"和"德
国人不屈不挠的精神",重新夺取权力与重新返回德国的前景比以
往任何时候都更加黯淡。接下来几年,在阿根廷唯一能够期待的事
情,就是鼓舞故国仅存的最后一批英勇同志,寄望于某种虚无缥缈
的种族胜利。经过上一次失败的"最终胜利",萨森再一次重新拾
起他所熟悉的坚持到底的口号写道:"我们的奋斗是一个梦想。我
们体内的血统追寻着那个梦想,我们的肉体生活无足轻重,因为我
们的血统将在我们的子女身上继续梦想下去,直到许许多多个世纪
以后。"[250] 这么一来,散布于世界各地的国家社会主义者剩下的就
只有血统,而没有了土地。如果继续这样发展下去的话,艾希曼新
生下的儿子甚至将得不到恰当的名字,来匹配他那"正确的血统"。

但情势甚至还会变得更加不利,因为到了 1955 年年底,人们
关于艾希曼曾在其中扮演主要角色的反人类罪行的讨论已经发生了
转变。在很短的时间内,第一批讲述国家社会主义迫害犹太人的书
籍陆续发行。法国纪录片《夜与雾》(*Nacht und Nebel*)更展现了
纳粹政权如何有计划地让反对者消失于集中营,以及集中营内的恐
怖日常生活。观众大为震惊,以致联邦德国政府甚至试图阻止该片
公开放映——不仅在德国电影院禁映,而且阻止其登上戛纳电影节。
尽管德国历史学界只是不情愿地展开其实早该全力投入的工作,有
关应该如何面对过去的公开辩论,还是连续几个月登上报纸头条。[251]
萨森在向艾希曼谈论起这部片子的时候,也显得非常心烦气躁。

有关灭绝犹太人的各种著作,以及联邦德国讨论风向的转变,
也影响到杜勒出版社圈内人的讨论。莱昂·波利亚科夫和约瑟夫·伍
尔夫(Josef Wulf)二人在 1955 年年底推出的《第三帝国与犹太
人》(*Das Dritte Reich und die Juden*)更宛如平地一声惊雷,为
一切掀开了序幕。该书出版后不久,西德外交部的奥托·布罗伊蒂
加姆(Otto Bräutigam)便被暂时停职,因为书中收录的一份犹太

人问题相关文件上有他的签名。[252] 该书令人无法忽视的强大力道
让萨森及其同伴深受其苦，因为书中主要收录了各种文件：元首关
于抢掠和迫害的指令；戈林沾沾自喜的评论和笔记；莱因哈德行
动的抢劫和谋杀统计数字；关于金牙、国家银行存款、强制劳动、
毒气室计划的报告；以及《格斯泰因报告》（Gerstein-Report）的
摘要；希姆莱下令清除华沙犹太人隔离区之后，对此做出总结的
《斯特鲁普报告》（Stroop-Bericht）——尤其是关于"特殊处置"
（Sonderbehandlungen）和"灭绝"（Ausrottung）的各种统计数字；
迪特尔·维斯利策尼有关"最终解决方案"的报告；万湖会议的记
录；还有多得令人难以置信的有关奥斯维辛集中营、种族狂热、人
体实验和强制绝育的各种内部消息。通过书中附有评论的资料节录、
完整抄本、照片和影印文件，读者得以一窥国家社会主义的犹太人
"政策"，而且这一切都不像之前发表的各种回忆录或报纸文章那么
容易反驳，因为有可辨认的信笺抬头和各种签名。此外更有一整章
文字专门献给了那名"没有魔法的大审判官"，阿道夫·艾希曼。

　　如此大量的详细原始资料很难再被斥为不值一辩的敌方宣传，
"赫斯特"和"海曼"之类的虚构专家们再也无力反驳。更重要的是，
怀疑开始在己方阵营内部滋长。连杜勒圈子内最后一批固执己见的
人，也逐渐惊觉确实发生过灭绝犹太人的行动。甚至从前在纳粹时
期习惯于视而不见、置若罔闻和把一切都大事化小的那些人，如今
也无法忽视这些证据。那本书很快成为所有报纸谈论的对象，而艾
希曼的名字跟着频繁出现。7月号的《路径》也提到了《第三帝国
与犹太人》。[253] 如今就连这份最死硬的战后纳粹刊物，也开始出现
他们之前极力避免或嗤之以鼻的字眼："奥斯维辛"、"马伊达内克"、
"犹太人问题最终解决方案"、"万湖会议"，以及"大规模残害国家
社会主义的政治对手"和"遣送四万法国犹太人"等等。[254] 其中
还谈到"不明就里被送入集中营、被推向死亡的人们"，以及"集

233

234

中营恐怖"和"对犹太人的暴行"。[255] 甚至一些最重要的名字也被
提及，诸如莱因哈德·海德里希、海因里希·米勒、阿图尔·内贝
（Arthur Nebe）、奥迪洛·格洛博奇尼克，以及特奥多尔·丹内克
尔（Theodor Dannecker）——第四局 B 处 4 科在法国的"犹太事
务顾问"。[256] 真相如此不可阻挡，以至于人们在布宜诺斯艾利斯也
开始实话实说，唯有艾希曼的名字值得注意地不曾出现在 1956 年
的文章系列当中，一次也没有。

　　但"正视"仍远不意味着"承认"。纳粹灭绝犹太人是"世界
历史上独一无二的死亡之舞"[257] 这个事实非但没有被接受，反而
出现了一种新的阴谋论。如果事实不容否认，那至少可以歪曲解释
一下。于是一系列文章在"盖世太保的角色"这个纲领性的标题
下，渲染出一幅"自 1933 年以来不断肆虐的阴谋"图景。尽管文
中充满令人不解的胡言乱语，但还是清楚地呈现了一件事情，那就
是还在梦想拯救国家社会主义的人的无奈绝望。[258] 他们用来蒙混
的谎言可以概述如下：应该负起罪责的不是党卫队本身。不，一切
都是盖世太保的错！因为后者"从来都不是纯粹的国家社会主义警
察机构"，完全有异于当时和现在人们给它贴上的标签。盖世太保
自创立以来便不断进行"颠覆活动"，它"伪装成一个由正直公民
组成的小团体"，事实上一心一意想要"抵制、阻挠和破坏第三帝
国的政策"。其目的不仅在于推翻"深受他们憎恶的希特勒全民政
府（！）"，更打算对德国的世界声誉造成永久伤害，因为他们试图
遏止希特勒大力推动的"德意志民族精神"继续胜利前进。该文并
以各种捕风捉影的细节来说明，这一切苦难的罪魁祸首乃是德军情
报机构的首脑威廉·卡纳里斯海军上将，因为是他提拔了诡计多端
的莱因哈德·海德里希。所有暴行都必须记在这两个人的账上，而
且"今天可以合理地怀疑曾经存在一个非常特殊的系统，执意破坏
新政府并到处为其树敌"。显然，等海德里希发觉卡纳里斯利用他

做了什么勾当之后，卡纳里斯就派人把他暗杀掉。实际上根本不是
国家社会主义者的海因里希·米勒随即取而代之，在东方地区组织
起灭绝犹太人的行动。"盖世太保领导阶层的犯罪集团"是一群无
所不用其极的家伙，他们毫不犹豫地将人们送入集中营、送上死亡
之路，为的是最终彻底打垮国王——阿道夫·希特勒。由于还必须
说明为何至今没有人注意到这么明显的事情，于是作者继续解释道：
这是因为一个谎言被制造出来。"战胜国非常清楚盖世太保行动的
真实背景。他们只能协助掩饰真相，以免受到欺骗的世人有朝一日
赫然发现，组织了那些事情的人并非希特勒，而是他的对手。"最
后一切都沉冤得雪，尤其是希特勒、德国以及国家社会主义。

　　该文的作者署名保罗·贝内克（Paul Beneke），宣称撰文地点
是在马德里。而真正的保罗·贝内克生活于 15 世纪。根据立场不
同，他或被看成一位无私忘我的伟大英雄，在 1468 年击败英国舰
队，收复了汉萨同盟的贸易权；或被视为一名残暴的海盗，对每一
艘没能逃脱的帆船强取豪夺。作家古斯塔夫·弗赖塔格（Gustav
Freytag）因其《来自德国过去的图像》（*Bilder aus der deutschen
Vergangenheit*）一书和各种反犹太立场鲜明的著作而深受纳粹重视。
他曾为上述来自但泽（Danzig）的汉萨同盟海军将领树立了一座文
学的丰碑，并由军事出版社推出豪华精装本供人购买。在但泽当地，
保罗·贝内克更享有独特的英雄地位，许多街道和公共设施都以他
的名字命名。凡是了解但泽百姓与那座城市之间特殊关系的人[259]，
都可以得出结论，那篇揭露所谓"盖世太保秘密"的作者是一个来
自东普鲁士的人。但我们直到今天都不知道那名否认现实的作者究
竟是谁。文章内容清楚指出该作者曾经是党卫队的成员。其行文方
式、文体风格和文章背后的细节知识，则无论如何都对萨森、莱斯
或弗里奇等嫌疑人不利。[260]虽然艾希曼自己也用过"史上最伟大
和最暴戾的死亡之舞"这种有力的讲法，但迄今无法断定究竟是谁

235

"启发"了谁。更何况那篇文章质疑了艾希曼认为正确的一切事物，因此不可能得到他的欢心。[261]

236　　无论是谁试图将同志们的心灵从承认罪行的噩梦中拯救出来，他都不是孤军奋战，也不愁后继无人。有关那一小撮罪犯如何蒙骗希特勒及其同仁，将他们的毕生志业和整个国家带入战争和大屠杀的虚构故事，至今仍不断以各种新版本出现于特定的文学作品和互联网网站。然而早在1956年的时候，这个故事就已经奠下了阴险的基石。当保罗·贝内克被问到到底是谁躲在那一切的背后时，答案已经呼之欲出。1956年德意志国家党在柏林举行大会的时候，11月30日的会议记录中一名党员斩钉截铁地指出：艾希曼，盖世太保的犹太人事务处处长，是"全犹太人"（Volljude）。他在希姆莱和外国犹太人的帮助下混入党卫队，并带去了反犹太主义。今天他早已重新生活在特拉维夫。[262]最顽强的阿道夫·艾希曼"反传记"[263]由此诞生，看似坚不可摧地在那些寻求心灵慰藉的反犹主义者中长久流传。艾希曼自己不是喜欢说他来自萨罗纳，而且能够讲流利的希伯来语和意第绪语吗？难怪他有办法以犹太人事务专家的身份大展宏图，因为他本身就是犹太人……甚至连约翰·冯·莱斯事后也认为这个观点颇具说服力，他最后一次见到艾希曼是在1954年移居开罗前。[264]这种完全脱离现实的"犹太人艾希曼"论调，是历史扭曲者在既无法回避屠杀犹太人的事实，又不愿承认"那是德国人的罪行"的情况下，所自然得出的最终结果。这种无稽之谈背后唯一可以利用的根据，就是艾希曼伪称自己与犹太事物在精神上的亲密关系，以及1945年之后有关其受害者担心艾希曼可能伪装成犹太人逃避追捕的报纸文章。无怪乎阴谋论者喜欢一再引用《我们正在找的人》那篇老掉牙的文章，因为在意图篡改事实者的眼中，它可以被扭曲成犹太人承认艾希曼是自己人。这种否定论调甚至把237　犹太人描绘成犹太人大屠杀的主谋，可是直到今天，它在支持者那里都难以撼动，并且以骇人听闻的方式在世界上流传。布宜诺斯艾利斯的那批人固然非常乐意相信"卡纳里斯理论"，认为元首又一次成了毫不知情的蠢蛋，但有关这位前任党卫队一级突击大队长出身背景的说法，就比较难以接受了。尽管如此，萨森和他的同仁们仍然付出了巨大的努力，至少也要让这位老同志亲口承认自己"不德意志"（undeutsch）。

莱昂·波利亚科夫和约瑟夫·伍尔夫的文献汇编甚至一度让萨森立场动摇。他告诉《路径》的读者们："近来，我以严格的自律精神读完了一本厚书，书中收录了涉及第三帝国与犹太人之间关系的文章和文件。它有时令我感到窒息，我仿佛被掐住了喉咙一般挣扎，直到我再次天真地大声喊出：'这不是真的！'我知道这喊叫十分愚蠢，纯粹来自我的无助感。我认为我们不应该径自把一切都斥为谎言，无论是那本可怕的书里面的各种东西，还是每一声'这不是真的'。"[265] 但如果有谁期待这种阅读体验能够持久动摇萨森的世界观，将只会大失所望。其所承认的因书而起的惊惶，已随着一段指责原子能的文字而化为乌有——原子能的发明正好就是"犹太人"的过错，因为一个真正的雅利安人是不会去分裂原子的。于是萨森发挥自己的修辞技巧，向读者说明自己如何摆脱了那本"可怕的书"带来的负担："真相很可能是相对的"，毕竟毁灭营内施放毒气的未受训练的"小"辅助工，"跟诺贝尔奖得主以及让全人类无奈屈服的科学毁灭技术大师比起来，只不过是可怜的侏儒罢了"。通过影射相对论的发明者，萨森只用了几行文字，就把之前短暂意识到的危害人类罪行加以淡化，使它在真正的"犹太人毁灭计划"面前重新显得微不足道。

尽管评论试图粉饰太平，但《路径》的编辑部门显然已经采取新的政策。短短几个月前，还可以读到"海曼"和"赫斯特"等人的文章，宣称"在德国境内和境外的任何一座集中营或拘留营地，

238

从来都不曾使用毒气室、毒气卡车或焚尸炉来灭绝人类。"[266] 如今该杂志中却出现了贝乌热茨、洛伦茨·哈肯霍尔特（Lorenz Hackenholt）和克里斯蒂安·维尔特等名字——分别为一座毁灭营、一名柴油毒气车技术人员，以及负责实地监督的人。一时之间，事实真相降临了布宜诺斯艾利斯，让费尽功夫粉饰太平的萨森再也不得安宁。他没有让自己局限在血腥梦想的陈词滥调里面，反而前往德国，并在那里报了户口：威廉·安东尼乌斯·玛丽亚·萨森·范·埃尔斯洛（Willem Antonius Maria Sassen van Elsloo），德国籍记者和作家，1956 年 8 月 25 日正式从阿根廷移居博登湖畔的康斯坦茨（Konstanz am Bodensee）。看来如果能够找到替代的安身之处的话，岗位被抛弃显然也变得更容易忍受一些。[267]

波利亚科夫和伍尔夫进而在 1956 年推出了第二部文件汇编，《第三帝国及其仆从》（*Das Dritte Reich und seine Diener*），重点关注外交部、纳粹司法机构和国防军。重要的是，很快又相继出现了两本深具影响力的著作。一是格尔拉德·赖特林格所著、包罗万象的《最终解决方案：1939—1945 年灭绝欧洲犹太人的企图》（*Final Solution: The Attempt to Exterminate the Jews of Europe, 1939—1945*）终于在德国出版，这是第一本试图从各方面探讨犹太人大屠杀的研究报告。第二本是亚历克斯·魏斯贝格（Alex Weissberg）撰写，伴随耶路撒冷 "卡斯特纳审判案"（Kasztner-Prozess）所引发的广泛讨论而推出的《约埃尔·布兰德的故事》（*Die Geschichte des Joel Brand*）。相关书评当中多半也都出现了艾希曼的名字，亦即那个派遣约埃尔·布兰德前往国外，要求他 "用卡车换取犹太人鲜血" 的国家保安总局犹太事务主管。即便那些作者有时会因为自己的犹太人身份而被批评不够客观[268]，但在波利亚科夫和伍尔夫文件汇编的烘托之下，他们的著作仍然相当令人不安。

239　　　杜勒出版社的圈内人仔细阅读了那些书籍，而每翻过一页就带来更多对真相的怀疑，因为他们不愿相信的确发生过那种事情。萨森访谈开始之前不久，《路径》刊出了最后一篇以此为主题的文章，以《犹太人问题的"最终解决方案"》为题发起反击，表示犹太人大屠杀的真正目的是要建立以色列国，而这个罪行"以巧妙的手法被嫁祸给希特勒"。[269]"从来都没有过阿道夫·希特勒下令的谋杀犹太人方案"，因为希特勒被参加万湖会议的一小撮人组成的阴谋集团蒙在鼓里——在这里，《路径》第一次也是唯一一次直接提到艾希曼[270]——对此一无所知。希特勒自己所在的元首指挥总部，是一个"集中营修道院"（KZ-Kloster，瞧瞧用字多么圆滑），被隔绝于真正发生的事情之外。"阴谋集团脱胎自警方，这更揭露出犹太秘密特工已经腐蚀了表面上尊奉国家社会主义的盖世太保。"因此，是犹太复国主义者自己杀害了他们"所痛恨的同化主义者"，从而迫使国际社会允许他们成立自己的国家。这使得犹太人大屠杀最终看上去好像是犹太人内部的事情，可怜的元首在地堡里面根本无能为力。

这种令人无法忍受的狂言呓语出自"沃尔夫·西弗斯"（Wolf Sievers）。这个笔名也被用于《路径》的其他文章，而且本身就已经非常耐人寻味：沃尔弗拉姆·西弗斯（Wolfram Sievers）是在兰茨贝格监狱被绞死的战犯之一，杜勒出版社的圈内人视之为烈士。汉斯-乌尔里希·鲁德尔在1953年返回德国的时候，曾经特地前往兰茨贝格监狱的绞刑架朝圣，并激动地写道："自从回国以来，我从来没有像在这里一样感觉如此接近德国。"[271]沃尔弗拉姆·西弗斯作为一个名为"祖先遗产"（Ahnenerbe）的"研究团队"的管理者，对人体实验和谋杀负有罪责，因此在纽伦堡医生审判中被判处死刑。他曾经为了一些非常不人道的计划——例如臭名昭著的"骨骼收藏"——联络过艾希曼，因为他需要有人安排运送仍然活着的"展览物件"。我们尚未查明躲在这个笔名背后的人究竟是谁。然而从风格、内容，以及从所举出的例证看来，该文很可能出自萨森之手。

萨森在 1960 年的一次采访中，明确无误地再次重复了文中的基本论点。他告诉《理性报》(La Razón) 的记者，真正该对犹太人大屠杀负责的另有其人，甚至"艾希曼无疑也只不过是那个邪恶计划发起人手中的工具罢了"，而且那个计划并不是希特勒想出来的。[272] 笔名也暴露了作者的身份，因为萨森另外两个笔名的缩写同样是其姓名缩写字母 W. S.。[273] 总而言之，即将构成艾希曼访谈核心的那些主题和论点，都已经出现在了《犹太人问题的"最终解决方案"》一文当中：元首的指令和"犹太复国主义的阴谋"、为希特勒平反恢复荣誉、在盖世太保内部寻找叛徒、幸存的文件和各种相关书籍。

尽管尝试用尽了各种新闻手段进行反击，这些如洪水般涌来的事实陈述仍然难以阻挡。尽管萨森这样的人自苏德战争起就听到过很多传闻，而且知道的事情远比他自己愿意承认的多出许多，但他关于纳粹领导层的知识仍不足以令他提出可信的反驳。他从来没有见过那些文件、从来没有听说所提到的那次会议，而且根本穷于应付这么多的材料。尽管有各式各样的阴谋论狂言，但关于犹太人大屠杀的书籍还是让流亡在外者和置身昔日第三帝国的人，同样感到词穷力竭。但与联邦德国的读者不同，布宜诺斯艾利斯的那批人知道能够回答所有这些问题的先生住在何处，况且他的知名度够高，可在这场"意识形态战争"的下一回合发挥公共影响力来揭穿一切。他将让阴谋如肥皂泡一般破灭。不同于其他小心翼翼的时代见证者，例如希姆莱昔日的首席副官卢多尔夫·冯·阿尔文斯莱本或者集中营"医生"约瑟夫·门格勒，这位先生非常乐意接受此一要求。对艾希曼来说，访谈主要有两大优点：一则杜勒出版社可提供他无法独力购买的新书，因为来自德国的图书在布宜诺斯艾利斯十分昂贵。此外更重要的是，只有这些懂得跟新闻界打交道的同志们，才能帮助艾希曼实现他迫切渴望的事情，那就是掌控自己在历史上的地位，从而他的孩子们能够公开、自由和骄傲地表示，他们是艾希曼的儿子。

第四章

所谓的萨森访谈

> 萨森先生是一个为了写下我的人生故事，
> 经常拿着录音带到我家串门的记者。
> 我允许他在我一命呜呼或者落入以色列人的手中之后，
> 对外公开这些访谈内容。
> 但正如我所看到的，如今他发表了一些东西，
> 让人以为那是我的回忆录。
> 在美国发表的一切都是纯粹的谎言。
> 只有疯子才会相信那是我写的。
>
> ——艾希曼，《我的逃亡》，1961 年 3 月
> 针对《生活》杂志发表的专文写于以色列

多年以来，威廉·萨森被认为立下了汗马功劳，因为他寻获了大屠杀刽子手艾希曼并说服他开口讲话。除了新闻记者对同行天然的同情心理之外，还有另一个事实有助于解释为何这种论调会如此成功：那名来自荷兰的前党卫队战地记者深具个人魅力。表面上看，萨森结合了"明星作者"、"冒险家"和"生活达人"三种角色，恰

好是完成此项壮举的不二人选。他自己也竭尽全力维系此一形象。
但其实，他根本不必特别迷人、善解人意或者令人信服，就足以让
阿道夫·艾希曼畅所欲言。让艾希曼住口反而才是更大的问题，因
为当那名前任党卫队一级突击大队长真的打开话匣子之后，就几乎
没有办法让他停下来。直到今天，这仍然令人匪夷所思，因为在我
们的印象当中，潜逃者必定会尽可能不引人注目，小心翼翼地缄口
不言。但这并不适用于国家社会主义党人在阿根廷所过的生活。相
反，缄默和隐秘的迷思本身就是一种非常有效的伪装手段，在艾希
曼被绑架之后成为一堵共同的围墙，让那批人基于不同的理由集体
保持缄默。声称自己不认识那名正在接受审判的大屠杀凶手，这样
的说法难道真会有人相信吗？然而时值一位昔日同侪刚于返家途中
遭以色列人绑架之际，有谁愿意承认自己不久前还跟那位同僚举杯
对酌，并与他共同撰写一本有关国家社会主义的书呢？毕竟他们都
希望尽可能避免在回家的路上陷入同样遭遇。于是最稳当的做法莫
过于把艾希曼描绘成一个隐居者，从不开口说话，但在萨森面前除
外，毕竟那个人曾经当过记者，正好有必要跟"那一类"对象攀谈。
但只要看一看艾希曼在以色列收到的诸多来自阿根廷的花束和祝
福，他过着离群索居的生活的印象马上就会改观。[1]

在阿根廷的时候，艾希曼不吐不快的冲动从一开始就盖过了他
的小心谨慎。正如我们已经看到的那样，只要遇到信得过的人，他
就绝对不会隐瞒自己是谁。不过无论是在社交场合的应景客套话，
还是共同工作结束后的聚餐闲聊，都无法与埃伯哈德·弗里奇和威
廉·萨森如今计划做的事情相提并论。他们想要系统地讨论有关大
屠杀的历史书籍和当时正在进行的讨论，并郑重其事地做着筹备。
艾希曼自己最晚在 1956 年年底就开始打算写书，希望能交由杜勒
出版社公开发行。我们因而可以推断，此前他们已经进行过初步讨
论，不只是为了草拟工作计划、思考其他哪些人也应参与项目，同

244

时更着眼于财务方面的因素。威廉·萨森、埃伯哈德·弗里奇，以及阿道夫·艾希曼后来都分别承认，他们在那个时候已经签订了合约，由三人平分共同工作所得。[2] 尽管他们是因为"血统的梦想" 245 团结在一起的，但马上赚大钱的梦想仍然起了不可低估的作用。布宜诺斯艾利斯的生活总是有着"投机碰运气"的一面。

正式录音最早在 1957 年 4 月开始，在此之前萨森家中发生了一些奇怪的事情。时年十岁左右的萨斯基雅·萨森[3] 看见有人在客厅的天花板上钻孔，并在里面藏了一些麦克风。萨森的女儿于 2005 年回忆，当时屋内能感觉到紧绷的气氛和紧张的忙碌。等到艾希曼抵达，并跟她的父亲一起消失在客厅里，便有一名陌生男子躲进二人上方的阁楼全程偷听。萨斯基雅·萨森确信当天的谈话对象就是阿道夫·艾希曼，而且她只在那天见过阁楼里面的那个人，因为这显然是一次性的行动。

孩童的回忆往往是不很可靠的消息来源，因为人在那个年纪难免喜欢"探秘"，或许那只是铺设电线安装电灯的简单动作。不过在此还有第二个人的回忆可供参照。萨森全家的旧识，一位在爱尔兰即已结交的女性友人指出：萨森的妻子密普·萨森曾经向她抱怨，自己"被接了电线"（verkabelt）。[4] 只可惜我们并不晓得，她对电线的抱怨是否果真与天花板上的麦克风有所关联。反正连续好几个月下来，密普·萨森只能任由丈夫在每个周末霸占客厅、祭出他的录音机，并且把许多支麦克风架设得像是绊脚索一般，以便花上好几个钟头跟老同志们大摆龙门阵。若不敲门便无法进入自家客厅，而且务必要让孩子们保持安静[5]，即使没有人在天花板上钻孔，这种"被接了电线"的待遇也让人很难不发火。但话说回来，萨斯基雅·萨森的回忆难免让人怀疑，威廉·萨森的确有可能在正式开始录音之前的某个日子，在艾希曼一无所知的情况下让别人躲在他家的阁楼内偷听。

246　　萨斯基雅·萨森从来没有忘记那次诡异的窃听行动，后来她努力设法为自己观察到的蛛丝马迹寻找解释。她所能想到的最合理的可能，涉及她父亲当时交往热络的一位熟人：曾与萨森共事过的《时代》/《生活》杂志驻拉丁美洲特派记者菲尔·佩恩（Phil Payne）。甚至连孩子们都记得"《时代》/《生活》的佩恩先生"。尽管躲在阁楼里偷听的那个人未必是佩恩自己[6]，可是对萨森的女儿来说，只有这样才能够解释她所观察到的现象。她对此的说明是，萨森在正式开始录音之前已经准备和《时代》/《生活》签订合同，因此必须提出证据，证明拟采访对象的确就是前任党卫队一级突击大队长阿道夫·艾希曼。这种说法看似也呼应了法国《快报》（L'Express）杂志的一篇专文（但其内容泰半出自想象）。[7] 该文自称引述萨森的讲法，说他在艾希曼被绑架之前"四年"，就试图把采访内容推销给《时代》/《生活》，结果未能成功。但萨森为这篇报道大动肝火，相当令人信服地否认自己曾讲过那样的话。[8]《快报》文章中提及的日期确实大有问题，因为采访开始的要晚得多，因此在《快报》所声称的时间，采访还没有完成，甚至还没有开始。所以让我们保持谨慎，先从确实无误的地方讲起。

　　菲尔·佩恩确实是《时代》/《生活》杂志的南美洲特派记者。他在庇隆被推翻前不久抵达布宜诺斯艾利斯，并在不远途出外采访的时候定居当地，直到1958年搬去罗马待了几年。威廉·萨森则向《时代》/《生活》提供研究材料，并普遍被视为阿根廷爆发政变之后，1955年11月《生活》杂志一篇关于庇隆和佩德罗·阿兰布鲁（Pedro Aramburu）的长篇文章的主要消息来源。[9] 不过在1960年关于艾希曼的长篇报道发表之前，他从未被指名道姓地提到过。佩恩应该是萨森在《时代》/《生活》的联系人，因此亦为

247　萨森家里受欢迎的访客。所以如果萨森的确在1957年4月之前就想把艾希曼的故事或者犹太人大屠杀的内幕出售给那家美国杂志的

话,他一定会向菲尔·佩恩透露此事。而佩恩则必须说服自己的老板,萨森的消息值得投资。这么一来,萨斯基雅·萨森记忆深刻的那个窃听行动就成了很好的保障措施,既能够查证萨森联络人的真实性,又不至于惊动艾希曼。从萨森的角度来看,他更可以防止新闻界潜在的竞争对手与他最重要的消息来源直接接触。[10] 就如此敏感的故事而言,这未尝不是明智的安全保护手段。但尽管如此,当时佩恩对艾希曼的故事意兴阑珊也不无可能,因为他自己对探索过去并没有很大兴趣。菲尔·佩恩擅长报道最热门和高风险的事件:他报道了哥伦比亚的内战和尼加拉瓜的军火交易,曾经前往哥斯达黎加寻访游击队,并且探索了拉丁美洲从危地马拉直到玻利维亚的几乎每一个动乱地区。他的兴趣在宏大的事件,像是革命家和大起大落的国家领导人的故事,例如哈科沃·阿本斯·古斯曼(Jacobo Arbenz Guzmán)和胡安·多明戈·庇隆。1957 年,佩恩结束了自己在南美洲的工作,随后几年在罗马撰稿。1961 年的时候,他将亲自前往耶路撒冷报道对那名"最终解决方案"组织者的审判案。[11] 佩恩这样的人之所以重视萨森提供的消息,原因并不在于其怪诞的想法和他那些令人难以忍受的朋友,而是看重他在布宜诺斯艾利斯的内幕资讯,以及他与仍在西班牙流亡的前总统庇隆之间一直维持的密切关系。老纳粹的故事在佩恩眼中反而没有这样的吸引力,即便"艾希曼"这个名字当时已随着一篇关于鲁道夫·卡斯特纳的文章进入了《时代》杂志。[12] 如果佩恩果真在 1956 年年底、1957 年年初拒绝了艾希曼的故事,那么他最晚在报道艾希曼审判的时候想必就会为之懊悔不已。

　　尽管如此,这个故事仍有一些模糊不清的地方。首先产生的疑问是,为什么要为了艾希曼如此大费周章。艾希曼没有丝毫不情愿地接受了萨森和弗里奇的提议,甚至完全没有担心泄露自己的身份。相反,刚开始录音的时候,一次有人问艾希曼是否曾经想过,"该如何让人们相信这本书的作者真的就是那位艾希曼"。他回答说:"可从以下几方面着眼。材料本身无可辩驳,因为人们要么知道相关细节,要么不知道。如果那些先生们有任何疑问,不妨把成堆成沓的现成文件档案拿来比较。万一有必要的话,我还能够亲自……交出一张那个时期的照片,虽然我并不想这么做。"[13] 我们若回想一下,艾希曼及其家人多年来如何煞费苦心地不让任何一张他的照片落入追捕者手中,便不难看出艾希曼面对新朋友时的开放姿态有多么不同凡响。后来他甚至在送给威廉·萨森的一张照片上面签名写道:"阿道夫·艾希曼。退役党卫队一级突击大队长。"不管弗里奇、萨森和艾希曼计划对外公开发行什么内容,他们显然是一致行动的,而无论是笔名还是其他任何掩护艾希曼的措施都不在计划当中。除此之外,我们甚至无法确定,麦克风是否当真是为艾希曼装设的。如果考虑到萨森还邀请了哪些人来参加访谈会,便无法排除萨森与艾希曼一同测试窃听设备的可能性,毕竟他们必须预先做好准备,以防有人拒绝公开录音。[14]

看见有人在墙上钻洞拉电线,不只小孩子会觉得其中的巨大秘密让人难以抗拒——因为平淡无奇的解释显然无法说明,为什么要有人躲在阁楼偷听。我们甚至可以想象,那次窃听莫非根本没有财务方面的背景,反而是秘密情报单位的行动?关键的问题因而在于,当时是否有人确实对阿道夫·艾希曼感兴趣。在美国,潜逃的国家社会党人早就不被注意,更何况还有人已经被中央情报局招募了去。[15] 在以色列,该国年轻的情报部门正忙于应付 1956 年 10 月爆发的苏伊士运河危机,顾不上追踪维森塔尔提供的线索。

那么在德国呢?黑森联邦州的总检察长弗里茨·鲍尔刚刚开始一项既困难又不受欢迎的任务:着手起诉纳粹罪犯。他已经请维也纳方面寄来了阿道夫·艾希曼的缉捕文件。[16]1956 年 11 月 24 日,法兰克福地方法院终于向"目前所在地不详的阿道夫·艾希曼"发出逮捕令。这项追捕行动属于"克鲁迈等人案"当中的一环。根据逮捕令的内容，艾希曼涉嫌"在 1938—1945 年间，出于卑劣的动机，在许多欧洲国家阴险、残忍地杀害人命，受害人数无法精确确定。艾希曼曾经担任党卫队一级突击大队长和帝国保安总局 IV B 4 部门的主管，负责在德国以及战争期间遭德国占领的国家'重新安置犹太人'。在所谓'犹太人问题最终解决方案'的框架下，艾希曼曾下令将数以百万计的犹太教社群成员运往集中营，用毒气消灭"[17]。于是从 1957 年起，艾希曼的名字也出现在德国的通缉名单上。然而弗里茨·鲍尔的调查工作在德国根本不受欢迎，以致直到今天仍无证据显示其他机构曾经积极配合追捕艾希曼。联邦刑事调查局（Bundeskriminalamt, BKA）甚至指出，出于原则上的考量，通过国际刑警组织来搜捕艾希曼是不可能的事情。[18] 鲍尔自己起初忙于追捕下落已知的那些涉案人，例如艾希曼昔日在匈牙利的副手赫尔曼·克鲁迈。可是在一个有着如此浓厚纳粹褐色背景的司法体系内，工作开展得极为困难。克鲁迈总算在 1957 年 5 月 1 日被逮捕。如我们将会看到，阿根廷的那些人也在密切关注这个事件。但即使到了这个地步，也没有立即展开诉讼程序。那时鲍尔显然还无法在阿根廷采取任何行动。但可以确定的是，与鲍尔的调查行动毫无关联的联邦宪法保卫局，已经开始密切注意鲁德尔和弗里奇。[19] 稍后会对此做出详细说明。

至于萨森屋顶下的密探是否为相关信息的来源，那就纯粹是见仁见智的问题了。总之，像萨森这样一个诅咒"残余德国"（Rumpfdeutschland）及其各种机构，并且试图摧毁之的人，竟然会允许联邦德国那个部门的人进入他家阁楼，看起来是极为不可能的事。他自己恐怕也将非常得不偿失。换个角度来看，假如德国情报部门的人员想要知道那些老同志在萨森的客厅里干了些什么勾当，就一定会自己想办法混到他们中间去。这应该不是特别困难的事，至少比大费周章地在萨森那里窃听要简单多了。

那么我们到底该如何看待有关萨森家中窃听事件的童年记忆呢？以我们今天所知的来看，那的确最有可能是一个新闻行动，因为菲尔·佩恩至少于 1955—1957 年之间多次前往阿根廷，而且有证据表明 1957 年 5 月 10 日当天他就在布宜诺斯艾利斯。[20] 不过在发现更多相关文件或目击证人，或者至少是公开《时代》/《生活》的档案记录之前，那也依然只是猜测而已。唯一可以确定的是，与艾希曼在家中进行小组讨论的准备工作，让孩子们感到非常刺激和神秘。萨森自己从未进行过如此大规模的计划，所以他想必和其他参与者一样兴奋不已。假如萨森家中果真有过窃听行动的话，那一定经过了他的首肯。可是这么做的目的何在，以及究竟是谁执行了该项任务，今天已经无从查证。[21] 艾希曼对自己如何被认出的解释很清楚地显示，从一开始就有一些并非杜勒出版社圈内核心分子的人参与那项共同计划。不过艾希曼逐渐才发现萨森对他并不总是坦诚相待。无论阁楼上面有没有人躲着偷听，萨森都可能在他不明就里的情况下采取行动。而艾希曼却热情洋溢地接受了这项新任务，全然忽略了防范措施。

第一节

作者艾希曼

> 封面和书衣应该是单色的，例如珍珠或鸽子那种灰色，
> 用清晰的线条和美丽的字体。
> 我当然不想使用笔名，因为那有违事情的本质。
>
> ——艾希曼，1961 年 [22]

艾希曼究竟是从什么时候开始产生了把自己的想法写下来的念头，现在已经无法考证。他自己后来表示，早在战争刚结束不久——显然是在阿尔腾萨尔茨科特的时候——他就已经做出最初的尝试，成文据说结合了谋杀统计数字和组织结构描述。这份文件随即变得对他太过危险，于是艾希曼把它烧掉了。今天我们或许觉得十分奇怪，艾希曼那样的人怎么可能会在战败后不久，在自己还不怎么安全的时候，就已经感到务必要写下自己的想法。然而这种可能性的确无法排除。作为对可能面临的审判的准备，在纸上先练习一下绝对不是个馊主意。总之，即使艾希曼果真在德国北部写了手稿，那也并非他第一次这样做。

今天我们有成千上万页艾希曼的言论可供参考和引用，这不仅

要感谢各种审判记录，更是由于艾希曼和许多纳粹党人一样，有一个惹人注意的嗜好：他在人生的任何阶段都着迷于写作，并且喜欢扮演作家的角色。一想到有出书的可能，艾希曼就兴奋得不能自已。1961 年，甚至当他刚在以色列接受完一场灾难性的审判，还在等待判决的时候，就已经迫不及待地谈论起封面的颜色、可能的审稿人、字体和版式设计，以及赠送的样书，尽管当时根本不确定是否真能

253 出版这样的一本书。[23] 至今很少有人尝试直接研读艾希曼撰写的文字。一方面，艾希曼孜孜不倦笔耕不辍的行为被视为他渴望为自己辩解的表现。另一方面，哈里·穆里施（Harry Mulisch）和汉娜·阿伦特等作者则强调，这是艾希曼的矫情卖弄和故作姿态。对于正好也在施展自己写作才华的人来说，艾希曼自视为"我们中一员"的挑衅态度未免令人发指。必须眼睁睁看着艾希曼摆出史学泰斗姿态的历史学家们，也有同样不愉快的感受。于是作家和史学家都有强烈的冲动，让艾希曼写作的形象显得滑稽可笑，或者将之贬低为小资产阶级希望当作家的白日梦。

纳粹党人对公开焚毁堆积成山的图书的热衷，转移了我们的注意力。其实国家社会主义非常重视——或许过于重视——书面文字的力量。他们之所以烧书，正在于他们认为书籍能够产生巨大的影响力。换句话说，因为他们对书籍心生畏惧。对诠释主导权的害怕，就是国家社会主义者的主要行为动机之一。20 世纪初期的人们早就对图书这个大众媒介有了丰富的经验，足以明白历史不只是发生而已，更是为后世后代撰写出来的。这吻合了希特勒侵略性的基调，"创造性"总是以对现有创造物的抗争和破坏为前导。

纳粹党人改写历史的意图不仅着眼于行动，从一开始就更是一个文化与文学的项目：他们将文化产业诋毁为"被犹太化"（verjudet），把整个学术分支贬斥为"被过度异化"（überfremdet）。于是书籍被视为敌人——尤其是犹太人——最有力的武器之一。把

书籍挑出来加以焚毁，正如后来用同样的方式对待人类一般，不过是第一步而已。第二步则是维护和培育自己的种族，以及建立自己的文化和科学。于是纳粹在科学和艺术方面都需要自己的书籍，因为他们相信以国家社会主义特有的方法为基础，终究能够把科学和艺术创造成为德国的科学和德国的艺术。国家社会主义的图书生产规模因而异常庞大，并且从一开始就非常粗暴地重新诠释了现有的各种科学成就。

这种新文化的承载者，当然就是那批自称的"世界观精英"，亦即党卫队保安局（Sicherheitsdienst [SD] der SS）圈子里面的人。

那些人想要"具有创造性"（schöpferisch），因为"具有创造性的人"是当时的官僚人员和老是坐办公桌的人的反面，而后两者正是他们所要消灭的。艾希曼在柏林的"工作"同样从一开始就跟文字撰写息息相关。根据他自己的报告，他的第一项任务就是总结特奥多尔·赫茨尔（Theodor Herzl）犹太复国主义经典著作《犹太国》（Der Judenstaat）的摘要。与艾希曼不同，这种工作对他的同僚来说并不新鲜，因为他们许多人都接受过大学教育。例如艾希曼最初的上司之一利奥波德·冯·米尔登施泰因，就是一位相当出名的作家。1933年，米尔登施泰因在前往中东旅行之后，于纳粹党的《攻击报》（Der Angriff）上发表了文章《一个纳粹的巴勒斯坦游记》，引起轰动。该报甚至郑重其事地为那个报道系列制作了纪念币，其正面和背面分别令人震惊地印着卐字标记与大卫之星。[24]艾希曼非常钦佩他的上司，并且（至少在记忆中）试图仿效之。米尔登施泰因的继任者赫伯特·哈根，更在1937年带着艾希曼前往中东展开自己的行程。他还举办晚间读书会并规定了巨大的阅读量。此外，书评、新闻评论，以及时而为公务目的和教育用途制作的"导报"（Leitheft）也不断增加。艾希曼对这些小册子非常着迷，以致坚定地声称自己也写过一本，而且还被"印刷"了出来。[25]"我在那篇报告中客观介绍了犹太复国主义世界组织的架构、犹太复国主义的目标、它的支持来源和困难，并强调了其所面临的挑战——因为犹太复国主义本身也在寻求解决办法，它在这方面符合了我们自己的意愿。"然而"导报"原则上不会被印刷出来，因为它是用打字机打印的。这种"导报"是专供党卫队保安局内部使用的机密册子，不要与同名的杂志《党卫队导报》(*SS-Leitheft*)或出版物混为一谈。[26]艾希曼提到的那本册子迄今还未发现，但其架构听起来相当接近一本反犹太主义著作：1939 年以"迪特尔·施瓦茨"(Dieter Schwarz)这个笔名出版的《世界犹太集团：组织、权力和政治》(*Das Weltjudentum: Organisation, Macht und Politik*)。但维斯利策尼声称，那个册子是哈根与弗朗茨·阿尔弗雷德·西克斯合力编撰的。他们的部门为此感到骄傲。虽然艾希曼巴不得自己就是作者，但其语言风格显示，该书与艾希曼无甚关联。随着对所谓"写作活动"回忆的展开，艾希曼自称由他撰写的党卫队保安局"导报"数目也跟着不断增加。[27]

但即使在纳粹时代，艾希曼的野心也已经远远超出了内部参考手册的范围。艾希曼曾告诉萨森（以及以色列的审讯官），他在 1942 年 5 月"出于培训目的"写了一本厚达 100 页，题为《犹太人问题最终解决方案》的作品。该书计划由北国出版社（Nordland Verlag）印刷发行五万册，除却关于"犹太人问题"和运输过程的一般论述之外，书中还包含了统计数字资料。艾希曼告诉萨森，他原本提议以海德里希的名义来发表那份手稿。等到海德里希在 6 月遇刺身亡之后，他想至少也可以把它献给海德里希，可是事情最后不了了之，等到战争结束的时候，他奉命把稿子烧毁了。

艾希曼关于这本书的讲法出现许多矛盾之处，这表明他至少也是过分夸大其词。[28]自 1939 年以来，党卫队旗下的北国出版社便一直为帝国保安总局第七局发行两个享有声望的丛书系列：《犹太人问题丛书》(*Bücher zur Judenfrage*)和《犹太人问题的原始资料

与论述》(*Quellen und Darstellungen zur Judenfrage*)。事实上，丛
书确实计划推出一本有关"犹太人统计数字"的专著。第七局的领 256
导人弗朗茨·阿尔弗雷德·西克斯曾在一次会议后与艾希曼讨论此
事。然而西克斯也表述得非常明白，那无论如何都将是一个"由我
方主导的共同项目"，严格来说，他从艾希曼那里想要获得的只是
统计数字资料而已。[29]

　　然而，想到有机会在那个著名的系列中推出自己的册子，还是
不免让艾希曼受宠若惊。时隔多年之后，他仍然清楚记得当年的日
期和出版社，以及他如何获选成为这套著名丛书的作者之一。

　　尽管艾希曼一再宣称自己对"聚光灯"不感兴趣，但他的行为
却清楚表现出他是多么地沉迷于出风头。他不仅在内部会议上侃侃
而谈，还定期在党卫队保安局位于贝尔瑙（Bernau）的学校举办讲
座。[30] 至于他在受害者面前发表的恶劣讲话，那就更不用说了。他
喜欢装腔作势，想要流芳后世而不仅仅是书写大屠杀的历史，这些
都并非只是对流亡做出的反应。然而在阿根廷，有三件事情进一步
强化了他的动机。首先，从1955年开始，出现了第一批关于灭绝
犹太人的书籍，艾希曼将之斥为"敌方文学"，是和许多报纸文章
相同的"挑衅行为"。其次，在第三帝国垮台之后，这名"世界观
战士"只剩下了一件武器，那就是公众写作。第三，他首度发现还
有人在用手中的笔继续这场战斗，而且他们拥有一家出版社。尤其
重要的是，他们对他所知道的事情非常感兴趣。那些人就是威廉·萨
森和埃伯哈德·弗里奇。严格说来，杜勒出版社只是一小批乌合之
众，在自己的读者群之外没有任何吸引力和潜力。不过艾希曼这种
图书市场上的新手显然没有认识到这一点。或许他也掉进了每一个
内向型社区都面临的陷阱：过于自我中心式的思考，最终导致外在
的一切都被边缘化而显得微不足道。但从艾希曼的角度来看，《路径》 257
在右翼出版界所处的地位想必非常令人印象深刻：萨森不但认识庇

隆、写过一本小说，还在《国族欧洲》和阿道夫·冯·塔登的《帝国呼声报》（Reichsruf）上发表文章。汉斯－乌尔里希·鲁德尔不仅写了回忆录和其他短文，还是一个德国政党的候选人。莱斯则从开罗寄稿件过来，甚至还带来了大穆夫提的问候。诸如德鲁费尔出版社之类的德国和奥地利出版商在《路径》刊登广告，埃伯哈德·弗里奇更积极收集德国媒体的反应，范围从《明镜周刊》、《时代周报》（Die Zeit）一直到广播节目[31]，甚至联邦德国总统特奥多尔·豪斯也曾提到过他。对艾希曼而言，成为这个骇人团体一员的念头显然无法抗拒。

"阿根廷文稿"

艾希曼的高产甚至会让具备写作经验的人感到惊讶。即使只看保存至今或者对外开放的那部分，情况依然如此。今日可供学术界使用的艾希曼"阿根廷文稿"散布在三个档案馆。其中不仅包括著名的"萨森抄本"，以及艾希曼附在上面的注记（光是这个部分已有 100 页左右），还有 1957 年之前艾希曼出于自身目的撰写的同等规模的文字。任何想要一读艾希曼故事的人都必须具有足够的耐心和良好的记忆力，以便从分散各地、有时难以辨认、不完整，而且往往深锁在柜子里的页面中找出关联，拼凑出原始文稿。艾希曼手稿的开头和结尾之间不仅充满了难以阅读的笔迹，而且还有 240 公里的距离。[32]这或许解释了为何至今没有人试图阅读它，甚至没有人想到还有大批"阿根廷文稿"摆在那里——更别说意识到我们至少能够重建艾希曼大型手稿的其中之一了。但把这个谜题的各个碎片拼起来以后，我们立即可以看到，除了上千页的萨森访谈录之外，我们还有其他材料可供运用：一份厚达 107 页的独立手稿（其纲领性的标题为《其他人都讲过了，现在我想说话！》）、许多初步的尝试和附带注记，再加上大约 100 页关于书籍的注记和评论。

另一份艾希曼的手稿虽然还没有对研究者开放，但显然亦已保存下来，即现在仍归艾希曼家人所有的《图库曼小说》（Roman Tucumán）。据悉在 260 页的篇幅中，艾希曼试图特别向孩子们详细描述自己的生平和事迹，从而向家人和他非常重视的"未来世代"做出解释。迄今只有艾希曼的家人知道这份文本的细节[33]，而我们只能通过艾希曼与其律师罗伯特·塞尔瓦蒂乌斯之间的对话，以及他自己在审判期间的发言来掌握一些线索。塞尔瓦蒂乌斯宣布把这份文稿提交给了法庭，用于证明艾希曼已经跟国家社会主义一刀两断，"以之作为被告真实态度的证据"。[34]我们因此不妨认为，那本"小说"是艾希曼在变相地要求儿子们。克劳斯·艾希曼对此也记忆犹新："父亲说，'我希望你们永远不要从军，不要涉足政治'。当他那么'说话'的时候，根本是在命令我们。"[35]然而只有等到相关文稿公之于世之后，这个问题才会真相大白。由于阿根廷文稿已公开的部分至今仍未被仔细阅读过，所以在那最后一份不对外开放的艾希曼文稿露面之前，我们可以把时间用于解决其他问题，因为阅读艾希曼的文字绝非易事。原因之一就在于他的字迹非常自成一格，当时就已经给萨森雇用的打字员们带来了很大麻烦，以致现在若不核对原稿，保留下来的副本便无法使用。[36]

艾希曼或许确实有着异常强烈的秩序感，但至少在书写方面并非如此，因为无论是其笔迹还是他随意使用各种尺寸纸张来写字的习惯，都一点称不上有序。而他的表达与想法至少同样古怪，显示出他是一个对语言本身和用字遭词没有特别感觉的人。汉娜·阿伦特带着她被德国古典文学训练出来的对语言和概念的敏感，将艾希曼的语言形容成一种由欠考虑的恐怖、玩世不恭的思想暴力、自怨自艾的牢骚、无心的闹剧，以及难以置信的人类苦难构成的"冷热水交替浴"（Wechselbad）。什洛莫·库尔恰尔更进一步指出，艾希

259

曼的文体并不属于典型的纳粹风格或官样文章。[37] 就两方面而言，阅读他的文字需要特别集中注意力：读者必须不断运用自己的判断力，并时刻记住作者是谁以及他在写作之前做过什么事情。但正如对历史事实的了解不可或缺，若不想低估了艾希曼，光是有效利用阿根廷文稿这样的资料还不够。像艾希曼那样的人，他们写作的理由与我们其他人完全不同，因为他们想要妨碍历史研究，误导它转向对他们有利的方式。

在解读艾希曼的阿根廷文稿这种自我辩解之词的时候，我们不能期待直接从中获得对历史事件的新认识，因为写下辩解词的那个人既非历史学家，也不是编年史家。更重要的，任何为了如此明确的个人利益而公开"思考"的人，根本无法作为可靠的时代见证者，因为每一个日期、每一个细节都有可能是谎言。这些文稿只可靠地证明了一件事情，那就是每一次写作甚至说谎时所泄露出来的思维方式。因为即便是弥天大谎，也必须建立在写作者所认为的真理之上。通过解读艾希曼的自我陈述和他对历史的篡改所能发现的新历史事实，就是他自己的思维方式本身。

260　　艾希曼自称是从"待在牧场期间"开始写作的，也就是始于1955 年 3 月，而在 107 页手稿的最后部分，他明确提到了当时的苏伊士运河危机，因此我们至少可以断定，最后三页完成于 1956 年10 月和 11 月之交。等到 1957 年 4 月访谈终于开始的时候[38]，艾希曼曾带了一份手稿给他的东道主过目。[39] 因此"待在牧场期间"的说法看来符合实情。艾希曼在每星期的工作日与家人分离，因此有足够的时间来阅读那些书籍，看着别人千方百计指摘其行为表现和人生目标，并且对他一贯自认的毕生最大成就发出谴责："那些作者们很早就开始讲我的坏话，创造出一个神话来散播他们关于 600 万人或 800 万人被害的谎言"，甚至"非犹太人也对我说三道四"。艾希曼在"通论"（Allgemein）这个大标题下面单独注记道，所有那一切充其量只不过是"真相与虚构的混合物"。他完全没来由地被当成了替罪羊，或者按照艾希曼很不得体的措辞，他成了"被冠以这种光环的人"。[40] 他想要引爆这种"谎言炸弹"。写作在他看来是正确的方式，正如他曾向妻子解释的："这本书将为我辩护。这将是一本书，将成为我的辩护词，然后我会返回德国并在德国投案。"[41] 尽管我们今天会觉得此事非常荒谬，但艾希曼希望能够借着那本书不但重新恢复自己的姓名，而且回归他在德国的生活。

如果考虑到联邦德国在 20 世纪 50 年代初的刑事执法现实，那么我们必须承认，艾希曼的种种盘算并非全无指望。当时已经废除死刑，而且对纳粹罪犯的起诉往往以相当轻的判决告终。在盟军和美国主持的纽伦堡审判结束之后，刑事追诉权已转交到新成立的德国机构手中，而管理这些新机构的往往还是老员工。艾希曼自己就知道许多昔日同僚，他们如今在德国生活得无忧无虑。战争罪犯如今也可望从轻发落，甚至罪大恶极的纳粹罪犯很快也可以期待追诉期失效，毕竟第三帝国已是十多年前的往事。但如果艾希曼真的以为，世界其他地方的人们也会允许希特勒旗下大名鼎鼎的"犹太事务主管"坐完几年牢后在德国自由自在地活动，那他就未免太天真了。许多人有千百万种理由无法接受一个活蹦乱跳的艾希曼。因此即便服刑期满，艾希曼也永远不可能安全地以自己的姓名过日子——至少在民主的德意志联邦共和国无法如此。更何况艾希曼并不怎么支持这种民主政体，他属于那种想象要重返另一种政治环境的人。艾希曼讲述自己过去的努力很快便显示出，他其实是在进行"化圆为方"（Quadratur des Kreises）*的困难尝试。一方面，他希

---

* 指用尺规做一正方形，其面积等于一给定圆的面积。化圆为方与三等分角、倍立方并列为古希腊尺规作图三大难题。——编注。

望重返的"民族共同体"，已是一个在 1945 年 5 月以后彻底改头换面的法治共同体（Rechtsgemeinschaft）。另一方面，艾希曼想替自己的行为，甚至替自己的罪行辩护，而且他一如既往地认为别无替代做法。这两个目标都不可能实现，而艾希曼自己最晚在开始写作的时候就已经认清了这一点。

"开潜艇的匿名流浪者"

> 在犯罪者脑海中所发生的一切
> ——即使在他没有说实话的地方——
> 都对理解历史的这一篇章至关重要。
> ——摩西·齐默尔曼（Moshe Zimmermann），1999 年 [42]

"阿根廷文稿"当中最常被引用的文字，经常被看成是艾希曼的结束语，却迄今无法得到证实。[43] 此外凡是仔细看过原始手稿
262　的人都可以确定，它和"匿名流浪者"那段朗朗上口的引文不完全吻合——这很可能纯粹只是相关段落极难辨识的缘故。艾希曼非但没有官僚应有的工整字迹，更缺乏文学表达的语感，反而在胡乱堆砌字词方面有着惊人的天赋。他正经八百地在一份题为"私事"（'Persönliches'）的札记中表示，"我逐渐开始厌倦这种宛如开潜艇的匿名流浪者一般，在不同世界之间过日子的生活"。艾希曼试图为自己的书找到恰当的开场白，他继续写道："我内心的声音，没有人能逃脱得了的那种声音，不断地喃喃要我追求和平，甚至与我昔日的敌人和平相处。或许这也是德国人性格中的一部分，而我将不会是最后一个愿意向德国当局投案的人，假如……"[44]

艾希曼的这个"假如"，所指的并不在于没人记得他和他的同僚们有过任何和平的表现，或者德国人的性格曾在 1933—1945 年

间展现出特别爱好和平的一面。他也没有想到，单数形式的"敌人"（der Gegner）是纳粹词汇的一部分，清楚明白就是"犹太人"（der Jude）的同义词。如果还有人期待艾希曼意识到他过去的行为已让这种寻求和平的做法变得强人所难，或者至少对自己追求和平的能力表现出怀疑的迹象，那只会大失所望。艾希曼的"假如"并没有怪罪自己，反而把责任归咎给别人："……假如我不是必须顾虑到此事在政治层面牵涉利益过大，以致无法带来明确、客观的结果。"[45]在这份札记中，艾希曼自行宣布了那个"明确、客观的结果"——亦即判决——仿佛那是不争的事实：他问心无愧，而且"既非杀人犯也不是大屠杀凶手"。如果他真有可被指摘之处，那么顶多是奉命行事"在战争期间协助杀人"，以及"传达了我所收到的关于疏散或遣送的命令，并监督这些收到和传达的命令确实得到遵守与执行"，即便他从来都不清楚究竟哪些被遣送者遭到了杀害。[46]

　　艾希曼曾经多方面参与制定和实施纳粹的驱逐和灭绝政策，肯定不只是"传达命令"而已。这份札记不过是他在信口雌黄。但更让人感兴趣的，是他为什么甚至无法勉强自己做出最微不足道的供认："我之前已经讲过，如果要严厉、不留情面地评断自己的话，那么我不得不指责自己在战争期间协助杀死敌人。但我不清楚自己是否也有权如此批评我当年的直接下属，或者在对其他人做出全面考量前下这样的评价，因为直到目前我都还没有听说——请原谅我这样比较——我在敌方的同行们，那些如今位高权重乐享养老金的人，曾经因为协助杀人而受到追究，或者对此表示自责。"[47]这个光是在1944年一年就把成千上万名犹太人送上死亡行军，甚至在1945年还继续参与新的毒气计划的人，随即脸不红心不跳地把灭绝犹太人一事，拿来跟"多半在战争结束后"遭到驱逐的"千百万人"相提并论，进而要求"对所有人一视同仁"。[48]"除此之外必须明白的是，当初我身为奉命行事的小人物，不可能表现得比教皇本身

263

更像教皇"。人们不应该把这句话理解成"玩世不恭"或者"冷嘲
热讽"[49]。当然，艾希曼没有告诉我们还能怎么理解那种讲法。反
正对任何曾经被拿来跟沙皇或其他帝王相提并论的人而言，显然罗
马教廷也不成问题。不管怎样，艾希曼接着表示，他所做的一切都
秉持着"纯净的良知和虔敬的心灵"，因为他确信"民族正处于危
急状态"，而且"当时德意志国家领导人"向他"灌输"的"总体
战之必要性"，促使他恪尽了自己的爱国本分。"基于这些考量，我
与生俱来的爱国主义道德（！）根本不允许我像我相信应该做的那
样，承认自己在战争期间协助杀人是有罪的。所以就像对方奉命执
行相同任务的先生们显然所做的那样，我也应该以相同的方式听从
自己内心的道德。"[50]

我们大可怀疑艾希曼是否果真曾经"相信"自己应该承认任何
罪责，因为他明显是要"做出判决"（Urteilsbildung）[51]，而非"达
成判决"（Urteilsfindung）。

衡量这种"内在道德"（innere Moral）的尺度并非某个正义观
念或者普世的道德规范，甚至也不是一种自我检视。对艾希曼来说
不言自明的是，任何对其行为的非难都是基于错误的政治观点，亦
即建立在超出了"祖国道德观"（Vaterlandsmoral），因而也超出了
德意志民族视角的标准之上。那乍看之下仿佛是对普遍正义的要求，
以及对人权平等基本原则的呼吁，但仔细观察将显示出，那赫然是
一种完全不同的"人人享有同等权利"。艾希曼并没有因为自己是
人类的一员，就要求同样适用于他的普世人权，反而要求承认被国
家社会主义者视为无可辩驳的那种信条：每一个民族都有同等权利
采取任何必要措施自卫，尤其是德意志民族。这种自卫无论如何都
没有结束，只是最终胜利的时间必须向后推延，因为军事手段行不
通了。可是人们并没有放下意识形态的武器。艾希曼依然深信"民
族紧急状态"（Volksnotstand）存在，而且它合法化了一切，因为

自己民族的利益高于其他任何民族。只有"猪狗不如的杂种和叛徒"（Schweinehund und Verräter）才不这么认为。[52] 那么良心呢？良心只不过是每个人"与生俱来的爱国主义"，艾希曼也称之为"血统的呼声"。在我们心中并没有人类的普世法则，就好比每个人都无权拥有星空一样。对德国人来说，法律就只是德国的法律。

　　因此对艾希曼来说，"良心"绝非某种足以纠正所有行动和想法，甚至能让人们质疑主流社会风尚的权威机制，更不是追寻完善与正确行为方式时的准绳。恰恰相反，凡是那样理解"良心"的人，就背叛了"血统的呼声"。尤其是听从"心中的声音"，只会表现出情感上的软弱，而这正是国家社会主义者眼中的根本罪恶之一。尽管艾希曼的内心可以恣意低声向他呼吁和平，但他总是可以强大地不理会这种"非德意志"教育的残留。显然艾希曼依旧深信，"要不就是打赢这场总体战，否则就是德意志民族的衰亡"，在获胜之前，亦即民族的法则压倒真正的普遍正义法则之前，"寻求和平"是不可能的事情。在获得德意志民族道德的最终胜利之前，艾希曼干脆把自己的认罪丢到一边："我越是频繁、集中地考虑这些事情……就越是确信即便按照今日的法律，我也不曾犯下任何罪行"[53]，因为"敌人"同样没有承认自己的罪行。这里唯一通用的并非法理，而是"罪责"：在它的名义下，战争期间的一切行为都变得平等。真正的战争罪犯和反人类罪犯总是喜欢集体罪责的论调，因为这让他们得以消失在犯罪者的茫茫人海当中，并让其他人相信，每一个人都是他们的共犯。同样，普遍的罪责在这里也成为艾希曼脱罪的借口。首先，其他每个人都应该明白并且承认，他们都和艾希曼一样有罪，然后他才会跟着认罪。因为当每个人都有罪的时候，也就不再有人有罪，于是任何形式的招认都沦为空话，根本不会带来刑法上甚或道德上的后果。我们大可将这种逃避的花招称为"用指控来帮自己辩护"，于是优等民族再一次制定了规则。这份以"通论／

私事"为题的简短手写思路大纲，奠定了一份大型手稿的框架，并将作为其导言出现。

266

《其他人都讲过了，现在我想说话！》[54]

现在是我从匿名状态走出，介绍一下自己的时候了：

姓名：阿道夫·奥托·艾希曼，国籍：德国

职业：退役党卫队一级突击大队长

——艾希曼，

《其他人都讲过了，现在我想说话！》，1956 年

在 107 页的《其他人都讲过了，现在我想说话！》原稿中，目前主要是它的中间部分比较出名，因为只有该部分的少数几页来到以色列被用于审判。[55] 整篇文字共包括三个部分。最开始的 10 页是具有导言性质的序文，紧随其后的部分题为《我关于"犹太人问题"以及国家社会主义德意志国家政府在 1933—1945 年间为解决此复杂问题所采取措施的调查发现》，结尾部分有 26 页，内容涉及对罪责问题的思考。

艾希曼计划重返公共生活的方式，看起来自信十足，甚至有些傲慢无礼。那位作者把自己描绘成诽谤中伤和不实陈述的受害者。他一直用几乎超人般的耐心面对一切，但现在终于不得不停止那么做了，因为恶意攻讦甚至对他而言也太过分。现在轮到他了，人们必须明白这一点。那位勇敢的英雄于是慷慨激昂地宣示："我希望真相大白。我要揭穿别人的谎言。"[56] 接着艾希曼再度宣布，他或许愿意按照自己的条件承认罪责，但不是马上、很快那么做。他神秘兮兮地表示："我不想抢先行动。"

艾希曼对其文稿的目标读者有着非常清晰的想法：这些"陈述"

写给"我的朋友和非朋友们",但特别是朋友们。他愉快地继续指出,让他感到惊讶的是,他发现自己已经拥有"为数多达几百万的一大群朋友"。不过若想知道艾希曼在此指的是哪些人,还必须再等上 100 页。在第二段文字中,艾希曼解释他对自己的评断从一开始就不可动摇:"我既非杀人犯也不是大屠杀凶手。为了证明这一点,现在我打算跟自己对簿公堂。"正如后来在以色列对其进行心理诊断的心理学家所讲的那样,艾希曼主义的本质就是一种独角戏。当艾希曼补充说,他"不想为了辩解而美化任何东西",或"回避"自己所做过事情时,即便不知道接下来几页内容的人也能看得出来,那根本是冠冕堂皇的空话。给人同样印象的还有他关于自己"平庸性格"的谦称,以及模仿自文学语言的"人之作为与抱负"和他所承受的"试炼与磨难"。[57]

艾希曼拿来为自己辩护的理由早已众所周知,例如这个堕落的世界,以及他"绝对没有做过任何"比其他奉命行事者"更坏的事情"。这篇文字更有趣味之处,反而是他重新恢复自己姓名的戏剧化方式。艾希曼巧妙地制造了紧张气氛。他问:"我究竟是什么人"[58],然后把自己展现为救赎者,来拯救他那些陷入良心困境的同侪。"你这个人,曾经是我的上司;你这个人,曾经和我地位平等;你这个人,曾经是我的下属,你们在战争时期当然都跟我一样,没有任何罪责。"[59] 我要消除你们的罪恶感,"正如我"原谅自己一般。德国历史博物馆馆长拉斐尔·格罗斯(Raphael Gross)指出:"显然,神学修辞特别适用于建立对德国人的普遍共识,而不必太过关注过去的事件,甚至无须承认对受害者应负的具体责任。"[60] 这显然适用于当下这名犯罪者与其同伴们的交谈。艾希曼自己写得如痴如狂,宣告"逻辑"和"清晰的思维"将被压迫的德国人从其受害者的梦魇中解放出来,仿佛挣脱了桎梏一般。虽然在这里讲几句体谅受害者的话也于事无补,可是连一句这样的话也没有,这让艾希曼的安

267

268

慰又变成了指控。这名大屠杀凶手只会为他自己，或许还有他的同党感到遗憾，而受害者却如艾希曼所一直认为的，被影射成真正的罪魁祸首。

从对其真实姓名精心设计的介绍方式即可看出，这位护照上名为里卡多·克莱门特的先生是多么渴望重返公众视线。他在文章第一部分制造的悬疑高潮之后立刻写道："现在是我从匿名状态走出，介绍一下自己的时候了。姓名：阿道夫·奥托·艾希曼……"。[61]专家已然重返，可以开始纠正那些自称是其受害者的人所说出的历史谎言了。我们如果想象一下艾希曼是在何种情况下写出这篇文稿的，那么即使在今天也不难体会写作给他带来的胜利感。一名兔子饲养员在结束一天的工作之后，又回到了他昔日"声名显赫"的时代。从这份文稿可以看出艾希曼如何随着写作而欣喜若狂：第一页的字迹还很细小、难以辨识，第二页却已经变得更大、更宽和更自行其是。圆珠笔显然是在纸上飞舞，书写者排列文字的方式则如我们后来在录音带上听到的那般，充满了效果显著的暂停（段落）、用于突出强调的符号，这是演讲者手稿上常见的特点。即使在手写稿上，艾希曼也想打造出他一贯给人的印象：坚决果断、精力充沛、专业内行。这些字句将被出版发行，埃伯哈德·弗里奇和威廉·萨森制订了宏大的计划，艾希曼也使尽全力做出相应的表现。

269

圆融的历史

> 愿今日和未来的历史撰写者足够客观，
> 不会偏离在此确立的真理之路。
>
> ——艾希曼，1956 年 [62]

在开宗明义的导言以及硬着头皮要说出"实情"，并气势汹汹地威胁了所有"说谎者"之后，艾希曼转而将精力放在了重建历史过程上面。他把自己的"记录报告"取名为《我关于"犹太人问题"以及国家社会主义德意志国家政府在1933—1945年间为解决此复杂问题所采取措施的调查发现》。艾希曼希望"理性且实事求是地"描述"真相"，不带个人判断地说明"事情是如何发生的"，只是讲述自己的亲身经验。[63] 他急于向萨森和读者阐明，他这位作者才是唯一幸存的真正内部人士，其他人都已经死了。只有他能够帮助"今日和未来的历史撰写者"，获得"圆融、真实的图景"。[64] 为了证明自己杰出的专业知识，艾希曼补充说道，从党卫队保安局到第四局B处4科，他都"必须指导和管理这个复杂问题的很大一部分"，而"即使在我管不到的地方——例如从肉体上毁灭犹太人——我也不可避免地必须了解事情的全貌"。[65] 这种自我形象呈现已经显示出了艾希曼后来在萨森访谈会上以及在以色列都采取了的双管齐下策略：把自己呈现为一个无可辩驳的关键证人，并且尽可能巧妙地避开了纳粹统治时期的最后阶段、他的犹太事务部门改称为IV A 4b的那段时期。自我推销和瞒天过海的手法理应使他重获对书写历史的控制权。只有他一个人可以"客观地"永远确立真理的道路。此类将自己的解释表述为客观真理的做法，传统上被称为"布道"（Verkündigung）。

　　艾希曼自称做出"实事求是的描述"，在文稿中刻意避免谈论"有罪或无罪"的问题，反而呈现出如此"圆融"的纳粹时期图景，让人只能疑惑，为什么我们直到今天还有那么多的疑问？若按照艾希曼的讲法，一切都非常清楚、平淡无奇，甚至简单得出人意料：处理"犹太人问题"的责任完全落在德国政府身上，意即"阿道夫·希特勒及其部长们，或者他下面的那些全国领袖（Reichsleiter）"。其余都不过是宣誓和服从的问题罢了。但即便那位"前元首"当然也只是在履行自己的职责而已，毕竟当时战事方酣，参战各方的"口号"

都是"敌人必将被消灭"。更何况还有一个十分特殊的敌人,"全世界犹太人通过其领袖们(!),尤其是通过哈伊姆·魏茨曼博士,公然向德意志帝国宣战",而他们也得到了一场战争。这位自称的编年史家于是以平静的语气,描述他起先如何努力和平地让犹太人移居国外,但由于外国的不合作而未能成功。接着才有了在特莱西恩施塔特的尝试,而且这项尝试让"犹太人的领袖们"兴奋莫名,因为桀骜不驯、最自私自利的犹太人在该地"第一次不得不投入共同生活和共同工作"。红十字会成员在实地参访之后,甚至到1945年还对此津津乐道。总之一切都严格依法行事、与"犹太人"相互协商,以一种可控、"正确无误"、完全非暴力的形式进行。然而随着战争的爆发,移民遭到禁止。那个时候,他——阿道夫·艾希曼——立刻惊觉情况不妙。尽管如此,却偏偏是他在纽伦堡审判中被称为"本世纪最邪恶的人"。显然,布宜诺斯艾利斯的艾希曼没有获知美国首席起诉人罗伯特·杰克逊的原话,因为杰克逊只不过称艾希曼为"这个负责执行灭绝计划的邪恶人物",既无"本世纪"也没有"最"。[66]

艾希曼继续道,不管怎样,他都不必对灭绝犹太人一事负责。他宁愿执行马达加斯加计划,直到这个"梦想"也因为与俄罗斯的战争而破灭。不幸的是,对俄军事行动"并没有进展得像'上面的人'所期望的那般快速",于是德国陷入了双线作战。再加上"世界犹太人"也跟着向他们宣战,因此"我推测","最后的顾忌也被丢掉",希特勒随即下令进行"肉体上的消灭"。那位"编年史家"表示:"我当时的感受很难用言语来形容,而且我也不想这么做。"毕竟艾希曼曾经对着帝国旗帜宣誓效忠,可是他随即看见了空袭并意识到:"我的工作就本质而言,跟那些把炸弹丢过来的人惊人地类似,其实是一样的。"暗中破坏——亦即偷偷用火车把犹太人运往国外——根本无济于事,因为"谁会从我这里把他们接走呢?"艾希曼于是指出,除了杀戮之外还能做什么呢?他为自己和读者省略了"肉体上的消灭"的相关细节，仿佛那只是微不足道的小插曲一般。他宁愿谈论与卡斯特纳"谈判"的传说，表示一切都进展得十分顺利，直到敌人再次横加阻挠。"甚至连这 100 万个"犹太人都没人想要接纳[67]，然后战争就结束了。艾希曼总共花费了 65 页的篇幅来铺陈这个"真理的道路"，仿佛一切都不容置疑似的。

艾希曼当然明白，有一件事情尤其可能让他前功尽弃，那就是受害者的人数。于是艾希曼用一个统计数字来粉饰自己的叙述，说出了他所讲过的最背信弃义的谎言。艾希曼说，一位统计学家在 1944 年年底为希姆莱和希特勒计算了一个数目，他现在就以此为参考对象，"尤其因为当年我曾对那份'呈交给元首的报告'做了两处修改"。[68]后来艾希曼却一再否认自己与这份臭名昭著的《科赫尔报告》（Korherr-Bericht）有过任何瓜葛。不过谎言隐藏在细节中。艾希曼称那个统计报告是 1944 年年底做出的，但其实数字在 1943 年 3 月就已经计算出来了。艾希曼非常擅长这种篡改时间的手段，并多次这样做来让事情显得对他比较有利。艾希曼那么做的时候早已预先想好退路，万一数字把戏被拆穿，他还可以利用别人的善意推测——时隔这么多年，难免可能把事情搞混。艾希曼有一次不经意地在萨森访谈会上详细谈论起这种做法，犯下了跟魔术师泄露自己戏法窍门一样的错误。把 1943 年年初的数字算作最后的总账，即使那个数字正确无误，也让艾希曼得以抹去将近两年时间和 100 多万起谋杀。

但艾希曼与科赫尔的故事，与他在阿根廷玩弄的篡改日期把戏大不相同。那位统计学家的名字已然成为艾希曼职业生涯当中最大丑闻之一的同义词。1943 年 1 月 18 日，海因里希·希姆莱怒气冲冲地发了一封公函给海因里希·米勒，正式解除阿道夫·艾希曼提供谋杀统计数字的职责，此前这一直是艾希曼的工作："帝国保安总局……不得再继续自己进行这方面的统计工作，因为该局迄今提交的统计资料缺乏专业准确性。"希姆莱任命里夏德·科赫尔（Richard Korherr）取而代之，作为唯一的官方统计学家，担任"党卫队全国领袖办公室统计督察"，并有权直接使用第四局 B 处 4 科的各种数据。科赫尔还拥有一间办公室，就在艾希曼领地的正中央。[69] 在接下来的时间里，艾希曼甚至还必须协助科赫尔汇整编列数字。像艾希曼那样在乎自己职业前途的人，不可能轻易就忘记或混淆了这段经历。

更加引人注目的是，艾希曼在 1956 年提出过一个完全不同的谋杀统计数字：遇难者人数甚至还不到 100 万。他把移民配额和幸存者人数狠狠地提高了许多倍，并且强调有很大一部分犹太人是死于盟军的轰炸。当涉及谋杀统计数字时，这种缺乏诚意的数字游戏总是让人难以忍受。而在艾希曼的案例当中，那却厚颜无耻得令人无法置信。那个人曾骄傲地在办公大楼设有一间"卡片室"，墙壁上挂满各种图表，展现他自己的"功绩"和整个国家社会主义的"成就"。他曾热情地向访客展示那些图表，而其副手更宛如猎人把鹿角挂在墙头一般，把遣送行动示意图贴在他背后的墙上供每个人观赏。[70] 现在偏偏是这个人想要让我们相信，这些谋杀统计数字根本不值得他的部门大费周章！正是艾希曼自己在 1944 年年底 1945 年年初使用了"500 万到 600 万人之间"这个如今我们知道非常接近事实的数字，现在却试图淡化他对自己"工作"的变态自豪感，让国家社会主义灭绝计划显得好像只是历史上一个令人遗憾的附注罢了。他的否认是如此牵强，我们只能惊讶艾希曼可曾有片刻相信如此便足以取信于人？事实上，即便在阿根廷那批逃避事实的人中间，这种扭曲事实的做法也难以持久奏效。虽然艾希曼提出的数字非常符合萨森及其同僚正在进行的项目的需求，可是最后就连在他们那里都无法站得住脚，因为《科赫尔报告》被收录在莱昂·波利亚科夫和约瑟夫·伍尔夫的那本文件汇编中，就在萨森访谈会每个人的面前。关于受害者人数的辩论因而占据了访谈会很大一部分时间。[71]

　　然而，艾希曼最大的信任危机，其实是他自己在纳粹末期树立起来的，亦即他在同僚们面前自我标榜的时候。他显然清楚地知道，如果不想一开始就引人怀疑，就必须自己谈起这个问题。反正无论如何，他在"记录报告"的倒数第二页决定迎难而上："战争已接近尾声。在这场战争的最后阶段——我几乎要说是最后几小时——我曾告诉一些属下：'……如果有必要的话，我会快乐地*跳进坑里，因为我知道有大约 500 万名帝国的敌人[72]跟我们一起被杀死。'"[73]艾希曼继续解释，他是在战争即将结束、面对着战争带来的毁灭之际，在那种心情下说出的这句话。毕竟"竭力夸大敌人的损失"也是对方的"立场"。艾希曼因此坚决否认他所指称的对象是"犹太人"（Juden），将之斥为威廉·霍特尔和迪特尔·维斯利策尼编造的版本。他再次斩钉截铁地重复："那不是真的！"但他无论如何也无法解释，那两个人怎么会做出这种荒谬失实的陈述。[74]不管在萨森访谈会上面对怎样的质疑，艾希曼都捍卫自己的版本，而且要等到五年之后他才承认，自己当然没有讲过"帝国的敌人"（Reichsfeinde）一词。

* * *

　　今天我们很容易就能识别出艾希曼的谎言和歪曲，因为 50 多年来的研究提供了足够的论证和抵抗力，让人得以在谎言发挥作用之前认清其背后的事实，更重要的是看清艾希曼的动机。然而在 1956 年时，落入艾希曼陷阱的危险却相当大。更让人感兴趣的是仔细观察这个人用何种方法来混淆视听和操弄真相。毕竟这篇文字是

---

* 艾希曼在此写着"我会快乐地跳进坑里"（ich springe freudig in die Grube），他当初告诉属下的却是"我（将）会笑着跳进坑里"（ich würde lachend in die Grube springen）。——译注

274

艾希曼在战后第一次做出声明，因而也是他重新夺回历史解释权的首次尝试。这第一份文稿当中的一些细节泄露了内情，可以帮助我们观察艾希曼的手段是如何发展和精进的。

　　这篇文字因为内心的冲突而摇摆不定，显示出艾希曼在扭曲历史的过程中所遭遇的几个两难窘境。第一个基本问题涉及艾希曼勾勒的希特勒形象。艾希曼一方面明确宣称元首下令完全消灭德国势力范围内的犹太人，另一方面却又尽可能压低遇害者的人数。想要同时强调这两点，就必须设法解释，为什么一个极权国家的元首会下达一道始终不起作用的命令。这要么意味着，元首的话并不像艾希曼所宣称的那样具有约束力，因而使他"只是服从命令"的辩解站不住脚；否则便意味着艾希曼给出的数字太低，于是反而相应放大了他所直接涉入的罪行。艾希曼在 1956 年干脆解释说，希姆莱"不急于执行元首的命令"，因为他在很长时间内仍然相信"战争将出现还算可喜的结局"。[75] 除此之外，对奴工（"劳动力"）的需求仍然非常巨大，以至于党卫队经济行政总局（Verwaltungs- und Wirtschaftshauptamt）没有遵守元首的灭绝令。然而这种说法清楚显示出艾希曼"圆融的历史图像"当中的一个缺陷。他将继续利用萨森访谈会的讨论和相关书籍，设法找到一种更好的布局。

　　艾希曼首篇论述中的第二个结构性问题源于文稿的目标读者，但也源于他的自我形象。杜勒出版社圈内人要找的，是一个尽可能见多识广，并且服膺于国家社会主义基本理念的人。这两项要求都与"完全置身事外者"的形象格格不入。因此有别于在耶路撒冷的艾希曼，1956 年时的阿道夫·艾希曼在说"我"的时候并没有多少困难。结合了虚荣心和偶尔迸发的诚实态度，他也向读者证明了自己作为不可或缺证人的资格，从而合理化其在萨森访谈会中的地位。他的文字因而让人联想起求职申请，特别强调了自认为能够给他带来积极影响的方面。然而这不会改变一个事实，那就是他将自己展现为一个既成功又得到认可的国家社会主义者。艾希曼确实曾经如此，于是为了避免受到负面影响，他又不得不继续做出解释。艾希曼既以他"为元首和民族取得的毕生成就"为傲，同时又必须为自己做出辩解，这种进退两难的处境将使艾希曼有懈可击。

艾希曼的历史版本的第三个根本问题，在于他无法准确评估周遭人士的知识水平。任何想要操纵事实和说谎的人，不但需要过人的知识，更必须熟悉观众所掌握的事实和假设——就历史认知而言，这被称为"对相关原材料的熟悉程度"。1956 年的时候，艾希曼最多仅听闻过刚开始出现的各种研究著作的书名。与埃伯哈德·弗里奇和威廉·萨森不同，他必须依靠媒体上的书评来合理地回避尖锐问题。艾希曼固然因为"曾经亲身经历"而知道得更清楚，但他也因为清楚还有哪些恐怖的行为可能会被揭露出来而产生了别人所没有的顾虑。说谎者在讲故事的时候，没办法像奇幻文学的作家那般天马行空，而是必须千方百计让自己显得可信。但如果听众的背景知识随时可能在他事先不知情的情况下大幅增加，事情就变得更加困难了。萨森将会看到这个小小的优势，并至少试图利用它跟艾希曼过招。

艾希曼在撰写文章时所面临的第四个矛盾，源自其所犯罪行背后的根本的恶：他的激进反犹太主义立场。为了替自己以及替纳粹政权开脱罪责，艾希曼特别强调了他与所谓犹太"谈判伙伴们"之间的良好关系。这种据称完全和谐、相互尊重、寻求共同解决方案的做法，与激进的种族反犹太主义具有不可调和的对立冲突，因为后者坚持必须取得一个种族对另一个种族的"最终胜利"。毕竟国家社会主义犹太政策的目标是"犹太人问题的最终解决"，而希特勒统治世界的计划甚至在月球也没给犹太人留下立足之地。在与"世界犹太集团"谈判的世俗外交，以及激进世界统治者与"敌对人种"的斗争之间，根本没有中间地带。这使艾希曼在打算调和两者的时

277 候陷入窘境。如果不想承认罪恶的灭绝计划，就必须宣称自己与"犹太人代表"进行过非暴力的政治谈判，而这又让他在萨森和弗里奇等立场坚定的反犹太种族主义者面前显得可疑。

如果阿道夫·艾希曼真想创造一个"圆融的历史图像"，就必须消除他1956年第一份长篇手稿中所包含的矛盾关系，因为那正是其理想图景中的弱点。接下来几个月的紧张访谈，为1960年他在以色列时提供了丰富的经验。即便根本的问题始终无法克服，但艾希曼在处理那些问题方面已经积累了吓人的经验。针对事件经过撰写的"明确而客观"的描述，以及许多个小时的访谈过程，都为艾希曼重返公众视野做了更好的准备，这是纽伦堡审判的那些被告，或者其他被送上法庭的战争犯和危害人类罪犯所难以企及的。与人生中的其他阶段一样，艾希曼也抓住机会惊人高效地从困境中获利。然而这一次可能也因为，对艾希曼来说，1956年在布宜诺斯艾利斯，回到公众的聚光灯下已经越来越成为一个现实的选择。

给联邦总理的一封公开信

我不希望以任何方式进入公众的聚光灯下。我没有野心。

——艾希曼，萨森访谈会 [76]

直到原始手写稿的第二部分被发现，以色列艾希曼审判中所使用的低质量拷贝——亦即1961年起所称的"第17号文档"（*File 17*）——上面无法辨认的部分才被揭示出来。艾希曼的《我关278 于……》原本计划是一封公开信，而且是写给联邦德国总理康拉德·阿登纳本人的。标题上方有艾希曼手写添加，但后来被划掉的一句话："铅笔补充的文字仅适用于给联邦总理的'公开信'。" [77]

公开信当然多半是以假名发表，因为其内容比作者甘受追究的范围更加"公开"。在20世纪50年代，公开信已成为右翼杂志圈特别流行的一种文体。谁要是认为这种以"不妨坦白表示"的名义进行自我推销是今天才出现的现象，只需要翻阅一下相关出版物即可一目了然。"公开信"与所谓"读者投书"共有的好处是，出版商能够以言论自由的名义把它们刊出来，同时又与之保持距离，宣称内容是作者发表的个人意见，未必得到编辑部的支持。对于《路径》、《国族欧洲》、《观点》（Der Standpunkt）和《帝国呼声报》之类的刊物而言，它们由于不难理解的原因一再面临被没收与禁售的威胁，更可用这个招数写出自己想要说的话而免受追究，因为名义上那些话都是别人写的。来自所谓"犹太读者"的信函尤为恶毒，他们借此发表最粗暴的反犹仇恨言论，并把它标榜为"读者意见"。艾希曼曾见到威廉·萨森如何以这样一封写给美国总统艾森豪威尔的读者投书而引起很大骚动，于是准备自己也写一封"公开信"，这个事实特别表明了杜勒出版社圈内人与阿道夫·艾希曼之间的合作计划。一方面，艾希曼当然绝不可能冒着暴露自己身份的危险，独自发表这样的文字。他需要关系良好的中间人来配合。另一方面，这个计划尤其显示出，与威廉·萨森的合作计划绝非只是为了后代子孙。第一个借由给康拉德·阿登纳写公开信来产生影响的机会，就是即将在1957年秋季举行的大选。毕竟蛰伏在阿根廷的那些人依旧梦想着终结阿登纳时代。但这也意味着，艾希曼不满于写一本只有在他死后才可以出版的书，并且愿意为公开信冒很大的风险。毕竟，即便是匿名发表，这封公开信的主题和内容仍不可避免地把线索导向那名"犹太事务主管"，而这种公然挑衅的行为更令人不由得想追究撰写者的责任。艾希曼十分确信自己掌握独家的内幕知识，不会认为化名能为他提供保护，在《路径》发表公开信将直接导致他行踪暴露。由此得出的唯一合理结论就是，艾希曼在知情的情况下接受了这种风险。我们甚至可以想象，艾希曼或多

279

或少有意希望自己被人发现。

艾希曼早在 1952 年就告诉妻子，他打算回德国接受法庭审判。接下来的几年，他更一再向家人重申了这个计划。艾希曼的儿子后来回忆："他考虑把自己交给欧洲的一个国际法庭。他很清楚自己免不了惩罚，但并不认为会被判重刑。他甚至相信，四到六年之后就可以获释。"[78] 鉴于 20 世纪 50 年代中期联邦德国法院的判决情况，艾希曼的期望并不脱离实际。他必定曾经告诉过自己，现在 50 岁，出狱之后仍然有办法与家人一起安度晚年，但那时就是一个自由之身了，用真实姓名在自己的故国度过余生。这个行为也使艾希曼距离另一个梦想更近了一步：家庭的富裕。与萨森的合作从一开始就着眼于获取最大可能的利润，而且他当然明白，一本阿道夫·艾希曼撰写的书的市场价值将因审判而急剧飙升。[79]出庭受审甚或被扣押收监，于是成为艾希曼对自己家人的服务，而家人的安危正是他一直念兹在兹的事情。坐几年牢又算什么呢？艾希曼的儿子回忆说："他告诉母亲：'你们可以在那么长的时间内过着没有我的日子，没问题的啦。'"然后世界说不定会重新走上轨道——至少，要不是因为艾希曼的名字与谋杀数百万人的行动无法分割地联系在一起，导致他无法回到联邦德国的正常生活，真有可能一切回归正轨。

然而不管艾希曼再怎么对现实视而不见，"给联邦总理的公开信"这个计划无疑显示出，无论艾希曼还是他身边的那些人，都不只是借此消磨阿根廷流亡生活中的无聊周末时光而已。他们每一个人，包括艾希曼在内，都有着明确的政治野心。他们希望有所行动，并非只是埋头故纸堆或者伏案办公桌前默默地工作，而是要返回欧洲，参与到联邦德国的日常政治中。从远处看仿佛纯属疯狂的盘算，却是基于艾希曼的生活经验：15 年以前，他所提出的草案和建议能够直通党卫队全国领袖希姆莱，甚至经由该人一路上传到希特勒。

赫尔曼·戈林与莱因哈德·海德里希都曾根据艾希曼的草案发表讲话和演说[80]，艾希曼自己则因中央办公室、再教育营地、死亡行军等新措施的示范尝试，用他的方法在世界历史上留下了印记。艾希曼与他的上司们一起，推行了所有这些超出文明世界想象的凶残计划。难怪这名退休的一级突击大队长有信心通过这种历史概述，在联邦总理府实现类似的事情。况且他所提供的草案正是许多德国人真正渴望的：把那个烦人的罪责问题一笔勾销。理论上讲，由局内人对纳粹犹太政策做出简明扼要的解释，是一个有趣的提议。信念相近的老同志们不只存在于阿根廷一国。因此驱使艾希曼动笔的一个诱因，或许就是通过挑衅促成自己回到德国的机会，而且有相同信念的朋友们说不定还会欢迎他重返故土。毕竟艾希曼非常清楚地知道，即使在德国政府内部，也有少数人认为他的想法和那名前任"犹太事务主管"一样，既熟悉又诱人。

那么道德呢？

自我保护的本能强过一切所谓的道德要求。

——艾希曼，1956 年[81]

艾希曼在第二部分"客观而清楚"——实则完全是粉饰和误导——地阐明其所谓"圆融"的历史图景之后，就按照事先声明的转向了一个与"今日"——也就是 1945 年之后——密切相关的问题。显然，这是一个从前不曾有人提出过的问题。艾希曼问道："有罪还是无罪？"[82] 任何熟悉艾希曼在耶路撒冷的自我描述的人，都会期待在关于阿根廷这章里，看到徒劳的自怜自艾和对昔日上司伤心的幻灭。这名被告曾在耶路撒冷没完没了地试图向全世界——当然也向他自己——解释，为什么尽管他从一开始就表示反对，却眼睁睁看着那些苦难发生，并亲自参与其中。但令人惊讶的是，艾希曼在阿根廷讲的与此截然不同。在《其他人都讲过了，现在我想说话！》这一章节，艾希曼以明显带有指责的语气和煽动者的自信，向我们展现了他那不容辩驳的真理。

＊ ＊ ＊

阿道夫·艾希曼出身一个中产阶级家庭，虽然国家社会主义思想在那里也占了上风，但他还是对传统中产阶级价值观和一般道德观念有着足够的了解，知道绝大多数人会谴责他的所作所为。艾希 282 曼当然也知道"道德"、"良心"、"正义"等概念，并且不想忽视与这些概念有关的基本问题。艾希曼的言论显示，他自己对世界观的要求没有那么低，远非粗浅的国家社会主义思想要素所能满足。以色列法庭的心理学家什洛莫·库尔恰尔后来出于其他理由，推断艾希曼的个性使他完全不可能无条件臣服于任何既定的机制。事实上，艾希曼的文稿也证实，他对国家社会主义的价值判断范畴进行了反思，并使之适应他自己的想法。例如，1956 年当他还是自由身的时候，便不想只是鹦鹉学舌地跟着重复"可耻的凡尔赛条约"那种流行说法。按照该论调，第一次世界大战结束后的不平等和约实乃万恶之源，最后把群众带向了国家社会主义。艾希曼试图与之区分："或许我已经追随了国家社会主义的思想，然后才真正体会和理解了凡尔赛的耻辱。"他出于完全不同的原因选择了这条政治路线，事后回看，国家社会主义为他提供了一种理解："在某种程度上，那变成了超级民族主义。"[83] 这不是唯一一次艾希曼重塑国家社会主义世界观，使之成为自己的观点。

艾希曼在这一部分的开头，立即向我们表明了其关于个人罪责问题的答案："我完全不必摆出比拉多（Pontius Pilatus）*那样的姿态就可以宣布，我在法律面前和我自己的良知面前都没有罪，因此战争期间作为我下属的那些人也没有罪。因为我们全部……都是帝国保安总局机器上的小齿轮，从而在当时成为战争那个杀人机器的巨大传动系统里面的小齿轮。"[84] "不论在我方还是敌方"，约束所有人的效忠誓言都"成为个体之最高义务"，因此是人人必须服从的规范。[85] 毕竟全世界的指挥官都只下达一道命令："消灭敌人。"[86] 对艾希曼来说，这是一场旨在消灭敌人的全球性总体战的说法是一个事实。那源自激进的生物主义，严格说来更像是一种对"最终胜利"的信念，认为一场各种族彼此对抗的战争必不可免，而且最后只有一个种族会胜出。

　　艾希曼自己提出了"那么道德呢？"（Und die Moral?）这个问题，而他给出的回答惊人地挑衅："道德价值观有许多种，有基督徒道德观、伦理道德观、战争道德观、战斗道德观。到底哪一种才对？"艾希曼接着运用熟练的修辞技巧，彻底颠覆了哲学的提问方式，而且还援引哲学家支持他的论证。首先，道德与权力的相对重要性究竟为何？连苏格拉底自己，在接受死刑判决之际，不也必须服从法律和命令吗？"苏格拉底的智慧必须服从国家的法律，这是人文主义者教导我们的事情。"人文主义者指的正是被国家社会主义思想斥为软弱无能的思想家们——靠那些人是不可能打胜仗的，因为他们拒绝承认战争的必然性。艾希曼接着解释说，国家领导人的地位始终凌驾于个人思想之上。为了说明这一点，他同时引证了《旧约》和现代科学：甚至教会都承认国家权力是地球上的最高准则，连蚁丘之内都有等级制度。只有在面对"尼采和康德这样的思

———————

* 般雀·比拉多或译为本丢·彼拉多，是耶稣被钉死在十字架上时的罗马帝国犹太行省总督。详情参见本章的下一个译注。——译注

想家是否支持他的论证"这个问题时，艾希曼才陷入了窘境。他们
二人是否"具有明确的德意志属性"？"我对此表示怀疑"，艾希
曼继续答道，他用一句话概括了国家社会主义对各种学术思想的根
本不信任（Urmisstrauen）："我的意思是，哲学是国际化的。"[87]
因此，艾希曼在接下来寻找答案时宁愿不考虑他们二人：个人的"内
在道德"[88] 固然好之又好，但起决定作用的因素仍然只是国家领导
人的意志。原因不仅在于他有权强迫人们服从，更因为只有他代表
人民行事。所以个人不可以让自己的内在道德与所接受的命令产生
冲突，而应该看清这些命令是为了民族的大义，并且信念坚定地执
行命令。他，艾希曼，已经毫不费力地解决了这个问题："我很容
易就可以在大自然中找到与我类似的情况。因为即使我的思考和探
索对于政府的意志和目标可能最终会产生负面的影响，但宣誓效忠
并不禁止个人固执己见（！）的想法——尽管个人的想法本应居于
次要地位。但我越是关注自然界发生的事件，无论是微观世界还是
宏观世界，我在政府的要求中看到的不公不义就越少。这不但适用
于我所属民族的政府向百姓提出的要求……就连我们昔日敌国政府
及其领导人所设立的目标也是一样。每个人从他自己的立场来看其
实都是对的。"[89] 换言之，每个人都想要总体战，而这一事实为每
个使用一切"常规和非常规"手段发动总体战的人提供了合法化的
理由。[90] 一场全面毁灭战争的想法也释放出了肆无忌惮的暴力思
维。包括死亡集中营在内的任何构想，都因为"一切有机生命所面
临的永恒、持久的严酷命运"，摇身一变成为必要的创造性战争手段。
艾希曼可以毫不困难地认同这种诠释方式，更重要的是，他能够全
无滞碍地把它看成自己行为的理想框架。具有"国际性"的不再是
思想或道德，而仅剩下战争状态。胜利只能是民族的，只有明白这
一点的人才能在战斗中存活下来。

　　在以色列时，艾希曼告诉震惊不已的听众，自己一辈子都把康

德的"绝对律令"（kategorischer Imperativ）奉为圭臬。艾希曼一本正经地表示"我相信康德"[91]，只可惜所接受的命令让他无法一直按照自己的信念行事。在进一步追问之下，他甚至为"绝对律令"提出了一个差强人意的定义，并极力赞扬其所蕴涵的智慧。[92]1956年，当艾希曼还是自由之身的时候，事情听起来却迥然不同。[93] 艾希曼写道："自我保护的本能强过一切所谓的 [！] 道德要求。"[94]一旦意识到那不过是轻率的谬论，还有谁会愿意听从康德所劝勉的个人责任和普遍人性律令那种国际观点呢？"从哥白尼和伽利略之前的地球世界观，到今日智人（homo sapiens）的超银河世界观，法律都创造并要求人们遵守秩序，只有病人和颓废者是例外。"[95]这种创造秩序、摧毁病态和"颓废"的法律，与人文主义理想或其他软弱无力作风丝毫没有关联。"我必须服从，这样大我和大我之中的小我才能够活下去。正是这样的想法促使我听信并服从。"[96]几周之后，艾希曼在萨森访谈会上把任何良心的冲突都形容成"方便的谎言"：若有谁在事后，也就是在环境改变之后，宣称自己当初只是按照命令行事，"那都是便宜的废话，不过是一个借口"。[97]而人道主义的观点呢？那只不过是帮助人们"舒服地躲在规定、命令和法条的后面"罢了。[98]

　　艾希曼彻底摒弃了传统的价值观，而主张自然所要求的不择手段的命运斗争。他完全在这种思维方式的框架内打转，认为任何忽略了"血与土"的想法不仅已经过时，而且非常危险。人类社会共生的主导原则并非理性、公义和自由，因为在艾希曼和他的元首看来，光是全人类能够取得共识的想法就是一种背叛。一方面，德国人获得的优势力量来自他们的种族，另一方面，世界没有足够的空间容纳所有人。种族之间的斗争在本质上是对资源的斗争——今天许多谈论石油和饮水分配将在未来引发战争的人，都不会对此基本观点感到陌生。然而艾希曼未曾考虑到的是，即便人们有这样的想

法，仍有可能共同找到解决办法。对他来说，唯一重要的就只有自
己的民族。"能够帮助自己民族的事情才是正确的事情"[99]，凡是
不属于本民族的人就不享有任何权利。从这种观点来看，古典意义
的哲学，即搜寻超越文化的律令和全世界的基本信仰，正好走上了
歧途，因为它非但不承认个体对民族的依赖，反而还寻求普世的价
值。艾希曼非常正确地看出，此种意义的哲学基本上是以"国际化"
为取向的。因此，哲学没有祖国，但是——意识到这一方面至关重
要——纳粹意识形态下的哲学完全具有民族性。根据纳粹意识形态
和希特勒的煽动演说，有一个"种族"没有自己的祖国，推崇精神
上的无限自由，并且积极在国际上采取行动，那就是犹太人。一本
典型的纳粹出版物指出："犹太知识阶层脱离了其扎根的土壤，使
自己成为无根的存在。"尤有甚者，其思维方式"撕裂了德国社会、
侵蚀了德国人的生活"，因为它不是一个"以种族为本的思想"。[100]
只有以种族为本的思想才能够建立民族性格，而人道主义空谈只会
混淆和削弱民族性。这种世界观认为，唯一可能的生存之道就是回
归到"血与土"之上，任何国际化的做法都被异化成最终的威胁，
因此必须在其着眼于全人类的道德理念摧毁民族主义观点、破坏德
国人的防御力量之前，及早铲除此一隐忧大患。或者就像纳粹党人
种政策局负责人在 1939 年明确表达的："根本不可能与任何具有国
际性质的思想体系达成一致，因为它们实际上既不真实也不诚实，
而是完全根植于一个巨大的谎言，亦即人人平等的谎言。"[101] 在阿
根廷，艾希曼无疑让人看出，他以这种思维模式为依归。

　　在耶路撒冷，艾希曼谈论哲学和哲学家时完全不同，尤其是康
287 德，艾希曼宣称康德一直为他的思考提供了指引。这样的话居然出
自一名大屠杀凶手的口中，实在让人有些难以接受。尽管艾希曼确
实表现出对康德基本道德观念相当丰富的了解，但在 1961 年出庭
期间，他对哲学和国家社会主义的看法还是遭到审判观察者的嘲讽。

汉娜·阿伦特描写了艾希曼"相当有限的才智",以及他在哲学层面对"服从"这个问题只有"模糊的看法"。[102] 历史学家和其他人追随她的脚步,将艾希曼的各种言论斥为自相矛盾的胡言乱语和伪哲学,只是勾起好奇的次要现象。然而,这种态度不仅草率,而且危险。阿伦特自己的判断根据,其实只是艾希曼在审讯时的供词和在审判期间发表的一些陈述,而对艾希曼在这方面发表的长篇大论并无所知。她既不知道艾希曼在以色列用文字详细阐述了自己"对康德的偏好",也不清楚艾希曼与激进神学家威廉·赫尔(William L. Hull)就宗教哲学进行的辩论。不像我们现在,这些文件以及其他一手资料都是审判观察者接触不到的。因此阿伦特根本不可能知道,艾希曼在法庭上的总结陈词本打算几乎完全以康德为依据,直到他的律师劝他打消这个念头。[103] 阿伦特正确观察到,艾希曼刻意摆出哲学学习者的姿态。她只不过是得出了错误的结论,认为摆出这种姿态主要是出于浮夸的虚荣心,以及欠缺推理能力和哲学知识。一个本身从事哲学的人,通常不愿接受会有人熟悉哲学基本知识却不愿遵从它的指引,这也使得汉娜·阿伦特认为除此之外艾希曼的行为别无其他解释。然而以色列的记录已经显示,艾希曼其实能够提出有力的论证。阿夫纳·莱斯花了将近300个小时审讯艾希曼,形容他是"一个自学有成的人,知识渊博、非常聪明、非常有技巧……他总是仔细观察我的询问方式,并相应地调整自己的回答"。[104] 艾希曼所熟悉的哲学思想绝非通识教育所覆盖的。除了康德、尼采和柏拉图之外,他还提到了叔本华,甚至还有斯宾诺莎那位最伟大的犹太哲学家。艾希曼曾在牢房里和一个务必要劝他皈依正确信仰的原教旨主义基督徒辩论宗教哲学的原则。他时而甚至展现出非常过人的论辩能力,以致那位神学家忍不住激动地大声喊道:"假如您坚持了孩提时代的信仰,而没有涉猎斯宾诺莎和康德哲学思想,那么现在本可以过着幸福正常的生活。"[105] 宗教在开明国家被视为私

288

事，所以艾希曼在耶路撒冷不必隐瞒自己的想法，更何况这场宗教辩论是在审判结束之后才开始的。与撰文讨论罪责问题时不同，艾希曼在此不必充满策略地思考以防说漏了嘴。与阿根廷文稿进行比对后可以发现，如果艾希曼在其他文字中显得比较谨慎和木讷，那主要是因为他在以色列所说的每一句话，都是为了设法隐藏他自己显然真实存在的思维体系，并在人人面前伪装成一个人文主义者、慈悲为怀者和哲学崇拜者，亦即他当初掌权时企图消灭的对象。只不过他没有太多机会来演练这样的角色。

　　认真倾听和分析阿道夫·艾希曼那种人大放厥词谈论哲学思想，的确是一件强人所难的苦差事。但这也给了我们一个难得的机会，得以窥见他在耶路撒冷帷幕后的情况。艾希曼的真实想法可以在"阿根廷文稿"中找到。那是一种了无生气的哲学，充斥着不可避免的自然法则，因为只有民族主义的思维才可能在所有生物的战斗中取得最终胜利。如果将之斥为"伪哲学"，则不仅不能纠正这种不允许自由、只讲纯粹自然因果关系，以及把启蒙运动一笔勾销、让科学摆脱道德要求的教条的危险，更容易使我们自己被指责过于理想化哲学，以致未能看见它也有走上危险歧途的可能。而带来这种危险的人，则远不只是艾希曼那样穿着党卫队制服的业余爱好者。1933 年时有个人说："我们已经摆脱了对一种没有土壤、没有力量的思想的盲目崇拜。我们看见了从属于它的那种哲学的终结……"说这话的人非但鼓吹"民族的科学"，并且将"一个民族的精神世界"形容成"在最深处维护民族源自土与血的元气、从最内在激励人心和从最深远处震动民族存在的力量"。这个人叫作马丁·海德格尔。[106] 阿道夫·艾希曼甚至对这个名字也不陌生。在被处决之前不久，他曾请弟弟协助弄清这位德国哲学家对"临终傅油圣事"（Sterbesakramente）的看法："我绝对无意自抬身价，自比成这位伟大的思想家，然而此事对我与基督教义的关系却非常重要。"[107]

不知道海德格尔到底给出了什么样的答案。

＊　＊　＊

对艾希曼而言，世界观绝非闲暇的娱乐或理论上的多余枝蔓，而是对他所作所为的重要许可。因此解释、传播和落实世界观的工作，从一开始就是掌握权力的一种手段。艾希曼想要权力，但既不是通过专横的行动和猖狂的侵犯，亦不是凭借制服或命令，而是经由一套思想和价值体系的合理化，让其所作所为看上去是"正确的事情"。他所想要的就是自我授权，按照自己的信念行事。但事情并没有因此变得更简单，因为他的合法化理论并不只是遵从了惯用的纳粹口号。艾希曼1956年的文稿中提出的国家社会主义世界观，在一些关键问题上明显不同于其他国家社会主义者。与试图把所有德国名人都为纳粹所用的阿尔弗雷德·罗森贝格（Alfred Rosenberg）和官方宣传不同，艾希曼并不认为康德这位大思想家可以被简单地纳入新的"德意志思维"之中。艾希曼并不赞同罗森贝格那个自封的第三帝国思想领袖所说的，"绝对律令"意味着"按照你的本性过生活，捍卫你自己种族的价值观"[108]，而是相当清楚地意识到，康德的学说，或者其他任何哲学，根本无法与种族生物斗争相调和。对艾希曼来说，康德同样代表着"所谓的"道德要求，只会让灭绝政策的执行变得困难重重，因为那种要求不是"民族的"，而是"国际的"。这表明了艾希曼多么始终如一地坚持国家社会主义，更显示出他一直多么渴望掌握绝对权力。原教旨主义思想的力量远远超过了上级命令，因为即使在昔日的上司们已经死亡殆尽，而他自己身处阿根廷的一间兔子养殖场时，那种权力仍然继续有效。从这方面来看，西蒙·维森塔尔的看法就大错特错了。他认为，倘若有人命令艾希曼迫害红头发或蓝眼睛的人，他也会同样狂热地那么

290

做，因为艾希曼已经沉溺于极权思想，所以很容易接受极权制度。其实最蔑视人性的世界观同样可能极具吸引力，只要一个人恰好是对之大肆宣扬的"优等民族"的一员，并且可以用它合法化一切受到传统正义和道德观谴责的行为。艾希曼固然打算自行其是，但他更希望能够得到认可，承认他做了正确的事。他之所以如此执着不休地谈论自己的世界观，正是因为有这种"弥赛亚般"的倾向。

艾希曼一直把希望寄托于"未来的世代"，并且不厌其烦地一再重申。他想要改变他们的想法，即便那只是为了避免他们和"那些还没有真正理解国家社会主义、还在被外国势力牵着鼻子走的人"一样，对他做出指责。对于相信种族最终决战的人来说，只要还有一个敌人活着，这场战斗就不可能成为过去。由于艾希曼成天待在农场的数千只鸡和兔子中间，不再有多少机会从肉体上消灭敌人，能做的只有致力于反对他所认为的犹太"精神教育"。于是 1956 年的时候，艾希曼重新回到他在 30 年代初期开始的阵地，展开了"对抗世界观敌人的战斗"（weltanschaulicher Gegnerkampf）。他希望以"常规和非常规的手段"，打赢这场争夺解释权的战斗。他所炮制的大量文字无疑展现了自我辩解的迫切需求，但至少同样显示出煽动性的意图，想要用具有说服力的言辞把自己的观点强加给别人。这种意图也起源自种族理论的封闭性。严格说来，在一个封闭体系内，强有力的论据无异于"论据暴力"，而艾希曼在销声匿迹状态下所怀念不已的，显然正是用暴力操纵别人的机会。

1960 年以前，艾希曼认为"所谓的"道德要求只不过是敌人扔进你眼睛里的危险沙子，用来削弱你的战斗力。等到他被关在以色列监狱里的时候，这种沙子却开始变得大有用处。为了避免被要求为他的民族所犯下的罪行负责，艾希曼于是也想用这种障眼法遮盖别人的清晰视线。他毫不犹豫地摆出一副康德崇拜者的模样，也同样肆无忌惮地说谎。当以色列法庭的心理学家向他问起般雀·比拉

291

多 *的时候，这个在 1956 年还"完全没有摆出比拉多姿态"宣称自己无罪的人，却友善地表达了感谢之意，因为他从未想过把自己和那位历史人物相比。艾希曼兴奋地喊道："我的情况正是如此！比拉多在洗手时表示，自己并不认同那样的行动，而是被迫为之。如果我有资格与这样一位伟大的历史人物相提并论的话，他的处境正好跟我的一模一样。"[109] 当艾希曼有求于别人的时候，他总是巧舌如簧，说得人们就范，直到为时已晚。即使当艾希曼只是写作时，我们也万万不可低估他不择手段来操纵别人从而获得权力的意愿。

　　1956 年，在《其他人都讲过了，现在我想说话！》中，艾希曼公开表达了对自己忍受战斗"冰冷的合法性"所表现出的意志力的骄傲：面对战斗"颤抖地听天由命"[110]，不但认同了战斗法则，更进而领悟了其自成一格的"热忱"。弗里茨·卡恩在《原子》(Das Atom) 一书中谈到了艾希曼在其书稿里使用的"宏观世界"和"微观世界"等概念。艾希曼在自己的那一本《原子》上批注道："我在精神上'吸收'了这本书和其他相关书籍，并发现了对国家社会主义'神的信仰'(Gottgläubigkeit) 的奇妙确认。"那种"信仰""发乎内心、十分自然，而且一直生气勃勃"。[111] "对神的虔诚信仰"于是成为必不可免的种族最终决战所信奉的教义，进而为种族屠杀以及民族内部的"筛选"——亦即艾希曼同样毫无保留地支持的"安乐死"计划 [112]——提供了理论基础。任何想要罔顾一切地排斥和消灭他人的人，都必须充满了对生命怀有敌意的念头，以免意识到自己的行为有多么卑劣。艾希曼就是这种情况。

* 此为天主教的译名（新教的译名是本丢·彼拉多，拉丁语读音则为"彭提乌斯·皮拉图斯"）。比拉多曾经担任罗马帝国犹太行省的总督，迫于犹太宗教领袖的压力，违反自己意愿判决将耶稣钉死在十字架上。比拉多接着在众人面前洗手说道："对这义人的血，我是无罪的，你们自己负责吧。"可参见：马太福音 27 章，马可福音 15 章，路加福音 23 章，约翰福音 18 章。——译注世界观不仅意味着权力，同时更是一种宗教，在凶手自己都对罪行感到惊恐的时候带来安慰。按照艾希曼的看法，唯一的希望寄托就是"在自然界中找到或许能够通往慰藉的路径"。[113] 从鲁道夫·赫斯的札记中即可看出，艾希曼并非唯一有此想法的人。那名昔日的奥斯维辛集中营指挥官回忆道："1942 年春天，在农庄花开正艳的果树下，数以百计年华正茂的人不疑有他地走向毒气室，走向死亡。这种生长与消逝并存的画面，直到现在都还清楚地浮现于我的眼前。"[114] 想到这种生长与消逝并存的永恒循环，让数百万人的毁灭变成了一个自然事件，凶手本身则俨然成为一种自然力量，变成了自然法则的执行者。根据这种法则，参与屠杀的凶手们非但没有永远遭到正直人类社会的唾弃，反而通过他们的行为证明了自己是民族共同体的一员。对此的任何怀疑都是"一种感情用事的道德观的残余"，可以通过对自然法则的省思来克服。在后来的文章中，特别是他在以色列写下的内容涉及最广的《偶像》草稿当中，艾希曼举出了具体的实例，说明他如何通过这种方式寻求慰藉。在白天前往奥斯维辛集中营视察的行程之所以变得可以忍受，是因为艾希曼的勤务兵会准时在傍晚现身，开车载着这名勇敢的犹太人问题专家离开，以便准时参加他自己的"宗教活动"，让谋杀行为充满"天经地义"的味道。"一级突击大队长先生，太阳在 15 分钟以后就要下山了！"[115]

与我们所期望的不同，艾希曼面对独处完全没有问题。在阿尔腾萨尔茨科特、在图库曼、在阿根廷的彭巴草原，他都很享受辽阔的空间、在阳台上独酌葡萄酒，以及独自骑马驰骋原野的乐趣。对他来说，大自然的美学绝不至于引发道德上的反思。恰恰相反，尽管我们只会把他的行为看成对文明不可饶恕的冒犯，但他却在自然之美中看到了对其行为的反映和认可。当初本可以把这个人囚禁好几十年，从而避免他的自言自语像今天这样引起读者反感。我们很容易耸耸肩膀，对那种毫无依据的胡诌不屑一顾，因为它毫无疑问就像所有教条一般，终究只是拙劣的哲学罢了。但实际上正是这种令人毛骨悚然的思想逻辑架构，为历史上最高效的大屠杀凶手之一提供了内在的支持，而我们无法仅通过理性思考就动摇它。

老罪犯与新战士

294

我根本不会做出忏悔。

——艾希曼，1956 年 [116]

1945 年 5 月，艾希曼显然已经非常清楚地意识到，许多人并不认同他的思维方式，而且在获悉更多关于犹太人大屠杀的细节之后会感到惊骇不已。他的名字跟这个问题联系得过于密切，以至于若不说出究竟是谁必须为这一切负责，就根本不可能全身而退，甚至在自己家中也一样。在 1962 年接受采访时，薇拉·艾希曼回想起丈夫当初转入地下之前的临别话语："'薇拉，我只想告诉你一件事，我的良心和双手都是干净的。我没有杀过任何犹太人，也没有下过任何命令杀人。这就是我要告诉你的。'然后他用孩子的性命向我发誓，就是这样。"[117] 艾希曼还像念咒语一般再三重复这个保证。可是对他在 1956 年计划撰写的那本书而言，光是强调自己"良心干净"似乎还嫌不够。艾希曼继续补充了两个解释："其次，敌对各方都不是温顺的羔羊，因此不能说只有德国人是坏人。第三，难道我就是这个血腥的最终解决方案之罪魁祸首吗？"[118] 艾希曼写到这里就收不了笔了，他还必须向读者说明谁才是真正的始作俑者、哪些人是大屠杀真正的罪魁祸首，以及谁应该成为处决这批罪犯的行刑人。

"罪魁祸首"这个问题的答案不会让任何人感到意外。艾希

曼解释说，罪魁祸首是从一开始就躲在入侵波兰行动背后的那个
战争贩子。"若非一些在经济上嫉妒德意志民族的人硬是想挑起战
争，德国对波兰之战原本完全没有必要。"[119] 毕竟"波兰肯定不
想打那场仗，而德国同样也不想。"两个民族都是这个"经济嫉妒
者"（Wirtschaftsneider）的无辜受害者，那个人"进一步酝酿了战
争"并"导致战争爆发"。若有人对这里所说的是谁还存有疑问的
话，可以在艾希曼的文章中读到："散居全球各地的犹太人的代言人、
住在伦敦的犹太复国主义领袖哈伊姆·魏茨曼博士"，阻挠德国与
波兰之间取得任何谅解，以便"用犹太人的名义向德意志民族宣战"。
艾希曼随即重申了纳粹最大的宣传谎言之一：希特勒只是出于这个
原因才宣布，即将到来的战争将意味着犹太种族的灭亡。艾希曼继
续道："好吧，今天我们知道，他在这里可是大错特错了。"[120] 那
名昔日的犹太事务主管接着告诉我们，犹太人仅承受了相当微小的
牺牲，就借此获得了"民族独立"。德国人却是真正的受害者，光
阵亡就有 700 万人，战后被驱逐期间又有数百万人被杀害。艾希曼
一连控诉了三次："德国人是受害者"，却没有人将谋杀凶手绳之以
法。艾希曼怒不可遏地写道："是啊，真是天杀的！给这批战犯和
危害人类罪犯的绞刑架如今又在哪里呢？"[121] 总之由此可见，纽
伦堡审判并没有为促进和平做出任何贡献，旧日的侵略者仍然一再
继续发动新的战争。

　　死硬的反犹太主义者阿道夫·艾希曼写下他的国际集体罪责理
论之后，仍然觉得意犹未尽。对他来说，淡化自己的谋杀统计数字，
把死亡集中营的遇害人数跟士兵阵亡总数相提并论还嫌不够，艾希
曼再次把犹太人描述为全部有罪者当中罪孽最深重、躲在一切坏事
背后的作恶者。带着自己看法得到证实后的那种胜利感，艾希曼谈
到了苏伊士运河危机：

当我们这样的人还在绞尽脑汁，想弄清楚自己是否——若
然，则在多大程度上——帮助促成了那场真正该死的战争时，
当前发生的事件却把我们击倒，压得我们喘不过气来，因为以
色列的刺刀刚刚侵犯了从沉睡中惊醒的埃及人民。吐着火焰的
以色列坦克和装甲车撕裂西奈半岛，空军中队朝着平静的埃及
村庄和城镇投掷炸弹。此乃 1945 年以后的第二次入侵行动……
这里谁是侵略者？谁才是战争罪犯？[122]

　　犹太问题专家艾希曼以从来不曾为其受害者表达过的悲愤激
情，打造了一个新的联盟："受害者是埃及人、是阿拉伯人、是穆
罕默德的信徒。阿蒙（Amon）*和安拉，我担心效仿 1945 年对德国
人采取的先例，祢的埃及子民将被迫赎罪，向所有以色列人、向危
害阿拉伯各民族的头号侵略者与头号战争罪犯、向中东地区的头号
危害人类罪犯、向穆斯林的谋杀者赎罪。如我所说，祢的埃及子民
将不得不赎罪，因为他们竟然厚颜无耻地想要生活在自己祖先留下
来的土地上。"德国人清楚地知道他们为什么会把犹太人视为最大
的敌人，必须加以消灭。德国人从一开始就是对的："大家都知道，
为什么从中世纪以来，犹太人与其东道主民族德国人之间便不断产
生龃龉。"[123] 所以他，阿道夫·艾希曼，没有做错任何事情。犹太
人从一开始就有罪，而阿道夫·希特勒正确地看出了这一点。
　　那个后来在以色列声称自己一直只是违心地奉命行事的人，在
1956 年写作的文稿却符合所有最恶劣煽动文学的定义。当时距离全
面战败已经过了 11 年，尽管艾希曼亲身经历过种族屠杀的各种可
怕细节，但同样的仇恨依旧在他心中燃烧，照旧毫不妥协地抱持着
永久战争的理论。正因为世界上大多数人还不明白这个道理，像他

---

*　古埃及底比斯的主神，意为"隐藏者"，是"八元神"之一。——编注

这样的人才只能用假名生活在世界的另一头，而非在德国领取养老金并被称赞为英雄。至于那些为自己信念而死的人就更不用提了。艾希曼解释，是救赎的激情促使他再度走出隐姓埋名的状态："我和昔日的同志们不一样，我还能够讲话而且现在必须讲话。我要向世人大声疾呼：**我们德国人也只是在履行自己的职责而已，我们没有罪！**" [124] 在对公平正义的呼唤背后，从一开始便隐藏着典型纳粹意义的"各得其所"（Jedem das Seine）：根据"犹太世界阴谋"的教条，唯一可想象的"犹太人问题最终解决办法"就是"彻底消灭"。在阿根廷的艾希曼不想忏悔，原因并不是他在交叉审讯时所宣称的，忏悔是小孩子才会做的 [125]，根本毫无用处，而是因为艾希曼想让自己的孩子看到与他们父亲的罪孽完全不一样的东西。

在艾希曼对中东所发生事件的吹嘘中，除了确证旧的怨恨之外，另有一件截然不同的事情也在起作用。一如既往，艾希曼立刻在当前的政治事件中发现了自己的优势所在。假如他自愿出庭受审，那么唯一的可能就是事先确定将获得轻判。艾希曼坚持认为，他只会"因为政治理由"才被宣判有罪，因为案件事实使有罪判决"按照国际法是根本不可能的事情"。正因为如此，"我永远不会承认的那种有罪判决"只不过是"荒谬"、"蛮横"的。但艾希曼随即坦白说出了心中的盘算：然而他相当怀疑，自己"是否能在所谓的西方文化中获得正义对待。真正的原因恐怕在于，被西方主流思想奉为圭臬的基督教《圣经》里面——这一次是在《新约》（约翰……[126]）——已经明确表明，所有神圣的事物都来自犹太人"。在阿拉伯世界，那又会是什么模样呢？不，他绝对不会把自己交给一个德国法庭或者国际法庭。西方世界仍然懵懂不清，而基督教义在他眼中已彻头彻尾遭到犹太人的腐蚀。因此艾希曼试着至少象征性地求助于他整份书稿的诉求对象，那个意外发现的、"有千百万朋友的大圈子"。[127] 他写道："但是你们，3.6 亿穆罕默德的信徒，自我结识耶路撒冷的大穆夫提以来，就和你们有着非常强烈的内在联系。你们从《古兰经》的章节中发现了更多真理，我请求你们对我做出判决。真主安拉的子民，你们比西方更早认识犹太人，而且对他们了解得更清楚。愿你们伟大的穆夫提和律法学家们齐聚公堂，至少象征性地对我做出判决。"[128]1956年，依然被许多人怀疑藏身中东的艾希曼，至少"象征性地"在阿拉伯文化圈寻求救赎，而且他以为那里和犹太教一样，也是一个如磐石般不可分割的整体。艾希曼认为自己在那里至少不必像日后在以色列那样，假装回心转意，而是能够公开并且自豪地作为一级突击大队长艾希曼，以及一个毫不通融的反犹太主义者。1960年的事情尤其清楚地显示出，艾希曼曾何等坦率地热情谈论他与阿拉伯人所谓的深厚友谊：艾希曼的绑架令家人对他的二儿子担心不已。警方的报告指出："由于霍斯特很容易情绪用事，艾希曼一家担心他获悉父亲的命运后，很可能自愿投效阿拉伯人，参与打击以色列的行动。"[129]那位父亲显然已经告诉了孩子们，哪里可以找到他的新战斗力量。

　　在阿根廷，寄望于阿拉伯人的并不只有艾希曼。《路径》在出版的最后一年，也把重心转移到中东：它在1956—1957年公开发表亲伊斯兰的言辞，并且毫不掩饰对埃及总统纳赛尔（Nasser）的同情。然而人们忍不住会觉得，这个新的取向看起来更像是绝望中抓住一根稻草，而非基于某种政治理念。但布宜诺斯艾利斯与中东之间确实存在着具体的联系。约翰·冯·莱斯已经在开罗生活了一年多，不但改宗伊斯兰教，而且写下了新皈依者的各种狂热言论。这不可避免地让他开始疏离了包括《国族欧洲》编辑部在内的联邦德国右翼民族主义圈子，而且影响不仅限于德国境内。尽管如此，流亡阿根廷的纳粹党人也听到了有关昔日党卫队及保安局同僚们在埃及开拓新事业的传言。那些人的名字甚至还出现在报纸上，其中也包括利奥波德·冯·米尔登施泰因——当初他在调任宣传部主管之前把艾希曼带进了犹太事务部门，如今在一家阿拉伯广播电台大吹大擂，甚至美国中情局都对他产生了兴趣。[130] 此外在阿根廷偶尔也能遇见一些去过中东的昔日同志。例如曾为帝国保安总局搞出毒气卡车的专家瓦尔特·劳夫，客居叙利亚之后曾在1950年到布宜诺斯艾利斯待过好几个月，然后才前往智利安家落户，而艾希曼显然对此所知甚详。[131] 但就连奥托·斯科尔策尼那个自卖自夸的破坏英雄，想必也曾吹嘘过自己在中东的工作。据推测艾希曼在中东也有自己的联系人，特别是已经在大马士革工商业界打响了名号的阿洛伊斯·布伦纳，亦即被艾希曼誉为"我最好的伙计"的那名昔日同僚。从艾希曼关于布伦纳的各种言论可以看出，他清楚知道布伦纳还活得好好的——但假如艾希曼知道他最好的伙计正在为西德情报部门工作的话，恐怕就不会那么开心了。艾希曼昔日外交部的一位同僚也有类似情况：弗朗茨·拉德马赫*在临审判之前，于1952年公然逃往中东地区。可是艾希曼谈起那个人就一肚子气，因为拉德马赫曾在纽伦堡出示一份昔日的电话记录，上面写着一个非常危险的句子："艾希曼建议枪毙他们！"[132]

尽管有那些私人关系，但没有迹象表明艾希曼、弗里奇或萨森曾认真考虑过自己也移居中东。他们离不开德国式的环境，因此搬去一个截然不同的文化的念头只能停留在空想阶段。布宜诺斯艾利斯至少还有大型德国移民社区，有他们自己的餐馆和商店，而且在阿根廷的生活并没有那么不舒服。中东的想法之所以还具有吸引力，是因为联邦德国的政治形势并没有按照他们预期的发展，或许也因为他们需要为其粗暴的世界观找到一块共鸣的空间，而非只是感觉自己待在世界的另一端，困守着一个不再有人问津的理论。艾希曼

300

---

* 拉德马赫曾担任纳粹德国外交部的犹太部门主管。——译注

非但不愿悔改，反而还想得到掌声。但最重要的是，他还希望能够从"阿拉伯朋友们"那里获得一些完全不同的东西，亦即继续他对抗犹太人、对抗永远的"主要战争罪犯"和"头号侵略者"的战斗。既然艾希曼自己没有办法完成其"彻底消灭"的任务，那么穆斯林就应该帮他完成。

自圆其说与乐在煽动

艾希曼主义就是一种独角戏

——什洛莫·库尔恰尔 [133]

1957年在萨森家中举行的讨论开始时，艾希曼带去了自己已写好的长篇大论。萨森至少让艾希曼感到，这份手稿颇有可为。萨森让人尽可能把手稿打字出来，讨论的过程更显示，艾希曼的言论曾经被反复提及，并在萨谈访谈会的参与者之间传阅。人们的反应表明，艾希曼的文稿和其中包含的大量想法给每个人留下了深刻印象，他们一再对此发问。艾希曼想必让那些曾经听过他讲话的人大吃一惊，因为他表达得言简意赅、犀利有效，而且有足够能力驾驭这么一本鸿篇巨制——尽管偶尔会出现海底居民在陆地上流浪的写法，而且有人被加上了光环，毕竟隐喻并非他的强项。不管怎样，艾希曼把人们对其作品的反应看作一种激励，因为他还写作了其他更多短篇手稿，并且一再为他计划中的那本书寻找措辞合适的开场白。薇拉·艾希曼经常看到她的丈夫奋笔疾书，后来却向人保证，自己从来没有读过那些文字。由于艾希曼把自己的大部分手稿都留在了萨森家里，她的说法甚至很有可能。但不管怎样，与这位一家之主往日工作领域有关的话题显然非常不受欢迎。艾希曼的儿子回忆说，他总是强调："孩子们，那是在打仗，而我们想要忘记那一切。战

301

争就是战争。"他常说："我们生活在和平社会，现在我们不想操心战争中曾发生过的事情。"[134] 但艾希曼自己什么都没有忘记。他只是不厌其烦地根据所面对的人变换故事版本，使自己敷衍搪塞的策略愈发纯熟。萨森向艾希曼提供的每一本书都促使他写下更多文字，并让谈话伙伴心生不满地带着冗长的讲稿来到萨森访谈会。因为正如萨森抄本所显示的那样，一个照稿宣读的艾希曼比即兴发言的艾希曼更难打断。

艾希曼偏好的谈话形式明显是独白，一通不会被别人打断的演讲。在独白中，他可以不受干扰地阐述对世界自成一格的看法，并沉浸于自己语言的激情之中。审讯时，阿夫纳·莱斯也曾在艾希曼简短发言后观察到这种效果："毫不夸张，结果那个人被他自己的话感动得热泪盈眶。"[135] 艾希曼之所以有办法快速写满几百张纸，原因很可能就在于这种独白式的思想框架。艾希曼的写作，并不是通过把想法付诸笔端，来建立或检验自己的思想框架，而是为了表达他那种极度僵化、早就定型的思路，并且就像其笔迹和声调所显示的那样，恣意对"敌人"展开攻击。写作如此便成了他对自己的永久性掩护。

这种训练将使以色列时的艾希曼从两个方面获益。一方面，艾希曼可以用他假装乐意提供的大量信息，让调查当局和国家检察机关应接不暇；另一方面，写作为他提供了内心的稳定，尤其是在必须写下与内心动机完全不同的违心之论时。在耶路撒冷，艾希曼写下的当然不是那个永远罪孽深重的"主要侵略者"，通过引诱不明就里的希特勒落入圈套，使德国人沦为牺牲品。他关于犹太知识分子天生具有颠覆倾向的思想，都改头换面成了对法庭的阿谀奉承。艾希曼不过是定期以文稿作为申请函，这一次的角色是乐于招认的模范囚徒。虽然不像在萨森访谈会上那么成功，但新的文稿足以造成混乱。

　　艾希曼一直写个不停。他一抵达以色列，就开始写作自己的回忆录，一本 128 页的生平故事。随后又针对各种资料、书籍、人物，以及别人向他提出的问题，写下了大量评论。正如精确记录在案的审讯过程所显示的，尽管被迫早睡且每天都排满了调查询问，艾希曼依然能够在耶路撒冷每次审讯之间的空档毫不费力地写满多达 80 页文字。针对每一个可能的主题，他都为自己的辩护创作了大量文档卷宗，以及供新闻界使用的通俗文稿。在交叉审讯和宣布判决之间的空档，艾希曼为一本大书整理了 1000 多页的文字。那本书又是为他辩护的，尽管这次的目标对象是那些声称不是他朋友的人。题为《偶像》（*Götzen*）的这本书读起来仿佛是对《其他人都讲过了，现在我想说话！》的反驳。艾希曼一度考虑将哲学家的信条 *Gnothi Seauton*（希腊文的"认识你自己"）用作标题。即使在死刑判决宣布之后，艾希曼也没有因为震惊而停摆太久。他很快就开始写满更多的文字：《我的存在与作为》（*Mein Sein und Tun*）、感想集《即使在这里面对着绞刑架》（*Auch hier im Angesicht des Galgens*）、信件、采访回答，以及关于宗教哲学的文稿。他写了又写，名副其实地死而后已——当人家把他带去处决的时候，艾希曼还在写他的最后一行字。[136] 我们固然可以将艾希曼的写作解释为自我辩解的迫切需要，但任何真正把这一大堆文字读过一遍的人都无法忽略另一个写作动机：艾希曼属于那种陶醉于论辩游戏的人，享受文字的力量，也同样享受自己的操控能力。到处都可看出他渴望文字产生作用、诱导读者，并强迫他们接受自己的思想体系。艾希曼曾经历过那样的时代，用他不符合一切文明社会规则的呈文、提案和计划成功地影响官方政策。正是艾希曼的想法影响了犹太人政策的发展，促成它走上灭绝之路。如果有人能够真正体会白纸黑字的力量，那个人就是艾希曼。文字足以决定生死，而在以色列的时候，艾希曼正希望借此拯救自己的性命。相比之下，他在面对威廉·萨森和埃伯哈德·弗里奇时，一心想的只是获得脱离匿名状态的回程车票。然而萨森和弗里奇将意识到，与独白者进行对话是多么困难的事情。

第二节

谈话中的艾希曼

……先生们，这对您们来说想必非常明显，

其实这对每个人来说应该都是显而易见的……

——艾希曼在萨森访谈会上的发言[137]

签约各方

在阿根廷，没有人比阿道夫·艾希曼更清楚"犹太人问题最终解决方案"这个术语的背后真正隐藏着多大的恐怖。他因而也完全明白，历史研究和任何形式的调查结果会带来多大危险。即使是约瑟夫·门格勒或前任犹太人隔离区指挥官约瑟夫·施万伯格那样的人，其所见所闻跟艾希曼比起来都相当有限。他们二人远离柏林的决策过程，更远离决策高层，仅仅在末端经历了灭绝计划。我们若读过鲁道夫·赫斯的回忆录便可清楚观察到，在草菅人命、亲身参与虐待和谋杀成为常态的生活中，数字、事实和概念会如何变得模糊起来。而艾希曼的职位却使他既可以保持距离，又能看清一切。希姆莱的任命让他成为汇总千头万绪的协调员，在希特勒统治时期就已经成为至少在某种程度上能够真正看清纳粹灭绝犹太人程度的极少数人之一。时至 1957 年，当他的所有上司都已经一命呜呼之后，艾希曼的相关知识更非旁人所能及。想必正是这种对自己权威性的认识，让艾希曼态度笃定地参与了杜勒出版社圈内人的访谈会。他享有无与伦比的优势，能够在对话者的好奇心触及特定事项，可能威胁到他一厢情愿描绘的历史版本时，立刻控制风险。因为可以理解的是，艾希曼最不感兴趣的事情就是揭露真相。他时年 51 岁，已在阿根廷生活了将近七年，有足够时间四处打听埃伯哈德·弗里奇和威廉·萨森的消息，并形成对他们的印象。等到 1957 年 4 月底前后访谈录音开始时，艾希曼相信他对自己的谈话伙伴们已有了充分了解，可以放心地参与那个计划了。

出版商：埃伯哈德·弗里奇

从艾希曼的角度来看，所有参与者当中最不具危险性的人，毫无疑问就是这一位先生。他利用自己的出版社，以及与各种新旧纳粹党人团体的良好关系，为他的著作的有效出版提供了基本条件。埃伯哈德·路德维希·凯撒·弗里奇 1921 年 11 月 21 日出生在布宜诺斯艾利斯[138]，比艾希曼年轻 15 岁，因此也就不具备任何内幕知识。弗里奇自己从未亲身经历过德意志国（Das Deutsche Reich）*、它的元首，以及受误导的日常生活，更遑论战争与灭绝。尽管有谣言称弗里奇曾在柏林为戈培尔工作，但他其实只去过传说中的第三帝国一次，亦即在 1935 年前往柏林郊外参加希特勒青年团国际大会。[139] 对一个在布宜诺斯艾利斯长大的希特勒青年团领

---

* 德意志国指的是德国历史上从德意志帝国、魏玛共和国，一直到第三帝国的时期（1871—1945）。——译注

导人而言，经济快速复苏时期的希特勒德国令人着迷的程度，甚至
胜过了一年后柏林奥运会的盛大场面在国际上对成年人产生的吸引
力。在普遍对德国友好的阿根廷，没有什么可以阻止年轻的埃伯哈
德·弗里奇沉迷在他对希特勒的狂热之中，将一切不符合这一"崇
高理念"的东西斥为恶意宣传。德国战败后传出的消息也无法扭转
这种热情。如此偏激的政治观点并没有阻碍这位年轻人成为腓特烈
小学（Fredericus-Schule）的德语教师。然而当涉及弗里奇的青年
工作时，情况就有些不同了：他在学校放假期间组织的露营活动过 `306`
于热切地效仿希特勒青年团，甚至让萨森夫妇也觉得过火，在女儿
参加活动没多久之后，就把她从营地接回家了。尽管这次父母解救
行动的背后推力无疑来自萨森的妻子密普，她始终无法与丈夫那些
极端主义的朋友们和平相处，但仍然明白显示出弗里奇工作过火的
本质。[140] 萨斯基雅·萨森回忆，弗里奇甚至比纳粹还要纳粹，既
不知克制又没有幽默感。可是弗里奇所处的位置使他远比那批流亡
者更容易坚持理想，因为他从未见过那些恐怖的事情。对他而言，
国家社会主义仍是那个从未被玷污的梦想，是他青少年时期在营地
里梦寐以求的对象，如今更因为新移民关于那个伟大时代的各种英
雄故事而丰富了内涵。阿根廷视角意味着对德国普遍友好、对美国
非常怀疑的态度，这使得同盟国针对希特勒犯罪政权做出的任何说
明都显得不可信。相反，弗里奇被来自德国的国家社会主义者包围，
每当他们谈到战争暴行和危害人类罪行的时候，指责的对象实际上
都是他们自己的受害者。弗里奇听说过"纽伦堡胜利者正义"以及
"防谍队战俘营的酷刑"，而且正如他在《路径》发表的那些文章所
展现的，他把对希特勒政权的批评一概视为反德宣传。他以极大的
奉献精神致力于改善被监禁"同志们"的处境，参加了汉斯-乌尔
里希·鲁德尔的"同志工作会"，同时协助传播国家社会主义的思想。
弗里奇在 1948 年写信给他的一位作者，强调他绝不希望文章"抹

黑许多德国人心之所系的过往"。[141] 其目标是要建立一种"能够治
愈我们的民族，因而也治愈欧洲和全世界的思想"，去除普遍存在
的"反民族观点所造成的无力状态"。[142] 他在周游拉丁美洲，特别
是在巴西面对"愤怒的半黑人暴徒"时，就已经发现这样的"民族
307　观点"不可或缺。[143] 遭逢不幸和受到迫害的人除非是纳粹流亡者，
否则弗里奇根本不会对他们产生兴趣。来自德国的其他难民，例如
移民阿根廷的犹太人，弗里奇根本漠不关心。

　　弗里奇的援助并非完全大公无私，因为他当然也会通过向纳粹
流亡者提供许多服务来赚钱。若套用我们今天的说法，弗里奇是一
个成功的关系网搭建者（Netzwerker）。虽然弗里奇与政府没有直
接联系，也不像奥尔斯特·卡洛斯·福尔德纳或者鲁道福·弗洛伊
德那样，有办法从欧洲救出纳粹分子并帮助他们在阿根廷另起炉灶，
但他还是能够让陷入困境的纳粹在布宜诺斯艾利斯重新起步，并且
得到了各方的支持。[144] "杜勒之家"成为刚刚抵达的人们的第一个
见面地点，他们可以在那里交换地址、不引人怀疑地与亲友团聚，
以及购买德文书籍。通过张贴广告、提供邮递和旅行服务，以及更
重要的，向流离海外的德国人供应媚俗的褐色"家乡味"，弗里奇
建立了一个可谓利润丰厚的流亡纳粹服务中心。美国情报机构的档
案指出，弗里奇得到了最高阶层的支持：奥尔斯特·卡洛斯·福尔
德纳据称是杜勒之家的出资者之一。[145] 是否真的获得了财务上的
支持，这倒还是其次。但如果没有足够强大的政治后盾，那种生意
是无法维持下去的。例如，许多犹太移民阅读的自由派报纸《阿根
廷日报》，在 1955 年之前一再面临印刷禁令或进口纸张配额限制的
困难，弗里奇却能够不受阻碍地自由出版。[146] 我们对其财务背景
知之甚少，但弗里奇至少有段时间必定手头相当宽裕，因为他不但
设法让出版社在艰难的环境下继续运转，而且自己还拥有房产。威
廉·萨森在布宜诺斯艾利斯租下的第一栋房子不是别人的，恰好就

属于他的出版商。[147]

埃伯哈德·弗里奇是一个奇怪的混合体。一方面，他是个纳粹狂热者，在南美洲保持安全距离，时而喜欢喋喋不休地谈论"第四帝国"，并且对纳粹党人怀有无限崇敬；另一方面，他却是个深谙生意之道的剥削者，善于利用那些对第三帝国的崩溃怅然若有所失者的感伤情绪。后来的事件也显示出弗里奇是一个轻信可欺的人，他钦佩威廉·萨森，事实上对他简直言听计从。[148]要承认，埃伯哈德·弗里奇在这方面并不孤单，因为汉斯－乌尔里希·鲁德尔也对萨森忠诚不渝，让他周遭的人有时觉得难以理解。[149]

从两个细节可以特别清楚看出阿道夫·艾希曼对弗里奇所持的态度：艾希曼称那位出版商为"弗里奇同志"。这种称呼通常只留给艾希曼认为是战斗伙伴的那些人，亦即党卫队队员，以及在逃亡期间和在阿根廷帮助过他的联系人，其中当然包括"亲爱的萨森同志"。如果艾希曼不认为某人跟他地位相当，就只会用姓氏来称呼对方。更重要的是，艾希曼在以色列受审时竭力淡化弗里奇在阿根廷出书计划中所起的作用[150]，尽管杜勒出版社的小圈子当时至少在布宜诺斯艾利斯已经完全不复存在。此外还有种种迹象表明，当弗里奇在1958年与妻子和孩子一起移居奥地利时，艾希曼甚至安排弗里奇与他在林茨的家人认识。[151]

"合著者"：威廉·萨森

在逃往阿根廷的纳粹党人当中，没有任何人能够像威廉·萨森那样符合人们对"生活达人"一词的刻板印象：他是一个多才多艺的花花公子，喜欢享乐也充满天赋，却无法专精于任何事物。他总是寻求大干一场、挣快钱，可是缺乏持久力，不论在个人生活还是职业生涯方面皆如此。如果萨森的生命当中有一个恒久不变的要素，

309

那就是他对国家社会主义的迷恋。与弗里奇不同，他对国家社会主义有过亲身经历。威廉姆斯·安东尼乌斯·玛丽亚·萨森[152]来自荷兰布拉班特省（Brabant），1918 年 4 月 16 日出生于海特勒伊登贝赫（Geertruidenberg）的一个罗马天主教家庭。高中毕业以后曾考虑研习神学，后来决定攻读法律。他在大学时与国家社会主义有了密切接触。18 岁那年的奥运会之旅，引发了萨森对阿道夫·希特勒的痴狂，以致在回去之后因为发表了一篇强烈亲德的演说而被驱逐离开根特（Gent）*，并且失去了大学学籍。萨森最初的新闻记者经验来自报社，1938 年之后也报道军队，因为他被征召入伍了。他在乌得勒支（Utrecht）†炮兵营的日子没有持续很久，德军入侵之后，萨森短暂地成了战俘，接着重返平民生活，继续做记者。他在 1940 年第一次结婚、成为父亲，然后开始环顾寻觅第二任妻子。对俄战争爆发后，萨森主动加入荷兰志愿党卫军，以战地记者的身份成为武装党卫队库尔特·埃格斯中队（SS-Staffel Kurt Eggers）的一员。那里聚集了包括亨利·南宁（Henri Nannen）‡和维图斯·德·弗里斯（Vitus de Vries）在内的各种宣传工作者，为最终胜利撰写新闻稿并发布新闻广播。萨森当时已经认识他俩。按照作家斯坦·劳里森斯（Stan Lauryssens）的说法，萨森还是战争罪行的见证者，曾亲眼目睹 27 名犹太人在党卫队的逼迫下互殴致死。[153]他的路线经波兰前往俄罗斯，直到 1942 年的高加索攻势为止。在那次战斗行动中，萨森于 7 月 26 日身负重伤，随后八个月不得不相继在克拉科夫、慕尼黑和柏林的军医院接受缝合治疗。这一经历不但促成他晋升为党卫队下级小队长，更让他成为志同道合者眼中的战斗英雄。

---

* 根特位于比利时北部的荷语区。——译注

† 乌得勒支亦音译为"乌特勒支"，但荷兰语读音实为"于特莱赫特"，情况类似马斯特里赫特（Maastricht）或被音译成"马斯垂克"。——译注

‡ 亨利·南宁在战后创办了德国《明星周刊》（Stern）。——译注

和艾希曼不同的地方在于，萨森不但隶属武装党卫队，更有伤疤和前线经验可以示人，艾希曼却出身受到前线战士们鄙视的一般党卫队。他身上唯一的伤疤来自一场摩托车事故，手部的骨折则是一块过于光滑的拼花地板造成的。即使在逃亡海外的党卫队成员圈子里，缺乏战斗经验仍是一个明显的污点，艾希曼也痛苦地意识到了这一点。[154]

310

康复之后，萨森在 1943 年 4 月开始了他的第一份事业。他被获准进行现场直播——那实际上违反了新闻审查的相关规定——并使他获得了巨大的成功和广泛的欢迎，就连不来梅（Bremen）的广播电台也转播了他的新闻报道。萨森直到 1944 年年中都在布鲁塞尔广播站工作，用他那狂放、惊悚、催泪的风格，为激进的反盟军广播树立了一个新的标杆。这种同时糅合了暴力色情、忧时感伤和悲怆情怀的风格，也出现在萨森阿根廷时期的写作中。他熟练地迎合大众口味，炮制出大量的报道，并赚取相应的收入。其战地记者生涯的最高点，是 1944 年 6 月 6 日在诺曼底的前线现场，实况播报盟军登上欧洲大陆的情形，他甚至时而发现自己位于敌军战线的后侧。奉命撤回德国之后，萨森相继为机动战地广播站、宣传小报和无线电台工作，但他自己也因为抢劫补给仓库和不服从命令等丑闻，越来越成为话题人物。全靠他的良好关系才使他免于承受严重后果。1945 年 3 月，萨森逃往乌得勒支，在那里凄惨地播报坚持到底的口号，直到 4 月 7 日电力中断为止。这时萨森似乎也已经意识到，是时候追寻其他目标了。萨森加入了他的兄弟，后者不仅在 1944 年同样加入武装党卫队，而且已经建立了网络，协助荷兰纳粹党人潜入地下逃跑。换句话说，他们有系统地伪造各种证件来证明新的身份，并且把流动电台用作联络工具。希特勒死后，两兄弟逃往阿尔克马尔（Alkmaar），在那里躲了起来。

萨森成功完成了一系列令人印象深刻的脱逃行动：1945 年

6 月 5 日，他被英国宪兵队囚禁在乌得勒支的蓝教堂堡（Fort Blauwkapel）并接受审讯，而后在 12 月使用伪造的文件，带着金钱和食物逃离营地。过了没多久，他又在比利时遭到逮捕和审讯，不过很快就被遣返荷兰。萨森于是利用递解出境的机会进行最后的逃亡。1947 年 5 月，萨森踏上了爱尔兰之旅。几天以后，萨森的第二任妻子密普·萨森（婚前姓 van der Voort——范·德·沃尔特）带着他们共同的女儿过去与他会合。萨森因为认识双桅纵帆船船长施奈德的女儿们——其中一人甚至在萨森家住过一段时间 [155]——因而有机会逃往阿根廷。英格·施奈德在许多年后说，她在爱尔兰始终摸不着头绪，萨森究竟靠什么赚钱谋生。不过萨森经常四处奔波，到最后一年已经拥有了一栋相当像样的公寓。1948 年 9 月，萨森与他身怀六甲的妻子和女儿萨斯基雅在都柏林登上了"老鹰号"（De Adelaar）双桅纵帆船，接着在 11 月 5 日踏上了阿根廷的土地。萨森在逃走时也使用了假名，以雅各布斯·扬森（Jacobus Janssen）的身份踏上旅程。同行者包括两名比利时战犯和他们的家人。风度翩翩、具有语言天赋的萨森不但在船上学会了他的第五门外语，而且对船长的二女儿安切·施奈德（Antje Schneider）展现出极大的兴趣。这段婚外情并没有妨碍萨森后来在小说中以一位孕妇忠实的丈夫的视角描述那一段艰辛的航程，通过许多惊悚的细节让人对晕船留下非常生动的印象。[156] 那整船人都持有阿根廷移民当局核发的入境许可。[157] 抵达阿根廷之后，萨森与妻子和两个女儿甚至有段时间与施奈德姐妹一同住在皮拉尔（Pilar）。由于手头很不宽裕，他们亟须相互扶持。[158] 英格·施奈德回忆，他们刚抵达不久，萨森就已经开始为联邦德国的一些杂志工作了。其收到的第一个任务显然是为《明星周刊》撰写两页调查报告，而且萨森曾告诉家人，他为《明星周刊》《明镜周刊》和《生活》杂志撰稿。[159]

等到 1950 年年中，阿道夫·艾希曼也来到布宜诺斯艾利斯的时候，萨森已经站稳脚跟。[160] 萨森很快就与汉斯—乌尔里希·鲁德尔一同投入逃亡救援行动，并担任他的司机和捉刀人。萨森还为另一个被迫来到阿根廷的空战英雄阿道夫·加兰德撰写了回忆录，并得到了阿根廷所有亲纳粹圈子的信任。萨森在布宜诺斯艾利斯的德国人舞台上是一个才华横溢的演员，无论公开还是私下里都是个让人难以抗拒的风流浪子。他有着勃勃的政治野心，是阿根廷总统的朋友、几家欧洲杂志社的通讯员，还是一位颇有才华的作家，像喜欢打扑克牌一样喜欢玩名字游戏：他是 Wilhelm、Willem、Wim、Willy、Sassen，以及 W. S. van Elsloo，此外还有其他许多笔名。这名逃亡者已经出人头地。他们一家人很快就负担得起一栋位于布宜诺斯艾利斯最炙手可热街道上的小房子——佛罗里达区自由大道 2755 号（2755 Liberdad in Florida）。尽管他们一家人始终过着拮据的生活，但那纯粹是因为萨森不懂得如何理财的缘故。回过头来看，我们简直会因为萨森的学识和语言天分，对这个爱饮酒、喜欢交际的活命主义者产生好感，只可惜他一如既往地狂热崇拜希特勒、支持德国统治世界的计划和对犹太人不共戴天的仇恨，并且偏爱阴谋论，此外还擅长不道德地操弄他人，靠这种手段欺骗每个人、每件事。甚至萨森非常不尊重自己妻子的表现，也部分展现了其说谎天赋，因为目击证人的说辞很快会让人产生这样的印象，即没有任何女性抵抗得了萨森的攻势，即便他朋友们的妻子也不例外。[161] 不管怎样，萨森从事任何活动都很少顾及他的妻子和孩子们。密普·萨森所想要的生活，恐怕不是跟一个出名不忠的丈夫过着寅吃卯粮的日子。她尤其不赞同威廉·萨森陷入歧途的政治观点，更反对他与党卫队的同志们接触，其中部分原因也在于密普的哥哥曾在被占领期间加入了比利时的抵抗运动。[162] 尽管如此，她还是容许阿道夫·艾希曼和其他人待在她的家中，即便她对那些人在星期天家庭时光日来访感到不快。不过在 1957 年的好几个月里，密普·萨

313 森还是证明了自己是一位殷勤的女主人，招待了至少两名大屠杀凶
手，从而以自己的方式支持了萨森—弗里奇的计划。

对艾希曼来说，"萨森同志"成了他在杜勒出版社圈子内最重
要的照料者之一。即便有迹象显示萨森已经背叛了他和他的家人，
艾希曼谈起萨森时语气中仍然带着钦佩，而且非常不情愿才相信了
负面的报告。艾希曼在以色列将萨森称为他的"合著者"，并且补
充说他们"长年下来"已经发展出了"友谊"。[163] 薇拉·艾希曼也
认为"萨森先生"乐于助人，看上去尽其所能地帮助了她和她的
家庭。[164] 此外她不可能注意不到萨森访谈会给她的丈夫带来的巨
大变化，即便她在周末看见丈夫的机会少了许多。对她的丈夫来说，
与萨森的交往，最重要的意义在于开启了一扇大门，让他重返政治
生活，在他看来也是重获活力和重要地位。

萨森访谈会

杜勒出版社圈子内的人直到 1957 年春天才做出决定，要把他
们关于纳粹灭绝犹太人的谈话内容记录下来。这种方法已经在杜勒
出版社的其他出书计划中证明了可行。例如，1953 年的时候，汉斯—
乌尔里希·鲁德尔已在录音带上口述了回忆录《德国和阿根廷之间》
的内容，以便接着由萨森将之打磨得光芒四射。佩德罗·波比耶辛
是一位和迪特尔·门格有过生意往来的波兰裔前国防军士兵，他后
来回忆，萨森特地跟他买了一台他从美国走私到阿根廷的新式磁带
录音机。[165] 威廉·萨森也把录音带用于自己撰写文章，显然对这
种在当时非常现代的技术十分着迷。他很自然地把录音带用于私人
消遣，像是录制话剧、跳舞音乐，以及他自己的歌声和口哨，在少
314 数保存至今的原始录音带上面仍可听到这些声音。

20 世纪 90 年代末期重新出现的录音资料，再加上萨森抄本和

艾希曼做出的修正，使我们能够准确地了解他们的工作方式：录音内容在很短时间内由不同助手迅速打字记录下来，然后再把磁带拿回去继续录音，因为当时在布宜诺斯艾利斯，新的录音带非但所费不赀，而且不易取得。今天我们共有大约 1000 页的萨森抄本（包括修正页），以及 29 小时的磁带录音，其中包括后来翻录，以致内容重复的录音带。这些磁带不仅证明了抄本有可靠的依据，更是一扇通往 1957 年的窗口，让人直接来到萨森家舒适的客厅。[166]

　　一群中年男子汇聚在萨森家底层一个整洁的房间里。这栋位于市内热门地段佛罗里达区、充满"荷兰舒适性"[167] 的宜人房间，布置得十分符合他们那项共同计划的热望：一座宅邸里摆满了书籍、唱片、艺术品、图画以及欧式家具，那种氛围烘托出他们谈话的分量。萨森喜欢按他所能负担的最好的标准生活，除了国家社会主义之外，他喜欢美好的事物、重视文化教育、热衷昂贵的威士忌酒。甚至在孩子们还很小的时候，作曲家猜谜游戏和书籍讨论就已经成为家庭餐桌文化的一部分。[168] 萨森的生活条件虽然称不上奢侈，但与艾希曼所习惯的依然大不相同。艾希曼一星期的大多数时间都"待在农场里"悉心饲养照顾安哥拉兔，在家也没有类似萨森的那种房间。然而对他来说，并不只是因为这些，才让在萨森家度过的周末显得像是前往另一个世界的旅行。

　　聚会本身才是真正重要的：与昔日同侪们的重聚，有机会接触各种文本资料，以及参与讨论，使他的人生重新有了不一样的样貌。萨森圈子内的政治倾向明显具有极右派色彩，那些人使艾希曼觉得，自己的知识和判断是新运动不可或缺的组成部分。这不仅是曲意奉承，因为他们确实需要这名唯一幸存的内部人士。尤其在极右派人士激烈争论受害者人数的问题时，普遍认为艾希曼是唯一整体掌握大规模枪决行动，以及通过劳动、饥饿和毒气杀害犹太人所造成的死亡总数的人。这个名声其实是艾希曼自己通过不断招摇过市建立

起来的，更从一开始就成为艾希曼在阿根廷进入战后纳粹圈子的入
场券。

四年后，当艾希曼在以色列出庭受审时，他成功地设法掩盖了
萨森访谈会的真实面目。辩护策略主要基于这样的事实：他已不再
是国家社会主义者，在过去 15 年里都是一个无可指摘、不引人注目、
完全不关心政治的良好公民，早就把昔日的所有怨怼——尤其是反
犹太主义——都抛诸脑后了。一旦萨森访谈会的背景曝光，艾希曼
的这种谎言将变得站不住脚。因此艾希曼向他的律师编了一个关于
萨森的故事，讲述那名追逐头条新闻成瘾的记者如何在咖啡厅偶然
认识了无辜的阿根廷公民克莱门特，而后定期拿着录音机登门拜访，
并且说服他这些谈话有助于撰写他的传记。然而萨森不时会借助酒
精的作用，诱使他重新陷入往日的语言习惯，然后用记者的手段歪
曲谈话内容。反正按照艾希曼的说法，现存材料当中没有任何一句
话与他真正讲过的东西相符。这个故事版本完全契合了其他证人捉
迷藏的游戏，因为显然没有人愿意承认自己曾和艾希曼坐在同一张
桌子边。萨森更是努力让他的国家社会主义信仰隐藏在专业记者的
面貌背后。

事实证明，访谈会的地点从来都不在艾希曼那里，而是在萨森
家中。从 1957 年 4 月开始，他们在周六日 [169] 定期聚集在萨森的房
子里，讨论"最终解决方案"。[170] 颇有可能其他人也作为主人招待
了类似的访谈，例如当时阿根廷的见证者也提到家境富裕的前党卫
队成员迪特尔·门格或杜勒出版社组织的谈话会，然而那些谈话内
容恐怕没有被录下来。磁带明确显示出，录音地点是在萨森家中。
我们能在背景音中听到萨森的女儿和他的妻子的声音、来自相同门
窗的噪音，最重要的是记录了萨森一家日常生活中一些相当私人的
片段。每个房间都有自己的独特声响，录音带上面不曾出现萨森家
以外其他任何房间的声音。

　　酒精并没有像艾希曼后来在以色列所极力宣称的那样，在访谈过程中起了重要作用。尽管磁带和抄本都记录了软木塞离开瓶口发出的声音，却没有任何迹象显示酒精曾经影响到谈话的进行。一切线索反而都表明，他们消耗的酒精饮料只是 20 世纪 50 年代各种社交聚会上的常见水平。酒精饮料属于发展成熟的咖啡文化的一部分，难以想象"绅士间的谈话"会没有酒精。烟草制品也是咖啡文化的一部分，对老烟枪艾希曼来说，那更是求之不得的事情。录音里没有听到任何典型的醉酒迹象：没有人大着舌头讲话，即便在争论最激烈的时候，每个人也都头脑清醒、聚精会神。录音中的谈话从头到尾冷静克制，完全有别于刻板印象中酩酊大醉的纳粹分子彼此一面敬酒一面高呼"胜利万岁！"（Sieg Heil!），直到酒杯碎裂为止的场景。那里既没有敬酒，也没有叮当碰撞的玻璃杯，反而只有纸张的沙沙声，而且即使在激烈的口头争斗之后，每个人都还是小心遵守最基本的礼数。这些人非常认真地看待他们的讨论。把萨森访谈会描述成"酒馆谈话"显然是一名被告的辩护策略，我们不该继续帮艾希曼传播这种说辞。

　　除了一个例外，这些人都以"您"（Sie）相称，有时则称呼"先生们"（meine Herren），只不过是以一种放松，偶尔甚至是友好的口吻，这可以从他们旧日熟悉的称呼中表现出来：艾希曼经常使用的讲法是"萨森同志"、"我亲爱的萨森同志"，或者"弗里奇同志"。[171] 缺席的访谈会成员则像老朋友一般，直接以他们的姓氏来指称。[172] 只有卢多尔夫·冯·阿尔文斯莱本和萨森在谈话时以非正式的"你"（du）彼此相称。一般情况下人们使用的都是真名，而非假名或化名。萨森家中没有里卡多·克莱门特，始终清楚地称呼阿道夫·艾希曼。[173]

　　讨论的气氛和谈话的过程让人联想起专题研讨会：每次不同的成员连续几个小时探讨历史理论、一同诠释文件、针对依据个人经验做出的评估进行争辩（时而还是激烈的争吵）、孜孜不倦地阅读和讨论任何能够获得的专业书籍。萨森甚至经常提前布置下次谈话会的任务，并敦促与会者努力做好准备。[174]那些人抄写笔记、朗读自己的书评、共同研拟新的问题，甚至还发表演讲。保留至今的原始录音清楚地显示，他们讲话时通常速度很慢，而且抑扬顿挫。朗格尔博士的一篇演说同时以抄本和录音的形式保存了下来。他念完那一页半的文字需要将近 20 分钟时间，这让人能够对他们的讨论需要持续多长时间有个印象。

　　尽管出席者所处的状况偶尔会有变化，但他们彼此交谈的时候多半全神贯注。参加访谈会的人会相互提供资讯材料。萨森借书给艾希曼，分发重要文件的誊本[175]；艾希曼带来他从欧洲收到的报纸文章[176]，萨森则为在座的人翻译了美国杂志上的一篇文章。那些人彼此交流自己在阿根廷新闻媒体上读到的事情，同时也讨论世界政治局势，以及西德如何付出更多司法努力来面对德国的纳粹历史。有些讨论持续进行了四个多钟头，完全不会让人觉得是一种轻松愉快的休闲活动。从现存抄本的每一页都看得出，就连最荒谬绝伦的论调也得到了认真对待。

确定时间与门外汉的优势

　　谈话中提到的日常政治事件让我们甚至可以精确地断定录音是在哪几个星期进行的。例如艾希曼自己在 3 号录音带里提到了录音的年份——1957 年。在 8 号和 9 号录音带记录的对话中，艾希曼的助手赫尔曼·克鲁迈在德国被捕一事才刚刚发生不久（克鲁迈被捕于 1957 年 4 月 1 日）。艾希曼在同一天还谈到卡斯特纳遇刺案（3 月 3 日遇刺，死于 3 月 15 日），但这一定已是旧闻，因为他自言自语道："我相信他死于今年年初，不会更早。"[177]他们还详细讨论了 1957 年 4 月 15 日《阿根廷日报》上的一篇文章。[178] 在 37 号录音带,萨森翻译了最新一期《时代》上的一篇英文报道(1957 年 8 月)。在 39 号录音带,艾希曼引述了他刚刚在《阿根廷日报》读到的纪念阿尔贝特·巴林(Albert Ballin)百年冥诞的报道（也是 1957 年 8 月)。[179]72 号录音带有一个段落直接提到了费迪南德·舍纳尔（ Ferdinand Schörner ）将军在慕尼黑被判刑一事（1957 年 10 月 15 日)。[180]艾希曼时而说出的一些日期，让我们获得了更进一步的了解，例如 "昨天晚上"、"已经四个月了"、"几个星期之前" 等等。[181] 萨森则谈到了下个星期举行的另一场访谈会。我们根据这一切可以知道，录音工作最早开始于 1957 年 4 月，至少一直持续到同年 10 月中旬。

虽然录音带的转录本制作得相当不专业，但已经可以看出，除了萨森和艾希曼彼此的交谈之外，还有其他一些人加入讨论。除了谈话者之外，现存的录音带还记录了其他旁听者的声音，因为没有人能够一连听好几个小时的谈话而不发出任何声响：清嗓声、咳嗽声、纸张的沙沙声、脚步声、喃喃道歉声、匆匆告别声、房门嘎吱声、窗子拍打声，以及喝东西与打火机打火发出的声音。在某些地方甚至可以清楚分辨出房间里有六个不同的人发出了这些杂音。当时在布宜诺斯艾利斯的见证者一再指出，许多人都知道与艾希曼的访谈，而且能够宣称自己曾参加过访谈的人更会隐约流露出自豪之意。当然不能排除这样的可能，不少在其他场合遇见过艾希曼的人会把他们的经历跟萨森访谈会混为一谈，或者有人想要以此自抬身价。但保存下来的抄本和录音带都可以证明，萨森访谈会确实通常是一个大事件。

然而，抄本的一个特点却大大增加了阅读的难度：听写录音带的人通常不在每个段落前标示发言者，既不写出姓名或首字母缩写，也不指明那是发问还是回答。有些地方能看到手写的标识，例如 F

319

代表问题（Frage），A 表示回答（Antworten），但也有些完全是错误的。[182] 此种前后一贯的"低调"态度明白显示出，他们刻意避免提及人名。小心谨慎无疑是有必要的，因为这样一个持续数月的长期项目，相关的抄本不无可能落入他人之手，更何况并不是每个人都像艾希曼那样，希望看见自己的名字被印刷出来。因此这些抄本至少乍看之下都保持匿名。不标明发言者的谈话记录，读起来必须打起十二分精神，尤其当好几个人搅在一起说话时更是如此。更糟糕的是，誊写者偶尔还忘记分段，这意味着我们只能通过内容和语言风格来推断发言者的变化。此外，引文也完全没有标示，于是每当萨森或他的同伴按照惯用的做法，从书中引述一大段文字的时候，只有知道那是引文的人才能把它跟发言人自己的话区分开来。直接引自书中的文字占了萨森抄本全部内容的 10% 以上。[183] 这一切都使快速浏览萨森抄本变得不可能。不过愿意花时间的人，还是能够明确分辨出不同的发言者。因为艾希曼和萨森的语言都极具特点，只要熟悉了便可以认出，更何况至少还有一些录音带保存了下来。这意味着我们并非只能依靠自己的语感和阅读经验。[184]

从谈话内容与上下衔接部分可以看出，录音顺序几乎完全与录音带编号相吻合。[185] 只有一个周末（58 号至 61 号录音带），萨森似乎不小心拿错了录音带，以致正确的顺序必须重新排列如下：1号至 54 号录音带中间、58 号至 61 号录音带、54 号中间至 57 号录音带，然后直接是 62 号至 69 号和 72 号至 73 号录音带。[186]（在一卷"没有编号，录满音乐和一出佛拉芒语话剧"的"W. S. 私人录音"的中间部分，却出现了短短一段明显属于 61 号录音带的萨森与艾希曼的谈话录音。[187]）尽管存在小的疏失，但仍可看出那些人连续几个月设法有条不紊地进行工作，使我们今天至少能在很大程度上遵照"录音带编号"的顺序。不过那些材料也证明，参与者当中没人有过这种大规模项目的经验，或者熟悉对此有帮助的科学工作方法。

虽然听起来奇怪，但相比于专业抄本，拙劣的抄本具有不可否认的优势。它们泄露了许多关于制作者的信息，因为那些人正是在错误——例如一再重复出现的拼写错误——中留下了可供辨识的身份标记。因此如果细心阅读，从中甚至能够看出每个打字员的特质。整套抄本总共使用了三台不同的打字机，但主要部分是用同一台机器打字出来的。由于每个人在打字誊写的时候都会留下易于辨识的个人标记，因此可以清楚辨认出三名不同的打字员。最初和最后的那些录音是由具有丰富经验的打字员誊写的。段落划分清楚，包括发言者语法错误在内的一切都照实转录。然而从人名、地名和纳粹内部事务的拼写错误可以发现，那两名打字员对德国历史并不在行。同时代的见证者还记得，萨森在许多事情上都喜欢求助于杜勒出版社的女秘书们，由此不难想象他很可能在刚开始的时候把录音带转录工作交给了她们。相反，大部分抄本的誊写者是一个明显具有纳粹背景的男子。这不仅表现在文中使用了符合纳粹官僚用法的阶级、人名和机构缩写，更可从他个人的特殊怪癖中看出。那人不但在打字的同时删减重复的部分，而且还跟萨森沟通抄本的内容——加了上百个括号，有些是直接的抱怨，但也显露出明确的政治基调。他像访谈参与者那样，直接称呼萨森为"萨森同志"，而且所有括号中的补充文字摆明都是写给萨森看的。那些文字远不只是抒发感想，例如"恐怕不能说得更快了"、"口齿不清"、"讲得不清不楚，实在让人受不了！"，或者"感谢提供录音带信息"，艾希曼的言论后面更出现了冷言冷语，例如"啦啦啦"、"胡扯一通"，以及针对艾希曼而发的情绪化评论，比方"冥顽不灵的奥地利人"或"沿街叫卖的小贩"（作为对艾希曼借用另一个发言人常用的一个外文词的回应）。同样显而易见的是，那名打字员至少想要远远地加入讨论，因为他在抄本中散布了插科打诨的评论。于是艾希曼的发言后面经

常能看到"啊哈"、"Buenas Noches"[*]之类的评注，或者在艾希曼
讲的一个关于戈林的故事后批注"可怜的海因里希"。甚至还有熟
322　人之间针对萨森好色开的玩笑。这个打字员还记录了各种噪音（例
如"背后有一只公猫在鬼哭狼嚎"），以及明显有些羡慕地留意到，
他刚刚听见"一瓶酒"的声音，过了四页（大约两个小时）之后，
"又再度听见开瓶声"。专业的打字员当然不可能如此自行其是并写
下私人的注记。抄本与录音带的对比也清楚显示出，萨森为什么选
择主要依靠一位老战友担任助手。那个人与他思想一致，分辨得出
哪些谈话对项目具有重要意义，哪些则派不上用场，而且本身熟悉
谈话的内容。他显然清楚那个项目的目的何在，并自行按照需要来
精简谈话内容，省去了艾希曼个人的奇闻轶事，更完全略过了重复
的部分。此外，纳粹的历史对他既不陌生也不遥远。不然的话，誊
写录音带中详细描述的战争罪行和暴力行为只会让他活受罪。因此
萨森主要依靠一位"新手打字员"来完成大部分转录，并容忍了他
专横霸道的评论。一盘录音带记录了萨森的一段口述说明，对誊写
转录工作给出了明确的指示。他希望记录下来的谈话是"经过编辑
的"，并解释说，"这意味着任何不正确的句子结构、任何没有讲完
的句子、任何乱七八糟的句子——我指的是过于冗长的句子——都
必须缩短，当然不得改变语意或措辞"。[188] 尽管萨森的指示还包括
了拼写和缩写方式，但抄本的内容表明，那名打字员通常有自己的
想法。我们至今还不清楚那名男子的身份。

　　尽管存在各种删减和评论，但在比对了我们同时拥有原始录音
和抄本记录的内容后，一个事实变得非常清楚：我们今天能够获得
323　的抄本固然对录音转录做了部分删减，但绝非经过编辑后的版本。
抄本虽不完整，而且被插入了部分内容，但没有任何证据显示它遭

---

* 西班牙文的"晚安"。——译注

到了刻意的篡改或扭曲。换句话说，这是一份忠于原意的可靠抄本。尽管从学术的角度，我们希望它更完整，但没有理由怀疑这个内容广泛的原始资料的真实性。

一个社交事件

艾希曼在阿根廷看过大部分的抄本，并加上了自己的修改和注释，直到最后一卷录音带。因此他非常明白，阅读这种形式的文稿是多么困难的事情，并在以色列利用这种情况尽可能降低这一书面证据构成的危险。他最希望营造出来的图景，是借酒浇愁的前纳粹艾希曼与充满好奇心的记者萨森，在自家厨房进行的远离世人的一对一谈话。然而这个故事版本一定早已启人疑窦，因为不仅艾希曼的妻子坚决否认曾在自己家中录音[189]，保留至今的录音抄本更清楚地显示，还有其他人参加了访谈。因此流传至今的有关萨森访谈会参与者的谣言，多半都源自艾希曼的蓄意误导。除了萨森之外，唯一艾希曼明确提及并出席访谈会的，就是"那位出版商"，亦即埃伯哈德·弗里奇。但尽管我们可以在47号录音带上清楚地辨识出弗里奇，艾希曼却谎称他只参加过最初几次会议。至于艾希曼讲出的其他名字，都只不过是厚颜无耻的障眼法罢了。

按照艾希曼的讲法，鲁道夫·米尔德纳曾以专家身份"被邀请参加会议"。米尔德纳自1941年起担任过奥斯维辛集中营的政治部门负责人，以及卡托维兹的盖世太保头子，后来还出任安全警察和党卫队保安局在丹麦的负责人。米尔德纳的名字的确在萨森访谈会中被提到好几次，但并非因为他在场，恰恰相反，与会者们都想知道是否有人清楚他的下落。录音带和抄本上有许多迹象显示，他们认为米尔德纳已经"消失得无影无踪"。[190]艾希曼有显而易见的动机在1960年撒谎，宣称自己"直到大约三年前才再一次与米尔德

324

纳说话……当着一位萨森先生的面，逐点反驳了"其关于纳粹的说辞。[191]艾希曼跟鲁道夫·米尔德纳还有几笔账要算。他不但认为米尔德纳妨碍了在丹麦遣送犹太人的行动，因此必须对他最大的挫折之一（也是对他个人的羞辱）负有责任[192]，更因为米尔德纳在纽伦堡法庭对他不利的证词而非常不满。米尔德纳的故事还可起到转移注意力的效果，因为艾希曼当然清楚，既然像卢多尔夫·冯·阿尔文斯莱本这样的纳粹高层曾经在萨森访谈会上发言，那么有人在抄本中发现这个事实将只是时间问题。只有利用另一个纳粹高层的名字，艾希曼才可能有效地掩护阿尔文斯莱本。一切迹象都表明，艾希曼选择米尔德纳这个名字的动机也是为了给他找麻烦。[193]

　　一般来说，艾希曼在以色列的供词不会背叛任何昔日同僚——只要他不觉得他们曾经背叛过他的话。艾希曼通常只会提到一些早已死亡的人的名字，但即便如此，他还是尽可能地混淆视听。艾希曼在接受审讯的时候曾设法保护阿洛伊斯·布伦纳，在对方误以为那人就是已被处决的安东·布伦纳（Anton Brunner）时故意不加纠正。他还保护了萨森访谈会的另外一名成员，没有更正其姓名的错误拼写。波兰记者曾于1961年在萨森抄本中发现了"朗格尔"（Langer）的名字。等到艾希曼在法庭上被问及此事时，他处心积虑地把那个名字曲解成"朗格博士，化名克兰博士"（Dr. Lange alias Dr. Klan），并表示自己只在与萨森交谈时偶然见过该人，由此把搜寻工作引向了臭名昭著的鲁道夫·朗格博士（Dr. Rudolf Lange，他曾参与"特别行动队"的大规模枪杀行动，并且参加了万湖会议）。[194]对该人的搜寻行动始终不得要领，因为那个朗格在1945年2月被一枚反坦克榴弹击中之后，就没能活下来。因此若想知道更多关于访谈会的事情，恐怕无法期待从艾希曼自己的陈述中得到多少帮助。幸好文字记录和录音带能够透露更多事情。

　　我们虽然仍不清楚萨森访谈会参与者的全部细节，但萨森抄本所透露的内容远比人们迄今已经看到的更多。除了艾希曼、萨森和弗里奇之外，至少还有另外两人已可得到明确证实，分别是朗格尔博士以及那位来自科尔多瓦、此前不知何故完全被忽略的客人：卢多尔夫·冯·阿尔文斯莱本。抄本中的一些线索甚至表明还曾经有女性访客在场。萨森家举办访谈会的消息显然很快已不胫而走，并变成一种社交活动。人们对此抱有很高的期望，于是那个计划完全不再偷偷摸摸，而是引起了很大的关注。艾希曼自己对这种发展毫不以为意，甚至在有不认识的人参加访谈会时也照旧口无遮拦。他只是偶尔会对他们提出的问题感到不快。有一次，艾希曼在阅读打字完毕的抄本时，忍不住写下了自己对一名与会者的抱怨：“当我继续读到第三页的时候，非常气愤地感到自己被暗讽。我感谢布劳博士（Dr. Blau）编了这个选集，因为它能够向那名奇怪的提问者证明，当你在这个问题上不具备专业知识时，乱做假定是多么愚蠢的事情。”[195] 但艾希曼似乎并没有问那个奇怪的提问者究竟是谁。在另外一次访谈会的录音中，我们能够听见艾希曼小声说，他不喜欢刚刚离开的那个他不知道名字的旁听者。一个担心自身安全和暴露身份的人，是绝不可能看起来如此轻松自在的。

　　萨森也不是总对来宾感到满意。甚至可以听到萨森有一次难掩怒火，他对正在转录一卷刚录音完毕的录音带的打字员说，“今天下午”他遇见了一个“巴塔哥尼亚（Patagonia）的吹牛大王”。“私下里说，”他表示，“这回又有一点倒霉。”萨森不愿轻易放过那名惹人厌的访客，又继续补充道，吹牛大王“开着一辆蹩脚的汽车过来……那看起来可不像是巴塔哥尼亚人通常会开着跑来跑去的豪华新车”。[196] 事实上果真有一个与萨森长年不和的人，在 20 世纪 50 年代初期搬到了巴里洛切（Bariloche）：汉斯·胡安·马勒，原名莱因哈德·科普斯。

　　马勒比萨森年长四岁，和他一样也是个多产的作家。在《路径》

创办之初，马勒即已成为杜勒出版社不可或缺的人物。他尤其善于找到非法的门路来销售刊物，其中之一就是在马勒的家乡汉堡附近设置的分发点。[197] 后来，《路径》编辑部出现了一些分歧，因为那个伪造"共济会问题"的专家越来越偏离了弗里奇、莱斯和萨森的路线。马勒发展出一种疯狂的理论，要不是他已经陷入被迫害妄想之中，原本非常适用于创立一个狂热的异教团体。他感到自己在布宜诺斯艾利斯已经不再安全，正受到凶手的追杀，还把自己想象成一个不世出的天才。[198] 马勒在 20 世纪 50 年代初期搬到巴塔哥尼亚，打算在巴里洛切与杜勒出版社分庭抗礼。尽管马勒在当地创办了自己的旅馆和旅行社，但出版事业并没有像他所希望的那样继续发展下去，反而变成了他一个人的自助出版机构，推出一些基本上无法销售的书籍。但这个事实并没有阻止马勒在回忆录中吹嘘自己的巨大成就。巴里洛切是流亡纳粹所喜爱的地点，位于距离布宜诺斯艾利斯大约1300公里的安第斯山脚下，令人想起瑞士山地的风景，这让它非常受来自阿尔卑斯山区的移民的欢迎。弗朗茨·鲁巴彻尔（Franz Rubatscher）、古斯塔夫·兰切纳尔（Gustav Lantschner）

327 和昔日因斯布鲁克党部的高官弗里德里希·兰切纳尔（Friedrich Lantschner），在当地热门的旅游区担任滑雪教练。埃里克·普里布克（Erich Priebke）在城内经营一家名叫"维也纳美食"的肉店。鲁道福·弗洛伊德也在那里有一栋房子。[199] 巴里洛切是一座时髦的城市，因此符合萨森提到的"豪华新车"的刻板印象。弗里奇显然一直与马勒保持联系，所以很可能曾邀请他过来了解正在进行的计划。我们甚至很可能有马勒的谈话录音，因为在录音带一个简短的片段里出现了有浓重汉堡腔的低地德语口音。[200] 但不管怎样，的确曾有人不远万里过来，想看看萨森到底在布宜诺斯艾利斯搞些什么名堂。可是就那个"开着一辆蹩脚汽车过来的吹牛大王"而言，萨森听起来不像还会再度邀请他大驾光临。

　　抄本和录音带也让我们确定某些人不可能是听众。例如各种迹象都显示，集中营"医生"约瑟夫·门格勒从来都不在场。艾希曼和萨森一样，也认识门格勒，而且就像他对待其他参与者那般，绝不至于错过任何让门格勒加入谈话的机会。例如每当讨论到霍特尔的时候，艾希曼就会转向"朗格尔博士"，毕竟他"因公认识霍特尔"。有时艾希曼则摆出一副热络的姿态，以免所有问题都指向他一个人。比方说，他会反问："您总该认得海德里希吧？"鉴于门格勒掌握关于奥斯维辛和纳粹"医学"的内部知识，而且艾希曼想要竭尽所能地避开这两个主题，所以他绝不可能放过把发言的重大责任交给门格勒的机会。艾希曼甚至好几次因为没有帮手而表达遗憾："可惜没有曾和我并肩作战的那个时期的同志，因为现在我开始意识到，由于这么多年没有再回想过那些事情，我已经忘记了许多东西。"[201]尤其明显的事实是，萨森曾读过一篇关于门格勒的很长的文字，在相应的抄本中却可发现，打字员竟然不认识"门格勒"这个姓氏，于是就像对待其他不知道的名字一样，只留下了一个空格。从门格勒的日记可以看出，他是一个生性多疑且非常小心谨慎的人。正因为如此，他永远不可能参加像萨森访谈会那样的公开活动。不过萨森一定曾在其他场合，与门格勒讨论了他在奥斯维辛的时光。因为萨森在 1991 年接受阿根廷电视台的采访时，仍然为门格勒在集中营进行的"人体实验"进行辩护，并极力夸赞他的"文化素养"。他表示，门格勒一直试图通过观察"处于特殊情况下的"人，来发现人类存在的"本质和哲学"。萨森把毫无意义和理由的残酷折磨看成"一种人性的展现"。[202] 1991 年时，萨森很明智地没有告诉采访者，他在艾希曼被绑架之后曾经接受摩萨德的报酬，用于查明门格勒的下落。

　　在 1957 年的时候，并不是每个人都像门格勒那样怯于公开露面。阿根廷作者乌基·戈尼在进行广泛调查的时候，遇到数目惊人的人自称曾亲眼见过艾希曼跟萨森交谈。即便不得其门进入杜勒出

328

版社圈子内的人也会这样说，纯粹是人性使然。例如戈培尔的崇拜者威尔弗雷德·冯·奥芬曾经夸口，当初是他介绍萨森和弗里奇相互认识的。但他其实在 1951 年才抵达阿根廷，明明比萨森晚了许多。但即使这些自我吹嘘也清楚地表明，萨森家中令人毛骨悚然的聚会及其出席者曾经多么具有吸引力。凡是认为自己是个人物的人，都想躬逢其盛。在最初几次的录音中，艾希曼曾经表明他为什么愿意成为右翼极端主义圈子的公众焦点："今天早就没有人追捕我了，这是很清楚的事情。"[203]

女性来宾

329

我们早已习惯了纳粹逃犯过着隐秘生活的形象，以至于当我们阅读比较困难的第一手材料时，往往会忽视一些显而易见的事情。[204] 因而萨森访谈会不仅规模宏大，而且甚至是个允许女性参加的社交活动，听上去未免令人匪夷所思。即便如此，最初的一份抄本却详细记录了此事，让我们得以彻底推翻艾希曼日后对萨森访谈的描述，更何况那次的女性来访还演变成了一场灾难。最后，在艾希曼怒气爆发之前，"女士们"被礼貌地请了出去："全靠我克制住了自己的脾气，才得以合乎礼数地跟那些女士道别。"[205] 那么到底发生了什么事情？

我们并不清楚那次访谈到底是怎么开始的，因为录音带出了问题，过了好一会儿才开始录音。可是根据我们所能读到的内容，访谈以一种相当俗气的方式开始，即以歌德的"葛丽卿问题"（Gretchenfrage）开场："阿道夫，说来听听，你怎样看待宗教？"*

---

* 在歌德的《浮士德》中，玛嘉丽特（葛丽卿）问浮士德："你怎样对待宗教？说给我听。你是个好心肠的人，不过我觉得，你对宗教不大关心。"——译注

艾希曼则谈起他那笃信宗教的妻子："我的妻子也读《圣经》，我让她读的。"他谈起自己的婚姻生活："有一次我撕烂了一本《圣经》，并扔掉了它，结果我的妻子很不开心。接着她又拿来第二本《圣经》，因为我们家还有另外一本。有一次，我把它也撕了，不过只撕成两半……从此我的妻子阅读那前后两半，而且我已经发誓同意她继续读下去，让她能够快快乐乐。"艾希曼衷心希望自己的家人能够过上比他更好的生活。就在别人开始认为他已经忘记政治前景之前，艾希曼补充说道："我为我的妻子竭尽所能，就像我为德国竭尽所能。我自己的家庭不过是德国的一小部分而已。"[206]

尽管有过所描述的损毁《圣经》事件，但艾希曼确实在很大程度上接受了他妻子的虔诚宗教信仰，即便在党卫队对此表示鄙夷不屑之后也一样。他自己家庭的宗教背景很可能起了一定作用。艾希曼的父亲是搬到林茨市的新教徒少数派，不但积极参与教区活动，甚至还担任过长老。在第一任妻子去世后，卡尔·阿道夫·艾希曼刻意选择了自己教会的一位女性加入其子女众多的大家庭。艾希曼在 1957 年仍然充满孺慕之情地称呼玛丽亚·艾希曼（Maria Eichmann）为"我的新妈妈"。她是一位信仰虔诚的女性，不但自己经常阅读《圣经》，更在继子遵从父亲意愿在矿场工作的一段时间，也送了他一本。艾希曼后来曾私下里告诉萨森，自己"在当时非常虔诚"。无论是出于自己的家庭教育，还是因为山区采矿工人传统的虔诚信仰，16 岁的艾希曼都读了《圣经》，只不过是用他特有的方式来读的："我每天晚上都阅读我那本《圣经》，用红色和蓝色铅笔划出特别让我感兴趣的段落，即《旧约》中的各场战役……"[207]这种用颜色铅笔划来划去的礼拜方式，很快就被他对一种特殊宗教的皈依所取代。艾希曼变成了"神的信徒"（gottgläubig），追随国家社会主义所倡导的那种基于种族的宗教。然而艾希曼一直要等到结婚三年以后、1938 年年初时才永远脱离了基督教会。[208]当艾希曼与信仰天主教的薇拉·利布尔结婚时，他违逆党卫队的意愿在教会举行了仪式，后来并一再捍卫妻子不放弃自己宗教信仰的决定。但艾希曼很可能没有告诉薇拉，他在 1943 年 11 月正式向上级报告说，他的妻子"如今已是神的信徒"。[209] 当艾希曼在以色列的审讯中被指出谎报妻子的宗教信仰时，相关文件证据显然让他感到很不舒服。艾希曼对宗教的看法，是他在余生中能够坦率且前后一致地阐释的少数几个主题之一。在人生最后几个月，艾希曼甚至还拒绝了要求他皈依基督教信仰的提议。但不管再怎么忠于自己的决定，艾希曼非常清楚，他的妻子有不同的需求。于是他不仅如其所愿让最小的儿子上天主教学校，并且接受狱中牧师赫尔先生的提议，把他在监狱里使用过的《圣经》寄给了薇拉。[210] 因此我们可以推断，艾希曼确实如他在 1957 年向发问的女性来宾所宣称的那样，对曾经撕毁的《圣经》感到非常抱歉。

除此之外，艾希曼还努力对其"职业"生涯做出生动的描述。艾希曼聊起犹太事务部门办公大楼内的一个房间，那里是他们完成谋杀工作之后演奏音乐的地方："我的见习官弹钢琴，我拉第二小提琴，我的士官拉第一小提琴，他拉得比我好太多了。"艾希曼也谈起自己在最后时刻的英雄行为。战争即将结束之际，当他的所有同事都簇拥在负责伪造身份证件的那些人身边时，他却表示自己不需要新证件，因为在战败的情况下，他宁愿自杀。视死如归的人竟然能够活着在布宜诺斯艾利斯讲述那番慷慨激昂的告白，此事似乎一点也没有让艾希曼感到羞愧，反而把上级对他的诸多赞赏拿来夸耀："海因里希·米勒有一次对我说，假若我们有 50 个艾希曼的话，就一定能够打赢这场战争。那让我感到自豪。"此种大言不惭的态度显然让艾希曼自己也觉得不好意思，于是他接着说："这只不过是为了让你们一窥我的内心世界，因为你们还不了解我，不了解我的内心，而这是很重要的事情。"[211]

大屠杀凶手的内心生活似乎的确让女士们非常好奇。她们想知道更多关于艾希曼的事情，于是有人继续问道："既然您是这么一位狂热的国家[社会][212]主义者，那么是否有任何神秘主义、教义信条或民族主义生活的世界观，也在您身上起了作用呢？"尽管录音机偏偏在这个节骨眼上又出了毛病，但从后续的抄本仍可看出艾希曼对这个问题的回答多么热情。的确有过，艾希曼的第一任上司格雷戈尔·施瓦茨－博斯图尼奇（Gregor Schwartz-Bostunitsch）教授便是一位神秘主义者。严格说来，那名身高180公分、扁平足、留山羊胡的男子形象古怪，是一个顶着唬人教授头衔的煽动家。一旦他开始滔滔不绝地讲述共济会的危险，就没有人能让他停下来，因为他的耳聋帮他挡掉了一切反对声音。施瓦茨－博斯图尼奇甚至在希姆莱的圈子里也是个怪胎，尽管党卫队全国领袖希姆莱自己也曾经命人研究中世纪的女巫迫害案并制卡建档，将德国西部的"艾克斯特恩岩石"（Externsteine）视为"原生日耳曼"（urgermanisch）的象征，而且还崇拜各种像是圣杯和骑士团之类只能勉强被称为"神秘主义"（Mystik）的瞎胡闹的东西。[213]艾希曼对这种东西不感兴趣。他说："我一点也不喜欢神秘主义……我们应该想方设法让自己的后代能够过上体面的生活，仅此而已。我不得不根据反抗的力道来锻造我的武器。"但艾希曼的世界观中也可看到激情和使命所产生的吸引力，即使在残缺不全的抄本中仍可一览无遗："必须融入整体，因为在整体中存在着一个民族，一种血缘关系。"

艾希曼在此确实没有撒谎，因为他一直认为有关犹太人活人祭祀的恐怖故事只不过是宣传伎俩罢了，而且从一开始就断定《锡安长老会纪要》其实是赝品，这让萨森感到惊讶不已。艾希曼当然利用了这种蠢话在外国代表面前混淆视听，但他并不需要用这样的东西来说服自己实施谋杀。

录音抄本打字员在接下来的段落插入了五个删节号。虽然我们

332

只能继续读到艾希曼在女士们离开之后所讲的话，但还是可以大致明白事情的经过。艾希曼怒不可遏地说道："我们为此付出了一切，付出了青春，付出了一切，付出了自由。有些人甚至还付出了更多，甚至包括他们的生命。所以我无法忍受有人告诉我说，还有什么事情会比国家社会主义在 1933 年 1 月 30 日掌权更糟呢？那让我气得发火！"[214] "女士们"中的一位显然敢于冒大不韪，触及了萨森圈内人在随后几个月的讨论中都不愿重新提起的话题：1933 年在德国"攫取政权"（Machtergreifung）后已经显露出来的，那个极权主义政府的犯罪本质。我们不需要发挥太多想象力就能猜到，在艾希曼耗尽耐心之前，与那些女性访客告辞得多么虚应故事。"全靠我克制住了自己的脾气，才得以合乎礼数地跟那些女士道别。"[215]

这段插曲值得注意，是因为它表明访谈会那批人一开始就不怎么在意来宾的身份，以及是否有与他们相同的信念。我们不知道这些具有理性观点的女性究竟是谁，不过有迹象显示，其中之一或许是杜勒出版社一位来自比利时、与萨森有过一段情的女秘书。[216]此外，来自吕讷堡石楠草原的帆船船长女儿、与萨森一同横渡大西洋的英格·施奈德也记得，她的妹妹安切曾告诉她，自己亲自到过录音的访谈会。安切·施奈德在与拜尔公司的南美洲代表结婚后改姓隆斯（Löns），但仍然为萨森倾倒，还收集了他的照片和戏剧评论。英格·施奈德后来则嫁给了曾任潜艇艇长的海因里希·莱曼－威伦布罗克（Heinrich Lehmann-Willenbrock）——约尔根·普罗赫诺（Jürgen Prochnow）曾在 1981 年的电影《从海底出击》（*Das Boot*）里扮演过那位艇长的角色。英格·施奈德明显比较保持距离，坚称自己从未参加过萨森访谈会，而且只在其他社交场合见过艾希曼。[217]无论如何，让艾希曼火冒三丈的那些女士们显然并非像他那样的"狂热国家社会主义者"，却仍然领教到他的狂热。艾希曼毫不隐瞒自己的想法，并主动让别人见识了他的"思维方式"

（Denkungsart）（附带说一下，这是康德哲学中的一个重要概念）。无论艾希曼、萨森，还是弗里奇，显然都对想法不同的人缺乏戒心。反正在布宜诺斯艾利斯，那些女性见证者还能把她们听到的事情告诉谁呢？阿根廷有不可救药的纳粹分子，这已是不争的事实，他们的名字显然更非秘密。而且必须承认的是，没有人有兴趣听到这样的话："假若我们有 50 个克莱门特，就一定能够打赢这场战争。"

不知名的助手：朗格尔博士

334

> 请继续追问下去！
>
> ——萨森对朗格尔博士说的悄悄话[218]

　　来宾不是偶尔才出现在访谈会，因为萨森很少单独和艾希曼进行录音谈话。在绝大多数情况下，还有一位被所有人称作"朗格尔博士"的先生在场。[219] 我们不但能找到大量他提出的问题和意见，录音带中甚至还清楚保存了他所发表的一通长篇演讲。因此令人不解的是，既然这个人在塑造所谓的萨森访谈上起了很大作用，为何他所扮演的角色迄今一直没有受到注意。从朗格尔博士略显迟疑的声音中可以听出他的激动不安，而他就以这种声音描述了威廉·霍特尔的性格特征——在维也纳的公务往来使他非常熟悉那个人。此外他与艾希曼也有过一些激烈的言语交锋。以免有人产生疑问，这里先声明：这个人的身份直到今天仍旧是一个谜，尽管他显然曾经有过不同凡响的纳粹职业生涯。

　　正如艾希曼经常沾沾自喜地指出的，朗格尔一直只待在维也纳的党卫队保安局，而且同样没有服过兵役。在一次激烈的讨论中，艾希曼质疑他，为什么要插手干预自己显然完全不了解的事情。或者直接引用艾希曼的原话："你这个可笑透顶的小子，你上前线打过仗吗？"[220] 但朗格尔博士熟知法律规定，当艾希曼谈起他在德奥"合并"之后在奥地利的生活时，朗格尔强调了自己的经历："当时我在奥地利的另一个党卫队保安局部门工作，我们必须根据那项法律来执行评鉴公务人员的任务，亦即确认他们是否为犹太人。"[221] 换句话说，朗格尔博士是负责在奥地利执行 1933 年颁布的"终身公务员制度"（Berufsbeamtentum）相关法案的人员之一，可以决定哪些人能够继续留任公职，哪些人不能。

335   由此可见，维也纳党卫队保安局的这位朗格尔博士绝非泛泛之辈，至少曾经担任过那样一个职务，让艾希曼 1957 年仍然艳羡不已。当艾希曼解释说，他的上司海德里希在布拉格过于忙碌，以致难得有时间顾及帝国保安总局在柏林的事务时，朗格尔一口反驳回去："我可不相信这种事情，他至少总该有签字的时间吧。"艾希曼怒气冲冲地回应说："既然您不相信，那我必须说，您是运气好才会待在保安局……要不然的话，当时其他一切事项都是在第四局由米勒签署的。"但朗格尔博士绝不轻言让步："在第四局？可我还清楚记得，我们收到的许多东西上面都有海德里希的签字。"接着他又挑衅意味十足地补上一句："当我在布拉格的时候，他总是空得出时间来。"艾希曼只能尴尬地说，"我在布拉格也和他一起"[222]，仿佛担心在座会有人怀疑他一样。这种愚蠢的"我的海德里希/你的海德里希"游戏揭示出，艾希曼的攻击，其目的在于贬低朗格尔博士明显具有的重要地位。海德里希被认为是第三帝国内部最野心勃勃的人之一，他可不会随随便便接见每一个人。朗格尔博士被视为知道犹太人在党卫队内部所占比例的专家。他表示："比例很低，如果按'雅利安证明'（Ariernachweis）来算的话，或许会高一点，但百分比无法确定。奥地利的比例很可能高于旧领土（Altreich）。"[223] 此外他可以提供自己对汉斯·劳特尔（Hans

Rauter）以及阿图尔·赛斯—英夸特（Arthur Seyß-Inquart）*等纳粹要员的个人印象[224]，就连艾希曼偶尔也会求助于朗格尔的过人见识，只要能够有助于他的目的。例如："我们必须详细询问一下朗格尔博士，海德里希在 1939 年是否也担任国际刑警组织的主席†。"[225]

如前所述，我们不知道朗格尔博士究竟是何许人也。但他的官阶想必不会很低。"在我的部门有一位党卫队三级突击中队长。后来发现他有四分之一犹太血统，他恨不得杀了自己，但是我劝阻了他。后来他加入空军，并在那里干得很漂亮。……据我所知，今天他在奥地利战后新的民族主义运动中再次发挥了举足轻重的作用。"[226]朗格尔博士对属下明显的自豪还有另外一层意义。在回答关于其手下人员的问题时，朗格尔直接向艾希曼抱怨，他不断失去最好的干将："让我苦恼不堪的是，帝国保安总局总是把最好的人手从我这里调走。"[227]

尽管存在竞争关系，朗格尔博士还是掌握了一些就连艾希曼也渴望听到的消息。在一次访谈会上，艾希曼简直是在催促萨森针对一个让他头疼不已的问题询问朗格尔，即战争结束时艾希曼自卖自夸言论的关键目击证人。艾希曼强调"朗格尔博士……因公认识霍特尔"[228]，所以不妨请他对此发表一下意见。朗格尔随即真的针对威廉·霍特尔发表了将近 20 分钟的报告，完全就像在进行专题讲

336

---

* 汉斯·劳特尔（1895—1949）是奥地利籍党卫队上级集团领袖（上将），荷兰占领区最高阶的党卫队和警察领导人，1949 年在荷兰被判处绞刑。阿图尔·赛斯—英夸特（1892—1946）是奥地利的纳粹领袖，于德奥合并前后担任过奥地利总理和东方边区总督。其最后职务为荷兰占领区总督，1946 年在纽伦堡被判处绞刑。——译注

† 海德里希在 1940—1942 年间担任国际刑警组织的主席。当初引荐艾希曼加入党卫队的卡尔滕布伦纳，则是 1943—1945 年的国际刑警组织主席。（国际刑警组织的总部原本位于维也纳，德奥合并后该组织便落入纳粹德国手中，1942—1945 年其总部甚至就设在柏林市。）——译注

座一般，因为听得出来朗格尔用了事先准备的笔记，其中甚至包含对霍特尔那本书的解读。尽管采取了这种既矫揉造作又装腔作势的姿态，但随着时间的推移，朗格尔变得轻松自在，以幽默的口吻谈论起霍特尔的狼藉声名和诡计多端的行为方式。然而这让艾希曼觉得他的竞争对手受到了太多关注。他变得不耐烦，开始插话进来："现在说完了吗？"然后开启了自己的一段冗长说明。那段陈述的内容是如此空洞，以致不禁让人觉得，艾希曼只是在阻止朗格尔博士继续占用他的发言时间。

朗格尔博士向艾希曼提出了一些相当尖锐的问题，这至少在一定程度上暗示他有时候可能会产生负罪感。但我们如果因而认为，这名昔日维也纳党卫队保安局人员是萨森访谈会上仅存的道德良知，那可就大错特错了。原始录音带泄露了阿根廷的打字员选择略去的事项：朗格尔博士有权进入毛特豪森集中营（KZ Mauthausen）。他曾在萨森访谈会上表示："我经常到访那里，一次刚好有荷兰犹太人被带到了我的面前。"[229] 朗格尔博士还因为与该集中营指挥官弗朗茨·齐赖斯（Franz Ziereis）的密切关系，得知有一道命令要通过劳动消灭荷兰犹太人。他回想起"一次亲身经历，集中营指挥官向我解释说，这批犹太人被分配完成这项工作，而实际上那项活计一个人最多坚持几天"[230]。在萨森访谈会上，那些人兴味盎然地讨论了各种令人忍无可忍的通过劳动来毁灭的办法。

就其他方面而言，朗格尔博士也绝非萨森圈子里的异类。他同样对"犹太人的世界阴谋"深信不疑，并且像萨森一样密切保持警惕，以免出现任何有助于"犹太学术"的事实。当艾希曼相当坦率地谈论其上司恣意妄为的倾向时，朗格尔博士立刻嗅到其中的危险："这样一来，您当然就给了敌人更多现成的把柄，得以声称恣意专断的态度占了上风。"[231]

关于朗格尔博士自己卷入犹太人大屠杀的各种陈述，几乎全都没有被转录成抄本，由此可见萨森已经向他的这位助手保证，会慎重保密。其他种种迹象也表明，萨森之所以邀请朗格尔博士参加访谈会，并非出于对其具体陈述内容的兴趣。不同于萨森和弗里奇，朗格尔至少能够对艾希曼所讲的一小部分内容做出判断。但令人感到不可思议的是，朗格尔和艾希曼在纳粹时期竟然彼此完全不认识。毕竟艾希曼曾在1944年的最后几个月组织了从布达佩斯到维也纳的可怕的死亡行军。这种在大屠杀方面的响亮名号，应该很难不传入朗格尔博士那样级别的党卫队保安局人员的耳中。朗格尔能够提出质疑，并在萨森不明白的地方对答案做出判断，因此朗格尔是在帮助萨森制衡艾希曼。一名前《路径》工作人员强调，艾希曼在萨森访谈会上受到了真正的审讯。[232] 当我们在艾希曼和朗格尔进行的一场高强度讨论中，突然听见萨森悄悄说"请继续追问下去！"，便不难理解这意味着什么了。可是艾希曼很快就发现该如何应对朗格尔博士：以其人之道还治其人之身，运用法令和法规。就此而言，艾希曼特别喜欢引述萨森访谈会上曾逐页讨论过的一本书，并巧妙地运用他在知识上的优势。例如，为了证明其半真半假的理论，艾希曼曾经说："朗格尔收到布劳博士的那本法规选集时，也是第一次看到它。"[233]

　　此外，艾希曼还使用了当年在柏林进行部际协调时贯彻自己意图的技巧：摆出一副吹毛求疵的官僚模样。例如在录音带上可以听到，某次有人拿来一份资料，上面把艾希曼的部门表示为"IV A 4"。艾希曼起初变得非常紧张，然后斤斤计较地说道："慢着，IV A 4，怎么回事？我能瞧一瞧吗？您看，您只需要瞧一眼就能看出这个作者的愚蠢，是吧？那些作者自以为无所不知，无所不晓。您现在所见的只有几个拼凑在一起的罗马数字和大小写字母，那些蠢蛋却用它们来鱼目混珠。那其实是 IV A。IV A 是完全不同的另一个单位！"然后艾希曼滔滔不绝地解释，为什么根本不可能存在 IV A 4

（页边）338

这样一个部门名称，表现得十分笃定、自信和傲慢。[234] 但事实上，从 1944 年 3 月开始，艾希曼部门的名称确实是 IV A 4。严格说来，他的部门多年来总共有过四个不同的名称：IV R、IV D 4、IV B 4，最后是 IV A 4。[235] 他知道得一清二楚，各部门的档案文件只能通过单位编号来查询，如果隐瞒编号，就能让堆积成山的文件消失不见，并否认许多事情。后来以色列审讯官阿夫纳·莱斯几乎被艾希曼逗笑，看着他如何以"不可思议的顽固和狂热"，否认了除 IV B 4 之外的所有部门名称，并一再利用官方术语和单位内部名称来故弄玄虚，直到有人拿出文件，提醒他所有混淆视听的策略都无济于事。[236] 可是当艾希曼握有实权的时候，情况却大不相同。以谋杀为工作目标的人不必设法说服别人，只需要争取时间。有不少文件证明，艾希曼也玩弄把戏为他想做的事情创造先例。官僚的刁难并不等同于官僚主义本身，没有人比艾希曼更了解这一点，因为他发现一切官僚主义都让人讨厌，而专门的工作人员就是为此而设。他曾向萨森吐露内情："凡是与官僚主义有关的事情，我都交给手下的官员来办理。"艾希曼的那些手下——例如恩斯特·莫斯和弗里茨·沃恩（Fritz Wöhrn）——就是"活生生的法律条文"，后来被他用作"官僚主义的制动器"（bürokratische Bremse）。[237] 在与朗格尔争辩的时候，只要对他有利，他也会自称为"活生生的法律条文"；但如果朗格尔博士问出了让艾希曼不舒服的问题，他马上就改变方向："您无法设身处地从我的角度来看事情，您永远都没有办法那样做，因为您直到最后一刻都一直待在党卫队保安局。"[238]

朗格尔博士究竟是谁？录音带上是谁带着轻微的维也纳口音，在别人递给他饮料时彬彬有礼地说出"愿神赐福！"*，却可以面不改

---

*　"愿神（为此）赐福（于您）！"（Vergelt's Gott!）是南德和奥地利的用语，意为"多谢"。——译注

（边注）339

色地回忆毛特豪森集中营的恐怖行为？再一次，耶路撒冷的艾希曼帮不了我们。艾希曼在耶路撒冷表示，当他与萨森在厨房谈话的时候，曾经跟一位名叫"朗格"的先生有过点头之交。他声称那人曾担任过奥地利某个大区的首长，真正的名字其实是"克兰博士"（Dr. Klan）。[239] 值得注意的是，艾希曼身边确实有个人拥有那个带有异国情调的姓氏，即摩萨德行动小组的医生，在艾希曼被绑架后立即负责照顾他的健康。然而在阿根廷，姓克兰或朗格的人都没有找到。除此之外，不同于党卫队的层级结构，保安局并没有在奥地利下面另外设置大区，因为整个奥地利都属于一个单独的保安局——"多瑙大区"（Oberabschnitt Donau）保安局。

朗格尔博士的身份直到今天仍然是一个谜。我们所能确定的只有他的故事、声音与名字，因为人们在萨森家中不使用化名，而且艾希曼和朗格尔的确有可能在工作中遇到过，在艾希曼面前隐瞒身份是没有意义的事情。[240] 无论是党卫队队员名录[241]，还是维也纳大学颁发法律或政治学博士学位的记录[242]，还是许多同侪们杰出的专业知识[243]，迄今都还没有带来更进一步的认识，只留下一长串不可能人选的名单。"朗格尔博士"的例子再次清楚显示，关于萨森访谈会还有事实尚待发现，以及我们对流亡纳粹人士的了解有多么不足。

340

武器：言语暴力

　　萨森：您能用它打中苍蝇吗？
　　讲话声：能！
　　拍打声和笑声。
　　萨森：一只具有犹太秉性的苍蝇……
　　一阵拍打。

萨森：苍蝇尸体。

——萨森访谈会 [244]

　　让萨森抄本成为如此强有力的原始资料的主要因素，是我们在阅读——以及尤其在聆听——时直接面对的那些人的语言。凡是听过艾希曼接受阿夫纳·莱斯审讯或者庭审过程的人，都知道艾希曼如何以一种混合了自怨自艾、冷漠无情，时而还带着挑衅抗拒的独特方式，谈论他自己以及他参与犹太人大屠杀、犯下危害人类罪行的经过。他没完没了的句子中充满了扭曲迂回的想法，用所谓"错综复杂的层级结构和职权范围"，以及"责任心重"和"必须奉命行事"之类的老掉牙借口，让每个人都疲惫不堪。相形之下，艾希曼在阿根廷置身志同道合者的圈子内时，却给人一种截然不同的印象，而且更让人难以忍受。如果想要知道 1957 年的时候，那些人连续几个月在阿根廷搞了些什么名堂，我们就必须花些时间，不但剖析他
341 们的想法，还必须剖析他们的语言，即使不考虑其他因素，这也是相当罕见的第一手资料，让人得以一窥这些自称的"世界启蒙者"所使用的行话。[245] 所以我们不得不勉为其难，至少也要对阿根廷时期艾希曼在人前的样子有一个基本印象。

　　乍看之下，艾希曼肆无忌惮、口无遮拦的言辞在谈话中占了主导地位。艾希曼对其受害者有自成一格的划分方式。他只关注"对国家具有重要意义的有一定地位的犹太人"，"对投闲置散的一般犹太人则根本不感兴趣"。[246] 他认为除了"有价值的犹太人"之外，还存在着那些"年迈且已被同化"、不管对谁都派不上用场的犹太人。这名狂热的种族主义者如此解释，仿佛这是世上最理所当然的事情。犹太人自己当然也想要保存"具有生物学价值的犹太血统"。[247] "就好比今天我有一个养鸡场，需要 100 只或 10000 只下蛋的母鸡，那么我实际上必须在孵化器内孵出 20 万只鸡，因为其中会有一半公鸡，

一半母鸡。"[248] 任何靠养鸡为生的人应该都明白这档子事。

艾希曼在执行遣送行动的时候当然费尽心力，"因为如果交付给集中营的劳动材料无法立刻投入工作，反而成为需要修理、完全无用的废物，那是不符合我们利益的"。[249] 艾希曼为自己经常在这方面取得成功而感到自豪："您想想看，您该如何让 25000 名犹太人，无论是人还是……就说 25000 头牛吧，该如何让 25000 只动物在路上消失不见呢？……您可曾看见过 25000 人聚集在一起吗？……您看见过 10000 人挤成一团吗？那是五列运输火车，而且即便按照匈牙利警方让运输火车挤到爆的那种方式，顶多也只能在一列火车塞进 3000 人。"[250] 艾希曼的对谈者们无法真正想象，灭绝行动的组织者究竟会面对哪些困难。他又解释说："装火车是非常麻烦的事情，不管装的是牛还是一袋袋面粉……载人更是难上加难，尤其是你还必须应付各种问题。"[251] 反正情况总是一样的。起先一切都"非常充满希望"，车轮"开始转动，那种场面可以说是壮观极了"。[252] 遣送行动进展得"十分顺利，没有任何困难"。[253] 有些行动甚至还"特别漂亮和出色，伴随着各种附加的好处"[254]，然而接着就出现了那些"该死的问题"。[255]

艾希曼曾在战争的最后几个月，命人在深冬徒步行走好几百公里。但这个谋杀创举在艾希曼自己口中却并不叫作"死亡行军"。"我所说的那些犹太人徒步旅行"[256]，是以"最优雅的形式"完成的。[257] 接着他毫不犹豫地补充说道："今天我可以告诉您，我在整个路途中只看见过两具尸体，都是年迈的犹太人，毕竟'哪儿要刨光，哪儿就会落刨屑'*。难道 1945 年后，规模大得多的德国百姓队伍从东方长途跋涉过来的时候就没有'落过刨屑'吗？"艾希曼觉得，把

342

---

* 德文谚语"wo gehobelt wird, fallen Späne"，大致意为"有得必有失"或"良药也有副作用"。——译注

数十万匈牙利犹太人送上死亡之路是完全正常的事情，因为运输行动"对每个人都有好处，包括犹太人自己在内"。[258] 库尔特·贝歇尔那样的人之所以想让犹太人活下去，仅仅是为了抢劫他们。艾希曼可不是这样，"我们跟犹太人合作解决犹太人问题，其他人却把犹太人当成实现目的的工具，为了达到自己的目的而压榨他们"。[259] 宁愿要一个规规矩矩的最终解决方案，也不要卑劣下贱的勒索——艾希曼自己当然从未出此下策。尽管他没有给他的家庭带来任何财富，不过："谢天谢地，我没有变成一头猪。"[260] 然而令人遗憾的是，并非每个人都认清了这一点，"因此还有许多本应已经闻过毒气的犹太人，今天还在享受生活"。[261]

当然，艾希曼只着眼于大局，对个别人的命运完全不感兴趣，因为"不管这个或那个抱怨鬼……扮演过怎样的角色"，那根本就无足轻重。[262] "少数残余分子或残余团体"[263]——亦即他们未能杀害的那些犹太人——并不值得大惊小怪。但尽管如此，还是必须小心翼翼地避免出现任何例外。"在如此庞大的群体当中，单独的个人就再也算不上什么了。然而我不能在那些法律专家面前这样做，因为他们必须仔细查阅相关规定。"[264] 在系统性灭绝行动中被忽略的那些人就是"保住一命"的人，他们"既没有感染斑疹伤寒，也未曾受到肉体毁灭的波及"。[265] 不过艾希曼的同僚们有时会"完成这些剩下的故事"[266]，例如维斯利策尼"后来还是杀死了斯洛伐克的犹太人"。[267]

如果犹太人的代表们还以为能够通过会谈来挽救任何东西的话，那么他们早就没有了指望。因为对艾希曼来说，与犹太人代表的见面只不过是一个智力挑战而已。"我很喜欢光明正大地跟所有那些犹太政治代表玩游戏"[268]，因为"正大光明是我的口头禅"[269]。例如艾希曼相当坦白地承认，当他在匈牙利跟鲁道夫·卡斯特纳玩这个"游戏"的时候，实际目的只不过是为了"让那个人继续

在他自己的犹太社区里面扮演绥靖大员（Beschwichtigungshofrat
[!]）的角色"。[270]艾希曼谈起他为了实现目标而运用的诡计和谎言
时毫不掩饰自己的骄傲："多年的经验让我学会了该用哪些钓竿来
抓鱼。"[271]这些"游戏"当中也包含了肆无忌惮的勒索："当然，
我曾利用勃兰特一家向卡斯特纳施压。那不难理解是一场防御游
戏。"[272]——至少，萨森和其他在场者立刻就明白了那是怎么一回事。

　　为了人道主义而自己冒生命危险的人，在艾希曼的世界里只有
挨骂的份。例如拉乌尔·瓦伦贝里曾竭尽全力在匈牙利为受迫害的
人们提供庇护和瑞典的证明文件，但他对艾希曼而言却只是一个"假
冒的外交官"，在那里"推广自己"。[273]任何为犹太人挺身而出，
阻挡"毁灭机器"[274]运转的人都是不明事理的"干预主义者"，他
们当中的许多人"因为每礼拜天上教堂而变得目光狭窄"。[275]谁要
是像撰写《格斯泰因报告》的库尔特·格斯泰因那般，甚至在灭绝
计划上替敌人帮腔，那就是"ein A... mit Ohren"*。[276]录音带誊写
者体贴入微地在此做出省略，因为有别于对酷刑和屠杀活动的详细
描述，他认为粗俗的表达是非常不得体的。至于那些未能完成遣送
配额的下属，艾希曼则影射地说道："那是因为人道主义的观点让
他们可以舒舒服服地藏在命令、规定和法条背后。"毕竟人道主义
除了作为"借口"之外，还有什么用呢？[277]

　　当艾希曼用扭曲的比喻、温柔的生活意象形容驱逐行动和屠杀
项目时，其言语已经到了完全变态的程度。对艾希曼来说，那个强
制移民的机构是他的"第一个孩子"[278]，可以让他"在工作中具有
创造性"[279]。在奥地利采取的各种掠夺与驱逐措施，全部都是为了
向那个国家"注入犹太人问题的解决办法"[280]。甚至连灭绝与遣送

344

---

* 是德语中一种粗俗骂人的脏话的含蓄写法。其完整表达为"ein Arsch mit Ohren"，可直译
　成"一个有着［两只］耳朵的屁股"。——译注

行动也是"诞生"出来的。[281] 于是当他再也不可能把人遣送到奥斯维辛集中营之后，他感觉自己在布达佩斯已经变得完全多余，因为"我知道自己再也做不出有成果的事情了"。[282] 如果工作成果就在于不断向上攀升的谋杀数据统计柱，那么他对"成长"和"生命"也需要有稍微不同的理解。在艾希曼眼中，他送入死亡集中营的并非人类，而是向集中营"供应的材料"[283]。

"最终解决方案"根本没有预期可能发生抵抗。当抵抗确实发生时，艾希曼觉得那完全不可思议，竟然集中营的工作人员"被一个发疯的犹太人给打死了"[284]。任何有办法从那个地狱中幸存下来的人，都是"偷偷溜走的人"。[285]

艾希曼和他的对谈者都毫无顾忌地有话直说：犹太人"被毒气毒死"、"白痴被烧掉"、遣送过去的人"像上了传动带一般在集中营不停被杀死"[286] 他们显然像希姆莱那样，感觉自己在不拐弯抹角说话的时候更加强大。艾希曼无动于衷地表示："我完全不在乎那些犹太人去了什么地方。对我而言，他们可以去马达加斯加，或者去格洛博奇尼克那里闻毒气，也可以去奥斯维辛，或者去里加。"[287] 由于格调低俗的方式也可以因人而异，所有出席者都有自己的特殊偏好：在面对集中营的暴行时，萨森喜欢做出"繁殖本能的技术执行"和"男人的欲望"等等性暗示[288]，凡是犹疑不信的人都被讲成是"白痴"或"蠢货"。阿尔文斯莱本喜欢大肆强调，"犹太人成群结队出现时会变得难以置信的残暴"[289]，以及"血统中"流淌的"责任"[290]。朗格尔博士则喜欢详细描述毛特豪森集中营所使用的折磨手段。[291]

但这并不表示那些人没有细腻的情感。艾希曼告诉他在座的同志们，他感觉自己"真心为帝国担忧"，"为帝国而战栗"[292]，而且人们从中可以看出，"我是多么义无反顾地投身到这场斗争中"。[293]第一次听到有关灭绝计划的消息时，他感到惊惧不已，并用希姆莱的话来安慰自己："这种话说说很容易，做起来却非常困难"[294]，以及"最终解决的整个工作"[295]，是一项"杀人的行当"[296]——
艾希曼这么说的时候丝毫没有反讽的意味。只有希姆莱的呼吁，
在杀戮时尽量"避免不必要的痛苦"，听起来宛如"管风琴的音乐
声"。[297] 正是基于这个缘故，一些犹太人获准进入他的"特莱西恩
施塔特养老院"[298]，因为"他们在那里获得最轻松的工作，那些工
作是留给不慎还没有死亡的老人的"。[299]

　　1957 年在阿根廷的时候，艾希曼仍然能找到许多让他感到自豪
的理由。杀戮是必要的，因为"只有死掉的帝国敌人才是好的敌人。
特别需要补充的是，接获命令之后，我总是把命令交由行刑者执行，
而且我直到今天仍然为此感到自豪"[300]。"如果我没有这么做的话，
他们就不会去到行刑者那里。"[301] 最后，在匈牙利，几个星期遣送
40 多万犹太人的大规模行动，成了艾希曼的杰作。"那真称得上是
一个前无古人后无来者的成就。"[302] 要是之前没有老是遇到一些困
难的话，就更好了！最让艾希曼受到打击的是火车没有装满，"在
比利时这项工作非常糟糕"[303]。可是在丹麦发生了更糟糕的事情，
因为艾希曼无法按照自己的意愿把犹太人送上死亡之路。"我不得
不把运输列车叫回来，那对我来说真是一个极大的耻辱。"[304]

＊　＊　＊

　　玩世不恭、无同情心、蔑视人性、道德沦丧、不知收敛与节制——
这些用语都不足以形容艾希曼、萨森和他们的同侪在 1957 年时所
表现出的模样。它们完全无法让人联想起什洛莫·库尔恰尔笔下那
名耶路撒冷的囚犯："进行调查的心理学家非常熟悉纳粹文献的风
格。艾希曼的风格却截然不同，枯燥许多，缺乏强有力的表达。他
选择这种风格并不是要引起情绪反应。"[305] 汉娜·阿伦特虽曾非常
正确地指出其"骇人的荒谬"（makabre Lächerlichkeit），导致恐怖

346

有时会因此变得滑稽，不过基于阿根廷的文件，她关于艾希曼"缺乏思考能力"以致"无法表达自己"的说法却显然站不住脚。[306]艾希曼在阿根廷的发言与其他谈话人一样，并非没有思想的胡言乱语，而是基于一套完整思想体系的逻辑一贯的言论。因此我们或许可以说，这些判断言过其实。在此缺少的并非论据基础，而是批评极权主义结构的基本意愿。其原因正在于这些人自己的自以为是。这些人强调暴力的一致性，无论承受暴力的是自己还是别人。暴力本身成了目的。战争结束 12 年之后，他们仍未意识到与暴力保持距离的必要性，至少弗里奇、萨森和艾希曼依旧是正在战斗中的世界观战士。然而他们除了语言和夸夸其谈之外，已经失去了所有武器。正因为如此，直面他们的语言可以帮人打开思路，以便处理那些仅靠对历史事实的认知与想象力无法解读的文件。从这种语言中可以清楚看到对文明的抛弃，让国家社会主义者对人类犯下可怕的罪行。正如系统化的大规模屠杀不能用一连串偶发事件和零星暴行来解释，而是一个彻底扭曲的政治思想所造成的后果，萨森家客厅内进行的访谈也严重偏离了一切道德准则。如果"无存在价值"一词 * 果真有适用对象的话，那就是这些人在阿根廷的言论所依据的思想体系。这正是为什么相比于艾希曼在耶路撒冷的言论，萨森抄本读起来甚至更加费力。在接受审讯和审判的过程中，不仅艾希曼明显收敛了许多，而且另一方的声音至少都是以理性和正义为导向，例如来自审讯官、法官和检察官的声音，更何况还有对这一切做出评论的新闻媒体。他们让我们有机会重新找回自己的价值观和行为准则，让我们感到自己和他们一样是多数人。而在阿根廷的访谈中，我们完全只能依靠自己。

---

*　"无存在价值"（unwert）主要为纳粹优生学与安乐死的用语，如"无存在价值的生命"（unwertes Leben）。——译注

在萨森访谈会上，已有的材料中没有一次显示曾经有人对讨论的基调提出反对。对那些先生们来说，讨论的基调显然与主题配合得天衣无缝。没有谁觉得必须呼吁尊重人权和讲求人道、停止胡言乱语，或者至少离席以示抗议。根本没有人心生反感或者感到害怕。所争论的始终只是德国人的自我形象，而任何不得不离开访谈会的人，都对自己的中途离席表示遗憾。[307] 承认谋杀之后，紧接着毫无窒碍地讨论其他项目和安排日常事务。[308] 萨森在会议结束后继续开着录音机，趁整理收拾之际对打字抄本做出一些指示，或者针对刚离开的客人发出刻薄的评论，这时就能听见他吹着快乐的口哨与家人交谈，仿佛一个辛苦做完工作的人惬意地回到家中。[309] "最终解决方案的工作"在此就是例行公事，正如谋杀也不只是一个讨论话题。但对这个群体所用语言的分析让我们能够对纳粹党人向他们宣布为非德国人的人所施加的暴力有一了解：剥夺他们的一切法律地位，最终剥夺他们的生存权。我们的价值规范在萨森访谈会上根本没有发言权，因为只有来自无底深渊的声音在主导对话，而且它未曾给任何人带来困扰。没有什么更令人信服地表明了及时倾听话语的重要性，因为正是在此类言语中，一个道德的世界最终可能走向消亡。一旦思想陷入了这种窠臼，便不再有任何论证能够阻止它产生谋杀行为。

348

敌人：书籍

> 那些作者们撒起谎来信口雌黄，信口雌黄，我就是这么讲的。
> 不管那人是叫波利亚科夫还是张三李四——他叫什么来着？
> 对了，赖特林格！他说谎的程度更甚于波利亚科夫，
> 或者科贡，或者那些叫什么名字的家伙……
>
> ——艾希曼，73号录音带[310]

　　从一开始，萨森访谈会的主要工作就是共同阅读和评估书籍，因为在1957年的时候，关于纳粹灭绝犹太人的专业文献还是有限的。值得注意的是，布宜诺斯艾利斯的那批人设法获得了关于这个主题的每一本德语书籍，尽管其中一些的发行量并不大。因此萨森和他的同伴们对此进行了彻底的研究，当然也花了一些钱，因为德语书349 籍在布宜诺斯艾利斯自然不便宜。尽管《路径》有自己的书评部门，杜勒出版社通常却无法指望获得评论赠书。因为多次在联邦德国被禁止销售已让该出版社名誉扫地，以致不太可能有人看重来自世界那个角落的书评，更遑论自己耗费重金寄书过去。于是埃伯哈德·弗里奇一再利用《路径》的社论向忠实的读者求救，请他们寄送与讨论主题有关的报刊文章或书籍。在个别情况下，弗里奇当然也曾求助于他的作者们，以及迪特尔·福尔默那位昔日的同事。反正不管怎样，他们在寻找文献方面花了很多功夫。讨论会的书单则进一步展现出萨森与同伴们从事那个新兴历史研究的系统化方法。

　　在第一次录音时，艾希曼和萨森就已经开始引用相关著作中的文字。艾希曼引述了纽伦堡审判的记录[311]，萨森则询问起亚历克斯·魏斯贝格《约埃尔·布兰德的故事》[312]以及格尔拉德·赖特林格《最终解决方案》[313]的关键词句。他们用了将近30卷录音带来讨论那两本书，接着也花了很多时间讨论莱昂·波利亚科夫和约瑟夫·伍尔夫的文献丛刊《第三帝国与犹太人》。从39号录音带开始，他们详细讨论了不久前才首次整理出来的国家社会主义立法汇编：1954年由布鲁诺·布劳（Bruno Blau）推出的《德国犹太人的例外法规，1933—1945年》（*Das Ausnahmerecht für Juden in Deutschland 1933—1945*）。[314]由于布劳曾是柏林犹太医院的非自愿病患，艾希曼或许还记得他。该医院被用于拘留暂时无法被遣送的犹太人，而且有证据表明艾希曼曾经前往视察，因为那里也属于他那个部门的管辖范围。威廉·霍特尔的《秘密战线：纳粹特工局黑幕》一书更具有特殊意义，但这主要是因为霍特尔个人的缘故，以及他作为大屠杀主要见证人的角色——当然，也因为朗格尔博士和艾希曼都认得作者本人。不过他们最关注的还是赖特林格的《最　　350　终解决方案》，而且在讨论时一再回到这个主题。就连最后的录音也在处理这本大部头著作。[315] 为了让在座者共同参与讨论，有时部分书籍会制作副本以便带回家阅读。但是从朗格尔博士为关于霍特尔的讨论所做的准备工作可以看出，至少他也有自己的书。

　　除却这些被集体讨论的书籍之外，艾希曼和其他人还单独阅读了其他相关图书和文章。艾希曼提到过欧根·科贡的《党卫队国家》，以及由美国起诉人罗伯特·肯普纳作序推荐的《纽伦堡审判》。我们知道，艾希曼几乎读遍了关于这个主题一切找得到的资料。[316] 他还带来报纸文章的消息，因为艾希曼可以通过自己的家人获得德国和奥地利报纸上的文章。此外与萨森不同，他还阅读《阿根廷日报》，布宜诺斯艾利斯那份具有悠久传统、被视为自由派（尤其是犹太人）的德文日报。阅读"敌方出版物"显然是他在阿根廷继续从事的专业职责之一，但话说回来，艾希曼当然也想借此查明是否有人掌握了他的行踪。艾希曼在萨森访谈会上选择谈论的那些文章，清楚表明他仍在监视着"敌人"。萨森家中除了堆满的图书之外，还奢侈地提供了大量最新的欧洲报纸和杂志，而且不局限于塔登的《帝国呼声报》（萨森也曾为之撰稿）或《维京号召》（ *Wiking-Ruf* ）之类来自极右派阵营的刊物，更有《明星周刊》《明镜周刊》，以及荷兰的《人民报》（ *De Volkskrant* ）。有时，房子主人还会为其他人翻译当期《时代杂志》中的文章。[317] 在 20 世纪 50 年代末，或许没有其他任何人像布宜诺斯艾利斯的这些人一般，在这样一个知识丰富的团体中，充分钻研关"最终解决方案"的文献。尽管如此，他们却几乎没有理解任何事，因为其首要目标并非通过一起阅读来　　351　拓宽自己的视野。

三年后在以色列，艾希曼想必曾多次感激地回想起这段阅读时光。艾希曼最著名的照片之一，显示他在审判开始前坐在牢房内堆满书的桌边。那些都是他早已非常熟悉的书，标示特定页面的许多字条更表明艾希曼完全知道如何运用它们。[318] 负责审讯艾希曼的以色列警长阿夫纳·莱斯忧心忡忡地注意到："结果发现他对那个领域了若指掌，这实在令人难以置信！"[319] 莱斯也谈到自己和同事们必须在短时间内熟读文献是多么困难的事情，还精辟地总结道："赖特林格对我们来说就是圣经。"甚至在审讯者把书买来之前，那名被审讯的囚犯就早已对那本"圣经"倒背如流了。艾希曼试图隐瞒此事，这表明他已经充分意识到，阿根廷的萨森访谈让他获得了什么样的重要地位。艾希曼假装感激终于能够获准读书，并且撒下弥天大谎，表示十分遗憾自己从前没有机会阅读此类书籍。其实他不但早就在阿根廷读过了这些书，甚至还练习了如何反驳它们。我们简直可以说，艾希曼在反驳那些专业书籍的时候，已经预先演练了日后等待着他的审讯，因为沉思式阅读从来都不是艾希曼读书的方式。

萨森访谈会的成员在一件事上取得了共识：专业文献"来自敌人"[320]、"来自敌对方面"[321]、是"敌人的宣传"[322]、是由"敌对作者"[323] 所撰写的"敌对文学"[324]、是"敌对刊物"[325]，而且最主要是"敌方的论证"[326]。或者简言之，人们所能读到的一切都出自"犹太敌人"之手。[327] 仿佛理所当然地，他们指责受害者一方竟然针对这个主题著书立说，而昔日的加害者一方却迄今没什么人对此主题感兴趣，以致未能写出自己的书来。贴上"犹太"的标签，就等于暗示任何相关作品都不是正经学术研究，只不过是宣传罢了。艾希曼解释道："对这些犹太人来说，事情非常简单。他们只需要在事件发生后信笔胡诌，随性写下对他们有利的东西就好。"[328] 遇到不合己意的内容，艾希曼就声称"作者要么无知要么心怀恶意"[329]。今日我们公认为大屠杀历史研究先驱的那些作者们，在艾希曼及其同志的眼中可并非如此，"职业写手"[330]、"半瓶醋"[331]、"蠢货"[332]、"猪狗不如的东西"[333]是艾希曼对他们的惯常称呼。萨森访谈会的全体参与者都对那一类研究持保留意见，称之为"所谓的学术成果"。[334]

这种不尊重学术研究的态度，并非只是为了保护自己不受指责而胡乱出口伤人。国家社会主义基于其粗糙的种族理论，拒绝一切具有"国际"性质，亦即不以种族为依归的思维方式。这最终意味着科学也无法脱离种族而存在。相应的，存在着"德国物理学"和"犹太物理学"。就连公认具有普世性质的科学也无法幸免于此类划分：对国家社会主义者而言，甚至还有"犹太数学"。[335]甚至科学也攸关着种族斗争的最终胜利，于是任何学术活动都被贬低为纯粹的战术手段。换句话说，对真理的追求必须让位给"与世界观敌人的战斗"。当然，他们认定每一个种族集合体也都"抱持同样的态度"。到头来每个人都在玩弄战术技巧，尤以犹太人为甚。"犹太人布兰德既然是那本书的作者，怎么可能不符合犹太人的心态而少说谎呢？毕竟他是半个拉比的儿子。"[336]专家艾希曼说。

书是谁写的其实并不要紧。威廉·霍特尔的那部作品也同样遭到艾希曼的无情贬损。霍特尔的文字"荒唐可笑，是痴人说梦，是蓄意欺骗。这么写的人抓住任何机会跃跃欲试、哗众取宠，1945年以后更全是为了捞取个人利益"[337]。

他们阅读此类书籍的主要目的，就是要找出作者们如何操弄事实，生产出他们想要的真相，以便学会如何揭穿那种"把戏"，并在必要时自己也依样画葫芦一番。因为阿根廷的那批人深信，每个人都在这场解释权争夺战当中进行操弄——至少他们竭尽所能说服自己相信这种鬼话。但他们的努力并不总是成功，因为即使是布宜诺斯艾利斯的读者，也无法抵抗大量信息的强大说服力。

353

　　萨森和朗格尔越是钻研那些著作，就越频繁地产生令人不安的疑问：他们所读到的东西说不定是真的。有这么多让人根本无法怀疑的细节，而且即使艾希曼主动承认的事情，也远远超出了那些人想要听到的内容！艾希曼看出了这个问题，于是从歌德那里借来最具德国特色的语言描述他对那些书的看法："正如我所说，从那些不幸的日子直到今天，出版的一切图书都是由杜撰与事实（Dichtung und Wahrheit）* 构成的大杂烩。"[338] 但艾希曼没有想到的是，有些人认为另一些日子比战争结束更加不幸。像艾希曼那样多话的人，有时难免说溜了嘴。因此，在激动之余，艾希曼也泄露了他区分"杜撰"与"事实"的标准："书中一切讲我坏话的内容只会惹我生气……我把它们都当成谎言。"[339]

　　艾希曼向敌方文献的宣战，实际上让他自己陷入了双线作战。其他人可以集中精力攻击那些研究成果，捍卫他们幻想中的历史。艾希曼除此之外，却还必须设法应声说出萨森访谈会成员想听的话，因为他确切地知道，他的对话者们并非战友，而是对手。他不但必须做出各种歪曲的解释，而且更要转移注意力，让大家避开他所熟知的事实。萨森和弗里奇或许可以拒绝承认历史事实，艾希曼却不得不隐瞒自己远远超出专业文献范围的知识。他为此付出的努力简直难以衡量。艾希曼首先必须根据自己对罪行严重程度的认知，找出书中写了什么。接着要考虑如何转移别人对危险内容的注意，同时从与其他人一样的角度否定书中的说法。然后这位备受追捧的专家还必须不断在访谈中添加"新的"信息，却又不至于过多地暴露自己。尤其重要的是，他在这样做的时候必须避免被抓住把柄。无怪乎

------

* 艾希曼玩了个文字游戏。歌德自传的副标题为 *Dichtung und Wahrheit*，通常翻译成《诗与真》或《诗与真实》。那两个德文关键字具有许多不同含义，可得出各式各样的组合：Dichtung（诗歌、文学、杜撰、虚构、密封垫……），Wahrheit（事实、真相、真理、实话、实情）。——译注

艾希曼在 1960 年接受以色列警方审讯时能够处于极佳状态了。

除了已经相当复杂的情况之外，萨森访谈会的另一个困难在于，刚开始时大多数书对艾希曼而言都是新的，因为他基本上只了解书评而不知道书本身。萨森经常利用这个优势，至少稍微抵消一下艾希曼在信息方面的巨大优势。他向艾希曼提出具体的历史细节，却不直接透露消息来源是哪一本书。萨森与书本结成的这种同盟关系当然没有瞒过艾希曼，从他不断提出与书中内容有关的具体问题即可清楚看出这一点。最重要的是，萨森唤起了艾希曼的好奇心，想知道书中究竟针对他和他的罪行写了哪些内容。从萨森借给他第一本书《约埃尔·布兰德的故事》开始，整个过程就总是大同小异。艾希曼在早期的谈话（6、8、9、10 号录音带）中曾亲口表示，他到目前还不知道那本书："我也没有读过那本书。可惜我没办法弄到它，因为它在几个月前才刚刚出版。不过我曾在许多报纸上看到过一些书评。"[340] 萨森故意忽略艾希曼的暗示，反而强调他自己对那本书非常熟悉。艾希曼没敢直截了当地询问萨森是否可以把书借给他，不过他经常引人注意地强调，如果什么时候有机会"研读一下"该书的话，肯定有助于唤起他的记忆 [341]："如果能通过书中的解释，或者其他书籍对该书的引述刺激我一下，那么我或许能说出更多东西。"[342] 尽管如此，萨森还是拖延了艾希曼好几个星期，而且只在讨论期间共同阅读了那本书。一直要等到 24 号录音带的时候，艾希曼才终于获准独自看那本书，并且在不被别人打断的情况下念出自己的读书笔记。[343] 艾希曼很快便意识到，萨森其实一点也不天真，而且基本上不能算是一位朋友。

但这些书也不仅仅是敌人。艾希曼最危险的天赋之一，就是能够有效利用各种解读，即便这意味着必须滥用它们。作为训练有素的世界观战士，他本能地在每一页都担心会出现"敌方"的攻击，即为了"犹太人"的政治目的而操弄历史。但令人惊讶的是，另一方面他也希望从同样的书本中获得帮助。光是阅读魏斯贝格《约埃尔·布兰德的故事》出版后的书评，便足以让艾希曼燃起这种期待。他告诉萨森："如果现在要我讨论有关卡斯特纳博士的事情，我可以做得到。因为如今，在约埃尔·布兰德那本书出版以后，人们会相信我说的。但我非常怀疑，在犹太人布兰德的书出版之前会有谁相信我。"[344] 这个期待虽显得鲁莽轻率，其实却并不像乍看之下那样天真得疯狂。毕竟艾希曼已经练习了许多年，如何扭曲书中的内容和作者原意来支持自己的说法。他在 1938 年的时候，已经把一部关于犹太复国主义历史的开创性著作挪为己用，导致作者没办法再继续写下去。所以艾希曼很早便已学会，只要掌握一种诠释技巧，而不是着眼于通过阅读来学习，就可以让书籍一直成为自己的盟友。即使萨森也总是严重低估了艾希曼的这种本事，一次又一次试图通过引用书中文字让艾希曼方寸大乱，结果都未能成功。萨森和其他所有为学习而读书的人一样，没有认清一个事实：艾希曼在资讯方面的领先优势，是永远无法借由书籍或文件来迎头赶上的。对曾经"躬逢其盛"的人而言，书是一种记忆辅助器；对缺乏亲身经历的人来说，书却只会描述他们所不知道的事物。当萨森还在设法从书中勾勒出艾希曼行为的大致轮廓时，艾希曼早已从一个截然不同的角度来阅读了。他了解得比作者们更多，看得出他们的缺陷和误解，于是有办法不公正地利用学术研究的公正来以矛攻盾。这正是战争的运作方式：利用对手的弱点来打击其一切可能的优势。于是艾希曼的一个辩解与撒谎策略，就是反复引述实际上是谴责他的书籍。艾希曼喜欢说："我相信有位作者已经在书中这样说过了。"[345] 当有人对他的陈述提出严重质疑时，他会给出建议："我请您仔细查阅一下在战后出版的相关文献。"[346] 任何白纸黑字印出来的东西，总是可以被诠释得与原本的意图大相径庭。

如果艾希曼真的想从通过阅读学到任何东西，那就是战斗技巧。

他似乎一直在寻找适用于自己论述的技巧和噱头。例如他在《约埃尔·布兰德的故事》的导言中读到了一项坦诚的声明，表示魏斯贝格和约埃尔·布兰德当然只能设法还原当初的各种对话内容，因此它们尽管接近事实，却未必是可靠的第一手资料。艾希曼在其中看到的却并非努力开诚布公，而是"犹太人的滑头作风"，并对这种"写作上的自由"印象十分深刻，从此开始在这方面动脑筋探索各种可能。他在相关录音带的抄本上写给萨森："过了这么长时间之后，重新回忆起那许多事情显然非常困难。但如果我们坚守真相，还是必须在书中把它们说出来。约埃尔·布兰德和他的作者也做过类似的事情。"[347] 四年后，当艾希曼写作《偶像》的草稿，也就是他最后一篇为自己辩白的长文时，就仿佛理所当然地用了这种方法，从一开始就让自己免受攻击："这篇文字创作是无法用法律条文的尺度来衡量的。"[348]

西格蒙德·弗洛伊德曾经指出，我们可以从对待读者的方式来判断一位作者。艾希曼却展现出，我们也可以反过来。毕竟艾希曼对待书本的方式与对待他的受害者的做法类似，同样都倨傲不恭、肆无忌惮、粗暴蛮横，最终产生了毁灭性的效果。艾希曼的阅读习惯因而也让我们可以有所体会，为什么他在担任"犹太事务主管"期间能够取得如此巨大的成功。艾希曼没有完成高中学业，也绝对算不上知识分子，却灵活游走于文字的世界。这与那名昔日销售代表摇身变成在毁灭人命方面前所未见、骇人听闻的即兴创作大师同样令人惊叹。造成这种高效率的谋杀，至少有一个原因是显而易见的，艾希曼在开始对话或阅读之前很久就已经打定了主意，那就是争斗与毁灭。犹太团体代表与艾希曼打交道时犯下的致命错误，就在于他们确实相信自己能够影响艾希曼的决定，而艾希曼早已设下了"谋杀犹太人"（Judenmord）的目标，且不允许置疑。艾希曼阅读文献的方式与此如出一辙，这正是他能够如此快速而有效地利用

358 书面文字的原因。艾希曼在翻看一本书的时候，就仿佛窃贼闯进一
个住家那般：顺手拿走任何自己用得着的物品，而且只根据这种功
利的标准来判断一切。其间有什么会受到破坏，或者会留下什么东
西，这已不是他感兴趣的问题。艾希曼并不是要在书里面确认自己
的想法，而是要为其谎言找到有用的凭据。这是一个重要的差异，
因为后者在一开始就排除了疑问。真正的读者却可能心生疑窦，即
使这也意味着怀疑自己。这种开放的怀疑——亦即与自己心中的想
法保持距离——需要花时间才得以促成，因为作者的兴趣与文本内
在的连贯性需要慢慢显现。简而言之，读者通常是在寻求与作者进
行对话，而艾希曼却只在乎如何让这个对手变得无害，并且用表面
上对文献的兴趣来掩饰自己的意图，还假装出对其他各种理论的开
放态度和对其作者的尊重。正因为如此，艾希曼读得比其他任何想
要认真讨论的人都快。不过最重要的是，这也让艾希曼变得对历史
撰述而言非常危险。因为学术研究着眼于诚实和可靠，而它面临的
最可怕对手，莫过于一个仅仅把学术研究看成一种策略的人。在对
书籍的关注中，艾希曼再次显露了自己的毁灭意志，务必摧毁一切
扰乱其对真相的设想和对其自我形象构成威胁的事物。无论是在选
侯大街 116 号的办公室，还是在萨森家的起居室，任何人若以为自
己有办法通过事实或论据影响艾希曼的判断，那么在那么想的时候
他就已经输掉了。对那个参加过总体战的人来说，对话就像其他东
西一样，到头来也只不过是一件武器罢了。然而艾希曼在阿根廷所
面临的问题是，他无法决定是要用这件武器对付萨森，还是应该向
他做出解释。

认知：灭绝

我本质上是一个非常敏感的人。

对我来说，看见这样的东西并不是稀松平常的事情，

因为我会紧张得颤抖起来。

——艾希曼，萨森访谈会[349]

　　我们很难判断，对于像萨森和弗里奇这样的人来说，与艾希曼的这次经历究竟多么令人咋舌。他们原本虽然希望通过谈话来了解实情，却怎么也料想不到竟然会发现这种规模的纳粹灭绝行动，甚至还直接面对了恐怖的真实面貌。正如 1961 年在以色列接受审判时所做的那样，艾希曼在阿根廷也谈到了他亲眼目睹的谋杀暴行：被大规模集体枪杀的男女和儿童、被驱赶到一起遭送的人群、用毒气卡车进行的杀戮、死亡集中营、"筛选"的过程，以及焚烧尸体。一切在不久前还被《路径》斥为战胜国恐怖宣传的事物，现在都经由艾希曼的字句而得到了确认与证实。他对此知道得相当清楚，尽管他不愿意——例如在奥斯维辛——仔细关注工业化大规模屠杀的详情，宁可保持距离让集中营指挥官向他做出"最绘声绘色的"细节描述。"我从来没有从头到尾看过整个灭绝的过程，我不是那样的人。"[350] 对他来说，结束时的公开焚烧尸体就已经足够了。艾希曼虽然认为灭绝犹太人是正确的事情，但他并不乐意直接面对受害者的恐惧、痛苦和死亡。艾希曼令人信服地重申："我去集中营是办事情，不是出于我个人的好奇心。"他还讲述了集中营指挥官如何"兴致盎然地向一个坐办公桌的人实地展示了他日复一日的职责"[351]。艾希曼的一些描述让人不禁觉得，他在萨森访谈会上向出席者描绘自己的亲身经历和所见所闻时，表现得其实很像赫斯那名昔日的集中营指挥官。他未经美化的报告既详细又坦率，没有谈到

所谓"运转顺畅"的杀人机器或快速的死亡，也没有提及德国人的高效率或者在谋杀时的井然秩序。相反，艾希曼描述了大规模谋杀多么令人难以忍受——当然主要是对他而言，让他这个奉派过去的旁观者感到不舒服，而且"膝盖颤抖"。但问题并不在于儿童也必须死去，而是因为当艾希曼必须看着那种事情发生的时候，他自己已经有了两个小孩。他向萨森访谈会的参与者承认："我是那种没办法看尸体的人。"[352] 艾希曼的叙述中充满了令人无法忍受的自怜自艾，因为他不得不眼睁睁看着别人承受他一心想要，并且一手促成的苦难。尽管如此，艾希曼成功通过这些叙述扮演了时代见证者的角色，成为恐怖事件的编年史家，试图说服自己和其他人，他与灭绝行动没有任何关系，他无力改变一切，而且此类"公务旅行"让他变成了"一个不快乐的人"[353]。

但这些描述当中还夹杂着其他的意涵。海因里希·希姆莱曾经告诉奥斯维辛集中营的指挥官，他必须战斗，以便后代子子孙孙不必再进行同样的战斗。由此，灭绝犹太人的行动被提升到另外一个层次，变成了对赫斯和艾希曼之类的人一辈子所欠缺的东西——实地在前线作战的经验——的弥补。这并不是说，艾希曼的手下或者其他占据此类"免服兵役职位"（Unabkömmlichkeitsstellung）的人，乐意与斯大林格勒的士兵们交换位置——反正没有任何证据显示，艾希曼的部门真的曾有人主动请缨调往前线。但他们依然缺乏广受歌颂的战争经历，无法亲身体验何谓袍泽情谊、战火考验、视死如归和英勇战斗，因此前线作战部队从来没有真正承认他们是同志。武装党卫队对一般党卫队的厌恶与嘲笑更是格外引人注目。毕竟可以理解的是，必须在前线幸存下来才有办法得到晋升的人，自然不乐意见到别人在柏林的办公桌后面也能获得同等奖励。艾希曼在阿根廷也清楚表明了这种差异。[354] 于是他除了念念不忘希姆莱的认可之外，更有必要向别人表明，参访死亡集中营时所面临的考验甚至比前线更为严酷。泉涌的血液与碎裂的骨头，克服自身恐惧和面对暴力行为——艾希曼也经历过那一切，同样明白何谓袍泽情谊，以及与战友的同舟共济。因此他保护了奥斯维辛集中营的指挥官赫斯，表示赫斯是个完全不同的人，截然不同于人们想象中担任那种职务者所该有的模样。艾希曼为他那位死去的袍泽辩护道："假如我必须奉命担任集中营指挥官的话，我也不会做出任何不同的表现。若是有命令要求我用毒气杀死犹太人或者枪毙犹太人，那么我就会执行命令。此外之前已经讲过，我不会为没有接到那样的命令而感谢命运或者对命运不满，因为不管怎样都没办法对着风撒尿。"[355]当他在萨森家的客厅冲一名对话伙伴吼道，"您这个可笑的家伙！您在前线打过仗吗？"的时候[356]，艾希曼显然已经开始相信自己的"前线经验"了。他继续骂道："想想看，我已经告诉过您，当时我们正在进行一场总体战，前线跟后方的界限已经完全模糊了。我必须清楚地反对和驳斥一些不可救药的脑袋瓜，包括德国人自己，因为他们宣称上一场战争只发生在前线……一旦宣布了总体战，消灭敌人就不再有任何分别。"[357]虽然艾希曼确实亲眼见到了一些可怕的事情，可是他显然已经完全忘记，他的"敌对势力"是手无寸铁、惊恐万状的人，而他自己却穿着温暖的冬大衣，由司机开车载着去看他们被消灭。他想向别人证明，他自己也曾吃尽苦头，而且只为德国受苦受难。这种渴望在很大程度上解释了，为什么艾希曼会如此坦率地描述恐怖事件。

　　他的听众表现出了不同的反应。朗格尔博士谈起自己至少在毛特豪森集中营所听闻的酷刑和毁灭，萨森和弗里奇则在真相面前瞠目结舌。基本上没有人追问，因为他们听见的内容已经足够消化了。萨森指示转录员把对灭绝行动的重复描述省略掉。听众的惊骇与厌恶显而易见：作为小说家的萨森在描绘所谓"战胜国"的拷打时，能够把极度暴力描绘得淋漓尽致。可是面对犹太人的苦难，他却只能默不作声。但这并不表示萨森不愿意相信艾希曼和朗格尔博士，而是恰恰相反。那两个人都跟集中营有所关联，因此能够彼此分享自己的所见所闻和自怜自艾，而萨森明显是被吓坏了。与此同时，艾希曼期盼被认可的愿望却实现了。萨森精准地说了一句话，想必让艾希曼听得心有戚戚焉："这场战争的战场叫作毁灭营。"[358]那正是艾希曼为自己的"前线服役"所要求的尊重。然而在记录了萨森想法的长篇口述记录中，他认为艾希曼、赫斯，以及奥迪洛·格洛博奇尼克所参与的危害人类罪行"不可原谅"。[359]虽然萨森接下来还是急忙表示，他们的行为"可以理解"，因为艾希曼和包括直到希特勒在内的其他人都"受到了操弄"；但他并没有为此改变自己的看法，始终认为那些罪行是不可原谅的。当后来有人在报告中找到关于儿童运输（Kindertransporte）的说明，而艾希曼一本正经地称之为"儿童故事"（Kindergeschichte）的时候，连萨森的"谅解"也至少暂时地消失了。[360]艾希曼清楚注意到萨森的惊恐，于是厚颜无耻地改口否认曾经发生过这样的事情："您已经找到了这么多文件和报告，现在我想知道关于小孩那档子事的文件在哪里。当然，我的意思是可以信得过的文件。否则现在我对这件事情就没什么好说的了。"[361]我们不知道这种说法是否让萨森放下心来，但他至少提不出反面证据，而且他也不打算反驳艾希曼。然而在以色列，艾希曼终于有机会看到关于这些罪行的文件。他自己当然非常明白，那些文件不但存在，而且当初就是他自己下令让儿童运输列车的车轮"滚动起来"的。[362]

将萨森和弗里奇——甚至还有阿尔文斯莱本——与朗格尔博士和艾希曼区别开来的，就是对集中营的亲身经历。不过根据我们对朗格尔的了解，他只知晓并亲历了与艾希曼有关的罪行的一小部分，而且他所知道的内容多半来自与毛特豪森指挥官的谈话。尽管如此，朗格尔和艾希曼在某个方面还是惊人地团结一致：在描述那些亲身

363

经历的时候，他们都以受害者的身份自居。朗格尔在毛特豪森集中营亲眼见过像"死亡阶梯"（Todesstiege）那般可憎的东西。他为自己必须面对这样的负担哀叹不已，却跟艾希曼一样，无法为真正的受害者流露出同样的感伤情怀。朗格尔博士和艾希曼都给人一种印象，即他们只能眼睁睁地看着自己协助创造出来的这一切如何得到了完全实现。这种令人难以忍受的自我中心态度，在其他许多作恶多端者的叙述当中都可以找到，一直到希姆莱都是如此，其著名的"波森演说"（Posen-Rede）里充满了对那些既可怜又受尽折磨的谋杀凶手的体谅话语。

这种加害者与受害者角色的翻转，从精神动力学的观点来看是一个减轻负担的做法。它不仅攸关犯罪者事后的回忆（亦即事后的抑制），而且正是这种对意识的抑制，当初才使犯罪者得以付诸行动。艾希曼清楚地意识到，必须尽可能保护自己不受这种恐怖行为的影响。他解释说："但大自然给了我一样好本事。我能够很快转移注意力并把事情忘记，却不必刻意这么做。"[363] 艾希曼有一些有效的手段来促进这个过程，尤其是饮酒。然而就像他对自己的了解一般，艾希曼对那种抑制机制的知识也远远超出了这种简易麻醉剂的功用。[364] 意识也可以被刻意转移，而且不是只有之前提到过的"遁入大自然"那种做法。艾希曼在萨森访谈会上解释说："我从小就学会了一篇非常虔诚的箴言，每当遇见一些让我非常不愉快的事情时，我就会止不住地想起它来。为了强行转移注意力，你们知道我会自言自语些什么吗？你们听了会笑的！我心中想着：我相信天主圣父、圣灵和圣子，由圣母玛利亚所生，死于般雀·比拉多手下，曾经吃尽各种苦头，然后从死者中复活，等等。"[365]

安东·韦伯神父是纳粹在罗马的逃亡帮手之一，曾经运用一些手段，来确定他协助取得新身份的那些国家社会主义者，是否真的已经找到了回归信仰之路。"我让他们背诵《天主经》

（Vaterunser）*。这样马上就可以辨别出到底谁是真的，谁不是。"[366]
艾希曼至少在速度上给韦伯神父留下了极为深刻的印象，因为他连
珠炮式地背诵教义，在五秒钟之内就把事情搞定了："我很小的时
候就已经会这么做，那时我当然还是一个虔诚的信徒。当我说出来
的时候，其他什么也没想。"[367]

背信弃义

> 我在这份报告中只看到了一个动机，
> 一个单一的行动理由：他像憎恨瘟疫一样地讨厌您。
>   ——萨森谈论维斯利策尼[368]

　　萨森在访谈的过程中一定注意到了，谈话并没有真正缩小他与
艾希曼之间的距离。他的那位对话伙伴总是比他快上一步，处理文
件和信息的时候总是动作更迅速一些，其消息灵通的程度更是让人
365　望尘莫及。与其他旁听者的交锋，以及朗格尔博士提出的批判性法
律问题，显然都没有让艾希曼感到不安。但萨森与日俱增的挫败感
也是源于他根本不想听到有关危害人类罪行的真相，因此认为那方
面的事实一定是谎言。萨森幻想着真相被隐藏起来了，并且一心想
要接近它。但当艾希曼表现得过于自信，甚至在41号录音带发表
了一篇小感言之后，萨森在8月底决定改变自己的战术：他为艾希
曼设下了一个陷阱。[369]

　　谈话如往常一样地开始了。萨森拿起波利亚科夫和沃尔夫的那

---

* 《天主经》是罗马公教的称呼，新教则称之为《主祷文》。它的中译文种类繁多，比较通
　顺的译文是："我们的天父，愿祢的名受显扬，愿祢的国降临，愿祢的旨意奉行在人间，
　如同在天上……"（最古老的中译文则是："在天我等父者，我等愿尔名见圣，尔国临格，
　尔旨承行于地，如于天焉……"）——译注

本书，却没有告诉艾希曼，他们即将讨论的文件并非出自"敌人"之手，也不是犹太人的"信口雌黄"——而是由艾希曼自认为最好的朋友之一迪特尔·维斯利策尼所写。[370]

　　艾希曼在 1934 年秋天第一次遇见比他年轻五岁的维斯利策尼，但他自己并没有说明，首次见面的地点究竟是慕尼黑还是柏林。尽管起先接触很少，不过自从维斯利策尼调职到 II 112 部门之后，亦即从 1937 年 2 月开始，二人便交往得比较密切，而且天天联系了。维斯利策尼曾短暂担任过艾希曼的上司，但因为未能获得晋升而在 1937 年 4 月离开柏林，一直到 1940 年 8 月都待在但泽市的党卫队保安局。等到他回到柏林，并成为艾希曼的下属之后，二人之间的联系再次变得更加规律。但随着维斯利策尼被任命为巴尔干地区的"犹太事务顾问"，他们亲自见面的机会又变得有限。一直要等到 1944 年 3 月，当维斯利策尼加入艾希曼在匈牙利的特别行动分队时，两人之间才重新建立起密切的关系，但这种关系又随着维斯利策尼在 1944 年年底枉费心机地想为自己建立较好的战后形象而受损。艾希曼后来反驳了他们闹掰的说法，而且这回他可能讲的是真话，因为维斯利策尼直到 1945 年 4 月都还待在艾希曼身边，即便后来他极力否认此事。[371]

　　艾希曼和维斯利策尼之间有着复杂的私人交情。艾希曼显然对维斯利策尼相当友好，他的第三个儿子迪特尔就是以维斯利策尼的名字命名的，而且艾希曼曾公开称赞过维斯利策尼的教育水平与才智。维斯利策尼曾在大学攻读神学，可是因为家中财力匮乏而中断了学业。艾希曼甚至在二三十年后，都还记得他们当初共同讨论的内容。对维斯利策尼来说，二人之间的关系却有着不一样的面貌。1946 年被囚禁在布拉迪斯拉发的时候，当局要求他写下关于艾希曼的报告，结果他光是针对那个人就密密麻麻写下了 22 页文字。此外还有 100 多页关于"最终解决方案"、"大穆夫提"、"菲亚拉新闻

366

事件"等主题的报告，其中出现了更多关于艾希曼的细节。[372] 尽管企图贬低艾希曼，但那些文字也流露出仰慕和依恋的迹象：维斯利策尼多年来似乎观察了艾希曼身边的每一件事和每一个人，而且即使在不利于自我辩护的情况下，仍然继续宣称自己对艾希曼了若指掌。维斯利策尼甚至对他根本不在艾希曼身边时所发生的事情也消息灵通。这种密切关注明显具有痴迷的色彩。维斯利策尼不但记得艾希曼的眼睛颜色、伤疤、呼吸声和动作方式，甚至还记得他的牙齿："即使在他的尸体上，我也有办法认出他的黄金牙桥。"[373]

维斯利策尼曾多次自告奋勇要帮忙在短时间内找到艾希曼，以便也将他绳之以法。尽管当局不肯释放维斯利策尼，他还是煞费苦心地写下每一个能想到的搜寻地点，而且这份清单也展现了他对艾希曼的卓越了解。尽管所有建议的地点都不正确，但那只是因为艾希曼并不像每个人所以为的那么容易预测。维斯利策尼的证词显然受到两个动机的影响：自卫的本能，以及与艾希曼的强烈情感联系。这种情感联系时而正面地表现为理想化的依恋，时而又负面地表现为一股报复的冲动。在布拉迪斯拉发，当维斯利策尼企图撇清关系时，这种强烈的情感联系演变成一种盲目的仇恨，除了常见的扭曲事实之外，还惊人地宣泄出大量的谎言、诽谤和侮辱，几乎到了难以理解的地步。这种行为无法仅仅用自卫来解释。

1957 年的时候，艾希曼知道维斯利策尼早已在布拉迪斯拉发被处决，更知道维斯利策尼在纽伦堡说出了对他不利的证词，因为所有报纸都曾经进行了报道。[374] 尽管艾希曼在萨森面前驳斥了那些证词，但他当然明白，维斯利策尼讲的是实话。这固然令人不快，却还可以理解。可是艾希曼万万没有料到，维斯利策尼接着竟然又会写出那样的东西。他认为，他的那位朋友受害于"胜利者的司法"，或许还曾遭到"刑讯逼供"。艾希曼自己从前也经常采用此种做法，非常清楚可以通过它达到什么目的。[375] 艾希曼在阿根廷很喜欢谈论维斯利策尼，并且经常这么做。当初艾希曼组织匈牙利别动队的时候，维斯利策尼便自告奋勇参加，而且一直是其最可靠的人手之一。艾希曼原本非常想提拔他，只可惜他无法满足党卫队的一项标准——维斯利策尼无论如何就是不想结婚。即便艾希曼在匈牙利极力设法说服他，却始终不得要领。艾希曼从来没有弄明白是为什么。

　　当萨森开始朗读维斯利策尼的《最终解决方案》（该文被收录于《第三帝国与犹太人》一书而首次出版）时，艾希曼还完全没有起疑心。他像往常一样跟这名所谓的"作者"唱反调，批评该人撒谎和"幼稚无知"[376]，借此为自己和昔日的伙伴们辩护。以至于到了最后，艾希曼甚至是为保护维斯利策尼而反对他所不知道的维斯利策尼的证词。萨森当天几乎用了两卷录音带来玩那个奇特的游戏[377]，连续数小时看着艾希曼全情投入到文本中，越来越暴跳如雷。只见他用破绽百出的论点，一句接一句地攻击那名天生让他觉得危险的作者。在萨森的不断挑动下，艾希曼最后声称："这其中固然有很多真实的地方，可是那个作者不求甚解。"[378]结果他不得不从萨森口中听到，那名作者对事实了解得多么彻底深入："这份报告来自维斯利策尼。"萨森抄本清楚地显示出，这个消息给艾希曼带来了多大的震撼："什么是真相？您知道真相是什么吗？我知道，您可不知道。他是怎么被审讯的？"[379]萨森听他结结巴巴说了好一阵子，然后补充道："我只能告诉您我的个人感觉。我认为在完成这份报告的时候，绝对没有人受到任何直接、迫切的威胁、折磨或类似的手段。我在这份报告中只看到了一个动机，一个单一的行动理由。那不是一般所称的为自己'洗脱罪名'，因为这对知识分子——我如今逐渐了解的像维斯利策尼那种知识分子——来说并不会起太大作用。他有一个基本的动机，而且是一个非常原始的动机：他像憎恨瘟疫一样地讨厌您。"[380]除此之外，"嫉妒……已

368

转变成非常明确的仇恨，尤其因为他被抓到了，而艾希曼没有"。[381]
最后，萨森详细说明了维斯利策尼如何积极设法协助同盟国搜捕艾
希曼。艾希曼显然已经疲惫不堪，回答说："那是摇尾乞怜。"[382]
读到这里不禁让人怀疑，那是不是或多或少也在讲他自己。当天访
谈的结束是一个很少见的时刻，让我们直到今天都还能窥见那个不
戴面具的艾希曼——精疲力竭、失望透顶、不知所措，而且非常受伤：
"我对这一切都搞不明白……这一切都让我很不明白。"[383]

　　萨森故意在谈话中让艾希曼陷入尴尬的处境，导致他明显深受
打击。可惜萨森对审讯技巧了解得还不够，否则他一定会知道这种
方法只在一种情况下会成功，那就是要有充分的时间利用这种局面
接连追问下去。这样的战术只有在持续不断的审讯中才可能奏效，
亦即在拘留别人的时候。但假如那个深受震动的人有办法回家休整，
并且意识到发生了什么事情，结果就会完全颠倒过来。这正是发生
在阿根廷的事情：艾希曼清楚意识到萨森蓄意玩弄了他的情绪，还
把他引入一个陷阱。于是在接下来的访谈中，他的发言变得犹豫迟
疑，并且或暗或明地呈现出攻击性。前几次访谈中充满信赖的氛围
顿时消失不见了。[384]

　　萨森这位狂热的扑克玩家已经"叫牌过高"。他自己的录音给
了我们一条线索，说明他为什么要冒这么大的风险。原来萨森坚信
维斯利策尼还活着。他在磁带上口述道："我想在此重申一次，我
不相信维斯利策尼已经死了。只要他们对艾希曼还没有把握，维
斯利策尼就会被留下来当预备队。"[385] 萨森所称的"他们"不言
自明，当然又是"犹太人"，还有他们的阴谋诡计，向世人谎称维
斯利策尼已被处决于布拉迪斯拉发。萨森的谎言继续称，其实"国
际犹太人"需要有人能够按照他们的要求反复宣称数百万犹太人遭
到了谋杀，以便以色列继续勒索德国付款。由于那几百万人的讲法
只不过是一个"传说"罢了，因而"他们"不确定艾希曼是否会证

实它。值得注意的是，艾希曼从未向萨森谈过这个疯狂的理论，结
果真正对艾希曼"感到不确定"的人反而是萨森自己。他竭尽全力
想弄清楚艾希曼到底站在哪一边，同时用尽办法孤立艾希曼。萨森
试图抹黑艾希曼的每一个上司和同僚：海德里希只是一个为暗黑势
力跑腿的听差，盖世太保米勒根本不是真正的国家社会主义者，艾
希曼的属下则是说谎的叛徒或者庸碌无能的跟班，而艾希曼自己却
完全没有注意到这一切。萨森试图强化自己的阴谋论，而根据其理
论，艾希曼只是国际阴谋集团手中的一个傀儡而已。于是萨森首先
必须让艾希曼清楚意识到他迄今所相信的一切都是错的。对于萨森
扭曲历史的做法而言，最大的威胁莫过于存在一群立场坚定的纳粹
党人，确实曾经清醒并一致地对犹太人进行了大屠杀。为了让艾希
曼成为其篡改后的历史图景的关键证人，萨森必须让他方寸大乱，370
完全失去对自己的确信，直到他认同并支持萨森的"真理"。这个
过程也被称为洗脑，但在艾希曼身上没有成功。艾希曼立刻意识到
存在着一份非常危险的文件，甚至已被公开发表，他却对此一无所
知。此外他还意识到，他曾经认作最好朋友的那位昔日同僚已竭尽
全力地把他出卖给敌人。艾希曼更意识到，他在阿根廷视为新朋友
的那个人正肆无忌惮地想要操弄他。艾希曼知道他被两个所谓的朋
友背叛了，一个老朋友和一个新朋友。主导下一次访谈的人已非萨
森，而是朗格尔博士，主题也相对安全无害：他们继续共同阅读国
家社会主义"犹太立法"汇编。然而，这种避免冲突升级的策略却
没有起到什么作用，恰恰相反，在接下来几次会议中，讨论从一个
争议转向另一个争议。艾希曼开始极力强调自己的观点，尽管有些
地方是萨森并不想听到的。不对，艾希曼当然是遵照希特勒的命令
行动；不对，消灭犹太人并不是"非德意志的"，反而从根本上是
一个德意志的行动，必须继续为之辩解，而艾希曼自己曾是负责
执行该任务的德国官员。作为犹太人问题专家，他所执行的正是

希特勒想要的。"您不妨仔细读一读那些演讲、咨询一位精神病专家，然后您就会发现我是对的。"[386] 录音带上清楚呈现出一个咄咄逼人、顽固强硬，并且前后一贯的艾希曼，但人们在以色列却最多只隐约感到这一点。这个人都不需要穿上制服，就能够在老同志们之间散播焦虑和恐惧。萨森、弗里奇和朗格尔博士几乎无力与他抗衡，讨论内容有时完全偏离了原先的方向，整个项目甚至面临失败的危险。艾希曼抱怨道："我的想法对你们毫无疑义，至少今天如此，因为我生气了，因为有人试图把这整件事情带离正轨……是的，先生们，既然有人不保持客观，那只好由我来保持客观。但接着我会保持沉默。"[387]

371

仲裁者：卢多尔夫·冯·阿尔文斯莱本 [388]

（献给乌基·戈尼，无论如何本章的一部分内容必须归功于他）

在萨森抄本的最后三分之一，我们突然遇见一位全新的发问者。在一次温和、恳切的谈话中，有人设法劝说艾希曼。例如他开口就客气地表示，"我无意声称我完全了解您"，接着小心翼翼地询问那名大屠杀凶手的感受，毕竟他"一定有过自己的想法"。[389] 发问的那群人于是反复试图诱导艾希曼承认他曾是一个受外来势力操纵的工具。这位新加入者的身份，在 56 号录音带萨森对他本人的长时间访谈中得以揭晓 [390]，原来那个人是卢多尔夫·冯·阿尔文斯莱本。[391]

在阿根廷的最高级别纳粹也参加了萨森访谈会，这个事实与另一个现象同样令人困惑：尽管萨森对阿尔文斯莱本的详细采访内容多半已对外公开，却直到今天都难得有人注意到他也在场。1957年的时候，卢多尔夫·冯·阿尔文斯莱本居住在约莫 600 公里外的科尔多瓦（Cordoba），那里是有特定某种过去的逃亡者的另一个群聚中心，多年来因为极右派人士在此举办"仲夏节庆祝活动"

（Sonnenwendfeiern）而臭名昭著。汉斯－乌尔里希·鲁德尔也曾在
那里有一栋房子。尽管相距 600 公里，阿尔文斯莱本却无疑经常前
往布宜诺斯艾利斯的萨森家中参加访谈会，并协助他让艾希曼开口
讲话。有一派观点主张，纳粹逃犯之间很少或根本没有接触，因为
他们之前多半彼此不认识，或者在逃亡以后难得相遇。但这个看法
很难站得住脚，尤其在阿尔文斯莱本的例子中，即使在逃亡期间，
他仍然与阿道夫·艾希曼和约瑟夫·门格勒之类的人物保持联系。[392]

　　威廉·萨森与卢多尔夫·冯·阿尔文斯莱本之间的对话是这么
开始的："你想知道我对海德里希的看法吗？我想试着用几句话表
达……"于是两个朋友聊起天来，热络地以"你"相称，十分惬意，　　372
谈笑风生地讲述往日时光，但也谈到未来，以及所有在座者依然热
衷的理念：一种浅显易懂、被称为"国家社会主义"的世界观。对
缺少经验的萨森抄本读者来说，我们掌握的谈话部分开始得相当诡
异——上来就是负责听写打字的那个人绝望的注记，表示磁带出了
问题。结果是一堆杂七杂八的文字，让人深刻体会到何谓"搅带"
（Bandsalat）。不甘心就此放弃的人（以及熟悉他们在阿根廷所读书
籍的人），却很快会明白那究竟是什么名堂：他们正在阅读威廉·霍
特尔的《秘密战线：纳粹特工局黑幕》一书。为了与阿尔文斯莱本
的谈话，萨森选取了关于莱因哈德·海德里希的那个章节，以便询
问阿尔文斯莱本对那个人的看法。幸好录音带从这一刻开始恢复正
常，我们又得以跟上讨论的内容。讨论涉及了海德里希、希姆莱、
纳粹的阴谋、国家社会主义的世界观、犹太人大屠杀及其背后的原
因、党卫队道德观，以及元首的梦想。

　　就这些主题而言，萨森不可能在阿根廷找到比阿尔文斯莱本更
好的人选，因为那名萨克森人除了 1.98 米的高大身材之外，更曾
位居要津。阿尔文斯莱本打一开始就是纳粹"运动"的成员，在 20
世纪 30 年代早期就与戈培尔有所往来，并长年担任党卫队全国领

袖海因里希·希姆莱的首席副官。接着他前往波兰和克里米亚，在那里推动纳粹政策及其各种罪恶的施行。最后，他在德累斯顿党卫队和警察领导人的岗位上结束了自己的职业生涯，走上流亡之路。根据阿尔文斯莱本自己的说法，他熟识"在这个乐团里表演的大多数先生"。他们在公函中以昵名相称，纳粹圈子内的每个人都曾经知道（而且现在仍然知道）"布比"*是何许人也。阿尔文斯莱本的受害者们也都无法忘记他的傲慢与专横，更别提他在波兰和克里米亚的杀戮所造成的灾难性影响了。他领导的"境外德意志人自卫团"（Volksdeutscher Selbstschutz），甚至让铁石心肠的党卫队凶手们都觉得过于残暴。据估计在四个月的时间里，曾有两万到三万人受害，其中包括了波兰的知识分子、神职人员、犹太人，以及任何被阿尔文斯莱本视为"游击队员"的人。他在波兰直接参与了 4247 起谋杀案，这足以让他在缺席审判中被判处死刑，并促使联邦德国于 1964 年签发对他的逮捕令。而对萨森与他的朋友们来说，阿尔文斯莱本和家人在战后逃往布宜诺斯艾利斯，却毫无疑问是一大幸事。阿尔文斯莱本曾经向他那位"亲爱的党卫队全国领袖"寄上谄媚的信件和自己孩子们的照片，甚至从来没有因为言语侮辱戈培尔一家和针对希特勒发表一些尖锐的批评而受到处分。在全世界幸存的纳粹分子当中，他是知道最多内幕消息的人士之一，更是阿根廷级别最高的纳粹：党卫队和警察的中将，1944 年即已成为党卫队的第 147 号人物[393]（希姆莱排在第一），并且在武装党卫队排在第 90 位[394]——必须注意的是，那是在整个第三帝国的排名。

　　作为希姆莱的首席副官，他的影响范围和他的知名度同样惊人：副官负责安排"党卫队全国领袖"的日常例行活动，包括其所有参观和出访。因此在许多表现希姆莱出门视察的纪录片当中，都能看

---

* "布比"（Bubi）有"小毛头"、"小家伙"之类的意思。——译注

到阿尔文斯莱本那个大个子的身影。他从一开始就位于权力的中心，而且正如 1938 年他的一份考核报告所言，阿尔文斯莱本"知道如何让他自己和他的工作处于最显眼的位置"。[395]

阿尔文斯莱本在萨森抄本中透露了许多关键信息，根据其中的三个，即可容易地辨认出他的身份：他出生于萨勒河畔的哈勒市（Halle an der Saale），曾经担任过国会议员，并且是武装党卫队的中将。其余细节都只不过是确认了他的身份而已：他与希姆莱的亲近关系、1942 年被调到俄罗斯、他在关于纳粹时期的故事中所强调的尊贵地位与权威、明显的阶级意识，尤其是他提到与保罗·范·肯彭（Paul van Kempen）和赫伯特·冯·卡拉扬（Herbert von Karajan）等音乐大师的交情。阿尔文斯莱本更不无骄傲地说："美国人在达豪由于找不到别的东西，便拿起我的照片挂到一棵树上，然后对着它开枪。"阿尔文斯莱本的照片确实并不难找，例如 1933 年以来的每一本德国国会手册里面都有。

在访谈阿尔文斯莱本的时候，萨森并非唯一一发问的人。但是艾希曼可能没有参加此次访谈会。一方面，当别人占用太多讨论时间时，艾希曼常常毫无顾忌地插嘴打断[396]；另一方面，当艾希曼在某个故事中的角色与他的自我描述相抵触时，他会反射性地打断别人说话。然而，那些与会者们却毫不留情地发表了许多直接冒犯艾希曼的言论。阿尔文斯莱本更是口无遮拦，傲慢地辱骂那些野心家和事业狂。按照他的标准，艾希曼想必也属于其中之一。阿尔文斯莱本以一种艾希曼通常无法容忍的方式，谈论起艾希曼的"英雄"海德里希和米勒；他对犹太人政策的看法更是饱受非议，甚至萨森都觉得有必要公开反驳。等到与会者们以轻蔑的口吻讲起强迫犹太人外移的"成就"时，艾希曼肯定会极力反驳。因为那件事情，亦即他所谓让犹太人"移民出去"的"建设性"工作，正是他吹嘘炫耀的主要支柱之一。

374

迄今还没有证据表明，阿尔文斯莱本与艾希曼当初是什么时候在什么场合首次相遇的。但二人很可能在纳粹时期就已经见过面，因为当阿尔文斯莱本在1938—1939年任职希姆莱的副官时，艾希曼刚好凭借其"维也纳模式"，以及强迫犹太人移民离开奥地利而取得的所谓"成就"，开始在纳粹圈子里建立起"专家"的名声。1941年4—5月，阿尔文斯莱本在帝国保安总局实地见习其组织和工作方式，而那正好也是艾希曼的部门变得日益重要的时期。此外，

375 阿尔文斯莱本和艾希曼在战争末期都属于能够前往齐腾宫晋见希姆莱的最后一批人，阿尔文斯莱本甚至专门提到过当时的情况。[397]因此他们之前有很多机会见面，再加上阿尔文斯莱本是希姆莱的随从，而艾希曼则是希姆莱最喜欢项目的事务主管，因此我们可以推断，在布宜诺斯艾利斯的时候，他们彼此都一清二楚，自己是在跟谁打交道。

对萨森来说，卢多尔夫·冯·阿尔文斯莱本在许多方面都是一大收获：作为时代见证者，他能够凭借自己与位高权重者的关系，阐明其他流亡纳粹分子都不晓得的事情。对阿尔文斯莱本自己而言，大多数历史关键角色都不仅仅是名字而已，更是他打过照面的人物。这让他得以从不同层面来看待事情，而非只是采取由下而上的角度进行观察——例如那名职位特殊、拥有自己事务部门的党卫队一级突击大队长，或者那名只遥遥望见过一次戈培尔的荷兰战地记者，或者那名来自维也纳、有权进入毛特豪森集中营的党卫队保安局法律专家。阿尔文斯莱本是一名纳粹要员，具有相关的内幕知识。对萨森和他的圈子而言，这胜过了他因为权高位重而脱离现实的缺点。萨森和阿尔文斯莱本之间显然存在着友谊的纽带，萨森也确信自己和阿尔文斯莱本都有"崇高"的国家社会主义理想[398]，这使后者成为一位可靠的盟友。

但萨森和阿尔文斯莱本之间的对谈也并非一直和和气气。阿尔

文斯莱本对希姆莱一如既往的仰慕，即便在阿根廷的右派圈子内部也被认为不可救药，并且造成了无法化解的分歧。[399] 比这种个人的依恋更严重的问题是，阿尔文斯莱本承认大屠杀是历史事实，而且是明确的犯罪行为。1957 年时，阿尔文斯莱本认为纳粹的犹太政策不但是一个错误，而且很不人道。尽管他本身具有明显的种族主义和反犹太主义倾向，却把大屠杀描述为"极其残暴"、"非德意志"，以及"很不光彩"。他把卡拉扬的奇闻轶事和种族主义迫害行动相提并论，却没有意识到作为一场凶残的"党派斗争"的共谋和辩护者，上述那些词语同样也适用于对他的形容。他还向萨森解释说："我个人反对仅仅因为别人的出身，就把手无寸铁的人（即便他们是我最大的敌人），以及没有对我做过任何事情的手无寸铁的人赶进焚烧炉。"[400]

其令人惊讶的鲜明立场让艾希曼陷入了窘境，因为他被迫听到，他自视为毕生成就的杀死数百万"国家敌人"的壮举，突然在其他纳粹党人眼中变成了"非德意志的"。这种"过分的举动"不但把艾希曼逼到了忍无可忍的边缘，也让萨森因为阿尔文斯莱本对国家社会主义犹太政策的看法而感觉受到了挑衅。阿尔文斯莱本的各种言论都明白显示出来，他并非典型的纳粹反犹太主义者，而是代表了 19 世纪那种相当老派、基于嫉妒的反犹太主义。阿尔文斯莱本毫不隐瞒自己的立场——出于对波兰人的仇恨，他能够毫不犹豫地下令枪杀数千人，并且利用每一个机会自肥，却认为灭绝犹太人的企图根本荒唐透顶。

种族反犹太主义圈子内出现的这一点人性的残余，却促使通常隐瞒自己观点的萨森做出了激进的反犹主义告白：他，威廉·萨森，认为光是犹太人的存在就已经构成明显的威胁。因此他认为国家社会主义的犹太人政策不是错误，而是当务之急。与阿尔文斯莱本的谈话揭露了我们在抄本的其余部分只能猜测的事情，即萨森和艾希

376

曼之间的共通点。他们二人都有一种疯狂的想法，认为种族斗争确
实存在，而且仍然相信会发生一场只有一个种族能存活下来的"最
377　后战斗"。这就是萨森的研究动机之所在，也是他与艾希曼交往的
原因。尽管阿尔文斯莱本也对"如水晶般清澈"的国家社会主义世
界观和党卫队的"理念"充满热情，但在这一点上面他与萨森的看
法背道而驰。从萨森和艾希曼的角度来看，阿尔文斯莱本绝非他自
己所标榜的高尚的纳粹贵族，反而看起来就像一个直到今天都还没
有认清"真正危险"的人。阿尔文斯莱本能够想象与犹太人生活在
同一个世界，艾希曼和萨森却没办法做到这一点。

＊　＊　＊

　　1957 年在阿根廷，把艾希曼和阿尔文斯莱本联系在一起的，不
只是二人对希姆莱共同的崇拜。他们在逃亡的时候，都使用了同一
个南蒂罗尔城镇核发的身份证明文件。严格说来，曾有三个著名的
纳粹人物使用过泰尔梅诺的旅行文件：约瑟夫·门格勒（核发于
1948 年 4 月）、阿尔文斯莱本（1948 年 5 月），以及艾希曼（1948
年 6 月）。我们还远远不清楚阿尔文斯莱本的完整逃亡经历，可是
已知的部分就已经足够令人惊讶，并且透露了许多逃亡路线及组织
方式的信息。在与阿根廷记者和历史学家乌基·戈尼共进午餐后，
我终于能够至少讲述这个错综复杂故事的一小部分。用餐时我和他
谈起阿尔文斯莱本的访谈，他则向我透露了自己的想法。奥地利历
史学家格拉尔德·施泰纳赫（Gerald Steinacher）曾设法查明某个
名叫"克雷姆哈特"（Kremhart）的红十字会护照持有者究竟是谁，
结果徒劳无功。[401] 戈尼自己则怀疑，那根本就是阿尔文斯莱本的
化名。接下来的几个星期，对笔迹和照片的仔细比对证明戈尼的怀
疑非常正确。

一封来自德国北部吕贝克（Lübeck）的信件，开启了阿尔文斯莱本逃亡的序幕。1946 年 11 月 30 日，一位"洛娜·克雷姆哈特"（Lona Kremhart）写信给博岑的警方，询问她的丈夫"特奥多尔·克雷姆哈特"（Theodor Kremhart），但他的姓氏也有可能被拼作"克莱因哈特"（Kreinhart）。[402] 他在 1905 年 9 月 18 日出生于波森（Poznan，波兹南）。她收到的关于丈夫的最后一条信息，来自因斯布鲁克。除此以外，他们有三个孩子。这封有些奇怪的信很快就得到了答复：克雷姆哈特自从 1946 年 9 月以来一直居住在博岑的"十二村客栈"（Gasthaus Zwölfmalgreien）。仔细观察克雷姆哈特太太的笔迹，我们会惊人地发现：那毫无疑问就是卢多尔夫·冯·阿尔文斯莱本自己的笔迹。[403] 根据卡尔·沃尔夫的讲述，阿尔文斯莱本在被关进诺因加默（Neuengamme）的战俘营之后，于 1946 年 9 月 11 日成功脱逃。起初有人怀疑他藏在北方。由于阿尔文斯莱本的家人住在吕贝克，因此无怪乎他从那里写信到南蒂罗尔的博岑，而那里刚好亦为艾希曼领取新证件的地点。可是一个男人何必假扮成女人写信到博岑、按两种不同的拼写方式询问一个姓名，并且表示他有三个小孩呢？显然，此人正在设法伪造一个身份，并且打算带着三个孩子离开欧洲。[404] 一封写给南蒂罗尔官方的信件竟然就帮他获得了身份，此事甚至让那些花费数年功夫研究纳粹逃亡路线的人感到诧异。事实上，在"特奥多尔·克雷姆哈特"的红十字会护照申请表上面，直到今天仍然贴着一张卢多尔夫·冯·阿尔文斯莱本的照片。而且尤有甚者，护照申请人"特奥多尔·克雷姆哈特"的签名字迹，与吕贝克"洛娜"的笔迹一模一样。[405] 红十字会的记录显示，该人出具了 1948 年 5 月核发于泰尔梅诺的身份证件，此外和艾希曼一样，他的护照申请担保人也是那位天主教神父爱德华多·德默特尔，表明他同样是获得优惠待遇的潜逃者。[406] "克雷姆哈特"计划乘坐"好望角号"（Cabo Buena Esperanza）出

378

航，这也就是几年以后梅利塔·冯·阿尔文斯莱本（Melitta von Alvensleben）在申请阿根廷护照时所报出的同一个船名。那艘轮船于 1949 年 12 月在布宜诺斯艾利斯靠港。乌基·戈尼进而在乘客名单上找到了他的名字，阿根廷最高级别纳粹的逃亡路线于是首度获得确认。

379　　我们只能猜测那个诡异的写信行为背后隐藏着什么。阿尔文斯莱本是打算以这种方式开启逃亡路线吗？艾希曼和门格勒是否也做过同样事情来安排自己的逃亡，还是阿尔文斯莱本打算另辟蹊径呢？若想澄清这些问题，或许还需要专门前往博岑市的档案馆，寻找更多忧心忡忡的妻子们以男性笔迹写出的寻夫启事，并在询问函中列出了丈夫姓名的不同写法。但现在已可确定的是，阿尔文斯莱本在逃亡途中使用了与约瑟夫·门格勒和阿道夫·艾希曼相似的证件，而且三份证件核发的时间分别只间隔了一个月。面对这些信息，只有勇气可嘉的人才会宣称他们当初是通过各种不同途径"即兴逃亡"。逃亡行动的组织安排，看来比之前认为的还要完善许多。

　　当卢多尔夫·冯·阿尔文斯莱本加入萨森访谈会的时候，他见到的不只是一批党卫队的老同志，还跟至少一个人重聚了。他们二人不但都崇拜昔日那位共同的上司，并且在同一批人的帮助下获得了新生命。这肯定不是仅仅出自巧合，即便他后来觉得艾希曼这样的人对他来说太常见了。阿尔文斯莱本在 1952 年为自己和家人申请并获得了阿根廷公民身份，这有效地保护他免受联邦德国的起诉。在科尔多瓦省，他摇身成为卡拉穆奇塔县圣罗莎镇（Santa Rosa de Calamuchita）一座养鱼场的负责人、阿根廷渔猎局在该地区的主席，并且作为"运动联盟足球俱乐部"总裁出现在照片上。胡安·马勒甚至表示，阿尔文斯莱本曾经在邻近的纳粹聚居地"贝尔格拉诺将军镇"（Villa General Belgrano）担任过好几年镇长。[407] 尽管波兰因为数千起谋杀案对他做出缺席死刑判决，而且联邦德国也试图在

1964 年刑事起诉他，但阿尔文斯莱本仍然不受干扰地于 1970 年在阿根廷安逝。在一次电视采访中，家里的一名晚辈主张阿尔文斯莱本很可能在流亡阿根廷期间有所改变，像抛弃故土一样迅速抛弃了他的国家社会主义信仰。[408] 可是当阿尔文斯莱本在 1957 年设法接近萨森、弗里奇、朗格尔和艾希曼，整天与他们讨论犹太人大屠杀，重温共同的掌权时光，以及奢谈纯净的国家社会主义理念时，他显然还没有改变信仰。

380

　　在提问艾希曼的时候，祭出阿尔文斯莱本的做法只在短时间内有效，因为艾希曼很快就针对这位新的交谈对象做出调整，捍卫其"斗争的神圣性"、反驳阴谋论者有关死亡集中营的说法，并且他相信自己是为了执行"元首"的命令，于是——再一次——无惧纳粹最高阶官员的威吓。最重要的是，阿尔文斯莱本在萨森访谈会的出现，清楚表明了那些人对这个项目的野心。其主旨既不是一名"犹太事务主管"的回忆录——艾希曼甚至都不是阿尔文斯莱本采访的主题，也不是一个读书小组，而是带有明确目标地修改历史：要把国家社会主义和希特勒一起洗白。就连阿尔文斯莱本也想参与其中，尽管表现得有一点矜持收敛，而且显然更加谨慎小心。后来当萨森挑选录音抄本出售的时候，他几乎将出现阿尔文斯莱本访谈内容的录音抄本悉数剔除。这意味着我们之所以能知道访谈的第二部分内容，完全是因为萨森已经记不得它，于是忘了把它剔除。他应该曾向阿尔文斯莱本保证会严格保密，就像他对朗格尔博士许诺的。总之萨森坚守了承诺，从未把相关的访谈稿拿去出售，尽管希姆莱前任首席副官的个人告白很容易就能卖个好价钱。即使到阿尔文斯莱本死后，他仍然没有试图那么做。萨森对金钱的贪婪显然受到了个人情谊的约束。艾希曼也从未背叛过阿尔文斯莱本，反而还编造了鲁道夫·米尔德纳的在场，成功为他提供掩护。尽管如此，我们还是难免怀疑，艾希曼始终对阿尔文斯莱本那种高高在上的纳粹贵族作风耿耿于怀，以致曾在以色列抱怨那批"戴着白手套的沙龙军官"
（Salonoffiziere mit den weißen Handschuhen）——亦即不了解国
家社会主义运动精髓的那些人。

"600 万人的谎言"

我曾经非常频繁地跟霍特尔交谈，这是真的，
而且很可能也讨论过有关消灭犹太人的事宜。
不然我们还能说些什么呢？

——艾希曼，1957 年年中 [409]

最让杜勒出版社圈内人受刺激的话题，莫过于犹太受害者的人
数。到了 1957 年，即使在布宜诺斯艾利斯，也没有人认为还能用
《600 万人的谎言》或《赫斯特证人报告》之类的文章来否认系统
化的屠杀行动。其中的原因主要在于，杜勒出版社那帮人正好就是
此偷天换日策略的主要炮制者。新出现的资料让他们只剩下一条路
可走，那就是尽可能把种族屠杀的规模限缩至最低程度。结果直到
今天，死难者的人数依然是旧纳粹、新纳粹和新右派分子争论不休
的问题。这种情况着实令人费解，因为纳粹迫害犹太人一事所衍生
出的法律与道德责任，并不取决于一个绝对的数字。更何况在进行
所谓"赔偿"谈判的时候，即使将统计数字换成 400 万或 800 万人，
谈判的结果也几乎不会有什么不同。这看起来就好像是，那批人靠
着"元首崇拜"掌握了象征符号的力量，于是对"敌人"的有力象
征符号——600 万这个数字——害怕得无以复加。这个问题其实很
容易回答：谁是 1945 年之后所有证人的引述来源？是谁首先说出
了这个难以置信的数字？《路径》月刊甚至在 1957 年自行预示了
那名证人的现身。该刊 7 月号再次以读者来信的形式宣称："特别

令人遗憾的是，大家始终无法成功找到那个人，那个根据所有犹太人出版物和纽伦堡国际军事法庭审判（Nürnberger IMT-Prozess）中的证人陈述，唯一有能力就整个复杂情况发言的人：党卫队一级突击大队长阿道夫·艾希曼。自从阿道夫·希特勒、党卫队全国领袖希姆莱、海德里希，以及卡尔滕布伦纳等人去世之后，他很可能是唯一真正知晓到底发生过什么事情的可信见证人。"[410]这位细心的"读者"还不忘询问，是否有人对那个"至今无法找到的"关键证人掌握更多信息。

　　自1955年年底出版以来，任何人皆可在莱昂·波利亚科夫与约瑟夫·伍尔夫编纂的文献丛刊里面，读到三页未经删节的宣誓声明，记录着威廉·霍特尔与艾希曼的谈话内容。文件编号"PS-2738"，是纽伦堡审判最重要的文件之一。[411]霍特尔说，艾希曼曾在1944年8月底来到他位于匈牙利布达佩斯的公寓，像往常一样想要获得关于战局的消息。霍特尔于是利用这个机会，向艾希曼询问遇害犹太人的确切数目。艾希曼回答说："在各个不同的毁灭营，大约有400万犹太人被杀，此外另有200万人以别的方式死去，其中大多数是在俄罗斯战役期间被安全警察的一些杀人小队枪决。"霍特尔还不厌其烦地强调了艾希曼这个消息来源的可信度："我只能推断，艾希曼向我提供的资讯正确无误。因为在所有相关人士当中，他绝对最清楚被杀害犹太人的数目。首先，可以说他是通过他的特别行动分队把犹太人'供应给'各个毁灭营的，所以一定确切知道这方面的数字。其次，他身为帝国保安总局第四局负责犹太人事务的部门主管，绝对最了解有多少犹太人以其他方式死亡。"艾希曼甚至还曾向希姆莱呈递一份报告，但后者认为他给出的数字太低了。

　　杜勒出版社圈内人当然对霍特尔的声明不陌生，《路径》月刊甚至还为了它而大打笔仗。可是浏览偶尔出现的报刊文章，毕竟完全不同于仔细阅读声明内容。萨森显然立刻意识到，必须驳斥这份声明，而且如果有可能的话，更要全盘否认德国人系统化灭绝犹太人一事。于是在访谈一开始，他就直接向艾希曼问到了"600 万人的说法"以及霍特尔的声明，而且后来一再旧话重提。[412] 此外他也试图通过朗格尔博士关于霍特尔的长篇大论，找出那名证人在私人生活方面的每一个弱点。对萨森来说，最关键的问题莫过于："怎么样才能让这份声明……显得荒谬绝伦？"[413]

可是问题并没有因此减轻，因为迪特尔·维斯利策尼也曾引述其昔日上司提到过的类似数目。他在纽伦堡出庭的时候，报告了自己与艾希曼就此问题进行的几次对话，而每一次谈到的数目最起码也有 400 万。除此之外，维斯利策尼还曾逐字复述艾希曼在柏林臭名昭著的告别感言："他表示他会笑着跳进坑里，因为一想起有 500 万条人命要算在他的账上，他就感到极大的满足。"[414] 艾希曼当然十分清楚自己究竟跟哪些人聊过这回事，萨森却不知道另外还有多少证人可能记得相关陈述。特奥多尔·格雷尔，驻布达佩斯大使馆的犹太事务处处长和艾希曼的联络人，也在庭审时做出不利于艾希曼的证词，表示艾希曼曾于 1944 年秋末很自豪地告诉他说，有 "600万人"必须记在自己的账上。[415] 萨森要到很久之后才意识到自己反驳这种说法所遇到的最大障碍究竟何在：如此庞大的遇害人数确实让他的访谈对象艾希曼感到极为满足。但即便如此，艾希曼还是勉为其难地尽可能说出萨森及其同侪们想听的话。没有，他当然从来都没有说过好几百万被杀害的犹太人，他所说的始终只涉及 "国家的敌人"（Reichsfeinde）。不，他也从来没有说过"人"（Menschen），他说的肯定是 "国家的敌人"。直到在以色列出庭受审时，艾希曼才被迫承认自己的确讲过"犹太人"（Juden），因为他曾经一时糊涂，亲手写下了那个字眼。[416]

在阿根廷，艾希曼却表示，怎么偏偏会有人"无缘无故地把这种说辞"[417] 赖到他的头上来，实在令人费解。霍特尔只不过是"碰

384

巧跟维斯利策尼遇到一样的谎言"[418]罢了。艾希曼甚至还斩钉截铁地表示，他在万湖会议时提供给海德里希的统计数字，实乃"别人后来的伪造"[419]。他强调"我根本不知道被消灭的人数到底是多少"[420]，因为他从未汇总出一个统计数字。但浮夸的虚荣心还是出卖了艾希曼，他补充道，不管怎样，他分别提出的各种数字，当然从来不会让希姆莱不满意。[421]艾希曼有时极度夸大了自己的无所作为，以致萨森必须提醒他，请他过来参加访谈会的真正目的，就是要他为那些数字提供担保。"我们必须使出全力反驳一种说法，那就是艾希曼的工作部门对这些人数没有整体把握。"在萨森一再强调"必须使出全力"之后，艾希曼才不得不回答说："好吧，如果这能帮得上忙的话。"[422]倘若这一切不是那么的讽刺，简直会让人觉得滑稽好笑。艾希曼否认自己的所知所见以便取悦萨森圈子里的人，而那些圈内人之所以求证于艾希曼，则是因为只有艾希曼才知道真相，只不过他知道的真相与那些人想象的完全南辕北辙。在这场猜谜游戏当中，萨森就好比一个捺不住性子的花花公子，凭借三寸不烂之舌终于说服他心仪的美女摘下了面具，但他做梦也想不到的是，面具后面隐藏着的其实是蛇头女妖美杜莎。

　　在这种错综复杂的情况下，企图反驳犹太人"600万人的谎言"，从两方面来看都是一场闹剧。那些人一同读到一个接一个的谋杀统计数字（却明显不理会他们自己在过去几年里伪造出来的那些数据[423]）：格尔拉德·赖特林格在1953年提到420万至470万；1946年6月向世界犹太人大会提出的报告列出了600万；莱昂·波利亚科夫甚至认为有可能是800万。他们试着逐一分析《万湖会议记录》和1943年提交给希特勒的《科赫尔报告》中的每个数据，并且阅读了集中营指挥官鲁道夫·赫斯关于奥斯维辛毁灭能力的声明。萨森把数目计算得比较低，而艾希曼则把数目计算得比较高。艾希曼在谈到幸存者人数的时候更是夸大其词，萨森则表示怀疑，而他们想要共同推算出一个数字。读这些谈话内容有时让人觉得好像是在集市上讨价还价，对艾希曼而言，他所谈论的并非人类，只是纯粹的数字："他（赖特林格）说 6.5 万，我说 4 万，那么就算成是 5 万左右好了。"[424] "38.1 万稍微高了一点，30 万左右应该接近真相。"[425] 每当萨森开始有一点乐观时，艾希曼讲出来的话却又让所有事情变得一团糟。就奥斯维辛的"筛选"过程而言，艾希曼宣称"通常有一半的人活下来"。虽然那种讲法惊人地低估了匈牙利运输过程中的谋杀率，萨森的反应却几乎被吓坏："不，不，我们已经计算过，那里的容纳能力是 25 万左右，但如果总共有 200 万人去了那里的话……"那么光是在奥斯维辛就有 100 万犹太人遭到毒杀。[426] 尽管今天我们知道这个数字颇为接近真相，但它却完全不是萨森在 1957 年所想听到的。

　　萨森访谈会上这种荒诞的数字拉锯，以讽刺的态度表现出对人的蔑视，几乎与纳粹种族屠杀本身一样让人感到难以忍受。在进行讨论的过程中，只有当有人对进展缓慢感到不耐烦或不高兴的时候才会流露出情绪。受害者很少被提及，同情心、羞愧感或内疚之意就更不用说了。然而若是有谁一边听着那些人如何在萨森舒适的客厅里来回计算，一边艰难阅读抄本记录的话，便无法忽视一个现象：虽然他们打算瞒天过海、否认一切，却完全奈何不了事实的力量。不管那些人再怎么煞费苦心，他们还是不情愿地积攒起一个又一个数字。那些数字在他们削尖的铅笔下面不可避免地显得像是如山的铁证，暴露出那种危害人类罪行的严重程度。除了艾希曼之外的所有与会者显然都深信，对犹太人的系统化屠杀行动只是一个宣传谎言罢了，而期待仔细检视的结果能够证明他们对事情的看法。萨森认为，如果迫使"犹太人"提交名单，亦即精确指出到底有谁被杀的话，便能够发现人数实际上微乎其微。[427] 他只是慢慢才意识到，这种方法将在接下来几十年产生恰好相反的效果。毕竟，没有人能在仔细审视的同时，却不重新检视自己的观点。艾希曼则在访谈的过程中意识到，他在手稿中提出的第一个"最后统计"根本站不住脚，并且显然也理解了用统计数据支撑自己的谎言的根本问题。不管怎样，他在以色列会变得更加小心，改口强调永远也不可能把遇害犹太人的数目查得一清二楚。

　　甚至连阿根廷那批人也以自相矛盾的方式逐步接近了实情，原因正在于他们对事情的真相有着截然不同的想象。他们涉入了一个刚刚起步的研究领域，充满各种新人会犯的错误。在今天看来，战后十年设法只根据可证实的数字、以高学术水准研究犹太人大屠杀的历史学家，所得出的初步计算结果全都明显低估了遇难者人数。我们绝不可小看这项研究在刚开始时的难度，因为有别于想象中完全以"德国人的周密作风"进行的系统化谋杀，灭绝犹太人的行动至少也同样具有即兴色彩，时而还夹杂着无序的犯罪行为。德国人不仅试图烧毁各种书面记录，甚至他们自己也不总是能够掌握全局。各座死亡集中营内所发生的事情，更完全违背了希姆莱希望效仿病虫害防治的方式，宛如临床医学般"人道"杀戮的灭绝理论。那些地方以生产堆积如山的尸体为目标，秩序结构恐怕难免随着时间的流逝而瓦解。我们若认为历史研究最终会有办法得出遇害者的确切人数，那就未免过度理想化了此一巨大罪行的情况。若有谁希望尽可能精确地还原当初的情况，无论如何都需要获得比 20 世纪 50 年代中期多得多的文件和证词。然而在当时，即便一些幸存者能够大致猜到罪行的程度，但只有一名凶手真正知道详情。劳尔·希尔贝格（Raul Hilberg）在 1961 年估计有 510 万人遇害。马丁·吉尔伯特（Martin Gilbert）在 1982 年推测的 570 万人，则没有得到充分证据的支持。一直要等到 20 世纪 90 年代俄罗斯的档案对外开放之后，情况才变得明朗起来，原来特奥多尔·格雷尔 1944 年从艾希曼口中听来的数字（霍特尔号称自己也听到过那个数字），是如此接近犯罪的真实规模。

讽刺的是，霍特尔的说法在今天看来反而站不住脚。霍特尔于
1945 年战败之后告诉美国调查人员的大部分内容，其实并不是他
自己听到的消息，而是他从别人的报告中"借用"的内容，有时还
加以夸大渲染，以便用这种乖戾的方式让自己成为不可或缺的关键
证人，并借此向美国情报机构推销自己。由于霍特尔当时与特奥多
尔·格雷尔和迪特尔·维斯利策尼都有接触，如此一来他也可以套
用那两个人的记忆。霍特尔最大的问题，主要是转移人们对他所扮
演角色的注意力。他之所以在匈牙利与艾希曼见面，显然不是为了
给历史研究留下证据，而是要在纳粹政权崩溃之际刺探情况。艾希
曼可以直接联系海因里希·希姆莱，而对霍特尔及其上司们所计划
的自救行动来说，希姆莱正是最大的不确定因素之一。此外，通过
艾希曼还可以探听出盖世太保的头子海因里希·米勒到底有何打算。
霍特尔同样也不是机器上的一颗小齿轮，但这个事实在向盟军毛遂
自荐时不会给他带来任何好处。于是霍特尔设法回避了过于尖锐的
问题，大肆宣扬另一种故事版本来分散人们对他的注意力。他利用
1944 年 8 月在布达佩斯与艾希曼的谈话，正好就达到了那个目的。
不能排除这样的可能性，即霍特尔打算利用他那些细节丰富的故事，
以一种骇人的方式胜过他的竞争者。

后来，霍特尔无意中自己加深了别人对其可信度的怀疑。他在
自传中承认，自己从一开始就意识到，可以借助那些说辞摇身成为
炙手可热（且报酬丰厚）的时代见证人。正因为如此，他才得以在
人生的最后几年开展电视事业。然而到了生命将尽的时候，霍特尔
却多次暗示，他自己从不相信曾有过那样大规模的灭绝犹太人行动。
这种暗示和霍特尔最后一本书中的许多内容都证明，他就那么若无
其事地讲了一辈子的违心之论。霍特尔在晚年的一次访问中说道：
"一如往常，我的谎话成真了。"[428]

388

值得注意的是，艾希曼给出那个巨额数字的时间，竟然早于臭名昭著的布达佩斯死亡行军，以及同样跟艾希曼有关系的拉文斯布吕克集中营毒气处决行动。此外，当艾希曼视察特莱西恩施塔特和其他集中营，例如贝尔根—贝尔森集中营、布痕瓦尔德集中营、毛特豪森集中营和达豪集中营的时候，自然也清楚在战争最后几个月，那里恶劣的条件将使犹太人大量死亡。因而特奥多尔·格雷尔并非唯一把艾希曼在 1944 年给出的数据视为吹嘘的人。况且历史学家们很早就已经指出，艾希曼跟 1941 年开始、由"特别行动队"在东线战场后方进行的大规模谋杀行动没有任何关系，即便他从各种报告中得知了它的规模。但显而易见的是，艾希曼乐于把庞大的数字包揽到自己身上。艾希曼的证言令人印象深刻，他表示，对犹太人进行的各式各样的灭绝行动其实同属于一个单一的大型项目。尽管在旁观者眼中，许多事情似乎出于临时起意、卖弄表现和独断独行，但从柏林的角度来看，每一次反犹太人的攻击都是在实践纳粹所追求的目标。艾希曼显然已经把自己视为与这个"犹太人谋杀方案"完全融为一体，就像剧场导演，甚至从演员的即兴发挥和临场表现之中，也能看见自己的意志。这种"可能的气氛"所产生的效果，甚至让包揽一切的做法显得可信。艾希曼和其他人不断助长暴戾气氛，而那种气氛足以制造出数不胜数的暴行。正因为艾希曼意识到了这一点，于是主动把所有谋杀都算到自己账上。

389

尽管如此，事实仍然是，艾希曼给出的数字最接近今日可证实的受害者人数。无论艾希曼所讲的是 500 万还是 600 万，还是根据听众和时机的不同而轮流说出二者，他仍然早在历史学家获得足够证明材料之前几十年，即已接近了受害者的实际数目。艾希曼在纳粹执政时期说出的数字就已经吻合事实，光从这一点便可看出他其实多么清楚种族灭绝的规模，以及后来在阿根廷和以色列谎称不知情的做法有多么虚假。萨森及其同志却求助于艾希曼，因为他们确信霍特尔是个骗子，只能借由霍特尔所引述的那个人来彻底驳斥他。结果艾希曼不得不公开宣称，他从来都没有提到过那样的数字。连续好几个月，艾希曼不断向萨森保证，他也想"走在真理的道路上"，通过另外提供一份艾希曼报告，驳斥"600万人的谎言"，而且这回将是一份真实的报告。然而，杜勒出版社圈内人士所援引的每一份文件，却在不知不觉间铺设出一条完全不同的道路。等到萨森发现的时候，已经来不及掉头了，因为他自己的关键证人竟然出乎意料地对他"右线超车"，而且使他在阿根廷的对话伙伴们成为新的证人，目睹了这一次想赖也赖不掉的自白。

不合时宜的结束语

> 我只想借此告诉您……所得出的结论，
> 而且我觉得必须当着您的面把它讲出来。
> ——艾希曼，1957 年在阿根廷 [429]

1960 年萨森出售的录音抄本，是以臭名昭著的 67 号录音带为结束。其最后两页"艾希曼的结束语"（Eichmann-Schlusswort），则立即成为萨森抄本当中被引用次数最多的文字。其实阿道夫·艾希曼在 1957 年发表的那篇简短讲话，并非萨森抄本的结尾。然而就萨森访谈会而言，那是一次颇不寻常的会议。光是通知开会的方式就让艾希曼产生了误解，以为它将意味着萨森计划的盛大结束。因此这回他准备了一篇明显具有"结论"性质的报告。录音带上的背景音清楚表明，此次的参加人数确实多了一些。艾希曼将出席者称为"圆桌成员"，显然是认为 1957 年 9 月或 10 月举行的这次会议是一个理想的场合，适合发表这篇在其同侪中间——以及在历史上——恶名昭彰的告别演说。艾希曼不无技巧地找了个机会，趁着

讨论《德意志国与犹太人》(*Das Deutsche Reich und die Juden*)
书中最后一些文件的空档，过渡到他的感言。接着他就用往常不即
兴发言，而是照稿宣读时的语气开讲。他说话时注重抑扬顿挫，在
当时的气氛下格外显得沉稳和缓慢，而且为了起到修辞效果，他还
会不时停顿一下。有一卷原始录音带保存了这篇讲话、此前进行的
讨论，以及讲完之后引发的反应。[430] 这篇演讲对于理解萨森访谈会，　　391
尤其对于证明艾希曼在阿根廷所发表言论的突出史料价值而言，具
有重要意义，因此值得完整地逐字誊抄下来 [431]，必要时并在注释
中做出补充说明：

> **艾希曼**：……请不要在时隔 12 年之后试图让我困惑，不管
> 那个名字叫考夫曼 *，还是艾希曼，还是萨森，还是摩根索 †，我都
> 一点也不在乎。有些事情既然已经发生，于是我告诉自己说：好吧，
> 那么我就必须抛开一切顾忌。因为在我的民族翘辫子之前，整个
> 世界必须先翘了辫子，然后才轮到我的民族。但就只有这样！
> 　　我就是这么想的。而我——现在我希望在我们的事情告一

---

* 补充说明"考夫曼"：在萨森访谈会上，人们一再将所谓的"考夫曼计划"(Kaufman-Plan)
与"摩根索计划"(Morgenthau-Plan) 混为一谈。西奥多·考夫曼 (Theodore N. Kaufman)
于 1941 年在纽约自费出版了一本名为《德国必须灭亡》(*Germany Must Perish*) 的小册
子，呼吁通过绝育来消灭德国人。纳粹宣传部于是利用该出版物宣扬"犹太人穷凶极恶
的灭绝计划"(Ungeheuerliches jüdisches Vernichtungsprogramm Völkischer Beobachter, 24. 7.
1941)。
亨利·摩根索 (Henry Morgenthau, Jr.) 曾任美国财政部部长，在 1944 年委托研拟计划，
以便分裂德国并使之退化成农业国。此计划也被戈培尔用于"奋战到底"的宣传口号。虽
然那两个计划都停留在理论阶段，却直到今天都还为国家社会主义者服务，被用作为德
国战争罪行和危害人类罪行辩解的理由。它们同时也造成了萨森访谈会上的混淆。参见
Wolfgang Benz (Hrsg.), *Legenden Lügen Vorurteile. Ein Lexikon zur Zeitgeschichte*. München
1990，pp.85, 145.——原注
† 补充说明"摩根索"：参见补充说明"考夫曼"。——原注

段落之前向您说明白——我是个"谨小慎微的官僚"。*是的，我的确如此。但我打算详细说说"谨小慎微的官僚"这回事，多少对我自己有些不利。跟那个谨小慎微的官僚密不可分的是一位……一位狂热的战士，捍卫我出身血统的自由。而我在此告诉您，正如我之前告诉过您的一样：萨森同志，我对咬您的虱子不感兴趣[†]，我只在乎我自己领子下面的虱子。我会把它捏死。这种态度也适用于对我的民族。于是那个谨小慎微的官僚——当然那就是我，我就是那样——引领了我，给我带来启发：只要有益于我的民族的事情，对我来说就是神圣的命令和神圣的法律。就是这样！

现在我想在全部这些唱片[‡]的结尾告诉您，因为我们很快就要结束了，我首先必须告诉您：我不后悔任何事情。我绝对不会屈服在十字架下！我们在此处理那件事情已经有四个月了。[§]在这四个月的时间里，您努力让我重温自己的记忆，并且唤醒了许许多多的回忆。本来我大可附和今日的意见，很容易，也很廉价地……宣称自己深感遗憾，假装"扫罗"已经变成了"保罗"。

392

可是我告诉您，萨森同志，我没有办法那样做。我没有办法，因为我不愿意，因为我的内心阻止我这样说，说我们曾经做错

---

* 补充说明"谨小慎微的官僚"（der vorsichtige Bürokrat）：引自迪特尔·维斯利策尼的报告。这种称呼对党卫队人员而言是不可原谅的侮辱，维斯利策尼却给艾希曼贴上了这个标签。萨森访谈会曾多次阅读并讨论这份报告。——原注

† 补充说明"您的虱子"（Ihre Laus）：指的是萨森希望把希特勒和"德国的精髓"尽可能与犹太人政策分离开来的努力，也就是让"元首"和"国家社会主义"在历史上摆脱对大屠杀的指控。艾希曼却打算把自己展现为典型的德国人，以及为元首执行任务的优良官员。

‡ 补充说明"全部这些唱片"（diese ganzen Platten）：艾希曼对技术方面的问题不怎么感兴趣。对录音技术更是一窍不通，经常选用不恰当的字眼来形容它。——原注

§ 补充说明"四个月"（vier Monate）：艾希曼类似这样的时间描述都很不可靠，因为它们被用作修辞上的"装饰"，往往取了整数或使用有象征意义的日期。艾希曼被捕后不久，他甚至在以色列的一份文件中写下当天是"投降后的十五年又一天"。但每一个参与其事的人都清楚这是瞎胡诌，因为5月9日那天艾希曼还在阿根廷乐享自由。——原注

了任何事。我没有办法。我不得不诚心诚意地告诉您，假如当
初我们把 1030 万犹太人（如我们今天所知道的，由科赫尔*确
定身份的 1030 万犹太人）都杀掉的话，那么我会心满意足地
表示：很好，我们消灭了一个敌人。然而在命运的捉弄下，这
1030 万犹太人当中的绝大部分都保住了性命。于是我对自己说，
既然命运想要如此安排，那么我就只能顺从命运和天意。我只
是一个无关痛痒的小人物，我既没有办法力挽狂澜，也完全不
打算这么做。我们本可以实现我们为自己的血统、为自己的民族，
以及为各个民族的自由†所应担负的使命——假如我们把今日还
活着的人类灵魂中最狡猾的那些对手‡都消灭了的话。那正是我
向施特莱歇尔§说明的，也是我所一再强调的：我们正在与一个
敌人战斗，而那个敌人经过好几千年的教育¶，在心智上领先我
们。我记不得是在昨天还是前天，或者是在去年，我曾听说或
者在哪里读到，在罗马人建立自己的国家以前，甚至在罗马还
没有建城的时候，犹太人就已经能够书写。但这还只是个轻描
淡写的讲法。应该说的是，早在罗马建国千百年前，早在罗马

---

* 补充说明"科赫尔"、1030 万犹太人（10.3 Millionen Juden）：指的是所谓的《科赫尔报告》。
萨森访谈会曾对此进行过详细讨论，而艾希曼刻意做出了误导性的评论。——原注
† 补充说明"为了各民族的自由"（für die Freiheit der Völker）：根据纳粹意识形态，犹太人
是全人类和各民族的敌人，种族灭绝就是为了造福全世界。——原注
‡ 补充说明"最狡猾的对手"（schlauester Gegner）：这完全呼应了希特勒把犹太人称作"敌
对人种"（Gegenrasse）的描述，亦即将之视为唯一可对"雅利安人种"（arische Rasse）构
成真正危险的人种，必须与之展开生死较量。其他所有人种则都是"次等人种"（unterlegene
Rassen），不会带来危险。——原注
§ 补充说明"施特莱歇尔"：指的是尤利乌斯·施特莱歇尔，在纽伦堡被处决的反犹太煽动
狂以及《冲锋报》的总编辑。该报甚至在反犹太主义者之间也引起争议。有证据表明施
特莱歇尔和艾希曼曾在 1937 年见过面，当时艾希曼应施特莱歇尔之邀前往纽伦堡参加纳
粹党大会。海德里希的方向与《冲锋报》形成很大的矛盾，前者不想要街头的打打杀杀，
而主张更加"中规中矩"（偷偷摸摸）的反犹太人政策。——原注
¶ 补充说明"教育"（Schulung）：在党卫队保安局眼中，知识是犹太人的"战斗手段"，亦
即用于统治世界的武器。这在很大程度上与纳粹的反智主义有关。——原注

建城千百年前，他们就已经能够书写了。看看"十诚"的石碑。您想想看，一个如今可以追溯悠久——比方说 6000 年——书面历史的民族，一个大约在 5000 年或 6000 年前就已经制定律法的民族，而且我相信即使我说那是在 7000 年前，应该也不为过。今日基督教会使用的就是他们所制定的那种律法[*]，这对我而言是非常令人沮丧的。但这件事情也告诉了我，那必定是一个出类拔萃的民族，因为制定律法的一直都是伟大的人。这个认识于是促使我对抗这个敌人。

您必须从这些动机来理解，我为什么会说，假如把这 1030 万敌人都杀掉的话，我们就完成了自己的使命。（停顿片刻以制造效果。）但鉴于这并未发生，我只能告诉您，我们尚未出生的后代将不得不承受苦难和灾殃。也许他们会诅咒我们。（停顿片刻以制造效果。）可是我们人数有限，没有办法抗拒时代潮流。我们已经竭尽所能了。

当然，我必须告诉您的是，人类的情绪也在这里起了作用。我也未能免俗，我也受困于同样的薄弱意志。我知道这一点！我自己也难辞其咎，因为我未能贯彻或许来自某个上级机关，或许一直萦绕在我心中的那种构想，以致无法实现真正的彻底清除。我已经向您举出了一些这方面的小例子。我才智不足，却被放到了一个位子上，在那个位子上我其实可以做得更多，而且必须做得更多才对。

我向您说出的事情，可算是一种道歉：首先，我缺乏足够的才智。其次，我缺乏必要的顽强体格。第三，有一大批人违背我的意愿凑了过来，甚至还对我的意愿横加阻挠，以致让我

----

[*] 补充说明"制定律法"（Gesetzgebung）：指的是所谓的"十诚"（10 Gebote）。在国家社会主义对教会的批评中，《圣经》本身被认为是犹太人的东西，这就是艾希曼在妻子面前撕毁《圣经》的原因。见上，萨森抄本 3,1。——原注

觉得自己无能为力。结果就连我原本或许能够取得突破的其他事情，也都只做成了半吊子，因为我长年陷在一场斗争之中，必须对抗那些所谓的"干涉主义者"。* 这就是我在最后想要告诉您的。

我不知道您是否会把它写入书中，也许那不是个好主意，或许根本就不该这么做。但我只想借此告诉您，我在这几个月重温记忆之后所得出的结论，而且我觉得必须当着您的面把它讲出来。

　　萨森：嗯。（一桌人陷入了长时间的沉默与不安）
　　艾希曼：现在我们已经结束了全部的录音，对吧？
　　萨森：对不起？
　　艾希曼：现在我们已经结束了，对吧？难道不是吗？　　394
　　萨森：其实并没有。我还有几页需要讨论。不过我确信我们会做完的。
　　艾希曼：啊，我们根本还没有把这本书讨论完毕吗？

萨森笑了出来（一半出于同情，一半出于容忍）。

　　艾希曼：（完全不知所措且陷入困惑）我以为我们已经完全……因此我……向……呃……向圆桌成员……发表了一个小小的……呃，结束感言。
　　萨森：那没关系。

---

*　补充说明"干涉主义者"（Interventionisten）：与萨森的对谈中，艾希曼一再举例说明别人如何阻挠他进行大屠杀，通常是政府要员为牟取私利或为亲友争取例外待遇而提出的个别要求。到 1944 年，艾希曼甚至把库尔特·贝歇尔之类受到希姆莱委派的人员也视为这种障碍。——原注

听到"那没关系"之后，艾希曼似乎这才注意到，他"向圆桌成员发表的小小结束感言"有多么荒腔走板。由于没有受到任何立即的反应，艾希曼只得直接询问萨森对这个感言的看法，却还是得不到任何回应。这名不知悔改的演讲者于是开口承认，自己充分意识到话中的怪异之处："我知道我向您说出了非常强硬的字眼，而我一定会因为措辞这么强硬而受到谴责。可是我没有办法告诉您别的东西，因为这就是事实！我为什么要否认它呢？"那一切都在刹那间"从他的内心深处涌出"，因此艾希曼才想将之诉诸言词，以便未来供后人"进行某种研究"。谁要是耐得住性子，在录音带上听过完整的版本，就不会注意不到，当艾希曼还在发表"感言"的时候，其可悲的表演及其内容已让在座者变得越来越焦躁不安，而且明显开始心生不快。这个怪诞场面的结果，就是萨森试图将它大事化小，小事化无，因为艾希曼所做的事情无非是把整个萨森访谈会搞成一场闹剧，并在其发起者的面前实地上演。他们已经花了好几个月的时间，设法为国家社会主义洗刷"老是让我们受指责的那档子事"，也就是犹太人大屠杀，还煞费苦心地把每一个数据都贬低成"敌方的宣传"，并竭尽所能计算出最低的统计数字，希望这么一来就能彻底摆脱问题。他们原本以为问题的根源就是艾希曼在战争末期所讲的那些话，谁晓得他们寄予厚望的王牌证人反而又公开了对另外几百万人的谋杀。在场的每一个人想必都心知肚明，用艾希曼公开澄清艾希曼的尝试已经彻底失败了。更重要的是，他那种令人难以置信的玩世不恭论调让最后一个怀疑论者也明白了，维斯利策尼和其他所有人在引述艾希曼有关数百万死难者的说辞时，他们并非迫于盟军占领下的严酷情况而不得不撒谎。那个可恨的威廉·霍特尔固然喜欢夸大其词来虚张声势，可是1957年在萨森桌边发生的现实，甚至让霍特尔也相形见绌。他们非但未能揭穿饱受指责的"600万"讲法，表

395

明它是拷打之下的自保谎言或者霍特尔的生财妙招，反而让自己
变成了这个骇人自白的目击证人，彻底确认了那种讲法。艾希曼
果真在 1945 年提到过"那档子事"。战争结束 12 年后，那名大屠
杀凶手于不受任何人胁迫的情况下，在一个配备录音机的房间内
主动向"圆桌成员"重申：确实有过屠杀犹太人的行动；该行动
在他的配合下成为对数百万人的谋杀，甚至是全面的种族灭绝；
他仍然认为那个方案是完全正确的；他为自己能够参与其事而感
到心满意足。艾希曼对这个疯狂的国家社会主义项目——以及对
他自己——做出的唯一批评就是，我们"其实可以做得更多，而
且应该做得更多"。萨森和弗里奇不仅无法羞辱以色列的"敌人"
和全世界每一个犹太人，证明"600 万人的谎言"实乃犹太人的战
斗策略，最后更只能心不甘情不愿地指出，他们自己妄想中的"纯
净国家社会主义"之真正敌人，就在纳粹党的意识形态当中，其
具体的化身就是他们最成功的官员和最后的国家社会主义坚定信
仰者之一，一个完全符合阿道夫·希特勒理想纳粹形象的人物：奥
托·阿道夫·艾希曼，尚未复职的党卫队一级突击大队长。不管
萨森再怎么试图不当回事，他的专案计划已在此刻随着一个信誓
旦旦的声明而寿终正寝。其他的一切，诸如更多受害者的证词、
重新发现的统计文献、附有谋杀人数的电报、死亡登记簿、录像、
照片和各种研究报告等等，都可以被斥为"反德"、"宣传"、"夸张"
或"造假"而不予置信。但这个如此令人信服地确证了自己行为
的艾希曼，却不可同日而语。艾希曼是国家社会主义者，而且正
因为如此，他也是一名坚定的大屠杀凶手，除此之外没有其他任
何因素产生了更大的作用。

没有结论的结束

总而言之，艾希曼只相信他自己所说的话。

——哈里·穆里施 [432]

我们只能猜测，那个充满了意外洞悉实情的傍晚接下来发生了什么，因为录音机随即就被关掉，尽管萨森曾经宣布他"还有几页需要讨论"。似乎不再有人对著书立说感兴趣，因为更进一步的问题要等过了一个星期之后才被提出，从 68 号录音带开始。随后发生的事情表明，艾希曼已明显感觉到访谈会成员普遍对他无法谅解的态度。事情发生之后，艾希曼立刻直接写信给萨森，为失败的"结束语"做出辩解，并且局促不安地要求获得更多材料，以便继续发挥其有关所谓"考夫曼计划"和"犹太人推动自我毁灭"的强词夺理的说法，试图按照萨森对历史的诠释方式来重新组织语言。[433]
艾希曼在事发之后第一次访谈会上准备的说辞，也显示他觉得有必要极力附和萨森的说法。记录了那晚情形的 68 号录音带便从艾希曼的那些字句开始。[434] 他结结巴巴地说："嗯，我想要确定一点。在录制上一盘录音带的过程当中……我给出了一种结论性的声明。……现在我已经读完了波利亚科夫的这本书，并且发现了里面……呃……所搞出来的东西……这让我觉得我以那种形式发表的结束语已经不再站得住脚。"[435] 艾希曼显然就像个心虚的小学生一般，刻意摆出讨人喜欢的姿态。但艾希曼扮演"痛改前非的演说者"这个角色并不完全成功，因为他还是忍不住加上了一个附带条件，表示他的退让当然只在一种情况下有效，那就是"如果这些文件真实无误，而非出于伪造"。不过他立刻又改口说道："纵观全局之后，我还是几乎产生了怀疑，觉得有一些事情可以被认为是真的……您认为呢？"从接下来的那些录音带更可以听出萨森不但已经被惹恼

397

而不愿再相信任何事情，甚至还严重缺乏积极性。萨森开始读书中的内容，比平常更加缓慢且心不在焉，有时突然停止，再从另一个段落重新读起，接着再度中断，而且一停就是好几分钟。他提出的问题只是在虚应故事，而非真正出自兴趣。只剩下艾希曼还一如既往地积极参与访谈，即便他对萨森的不信任感也与日俱增。他的回答明显变得越来越吞吞吐吐："我是第一次听到这种事情……不过我必须告诉您，我无法对此发表意见，因为我与此事完全无关"[436]；"我不知道这回事"[437]；"我记不得了"[438]。

萨森几乎不再理会艾希曼的言论，很少提出问题，也无意追问下去，只是想按部就班地完成计划中的每个主题。录音内容的抄本也不再完整，录音带的顺序也变得不那么确定。[439] 最后一些抄本和录音带更让人无法不感觉到，萨森根本失去了兴趣。早期访谈会中的紧张气氛已经一去不返。其中的原因肯定在于萨森周遭那些人对艾希曼的失望。萨森不得不意识到，尽管他设法通过各种手段、书籍和助手来控制艾希曼，但始终没有成功。到头来，艾希曼还是艾希曼。他只不过是利用与萨森的会面来清楚阐释自己的计划和历史版本而已，因此他才会说："萨森同志，我对咬着您的虱子不感兴趣……"萨森曾经在对南美政治领袖的采访中证明了自己的高超技巧，结果却因为艾希曼的大言不惭而栽了跟头。显然正如所有必须跟艾希曼或者其文稿打交道的人一样，萨森在某个时刻也会觉得心烦气躁。但这不仅由于他那位固定嘉宾的句型结构和用字遣词非常糟糕，也因为萨森至少已经同样意识到，自己原本关于国家社会主义历史的认知不但存在严重的错误，而且再也站不住脚了。萨森的女儿曾经多次强调，她的父亲既无法也不愿面对"大屠杀"这个问题，因为那违背了他有关"纯净国家社会主义理念"的梦想。然而通过艾希曼，甚至萨森也意识到，任何对大屠杀视而不见的做法都形同否认。大规模谋杀和毒气室的确存在过，它们是德国历史的

398

一部分，而像艾希曼那般信仰坚定的国家社会主义者，正在其中起
了决定性的作用。萨森自己虽然也对国家社会主义深信不疑，同样
是一名种族反犹太主义者，不过就连他都认为那种谋杀项目是犯罪
行为。而且他非常有自知之明，不至于把否认看成一种解决办法。
既然无法根据录制的谈话内容写出令萨森和艾希曼都满意的文稿，
这个失败的尝试只会让萨森更加明白：如果他想继续作为一名国家
社会主义者，艾希曼就已经不再是正确的搭档了。只有跟艾希曼唱
反调才能粉饰历史，为希特勒和"德意志民族精神"洗脱谋杀犹太
人的罪名。

对全世界的战后国家社会主义者来说，1957 年秋天彻底改变了
他们的框架条件——康拉德·阿登纳以绝对多数赢得了联邦议会大
选。他们抱持的梦想，以为德国和布宜诺斯艾利斯的极右派人士能
够遏止那场选举胜利，从而给德国战后政治带来决定性的转变，在
20 世纪 50 年代已经完全没有了实现的可能，他们随之失去了沿着
这条路线重新登上权力高峰的希望。正如阿登纳所正确认识到的，
德国百姓已经不再热衷于实验。* 于此情况下，甚至连最后那些人也
已经明白，再也没有回头路，他们只能设法适应新世界现有的模样。
如果探究埃伯哈德·弗里奇、卢多尔夫·冯·阿尔文斯莱本、威廉·萨
森或者汉斯—乌尔里希·鲁德尔等人的生平，我们便可更清楚地发现，
那些人也逐渐明白希特勒早已死去多时，第三帝国已成过往云烟，
永远不可能再回来了。当世界的其他地方继续向前发展时，即便是
最充满浪漫情怀的梦想，也无法在流亡时所处的隔离环境中无限制
地蔓延下去。世界正在剧烈地变动，阿根廷亦然。在 1957 年年底
的时候，阿根廷已经远不同于十年前庇隆统治下充满活力的建设时
期。纳粹"运动"已经过时，凡是不想被困在过去的人都必须开始

---

*　当年阿登纳竞选海报上的口号是"不要实验"（Keine Experimente）。——原注

跟上新的世界及其各种可能，甚至连《路径》也停止发行了。因此萨森的项目并非在一个精心策划的盛大场面或者戏剧化的敲锣打鼓之中结束。它纯粹是死于失望和厌烦。

　　然而艾希曼的自白不仅改变了阿根廷的目击者，更不可阻挡地首先在那些还梦想着"元首国家重返"的人之间传播开来。严格说来，所谓的"萨森访谈"之所以也导致了艾希曼的坠落，原因正在于它摧毁了人们对国家社会主义世界观的病态同情心理，而这种同情心理曾经长年保护了那批犯下危害人类罪行的罪犯。

第五章

虚假的安全感

艾希曼真是傻得可以。每个人都知道他在哪里。

——英格·施奈德，萨森一家的友人

1957 年 4 月初，法兰克福首席检察官阿诺德·布赫塔尔（Arnold Buchthal）举行了一场新闻发布会。此前他已经在 4 月 1 日下令逮捕赫尔曼·克鲁迈——艾希曼长期的工作伙伴和 1944 年在匈牙利的代表。布赫塔尔奉命主导对谋杀 40 多万名匈牙利犹太人的一切调查工作。他所发表的任何言论，几天之后就会出现在联邦德国的各种主要报纸上，甚至连在《阿根廷日报》上面都能读到。当然，官方仍在通缉克鲁迈昔日的上司阿道夫·艾希曼，依据的是 1956 年 11 月 24 日发布的逮捕令："据悉他在南美洲某个不明地点。"[1] 我们知道艾希曼曾经看到过这篇文章，因为他在萨森访谈会上提到了它。但许多迹象显示，还有一个人听到过这篇文章。他是一位名叫洛塔尔·赫尔曼的盲人，曾被国家社会主义害得家破人亡，孑然一身逃脱了对犹太人的迫害。

人们时常津津有味地谈论那名昔日达豪集中营囚犯的女儿，如何在学校认识了艾希曼大儿子的故事。一想到艾希曼没有被情报机构识破行踪，却因为他儿子的爱情生活而暴露身份，这种幸灾乐祸的满足感简直会让人把所有疑问都抛之脑后。但不管这种涉及情色和秘闻的故事再怎么引人入胜，历史学家们还是应该善尽自己的职责，不可不加批判地屈服于八卦故事的魅力，而且更要找出扞格不入之处和查明事情的原委。正如常见的情形那样，这个故事远比看起来要复杂多了。[2] 有关弗里茨·鲍尔、洛塔尔·赫尔曼、他的女儿以及克劳斯·艾希曼的信息，要到许多年之后才被公之于世。《复仇者》（*The Avengers*）一书首开其端，作者米迦勒·巴尔–祖海尔是大卫·本–古里安的亲信，他是第一个将弗里茨·鲍尔与追捕艾希曼行动联系起来的人，尽管他起初只是暗示而已。只有在弗里茨·鲍尔过世后出版的该书希伯来文版本中，以及在各种采访中，巴尔–祖海尔才公开说出了鲍尔与以色列当局的秘密合作。[3] 虽然他那本著作是平装的通俗出版物，但巴尔–祖海尔作为历史学者享有良好的声誉。他撰写的本–古里安和以色列国防部部长摩西·达扬的传记广受称赞。此外并有证据表明，他能够直接接触到摩萨德的负责人伊塞尔·哈雷尔。巴尔–祖海尔毫无疑问人脉颇广，因此我们必须认真看待他声称曾经在 1967 年 3 月与弗里茨·鲍尔亲自交谈的说法。

　　《复仇者》一书的成功让伊塞尔·哈雷尔深受鼓舞，于是这位摩萨德的负责人也亲自出现在各种采访和报纸文章中，最后更写了一本书把自己的故事公之于世。[4] 当时，哈雷尔以为赫尔曼早就已经死了，于是打算在审判十周年之际，为他的情报机构——而且显然也为他自己——树立一座纪念丰碑，毕竟绑架艾希曼一事无疑是哈雷尔任内最大的成就。他随后出版的那本书，在全球各地的行销重点都放在"纳粹之子与幸存犹太人之女的爱情故事"上面，为哈雷尔带来了巨大的发行量，毕竟情色和纳粹绝对不愁没有销路。

　　洛塔尔·赫尔曼在阿根廷听说了哈雷尔的故事版本之后，怒不可遏地表示，哈雷尔的讲法绝大部分"完全错误"，有人在"蓄意地公然扭曲真相"。"我从来没有想过，信仰犹太教义的人竟然可以恶劣和狡诈到这种地步。"哈雷尔完全"滥用了我和我女儿的名字"进行广告宣传。[5] 赫尔曼因而拒绝了以色列的邀请，不肯为自己在绑架艾希曼过程中做出的贡献接受公众的赞誉。然而，鉴于这个故事的背景以及赫尔曼多年来的生活境况，我们可以理解他为什么最后还是接受了以色列政府给他的一万美元奖励——尽管如此一来，赫尔曼又让那个八卦故事符合了另一种反犹太人的刻板印象。从极右派学者汉斯—迪特里希·桑德尔（Hans-Dietrich Sander）与卡尔·施米特（Carl Schmitt）之间的信函往来，便不难看出哈雷尔的故事版本是多么迎合公众的口味。桑德尔写道："最近我在《南德意志报》（Süddeutsche Zeitung）读到一篇有关艾希曼被捕的故事。照其说法，艾希曼被发现并非因为以色列情报部门神通广大，而是由于该情报部门开出了悬赏金。于是有一个又老又瞎的阿根廷犹太人宣称知道艾希曼的下落，因为他的女儿跟艾希曼的儿子是朋友。后来大家都知道艾希曼被弄到国外去了，悬赏金却始终没有支付。那个老犹太人于是兴讼追讨，结果事情闹了许多年。"桑德尔接着说，并且很遗憾地补充写道："可惜那个女儿再也没有在文章当中出现。"[6] 他的偷窥心理显然还需要更多八卦细节来满足。

　　值得注意的是，伊塞尔·哈雷尔版本的西尔维娅·赫尔曼（Silvia Hermann）的故事并没有独立的消息来源，因为它发生在摩萨德正式采取行动之前。所有在日后说出了 1960 年以前各种相关细节的特工人员，都是从他们的顶头上司哈雷尔那里听来的消息。在绑架小组成立之前，他们根本不知道任何有关搜捕艾希曼的事情。曾在 1958 年年初前往拜访赫尔曼的埃弗拉伊姆·霍夫施泰特（Ephraim Hofstaedter），后来在伊斯坦布尔的一场恐怖袭击事件中遇难。第一个看到艾希曼的住址，甚至还实地展开了调查行动的摩萨德特工兹维·阿哈罗尼，则从不吝惜于批评哈雷尔的情报政策，而且与赫尔曼一样，指责其罔顾事实真相哗众取宠的作风。[7] 汤姆·塞格夫在其关于西蒙·维森塔尔的传记中也显示出，随着年龄渐老，哈雷尔如何醋意十足地试图提高自己的声誉，并试图抹除维森塔尔在搜寻艾希曼的过程中所扮演的角色，尽管维森塔尔曾获得过以色列政府颁发的奖励，得到了官方的认可。光明正大显然不属于哈雷尔公共关系工作的一部分。此外还有一个事实不容忽视：根据之前描述的版本，克劳斯·艾希曼的行为对他父亲的行踪泄露起了重要作用。然而并没有任何迹象显示，克劳斯曾为导致父亲去世的事件感到自责，因为恰恰相反，他所看到的故事与此截然不同。[8] 因此我们在把哈雷尔引用为唯一资料来源的时候至少应该多加小心。不仅因为情报机构的负责人囿于职业需求，对事情真相有着策略上的考量，更主要的是因为还有其他渠道接触到阿根廷的那些事件。

举报人洛塔尔·赫尔曼

> ……这样我恐怕就放弃了留名青史的机会……
>
> ——洛塔尔·赫尔曼告诉弗里茨·鲍尔，
>
> 1960 年 6 月 25 日

当克劳斯·艾希曼遇见西尔维娅·赫尔曼的时候，二人都还在上学，分别最多只有 19 岁和 14 岁。[9] 因为赫尔曼一家最晚在 1956 年 1 月即已离开布宜诺斯艾利斯，搬到了 500 公里外的苏亚雷斯上校镇（Coronel Suárez）。[10] 洛塔尔·赫尔曼因为犹太人的身份而被迫离开德国后，和他的第一任妻子移民到了阿根廷。他曾经向哈雷尔强调自己是"全犹太人"（Volljude），哈雷尔却按照纳粹用语称之为"半犹太人"（Halbjude）。[11] 赫尔曼在 1901 年出生于德国的奎恩巴赫（Quirnbach），是一名律师。他说自己曾于 1935 年 9 月 14 日至 1936 年 5 月 7 日之间，被"保护性拘禁"在达豪集中营[12]，原因或许是他对社会主义感兴趣。接着他作为"参与政治的犹太人"（politisierender Jude）而被驱逐出德国来到荷兰。那里，他终于能够在 1938 年与他的"雅利安"妻子成亲，并移民前往阿根廷。他的父母和兄弟姐妹都未能从纳粹党人的手中幸存下来。1947 年的时候，赫尔曼在阿根廷完全失明，但他继续担任法律顾问，主要专精于申请养老抚恤金。这也导致他迁居苏亚雷斯上校镇，因为当地有 405 一个大型德国犹太人社区，需要赫尔曼提供服务。但没有任何资料显示赫尔曼曾经富有过，或者曾经手头宽裕过。

西尔维娅·赫尔曼 1941 年出生于布宜诺斯艾利斯，是一个很有天赋的孩子。他们家的一位友人和洛塔尔·赫尔曼的女秘书都记得，赫尔曼夫妇决定把女儿送回布宜诺斯艾利斯完成中学学业，以便她可以前往北美继续上大学，他们有远房亲戚住在那里。从赫尔曼的信中更可清楚看出，西尔维娅最晚在 1959 年秋天，也就是当她年满 18 岁之后，就已经离开阿根廷去美国生活了。这使得她的离开不可能跟艾希曼的绑架案直接扯上关系。但即便如此，我们至少知道了西尔维娅·赫尔曼和克劳斯·艾希曼可能是在什么时候相遇的。

那两位新移民子女的邂逅相逢，并非不可思议的巧合，反而是许多德国移民前往阿根廷过生活之后所产生的结果——昔日的受害者与加害者名副其实地毗邻而居，他们的子女进了同样的学校。纵使二者之间横亘着一道文化上的鸿沟——例如一边是犹太人的德语报纸、剧院和电影院，另一边则是德意志民族主义者甚或国家社会主义者的类似机构——年轻人却总是难得严守分际，不怎么在乎父母的畛域之见。洛塔尔·赫尔曼从未说过他的女儿是于何时何地结

识艾希曼的儿子的，仅在 1959 年指出，西尔维娅可以证实其关于
艾希曼的身份和居住地的一切陈述。不过有一位朋友记得，西尔维
娅在学校遇见比她年长五岁的克劳斯，结果爱上了他，并保存着他
的一张照片。但我们不知道那究竟是一张学校的合影、在聚会上胡
乱拍摄的快照，还是其他类型的东西，因为它直到今天都没有再出
406　现。但是有许多人声称曾看见过那张照片，甚至表示它就挂在赫尔
曼家的墙壁上。[13]

　　洛塔尔·赫尔曼一直对阿根廷境内的纳粹人士兴味盎然，期
盼看到谋杀其家人的凶手被绳之以法。所以"艾希曼"这个名字立
刻引起他的注意，是一点也不奇怪的事情。可以确定的是，最迟在
1957 年秋天，也就是赫尔曼和家人一同生活在苏亚雷斯上校镇一年
多之后，弗里茨·鲍尔即已掌握了有关艾希曼在阿根廷的消息。有
一些证据甚至显示，鲍尔在 1957 年 6 月以前就已经收到了赫尔曼
的来信。

　　但目前还不清楚，赫尔曼是怎么想到要把关于艾希曼确切下落
的消息寄给法兰克福总检察长弗里茨·鲍尔的。赫尔曼只提到了他
们互通邮件的时间："1957/1958 年"。[14] 他的第一封信至今不知去
向，而且日期不详[15]，但其收件人很可能就是名字曾出现在《阿根
廷日报》上，说艾希曼正藏匿在南美洲的那位先生：阿诺德·布赫
塔尔。布赫塔尔随即把信交给了弗里茨·鲍尔，当时阿根廷还没有
任何关于艾希曼的报道提到鲍尔的名字。鲍尔和布赫塔尔不仅彼此
熟识，更有一位共同的支持者，黑森联邦州总理格奥尔格·奥古斯
特·齐恩（Georg August Zinn）。齐恩总理积极致力于诚实面对过
去，因而对这两位犹太裔司法人员寄予厚望。最晚等到阿诺德·布
赫塔尔由于一起政治事件，被迫把首席检察官的职务让给一位有纳
粹污点的先生之后，他肯定宁愿把调查卷宗交给弗里茨·鲍尔，而
非把它留在办公桌上。[16] 我们清楚知道鲍尔是什么时候开始采取具

体措施寻找艾希曼的，因为他曾在 1957 年 6 月 9 日向薇拉·艾希曼的母亲发出询问。得到的答复是：其女儿从 1953 年起就住在国外，因为她嫁给了一个姓名不详的男子，已跟他一起前往美洲。[17]7 月初，鲍尔经历了一次重大挫折。德国联邦刑事调查局通知黑森州刑事调查局，表示不会启动国际刑警组织追捕艾希曼，因为其罪行具有"政治和种族性质"，而国际刑警组织的章程禁止其参与这类追缉行动。鲍尔于是"没有办法经由联邦刑事调查局这个德国中央办公室对艾希曼进行国际追捕"。[18] 联邦刑事调查局在搜捕纳粹罪犯方面表现得毫无热情，毕竟除了其他许多老同志之外，昔日的党卫队成员保罗·迪科普夫（Paul Dickopf）也在局内大展宏图。迪科普夫日后甚至升任该局局长，并且获选担任国际刑警组织主席。艾希曼后来声称，国际刑警组织拒绝对他采取追缉行动一事，始终让他感到放心，但他是如何得知此事的，目前尚不清楚。[19]

407

　　就在 1957 年夏天的这个时候，关于艾希曼藏在中东的旧日传言再次死灰复燃。各种纳粹在开罗的故事，连续一个多月占据德国报纸的版面 [20]，就连《路径》也对它们进行了讨论和反驳（但并未提及艾希曼的名字），或许是因为待在开罗的约翰·冯·莱斯感觉到了此类文章的威胁。[21] 这些线索于是又一次出现在情报部门的档案中。[22] 最晚从这个时候开始，弗里茨·鲍尔已经不得不意识到，继续在德国境内传播自己的信息无法取得任何效果，求助于联邦德国当局甚至反而只会危及任何成功的可能。11 月初，鲍尔与以色列代表进行了首次会晤。除向他们说明来自阿根廷的情报之外，鲍尔还强调他与以色列政府的合作并非擅自行事，而是与黑森联邦州总理兼他的私人朋友格奥尔格·奥古斯特·齐恩先生商讨之后做出的决定。[23] 于是在 1958 年 1 月，摩萨德派遣了一个名叫伊曼纽尔·塔尔莫尔（Emanuel Talmor）的情报员前往布宜诺斯艾利斯核对地址。只可惜查卡布科街上的那栋房子与刻板印象中神通广大的流亡纳粹很不相符。尽管收到了此次探访结果的报告，弗里茨·鲍尔仍然坚持要进一步调查下去。于是 1958 年 3 月的时候，以色列高级警官埃弗拉伊姆·霍夫施泰特奉派至赫尔曼家中拜访。尽管霍夫施泰特后来在审讯期间领导以色列警方的调查单位，但当时他接获此项任务完全出于巧合。总之霍夫施泰特恰好在布宜诺斯艾利斯，参加国际刑警组织在阿根廷的会议。[24] 不过我还不清楚他在那里究竟遇见了哪些来自德国联邦刑事调查局的同僚。我们只知道，联邦刑事调查局的二号人物、喜欢自诩为该局"建筑师"的保罗·迪科普夫，在那期间正好也主管该局的"外事处"。不但经常作为机构代表出席国际会议，还在 1955—1961 年间被国际刑警组织大会正式遴选为此类会议的发言人。因此我们不能排除迪科普夫前往老同志们的避难之处探访的可能性。假如有办法找到代表团参访报告的话，那绝对值得好好瞧上一眼。[25]

　　霍夫施泰特在洛塔尔·赫尔曼面前使用了假名，并出示了一封来自鲍尔的信件，将自己伪装成法兰克福总检察长办公室的职员。自称认出艾希曼的那个人竟然是个瞎子。不难想象，发现这个事实会让每个人多么大失所望。霍夫施泰特随即禁止赫尔曼与弗里茨·鲍尔有任何进一步的接触，并给了他一个美国地址，要求他此后都把邮件寄往该处。赫尔曼在许多年后抱怨说，他写信去美国的时候，还附上了一张"意外"落入他手中的"克劳斯·艾希曼的照片"，却从未得到回复。迄今为止，尚未发现任何赫尔曼寄往纽约的信件。但愿那些材料能够公之于世，以便表彰赫尔曼的贡献。[26] 赫尔曼后来解释说，"他历经千辛万苦，费了很大的劲"才分两期从"卡尔·胡贝特"（Karl Hubert，霍夫施泰特的假名）那里获得 1.5 万比索。但由于赫尔曼再也没有收到回信，他在 1958 年就把所有资料寄回法兰克福，而且正如他后来所言，已经完全放弃了后续的调查，因为他觉得自己的工作变得毫无意义可言。[27] 更何况赫尔曼夫妇此时已经把他们的女儿送去国外留学，赫尔曼于是再也没有信得过的人协助他进行调查了。不过当时的人也回忆说，后来有人认为西尔维娅的离开是出于安全考虑。调查行动已使那个女儿陷入危险境地，再加上洛塔尔·赫尔曼基于可理解的原因觉得自己又受到了迫害，因此尽管出国留学给他们全家带来了沉重的经济压力，他还是一直催促西尔维娅离开。但由于西尔维娅·赫尔曼明确表示不对当时的事情发表任何意见，所以我们只能推测她离开的真正原因。

收到赫尔曼提供信息的人的反应非常清楚：自从霍夫施泰特造访之后，举报人洛塔尔·赫尔曼就不再被认真看待。尽管他确实找到了阿道夫·艾希曼，可是一个远在苏亚雷斯上校镇的盲人，竟然声称自己在布宜诺斯艾利斯追踪到了"犹太头号敌人"的下落，而他所给出的地址只是一套既无保安又不奢华的简陋公寓，这似乎并不可信。此外，赫尔曼在进行调查时，还把艾希曼的房东弗朗西斯科·施米特误认成了艾希曼本人，终于彻底毁掉了自己的信誉。纳粹分子竟然租屋居住，而且是住在这样的房子里面！此事完全超出了伊塞尔·哈雷尔及其工作人员的想象。弗里茨·鲍尔却不愿放弃。赫尔曼的那些来信已经说服了他，而且他还发现有越来越多的证据表明那位阿根廷的举报人所言不虚。

回德国去？

410

纯粹巧合的是，
联邦宪法保卫局当时也在关心艾希曼的下落……
——依尔姆特鲁德·沃亚克（Irmtrud Wojak）[28]

与纳粹党人腰缠万贯的刻板印象不同，艾希曼在1957年年底面临着经营上的问题。养兔场的生意以失败告终，原因似乎是不同品种的兔子杂交时出了差错。[29] 毕竟针对犹太种族而发的痴心妄想才更是艾希曼的专长。但艾希曼这次同样没有一蹶不振。他再度获得老朋友们的援助，于 1958 年年初在罗伯托·梅尔提希（Roberto Mertig）的公司找到一份差事。[30] 梅尔提希是约瑟夫·门格勒父亲的生意伙伴，经营一家煤气炉工厂，而且门格勒本人据说也受雇于此。老门格勒是农用车辆制造者，终其一生都在支持自己的儿子，总是找得到门路为他生财。尽管艾希曼受雇于煤气炉工厂一事，想必曾经在老同志们那里引发了许多与死亡相关的玩笑，不过根据他从以色列寄给家人和朋友的信件中对阿根廷最后两年生活的回忆，当时已经出现了改变的迹象，似乎就连艾希曼自己也开始更加关注眼前和当下。不过我们仍有理由怀疑这种转变并非出于自愿。

随着杜勒出版项目的失败，艾希曼和萨森的出书计划也跟着告吹，此事对二人都产生了影响。阿根廷的德国人社区已经开始发生改变。许多"受牵连不深"的流亡者纷纷寻找重返桑梓之地的途径，重新回到欧洲。联邦德国和奥地利的追诉时效限制以及有关重新融入社会的各种规定，使不曾犯下重罪或战争罪行——或至少是没有被揭露——的那些人，都能够返回故里展开新生活。甚至连出生在布宜诺斯艾利斯的埃伯哈德·弗里奇也收摊关了出版社，在 1958 年 3 月初迁居到萨尔茨堡附近。[31] 于是阿根廷的德意志民族主义者群体失去了一个重要据点，萨森则失去了工作岗位，更失去了愿意印出他的文字、让他成为图书作者的那个人，而出版文字曾经确保了他作为记者和作家在阿根廷德国人社区内的地位。弗里奇移民出境之前不久出版的最后一期《路径》，以威廉·萨森的一篇文章作结，其中再次哀叹了当代德国的命运。[32] 虽然萨森和艾希曼都希望弗里奇在欧洲建立出版业务的计划能够实现，但艾希曼自己出书的梦想已经变得遥不可及了。不过他们还是保持联系以备万一。后来的事件更显示，弗里奇一定曾与艾希曼在奥地利的家人取得过联系，因为当艾希曼在 1960 年遭到绑架的消息被宣布之后，弗里奇立刻与艾希曼的弟弟们会面安排辩护事宜。[33] 弗里奇迁居萨尔茨堡为艾希曼提供了很好的机会，可以让他的父亲获得有关其新生活的详细信息。

　　迁居回到德国的显然并不只有埃伯哈德·弗里奇。萨森也在 1958 年和 1959 年更迭之际去了欧洲，部分原因就是为了从故旧那里收集宣誓声明，借以确认他有资格取得德国国籍。尽管 1956 年 10 月萨森在康斯坦茨登记户口时可能已自称是德国公民，但此事仍未完全得到澄清。不过他的确有办法在相当短的时间内不但证明了自己已在 1943 年成功申请入籍——那对自愿参加武装党卫队的荷兰人来说易如反掌——而且还能够提供一些宣誓证词确证此事，包括他昔日指挥官金特·达尔肯（Gunter d'Alquen）的证词。以上各种文件连同萨森昔日的军人补给证和战地记者证，已足够让康斯坦茨市的司法与治安局在 1959 年 1 月 26 日签发国籍证明。接着他又于 2 月 4 日迁出户口，在慕尼黑有了新的住址。[34] 让萨森的妻子感到惊恐的是，虽然她无论如何都不愿取得德国国籍[35]，却只能越来越频繁地听萨森说他打算在德国定居下来，在那里担任记者。萨森以他特有的混合了欺骗和冒险的风格，在家人和其他人的面前吹嘘道，他已经和好几家德国报社签订了通讯员合同。事实上在 1959 年，他的确以威廉·S.冯·埃尔斯洛这个笔名，出现在好几期《明星周刊》的报头。时隔多年，萨森在喝完第一瓶威士忌酒之后装模作样地嘀咕着，他当初移居慕尼黑还有一个特殊的原因：他曾计划在盖伦将军那边从事特务工作。虽然随后的事件表明，那个计划只不过是空中楼阁，但萨森的夸夸其谈在艾希曼被绑架之后给他自己带来了很大的麻烦，导致他突然被怀疑是叛徒。[36] 他对自己的德国之行有点热过了头。尤其他在 1959 年夏天的旅程想必更是让联邦宪法保卫局提高了警觉，因为萨森不但前往拜访了他的老朋友鲁德

尔，而且据说还设法去了民主德国的一些城市——在那个年代，光
是这样的旅行计划便足以让人怀疑他是东方集团的间谍。[37]虽然萨
森当时仍经常与艾希曼见面，但他显然已有了更多令人兴奋的想法。
无怪乎艾希曼不打算独自留在彭巴草原上了。

　　克劳斯·艾希曼回忆说，他的父亲在 20 世纪 50 年代末经常谈
起回德国接受审判的可能性。"给联邦总理的公开信"已经清楚表
明，那不只是空口说白话而已，完全有别于"不想进入公众聚光灯
下"那种言不由衷的论调。[38]然而按照克劳斯的讲法，其他党卫队
领导人和国家社会主义者劝他打消这个念头："他们研究了在欧洲
投案的可能性，并派了一个具有影响力的人前往欧洲。多次讨论之
后，他们把结果转告给我的父亲，表示时机尚未成熟，欧洲还是一
个十分危险的是非之地。他应该再等五年，至少在阿根廷继续待上
五年。他们确信，那段时间，他在南美洲肯定不会出任何事。"[39]
好几个人都有可能是那位助益良多的欧洲专家，尤其是萨森，他从
1958 年年底开始便一再前往德国，能够顺便请他的朋友汉斯－乌尔
里希·鲁德尔现身说法。不过就法律事务而言，还有更专精于此者。
例如《法兰克福汇报》(*Frankfurter Allgemeine Zeitung, FAZ*)的
记者弗里茨·奥托·埃勒特(Fritz Otto Ehlert)不但与奥尔斯特·卡
洛斯·福尔德纳相识，而且还是西德外交部的消息来源。此外更不
可忘记的是，西德驻阿根廷大使馆也跟当地的纳粹团体有着十分密
切的往来，因而也可能提供有关当前法律状况的资讯。我们现在更
知道，维尔纳·容克(Werner Junker)大使本人一直与萨森有联系，
对他相当欣赏，认为他是一位"异常能干的记者"，甚至还有些同
情他的政治立场。[40]

　　然而埃伯哈德·弗里奇在欧洲的遭遇，实在让艾希曼提不起劲
来。弗里奇曾告诉志同道合的圈内人，作为德国父母的孩子，他其
实更想前往联邦德国，但他只有阿根廷的公民身份，而且被禁止入

境德国。[41] 事情的真相却不那么具有英雄色彩：弗里奇由于散播极
右派违宪刊物，正遭到德国警方的通缉追捕。吕讷堡地方法院第四
刑事庭已对杜勒出版社在德国北部的销售经理提起刑事起诉，并且
查封他的仓库，没收了最后一期的《路径》。弗里奇虽然拥有阿根
廷国籍，并且获得了布宜诺斯艾利斯西德大使馆核发的签证和入境
许可，但是入境之后就将面临对他的刑事诉讼。因而弗里奇没有被
拒绝入境，只是出现在了被通缉名单上。[42] 弗里奇希望继续在萨尔
茨堡从事出版业的雄心壮志，也随着他被禁止进行出版活动而完全
破灭。结果他不得不找了份旅馆门房的工作。虽然那是一家位于中
央广场的一流大饭店，但那可不是这位来自布宜诺斯艾利斯的先生
为妻子和五个孩子设想的生活。

　　如果连弗里奇那样没有纳粹犯罪背景的人都会面临这种问题，
艾希曼的前景只会更加黯淡。我们可以推测，艾希曼在林茨的家人
因为那个臭名昭著的哥哥远在布宜诺斯艾利斯的缘故，还能过着相
当不错的生活，因此自然不会鼓励他回来。除了艾希曼自己的家人
有充分理由建议他留在原地之外，在阿根廷亲眼见过艾希曼或者听
说过他的那些人，想必也对审判艾希曼感到胆战心惊。他们不但知
道艾希曼在想些什么，而且尤其重要的是，艾希曼清楚哪些人曾经
仔细听过他讲话的内容。更何况他对纳粹网络、逃亡与救援组织，
及其通讯渠道的了解，都可能造成令人不快的后果。因此没人敢想
象，假如艾希曼在德国说出那些事情，将会对他们自己的生活造成
多大影响。总而言之，阿根廷的朋友们以一种近乎令人感动的方式，
让那位退休的一级突击大队长觉得惬意，确保他总是能够获得收入，
甚至有能力前往马德普拉塔那个豪华海滨胜地度假。[43]

　　不仅阿根廷的流亡者有理由担心艾希曼出庭受审，对德国和奥
地利的许多人来说，艾希曼的重新现身也将带来严重的困扰。因此
问题的关键并不在于朋友们为何反对或支持他重返欧洲，而是昔日

414

的纳粹官员当中，究竟有谁不对艾希曼在西德接受审判一事感到害怕。艾希曼在纳粹政权内所处的位置，让人难以估计他究竟知道哪些人的事情，尤其是他能够重新认出哪些人来。人们常常错误地以为，"我们知道名字的人，一定也知道我们的名字"，这更只会加深他们的恐惧。如果我们看看艾希曼在1960年落网之后所引发的不安，便可明白艾希曼的名字在联邦德国会让人联想到什么，以及人们为什么如此害怕。有太多曾经的纳粹已经重新宏图大展，因为他们早就设法相互保驾护航，让自己的履历看起来无伤大雅。因此很难想象联邦刑事调查局内部的前党卫队队员（保罗·迪科普夫只不过是其中的佼佼者罢了），以及外交部里面因"复职条款"而早就重新担任外交官的那些人，如果知道了艾希曼的打算会真的乐意支持对他进行审判。联邦情报局内部许多人员的态度也与此没有两样。光是艾希曼知道的人名，便足以撼动那些老同志辛辛苦苦建立的门面。我们只需要看看2010年《外交部》（*Das Amt*）一书 * 出版之后，在外交部人员及其并不总是有用的朋友们那里引起的风暴，便不难想象类似行动在50多年前所可能带来的震撼。毕竟当时会受到波及的多半可不是退休官员的身后名誉，而是许多人重获职务、高位和厚禄时新穿上的漂白外衣。

与此同时，艾希曼对联邦德国开始追捕纳粹罪犯的措施有着惊人的了解。他不但密切关注昔日同僚赫尔曼·克鲁迈的被捕，以及对费迪南德·舍纳尔等人的审判，此外更知道1958年10月在路德维希堡筹划成立了国家社会主义犯罪调查中央办公室，以便协调整个联邦德国的调查工作。他在布宜诺斯艾利斯甚至也听说了有关慕尼黑当代历史研究所的消息。1960年6月艾希曼刚开始在以色列接

---

*　书名中的"Das Amt"指的是"Das auswärtige Amt"（联邦德国外交部）。该书全名为《外交部及其过去：德国外交官在第三帝国与联邦共和国》（*Das Amt und die Vergangenheit. Deutsche Diplomaten im Dritten Reich und in der Bundesrepublik*）。——译注

受审讯时便曾表示："我读到过，在西德的某个地方——但我已记不得是在哪里了——成立了一个中央档案处，负责收集相关文献资料。"[44]艾希曼草拟给阿登纳的公开信具有"报告"性质，再加上他堂而皇之地使用真实姓名，还精心铺陈了辩护路线，这些事实都表明艾希曼至少已经认真考虑过在联邦德国投案的可能性。很可能，艾希曼打算以王牌证人的身份，在一场对他有利的轰动审判中现身。可惜今天我们无法直截了当地宣称，这种策略根本就是荒唐可笑。

416

除了朋友们的劝阻之外，艾希曼在家里提到，还有另一个原因导致他没有回德国作证。克劳斯·艾希曼后来指出："只要米勒还活着，他就不想把事情和盘托出。"我们至今都不清楚"盖世太保米勒"在1945年5月以后的生活，尽管有种种迹象显示他那时已经死了。[45]无论如何，艾希曼认为他毫无保留崇拜的海因里希·米勒仍然活着，而且正躲藏在东方。克劳斯·艾希曼模糊地补充说道："不过他从未说过米勒待在东欧。"艾希曼不太可能真的知晓米勒在战后的生活，因此不排除这种解释其实部分是一厢情愿的梦想，部分是艾希曼犹豫不决的表现。毕竟在阿根廷的时光，是与全家人一起度过的自由生活，一切都变得越来越好。艾希曼买了一块地，规划并建造了一栋房子，看着他的儿子们长大。在这种情况下，他很容易就会听从昔日同志们的劝阻，不要回到欧洲去。

不论是由于弗里茨·鲍尔的初步调查结果，埃伯哈德·弗里奇在奥地利说的话，其他返回德国者或是艾希曼的朋友们不小心的探究，反正在1958年年初，越来越多的证据浮出水面，艾希曼的下落早就不再是秘密。美国中央情报局在慕尼黑的一名线人3月时报告指出，德国联邦情报局有一份资料显示，艾希曼正化名"克莱门斯"在阿根廷生活，不过该人按照惯例又加上补充说明，强调艾希曼当然也有可能置身中东。[46]根据该报告中提到的"从1952年开

始"以及"克莱门斯"这个名字的拼写错误，我们现在可以知道那
417　名中央情报局线人看见了什么资料。那是德国联邦情报局的艾希曼
索引卡信息，以及 1952 年 6 月 24 日的举报信息："艾希曼……化
名克莱门斯住在阿根廷。德文报刊《路径》的总编辑知道他的详细
地址。"1958 年的时候，联邦情报局应该有了更加准确的了解，因
为他们在科隆的联邦宪法保卫局的同僚们已经比过去消息灵通多
了。[47] 联邦宪法保卫局甚至认真地努力挖掘更多细节，并于 1958
年 4 月 11 日通知外交部："根据所获得的未经证实的情报，有个名
叫卡尔·艾希曼的人（无详细个人资料）曾在'第三帝国'负责组
织遭送犹太人的行动，接着在纳粹垮台一年之后化名克莱门特，经
罗马逃往阿根廷。他在布宜诺斯艾利斯与杜勒出版社的共同所有人
和《路径》杂志总编辑埃伯哈德·弗里奇保持联系，并且出没于前
纳粹党员的圈子。"联邦宪法保卫局建议，不妨指示德国驻布宜诺
斯艾利斯大使馆注意该人，因为他很可能与一级突击大队长阿道
夫·艾希曼是同一人。宪法保卫局还立即附上了艾希曼的出生日期
和昔日单位名称。科隆方面最主要想知道的是艾希曼的居住地点，
此外更要求应该指示驻外单位"查明其详细个人资料并报告其政治
活动"。[48] 我们不知道这个未经证实的情报的来源为何，但它无疑
相当可靠和神通广大。姓氏开头字母的拼写错误*则既不难理解又无
关紧要，因为 K 这个字母并非到处都像在德国那样使用频繁，于是
在西班牙语的地区往往就遭到了西班牙化。即便在洛塔尔·赫尔曼
的信件中，克莱门特也一直被拼写成"Clement"——既然赫尔曼
只能听到那个名字，而无法看到它的拼写，于是就选择了最常见的
写法。尽管如此，赫尔曼却并非这个情报的来源，因为联邦宪法保
卫局的线人知道更多东西，是住在苏亚雷斯上校镇的那位老先生所

---

*　指的是 Klement 被写成了 Clement。——译注

无法发现的。那名线人不但和德国联邦情报局一样，清楚艾希曼在
阿根廷所处的环境、知道天主教会曾协助艾希曼逃亡，并且更掌握
"Clement"是艾希曼在逃亡过程中即已使用的名字，而非抵达阿根
廷之后才开始使用的化名。今天我们当然清楚，红十字会的护照和
逃亡所需的其他各种证件，都是在1948年以克莱门特这个名字签
发的。然而在1958年年初，只有艾希曼圈子内的人或者帮助他逃
亡的人，才会清楚这些细节。有几个可能的原因让那名线人误以为
埃伯哈德·弗里奇当时仍住在布宜诺斯艾利斯：也许这个情报是在
同年2月底弗里奇还没有离开的时候发出的，否则就是线人看到弗
里奇试图移民联邦德国没有成功之后，以为他又回阿根廷去了。毕
竟杜勒出版社和《路径》杂志在那个时候都还没有正式结束营业，
而且弗里奇尚未完全卖掉他所拥有的不动产。[49]但我们还是能够排
除一个可能的告密者，那就是弗里奇自己。可惜联邦宪法保卫局的
弗里奇档案至今还没有对外开放，因此我们只能继续热切地期待，
希望可以从这位活跃在幕后的出版商的报告中获得更多资料。[50]不
过联邦宪法保卫局的另一个提示却颇具启发性。该局开门见山地指
出，艾希曼有可能再次积极参与政治，并在某种程度上影响到联邦
德国的制度。现在我们知道了这样的怀疑是多么有道理。

　　德国大使馆过了将近两个月给出的答复，在许多方面都令人
惊讶："到处打听那个化名克莱门特或其他姓氏的人，迄今仍无结
果。"天真的研究者当然认为，查找会从搜索他们他们自己的档案开始，
然后驻布宜诺斯艾利斯大使馆的工作人员自然就会在那里找到这个
名字。至少如我们所记得的，薇拉·艾希曼曾于1954年带着她的
儿子们亲自出现在大使馆，因为艾希曼的儿子们需要德国护照。不
管当初让孩子们背诵党卫队不同官阶名称的人是谁，他总不能辩称
那位太太和那些小孩的名字对他没有任何意义吧。从另一方面来看，
"到处打听"也未尝就是个坏主意，更何况与纳粹小圈子有所往来

419 者不乏其人。维尔纳·容克大使本人不但欣赏而且认识萨森，更与极右派人士颇有交情。当容克的继女想要去报社实习的时候，他对那位年轻女性选择《自由新闻报》（*Freie Presse*）完全没有异议。该报的总主编正是威尔弗雷德·冯·奥芬，昔日戈培尔手下的新闻处处长。[51] 既然连大使本人都不害怕跟那些口口声声强调德意志民族精神的家伙打交道，我们禁不住想问，莫非大使馆方面在"到处打听"的时候总是找错了对象？更别提他们为什么需要将近两个月时间来给出这么不痛不痒的答复了。

艾希曼被绑架后，护照核发事件被曝光，引发了对这项重大疏失的质疑。联邦德国外交部的法律部门被迫出面，宣布布宜诺斯艾利斯大使馆当时不可能知道，"从那些护照申请即可推断出如今遭到缉捕的艾希曼的下落"。[52] 内部调查显示，造成这种无能表现的主要原因在于，"大使馆询问后发现，除一个人外，包括大使在内的每个人皆不曾于绑架前听说过有关阿道夫·艾希曼及其罪行的任何事情"。在成为通俗历史书作者之前曾担任过德国驻外大使的海因茨·施内彭（Heinz Schneppen），则委婉地把原因归为"相关领事官员警觉性不足"。[53] 但若仔细探究德国方面当时在布宜诺斯艾利斯的情况，便不难得出结论，大使馆全体工作人员所欠缺的是与"警觉性"完全不同的特质——例如购买当地报纸所需的金钱。不然的话，他们早就能够在阿根廷发行量最大的德文报纸上频繁读到阿道夫·艾希曼是谁，以及被指责犯下了哪些恶行，毕竟大使馆内的先生女士们似乎从来不阅读有关德国历史的书籍，或者自己国内

420 的新闻刊物。不过大使馆那些人想必具有未卜先知的本事，因为他们早在 1958 年的时候，即已针对他们（除一人之外）直到 1960 年年中都还不晓得的那个名字，给出了一个特别的提示：艾希曼"可能在中东"。得助人处且助人，此之谓也。

尽管如此，德国大使馆的工作人员还是言过其实地表达出合

作的意愿："大使馆仍将继续查明艾希曼的下落，并在时机适当的
时候提出报告。为达此目的，我们需要知道有哪些曾经定居此地的
前纳粹党员，以及《路径》杂志的编辑或工作人员，目前正定居在
埃及或中东。"[54] 这种虚伪的表现甚至惹恼了联邦宪法保卫局。因
为不管外交部所请求的信息究竟能够对在阿根廷追查艾希曼的工作
有什么帮助，外交部还忘记了一件事情：他们自己的工作人员早在
1954 年 8 月 11 日即已通知过联邦宪法保卫局，他们一度误以为
是《路径》出版商的一位作者约翰·冯·莱斯已经去了开罗。[55] 最
起码从今天的角度来看，那简直像是有人打算利用这个机会，查明
联邦宪法保卫局到底知道了多少东西。不管怎样，科隆方面仍决定
提醒外交部，务必要一丝不苟地采取自己的行动，但已不再进一步
提出有关艾希曼的问题。[56] 一直要到绑架事件发生之后，联邦宪法
保卫局才在与外交部的信函往来中重新回到艾希曼这个主题。联邦
宪法保卫局的工作人员想必已在 1958 年得出结论，向外交部及其
驻阿根廷大使馆询问艾希曼根本毫无意义。

可惜我们还不知道，联邦宪法保卫局 1958 年时是如何继续处
理艾希曼相关事宜的，因为除了上述那些档案之外，没有其他资料
对外公开。因此我们也不清楚约瑟夫·弗特尔是否在其中发挥过作
用。来自萨尔茨堡的弗特尔曾经担任过刑事警察和边防警察，还曾
加入"在东方的"特别行动队 D 支队（Einsatzgruppe D），执行"边
境保安"和"对抗游击队"等任务。后来弗特尔和艾希曼一样逃亡
到阿根廷，但在 1955 年返回德国待了三年，并在联邦宪法保卫局
找到了工作。联邦宪法保卫局与外交部令人泄气的信函往来几天之
后，弗特尔又在 1958 年 9 月回到布宜诺斯艾利斯。根据海因茨·施
内彭的说法，那是因为"他受到一家阿根廷公司的礼聘"，而且联
邦宪法保卫局的待遇过于菲薄。[57] 我们对这个更有利可图的新职缺
知道得不多，但它应该不太可能是看上了弗特尔在"对抗游击队"

421

方面的多年经验。

　　无论联邦德国各个驻外单位及其决策者表现如何，不可忽略的事实都是，德意志联邦共和国在 1958 年年初时再次掌握了足够资讯来找到艾希曼。然而我们对此仍然所知非常有限。严格说来，迄今可参考的所有文件都是偶然发现的，因为无论联邦情报局还是联邦刑事调查局都尚未开放 50 多年前的相关档案供人研究。尽管我们非常乐意使用像外交部的《德意志联邦共和国外交政策文件》（*Akten zur Auswaertigen Politik der Bundesrepublik Deutschland*）那样由官方单位委托发行的原始资料集，但从已出版选集的目录却可看出问题所在：它们只涵盖了 1949—1953 年和 1963—1979 年的文件，1962 年卷直到 2010 年 12 月底才问世。[58] 一想到肯定还有许多相关机密文件隐藏在各种档案中，以及官方对提高透明度的意愿有多么欠缺，整件事情就变得更加明显和不光彩了：人们不仅在艾希曼被绑架之前不希望联邦德国对他提起审判，而且不知是出于什么原因、要保护谁，甚至直到今天都还对此遮遮掩掩。

　　1963 年，联邦德国外交部任命恩斯特－金特·莫尔（Ernst-Günther Mohr）担任驻阿根廷大使，才终于设法采取措施扭转了其高级外交人员对德国过去的可怕无知。[59] 人们至少可以确定，莫尔知道艾希曼到底是谁。因为 1941 年在海牙担任大使馆参赞时，莫尔曾经针对遣送荷兰犹太人的行动撰写过详尽的进度报告，而提交对象正好就是艾希曼的事务处。艾希曼还记得那回事，因为他在 1961 年的自传《偶像》中提到了莫尔的鼎力合作。[60] 这种维持延续性的努力不仅限于阿根廷。胡贝特·克里尔（Hubert Krier）大使退休之后，仍然不以为然地说："我在 1965 年年底调任巴拉圭，就任前就接获外交部的指示，不必针对有关门格勒的事情采取任何行动。"[61] 假如艾希曼也能像门格勒那个集中营"医生"一样小心谨慎，只把自己对犹太人深恶痛绝的仇恨，以及对国家社会主义的赞扬歌颂默默留在日记中的话，他或许也有很大可能在进行休闲活动之际死去。1979 年，门格勒在海中游泳时溺水身亡。

博尔曼在阿根廷

他们已经彻底改换了名字、履历和其他许多东西。

当全世界都在追捕他们，或者认为他们已经死去的时候，

只有这样才能活下去。

—— 艾希曼在以色列评论南美的纳粹，1962 年 [62]

艾希曼在阿根廷的最后一年，已经很难说是过着不引人注目的生活了。他在 1957 年如此大肆张扬之后，不仅行踪暴露无遗，就连他的世界观也不再是秘密。想重返隐姓埋名的状态已是完全不可能的事情，除非他决定从布宜诺斯艾利斯消失不见，前往其他地方重新来过。结果他没有那么做，反而在郊区买了一块地。克劳斯·艾希曼回忆说，他的父亲支付 5.6 万比索买下了 70 平方米未开发的土地。艾希曼自己则表示，那是为时十年的分期付款。[63] 谁要是有那么多好朋友的话，便不愁没有稳定的收入。建筑材料的购买收据上写的是利布尔·艾希曼女士（Señora Liebl de Eichmann）的名字。艾希曼则兴高采烈地投入到自己的盖房子计划中，并且继续在威廉·萨森的圈子内活动。

萨森访谈会的抄本显示，艾希曼一直修改到最后一卷录音带的誊写稿。他甚至还审阅了萨森所写的文稿，结果大不以为然，因为它们与他实际的谈话内容几乎没有关联。艾希曼的妻子曾多次表示，她的丈夫直到 1959 年年底才结束了与萨森共同进行的工作。[64] 此外甚至有确凿的证据表明，即便在萨森访谈会结束之后，艾希曼仍然没有停止自己的政治活动。他不但开始为孩子们撰写一份新的手

稿《图库曼小说》，而且还参加了一个迄今没有被史学家们认真研究过的惊人计划：收集纳粹时期的文献资料。艾希曼的儿子克劳斯在 1966 年表示，纳粹党人曾试图建立一个更紧密的国际网络。他解释说："南美、中东、北美和欧洲的国家社会主义者之间都有联系。"我们若还记得右翼出版商之间的广泛合作，便不难想象这可能意味着什么。在《路径》的最后几期中，这些联系甚至对局外人都显而易见。约翰·冯·莱斯在开罗使用各种不同的化名，撰写了大量来自中东的文章，此外从世界各地传来的新闻报道也明显增加了许多。但克劳斯·艾希曼也谈到了另一个网络："事情是这样组织的，每一位住在国外某地的前部门主管都负责编辑和收集有关其昔日领域的资料。我弟弟霍斯特也汇报说，从前主管已经死亡的部门虽然由别人主司其事，却仍沿用原先主管的姓名。于是关于空军的部分仍有一位'戈林'，关于宣传的部分仍有一位'戈培尔'，等等。"艾希曼的儿子斩钉截铁地表示："我们的父亲也参与了收集资料。"[65]
424 艾希曼还能够为此提供额外助力，因为他的二儿子曾经任职于商船船队，在 1959—1961 年间穿梭于加拿大、美国、非洲、南美和欧洲之间，递送了"厚厚一沓文件"。尽管艾希曼后来信誓旦旦地宣称，希望自己的孩子能够远离政治和军事，但他显然至少让自己的一个儿子卷入了他的政治活动。对布宜诺斯艾利斯那名犯下危害人类罪行的罪犯来说，一个名叫"霍斯特·艾希曼"的国际信差绝对称不上理想的掩护。

　　"资料收集"的组织结构，为经常被提起的纳粹高官在阿根廷的下落问题提供了线索。除了诸如希特勒仿若置身厄尔巴岛的拿破仑，正藏匿在南极洲的冰天雪地[66]等待卷土重来的那种荒诞传说外，长年来关于战后纳粹的最顽固谣言之一，就是马丁·博尔曼逃到了南美洲。如果克劳斯·艾希曼关于分头收集资料的故事所言不虚，那么"马丁·博尔曼"就果真是在南美洲——作为负责收集党秘书处相关资料的人所使用的化名。至少这可以解释，为什么拉迪斯拉斯·法拉戈（Ladislas Farago）和格尔德·海德曼（Gerd Heidemann）之类轻信盲从的记者，会一再坚称自己看见过1945年之后由"博尔曼"亲笔署名的文件和资料。

"避开艾希曼！"

> 他很快就掌握了工作诀窍，
>
> 并且受到上级的赏识。
>
> ——身份不详的戴姆勒—奔驰工作人员[67]

　　一再有人声称，艾希曼是国家社会主义者圈内的贱民，没有人愿意跟他扯上关系。其实直到20世纪50年代末期，这种说法都站不住脚。但艾希曼的儿子却有印象，在阿根廷的最后一年，他的父亲已越来越被人疏远。对克劳斯·艾希曼来说，原因非常清楚："门格勒博士散播了一句口号：避开艾希曼，接近他是很危险的事情。"然而这种说法并不合乎情理。光是那句口号来自约瑟夫·门格勒就值得怀疑，毕竟认识门格勒的风险无论如何也算不上更小。所有人中，偏偏这名在那个向后看的德国群体中深具影响力的集中营"医生"，提醒人们提防最终解决方案的组织者，这个想法反正不怎么让人信服。尽管如此，艾希曼儿子的感受指向了一些确实发生过的事情。

　　门格勒感觉自己正遭到追捕，此事确非空穴来风。1959年2月，法兰克福地方法院向他发出了拘捕令。与艾希曼不同，门格勒堂而皇之地以自己的本名定居在布宜诺斯艾利斯。然而门格勒当时已经放弃了他与萨森位于同一条街上的房子，从阿根廷逃往巴拉圭躲藏。他的日记内容显示，阿根廷的朋友们认为这种逃亡完全是反应过度。[68] 由此可见，门格勒根本不可能呼吁别人避开艾希曼，因为他早就不在布宜诺斯艾利斯了，而艾希曼也在同一时间离开了门格勒父亲持有股份的罗伯托·梅尔提希的公司。所以，门格勒确实远离了艾希曼，但原因并非他打算避开艾希曼，而是因为他自己带着老朋友们一起消失不见了。克劳斯·艾希曼所观察到的状况，显然是布宜诺斯艾利斯纳粹同情者整体的情绪变化。因为除了门格勒的仓皇逃跑已喧腾众口之外，有关联邦德国法律形势出现重大转变的消息也流传开来。拘捕令和逮捕行动变得日益频繁，1958年的"乌尔姆特别行动队审判案"（Ulmer Einsatzgruppen-Prozess）终于引发公众对如何处理战争罪行的辩论。昔日纳粹国防军在希腊的行政军官马克斯·梅尔滕（Max Merten），更因为参与遣送萨洛尼卡（Salonika）犹太人的行动，于1959年年初在雅典出庭受审，因为他竟然胆大包天地偏偏要去希腊度假。从阿根廷返回德国的格哈德·博内更在1959年9月遭到逮捕，官方准备为了"安乐死行动"中惨遭杀害的成千上万人把他送上法庭。阿根廷的新闻媒体也报道了整个事件。

按法律程序起诉纳粹罪行的兴趣被唤醒之后，不但有关大屠杀的知识变得越来越丰富，追究大屠杀组织者的声音也越来越大。如今只要一谈起纳粹罪行，艾希曼的名字就肯定会出现在书上和报纸上。此外仅从一个细节即可看出情况的变化：再也没有人把他的名字搞错，而总是称他为"阿道夫·艾希曼"。其他关于他的传说也开始动摇，例如《时代周报》有一篇文章的标题为《终究不是圣殿骑士》（'Doch kein Templer'）。[69]

艾希曼的儿子后来回忆说，人们出远门回来以后带给他父亲越来越多的报纸文章。那些之前曾与艾希曼共度许多时光的人，如今却可以出国旅行，这不免成为艾希曼感觉自己被遗弃的另一个原因。

但艾希曼与那些老朋友之间的距离不可能太远，因为正是借由

他们的关系，艾希曼才获得了下一份工作。奥尔斯特·卡洛斯·福
尔德纳帮他在向北两小时车程的冈萨雷斯卡坦（Gonzáles Catán）
工业区，找到一份在梅赛德斯—奔驰阿根廷公司工作的差事。艾希
曼在 1959 年 3 月 20 日入职，成为备用零件仓库的管理员。[70] 他的
推荐人除了奥尔斯特·卡洛斯·福尔德纳之外，还包括一位克拉斯
（Krass）博士，以及弗朗西斯科·何塞·菲格纳（Francisco José
Viegener）。艾希曼遭到绑架之后，副董事汉斯·马丁·施莱尔（Hanns
Martin Schleyer）得知，那名申请人"有很好的推荐，而且给人留
下良好印象"[71]。里卡多·克莱门特按规定参加了法定退休金保险
（保险号码 1785425），要求的薪资为每月 5500 比索，约 1100 西德
马克，高于当时联邦德国的平均薪资。[72]1959 年第二季度的一份薪
饷名册显示，他真的领到了那个金额。[73] 梅赛德斯—奔驰当时雇用
了许多德国人，其中不少是昔日的党卫队成员。一名员工曾经证实，
"几乎整个管理团队都由战后来自德国的移民组成"，他们有些人知
道"克莱门特"是何许人，但这个话题是禁忌。[74] 善于交际的艾希
曼很快便在梅赛德斯—奔驰结识了一些新朋友，甚至把他们介绍给
了他的家人。在艾希曼被绑架之后，克劳斯·艾希曼和威廉·萨森
还请他们帮忙藏匿一些敏感文件。

　　艾希曼的新工作意味着每天坐四小时公交车通勤。到了周末，
他就忙着和儿子们一同在买来的那块地上建房子。克劳斯·艾希曼
还记得，那项工作吸引了他全部的注意力。这也减少了艾希曼与其
他人密切接触的机会。如今，那位父亲大多数的空闲时间都在家中
度过。他看起来平静笃定，读了许多书，而且经常拉小提琴，因为"他
特别喜欢查尔达什（Csárdás）与其他吉卜赛旋律"。1939 年的时
候，艾希曼曾巴不得第一列火车就把奥地利的吉卜赛人遣送到尼斯
科，但这对他来说似乎并不构成矛盾。[75] 然而就连他的儿子也不相
信，艾希曼在 1959 年的时候仍旧像他所表现的那么从容不迫。不

428　　过克劳斯还是称了他的心意，在父母结婚纪念日的前一天成亲，而且不久后就为家族添了一个女孩。然而家族生活中的另一个事件却给艾希曼的人生带来了极为严重的后果。1959 年 4 月，他的继母玛丽亚·艾希曼在林茨去世。奥地利的家人们十分不小心地提到了那位媳妇和她的几位儿子。他们显然忘记薇拉已经"正式离婚"而不再姓艾希曼，因为讣告中写出的名字是"薇拉·艾希曼"。

弗里茨·鲍尔的消息来源

> 我在犹太人那里没有敌人……
> ——艾希曼在萨森访谈会上的说辞 [76]

　　西蒙·维森塔尔后来写道，他在《上奥地利新闻报》（Oberösterreichische Nachrichten）上读到了艾希曼继母的讣告，"可是我究竟该把这个消息告诉谁呢？" [77] 尽管维森塔尔在奥地利有过不少联络人，例如他认识以色列大使本人，但之前的一些经历却让他踌躇不前。如今在世界各地都有越来越多的人基于各种不同原因加入了追捕艾希曼的行动，难怪这个故事的线索有时会变得繁杂不清。

　　1959 年 3 月 25 日，奥地利以赫尔曼·朗拜因建立的国际奥斯维辛委员会（Internationalen Auschwitz-Komitees）的名义，正式对艾希曼提出刑事指控。朗拜因与专门代理纳粹受害者案件的法兰克福律师亨利·奥蒙德洽商之后，采取了此一行动。虽然奥地利早在 20 世纪 40 年代末期就已经对艾希曼发出了逮捕令，并且从 1955 年开始将他列入了通缉名单，但这次指控仍发出了一个明确的信号。朗拜因始终努力寻找可能有助于追捕艾希曼之类战犯的资料或证据，他在造访波兰的时候，还设法拿到了另外一张艾希曼的照片。

429　　奥蒙德和朗拜因二人都和弗里茨·鲍尔保持着联系，但目前还没有证据表明鲍尔当时已经信赖他们当中的任何一人。尽管如此，他们的努力——特别是朗拜因的奔波——仍然增添了压力。[78] 因此来自官方的一则消息显得更加令人困惑：联邦宪法保卫局在 1959 年春季接获"未经证实的报告"，指出"艾希曼的妻子和他的四个孩子一直生活在南美洲，艾希曼本人则据说生活在欧洲某地"。[79] 我们仍不清楚这个传言是否缘于某种张冠李戴，例如跟造访欧洲的萨森混为一谈，还是源自阿根廷方面的障眼法。但引人注目的地方在于，当时提到的是阿道夫·艾希曼有几个孩子，而非里卡多·克莱门特。

　　1959 年从以色列传来的一个声音，给艾希曼问题掀起了更多波澜。托维阿·弗里德曼在战后不久便加入了寻找凶手的工作，一直和维森塔尔保持联系，并且在移民以色列之后充满理想地在海法创办了犹太文献中心。从此弗里德曼到处提出批判性的问题。1959 年 7 月 13 日他写信给路德维希堡国家社会主义犯罪调查中央办公室的负责人埃尔温·许勒（Erwin Schüle），指责联邦德国政府未曾采取任何行动缉捕阿道夫·艾希曼，因为它显然不愿面对那个人的所作所为。许勒在一周之内答复，向弗里德曼说明了从 1956 年至今有效的逮捕令，以及有关艾希曼可能藏身阿根廷或者以色列周边国家的传言。因为弗里德曼当初寄信过去时使用了"海法犹太文献中心"的信笺，许勒不久之后也写信请他提供关于艾希曼的资讯和消息。弗里德曼于是满怀热情地投入了这项工作，除了低调地提供资讯之外，还想做出更多表现。但弗里德曼所不知道的是，搜寻艾希曼的工作早已取得重大进展，他自己的积极行动反而险些妨碍了它的成功。

　　和伊塞尔·哈雷尔不同，弗里茨·鲍尔并没有那么快就放弃阿根廷的线索。鲍尔虽然没再收到任何来自洛塔尔·赫尔曼的消息，因为赫尔曼已恪守约定将信件寄往北美的那个地址，却还是从其他方面获悉，阿根廷的线索是正确的。鲍尔的属下记得，联邦刑事调查局的保罗·迪科普夫曾经造访过他们的上司。迪科普夫自己有党

430

卫队的过去，并且仍一直与极右派人士保持交往。[80] 据称迪科普夫极力建议鲍尔放弃继续追捕艾希曼，因为想在阿根廷找到他是不可能的事情。这个"希望"却让鲍尔感觉得到了确认，自己已经找对了线索。[81]

还有另外一个原因导致公众——或至少是其中的一部分——开始为那些凶手迄今没有受到惩罚而感到不安。民主德国已着手将"未受检视的过去"用作冷战中的武器，并且以揭露联邦德国领导阶层的不光彩事迹为要挟。借助苏联当初缴获的档案资料，东柏林方面每周都将更多细节公之于世。没有人知道该如何应对这种危险的武器，因为所揭露的内容在很大程度上完全符合真相。[82] 在此背景下，艾希曼的重新出现想必会演变成最糟糕的灾难。依尔姆特鲁德·沃亚克根据伊塞尔·哈雷尔的描述进行了事件重组。按照他的说法，弗里茨·鲍尔在1959年夏天进一步与以色列的代表们会面，并且催促他们迅速采取行动。哈雷尔声称，鲍尔提到了能够证明艾希曼藏身阿根廷的第二个线人，一名昔日的党卫队队员。但鲍尔无法说出那个人的名字，因为这将危及他的人身安全。

这名党卫队告密者的身份从一开始就众说纷纭。今天我们知
431 道，死不悔改的纳粹党人在战后仍然彼此保持着密切联系，在阿根廷和联邦德国之间的纽带更是紧密。鉴于有那么多人知道艾希曼的下落，应该提出的问题其实并非谁可能是另一个线人，而是谁根本不可能如此。极右派杂志《国族欧洲》1961年的一篇文章无意中泄露了，曾经有多少右派人士宛如屋顶上的麻雀一般，叽叽喳喳地大肆宣扬消息——曾在《路径》发表过文章的 F. J. P. 维尔（F. J. P. Veale）写道："首先让我们承认，艾希曼逃往阿根廷这件事情早已众所周知。"[83]

直到今天我们仍不清楚究竟谁是弗里茨·鲍尔口中的第二个线人，因为鲍尔不愿意透露他的姓名。自从伊塞尔·哈雷尔在书中昭告天下，鲍尔的保密做法是为了要庇护一名党卫队成员之后，人们

便开始怀疑艾希曼的身边出了"叛徒"。这项怀疑完美印证了人们的猜测，即威廉·萨森为了把他的访谈记录卖出最高价而出卖艾希曼，否则就是他出售访谈记录的企图把线索导向了艾希曼。但鲍尔与萨森日后的一次信件往来却表明，萨森无论如何都不可能是鲍尔的线人。[84] 不过毫无疑问的是，许多可能的线人都既曾经任职于党卫队，又如今确切知道艾希曼在阿根廷的居住地点和生活方式。除此之外，当然还有另外一名昔日的党卫队成员，曾经无意中坚定了弗里茨·鲍尔关于阿根廷是正确搜寻方向的信心，那就是主动前往鲍尔办公室拜访的保罗·迪科普夫。这次亮相使迪科普夫成为鲍尔眼中具有党卫队背景的高级线人，如果鲍尔无意指名道姓地点破联邦德国的这桩丑闻，也就是可以理解的了。

　　不过弗里茨·鲍尔还是在朋友中间提到过一个具体的名字：托马斯·哈兰在人生将尽的时候表示，一个姓"施奈德"（Schneider，但不排除是其他拼写方式）的人，曾经一五一十地告诉了鲍尔里卡多·克莱门特在梅赛德斯—奔驰就业的情况。[85] 这位施奈德先生自己也有一段过去。他曾任职于特别行动队，而后于 20 世纪 50 年代末期在梅赛德斯的斯图加特总部负责新员工部门。施奈德的这个职位能够让鲍尔查阅人事档案并获得更多讯息，从而帮助他搜寻艾希曼。只可惜我还没能说服戴姆勒公司，为什么值得与研究者合作，从而有机会在他们的员工名单上不仅找到一名大屠杀凶手，可能还会发现一位著名德国总检察长的得力助手。他们甚至无意接受我所提供的一份列出了可能的施奈德们[86]，并且附上出生日期的名单。几经询问之后才终于有人告诉我，1959 年时，公司里没有人会知道里卡多·克莱门特究竟是谁。[87] 我显然并非恰当的人选，来提醒他们那个身份早在 50 多年前就已经为人所知，而且具备相关知识也意味着应负起相应的责任。由于某些认识的形成需要时间，或许假以时日，会有其他人成功说服那家享誉全球的企业，一位协助找到艾希曼的员工既不会给公司历史蒙上阴影，也不会损害企业形象。即便那位梅赛德斯员工帮助弗里茨·鲍尔的原因可能是鲍尔知道他过去（可能）在特别行动队的历史，但他在决定要提供协助的时候，仍然表现出了比大多数人更大的勇气。

　　在我们谈论弗里茨·鲍尔的线人时，还有另外一条线索指向完全不同的方向。鲍尔曾经私下提到过除洛塔尔·赫尔曼之外的第二个犹太消息提供者。鲍尔曾向他的一位好朋友透露过这个消息来源，表示多亏那个人，他才知道了艾希曼在阿根廷的生活情况。托马斯·哈兰回忆，鲍尔说那是"一个巴西的前波兰犹太人、索比布尔起义的幸存者，但他从来没有告诉我那个人的名字"。[88] 本—古里安向以色列国会宣布艾希曼已被囚禁于以色列之后不久，特拉维夫便短暂地传出消息，称是一名来自波兰的难民提供了关于艾希曼下落的线索。[89] 巴西也一再成为话题，因为当时已有人怀疑约瑟夫·门格勒就在那里。只有"索比布尔"这个关键字眼尚未出现在相关讨论中。此一线索在 1960 年对大多数人而言还不具特别意义，因为直到最近几年，关于这个恐怖地点及幸存者的详细研究才开始出现。

　　索比布尔是"莱因哈德行动"的死亡集中营之一，按照纳粹的规划，那里本不会留下任何活口。[90] 因此很大程度上是由于一场囚犯起义，才有至少 47 人成功逃脱。总共只有 62 人从那个地狱存活下来，其中更只有两个出生于波兰的犹太人果真在 20 世纪 40 年代末期移民巴西，分别为 1923 年出生于伊兹比察（Izbica）的哈伊姆·科伦菲尔德（Chaim Korenfeld），以及索比布尔起义的策划者之一，1927 年出生于普瓦维（Puławy）的斯坦尼斯瓦夫·"什洛莫"·施迈斯纳（Stanisłav "Shlomo" Szmajzner）。我们对科伦菲尔德在巴西的生活所知无几，只晓得他在 1949 年经由意大利来到巴西。施迈斯纳原本打算移民以色列，之前只打算到里约热内卢探访亲戚。他于 1947 年抵达巴西，结果却在那里度过了余生。他开了一家珠宝店，并在十年时间里将它打造为一家成功的企业。1958 年把它卖掉后，他用赚来的钱买下了热带雨林中的一座岛屿，转而经营畜牧业。[91] 他在 1968 年出版了《索比布尔：一个少年犹太人的悲剧》(*Sobibór: Von der Tragödie eines jugendlichen Juden*) [92]。与他自己的亲身经历相比，那个书名反而显得轻描淡写。当施迈斯纳在 1942 年 5 月来到索比布尔集中营的时候，他是带着自己的工具包一起过去的，因为当时他还不到 15 岁，天真地相信了有关"人口迁移"的谎言。正是工具包救了这名金匠学徒，使他没有立刻遇难，因为索比布尔的党卫队人员钟情于饰有 SS 符号的金戒指，以及皮鞭握柄上的鎏金字母图案。[93] 副指挥官古斯塔夫·瓦格纳 (Gustav Wagner) 看出了那个少年的天分，而且幸运的是，金币和金牙一应俱全，不虞匮乏。施迈斯纳从一开始便知道，他必须用来打造金饰的材料从哪里来。此外他也知道，自己的父母和手足如何在索比布尔惨遭杀害。强迫劳动使施迈斯纳认识了瓦格纳和营地指挥官弗朗茨·施坦格尔 (Franz Stangl)，二人的面孔从此不可磨灭地烙印在那个年轻人的心中。许多年后，施迈斯纳再次与那两个人相逢。1968 年，施迈斯纳在巴西利亚的街头遇见了施坦格尔。在西蒙·维森塔尔的有效施压下，施坦格尔被送上了法庭。[94] 古斯塔夫·瓦格纳则在 1978 年被他昔日的囚徒指认出来。虽然瓦格纳侥幸逃过了被起诉的命运，却还是自杀身亡——至少警方的正式报告是这样的。另一位索比布尔的幸存者曾说："施迈斯纳让人感觉得出，他与瓦格纳之死并非完全无关。"[95]

　　斯坦尼斯瓦夫·施迈斯纳是一名来自波兰的犹太人，在巴西以经商为生。假如他听说过有关艾希曼定居阿根廷的消息，那么他很可能早在 20 世纪 50 年代末期就已经实际利用了这方面的情报。那位住在巴西的前波兰犹太人完全有可能知道艾希曼的下落，毕竟巴西和阿根廷之间商务往来频繁。不仅汉斯－乌尔里希·鲁德尔很

434

早便去过巴西，甚至埃伯哈德·弗里奇也曾造访这个国家。佩德罗·波比耶辛那名来自波兰、与纳粹在布宜诺斯艾利斯做生意、帮萨森采购录音机的德国前国防军士兵，也出差到过巴西。对一个足智多谋的人来说，在布宜诺斯艾利斯的纳粹社区进行调查绝非难事，特别是如果他已经知道自己在寻找什么的话。1959 年的时候，假如鲍尔想要找人在阿根廷暗中调查，那么施迈斯纳可能是一个理想人选。既然我们没有理由怀疑弗里茨·鲍尔的讲法，那么一切迹象便都显示，确实有两名拉丁美洲的犹太线人，以及一名前党卫队成员向鲍尔提供了关键的线索，从而使艾希曼能够被带上耶路撒冷的审判庭。

435

艾希曼在科威特

总检察长鲍尔即将于 1960 年年初，
通过波恩各主管部门向科威特提出引渡艾希曼的要求。
鲍尔认为，国际法不会对引渡构成障碍。
——向媒体发布的新闻稿，1959 年 12 月 23 日[96]

从 1959 年年中开始，有关艾希曼藏身中东的消息不但甚嚣尘上，而且还出现了一个新的变种。海因茨·魏贝尔-阿尔特迈尔那个想象力过于丰富的记者受到西蒙·维森塔尔的启发，前往中东寻访当地的纳粹。[97]他甚至号称在一次采访中，前穆夫提阿明·阿尔-侯赛尼不但递给他一本约翰·冯·莱斯的反犹太小册子，并且言之凿凿地证实："是的，我跟艾希曼很熟，而且我可以向您保证，他还活着。"据悉还有人在大马士革开价五万美元，向魏贝尔-阿尔特迈尔"兜售"艾希曼。[98]如果一名新闻记者都能打听到，"某些阿拉伯圈子谈论'艾希曼交易'已经好几天了"，那么这个消息无疑也会引起情报机构的注意，更何况德国联邦情报局在当地还有阿洛伊斯·布伦纳和弗朗茨·拉德马赫之类的线人。反正不管怎样，联邦宪法保卫局在1959年9月下旬接获线报，表示艾希曼藏身在大马士革或卡塔尔。[99]那名线人甚至宣称亲自见到了布伦纳和艾希曼。汤姆·塞格夫则怀疑魏贝尔–阿尔特迈尔自己就是消息的来源，因为那名记者曾于1960年夏天在科隆的八卦杂志《新画刊》（Neue Illustrierte）上发表了一篇故事，自称在一家酒吧看见艾希曼和布伦纳就坐在隔壁桌。

　　然而，联邦宪法保卫局还有一条截然不同的线索。按照它的说法，中东的朋友们1959年时曾试图为艾希曼创造一种新生活。消息来源是恩斯特·威廉·施普林格（Ernst Wilhelm Springer），一名来自巴特塞格贝格（Bad Segeberg）的军火商，当时已前往中东发展。根据联邦宪法保卫局的报告，施普林格"针对1959年10月报刊上有关艾希曼的文章发表意见说，艾希曼目前正在中东一个与民族解放阵线（FLN）关系友好的国家，并且不时与他的伙伴费雪（阿洛伊斯·布伦纳）见面。他们的打算是让艾希曼在科威特的一家石油公司获得高级管理职位。不过在被媒体报道之后，据说此计划已被放弃"[100]。

　　可以确定的是，中东这些头条新闻确实引发了一阵特别的骚动，因为德国工业联合会立刻否认了这些传言——至少在接到赫尔曼·朗拜因用"Comité International d'Auschwitz"*信笺发出的询问函之后，他们是这么说的。[101]但他们还是回信表示："大函敬悉，已承嘱彻底调查是否有任何名叫阿道夫·艾希曼之人，受雇于科威特的大型德国工业公司。"他们追查了两个月，甚至连在科威特代表德国企业利益的团体，也受委托进行调查。结果是"完全否定这

---

*　这是"国际奥斯维辛委员会"的法文名称。——译注

种可能",而且在中东没有人知道那个艾希曼究竟是谁。但如此一来，确实知道艾希曼是谁的人现在也已经晓得，人们是多么努力地在中东寻找艾希曼。假如的确有人曾经打算聘用艾希曼的话，赫尔曼·朗拜因在得到弗里茨·鲍尔的一名亲信同意后发出的那封询问函，无疑也会让他打消这个念头。[102] 联邦宪法保卫局的报告此外还包含了另一个引人注目的细节：根据施普林格的讲法，"阿拉伯联合共和国派驻巴特戈德斯贝格（Bad Godesberg）*的迈达尼上校（Oberst Medani）应该知道艾希曼的下落"。[103]

无论这些说法究竟是胡思乱想、张冠李戴，或者是故意散布的谣言，人们对艾希曼日益增长的兴趣已经显而易见。总之可以确定的是，艾希曼直到被绑架之前都没有离开过阿根廷和他的家人。另外一个问题则是，艾希曼在1959年是否还有办法前往中东，在那里隐姓埋名地生活。其实艾希曼早已陷入自己所设的圈套之中，迁往北非只会让他更容易遭到逮捕。但最重要的是，这些传言使弗里茨·鲍尔更容易掩护对这名大屠杀凶手的猎捕行动。1959年夏天以来出现的各种错误情报，颇有可能不仅仅是巧合。

1959年8月20日，埃尔温·许勒从路德维希堡秘密地通知托维阿·弗里德曼，他得到的新消息表明艾希曼在科威特为一家石油公司工作。[104] 我们不知道许勒当时是否知道这个消息并不正确，也不知道是否有人刻意利用许勒来提供假线索。但一切迹象指出，弗里茨·鲍尔确实已和以色列情报机关商量妥当，要绕个弯子通过许勒把这个中东故事的新版本散播到全世界。在阿根廷追捕纳粹罪犯的经验早已表明，德国驻阿根廷大使馆并不完全值得信赖，因此鲍尔或许也不信任路德维希堡国家社会主义犯罪调查中央办

437

---

* 巴特戈德斯贝格位于波恩，外国派驻联邦德国的大使馆在1999年之前集中在这里。——译注

公室的主任，即便没有任何证据表明，鲍尔当时已经知道了许勒自己在党卫队的历史。无论如何，鉴于每过一个月，艾希曼发现他们越来越逼近的风险就加大一分，因此刻意散播假消息的想法显然并非空穴来风。

　　托维阿·弗里德曼显然对此进展非常兴奋，以致在10月的时候自作主张把关于科威特的消息告诉了新闻界。10月12日，甚至在《阿根廷日报》上都可以读到一篇标题为《阿道夫·艾希曼据悉在1945年后置身科威特》的文章。报道称，"以色列海法犹太文献中心的负责人……托维阿·弗里德曼表示，该中心曾悬赏一万美元来寻找和捕拿艾希曼"。尽管弗里德曼曾因为这种明显欠考虑的做法向许勒道歉，而且许勒也对此表现得非常恼火，却仍无法阻止弗里德曼采取进一步的动作。毕竟他想在法庭上见到艾希曼的愿望实在难以遏止。弗里茨·鲍尔和以色列情报部门巧妙地利用有关科威特的不实报道，虚晃一枪做出严正反应。10月13日的《南德意志报》讨论了引渡艾希曼的可能性。接下来几天，新闻媒体继续报道，以色列外交部部长已针对艾希曼是否的确藏身科威特一事，正式向西德和英国当局*提出询问。以色列政府发言人进而宣称，"以色列正在调查艾希曼的案件，而且法兰克福总检察长办公室已将该涉案人列入通缉名单"。这个消息自然也出现在《阿根廷日报》和其他报纸上。[105]对假消息策略一无所知的托维阿·弗里德曼则在本-古里安的选举造势集会上，公开呼吁悬赏捕拿在科威特的艾希曼，其做法又进一步刺激了相关的新闻报道。[106]

　　在接下来的几个月，调查人员竭尽全力让那些假消息不断出现在新闻媒体上。鲍尔孜孜不倦地举行新闻发布会和接受采访，以色列也配合发布更多新闻，这一切都如愿持续地引发了媒体的回响。

---

* 科威特当时仍为英国的"保护国"，1961年6月19日才获得独立。——译注

438

1960 年 1 月初传出了有关引渡申请的消息，尽管联邦德国当局加以
否认，外交部甚至表态拒绝，但英国外交部仍然同意协助。鲍尔更
释放出关于"酋长"的风声，表示艾希曼"在其帐下担任一些西德
公司的委托代表人"，虽然"为求保密起见"，他无法说出那些公司
的名字。鲍尔甚至宣布，鉴于国际法上的一切障碍目前皆已排除，
他将为德国外交部准备详尽的资料。[107] 这使记者们不禁纳闷起来，
为什么外交部对一切完全保持缄默。例如慕尼黑的《德国周报》
（*Deutsche Woche*）写道："所以现在的问题是，外交部为什么既没
有公开辟谣，也不曾正式说明传言是否属实。"[108] 那个谎言显得非
常具有说服力，以致最后就连德国当局也开始对自己的情报产生怀
疑。于是外交部向联邦司法部提出询问，想知道那里是否有任何关
于艾希曼在科威特或埃及下落的消息。结果司法部同样一头雾水地
回答说："我们甚至无法确定艾希曼是否还活着。"[109]

439

只有一份报刊对此极力否认，那就是《帝国呼声报》，德意志
国家党的喉舌。阿道夫·冯·塔登那个非常关心汉斯—乌尔里希·鲁
德尔在德国政治生涯的人，于 1959 年 10 月 24 日在一篇题为《艾
希曼如今究竟何在？》的文章中指出："艾希曼被藏匿在意大利的
一间天主教修道院内，然后在天主教高层的帮助下，被从意大利接
应到了阿根廷。"这显然已不是帮助，而是公然的背叛。塔登嘲讽
地表示："许勒先生和以色列在科威特搜寻他的行动，将只会徒劳
无功。"并且以威胁的口吻补充说道："此事令人感到非常遗憾，因
为假如艾希曼真是臭名昭著的犹太人大屠杀凶手，那么把他定罪之
后就能更清楚地了解这个可怕的事件了。"其字里行间都洋溢着他
的梦想，要把 600 万这个数字揭露为谎言。

不管那是由于《帝国呼声报》一心想要激起"能够力挽狂澜"的
艾希曼发出声明，还是因为多嘴的编辑部门再次无法守口如瓶[110]，
总之一件相当诡异的事情已经发生了。塔登后来曾轻蔑地指责其昔

日撰稿人威廉·萨森不忠不义地背叛了艾希曼，结果偏偏是他自己于艾希曼被绑架的半年之前对追捕者嗤之以鼻，主动大肆张扬艾希曼的藏身之处，使报刊上首度明确提到阿根廷。那个来自下萨克森的极端分子甚至毫不掩饰自己的消息来源——塔登公然提到了"德国移民圈子"，即便他也强调他们跟艾希曼"避不见面"。此一线索的重要意义在于，每个人或者至少每位《帝国呼声报》的读者都知道，有一个来自那个圈子的人甚至从1953年开始就一直出现在德意志国家党的候选人名单上。那么有谁注意到这个提示了吗？有的，联邦宪法保卫局细心的工作人员便注意到了。[111]那里的人认为，这篇来自违宪刊物的文章"值得注意"，于是恪尽职责地把它归档到艾希曼相关文件中。这不禁让人心生怀疑，若能毫无保留地开放一切相关档案，是否便足以让我们明白德国有关当局在那几个月到底发生过什么事情？

　　《帝国呼声报》的发行量小得微不足道，以致那篇文章一直没有引起回响。塔登从来没有被指控背叛了同志，尽管他后来担任德国国家民主党主席的时候，甚至暗中为英国的军情六处（MI6）工作。[112]与此同时，弗里茨·鲍尔的假消息策略却发挥了出色的作用。从艾希曼对这些新闻的反应，即可看出转移注意力的做法并非多余。克劳斯·艾希曼记得他的妻子有一天晚上在收音机广播中听到，国际刑警组织正在通缉据悉藏匿于科威特的艾希曼。"我急忙赶去圣费尔南多把父亲从睡梦中摇醒：'国际刑警组织正在追捕你。'他却只是冷冷地说：'去他的，你竟然为了这种事情半夜把我吵醒？等明天再说也不迟。赶快回家好好睡觉吧。'"接下来几天，他的父亲还是向朋友们征询了一下意见，但没有任何人觉得这个消息令人不安，或者值得把它当成一回事。[113]

　　与此同时，洛塔尔·赫尔曼也在《阿根廷日报》上读到了托维阿·弗里德曼提到一万美元奖金的那篇文章。由于他和鲍尔已经完

440

全失去了联系，也没有收到其他任何人的答复，于是立即写信去以
色列向弗里德曼通风报信。那篇文章给他一种印象，现在终于有人
严肃对待这件事情了。起先，赫尔曼对他当时住在美国的女儿只字
未提。[114] 然而赫尔曼并不清楚，那个"文献中心"仅仅是一名狂
热的纳粹猎人的私人收藏罢了，本身并没有任何资金来源。他认为
那是一个国家级的机构，误以为的确存在奖金。赫尔曼因而清楚地
把话讲明，这次他不会在没有预先付款的情况下透露任何信息。弗
441 里德曼则在 11 月 8 日把这个信息转达给许勒，但没有提及赫尔曼
的名字。最晚从这个时候开始，许勒显然也知道了追捕行动的真实
情况，因为他极力敦促弗里德曼务必要保持低调。他表示自己"很
遗憾地获悉，艾希曼的事情一波未平一波又起。烦请鼎力相助，让'艾
希曼案件'暂且成为绝对禁忌。……请勿发表任何文字、任何演说，
并且不要采取任何其他行动"，因为这一切"都扰乱了我们厘清艾
希曼案件的努力"。为强调这一点，许勒暗示追捕行动一定会获得成
功。[115] 直到许勒重申这个劝诫之后，弗里德曼才真正变得有所节制。
不过弗里德曼还是让洛塔尔·赫尔曼知道，他已经把消息转达给了
耶路撒冷的世界犹太人大会代表，而且肯定会有人与他联系。[116]

　　从洛塔尔·赫尔曼的角度来看，事件的发展过程甚至比托维
阿·弗里德曼的经历更加曲折。1959 年 12 月 26 日，阿根廷犹太社
区的一位代表前往拜访赫尔曼。他以为那位"G. 舒尔曼先生"(Herr
G. Schurmann) 是弗里德曼派过来的，然而弗里德曼后来却表示自
己未曾采取任何进一步的动作[117]。在听说了有关中东的新闻之后，
他已经不再相信赫尔曼了。[118] 赫尔曼后来的信件表明，在他眼中，
弗里茨·鲍尔、托维阿·弗里德曼和摩萨德都是一丘之貉，合谋从
他那里套消息，却无意向他支付合理的报酬。赫尔曼当然不可能知
道当时正秘密发生着什么事情：有一小群人早就决定要由摩萨德来
绑架阿道夫·艾希曼。[119]

＊　＊　＊

寻获艾希曼的经过，是通过复杂的关系网取得成功的最佳范例。人类的活动只在极少数情况下是单一原因的，通常是许多不同参与者各显神通之后所产生的累积效应。保罗·迪科普夫从没打算用自己的行为来鼓励鲍尔；托维阿·弗里德曼显然也从未想过要危及追捕的成功；西蒙·维森塔尔无论如何都不肯放弃，一心只想把艾希曼送上法庭接受审判；伊塞尔·哈雷尔期待他的特勤机构展开一次耸人听闻的行动，而且他和本—古里安同样热衷于缉捕"谋杀犹太人的头号凶手"；本—古里安还必须心系德国与以色列之间的对话，因为两国的贸易协定谈判也涉及军备供应；弗里茨·鲍尔则巴不得能在德国起诉艾希曼。最后之所以能够擒获艾希曼，并非是一连串事件所造成的结果，而是因为一系列的线索逐渐交织成一张罗网。但正如前面所说，这才是比我们事后回想时通常认为的更为普遍的人类活动模式。

与搜寻艾希曼不同，最后的逮捕反而显得异常简单。1959 年12 月 6 日，本—古里安在日记中写道，他已责成伊塞尔·哈雷尔筹备一个摩萨德小组，确认阿道夫·艾希曼的身份，然后实施绑架。[120]弗里茨·鲍尔又一次前往以色列，要求迅速采取行动。此外，西蒙·维森塔尔 11 月时从以色列驻维也纳大使艾策希尔·萨哈尔（Ezechiel Sahar）那里获悉了当下人们对艾希曼的高度兴趣之后，又运用自己所掌握的全部信息，整理出一份内容包罗万象的卷宗。这一回萨哈尔能够告诉维森塔尔，他的工作给以色列方面留下了非常深刻的印象。萨哈尔甚至还向他提出了一系列进一步的问题。当维森塔尔读到在 2 月 5 日去世的"阿道夫·艾希曼，退休公司董事"的讣告[121]，并且发现其儿媳薇拉·艾希曼再度出现于死者亲属名单当中的时候，他更迅速做出了反应。由于艾希曼或他的妻子也有一丝可能前往参加葬礼，他让人拍下了所有吊唁者的照片。虽然艾希曼和妻子都没有现身，但维森塔尔还是以这种方式获得了艾希曼弟弟们的照片，毕竟他们兄弟的长相一直非常相像。[122] 尽管伊塞尔·哈雷尔后来声称维森塔尔从未参加过摩萨德的行动，但他自己的探员兹维·阿哈罗尼却证实，正是这些照片让他不必只依靠艾希曼昔日当官时的照片，从而可以更好地辨认出 1960 年时的艾希曼。[123] 哈雷尔在 1960 年 2 月派兹维·阿哈罗尼去了阿根廷。阿哈罗尼并非第一次前往布宜诺斯艾利斯。他在 1959 年 3 月已经因为其他任务到过阿根廷，拥有了必要的知识和门路。[124] 因此尽管艾希曼刚刚才从查卡布科搬进自己的新房子，他还是顺利查明了艾希曼的行踪。摩萨德行动小组随即于 4 月底跟进。在布宜诺斯艾利斯当地重要联络人的配合下，他们成功地让摩萨德从此扬名于世：1960 年 5 月 11 日，"犹太人的头号敌人"于返家途中在自己的房子外面遭到绑架。

艾希曼把被捕的责任归在自己头上。他"在阿根廷自由自在地生活了 11 年，感觉十分安全"，以至忽略了所有危险的迹象。[125] 他是个"傻瓜"，没有逃去图库曼、智利或亚洲——引人注意的是，他并未提到中东。在以色列，艾希曼从自己的角度详细描述了绑架事件。[126] 这些描述证实了绑架行动果真如摩萨德特工们所宣称的那般发生，虽然在细节上间或有所出入。[127] 艾希曼表示，几个月来他发现自己一直受到监视。这并不是一个试图否认自己被智取的人所想出来的托词。尽管他不可能读过摩萨德特工的报告，但艾希曼在札记中描述了搜捕过程中实际发生过的一些事件。例如他还记得兹维·阿哈罗尼试图向其儿媳问话时的可疑举动。他甚至注意到了轮流停放在他家附近的汽车。威胁已经变得如此明显，以致艾希曼的儿子打算借给他一把枪。艾希曼的妻子则连连做到带有天主教背景的噩梦，梦见丈夫身上披着一件血淋淋的白色忏悔服。[128] 可是那个感觉自己在阿根廷颇受欢迎的人犯了一个关键错误。艾希曼在 1961 年写道："我没有料到此事会演变成一场绑架行动，而以为那只是阿根廷警方的行动，以为就像他们对其他人做过的一样，正在开展调查工作。"[129] 对国家社会主义者而言，阿根廷警方是真正的朋友和帮手，永远可以依赖他们提供的保护。

我没有同志

让我特别感到欣慰的是，

我的许多阿根廷朋友在我生日当天，

用鲜花表示他们还记得我。

——艾希曼在以色列的家书，1961 年 4 月 17 日

当丈夫没有如预期回到家里后，薇拉·艾希曼立刻向大儿子发出警讯。艾希曼的失踪随即引发一阵喧嚣，让人惊觉艾希曼一家已然成为阿根廷非法德国社区的重要部分。阿道夫·艾希曼于 1960 年 5 月 11 日遭到绑架，在布宜诺斯艾利斯的一栋房子里藏了十天之后，被送上飞往以色列的飞机。[130] 直到大卫·本-古里安在 5 月 23 日公开宣布已经捕获阿道夫·艾希曼，阿根廷没有人知道艾希曼在哪里，尽管此事对不少人来说非常重要。萨斯基雅·萨森还记得有许多人突然跟艾希曼的儿子们一同出现在家里，以及随后持续了许多天的混乱，因为有越来越多的人上门想要打听消息或提供协助。孩子们虽已习惯了家中的社交生活，但当时的情况却颇不寻常，因为没有人关心他们听到了什么，或者没有听到什么。萨斯基雅·萨森的母亲在那些日子处于精神崩溃的边缘。等获悉艾希曼遭到绑架之后，她甚至离开家好几个星期，因为她再也忍受不了那种紧张的氛围以及她丈夫与整个事件的纠葛。[131] 薇拉·艾希曼虽然声称从来不知道她的丈夫做过什么事情，却表示她立刻就想到是犹太人把

445

艾希曼绑走了。直到威廉·萨森和丈夫的其他朋友劝阻之后，她才打消了向警方报案的念头。奥尔斯特·卡洛斯·福尔德纳便是其中一位朋友，他有感于自己对艾希曼一家负有责任，于是立刻回应了他们的求助。[132] 克劳斯·艾希曼后来说道："父亲最要好的朋友促使我们不得不冷静地思考。"他们的父亲说不定喝了太多酒，或者在出事故之后被送进了医院。艾希曼的家人因为过于害怕犹太人的报复，起初完全没考虑到或许还有这两种可能性存在。"我们花了两天时间在派出所、医院和太平间找来找去，可是一无所获。最后剩下的就是认识到：他们逮到他了。"克劳斯·艾希曼于是和萨森一同驱车前往梅赛德斯—奔驰见他父亲的朋友，并把手稿藏在那里。[133] 艾希曼最受信赖的故旧们纷纷前往市区各地，监控海港和火车站等交通枢纽。萨森负责监看飞机场，克劳斯·艾希曼即使在 1966 年也能毫不迟疑地回想起来。此外他们还为艾希曼一家组织了保卫工作。艾希曼的儿子不无骄傲地说，一个"庇隆主义青年团体"出动了多达 300 名成员来守护他们的房子。有些人甚至谈到了诸如绑架以色列大使，或者攻击大使馆之类的武力报复行动。但福尔德纳为那一家人安排了另外一个栖身处所，静观后续的事态发展。[134]

尽管从 1960 年 5 月 11 日绑架事件发生以来，搜寻艾希曼的行动便已密集展开，但本-古里安将近两个星期后发表的演说还是震惊了全世界。美国中央情报局的档案显示，就连该局也必须询问那些所谓的"友好情报机构"，究竟发生了什么事情。造成这一结果的原因尚难以断定，也许是由于阿根廷的艾希曼同情者们在变化无常的局势下表现得特别谨慎 [135]，或者是因为线索遭到误判。至少美国各情报机构、德国联邦宪法保卫局，以及德国外交部迄今对外公开的档案当中，都没有迹象显示曾有人预料摩萨德将采取行动。尽管如此，德国驻布宜诺斯艾利斯大使与纳粹圈子的密切联系，还是让人怀疑他自己并非毫无察觉。

何塞·莫斯科维茨（José Moskovits）——布宜诺斯艾利斯纳粹迫害幸存者协会主席——回忆起德国大使馆曾发生过的一个惊人事件。他非常确定，事情就发生在艾希曼被绑架"两个月，最多三个月"之前。"有两位先生从波恩过来，其中一人来自德国情报机构。他们要求调取关于艾希曼的档案。"结果却引发了一场争吵，因为大使馆一位热心的员工在不久之前，才刚刚把那份档案连同门格勒的相关档案交给莫斯科维茨。于是相关档案当时根本不在大使馆。根据莫斯科维茨的讲法，必须为此负责的人立刻被炒了鱿鱼。[136]

有证据显示，何塞·莫斯科维茨当时确实在收集关于艾希曼和门格勒的资料，因为他是西蒙·维森塔尔在阿根廷的联络人，而且他与林茨那位先生的信件往来记录了二人之间的信息交流。[137] 此外他多年来一直不断积极寻找门格勒的下落。莫斯科维茨出生在匈牙利，与阿根廷安全部门维持着良好的关系，并且在其他许多领域也非常活跃。他多次提起赔偿诉讼，促成纳粹时期遭到窃占的犹太人资产得到归还，因而使幸存者协会成为一个令人不敢小觑的组织。莫斯科维茨对艾希曼被绑架不久前的情况念念不忘，还有另一个原因。兹维·阿哈罗尼和摩萨德小组曾向莫斯科维茨寻求协助，于是他利用自己的关系帮他们租下公寓，并且备妥了绑架时所需的车辆。[138]

莫斯科维茨与德国大使馆的良好关系，甚至使他能够带兹维·阿哈罗尼进入使馆内进行研究。阿哈罗尼第一次去是在 1960 年 3 月 1 日和 4 月 7 日之间，使用了一本以假名核发的外交护照，冒充以色列外交部财务部门的代表。[139] 因此我们没有理由怀疑莫斯科维茨的回忆以及他给出的日期。这个故事当中唯一令人不解的地方在于，大使为何会对那名允许幸存者协会正式代表前来查阅档案的大使馆员工做出如此强烈的反应。我们暂时先把大使馆竟然有艾希曼的档案放在一边，毕竟 1958 年时它还声称没有任何关于艾希曼的资讯，甚至在绑架事件发生几个月后仍然宣称馆内只有一个人知道艾希曼

447

是谁。更让人烦扰的问题是，究竟是什么事情让联邦德国的代表们在 1960 年春天，千里迢迢来到布宜诺斯艾利斯亲自询问有关艾希曼的消息。若只是为了当前的调查资料或者逮捕令的话，其实只需要看看西德现有的档案就已经足够了。总之他们来访的时间非常值得注意。

1960 年 2 月底，当兹维·阿哈罗尼前往阿根廷筹划绑架行动时，联邦德国正在准备一项极不寻常的棘手任务：康拉德·阿登纳和大卫·本-古里安即将首度会面，为日后德国与以色列之间的关系迈出关键一步。1959 年圣诞节过后，联邦德国出现了一波反犹太行动，从犹太会堂被涂上纳粹卐字符号开始，一直到犹太墓地遭到破坏。根据联邦宪法保卫局的统计，截至 1960 年 1 月 28 日，总共发生了"470 起事件"，除此之外"另有 215 起幼稚的涂鸦行为"。那在国外产生了灾难性的影响，以致联邦政府急忙做出反应，迅速决定改变学校历史课程的教学。[140] 为了避免这个高度敏感的会面出现任何尴尬情况，或许真的有必要在阿根廷展开调查，毕竟关于艾希曼下落的消息出现得日益频繁。一封由退役党卫队一级突击大队长阿道夫·艾希曼写给联邦总理的"公开信"，恐怕真的会在德国与以色列双方会谈的时候产生严重后果。

此外让人无法视而不见的事情是，弗里茨·鲍尔已经越来越投入地寻找那些参与灭绝犹太人的凶手。尽管这位黑森总检察长极为小心翼翼，但仍有迹象显示，他试图经由巴西前往布宜诺斯艾利斯搜寻艾希曼的努力，并非完全未被察觉。本-古里安宣布艾希曼就在以色列之后不久，《明镜周刊》便独家发表了有关弗里茨·鲍尔第二名线人的消息，表示最早有关艾希曼下落的线索据称来自一名"巴西犹太人"。[141] 该文并且推测，以色列人之所以刻意选在这个节骨眼绑架艾希曼，是为了"向联邦德国施加道德压力，借此确保获得更多的经济援助"。那份来自汉堡的新闻杂志里，充满了消息特别灵通的圈子提供的各种资料。从鲍尔在1959年年底敦促以色列采取行动时的声嘶力竭，即可看出他非常害怕自己的调查进展会被发现。这位黑森总检察长更千方百计施放烟幕弹，务必要让联邦德国外交部等机构疲于应付"将艾希曼从科威特引渡回国"的相关询问，这种做法更暴露了鲍尔不信任的对象主要是谁。因此假如西德外交部、联邦刑事调查局，或者联邦情报局在1960年春天向鲍尔询问艾希曼的下落，所得到的答案只会跟他们多年来的讲法一模一样：艾希曼在中东。

　　从后来的各种暗示中可以看出，有些人显然害怕那名"犹太事务主管"会在德国和以色列进行敏感会谈的这个阶段现身——以色列人绑架他只是为了影响谈判的结果，使之变得对自己有利。然而在另一方面，本－古里安与阿登纳见面的时候会是什么感觉？他知道对艾希曼的审判近在眼前，而联邦德国总理甚至对此一无所知！在纽约华尔道夫酒店举行会谈三天之前，兹维·阿哈罗尼还从布宜诺斯艾利斯回报说，他已经找到了艾希曼的新地址。

449

　　纵使对一名足智多谋的特工而言，那也不是件容易的事情。阿哈罗尼自己便亲身体会到，从1960年2月和3月之交开始，即便获得了德国大使馆工作人员的鼎力相助，在布宜诺斯艾利斯的调查工作还是变得越来越困难。艾希曼刚刚搬了家，而且新址不详，因为他所挑选的那块建地位于布宜诺斯艾利斯郊区的无人地带。阿哈罗尼在彻底的调查和运用了一些非常聪明的诡计之后，才终于找到了艾希曼的新地址。那个绰号"摩萨德大审判官"（Großinquisitor des Mossad）的人声称他给艾希曼的一个儿子准备了一份礼物，从而设下圈套。拉斐尔·埃坦直到今天仍然对阿哈罗尼赞不绝口。他十分确信，如果没有阿哈罗尼的话，这条路恐怕走不下去。运气和高超的技巧缺一不可，否则这次行动肯定无法成功。兹维·阿哈罗尼已经证明，就连一个与德国右翼社区毫无关系的以色列人也能找到艾希曼，但先决条件是有人真心想要找到他。

　　然而从德国大使馆获得的消息却只是，使馆虽然知道艾希曼的孩子们和薇拉·艾希曼（而且无疑还有档案记录可查）在阿根廷，却没有其最新地址。何塞·莫斯科维茨遇见的联邦德国人员，当然不可能在如此短时间内查明艾希曼住在哪里。但问题是，他们接下来会如何继续呢？显然等到访客离开大使馆之后，那些人员并不觉得应该加快寻找的脚步。人们往往不认为别人比自己更加神通广大，而正如随后发生的事件所清楚显示出来的，德方人员至少就是这样看待以色列情报机构的。联邦总理府如今针对为何不向研究人员开放艾希曼档案一事所给出的理由之一，就是当时工作人员发表的某些模棱两可的言论，可能会"严重损害或危及与外国公共机构的友好关系"。[142] 我们根据 1960 年年初发生的种种事件，至少能够领悟这段话中的含意。然而，这也使得全面解密联邦情报局艾希曼档案的必要性随之提高。因为若不解密的话，一个可怕的怀疑就挥之不去，让人认为官方根本无意积极寻找艾希曼，而且联邦情报局的工作人员非但不信任以色列的同僚和黑森总检察长，甚至还尽量设法阻挠他们的行动。

　　摩萨德的胜利显然让每个人都不知所措。1960 年 5 月 23 日，艾希曼重新现身的消息伴随着引起的慌乱迅速传开。就在一日之间，报纸上突然充满了艾希曼的照片和他所犯罪行的细节。由于长年下来图书馆和报社档案中已经积存了丰富的资料，世界各地撰写长篇报道都易如反掌。这个消息在西德政坛引起的不安显而易见。卸任联邦总统特奥多尔·豪斯在首度访问以色列之际，对这则新闻感到震惊不已，但他仍相当镇定地告诉媒体，艾希曼无疑将在以色列受到公正审判。波恩方面的反应则更加惊骇，康拉德·阿登纳总理恨不得亡羊补牢地把艾希曼宣布为奥地利人，这样德国就不用为他负责了。于是一个应对委员会迅速成立，试图协调所有涉及此案的机构，从德国联邦新闻局一直到联邦宪法保卫局和情报单位都包括在内。他们更成立了"艾希曼工作小组"，不过目的当然不是为了要查明以色列监狱内的那个无名小卒究竟是谁。联邦新闻局在极短的时间内安排了一场精心策划的媒体宣传活动。德国历史博物馆现任馆长拉斐尔·格罗斯甚至找到证据，证明当时为求以最积极正面的形象展现年轻的联邦共和国，还筹划了一个名为《天堂和火炉》（*Paradies und Feuerofen*）的电影项目。[143] 面对即将来临的审判时的恐惧与无助，已被那个标题描绘得淋漓尽致。

　　虽然直到今天，联邦德国各机构当时的相关档案都只对外公开了一小部分，但即便从这批资料也可以看出，人们担心会出现最坏的情况。艾希曼已经重新露面，而且随之而来的不仅有过去的阴影。追根究底，最害怕这场审判的人包括所有那些曾经参与大屠杀，如今却不受影响地在联邦德国站稳脚跟的凶手。他们现在必须担心自己的职业前程了。除此之外还有如今在警方、联邦刑事调查局和联邦情报局大展宏图的昔日帝国保安总局成员。外交部工作人员也有类似的担心。德国驻阿根廷大使馆几年前曾给艾希曼的儿子们签发了使用他们真名的护照，这个事实更让人担心会产生恶果。尤其是布宜诺斯艾利斯大使馆的人员竟然"无能"到在1958年收到非常具体的请求后仍然"无法"找到艾希曼，看上去令人难堪地简直像是有意协助逃亡。可是大使馆工作人员在收到指示之后，却突然有办法把关于艾希曼在阿根廷生活的大量卷宗送到波恩，这表明只要在阿根廷认真进行调查，就可以发现（或者早就发现了）多少事情。他们尴尬地保证，在绑架事件之前馆内没有人知道艾希曼是谁。然而这种说法现在只会显得厚颜无耻，更何况大使馆工作人员与艾希曼朋友圈之间的联系已经再也无法隐瞒下去。德国大使能够针对威廉·萨森交出一份洋洋洒洒的报告，而且报告中显示，他非但与萨森相交甚稔，甚至还赞同萨森的许多政治观点。这种卷入程度几乎

让他的上司、外交部部长海因里希·冯·布伦塔诺（Heinrich von
452 Brentano）大为光火，斥责道："我们的一些驻外单位显然未能针
对这批国家社会主义的余孽（！）提出足够报告，也没有充分采取
预防措施，明确地与他们保持距离。"[144]

布伦塔诺似乎并不担心他在波恩的一些同事也属于那种"余
孽"。但不管怎样，他针对维尔纳·容克大使而发的直率言论全是
白费功夫。1962 年年底，容克仍将尽其所能阻止引渡大屠杀凶手约
瑟夫·施万伯格，并为此得到了康斯坦丁·冯·诺伊拉特的积极支
持。当时已升任西门子阿根廷分公司负责人的诺伊拉特费尽口舌解
释说，那位犹太人隔离区的管理专家"已在公司任职长达12年之久"。
把像他这样的人移交给西德执法部门的想法，让大使先生和西门子
分公司负责人都"客观上忧心忡忡"。他们预期施万伯格在未来许
多年内都将继续被"迫切需要"，万一离职"将给公司带来巨大困
难"。[145]那位创意十足的大使甚至提出建议，可以如何巧妙地运用
阿根廷法律来拒绝德国司法单位的要求。期待对艾希曼的审判能够
扭转风气的愿望并未实现，人们反而从中学到了投机取巧的窍门。
大使馆所犯下的错误，成功地在 1960 年秋天被淡化成"缺乏专业
知识所导致的沟通问题"，从而避免了一场公开的丑闻。唯一令人
害怕的是，艾希曼可能对他在外交部的昔日同僚记忆犹新。没有人
能够确定，他是否会在审判中忍不住把那些事情也讲出来。因此那
些人今后更有必要好好照顾他们在阿根廷的保护对象。

通过大量雇用昔日同志担任公职来"去纳粹化"的那些国家机
关，也因为艾希曼掌握的知识而面临问题。其中包括联邦刑事调查
453 局。该局不但有一名担任总统常驻代表的前党卫队队员，更招募了
至少 47 名昔日骷髅头单位的成员加入。[146]这种自己惹上身的麻烦
当然也存在于情报机构。它们出于对布尔什维主义的恐惧，聘用了
许多有着艾希曼非常熟悉的过去的人，其中就包括威廉·霍特尔、

奥托·冯·博尔施温[147]、弗朗茨·拉德马赫，以及尤其重要的阿洛伊斯·布伦纳——德国联邦情报局几个月前刚刚在德国驻雅典大使馆的协助下，促成希腊当局将布伦纳从通缉名单中删去，因为联邦情报局不想冒险失去它在中东最重要的联络人之一。[148]

　　跟上述这些被揭露的对象比较起来，甚至连阿登纳的左右手汉斯·格洛布克（Hans Globke）*之类的人物都显得无伤大雅，因为人们早已习惯了民主德国对那批达官显要的攻讦，随时可将之贬低为东德（民主德国）的宣传。从联邦德国政府坚持拒绝向艾希曼提供法律援助一事即可看出，官方的神经有多么紧绷——虽然艾希曼身为德国公民，完全有权获得法律援助。[149]政府宁愿容忍国家社会主义圈子在联邦情报局知情的情况下秘密资助艾希曼的辩护，而让以色列政府负担艾希曼的律师"开销"。[150]为了防范审判过程中出现太多具有破坏性的爆料，原先已同意提供给以色列的贷款被冻结"直至艾希曼审判结束"。[151]阿登纳一直要等到1962年1月22日†才通知本-古里安，现在终于可以发放所承诺的贷款了。[152]

　　其他人还有更具体的担心。例如路易斯·辛特霍尔策总是乐于告诉别人，他曾经帮助艾希曼逃离德国，甚至亲自开车载着艾希曼一路来到奥地利边界，如今却突然被法院传唤出庭作证。[153]辛特霍尔策持有的是伪造的联邦德国身份证件，作证一事让他觉得过于冒险，于是干脆逃避出庭，逃到慕尼黑躲了起来。他的一位熟人还告诉联邦德国的情报单位，辛特霍尔策也曾在因斯布鲁克咨询过，

454

---

* 格洛布克曾担任阿登纳时代的联邦总理府主任（1953—1963）。他从前是纳粹德国内政部的高级官员和法律专家，参与制定了各种反犹太法律，并曾批准艾希曼将两万名希腊犹太人运往死亡集中营。《生活》杂志于1960年11/12月刊登萨森提供的艾希曼文稿之前，美国中情局曾要求该杂志删除任何可能涉及格洛布克的部分。东德最高法院在1963年举行"格洛布克审判"（Globke-Prozess），于缺席审判的情况下判处他"终身监禁"。——译注

† 艾希曼在1961年12月15日被判处死刑。——译注

希望能够在当地投案，可是那里的人建议他，最早也要等到 1960
年 9 月才可以这么做。辛特霍尔策随后如释重负地告诉那位熟人，
他可能会面临五至七年的刑期，真正坐牢的时间则是二到三年。然
而，事实证明他根本不必担心艾希曼的供词会牵连到他。尽管辛特
霍尔策果真于审判开始之后，在 1961 年 4 月前往投案，但他仅被
拘留调查了一年便获得释放，直到 1989 年去世为止都是自由之身。
他虽然不再大肆张扬自己曾是那名臭名昭著的囚犯的司机，但终其
一生都未隐瞒自己的政治观点。辛特霍尔策的妻子以"他的荣誉叫
作忠诚"（Seine Ehre hiess Treue）*为题刊登了他的讣告。旁边昔日
党卫队同志们献上的悼词明白显示出，辛特霍尔策太太的那种写法
并非无心为之。[154]

　　艾希曼的绑架不只在德国引起恐慌。1960 年 6 月初，罗马也
变得骚动不安。[155] 布宜诺斯艾利斯的教廷大使翁贝托·莫佐尼
（Umberto Mozzoni）前往拜访阿根廷外交部部长，不光是为了讨
论阿根廷总统即将与教宗进行的会面。根据奥地利《人民意志报》
（Volkswille）一位消息灵通的记者报道，梵蒂冈的外交人员曾呼吁
一些联合国成员国，应该要求将艾希曼遣送回阿根廷："教廷当局
通过半官方渠道表达了自己的观点，主张二战时期的主要纳粹分子
不应再被起诉，因为他们现在已属于捍卫西方社会秩序、防堵共产
主义的势力，而且今天比以往任何时候都更有集结一切反共力量的
必要。"那种观点早在纽伦堡审判期间就已经受到鼓吹，并且被用
作协助国家社会主义者逃亡的理由。如今之所以又信誓旦旦地宣扬
国际法和对抗"东方野蛮行径"的斗争，那是因为每个人都将很快
知道，艾希曼获得过红十字会护照，以及天主教神父为这名危害人
类罪犯开列过品行证明。报纸上刊出的第一篇详尽文章，就已经阐

455

* 套用了纳粹党卫队的座右铭："我的荣誉叫作忠诚"（Meine Ehre heißt Treue）。——译注

述了与胡达尔主教和其他停留站有关的细节，并且说明了他们与国际红十字会的合作详情，以及诸如南斯拉夫神父克鲁诺斯拉夫·德拉加诺维奇（Krunoslav Draganovic）之类可疑人物所扮演的角色。人们开始谈论"梵蒂冈护照"，没有人能够预料艾希曼知道总共多少种"梵蒂冈证件"。

艾希曼在阿根廷的好朋友们之前曾为了寻找他的下落而尽心尽力，现在却都避之唯恐不及。当警方前去询问艾希曼的旅途同行人及其在查卡布科街公寓的担保人"佩德罗·盖勒"时，却遇见了奥尔斯特·卡洛斯·福尔德纳。福尔德纳帮大吃一惊的警员开了门，并喋喋不休地打开了话匣子。他表示因为申请破产的程序旷日持久，自己仍然是"卡普里"公司的负责人。此外他同时认得盖勒和艾希曼。警方的记录指出："福尔德纳宣称他直到 5 月 26 日都不知道里卡多·克莱门特的真实姓名，而且该人于 1953 年就已经辞去了在'卡普里'的职务。……当天早上十点钟的时候，一位完全绝望的陌生年轻人来到他位于翁布街 2929 号（Ombú 2929）的住宅，自我介绍是克劳斯·艾希曼，所谓'里卡多·克莱门特'的儿子。"福尔德纳非常合作，不假思索地告诉了警方库尔曼和艾希曼抵达阿根廷的确切日期，还表明他们是搭乘"乔凡娜 C"那艘轮船横渡大西洋的。但似乎没有人注意到，如此一来他等于已经承认了自己协助过纳粹逃犯。[156] 有些人甚至公开划清界限。例如，当时在汉堡南部设有一个信箱的奥托·斯科尔策尼，曾在新闻界将他描述为艾希曼的朋友时发表否认声明，并且威胁要对任何试图做出此类暗示的人采取法律行动。[157] 与福尔德纳一样，约翰·冯·莱斯也告诉警察和新闻界，他跟艾希曼只是泛泛之交。艾希曼的雇主、同事和朋友则宣称——多半都在撒谎——他们从来不知道这个里卡多·克莱门特到底是谁。

即将发生的事件所引发的惴惴不安，也产生了一些滑稽可笑的花絮。以色列宣布即将审判艾希曼两个星期之后，一名男子突然出现在美国中央情报局位于法兰克福的联络办公室，声称自己一直为中情局工作，因此有权得到豁免。那人是深受艾希曼敬重的利奥波德·冯·米尔登施泰因，艾希曼在党卫队保安局 II 112 犹太事务部门的第一位上司。米尔登施泰因显然害怕那个因为他而开始对"犹太人问题"兴味盎然的人，将会开口揭露真相。然而中情局却把米尔登施泰因视为无足轻重，因而拒绝提供任何特别保护。有消息指出，中情局与他的最后一次接触是在 1956 年，他定居中东并且试图支持贾迈勒·阿卜杜—纳赛尔（Gamal Abdul Nasser）对抗以色列的时候。[158]艾希曼其他昔日的战友们显然也迫不及待想要展开行动。美国中情局在 1961 年年初接获的消息，指向了被尊为"墨索里尼解放者"的奥托·斯科尔策尼。有谣言指出，他昔日的战友们虽已拟定好解救艾希曼的计划，但由于此事过于困难，他们现在转而打算杀死那名关押在以色列的囚犯。[159]从档案中很难看出究竟哪件事会让美国人更加感到困惑：是竟然存在如此荒谬绝伦的计划，还是他们在德国联邦情报局的同僚们确实相信有这样的计划？但无论如何，那则消息让我们对纳粹老英雄们晚上聚在一起都在空谈些什么东西有了清晰的印象。[160]

艾希曼被绑架一事，搅乱了昔日党卫队成员和其他种族屠杀凶手的生活，而且其严重程度甚于 1945 年 5 月战败以来的任何事件，因为它永久改变了那些人彼此打交道时的气氛。逍遥自在的流亡岁月以及老同志之间理所当然的信赖关系，一下子都成了过去。对原先不怎么清楚犹太人大屠杀的人而言，新的认识驱散了任何怀旧之情。其他人则突然再次成为流亡者，因为他们终于意识到，重返正常生活已是不可能的事情。约瑟夫·门格勒情绪激动地在日记中写道："现在他们明白我是对的了。"他随即就在 1960 年 10 月继续迁往巴西。[161]战争结束 15 年后，那些人突然记起，他们必须小心翼翼地不让别人注意到自己。他们只有很短的时间来思考自己的对应策略。

以色列为了尽可能推迟其违反国际法的做法所不可避免地引发的争论，于是把中东的旧调拿来重弹，散播假消息表示艾希曼正被囚禁在一个中东邻国。

但艾希曼此前真正的藏身地点很快便被曝光，从那时起阿根廷便挤满了想要查明艾希曼生活细节的记者。威尔弗雷德·冯·奥芬终于找到机会展现他关于杜勒出版社圈内人的微薄知识。福尔德纳则接受了他的朋友、《法兰克福汇报》记者弗里茨·奥托·埃勒特的采访，以致梅赛德斯在阿根廷的负责人威廉·莫塞蒂（William A. Mosetti）急忙极力要求埃勒特至少不要透露公司名称。对其他那些非常熟悉艾希曼的人来说，唯一能做的事情就只是保持低调。[162]萨森的小圈子分崩离析了。如今既不可能再继续参加有关往日时光和历史形象的大范围讨论，又不可能在社会上出人头地，甚至更不可能公开进行希特勒冥诞的庆祝活动。1965 年时，曾在里加参与屠杀犹太人的拉脱维亚人赫贝茨·丘库尔斯（Herberts Cukurs）在蒙得维的亚（Montevideo）遭到枪杀，这个消息更让南美洲的老同志们回想起自己的恐惧。[163]

只有一位住在阿根廷的朋友，拿出了他过去生活中勉强能够曝光的一小部分来展开攻势：威廉·萨森。根据阿根廷警方的一份报告，两名身穿便服的男子在 6 月 6 日闯入艾希曼家中，把所有东西都拍摄下来。[164]就在前一天，萨森刚刚说服薇拉·艾希曼与《生活》杂志签订合同并提供照片。显然，阿根廷警方所观察到的其实是一次秘密造访，而非非法入侵。匆匆人去楼空的那栋房子内的照片，几天后就出现在了德国《明星周刊》与荷兰《人民报》的文章当中，而且萨森显然也向他们出售了摘录自"阿根廷文稿"的材料。[165]从那时起，这名前任武装党卫队战地记者就以调查记者的身份露面，推销他那千载难逢的故事。萨森厚着脸皮声称，他真正的朋友们一直以美国化方式昵称他这个极力反美的人"威利"（Willy）。此外他还不厌其详地向家人解释，实际上自己从来都不喜欢将近一年里每逢周末就到他家做客的那位客人。[166]

随着以色列的审判在媒体的密集报道中日益逼近，为什么世上没有任何人想跟艾希曼牵连在一起，也变得越来越显而易见。各种事实已逐渐浮出水面。人们首度开始讨论它们，而非逐项加以辩驳。然而艾希曼的出庭受审，同时也为欧洲史上最惊人和最成功的一次耍赖行动提供了机会：站在玻璃隔间内一张小桌子后面的不起眼男子、堆积如山的文件，以及满口让人难以理解的德语——怎么可能会是什么重要人物呢？艾希曼把自己形容为坐在办公桌后面的人，于是从未踏进其办公室的昔日同事们得以冠冕堂皇地声称从未见过他本人。没有人认得机器上的"一颗小齿轮"，尤其那些假装什么都不知道的人更是如此。这种撇清关系的策略在 20 世纪 60 年代大获成功，而直到今天都还能在几乎每一本关于犹太人大屠杀的书中见到这种策略的事实让人感到惊恐。我们只需瞧一眼 1960 年 5 月 24 日的报纸即可看出，当记者们使用诸如"最终解决方案的经理人"之类的大标题来撰写艾希曼的专文时，预设其读者拥有了何种程度的相关知识。[167] 早在审判开始之前，艾希曼的名字就已经成为一个无需进一步解释的象征。而我们直到今天都还在向世人解释，为什么 1960 年之前没有人知道这个人，可他的被捕却引发了从纽约到华沙、从波恩到特拉维夫的情绪震荡——这种情绪反应只有在世界历史瞬间变得清楚，无需进一步说明解释的时候才会出现。

俗话说"患难见真情"，然而艾希曼却无法像预期的那样找到真朋友。偏偏就是那些仍然不屈不挠坚守国家社会主义理念的人，既无法也不愿与这位同志产生任何关联。极右派的报刊非但没有为艾希曼挺身而出，反而异乎寻常地与德国舆论界一个鼻孔出气，强调并非德国人，而是许许多多个艾希曼偷偷摸摸地杀害了 600 万犹太人，而那当然是非常可怕的事情。严格说来，新纳粹运动从此就像萨森、弗里奇和阿尔文斯莱本等人在 1957 年所计划的那样，开启了恣意亵渎事实的过程。他们努力试图洗白德国人、希特勒和德意志国家，宣称阿道夫·艾希曼连同他的同僚们并不属于其中。如今的口号是"犯罪无祖国"[168]，而且祖国只愿意承认它的英雄们。正如大规模谋杀欧洲犹太人的行动在犯下罪行的国度很少被称为"灭绝犹太人"（Judenvernichtung），而通常叫作"大屠杀"（Holocaust）或"浩劫"（Shoah）一般，在阿根廷的那些人径自把这种犯罪行为扭曲成一种"进口商品"，被人强加给了不明就里的德国百姓。那些人和希特勒一样，什么都不知道，因此事情根本与他们无关。在艾希曼审判开始时，《国族欧洲》月刊的一位匿名作者带着如释重负的兴奋，引述了艾希曼所讲的一句话，因为那对他来说已经解释了一切："我从来没有见过他（希特勒）本人。"艾希曼从来没有亲眼见过"元首"本人，犹太人和德国人也都不知道艾希曼是谁，因此艾希曼声称他是遵从元首指令的说法就值得怀疑了，而且"料想艾希曼先生也不敢诉诸德国百姓"。[169]但作者在这一点上也错了，帮极右派杂志撰稿的那些德国人为求小心起见，已不再聆听审判。使用笔名者的数目显著增加了，因为作者们比他们所愿意承认的还要害怕。

前国防军士兵佩德罗·波比耶辛曾经表示，"当时没有人为他流泪"，但此说法并不完全正确。艾希曼被处决之后，在遥远的巴西，约瑟夫·门格勒"心情非常沉痛地"撰写悼词，向他的那位同志致以最后的哀思与敬意。这不仅是为了感谢艾希曼既没有背叛门格勒，也没有背叛他在阿根廷遇见的其他任何人。对门格勒而言，艾希曼的死刑既有个人意义也有历史意义："我过了好几天才知道 6 月 1 日发生的事情。它没有让我感到意外，却给我留下深刻的印象。他

的牺牲有意义吗？这令人忍不住想要进行类比，但随即震惊于过去
2000 年来的历史现实，于是又放弃了那个打算。他自己的民族卑鄙
地背叛了他，这对他来说想必是最沉重的负担。这整个事件的问题
核心或许便在于此。总有一天德国人会为此感到羞愧！要不然的话，
他们就根本不会为任何事情感到羞愧了！"[170]

　　莫非艾希曼在耶路撒冷成了"德国的耶稣"？门格勒童年的天
主教经历并不能完全解释这个骇人听闻的想法。但有两件事情是显
而易见的：门格勒比所有在阿根廷的纳粹党人都更了解艾希曼，而
且门格勒明白他们二人之间存在着某种共性。德国人显然不想和艾
希曼产生任何瓜葛，而且自从 1959 年对门格勒的逮捕令发出以来，
他们对门格勒的态度也一样。四分之一个世纪之前，德国百姓就像
门格勒和艾希曼一样，陷入了对国家社会主义的狂热。若是没有他
们，门格勒和艾希曼都不可能变成他们后来成为的那种人。他们二
人不但把自己看成元首命令的执行者，更是在为全体德国百姓执行
任务，如今他们却无法从德国百姓那里得到自认为应得的尊重。这
个民族已经不想再跟他们扯上任何关系了。艾希曼的担忧与日俱增，
461　他劝告自己的家人说："暂时不要经常去德国。我觉得你们最好还
是小心为妙。"[171]

　　艾希曼在以色列的总结陈词中指出，他觉得自己是代表别人站
在法庭接受审判。艾希曼无疑是一个理想的替身。尽管他作为个人
所犯下的深重罪行，是人世间的审判无法完全追究的，但这并不足
以否定艾希曼那种感觉的正确性。凶手们所属的那个民族巴不得让
事情看起来就好像艾希曼独自杀害了 600 万犹太人。艾希曼希望能
够当众上吊，以免除"德意志青年"的罪责。他的提议虽然荒诞，
却揭示了审判的关键问题。以色列希望的是一种精神净化，一种对
集体罪行的集体反思。甚至连艾希曼也意识到，他那扭曲的"代赎
性的死亡"（Sühnetod）可让其可怜处境充满悲怆情怀与英雄主义，

而那些作恶者、共谋者和心甘情愿的支持者，却一心一意只想摆脱他们的替罪羊。门格勒试图安慰自己，于是写道："神圣的祖国，你的许多子孙让你处境维艰！但我们不会离开你，我们将永远、永远爱你！"[172] 艾希曼则在行刑前写给家人的告别信中表示："让历史来做出判决。"[173] 艾希曼和门格勒对现实已经完全失去了指望。

第六章

角色的转换：艾希曼在耶路撒冷

他很高兴能够在审判中作证，并且指出：　　　　　　　
"现在杀人犯和大屠杀刽子手都完全消失了。"
　　　　——薇拉·艾希曼，1962 年 4 月 22 日前往监狱探视后

　　艾希曼意识到自己是被绑架而非落入暗杀小组的手中之后，提出的第一个请求非常值得注意："由于我已无法记得全部细节，而且还把许多事情搞错了或弄混了，我希望有人可以帮帮忙，向我提供一些相关文件和论述。"[1] 艾希曼想要他已经研究得非常透彻的那些书籍，因为他清楚地知道该怎样把它们为己所用。以色列警察队长阿夫纳·莱斯在开始审讯艾希曼后，马上就产生了怀疑："首次审讯结束之后，我已经确信艾希曼不是第一次讲述这个故事。"[2] 莱斯并且表示："我有种感觉，那个人曾经在某个地方排练过。"[3] 那名囚犯虽然并非学者，却读过很多书，而且"非常聪明、非常狡猾，在审讯期间的表现也是如此"。那是两个熟悉审讯工作的人在下的"一盘棋"。[4] 莱斯很快便意识到艾希曼知道每一本书，即便他的说辞完全相反，甚至还叹着气表示非常遗憾直到现在才在以色列读到

那些书。但没有逃过那位审讯官法眼的是，他的犯人能够以可怕的速度找到书中"显然对他有利的段落"。莱斯要到好几个月之后才终于获悉，艾希曼曾经在哪里进行过练习，以及他为什么对审讯准备得如此充分。

464　　等到艾希曼发现自己竟然被死敌囚禁起来的时候，他早已知道何种流传于世的艾希曼形象最有利于他的辩解：一个谨小慎微的官僚——但必须排除他在阿根廷补充的对他不利的说明。在这个角色中，艾希曼融合了两个元素，希望它们能够把他从绞刑架上解救下来：分别是关于犹太人大屠杀的独家知识，以及他自己的清白无辜。他甚至可能有机会表达自己的个人见解："我知道那回事，但我什么也改变不了。"[5]

　　艾希曼曾是炙手可热的"犹太问题"专家、灭绝计划的部际协调者，以及与上司们围着火炉共饮白兰地庆祝大屠杀进展顺利的人，如今却自称为一个无足轻重、没有指挥权的会议记录员，在万湖会议上甚至只能"坐在旁边的小桌前削铅笔"。[6]艾希曼在阿根廷的时候曾经详细又自豪地解释，为什么他的名字在战前就已经成为一个象征，并且对他收集的新闻剪报如数家珍，此时却声称"我在1946年以前几乎没有公众知名度"。[7]即将举行的审判实际上只是一个误会，因为他"15年来受尽了全世界的指控、诽谤和迫害"。[8]他将在法庭的总结陈词中，以抱怨的口吻表示"我也是，我也是受害者"。

　　在这场伪装中，艾希曼不惜用一些从前会让他怒不可遏的讲法来形容自己。如今他摇身变得"脑筋死板"，是一个"在办公室耍笔杆的人"，而且"过分拘泥小节"，"不敢逾越自己的职权范围"。[9]最后一个谎言或许甚至会让艾希曼心中暗暗好笑，因为他想象着昔日的同僚们——尤其是外交部的那批人——对此只能侧耳倾听却无法做出任何反驳，虽然他们原本可以针对艾希曼的滥权行为讲出一个截然不同的故事。反正艾希曼一直特别以自己的诡计为傲，其以色列审讯官则机警地注意到，那名囚犯在施展伎俩时变得格外生气勃勃。

　　艾希曼给自己贴上的所有标签实际上都符合纳粹眼中敌人的形象，例如"官僚"几乎就是党卫队队员的反义词。[10] 官僚主义可以被用作武器，尤其是拿来对付那些相信官僚主义的人。艾希曼在纳粹时期曾运用各种不正当的官僚主义花招阻挠国家的其他机构和他自己的受害者。他对这种权力的精细形式了解得非常透彻。而如今在以色列的牢房里，"官僚"听起来又比"党卫队成员"无害多了。艾希曼因而摇身成为一个谨小慎微、对国家社会主义没有狂热兴趣的官僚，是一个热爱大自然并具有学术倾向的普通人。此外他向往开明作风和世界主义，终于在过去15年摆脱了烦人的命令和犯罪的政权，成功回归自己的本性。这正是那名被告在耶路撒冷为自己人生最后阶段选择的艾希曼形象。艾希曼总是有办法完美地扮演一个角色，这让他不但能够前后一贯地假装下去，甚至还使角色更加丰满。他从健谈的囚犯和勤奋不懈的历史学家，进而成为尊重国际法的和平主义者，最后更俨然哲学家，与康德和斯宾诺莎一同阐述道德和生存方面的终极问题——只不过这次完全没有了"血统的呼声"。

　　然而一窥纳粹时期的种族反犹太主义思想即可明白，他所扮演的那些角色也包含着反犹太主义的陈词滥调。艾希曼始终是从死硬的反犹太主义者角度来思考的。他从20世纪30年代以来便一直宣称，犹太人是世界主义者，其弱点在于将诸如知识之类的普世观念置于血脉的语言之上。艾希曼一定曾经希望，只要诉诸他所认为的犹太人这种天生"本能"，就能给自己带来一线生机。种族反犹主义者深信不疑的是，犹太人和所有被他们感染的人，都会情不自禁地把他们对理智主义和科学的嗜好置于"血统的神圣利己主义"之上。只要艾希曼能够满足他们的求知欲，他们就不会杀了他。

即便在以色列，身边围绕着那么多清楚他底细的人，艾希曼还是成功实现了昔日担任党卫队官员时经常办到的事：真正引起对手的同情。所有在以色列跟艾希曼打过交道的人，后来都表示他们确信自己曾经是艾希曼所依附的重要对象。无论是审讯官、典狱长、医生、心理学家、神学家还是副总检察长，每个人都称赞了艾希曼的合作意愿，发现他乐于交谈，并且相信他特别感激他们的对话。尽管他们都极力抵制艾希曼，并且谴责他的过去，印象中那个心怀感激的囚犯却感动了他们每一个人。[11] 甚至连阿夫纳·莱斯那样善于应对温情攻势的审讯专家，在面对显然具有惊人吸引力的艾希曼时，也偶尔陷入困难。

艾希曼和他的文字一再获得成功，甚至让经验丰富的解读者也受到误导而得出错误结论。例如一个必须携带行李"前往东方"，并且在"除虱"之前被要求记住衣服摆放位置的人，免不了会期待这么做必定有其道理。谁若是收到了亲友从黑森林寄来的明信片，自然会认为亲友果真在黑森林，而不会料想到他们早已在奥斯维辛集中营遭到毒气杀害。同样地，我们总是在各种文件和声明当中寻找与我们自身经验和知识的关联，换句话说，我们想要理解。与此同时，"世界观的精英"却看出了这种"想要理解"的愿望的脆弱性。可以利用这种对逻辑一致的渴求来混淆人们的判断，从而使他们无法采取行动。想要理解的人，甚至还会在其他人早已摧毁所有逻辑桥梁的地方寻求理解，尽管在那些人的世界里，并非人人都享有生存权。艾希曼的《偶像》于是歌颂了哲学和道德价值、国际法的理想与对和平的向往，并表达出对纳粹的幻想破灭和所谓的回心转意，试图借此为一心想要理解的人搭起一座桥梁，因为那些人怎样也无法理解像灭绝犹太人这样的罪行。

艾希曼设法至少像那些谴责他的行为的人一样，使用道德和正义的进步语言，借此传达出一种建立关联的可能性，一种了解他的意图的机会。如此一来，艾希曼是否成功地把自己推销成一个官僚、一个精神分裂者，还是一个失忆患者，就不再重要了。最要紧的还是不让人发现他的真正想法、不提出疑问，而且不至于因为仔细听他说话而看清其真面目。即使在出色的出版物和纪录片中，艾希曼的照片也经常被左右颠倒地呈现，这并非巧合。[12] 人们在对他做出仔细观察之前，就已经迫不及待地想勾勒出他的形象，那正是艾希曼在党卫队大权在握的根本原因之一。他巧妙地利用了人们的愿望，让他们看到自己想看见的东西。正因为艾希曼在耶路撒冷做出了巨大努力，假装为想要理解的人提供帮助，搭起了通往其世界观的桥梁，所以我们更应该清醒地以怀疑的态度看待"阿根廷文稿"恶毒的思想泥淖，以免落入艾希曼设下的"偶像"陷阱。

阿夫纳·莱斯审讯官和伊扎克·拉维（Yitzhak Raveh）法官令人印象深刻地展示了，如何通过艾希曼讲过的话和观察他扮演的角色，了解到他表象下隐藏的东西。只是出神地凝视自己在镜中的反射，无法使我们了解镜子。关键在于不再关注映照出来的倒影，而是把注意力集中在反射面本身。

阿根廷的文稿和谈话内容不仅确切证明了，艾希曼在以色列的各种撰述中所表达的对不公不义的认知、对上级的失望，尤其是对理性和世界和平的呼吁，是多么虚伪不实，那些文字更让我们得以看清艾希曼的操控手段如何运作，以及他自己在多大程度上打算运用谎言和虚假信息的方法。好几千页的自我标榜与篡改历史并非出于偶然，更不是疏忽和记忆出错造成的结果，而是同一个人针对自我形象与历史图景刻意留下的两个截然不同的版本。"阿根廷文稿"让我们看到了镜子的背后，瞧见了那个在制造和传播各种能够自圆其说的解释模式上有着丰富经验的人。唯一的目的就是要转移人们对其根本弱点的注意力，那就是它们与实际情况并没有什么关系。

在掌权的时候，艾希曼就背信弃义地利用人们想要摆脱困境的愿望，让他们毫无抵抗地走上死路。在阿根廷，艾希曼为了得到老同志们的尊重和帮助，于是迁就他们的期待，将国家社会主义与赶尽杀绝的命令区分开来。在以色列，艾希曼则试图利用他眼中"犹太人的本能"，亦即犹太人对理解和获得知识的渴望。他就像一面镜子，随时随地反映出人们的恐惧和期望，无论他们是在担忧自己的性命，还是希望能够通过他证实一种关于邪恶的理论。而在所有镜像的背后，艾希曼非常有效地伪装成勤奋的模样，隐藏起他的权力意志和控制人们思想的欲望。只有一件事情总是让艾希曼疏忽大意因而容易暴露弱点，那就是他想得到认可的强烈欲望。一个经常隐藏在面具后面的人，难免总是会想冒险暴露自己的真实身份。控制的意图和操纵的欲望最终需要的正好是艾希曼所认为的最大精神负担，亦即"个人的匿名状态"。

在以色列，艾希曼也毫不例外地再度试着"与狼共舞"，成为权贵眼中不可或缺的专家，成为编年史作者和历史学家，成为哲学家，最后更成为先知，鼓吹世界和平与民族谅解。他押下了最高的赌注，但这一回却没有如愿以偿。奥托·阿道夫·艾希曼在 1962 年 6 月 1 日凌晨遭到处决，他的骨灰被撒进地中海，而其鱼目混珠手段所留下的痕迹却至今犹存。

第七章

余波荡漾

沉默不会立刻显露它的意义。

我们必须在它释放信息之前，对此有所警惕。

——劳尔·希尔贝格，《大屠杀的研究资料来源》[1]

当"阿根廷的纳粹"变成"耶路撒冷的艾希曼"，继续忙着为新的目标对象撰写一摞摞文稿的时候，他在布宜诺斯艾利斯的同志们也想起了那位谈话伙伴留下的印迹：1000多页附有评论的听写打字记录、一些剩下来的录音带、500多页手写稿和笔记，其中一部分还有打字誊录的副本。这些文件进入公众视野的过程非常复杂，相关材料足够写出一部小说，而且直到今天都还没有完全结束。尽管所谓的"萨森访谈录"已成为最常被引用的大屠杀战后史料之一，但人们对这一大堆重要文件的内容与范围却了解得惊人地不完整，对"阿根廷文稿"里面究竟包含哪些内容的好奇也低得出奇。原因不仅是心理上的，例如可以理解的害怕打开潘多拉盒子，或者担心像戈洛·曼（Golo Mann）所警告的那般，处理完肮脏的想法之后，留下的不只是沾满灰尘的双手。最主要的问题在于，即便只是想概

略地了解艾希曼在南美洲留下了什么，也不是一件容易的事情。它
们仿佛一大块令人难以捉摸的拼图上的零件，散见于多个不同的档
案馆。详细索引的缺失，加上仓促草率的分类，更使寻访之路难上
加难。例如在科布伦茨联邦档案馆，这项过去几十年最重要新发现
的说明上竟大剌剌地写着："这些文件多年来一直可供研究使用。"
尽管有附加说明指出，由于时间仓促，只能做出"临时的"分类，
但这种说明并不能减少此一明显错误的破坏性。我们若想把历史拼
图组合起来，往往可以在它解体的过程中找到关键线索。解决了这
个难题，便能够一路返回原点，来到拼图还没有成为谜团的时候。
因此现在就让我们从"阿根廷文稿"具备已知最大体量的那一刻开
始：1960 年 5 月。

萨森的资料

　　5 月 11 日艾希曼被绑架时，他在阿根廷留下的资料主要分布在
两个地方：他自己的家中和萨森的住处。虽然笔记、私人记录、写
有批注的书籍、萨森的一些草稿，以及那本《图库曼小说》都存放
在艾希曼家中，但大部分的材料都在萨森那里。直到今天，布宜诺
斯艾利斯都还流传着谣言，哪些人可能长年藏着艾希曼文稿，哪些
人则不可能。但事情的真相或许没有那么复杂：自从在联邦德国选
战不利、出书计划失败，以及出版商离境前往奥地利之后，萨森已
经厌倦了所有材料，于是把它们搁置一边并转向了新的项目。要等
到艾希曼被绑架之后，一切才突然重新旧事重提并产生话题性。不
过最重要的是，萨森保管的那些材料起初意味着很高的风险。从艾
希曼被绑架到本－古里安公开宣布艾希曼在以色列成为阶下囚，中
间已经隔了 12 天。在那段时间里，艾希曼的家人、朋友和熟人都
不知道发生了什么事，更不知道接下来还会发生什么。他们普遍担

472

心这个事件恐怕只是开端而已。萨森立即的反应是把那些材料从家里移走，反正不把所有东西放在同一个地方才是明智之举。艾希曼在梅赛德斯—奔驰的一位同事表示，萨森和克劳斯·艾希曼曾把手稿存放在他那里长达一个星期之久。[2] 其他人更报告说，录音带和抄本一起被埋在花园的地下，甚至还有人提到埋在萨森的赞助人迪特尔·门格的广阔庭院下。[3] 出于显而易见的原因，艾希曼一家人在郊区边缘的房子也不再觉得安全，于是在萨森和福尔德纳等朋友们的帮助下，把私人物品带去了安全地点。但更进一步的动作并没有发生，最晚在艾希曼的绑架获得官方证实之后，萨森面临的局面已经全面改观：旧资料终于有了派上用场的机会。

阿道夫·艾希曼曾和萨森有过约定，采访内容"只有在我一命呜呼或者落入以色列人手中之后，才可以对外公开"。[4] 萨森严格遵守这个协议，并且迅速采取了行动。虽然录音内容早已打字誊写完毕，但由于萨森访谈会最终因为厌倦而进展不畅，有一些艾希曼的手稿还未来得及处理。但它们必须经过重新誊写才能使用，因为艾希曼的笔迹非常有特色，有时甚至让熟悉老式德文书写体的人也很难读懂。[5] 萨森曾经和《生活》杂志有过一些往来，因而想到了美国市场，于是他聘请一位女秘书把那些剩余的部分打字出来。[6] 此外萨森还采取了一个非常有远见的措施：他不但把所有文件都影印了一份，而且还拍摄成底片。这是最简单的做法，因为今日通用的静电复印机当时尚未出现，永久的拷贝只能通过摄影技术来制作。[7]1960 年 6 月，萨森想要出售的所有文稿都已拍摄成 35 毫米底片，而那正是模拟摄影多年来最常使用的格式。这个聪明之举的目的，不仅为了保护原件。萨森主要是为出门旅行做准备，1500页的文稿只会成为笨重又显眼的行李。（简单说明一下：我们谈论的是厚达将近 20 厘米的一大堆打字纸，重量超过 7 公斤。）

萨森决定不卖掉全部抄本，而只出售一些手写文稿的拷贝。他

光是从访谈抄本当中就拿掉了 100 多页，把它们全部放在家中，其

474 中大部分一直在那里放到了 1979 年。但这种仓促的清理工作进行

得一点也不彻底，因为他漏掉了包含阿尔文斯莱本的访谈录音内容

（应该来自第 2 号磁带）。毕竟时隔两年之后很难清楚记得，一个装

满杂七杂八文稿的行李箱里到底有些什么东西。

出售

　按照下面这个故事最常见的版本，威廉·萨森抓住机会，赶紧

把录音抄本卖给了媒体，以便从这个事件中赚取最大收益。然而事

情并没有那么简单。萨森不仅有当初与艾希曼达成的协议作为依据，

还能够运用那些材料来追求二人从一开始便共同拥有的兴趣。他除

了知道如何趁机大发利市之外，还始终是个立场坚定的国家社会主

义者和反犹太主义者。今天这听起来或许让人觉得匪夷所思，可是

萨森并非仅仅为了钱的缘故，才利用自己与《生活》杂志的关系，

出版了他跟全世界最著名囚犯的访谈内容。后来的事件更表明，萨

森真的相信公布那些资料，能够在审判过程中为艾希曼提供帮助。

凡是熟悉萨森—弗里奇圈子内那种虚妄历史论述的人，都不会对如

此不通世故的表现感到惊讶。例如萨森认为，绑架艾希曼的行动根

本没有得到以色列政府的批准，而只是一小撮狂热分子在搞事情，

现在将给以色列带来巨大的麻烦。萨森深信，一个能开口说话的艾

希曼正是"那些犹太人"所害怕的。他曾写信给艾希曼的辩护律师，

表示这场审判"将如当年的德雷福斯（Dreyfuss）事件一般，在公

众舆论的层面决定结果"。[8] 曾是一名成功战地记者的萨森，相信

475 自己格外擅长使用舆论这种武器。艾希曼在阿根廷的各种言论将让

"犹太人"陷入困境，将揭露"以色列地"（Eretz Israel），世人将

意识到艾希曼——和所有德国人一样——是犹太人世界阴谋的真正

受害者，并终于看清"犹太人"的真面目。如果还有什么东西能够救得了艾希曼的话，那就是"犹太人"对这些"真相"遭到"揭露"的畏惧。那对萨森而言是毫无疑问的事情。因此，如果他能巧妙运用艾希曼在彭巴草原的自由天地所发表的言论，艾希曼即可在全世界面前自由地说话，完成比作为以色列人的阶下囚更多的事情，反正艾希曼在耶路撒冷只会遭到刑讯逼供，因为萨森与包括《明镜周刊》在内的一些德国媒体[9]想当然地认定那场审判不可能是公正的。假若萨森圈内人的历史图景不是如此疯狂的话，那种策略说不定还可以行得通。然而为一个无可辩护的人辩护，只会带来最糟糕的灾难，因为艾希曼的所作所为已经超出了一切犯罪行为的范围。

当然，这种奇特的友情相助也会带来利润，而且在一夜之间失去了养家支柱的艾希曼一家对此也有迫切需求。萨森结合商业头脑、政治野心和个人情谊从事的这项行动，成为其新闻生涯的最大成功，但同时也终结了他的新闻事业。萨森曾经在 1955 年首开先河出售对庇隆的专访，深谙新闻工作是一个快节奏的行业。于是他邀请那家美国杂志派代表前来布宜诺斯艾利斯，并且催促薇拉·艾希曼在 6 月 5 日即与《生活》杂志签订了合同。[10]艾希曼的妻子作为丈夫的法定代理人，而萨森则担任她的顾问和艾希曼文稿的"编著者"。文稿要等到审判结束后才可以发表，《生活》杂志有权在其他地方出售材料，但任何情况下都不能出售给以色列。双方协议用 1.5 万美元和支付给萨森的 5000 美元酬劳，来换取"150 页手写稿和 600 页打字稿"。然而有迹象显示，萨森或许曾在薇拉·艾希曼不知情的情况下，以其他方式获得了更大一笔钱。[11]

为了证明材料货真价实，萨森同意《生活》杂志的代表看了几页挑选出的原稿，并播放了一部分录音带。从页面的数目（以及后来《生活》杂志发表的内容）可以看出，交给《生活》杂志的文稿只是节选，相当于访谈内容的 60% 以及手稿的 40%，其中包括 67

号录音带上艾希曼臭名昭著的"结束语",以及消失了很长时间、笔迹难以辨认的《开潜艇的匿名流浪者》手写稿。正如艾希曼的律师后来向薇拉·艾希曼说明的那样,她实际上无权进行这种谈判,因为版权拥有者实际上还活着,尽管他被囚禁在以色列的牢房里面。[12]萨森却可以用"编著者"这个称呼钻法律的漏洞,从而保障自己的权利。因为按照新闻界迄今的惯例,获得酬劳和版权的不是受访者,而是进行采访的编著者。此外萨森显然想要以这种方式保留对出版内容的控制权,而且更重要的是,他希望被称为作者。然而他的这个如意算盘没有打成。

　　萨森在 6 月的时候便再度前往欧洲和德国。塞尔瓦蒂乌斯后来听说,萨森陪同阿根廷总统阿图罗·弗朗迪西(Arturo Frondizi)一同飞越了大西洋。那个消息虽不正确,却清楚表明了其他人如何看待萨森拥有的关系。[13]萨森随即与德国《明星周刊》进行了谈判。他和那家杂志社的关系非常特殊,因为萨森曾经与《明星周刊》的创办人亨利·南宁一起服役于党卫军的库尔特·埃格斯中队。南宁的成功部分要归因于他大胆信任不走寻常路的通讯记者,不太顾虑道德方面的问题。1959 年的时候,南宁甚至让萨森的笔名"威廉·S.范·埃尔斯洛"上了《明星周刊》的刊头,并且附上了他在阿根廷的真实地址。[14]萨森在家人面前对此津津乐道,同样他也喜欢向他们讲述自己为《明镜周刊》工作的经历。[15]今天我们只能推测萨森究竟把哪些文件卖给了《明星周刊》,因为尽管杂志社大方地向我开放档案,尽职尽责的档案管理人员却找不到任何一页萨森的资料。对于出版社档案管理中不幸出现的这个遗失,有两种可能的解释:一种是档案在某个时候全被清理了,另一种就是果真如中情局的线人所说,负责报道艾希曼的那位《明星周刊》记者已经把原件寄去了以色列。[16]尽管如此,我们还是有几条线索指出《明星周刊》最初的资料包含哪些东西。美国中情局的报告提到了 80 页手写稿。

罗伯特·彭道夫（Robert Pendorf）则根据他为《明镜周刊》撰写的文章系列，在书中引用了可明确辨识出来的艾希曼手写稿，包括《开潜艇的匿名流浪者》以及大型手稿的若干内容，也有一部分来自萨森抄本。此外，德国报社的编辑部逐渐开始有传言，表示汉堡有人持有大量艾希曼采访稿。《明星周刊》的文稿很可能与《生活》杂志的材料相同，而其编辑部门极度克制地只提及手写稿的做法，应该主要是想避免因为使用权的问题与《生活》杂志对簿公堂。[17]除了提供这些文件之外，萨森还让《明星周刊》的记者们深入了解了艾希曼在阿根廷的生活。但他仍然小心翼翼地完全避开萨森访谈会，而是把艾希曼刻画成一个被抛弃的人，在记者萨森的诱导下伤感地谈起自己当年的服从行为。许多迹象表明，萨森也向《明镜周刊》提供了这 80 页的"阿根廷文稿"以及抄本的一部分，但该杂志显然并没有使用这些内容。美国中央情报局的一名消息提供者推测，《明镜周刊》发行人鲁道夫·奥格施泰因（Rudolf Augstein）打算等待更好的时机。[18]此外萨森还与荷兰哈勒姆（Haarlem）的斯帕尔讷城（Spaarnestad）照片文献库签订了合同，而且《人民报》也收到了拍摄的底片材料。[19]

艾希曼与阿根廷的旧包袱

478

大约同一时间，艾希曼在以色列也开始谈起他与萨森的交往，起因是艾希曼被问到了一位昔日同僚的名字：鲁道夫·米尔德纳。[20]艾希曼在萨森访谈会的讨论中还深信鲁道夫·米尔德纳已经"消失无踪"，此时却谎称米尔德纳是萨森访谈会的积极参与者。他厚颜无耻地引用了米尔德纳的纽伦堡声明，而他在布宜诺斯艾利斯时还宣称根本没那么一回事："我直到大约三年前才再一次与米尔德纳说话……当着一位萨森先生的面，逐点反驳了那些事情。萨森先生是一位得到认可的人，按照当地官方的讲法是一位'记者'。……
米尔德纳依旧坚持他在纽伦堡出庭作证时所采取的立场，亦即盖世
太保事实上与杀戮的过程毫无关系。"[21]艾希曼这么做的时候，承
认了有关阿根廷录音带和录音抄本的事情。但那其实符合他惯用的
伎俩，在预期即将遇到困难的时候故意主动放出一些风声，借此打
探以色列人手中掌握了多少证据。然而检方当时尚未接触到萨森访
谈录，因此还没有任何更详细的资料。

　　萨森与《明星杂志》谈判之后，便前往萨尔茨堡拜访埃伯哈德·弗
里奇，而弗里奇已经安排好与奥托·艾希曼和罗伯特·艾希曼两兄
弟的会面。[22]萨森明白，长远来看，若无艾希曼家人和弗里奇的一
致同意，他什么也做不了。毕竟弗里奇当初是萨森项目的出版商，
因此也是与艾希曼协议的一部分，而且根据协定，应由他们三人平
均分享出版后的收益。弗里奇仍然信任和尊敬萨森，于是等萨森说
明了新的出版计划之后，他和艾希曼的弟弟们都没有表示反对。萨
森一再重申自己仅仅售出了在美国的权利。虽然这是个谎言，但想
必会让弗里奇感到高兴，因为尽管已被禁止从业，他却仍然希望能
够再次成为出版商。萨森甚至还借口他不幸遗失了与《生活》杂志
的合同来蒙混过关，所以无法把它拿出来作为证据。萨森也没有向
他们任何人出示抄本，以致艾希曼的弟弟们始终料想不到，这些文
档可能会对艾希曼的辩护构成多大威胁。萨森主张立刻撰写一本关
于艾希曼的书，这个提议得到了一致同意，弗里奇更准备亲自负责
联络出版社的工作。弗里奇为此拿到了萨森从《明星周刊》的那份
拷贝中抽出的几页资料——但这也将证明是一个错误。[23]

　　亨利·南宁为《明星周刊》充分利用了这个机会，从 1960 年
6 月 25 日即已开始分四期连载《艾希曼的最后踪迹已被发现》系列
文章。即使没有我所遇到的《明星周刊》今日工作人员对此的兴致，
我们仍可以称它是新闻界的一项杰作。本-古里安向以色列国会发

表声明一个月后，《明星周刊》发表了更多有关艾希曼地下生活的照片和内幕资讯，其数量之多至今仍非其他任何杂志所能及。记者们巧妙运用了艾希曼针对自己生平给出的每一条线索，而萨森在1957年还觉得它们完全乏善可陈。记者们在阿尔腾萨尔茨科特进行采访，在美国与艾希曼的逃跑助手兼情人内莉·克拉维茨交谈，刊登艾希曼家中的照片，并且引用他写在书中的私人注记，所掌握的头条新闻材料远远超出《生活》杂志。当美国的杂志编辑们还在对着大量几乎无法翻译、结构散漫的抄本页面不知所措时，《明星周刊》的系列文章却大手笔地糅合了北德风土民情、阿根廷（空荡荡的）家中情景，并且充满了家人的照片——从可爱的小孩一直到媚俗的阿尔卑斯山脉全景前方的小提琴盒照片，此外还加上了关于纳粹历史的惊人恐怖事实。从住在隔壁的大屠杀凶手到情报单位的绑架故事，这一系列文章涵盖了编辑们所梦寐以求的一切。历史学家们甚至至今仍在引用这些文章，此一事实因而也呈现出来，这个文章系列不只在增加发行量上获得了成功，它所提供的正确资讯也明显多于谬误（以及一些来自萨森的虚假信息）。这种快速发表的勇气也意味着高风险，南宁和《明星周刊》在1983年时就因为急于刊载所谓的"希特勒日记"而付出惨痛代价，但在1960年6月，南宁得到了丰厚的回报。

《明星周刊》的这些文章甚至成为审讯艾希曼时的辅助材料，但如此一来也向艾希曼发出了信号，表示萨森已经开始出售"阿根廷文稿"。不过由于调查人员未曾在文章中发现任何提及萨森或者访谈会的地方，艾希曼得以再次处于有利地位。

艾希曼的文稿成为摇钱树

随着以色列检察机关开始注意到萨森访谈会的意义，那名纳粹分子以自由之身发表的自白也在以色列境外燃起了人们的希望。和萨森一样，其他信仰坚定的国家社会主义者也希望"阿根廷文稿"有助于推翻或至少反驳那名以色列囚犯预计将做出的供词，或者能够进行反驳。反犹太主义者觉得犹太人什么手段都使得出来，因此确信艾希曼最终会说出以色列人想听到的任何东西。纳粹圈子更普遍认为，艾希曼当初想必早就在阿根廷说出了他们的"真相"，亦即从来没有过犹太人大屠杀，否则至少也会坚决加以否认。因此他们起先非常积极地帮助那名身陷囹圄的党卫队同志，设法将"阿根廷文稿"公之于众，并且希望最好还能够从中牟利。

弗朗索瓦·热努在把纳粹文稿变成现金方面，具有最为丰富的经验。他十分可疑地结合了许多不同角色于一身，像是希特勒的崇拜者、落难英雄的抚慰者和情报机构的好帮手、戈培尔和鲍曼的出版商，以及阿拉伯世界的银行家。[24] 在 1960 年时，热努的交际范围已从昔日与希特勒的交往，发展到了与联邦刑事调查局领导高层和阿拉伯自由战士的亲密友谊。他与当时居住在巴特特尔茨（Bad Tölz）的好友汉斯·雷兴贝格协力行动，立刻联系了艾希曼的弟弟们以组织辩护工作。艾希曼的弟弟们却已经选好了一位律师，即雷兴贝格很可能从纽伦堡审判时期便已熟识的罗伯特·塞尔瓦蒂乌斯。[25] 但从一开始就很清楚的是，诉讼费除了来自艾希曼文稿的销售收入之外，还有以色列政府支付给塞尔瓦蒂乌斯的款项，以防他没有其他经费来源。[26] 从 1960 年秋季开始，有一个"林茨利益联合会"（Interessenvereinigung Linz）为此一再举行会议。某次甚至还有人看见汉斯-乌尔里希·鲁德尔在萨尔茨堡一家大饭店举行的会议上现身。[27] 担任饭店门房的弗里奇提供了那个场地，雷兴贝格和热努负责出钱，塞尔瓦蒂乌斯负责联络以色列牢房内的那名囚犯，艾希曼的弟弟们则成为其兄长阿道夫·艾希曼的全权代表。从他们彼此之间的信件往来，以及德国联邦情报局所接获的报告，皆可看出"林茨利益联合会"实际上名不副实：该联合会一点也不团结一致，而且因为利用艾希曼赚取的金钱起了争执。

参与其事的每一个人似乎都没有意识到，这不啻于进行"化圆为方"的困难尝试：他们打算通过公布文件来资助一场成功的辩护，不过那些文件本身的存在，就使得原本已无甚希望的辩护工作变得完全没有了胜算。不过他们最初面临的是一个截然不同的问题："阿根廷文稿"的保管人威廉·萨森无意让其他人推销他所持有的那些文件，因而拒绝把它们交出来。艾希曼的辩护律师虽然通过弗里奇和艾希曼的弟弟，知道了"阿根廷文稿"的存在以及与《生活》杂志签订的合同，可是他和艾希曼的弟弟一样，完全不知道自己未来的客户在阿根廷讲过什么东西和写出了哪些内容。[28] 当塞尔瓦蒂乌斯在 1960 年 7 月 14 日正式收到律师委任书时，他根本不知道阿根廷的自白所可能带来的危险。从 10 月 9 日在以色列进行第一次谈话开始，他的当事人在这个问题上就在对他说谎，而且一直持续到审判结束。罗伯特·艾希曼和埃伯哈德·弗里奇也始终没有让塞尔瓦蒂乌斯得到足够的信息。但无可否认的是，塞尔瓦蒂乌斯确实给人一种印象，觉得他实际上并不想知道太多细节，更何况他手头有关艾希曼一案的文件已经让他忙不过来了。

那个时候萨森正不知疲倦地在欧洲穿梭旅行。波恩的记者们报道，萨森在 7 月的一次聚会上还播放了一卷原始录音带。"林茨利益联合会"紧张不安地注意到了这一切。[29] 同时萨森还在努力构思自己的艾希曼专文，因为他仍然相信他会亲自撰写《生活》杂志的那篇文章。埃伯哈德·弗里奇和汉斯·雷兴贝格则不像萨森那么谨慎。弗里奇想要快速找到出版商，因此粗心大意地导致德国联邦情报局获得了有关"阿根廷文稿"的消息。于是当大家屏息凝神等待即将到来的审判时，又冒出了另外一个不可估量的风险。[30]

来自弗里奇的信息惊动了联邦德国的情报部门，部分原因也在

482

于他拒绝把样稿交给出版商，而且出于宣传目的夸大了文稿的篇幅，
宣称其内容多达 3000 页。德国联邦情报局随即从慕尼黑向华盛顿
发出求助，表示艾希曼的朋友们正积极试图出售"艾希曼的回忆录"，
以向其家属提供财务援助。这其间存在的很大危险在于，拷贝有可
能落入东德手中。[31]艾希曼一案早已成为东西德对立关系中的火药
桶。弗里奇喋喋不休地谈论与《生活》杂志的合约，导致德国联邦
情报局和美国中央情报局急忙向《生活》杂志询问那些文件，并针
对弗里奇展开调查，因为他们怀疑他是东欧集团的间谍。波恩方面
更特别担心艾希曼会提到"格洛布克"之类的名字。美国中情局于
是伸出援手，向《生活》杂志施压，要求在公开发表时绝对不可以
出现格洛布克的名字。中情局局长艾伦·杜勒斯（Allen W. Dulles）
很快即向慕尼黑做出让人松了一口气的答复，表示"格洛布克"这
个名字只在艾希曼的言论中出现过一次，而且《生活》杂志已被说
服不会把它印出来。[32]其实中情局完全不必施加太多压力，因为"阿
根廷文稿"里面根本没有出现格洛布克的名字。[33]在阿根廷听写录
音带内容的时候，确实不时会提到"格洛……"，但所指的对象其
实是"莱因哈德行动"的领导人奥迪洛·格洛博奇尼克，而且在阅
读打字稿时完全不会漏掉。由于《生活》杂志刊出的艾希曼文字摘
录多半没有评注，其简短的介绍性说明甚至不可能让人觉得是在影
射格洛布克。不管是谁蒙骗了谁，反正《生活》杂志没有任何东西
值得杜勒斯施压阻挠。但德国联邦情报局和联邦总理府还是应该为
此心怀感激才对。

美国中情局已经获得了一些关于《生活》杂志那份拷贝的信息：
它总共包括 600 页打字稿和 40 页手写稿。萨森通过《生活》杂志
知道了情报机关在编辑部的调查行动，并且责怪弗里奇害得他此后
被拒绝入境美国。弗里奇的过失让萨森有理由不再向奥地利寄送更
多文件。[34]热努和雷兴贝格对这个发展只会感到满意，因为如此一

来至少摆脱了一个与他们分享利润的人。只要埃伯哈德·弗里奇那位深受艾希曼敬重的出版商还在，即便没有萨森，他们也能得到故事讲述者的信任。

弗朗索瓦·热努和"林茨利益联合会"那时早已找到一个获得艾希曼自白不那么复杂的来源——在以色列的囚犯本人。艾希曼抵达以色列之后，立刻就按照调查当局的要求开始撰写新的文稿。[35] 让总检察长感到惊讶的是，艾希曼主动写下了一大堆文字，包括其生平自述（《我的回忆录》，*Meine Memoiren*，1960 年 5 月）、他在战后的逃亡经过（《我的逃亡》，*Meine Flucht*，1961 年 3 月），以及别人向他建议的任何主题。他在这些文稿中纯熟地扮演了新手作家的角色，"15 年来第一次"尝试写下自己的想法和经历。他对每一本为此目的而提供给他的书籍都表现出好奇与喜悦，尽管它们正是艾希曼前些年在阿根廷与朋友们逐字逐句研讨过，并斥为"犹太瞎扯淡"（jüdischer Schmus）[36] 和"谎言大杂烩"（Lügensammelsorium）[37] 而撕毁的书籍。

艾希曼甚至认为文稿可在审讯结束不久之后对外公开发行。他努力不懈地对最后多达 3564 页的文稿进行修改，而且很晚才告诉他的辩护律师，自己"每天都在口述报告"。[38] 耶路撒冷的艾希曼竭尽全力隐瞒了一个事实，那就是他多年下来在立论撰写、录音口述和文字创作等方面累积了丰富的实务经验，如今所做的不外乎是针对一个新的目标群体写下自己的遁词。艾希曼在以色列的写作，从一开始便或多或少微妙地跟他自己的"阿根廷文稿"唱反调。

最后艾希曼在耶路撒冷留下大约 8000 页的文字：手稿、谈话记录、信件、个人文档、世界观论述、零星札记，和文件上面的好几千条旁注。热努和雷兴贝格，以及未被以色列当局多加阻挠，但受到德国联邦情报局监视的塞尔瓦蒂乌斯 [39] 要从这一大堆资料中寻得解脱，他们对外出售了那些文稿的一部分，再加上艾希曼在阿根廷的私人照片，还包括对艾希曼妻子的独家采访。[40] 他们的商业头脑不知节制，竟然还让人拍摄了薇拉·艾希曼拿着一束鲜花站在达豪大街（Dachau-Straße）路牌前的照片。那些人显然认为艾希曼的人生已经毫无指望，但仍旧可以卖个好价钱。那批专业利润榨取者的最后一件作品，就是以书面形式对那名囚犯进行的独家专访，并且起了一个吸引力十足的法文标题《艾希曼在坟墓另一边的话》（'Eichmann parle d'outre-tombe'），于艾希曼被处决一个星期之后刊登在《巴黎竞赛画报》（*Paris Match*）上。[41]

热努很快就对艾希曼的出庭辩护失去了兴趣，因为他想必已经意识到，那名被告根本不适合担任关键证人来证明"德国人的集体无罪"或拯救"阿道夫·希特勒的荣誉"。[42] 无论艾希曼在第三帝国、阿根廷还是以色列，他在所扮演的每一个角色中都详尽地说明了对数百万人的大屠杀，只不过根据实际情况调整了对自己角色和态度的描述。

《生活》杂志及其后果

1960 年 10 月 19 日，汉堡新闻杂志《明镜周刊》在报道中指出，"联邦德国一些编辑部门"中间传闻，《生活》杂志买下了艾希曼的"人生告白"，而且预计将于近日刊出。这个消息也提醒了塞尔瓦蒂乌斯，意识到还有来自阿根廷的文稿是他所不知道的，因此有必要进一步与艾希曼兄弟和弗里奇讨论。他们决定邀请据悉已回到南美洲的萨森前往奥地利，弗里奇甚至表示愿意负担他的机票。萨森却拒绝让任何人看到那些材料，甚至还将行程延后了一个多月，因为他已经告诉艾希曼的妻子，计划在 12 月把它出版成书。[43] 虽然萨森仍一直坚信自己将会替《生活》杂志撰文，那家美国杂志却提前让生米煮成熟饭，在 11 月中旬宣布即将对外公开发表，接着在随后几期发表了两篇文章。[44] 塞尔瓦蒂乌斯在 11 月 25 日得知刊登的消息之后，试图采取反制行动，却徒劳无功。《生活》杂志以《艾希曼讲述其该死的故事》（'Eichmann Tells His Own Damning Story'）为题，选录了为数不多但具有重要意义的访谈抄本和手写稿段落，并且巧妙地把艾希曼自己的两个说法用作子标题，分别是《我把他们运给屠夫》（'I transported them to the butcher'，1960 年 11 月 28 日）和《总而言之，我不后悔任何事情》（'To sum it all up, I regret nothing'，1960 年 12 月 5 日）。与此案有关的每一个人都深感震惊，尽管他们各自的反应有所不同。萨森连忙去找薇拉·艾希曼，完全手足无措地抱怨道："瞧瞧《生活》杂志对我做了什么！" 当薇拉表示不明白《我把他们运给屠夫》那个标题所指为何之后，萨森告诉她说："那是《生活》杂志干的好事。我为《生活》杂志工作了七年，而那就是他们向我表达谢意的方式。"[45]

塞尔瓦蒂乌斯律师也陷入了相当严重的危机。他在一次新闻发布会上激动地谈到此事对辩护的"灾难性影响"，并且表示假如这些文件真实无误的话，他将会请求辞去律师职务——不过他仍相信它们是伪造的。[46] 艾希曼在以色列看到《生活》杂志相关文章的译文时，则直接因神经过敏而精神崩溃。一直负责照顾艾希曼的医生复述他那名病人的原话："我完蛋了，我不行了。"[47] 塞尔瓦蒂乌斯最快回过神来，在《生活》杂志刊出第一篇文章之后便开始系统化地研究"阿根廷文稿"，因为他终究必须查明那些文字到底潜藏着哪些危险。他发了电报给薇拉·艾希曼，并且也向弗里奇和艾希曼的弟弟询问了有关版权的事宜。所得到的答案非常一致。薇拉随即回电指出，公开发表一事"乃基于萨森、奥托和薇拉的共同意愿与一致同意"。可见她认为自己是按照丈夫（奥托）的意愿行事的。[48] 弗里奇同样向塞尔瓦蒂乌斯证实，艾希曼曾经明确表示，可在他被捕之后对外公开发表。弗里奇还出示了一份号称在布宜诺斯艾利

486

斯签订的旧合同副本。但美中不足的是，它是用德文打字机打出来的[49]，而阿根廷并没有德文打字机。*

　　应塞尔瓦蒂乌斯的要求，维拉·艾希曼寄了一份《生活》杂志合同的副本给她在林茨的小叔罗伯特·艾希曼，而且显然在塞尔瓦蒂乌斯不知情的情况下，把她的那一份"阿根廷文稿"也寄了过去。艾希曼家族想必已经决定，既不向律师也不向雷兴贝格、热努或者弗里奇透露文稿已经抵达的消息，因为塞尔瓦蒂乌斯仍不断向萨森索取其实早已抵达罗伯特办公室的那些资料。罗伯特·艾希曼很可能已经开始阅读那些文件，并担心万一塞尔瓦蒂乌斯瞧见这些文件的话，果真会宣布放弃辩护。今天我们知道，林茨的那一份"阿根廷文稿"比《生活》杂志的副本内容更加丰富，而且包含了许多艾希曼的手写文字。辩方因此无法称那些文稿为《生活》杂志伪造出来的或者经过萨森编辑的，因为它们显示了艾希曼自己的笔迹。当塞尔瓦蒂乌斯还在努力设法把萨森传唤到德国，并且诋毁《生活》杂志所发表的文章时，罗伯特·艾希曼已经与萨森和弗里奇一样，知道了"阿根廷文稿"的真正内容。不过显然只有艾希曼的弟弟意识到，任何进一步的对外公开只会造成伤害。然而事实证明，把文稿留在办公室同样也是不智之举。

　　与此同时，萨森终于如愿以偿地成为国际关注的焦点，因为《生活》杂志指出他就是采访者，只不过把他说成了一位"德国记者"。现在每个人都想知道究竟是谁完成的这项壮举，在阿根廷采访了艾希曼。这个迄今为止几乎不为人知的记者所引发的巨大兴趣，甚至又激发出一篇想象力十足的"采访稿"，进一步破坏了塞尔瓦蒂乌斯与萨森之间的关系。二人相互指责对方为这篇文章向新闻界提供

----

* 由于没有德文打字机的缘故，萨森抄本的打字原稿以及本书所引用的阿根廷第一手德文资料，将 ä、ö、ü、ß 等字母分别拼写成 ae、oe、ue、ss。——译注

了虚假信息。[50] 随后萨森果真在阿根廷接受采访，表现得充满自信且公开反对以色列。[51] 他又一次提供了影响审判案的关键用词：萨森将艾希曼形容成"纳粹邪恶机器上的一个小齿轮"。当萨森后来真正设法向塞尔瓦蒂乌斯伸出援手，提供自己的内部知识时，塞尔瓦蒂乌斯却只看见了威胁，因而没有理会他可能提供的帮助。[52] 尽管几个月之后，艾希曼还在与他的律师讨论萨森准备撰写的那本书，以及对任何获利的分配方式 [53]，但萨森已经再也无法静下心来撰写自己的艾希曼专书。现在换成他自己觉得受到追捕，仿佛他就是把阿道夫·艾希曼出卖给以色列的那个人一般。

488

寻求忏悔

可以理解的是，自从《生活》杂志发表的专文给以色列检察当局带来很大助益之后，以色列检方日益渴望能够拿到完整的萨森访谈录。热衷于获得这些材料的并不只有以色列当局一方，但令许多人失望的是，显然没有人能够真的拿到《生活》杂志的那一套副本。然而，最晚在 1960 年 12 月 21 日，却有一名来自德国的美国中情局线人以"主题：艾希曼回忆录"为标题，向华盛顿寄送了数页萨森抄本与手写稿。[54] 他（或她）为"艾希曼回忆录复印件热转印副本"的低劣品质表示歉意，并指出原因在于副本原件的质量已经不佳，有时甚至完全无法阅读。然而手写稿的副本却容易阅读多了，不过前提是读者必须能够阅读老式德文书写体。线人还说，他尚未把这些副本与《生活》杂志的文章进行比对。尽管当时在德国已有许多份拷贝，但那名线人仍然极力请求中情局对所收到的材料高度保密。尤其应完全避免提及寄件者的相关信息，否则将会泄露消息来源地——汉堡市。由于汉堡市内唯一已知的副本是在《明星周刊》，因此寄件者只可能是一个曾经在南宁的杂志社窃取资料的人，而且不是第一次这样做。如果中情局所获得的消息正确无误，那么年轻的记者兹维·阿尔杜比（Zwy Aldouby）、伊弗雷姆·卡茨（Ephraim Katz），以及应邀配合的快速写手昆廷·雷诺兹也使用了据称直接得自《明星周刊》编辑部一位秘书的材料。[55] 他们用那些材料撰写了《死亡的祭司：阿道夫·艾希曼的故事》（*Minister of Death*）一书，并在 1960 年 9 月底出版问世。通过中情局关于汉堡的那条线索，我们也知道了汉堡的"阿根廷文稿"副本（以及由它衍生而出的各种拷贝）是何模样：质量不佳的抄本拷贝和易于阅读的手写稿页面。当艾希曼审判案的首席检察官终于在 1961 年 5 月公开出示"阿根廷文稿"的以色列副本之后，它看上去却恰恰相反。那一份副本包含了易于阅读的萨森抄本，以及阅读不易的手写稿拷贝。于是我们根据美国中情局的报告可以推断，以色列检方的那一份副本绝对不是来自汉堡。因为不可能像变魔术一般，通过复印把不易辨识的文稿变得清晰可读。

1961 年 2 月，曾为《明星周刊》撰稿的记者罗伯特·彭道夫在汉堡推出其关于艾希曼的著作《杀人犯与被谋杀者：艾希曼与第三帝国的犹太人政策》（*Mörder und Ermordete. Eichmann und die Judenpolitik des Dritten Reiches*）。彭道夫在书中描述他的参考资料（亦即《明星周刊》从萨森处获得的资料）是写在方格纸上的手稿，"一篇长达 80 页左右的手稿，非常笼统地报告艾希曼在纳粹德国的活动，没有细节"[56]。此外他还可以运用许多"有艾希曼手写旁注的图书"，以及"艾希曼针对所有探讨第三帝国犹太人政策的重要出版物，在活页纸上写的一篇篇长达数页的评论"。然而彭道夫过分强调了自己并未使用萨森访谈录，那份"前荷兰党卫队官员威廉·萨森·范·埃尔斯洛后来协助艾希曼录音到磁带上，接着于艾希曼被捕之后由美国《生活》杂志大幅删减（！）加以发表的'回忆录'（请注意彭道夫所使用的引号！）"。由此可见彭道夫清楚知道萨森访谈录的范围，此外在其书中也出现了运用萨森抄本的痕迹。他之所以采取那种划清界限的做法，很可能主要是为了避免与《生活》杂志产生版权纠纷。然而彭道夫的描述不但指出萨森至少曾向《明星周刊》及其阿根廷记者展示了哪些资料，更显示出人们在1961年2月时对"阿根廷文稿"的范围可能已经知道了多少。但无论如何，彭道夫早已看见了直到几年前都没有对公众（或者甚至是对研究人员）开放的资料。

　　1961年年初的时候，《生活》杂志摘录稿、一部分抄本和大约80页手写稿已在报刊编辑部门和至少两家情报机构之间流传。然而没有证据表明以色列检察机关或黑森总检察长弗里茨·鲍尔在此时已经掌握了"阿根廷文稿"的拷贝。这种情况在1961年3月出现了改变，但这并非乐于助人的记者所导致的结果，而且显然也不是德国或美国情报机构的功劳。

安全漏洞

　　1961年3月初，来自维也纳的赫尔曼·朗拜因，华沙的托马斯·哈兰和法兰克福的亨利·奥蒙德，在法兰克福的一家大饭店举行了一场意义重大但迄今鲜为人知的会议。这三个人各自都有着不同凡响的人生经历，若非基于还原纳粹历史和伸张正义的强烈共同愿望，他们肯定不可能聚在一起。

　　1912年出生的赫尔曼·朗拜因是奥地利共产党的早期成员，相继从几座集中营幸存下来，成为维也纳国际奥斯维辛委员会第一任总书记，后来也担任国际集中营委员会（Comité International de Camps）的负责人，并被授予"国际义人"（Righteous Among the Nations）荣誉称号。[57]他在1945年后完全致力于揭露和惩罚纳粹罪行、唤起公众对幸存者悲惨遭遇的关注，并要求有系统地提出刑

491 事诉讼。他还整理了大量关于追捕纳粹逃犯的新闻档案、参与教育
工作和组织前往波兰的调查之旅。朗拜因良好的关系使他在铁幕的
另一边也能找到证人。在联邦德国还没有与波兰建立外交关系时,
他就促成了弗里茨·鲍尔与波兰司法人员建立联系。艾希曼在朗拜
因的名单上名列前茅。1959 年年初,朗拜因已经在波兰目标明确地
寻找照片,同一年更在奥地利配合亨利·奥蒙德正式对艾希曼提出
刑事指控。[58]

　　亨利·奥蒙德原名汉斯·路德维希·雅各布松（Hans Ludwig
Jacobsohn）,1901 年出生于卡塞尔（Kassel）。他是一名德国司法
人士,但因为犹太出身而在 1933 年失去其曼海姆地方法院法官的
职位,接着在 1938 年 11 月的迫害犹太人行动中遭到逮捕。奥蒙
德在三个月后证明自己有办法移民出境,才终于获准离开达豪集中
营。此次拘禁害得他的一只手几乎动不了,让他终生都会回想起那
段时光。奥蒙德先后辗转逃往瑞士、英国和加拿大,后来又以英军
士兵的身份返回欧洲,在汉诺威和汉堡担任占领军官员,负责建
立新的新闻媒体。亨利·南宁和鲁道夫·奥格施泰因都是通过亨
利·奥蒙德获得了许可执照,而奥蒙德毕其余生都以批判的眼光看
待《明星周刊》和《明镜周刊》。[59] 他从 1950 年 4 月开始在法兰克
福担任律师,参与了对法本化工公司进行的第一次强迫劳动审判案
（Zwangsarbeiterprozess）,并通过各种方式致力于维护纳粹受害者
的权益。光是在奥斯维辛审判案中,他便代表了 15 名共同原告。[60]
此外他也属于最早发现并谴责联邦德国外交部修正主义历史做法的
人之一。[61]

　　托马斯·哈兰出生于 1929 年,是因为拍摄《犹太人苏斯》一
片而声名狼藉的电影导演法伊特·哈兰的儿子。他从 1959 年开始
定居华沙,把对父亲的失望（以及对戈培尔在圣诞节送玩具火车给
他的记忆）,转化为创造力以及在历史新闻学方面的研究。哈兰走

了一条不同寻常的道路，因为他主要在波兰进行研究工作，完全不　　492
理会当时已大行其道的东西方分裂局面。哈兰希望揭露纳粹罪行，
并指名道姓地说出犯案者。他为此策划了一部名为"第四帝国"的
大型出版物，讲述纳粹要犯在战后的生活。1960 年 5 月，他在波兰
著名的《政治周刊》（ *Polityka* ）发表文章，是关于艾希曼的最早几
篇文章之一。[62]

　　奥蒙德和朗拜因最晚从 1955 年起就彼此认识，而且很快相互
欣赏。二人一起商定新闻稿的内容；奥蒙德运用朗拜因的关系来获
得诉讼时所需的文件和证人，朗拜因则借助奥蒙德熟悉德国法律体
系的细节。早在 1959 年，黑森总检察长弗朗茨·鲍尔就已经通过
亨利·奥蒙德与朗拜因取得了联系。朗拜因提议帮鲍尔及其同事安
排前往奥斯维辛实地考察的行程，只可惜那次行程在最后一刻因为
官僚主义而失败了。[63] 朗拜因和哈兰则是经由哈兰作为奥斯维辛幸
存者的波兰女友而结识，同时也因为哈兰在波兰从事新闻和出版工
作。最后，奥蒙德和哈兰至迟在 1960 年左右，经由朗拜因或弗里
茨·鲍尔而认识了彼此。

　　朗拜因从维也纳带过来的"阿根廷文稿"最完整拷贝，促使
三人于 1961 年 3 月 3 日至 6 日在法兰克福齐聚一堂。[64] 那些资料
直接来自艾希曼同父异母弟弟罗伯特·艾希曼在林茨的办公桌。朗
拜因告诉托马斯·哈兰，有一名"锁匠"进入了位于主教街 3 号
（ Bischofstraße 3 ）的办公室，于是取得了薇拉·艾希曼寄给她小叔
的 900 页拷贝。我们无法确定是否真的需要一名锁匠，因为还有另
外一个可能性。西蒙·维森塔尔早在 1960 年年初即已通过奥地利
秘密警察，与罗伯特·艾希曼 20 岁出头的女秘书建立了联系。说
不定就是她协助那名"锁匠"打开了门。[65]

　　但不管怎样，这些战利品都被交给了赫尔曼·朗拜因。[66] 于是　　493
他立刻展开行动，联系了他认为能够妥善利用这些文件的一些人。

依尔姆特鲁德·沃亚克发现证据，弗里茨·鲍尔在 3 月 7 日将复印设备留给自己的办公室使用，以致其他同僚的复印工作都必须转移到黑森州司法部进行，因为正如一份办公室备忘录所说，"法兰克福的复印设施已经不够用了"。*总检察长鲍尔需要动用一切设备来复制录音带的抄本，而那些录音带"据称乃艾希曼还是自由之身的时候亲自口述的"。[67] 哈兰的波兰女朋友克雷斯蒂娜·日武尔斯卡（Krystyna Żywulska）回忆说，鲍尔所复制的文件直接来自赫尔曼·朗拜因。这意味着鲍尔也从法兰克福的那次会面获益良多。艾希曼在林茨的同父异母弟弟显然没有告诉任何人其办公室遭窃的事，结果艾希曼的律师还在等着威廉·萨森的副本，汉斯·雷兴贝格的信件也显示他仍然相信只有萨森才持有抄本。显然，罗伯特·艾希曼因为对"阿根廷文稿"这样敏感的材料缺乏安保措施而尴尬不已，以致根本没有把此事告诉哥哥的家人。除此之外，至今也没有证据显示曾有人向林茨警方报案。[68] 整个行动进行得干净利落，甚至连情报机构的档案中都找不到任何记录。

奥蒙德、哈兰和朗拜因之间的会晤还有另外一个目的。朗拜因需要资金把罗伯特·艾希曼版本的"阿根廷文稿"拍摄下来，以便哈兰深入分析这些内容涵盖甚广的原始文件。因为朗拜因最主要的目的，就是希望能够尽快发表这些资料。3 月底的一份财务报表显示，亨利·奥蒙德果真想办法为拍摄底片一事提供了资金。与此同时，意大利左派出版商詹贾科莫·费尔特里内利（Giangiacomo Feltrinelli）也承诺继续资助哈兰的工作。[69] 人们推测弗里茨·鲍尔应该也在其中扮演了一定的角色，但是在多大程度上迄今还不清楚，因为所有信件往来都是通过亨利·奥蒙德进行的。托马斯·哈

---

* 弗里茨·鲍尔的办公室在法兰克福市，黑森联邦州的首府（以及司法部）则位于威斯巴登市（Wiesbaden）。——译注

兰在把负片带到华沙之后立刻就开始阅读，并且联络了另外一位朋
友——《政治周刊》的编辑丹尼尔·帕森特。[70]帕森特向他的主编
建议，不妨把那些材料整理成一个文章系列。那位米奇斯瓦夫·拉
科夫斯基先生想必是个非常小心翼翼的人，因为他马上委托波兰国
民警察(Milicja Obywatelska)的犯罪学家展开鉴定工作。5月6日，
《政治周刊》的主编收到了鉴定报告：那些材料真实无误，笔迹的
确是艾希曼的。[71]拉科夫斯基与帕森特和哈兰共同决定，要采取跟
《生活》杂志不一样的做法：《政治周刊》从5月20日开始推出一
个分五次连载的系列，不但首度刊登了未经编辑的文稿，而且还向
读者展示了图像资料、文件复印本、笔迹分析、具有历史批判性的
评论，以及被艾希曼指称为共犯的那些人的简介。哈兰和帕森特在
这短短时间内写出了350页的评论供人参考。[72]直到今天那仍然是
最彻底的尝试，设法以简单明了的方式向广大公众介绍"阿根廷文
稿"的史料价值。

　　因此《政治周刊》的工作人员对所收到的效果格外感到失望，
或者更确切地说，是因为没有产生效果而大失所望。就连在东欧集
团境内也不曾出现任何值得一提的反应。拉科夫斯基在系列文章连
载完毕之后心灰意冷地表示，无论是苏联还是其他东欧集团国家的
媒体，都没有对此表现出兴趣，只有民主德国的柏林广播电台在一
个星期后要求提供第一篇文章的相关资料。[73]在西方国家，《犹太
通论周报》(Allgemeine Wochenzeitung der Juden)和《世界报》
(Die Welt)附带提到了这个系列，可是波兰方面对此并不知晓。[74]
显然每个人都误以为这个系列只不过是转载《生活》杂志的文章而
已，就像法国《巴黎竞赛画报》之类的杂志在5月初所做的那样。[75]
此外让拉科夫斯基摸不着头绪的是，为什么以色列总检察长吉德
翁·豪斯纳声称自己在《政治周刊》之后才收到"阿根廷文稿"的
拷贝，以及为什么豪斯纳没有出示完整的内容，而只提到了67份

录音带抄本和 83 页手写稿。拉科夫斯基和吉德翁·豪斯纳都没有想到，原来波兰的那个版本更加完整，而且内容多出了 100 页以上。拉科夫斯基根本无法想象，华沙的一名杂志编辑竟然可以使用以色列检察当局所不知道的资料——毕竟那可是 20 世纪最重要的审判案之一。拉科夫斯基因而变得炙手可热，不仅与以色列检察机关有了良好关系，与艾希曼研究界亦然。

以色列的副本

　　吉德翁·豪斯纳究竟从何处取得了他的那一份"阿根廷文稿"副本，以及他的团队从什么时候获得了这份副本，一直是一个谜。但那些探索文稿的流传经过而一直追踪到这里的人，至少已经向前多走了好几步。我们不无理由相信，赫尔曼·朗拜因也曾打算向吉德翁·豪斯纳提供他的伟大战利品（或者至少确保弗里茨·鲍尔会替他这么做）。此外我们可以笃定地推断，弗里茨·鲍尔这一次也不吝于帮助他的以色列同事，毕竟协力寻找阿道夫·艾希曼的目的，可不是为了向大功告成的追捕者们隐瞒他透过关系获得的如此重要的文件。但可以确定的是，以色列检察机关所获得的那一份证据材料并非来自鲍尔。因为以色列的副本非但内容比较简略，品质也明显差了许多：手写稿的复印本难以阅读，有些甚至根本无法辨识，当初拷贝时所使用的母本就已经出现污渍和部分受损。罗伯特·艾希曼的那一份尽管偶尔有点模糊，有些地方的页面边缘更被裁切得所剩无几，可是抄本和手写稿的部分都没有出现污损。所以很可能的情况是，鲍尔——或许还有朗拜因——尽管乐意提供那些文件，以色列警察第六局却礼貌地拒绝了，因为他们认为自己已经拥有了弗里茨·鲍尔所掌握的一切。那当然不是因为缺乏兴趣，毕竟手写稿是无与伦比的书面证据，而且就连艾希曼自己也无法声称手写稿扭曲了他在阿根廷的真实想法。

一切迹象显示，以色列方面获得自己那一份资料的时间应该不晚于弗里茨·鲍尔，也就是在大约 3 月初的时候，而且与林茨的入室盗窃行动无关。艾希曼的审讯官阿夫纳·莱斯仍清楚记得，尽管塞尔瓦蒂乌斯反对继续审讯下去，他们还是讨论了是否该把刚取得的萨森抄本拿来与艾希曼对质。[76] 莱斯还是相信能够赢得艾希曼的合作，以便在庭审前获准使用那些文件，他担心到了法庭以后，艾希曼恐怕就没那么容易接近了。这条线索于是让人得以把收到文件的时间限缩到 1961 年 2 月至 3 月初之间。但不管怎样，亨利·奥蒙德和赫尔曼·朗拜因都认为，以色列的那个版本也是通过冒险且不合法的行动获得的。[77] 因此当总检察长吉德翁·豪斯纳 4 月 26 日在法庭上宣称，"可惜还没有取得《生活》杂志那些专文所依据的资料"时，他所说的必然不是事实。艾希曼的律师固然也发表过同样的声明，但塞尔瓦蒂乌斯当时的确只看见了"阿根廷文稿"的片段。[78] 当时的参与者多年来一直对自己那份拷贝的来源三缄其口。一直要等到 2007 年，豪斯纳昔日的副手加布里埃尔·巴赫（Gabriel Bach）才对萨森抄本做出模糊的声明，表示在艾希曼被绑架之后，"这位记者就把它交给了《生活》杂志，我们则从那里得到了它"[79]。然而，如果看一下以色列的版本就可发现那是不可能的事情，因为至少有一点显而易见：那些页面绝非好整以暇仔细制作的拷贝，完全不像是来自一家拥有萨森原始副本的杂志社。显然加布里埃尔·巴赫跟其他大多数人一样，误以为《生活》杂志的材料与"萨森文件"是同一个东西。而真相其实复杂多了。

汤姆·塞格夫在广泛研究西蒙·维森塔尔的文稿时发现了一封信。维森塔尔在信中提醒豪斯纳总检察长，几十年前是他——维森塔尔——让豪斯纳接触到萨森抄本的。[80] 涉及维森塔尔的话时固然应该特别小心谨慎，但由于维森塔尔几乎不可能向肯定比自己更清楚内情的人说谎，看样子果真是这名来自林茨的热心人士找到了那些文件。直到最近，维森塔尔当初在审判准备期间提供的帮助都还鲜为人知。由于强调维森塔尔所扮演的角色显然不符合参与者的利益，因此就没人记得此事了。摩萨德的首脑伊塞尔·哈雷尔更是不惜扭曲事实和编造故事，借此贬低维森塔尔在给他带来赫赫声名的"艾希曼"一案中所起的作用。多亏了汤姆·塞格夫的缘故，我们才得以在50年后做出更公正的判断。不过维森塔尔的那封信显示，他只发现了一部分抄本："你想必还记得，我给艾希曼审判案带来了28页带有艾希曼手写注记的录音带抄本。"[81] 这表明维森塔尔亦非正式的消息来源。

逐页比对之后还能发现，以色列检方必须费劲地拼凑出他们那一份萨森抄本拷贝。它明显有别于赫尔曼·朗拜因的上好版本，不像后者看得出确实直接拷贝自萨森出售给新闻界的原始副本。[82] 但我们只有等到档案开放，能够知道取得这份文件的时间之后，才有办法确定维森塔尔究竟是从新闻记者还是从情报人员那里得到了它。但无论如何，德国联邦情报局一位工作人员宣称该局是从摩萨德处获得了"那个谋杀犹太人凶手的日记"，根本就是无稽之谈。比较合情合理的问题反而是：德国联邦情报局为什么没有把自己在1960年年底就已经拥有的文件，主动提交给以色列检方呢？[83]

豪斯纳尽其所能地在审讯期间对那些资料保密。这位总检察长显然不仅试图借此让艾希曼陷入错误的安全感，而且希望争取更多时间。即便没有萨森抄本，各种文件也已经堆积如山，如今新增的材料更是难以辨认。因此到了1961年4月的时候，以色列官方仍在要求《生活》杂志交出检方其实早就拥有的那些资料。吉迪翁·豪斯纳首先征询了专家的意见，并把他的那份拷贝交给以色列警方笔迹鉴定专家亚伯拉罕·哈加格（Avraham Hagag）鉴定。[84]

哈加格的贡献在于最先整理了一个萨森抄本拷贝的顺序，并对它做出完整描述。他把一页页纸分类，把堆积如山的纸张排列成一个个易于管理的文件卷宗，而且每个卷宗当中都有若干按照编号顺序排列的录音带抄本。如此便形成了那著名的"2 个穿孔文件夹和 17 个卷宗"——其中 16 个是录音带抄本，"第 17 号卷宗"则是 83 页手写稿的拷贝。[85] 顺序并不总是完全正确，因为哈加格无意间把若干页萨森自己的口述内容，以及一份艾希曼独立文稿的片语只字混进了访谈录音抄本里面。但在当时的紧迫时间压力下，那位警方鉴定专家还是取得了令人瞩目的成就。[86] 他总共整理出 716 页录音抄本和 83 页手写稿。若扣除三次页码重复的错误 [87]，那么以色列的这个副本总共包括了 713 个打字页面，以及 83 个手写页面或不完整的页面。明显可以看出录音带的抄本并不完整，因为 5 号和 11 号录音带之间出现了空白，41 号录音带缺少第三页[88]，55 号录音带则总共只有两页。以色列的那一份抄本，效果十足地结束于 67 号录音带"对圆桌成员的小小感言"。因此以色列没有人想到，它后面还有更多录音，而且原始录音带总共超过了 70 卷。《政治周刊》的米奇斯瓦夫·拉科夫斯基虽然立刻注意到至少还有第 68 卷录音带存在，但他也没有由此得出正确的结论。另一方面，5 号和 11 号录音带之间的空白以及 55 号录音带不完整的内容，是罗伯特·艾希曼的版本与其他所有流通版本的共同特征。萨森在 1960 年先移除了这些部分（以及阿尔文斯莱本谈话的第一部分），然后才把录音带抄本的拷贝公之于世。甚至连他自己也已经意识到，最开始几次谈话中那种肆无忌惮谈论"犹太世界阴谋"和"以色列这个强盗国家"（ der Raubstaat Israel ）[89] 的言论，是不适合在审判期间对外公布的。

被湮灭的证据

　　如果审判过程中突然出现新的证据，时间就会成为关键问题。以色列副本的796页内容因而对豪斯纳的工作人员构成了极大挑战。谁知《政治周刊》从5月20日开始摘要发表了相关材料，非但刊登样稿的拷贝，甚至还公开表示愿意把资料提供给以色列来配合检方办案。吉德翁·豪斯纳为避免颜面尽失，这下子就再也不能继续假装若无其事了。于是他在1961年5月22日宣布，目前已拥有手稿的影印本。在法官们的催促之下，豪斯纳说出了一半的事实，表示他和他的团队在三个星期之前得到了那些文件，不过他的拷贝并非直接来自《生活》杂志。

　　从此以后，该文件就被称作"萨森文档"（Sassen-Dokument）。辩方也立即收到一份副本，上面有艾希曼在囚禁期间写的阅读注意事项（这份资料现在作为"塞尔瓦蒂乌斯遗物"[Servatius-Nachlass]藏于科布伦茨联邦档案馆）。德国法律界人士也可以申请使用这份文件。来自路德维希堡的审判观察员迪特里希·措伊格（Dietrich Zeug）于是寄了一份拷贝给弗里茨·鲍尔，并建议不妨跟他现有的那个版本比对一下。[90] 豪斯纳起初以为的一大成功突破，最后却出乎意料地凄惨作结。因为当那位总检察长准备将此证据提交法庭时，恰恰遇到了阿夫纳·莱斯所预见的问题：罗伯特·塞尔瓦蒂乌斯立即提出异议，因为艾希曼极力驳斥那些材料的真实性——尽管哈加格在6月9日提交的鉴定书早已证明那就是艾希曼的笔迹。此外在没有录音带的情况下，又该如何证明录音内容的打字抄本就是原话呢？豪斯纳因而被迫一页又一页地争取，可是到了6月12日，他争取到的结果却是只能使用艾希曼在上面做了手写更正，或者完全由艾希曼手写的那些页。检察当局于是眼睁睁看着战后关于艾希曼和大屠杀的最有力资料，从796页缩减到83页上的边缘注记，以及另外 83 页字迹几乎难以辨认的手写稿。[91] 诸如"对圆桌成员的小小感言"之类最具震撼力的文字反而不能引用。艾希曼在接下来几天依然勤奋不懈，甚至试图让为数不多的剩余材料也失去证据资格。他驳斥"著名的萨森文档"、强调酒精产生的影响、声称他所做的大部分修正已经不见了，并且谎称抄本的品质太过糟糕，所以他干脆完全放弃了继续修改。在被问到一些手写评论的时候，艾希曼则表现得跟笔迹专家（以及任何有眼睛的人）完全相反，认不出那是他自己写出来的。反正那些手写页面都毫无用处，因为它们非常不完整，只会让人产生一种错误的印象。艾希曼此外还坚称自己与萨森达成过协议，每一页在对外公开之前都必须经过他亲笔签名。但这其实是他在以色列接受审讯时了解到的做法——艾希曼的审讯官阿夫纳·莱斯会让他在每一页上签字。[92] 艾希曼最不可思议的谎言是声称萨森的德文很差劲（7 月 13 日）。那位先生原本能够驾轻就熟地运用铿锵有力的德文，不但温暖了德国纳粹思乡者的法西斯之心，而且让艾希曼钦佩不已，现在却突然变成"德语讲得结结巴巴，几乎什么都听不懂"！除此之外，艾希曼更一再坚持要求拿出原始录音带。不过作为预防，他表示萨森曾经鼓励他做出不实陈述，以便制造头条新闻（7 月 19 日）。由此他发明了"小酒馆谈话"（Wirtshausgespräche）这个词，形容他们连续数小时共同研读历史理论与纳粹历史，有时更在酒精的影响下情绪激动地夸夸其谈（恰好是在 7 月 20 日[*]）。艾希曼表示，萨森不时试图误导他"回归"到国家社会主义的范畴。不过艾希曼当然没有说，整个萨森访谈会其实就是一场回归行动。艾希曼反而告诉律师，他在阿根廷真正写出的文稿内容与此大相径庭，并且愿意像塞尔瓦蒂乌斯后来在法庭上指出的那样 [93]，把它"作为证据，向法庭表明被告的真正态度"。

501

---

[*]　1944 年 7 月 20 日是刺杀希特勒不成的日子。——译注

艾希曼进而借由萨森和《生活》杂志所传播的"艾希曼回忆录"的传说，巧妙地淡化和避开了任何询问访谈会为何会发生的问题。

萨森把"阿根廷文稿"卖给《生活》杂志的时候就用了"艾希曼回忆录"的题目。艾希曼绑架案创造了只有萨森能独一无二地满足的需求，即了解大屠杀凶手流亡时的生活细节和思维方式。这样萨森就同时达到了三个目的：保护萨森访谈会的参与者、将自己展现为没有国家社会主义倾向的记者，并且根据时局抬高资料的价格。[94] 萨森当然没有提起，几年前他还要求打字员在誊写访谈录的时候完全省略艾希曼的生活轶事。不过也没有人追问萨森是否计划写一本关于艾希曼生平的书。

对于在耶路撒冷的艾希曼来说，尽管"阿根廷文稿"的存在本身是个根本问题，但这种歪曲事实的说法却正好可以带来很大帮助。毕竟艾希曼试图让人相信他是一个洗心革面的前纳粹分子，如今在既没有希特勒又不必服从命令的情况下，已经实现初衷重新成为一个完全无害和根本不搞政治的人。因此他在阿根廷是一位正直的公民，很高兴不必再奉命执行那么可怕的任务。就此而言，对"回忆录"标题的更正不可能产生任何助益，因为那只会表明艾希曼参与了一个国家社会主义政治计划，意图用新的手段继续进行反犹太主义斗争，完全有违清白阿根廷公民的形象。所以萨森和艾希曼二人不约而同都在说谎，让世人相信一个落魄潦倒的流亡者和一名贪财成瘾的记者曾经对着一两瓶威士忌酒畅谈往日时光。而世人根据纳粹喜欢酗酒吹嘘的刻板印象，心甘情愿地听信了他们的谎言，更何况其他所有参与者都一直默不吭声。

在昔日杜勒出版社的圈子里面，只有一个人针对萨森抄本的背景公开发表了意见：迪特尔·福尔默，埃伯哈德·弗里奇的副手。福尔默于1954年返回德国定居，直到生命最后一刻都不断为《路径》撰稿，而且显然还辛苦地致力于杜勒出版刊物的经销工作。1961

年，福尔默以《论新闻记者的职业道德》（*Vom Berufsethos des Journalisten*）为题，为联邦德国立场偏颇的《国族欧洲》月刊写了一篇相当牵强附会的文章，聪明地设法拆解那些来自阿根廷的令人尴尬的清楚证据。[95] 文中不无恭维地表示，萨森"曾经花了好几个月的时间系统地询问艾希曼的过去"。"当时在布宜诺斯艾利斯很难找到录音带。因此每当录满一卷之后，就草草地（！）用铅笔（！）把内容抄写到纸上，然后抹掉磁带内容继续录音。我们那位精明干练的新闻记者随即根据简略的铅笔手稿制作了抄本。"福尔默不但强调艾希曼已经在耶路撒冷"令人印象深刻地"驳斥了抄本的真实性，进而言之凿凿地保证："艾希曼在那几个月里真正确认和回答过什么，如今再也无法查明了。"为求保险他更补充表示，"即便根据我的两位朋友所见过的铅笔手稿复印本"也还是无法进行重建工作。福尔默的故事版本，包括"草草地"和强调了三次的"铅笔"，很显然完全出于杜撰。他的意图摆明就是要尽可能防微杜渐，避免萨森抄本给曾经在阿根廷参与其事的纳粹党人、修正主义的历史项目，以及阿根廷境外的纳粹网络带来危险。同时亦借此让人——至少是那些与访谈会无关的人——更加怀疑艾希曼是否真的提供过如此确凿的文件证据。[96] 德国那些对此了解得甚至比他还要清楚的人，这一回也没有反驳。[97]

503

以色列总检察长吉德翁·豪斯纳的情况则带有一些悲剧色彩：他虽然能够深入了解艾希曼在阿根廷的言论，却只被允许引用其中一小部分。弗里茨·鲍尔于是想方设法帮助他在以色列的那位同僚，并且试图——但显然没有成功——在维也纳审讯埃伯哈德·弗里奇，以便澄清抄本的真实性。[98] 后来他甚至还亲自写信给萨森。[99] 但不管豪斯纳再怎么希望至少能够获得一卷原始录音带，那些磁带就是无处可寻，仿佛被大地吞噬了一般。[100] 来自阿根廷的见证者后来报告说，这正是实际发生的事情：威廉·萨森把录音带埋在花园里了。[101] 其实萨森只需要拿出几米的录音带就可以大发利市，因此有关他是"一个贪得无厌、对阿道夫·艾希曼毫无责任感的新闻记者"的说法不攻自破。豪斯纳后来暗示，他曾花了大量资源和精力搜寻录音带。由于审判旷日持久，他希望最终还是能够用"在阿根廷的艾希曼"录音带来驳倒"在耶路撒冷的艾希曼"。[102] 尽管证据非常确凿，而且阅读萨森抄本避免了检方被艾希曼的一面之词所迷惑[103]，可惜那到头来还是一场失败。我们简直无法想象，假若人们能够通过世界各地的新闻，听到艾希曼用其刺耳尖锐的嗓音说出"对圆桌成员的小小感言"，那场审判的公众影响将会多么不同！然而当艾希曼讲出"不对，我可没有那么说过！"的时候，检方却根本拿他没办法。[104] 萨森抄本因而仅仅得到了一个"来源不可靠"的名声。于是每一个想要书写艾希曼的人，都只能像汉娜·阿伦特那般满足于法院核可的少数几页资料。除此之外只有《生活》杂志的系列文章可供参考，而且还无法断定它们是正本，抑或只是夸张的小道新闻。[105] 波兰《政治周刊》的那些文章是更加可靠的消息来源，但显然一直没有得到使用。那位以色列总检察长终其余生都无缘听见录音带的内容，更没有办法证实，他从一开始就正确看出了萨森抄本的史料价值。吉德翁·豪斯纳1990年于耶路撒冷去世。

"阿根廷文稿"的评估与旧材料

"阿根廷文稿"继续被冠上"艾希曼回忆录"的标签，也是因为它们被拒绝采纳为证据，最后还是无法反驳艾希曼对其真实性的攻讦，因此也就没有必要为了审判而对那些资料进行更彻底的评鉴了。这个原因，再加上萨森抄本所存在的各种问题，也解释了为何阿尔文斯莱本接受采访的内容、萨森和艾希曼撰写的文字，以及朗格尔博士的发言都很少引起注意。从检察机关也未能发现这些资料即可看出，想在卷帙浩繁的文件中发现这些"异物"是多么困难的事情。弗里茨·鲍尔同样希望把这些原始资料用于调查工作。1961年，艾希曼审判案使得追捕在逃战争罪犯的意愿提高了。鲍尔于是委托巴登—符腾堡州刑事调查局（LKA-BW）进行详细的"萨森访谈录评估"。1961年12月4日，国家社会主义犯罪调查中央办公室、鲍尔总检察长和埃森（Essen）地方法院，因为正在进行中的审判案而联系起来的三家机构，共同收到了评估结果：结果长达700多页，并附有详细的人名索引和逐段列出的目录。州刑事调查局当时附上的信函[106]让我开始注意到这个庞大的资料，此外在联邦档案馆的馆藏目录中也能查到那份人名索引。[107]此索引厚500多页，共有467个人名条目，并摘要指出它们在萨森抄本中是如何被提及的。但由于抄本中的许多人名被拼错了或者被听错了，这样的人名索引当然永远不可能完整。有趣的是，州刑事调查局的官员为此使用了萨森抄本的两种拷贝：一种是在相片纸上的（那是当时通用的拷贝方式），另一种则是负片！相片纸版拷贝也保存在联邦档案馆，但负片已不复可寻，所提到的那份目录似乎也已经散逸无踪。如今这一切皆可重新供人使用，要感谢国家社会主义犯罪调查中央办公室一张字条上的铅笔手写注记。也必须感谢巴登—符腾堡州刑事调查局一位好奇的官员，以及路德维希堡联邦档案馆同样好奇的工作人员们，乐意在我坚持不懈的要求下做出行动。州刑事调查局的诺贝特·基斯林（Norbert Kiessling）先生帮助解读了其前任令人费解的信头，并向我解释了特别委员会的问题[108]；托比亚斯·赫尔曼（Tobias Hermann）先生则鼓舞起联邦档案馆同仁们的热情，与他一同在中央办公室寻找那个老旧手写注记所指称的档案柜。结果那两个文件夹竟然重见天日，与它们一同发现的还有一个装满负片的信封，后来证明那原来是"阿根廷文稿"的另一份拷贝。此外我

505

们还完全意外地发现了另一个资料夹，上面引人注目地写着"萨森访谈录杂项"（Sassen-Interview Diverses）。那时我们所有人都不知道，我们找到了第一份幸存下来的手稿拷贝——它在半个世纪以前被从阿道夫·艾希曼同父异母的弟弟位于林茨的办公室窃取出来，然后交给了赫尔曼·朗拜因。

州刑事调查局的内容目录几乎厚达 250 页，其中包括 1-5 号和 10-67 号录音带每一个段落的详细信息，更包含了以色列拷贝所缺失的 41 号录音带第 3 页。目录的制作者并非历史学家，而是执法机关的官员。而且这样的工作是在时间压力下完成的，就此而言只有几个月的工夫。任何曾经翻阅过几页萨森抄本的人都知道，那样的打字稿阅读起来有多么困难。尽管如此，虽然在细节上包含很多不正确的解释和错误的缩写，但它不仅是至今唯一的一份萨森抄本内容概要，更可以快速地让人一目了然。后来法庭记录中的若干引文显示，这份内容目录的确曾被使用过。然而州刑事调查局的工作人员没有注意到的是，访谈会上曾经有多名发言者。于是朗格尔博士的发言被看成了艾希曼的声明，对阿尔文斯莱本的采访也被误认为是在采访艾希曼。后一个错误更特别在刑事诉讼上造成了奇特和令人沮丧的后果：当慕尼黑第二地方法院在 1963 年对卡尔·沃尔夫提起诉讼的时候，阿尔文斯莱本其实是理想的证人。然而萨森抄本第 56 号录音带的内容被用作起诉沃尔夫的证据。起诉书更两次详细引用了"艾希曼"关于沃尔夫的言论。[109] 假如 1963 年时有人看出第 56 号录音带上究竟是谁在发言的话，检方就能够在阿尔文斯莱本缺席的情况下，将他作为对沃尔夫不利的证人。鉴于阿尔文斯莱本和沃尔夫长年密切配合的工作关系与私人交情，其证言具有难以超越的可信度。但如果证词出自艾希曼的话，他只是以帝国保安总局部门主管的身份，来反对党卫队全国领袖海因里希·希姆莱的参谋长。卢多尔夫·冯·阿尔文斯莱本却和沃尔夫一样，多年以来办公室就在希姆莱隔壁。他针对那名被告讲出的词句自然具有无可比拟的分量。

艾希曼之后

继上诉失败之后，缓刑申请也在 1962 年 5 月 31 日遭到驳回。处决终于断绝了艾希曼影响自己公众形象的可能，使他再也无法尽量让人忘记他在阿根廷的自白，尤其是他对自己的罪行所抱持的态度。对在世的人来说，萨森抄本却继续笼罩在神秘之中。原因主要在于，艾希曼的漫天谎言使抄本的拥有者不完全相信其史料价值，更何况人们难得有机会仔细研究那些文稿。吉德翁·豪斯纳却是个例外，他在 1963 年年底、1964 年年初，以《正义在耶路撒冷》(*Justice in Jerusalem*) 为题出版了他对艾希曼审判的叙述，并详细引述了萨森抄本。但令人困惑的是，他显然不经意地把抄本的内容说成了 659 页（而非以色列副本的 713 页）。与此同时，托马斯·哈兰于 20 世纪 60 年代初期在波兰却面临着越来越多的问题，而且不被允许返回华沙。他出版"阿根廷文稿"的意图先是在波兰受挫，而后在意大利也落空，因为出版商詹贾科莫·费尔特里内利担心会出现版权问题：看样子艾希曼（或其继承人）是"阿根廷文稿"的版权所有者，要不然就是萨森，况且萨森还把使用权卖给了《生活》杂志和其他的人。我们可以推测，费尔特里内利至少已听说过弗朗索瓦·热努的大名——那个人曾在 1961 年和 1962 年时在罗马招摇于市，宣称自己为艾希曼文稿使用权的所有人，并且因为喜欢打版权官司而名满半个欧洲。[110] 亨利·奥蒙德和赫尔曼·朗拜因试图以各种理由来让费尔特里内利放心。朗拜因曾写信给奥蒙德："在我看来，艾希曼并非这些磁带录音的合法所有人。既然萨森已经把它们……卖给《生活》杂志了，所以萨森也已不再是拥有者。我认为

508 顶多只有《生活》杂志可以声称拥有版权。但由于我们的录音抄本既非来自《生活》杂志，亦非来自萨森，而是通过与耶路撒冷法院相同的途径取得，那在我看来也是有问题的。"朗拜因甚至一度考虑是否应该正式篡改文稿的来源途径，例如宣称他自己的那一份拷贝来自以色列或波兰，以此消除费尔特里内利的顾虑。[111]

　　然而问题主要出在托马斯·哈兰身上，或者更准确地说，问题在于这件事本身。光是阅读 3564 页的审讯记录已非易事，而且就连汉娜·阿伦特那样对此进行过深入研究的人 [112]，也不得不公开承认，光是研读审讯记录（还不包括审判记录在内）的工作，便足以完成一份无懈可击的历史研究报告。严格来说，随着审判艾希曼才真正展开了对国家社会主义历史的仔细检视。今天我们固然有数十年下来的研究成果、优秀的文献汇编和各种数据资料可供参考，可是在 1961 年的时候，那些作者只能独自面对堆积成山的艾希曼耶路撒冷故事而一筹莫展。

　　和其他作者相比，托马斯·哈兰更形同面对着一座大山。因为他不但从弗里茨·鲍尔那里获得了所有审判资料，更独家取得了"阿根廷文稿"。除此之外，他最初的愿望是想写一本关于"第四帝国"的书，讨论那些仍然生活在德国而未被揭发的战争罪犯。他还打算在奥斯维辛审判案的准备工作当中，向弗里茨·鲍尔、赫尔曼·朗拜因和亨利·奥蒙德提供帮助。即便没有额外的私人问题，这样的任务也会让单独的个人不堪负荷。哈兰于是因为让自己的朋友和支持者失望而深感内疚。[113] 后来，他找到了其他更加艺术化的表现形式来处理当代历史。几年前，他干脆把剩余的艾希曼资料交给了依尔姆特鲁德·沃亚克，以供她继续进行研究——她现在仍然拥有这些文件。[114] 不幸的是，迄今为止我只能看到保存在哈兰档案中

509 的一小部分资料。[115] 所以我只能寄望于沃亚克女士早些时候向我许下的承诺，相信我们有朝一日终能安排机会来查阅这些资料。可

惜我们已无机会真正赞赏托马斯·哈兰的成就。他曾抱病认真地针对那些文稿给了我至关重要的建议，严重的病情最终在 2011 年夺走了他的生命。

消失的录音带

在审判之后的几年，关于艾希曼和国家社会主义犹太人政策的研究急剧增加，主要依据的是耶路撒冷的审讯和审判记录，以及越来越多的历史文献汇编，但人们对阿根廷的艾希曼依旧怀有好奇。没有什么比无法取得甚或消失不见的资料更能激发想象力。由于没有人猜到"阿根廷文稿"的真实规模（也没有人阅读老旧的波兰杂志），人们的好奇便完全集中在了缺失的 5-10 号录音带上。[116] 它们到底包含了什么神秘的内容，以致萨森在出售抄本之前要先把它们抽掉呢？

此类问题的特质使得学者往往根本不想碰它们，宁愿让记者先出头，免得被讥为"打算用耸人听闻的研究课题来沽名钓誉"（或者直截了当地说，就是不想冒着出丑的危险做出头鸟）。这种分工方式的糟糕之处在于，双方都会对材料视若无睹，而最坏情况下的结果是：一方在旧世界里面被吓瘫了，另一方则在新发现的天地无助地陷入泥淖。

在今天看来，拉迪斯拉斯·法拉戈已然成为"在泥淖中"传播萨森访谈秘闻最成功的人，他非常贴切地称之为"恐怖故事"。他那本关于逃往南美洲的战争罪犯的著作，很可悲地糅合了挖新闻的本事与对历史的天真观点。很少有作者能够如此紧密地把高度爆炸性的信息和完全的废话编排在一起。[117] 法拉戈与艾希曼出生在同一年，他除了是专职的电影编剧之外，还撰写了大量关于间谍活动和第二次世界大战的畅销书。这些书适合拿来消遣（而且效果非常

510

好），但我们不应该按照学术研究的标准来衡量它们，即便其中一些内容早已从后门被带进了专业文献之林。有些作者把它们照抄下来，并且忘记了——当然只是"出于疏忽"！——使用引号和说明出处。有时甚至还在其实应该强调"法拉戈"的地方写下了"我认为"。[118] 如此一来，法拉戈精彩有趣的消遣故事摇身成为值得引用的"见证者陈述"，如今出现在一些相当严肃的著作之中。因此我们不能不仔细看一看法拉戈的故事。

法拉戈那本用了阴谋论式名字的书 ——《假死》（*Scheintot*）*——初版于 1974 年，因而属于率先讲述纳粹分子海外逃亡路线的书之一。书中有两章专门讲述艾希曼。[119] 但法拉戈还是在一些名字上面栽了跟头，例如萨森圈子内的汉斯—乌尔里希·鲁德尔，以及杜勒出版社的埃伯哈德·弗里奇等人[120]。法拉戈的故事还由于他号称与现实中不存在的人物亲自交谈而大出洋相，因为他只不过是根据《路径》上出现的那些笔名，虚构出了一些角色。尤有甚者，他把威廉·萨森描绘成一位政治立场中立，但过去曝光不足的作家同行："不同于鲁德尔和弗里彻（！）等人……萨森想要书写未经粉饰的真实故事。"[121] 法拉戈详细报告了他拜访萨森的情形，声称自己看见过萨森抄本，甚至还阅读了那些"来自 67 卷录音带，整齐存放在 17 个穿孔文件夹里面的誊写稿"，连同一些"写在边缘的注释"，以及艾希曼用打字机（！）打出的"额外页面"。[122] 根据法拉戈的说法，它们总共有 695（！）页。† 由此我们至少可以知道，法拉戈看见的到底是什么：那就是一些关于艾希

511

---

* 该书德文书名为《假死：马丁·博尔曼与其他在南美的纳粹要员》（*Scheintot. Martin Bormann und andere NS-Größen in Südamerika*），英文版书名却是《余波：马丁·博尔曼与第四帝国》（*Aftermath: Martin Bormann and the Fourth Reich*）。博尔曼（Bormann）则经常被误译成"鲍曼"（Baumann）。——译注

† 豪斯纳不慎把以色列副本的 713 页误写成"659 页"，法拉戈又把它抄写成了"695 页"。——译注

曼审判的书籍，特别是豪斯纳的《正义在耶路撒冷》。他巧妙地提炼出书中对以色列副本的描述，再加上一个抄写错误的数字。因为在阿根廷既没有 17 个文件夹，更没有 695 页文稿。[123] 在法拉戈对其他 62 卷录音带内容的"总结摘要"中，艾希曼主要讲述的是"逃跑和躲藏起来的国家社会主义者"。这清楚表明法拉戈从未读过萨森抄本。萨森根本没有向艾希曼打听此种消息的必要，因为他自己——尤其是奥尔斯特·卡洛斯·福尔德纳——恰恰比艾希曼还要了解纳粹逃跑到阿根廷的路线。这个想象出来的目击者报告登峰造极的叙述，却是法拉戈自己"采访"萨森之后获得的"独家消息"："今天我们知道，萨森从来没有把完整的艾希曼自白内容拿去兜售。他自己保留了 5 卷录音带和 51 页文字……在那些内容中，艾希曼谈论了自己与博尔曼的关系。"法拉戈是这样说的："在五卷录音带当中的一卷，艾希曼讲述了自己逃亡前往阿根廷的故事，并且一再指出他与昔日党卫队全国领袖的关系。"然后又说，"萨森当面向我（法拉戈）坦承，博尔曼反复出现在艾希曼的故事当中。然而他怎么也不肯与我商讨出售事宜，甚至也不允许我只是听一听那五卷录音带的内容。他告诉我：'我知道自己可以做到什么程度。'并且强调他'害怕某些人伸长的触手'"。此外萨森只肯在一种情况下公开"未删节的艾希曼报告"，那就是"博尔曼和我当中有一个人死了以后"。[124] 我们不妨大胆地假设一下，萨森确实非常害怕，因为纳粹圈内人在艾希曼事件之后将他视为叛徒。我们甚至还可以过于大胆地推断，萨森当然有可能在一个唯恐天下不乱的记者面前讲述关于博尔曼的谣言，因为这样的谣言总是能够换取暴利。然而事实仍旧是，从来都没有缺失过"5 卷录音带和 51 页文字"，它们上面更不可能出现博尔曼这个名字，或者由艾希曼讲述他如何在博尔曼的帮助下脱逃成功。因为马丁·博尔曼，纳粹党中央办公室主任和希特勒的私人秘书，在 1945 年 5 月未能幸存下来。他自身都已经难保，

512

更不用说指点任何同志该如何逃往阿根廷了。6-10 号录音带（只有
4 卷录音带和 62 页文字）上，一个字也没有提到艾希曼与博尔曼在
战后的见面。同样值得注意的是，所有声称去过萨森家里的人，尽
管他们宣称自己曾经看到过萨森的原始文件，却都没有见过 68-73
号录音带或者提及萨森私人录音带的讨论片段。

我们没有理由认为萨森是刻意想要愚弄他的作家同行，毕竟萨
森在其他有真实记录的采访中从未讲过那样的故事，而是提供了非
常可靠的消息。[125] 我们因而可以把这种法拉戈式的"萨森访谈"
视为作者的艺术发挥，是为了消遣文学的戏剧效果，应该干脆把它
置之一旁——此外还要忽略随之而来的各种报道，像是如何拜访那
位虚构的萨森先生，以及看见他的 67 卷录音带和 17 个文件夹。然而，
这个传说进入专业文献的途径却显示了轻率引用资料的做法可能产
生怎样的影响。在艾希曼研究中出现过许多这样的实例。

法拉戈绝不是唯一一个对"阿根廷文稿"失踪部分寄予厚望的
人，因为就像其他任何执着于一线希望的人，他相信自己能够在不
得其门而入的地方找到答案。类似的期望还出现在一个完全不同的
背景中，即在阿拉伯文化世界的反犹太复国主义论述当中。中东的
513 人们一直认为，以色列在艾希曼审判案和一般的历史研究中压制了
证据。乍看之下，那往往让人联想到新纳粹历史幻想所发展出的阴
谋论，其中声称艾希曼是犹太人，他刻意牺牲了几百万自己人以便
建立以色列国。尽管阿拉伯世界也很早就有人质疑犹太人大屠杀的
原因与规模，但其动机截然不同。阿拉伯人的着眼点并不在于帮希
特勒或纳粹党人平反，只是试图借由削弱以色列的大浩劫历史，来
给以色列的合法性打上问号。这个希望衍生出各式各样不同的论证
策略。[126] 其中一派援引了艾希曼的策略，因为他曾试图联络德国
的犹太复国主义者，让他们相信他唯一的目标就是让犹太人移民到
巴勒斯坦。那个自视为二战真正受害者的文化由此衍生出一种阴谋

论，认为犹太复国主义者和国家社会主义者从一开始就签订条约，缔结了一个与阿拉伯人为敌的秘密同盟。在这个阴谋中，一个必要步骤便是"非犹太复国主义犹太人"（nichtzionistische Juden）遭到纳粹与"犹太复国主义犹太人"（zionistische Juden）的合力灭绝。例如法里斯·叶海亚（Faris Yahya）在《犹太复国主义与纳粹德国的关系》（*Zionist Relations with Nazi Germany*）一书中指出："艾希曼虽然并非幸存下来的最高阶纳粹战犯，但他或许是最清楚犹太复国主义运动与纳粹政权之间关系的人。"犹太人没怎么审问便急着把他处决，结果"所有相关知识都跟着他一起死去"，除非他已经在阿根廷的录音带上说了些什么。[127]

　　谁要是希望在未被发现的艾希曼阿根廷资料里面，找到国家社会主义与犹太复国主义阴谋勾结的关键证据，那只会大失所望，因为"阿根廷文稿"表达了完全相反的意愿：艾希曼宣布了他有关建立国家社会主义—阿拉伯大联盟的梦想，一如他之前在大穆夫提阿明·阿尔－侯赛尼前往柏林参访，以及在帝国保安总局与大穆夫提的联络官合作时即已预期的那般。更重要的是，在国家社会主义根除犹太人的计划失败以后，艾希曼就只能希望至少阿拉伯世界有朝一日将会称许他的灭绝工作，不但赞扬其"毕生志业"，甚至还将它彻底完成。"光明来自东方"（Ex Oriente Lux），便代表了这种在"阿拉伯朋友"的协助下实行最终解决方案的疯狂迷梦。其他一些国家社会主义者也曾有过类似梦想，甚至还为配备毒气卡车的特别行动分队拟定好了在巴勒斯坦的行动计划。[128] 艾希曼在阿根廷仍然将"沙漠"考虑作一个"最终解决方案的构想"。[129] 艾希曼一直想成为阿拉伯人的盟友，而非当一个反阿拉伯阴谋的关键证人，当然更绝对不肯变成以色列的盟友，迄今"消失不见"的录音带和手写稿都尤其明确地显示出这一点。即便在以色列的时候，艾希曼也一再告诉自己的弟弟和律师，他同意让别人编辑润饰他的阿根廷文

514

稿，但前提条件是必须保留他有关"光明来自东方"的看法。[130]
于是他在西方情报机构引发了最严重的恐惧。实际上艾希曼不但使
用了那句拉丁文谚语，而且还身体力行。这名以色列的囚犯在写给
弟弟的一封信中宣布了他最近的皈依经历，他兴奋地宣布自己已经
转向共产主义，因为只有这个学说能够对抗"罪恶的根源：种族仇
恨、种族谋杀，以及"——他的确那么写了——"反犹太主义"。[131]
任何希望艾希曼的言论会证实自己所害怕之事的人，都很少会失望。

重新发现

一直要等到 1979 年，研究状况才终于发生了根本性的改变。
此前只有获准在路德维希堡查阅"犯罪调查中央办公室"库藏资料
的人，才能读到萨森抄本。如今又多了一个地方，因为联邦档案馆（当
时仅限于科布伦茨）收购了罗伯特·塞尔瓦蒂乌斯的遗物。从此以
后，在"同盟国审判 6"（AllProz 6）这个编号下面，便能找到审判
文件和往来信函、财务报表、各种札记，以及塞尔瓦蒂乌斯遗留下
来的其他资料，其中最重要的是萨森抄本的以色列拷贝。因此如今
司法界以外的人也可取得这份文件，尽管它上面带有艾希曼在以色
列的注记。[132] 虽然我们无法说这些藏品现在已经得到了充分研究，
但它们还是给相关专业文献带来了巨大变化。

与此同时，威廉·萨森决定把所有文件都交给阿道夫·艾希曼
的家人。关于萨森的动机，目前只有两条可能的线索。首先，他那
位年轻的新婚（也是最后一任）妻子即将分娩[133]，这样的事件往
往会引发要与过去的是非一刀两断的愿望。除此之外，萨森的住处
于 1979 年再次成为聚会场所。卡尔·沃尔夫，昔日希姆莱的参谋
长以及仍然在世的最高阶纳粹党人，与一位《明星周刊》的记者联
袂前往南美洲探访"老同志们"。于是萨森实际上是在等待两位同

僚登门造访，而且格尔德·海德曼还记得，萨森感到非常紧张，因为他仍然被指控为把艾希曼出卖给以色列的人。一名在秘鲁的纳粹党人甚至声称萨森从未加入过党卫队，而是从一开始就蓄意欺骗和利用艾希曼：他"泄露了艾希曼的藏身之处"。[134] 萨森再也无法摆脱这种嫌疑。他在弗里奇移居奥地利之后所承继的南美纳粹网络重要联络点的地位，也随之一去不返。弗里德里希·施文德更声称萨森"把应该继续传递出去的重要信息卖给了敌对双方。经他转手的信件都会遭到拆阅"，所以他是"一个叛徒"。[135] 萨森迫于无奈，只能逃离布宜诺斯艾利斯一段时间来避风头。即使过了许多年后，他仍然因为不能得到人们的信任而深受其苦。再加上萨森当时确实曾为摩萨德工作——兹维·阿哈罗尼花了几个小时说服他这个决定是何等明智——这个事实当然更不可能提高萨森的自信。[136] 因此无怪乎同样认为萨森是叛徒的格尔德·海德曼会觉得，萨森想要尽最大努力讨好他的客人。[137] 从萨森的角度来看，他显然不想继续在家中留着那些臭名昭著的材料，巴不得这位在昔日党卫队上级集团领袖陪伴下的《明星周刊》记者同行能够问起它们。

516

艾希曼的后人做了一个事后证明不怎么明智的决定，与一家明显以右翼偏见而出名的出版商签订了合同。该出版商又找来一位享有同样名声的编辑，鲁道夫·阿舍瑙尔（Rudolf Aschenauer）。1980 年，德鲁费尔出版社出版了《我，阿道夫·艾希曼》(Ich, Adolf Eichmann)，那是一本时而存在编辑错误的萨森版"阿根廷文稿"与明显带有修正主义色彩的评论拼凑出来的书。即使在右翼保守派的圈子内，该书的粗制滥造也引起了不满。阿道夫·冯·塔登——西德最活跃的战后右翼分子之一、汉斯-乌尔里希·鲁德尔的朋友、德意志国家党的成员，以及德国国家民主党的创党元老——更在那份现在改名为《国族与欧洲》(Nation und Europa) 的月刊上针对该书提出批评。与阿舍瑙尔的编辑意图相反，塔登把艾希曼的回

忆录解读成灭绝犹太人的确凿证据，即便他依旧坚持"600万人的
谎言"。塔登还写信给出版商，强调此一版本并不完全符合真正的
文稿。[138]

517　　大卫·欧文（David Irving）之类的右翼极端主义者，则直到
今天都还称赞阿舍瑙尔"指出了抄本中许多错误的艾希曼言论"。
而这些"错误"往往明显涉及欧文用来立名的历史否定论。[139] 不
过德鲁费尔版本的最大问题并非阿舍瑙尔的刺耳评论，而是更动文
字先后顺序的决定，导致访谈的对话结构变得面目全非。结果，读
者无论怎么挖空心思，也没有办法看出到底是谁在讲话。编者显然
自己也看不出来，于是他干脆把萨森的口述、朗格尔博士的评论和
发言、阿尔文斯莱本的回答等等，一概都算作艾希曼的言论。不幸
的是，德鲁费尔出版社的祖德霍尔特博士（Dr. Sudholt）热心地告
诉我说，他们出版社2000年搬迁的时候已经把原稿丢弃掉了。出
版社在导言里面引用的薇拉·艾希曼的宣誓声明书，祖德霍尔特博
士也同样一直没能找到。幸好这并不是说，今天我们只能辛苦地通
过逐句比对来评断阿舍瑙尔的版本。因为与所有阿根廷文稿和录音
带一样，阿舍瑙尔的手稿现在也已经重新出现了。更何况近几年来
各种相关原始文件皆已开放供人使用，我们也没有理由再参考这样
一个问题百出的版本。[140]

　　1991年10月，大卫·欧文在阿根廷取得了薇拉·艾希曼存放
在她丈夫最要好朋友那里的剩余文件。欧文声称，萨森的一位荷兰
同胞胡戈·比特比尔（Hugo Byttebier）从"一位实业家朋友"那
里接手了这些文件，并在布宜诺斯艾利斯的一个花园将"426页打
字机誊写稿"交给了他。根据欧文对材料进行的评鉴以及他所公开
的样稿，任何熟悉"阿根廷文稿"的人都可以明白这些文件是什么：
在联邦档案馆也能找到的一些艾希曼手稿的拷贝、联邦档案馆同样
有保存的几页萨森抄本[141]，以及至少一个章节的萨森书稿。[142] 萨

森这份书稿的内容的确迄今不为人知。我们只晓得艾希曼对它发表 518
过贬损言论，他因为这个汇编极大地修改和部分扭曲了他在萨森访
谈会上的发言，所以不愿授权出版发行。顺便值得一提的是，大卫·欧
文虽只拿到了 62 卷录音带的抄本，但已宣布将在自己的网站上公
开交给他的所有页面。从之前已经对外发表的书稿第四章可以清楚
看出萨森对这个写作计划的构想，并且发现艾希曼确实有理由表达
不满。[143] 艾希曼的言论被削弱了，而且被移花接木到萨森所想要
传播的阴谋论当中。对于研究威廉·萨森的思想与作品来说，这些
新发现的文稿可能会非常有用。

　　1992 年，瑞士 ABC 出版社从艾希曼家人手中买下了萨森的资
料，此外还有一些录音带、35 毫米底片，以及阿舍瑙尔文稿。出版
社制作了总览概要，并将一部分底片上的抄本页面重新冲洗出来，
但是却无法决定究竟该怎么运用它们。接下来几年发生的事情基本
上是由不断变化的经济环境决定的。出版社的经营者虽然已经换人，
但还是逐渐有消息流传开来，表示时隔 40 多年之后，原始录音带
终于重新出现。吉多·克诺普（Guido Knopp）随即在 1998 年率
先将录音片段用于其纪录片《希特勒的帮手 II：毁灭者，阿道夫·艾
希曼》（Hitlers Helfer II : Der Vernichter, Adolf Eichmann）。这
部纪录片让数以百万计的观众，还有目瞪口呆的现代史专家，首次
有机会亲耳听见艾希曼"对圆桌成员的小小感言"，以及他叙述自
己在面对大规模枪决时进行"诵《主祷文》仪式"的荒诞情景。不
久之后各个文化频道纷纷传出消息，表示出版社一位不具名的编辑
人员已将萨森资料存放于科布伦茨联邦档案馆，从此可供研究者
使用。依尔姆特鲁德·沃亚克率先鼓起勇气获得了对库藏录音带
的第一印象，并在她 2001 年出版的《艾希曼回忆录》（Eichmanns
Memoiren）一书中，介绍了研究人员仅靠录音材料即可完成的任务。
然而，瑞士资料拥有者慷慨大方又高瞻远瞩的决定，其真正重要意 519

义并未立即得到重视。原因之一就在于编制目录的时候发生了一个
灾难性的错误。该藏品的说明文字写的是："保管于'阿道夫·艾
希曼遗物'（Nachlass Adolf Eichmann）卷宗内的资料，乃阿道夫·艾
希曼的自传草稿，除了目前已知的信息外，基本上没有提供新的资
讯。这些文件的副本早已保存于联邦档案馆'同盟国审判 6：艾希
曼审判'（Alliierte Prozesse 6: Eichmann Prozeß）卷宗内，多年来
一直可供研究者使用。"至少最后一句话错得离谱，因为收录于"阿
道夫·艾希曼遗物"中的资料，有超过三分之一此前从未供研究者
使用。相比之下，虽然"阿根廷文稿"只能在有限程度上被视为艾
希曼的"自传"，但那简直算是一个无伤大雅的误解。错误的评估
毫无疑问必须归咎于时间和人力方面的不足，导致联邦档案馆的工
作多年来都困难重重。它所造成的后果却影响深远，因为研究人员
直到近几年前都还只能依赖"塞尔瓦蒂乌斯遗物"中的文件，亦即
只有 60% 的"阿根廷文稿"。要不然的话，往往就只能引用问题百
出的德鲁费尔出版社版本，但那样一个支离破碎、未经专业编辑的
资料来源，只会让人对艾希曼在阿根廷的生活与思想产生种种曲解
和遗漏。[144]

在路德维希堡联邦档案馆的意外发现，让我对"没有提供新资
讯"的讲法开始产生了怀疑。该馆的人名与段落索引列出了我在"塞
尔瓦蒂乌斯遗物"当中遍寻不着的页面：臭名昭著的 41 号录音带
第三页，其中提到了艾希曼的副手罗尔夫·金特。这条线索终于促
使我浏览了一下路德维希堡的萨森抄本，而直到那时我都还以为它
跟以色列的副本相同。但一眼就可以看出，路德维希堡的纸本拷
贝 [145] 明显不同于以色列的副本。谁若是发现，早在 1961 年就已经
存在着来源明显不同的两份拷贝副本，那么就一定也会意识到，虽
然它们都被贴上了同样的标签，但还是值得查明是否能够找出第三
种版本。那时我连想都没有想过，它果真被收藏在科布伦茨联邦档

案馆的艾希曼遗物当中，而且在大多数情况下甚至就是消失已久的原始打字抄本和手写文稿。

慷慨的瑞士出版社捐赠给科布伦茨联邦档案馆的资料，即艾希曼遗物，除包含了能够证明抄本真实性的录音带之外，还有威廉·萨森在1979年仍然持有的全部原始抄本、手稿和底片。但萨森既不是个一丝不苟的人，更称不上档案工作者，因此今天可供使用的这个原始阿根廷版本也不很完整，其中缺少了29号录音带的抄本（艾希曼在那卷录音带上标注着"仅供您个人参考"）、关于罗尔夫·金特的那一页，以及70号和71号录音带的抄本（但我们不知道它们是否曾经存在过）。不过原始材料中涵盖了5号和11号录音带之间所"缺失"的抄本（即6、8、9和10号录音带）[146]，以及67号录音带的两页抄本、68-69号和72-73号录音带，此外还有一卷未编号的录音带，说明标签上写着："W. S. 这卷私人录音带除了录有音乐和一出佛兰德语话剧之外，还有一段 E. 和 W. S. 的对话。"[147]手写稿和手稿誊本也不完整，而且因为忽略了草稿的整体架构，划分得令人困惑，甚至连萨森在谈话中所写笔记的打字抄本也出现在其中。[148]ABC 出版社在1992年见到的35毫米底片，直到今天都还没有被拿来与打字稿进行比对。手写稿和手写稿誊本总共有200多页，但缺少了在以色列被归类到"第17号卷宗"的大量手稿页。不同于科布伦茨"艾希曼遗物"中的库藏手稿，路德维希堡联邦档案馆内标示为"杂项"的资料夹中的页面拷贝非常干净，有助于将 521 "第17号卷宗"还原到它原本归属的那份大型手稿《其他人都讲过了，现在我想说话！》。

把这种令人困惑的情况简化一下就是：今日想要研究"阿根廷文稿"的人，首先必须从三个不同的档案馆把艾希曼的手写稿和萨森抄本重新收集起来，有时需要一页一页地。这正是我为本书——以及我的其他相关工作——所做过的事情，因此当然认为如此大费周章是值得的。不过在我看来，只需要有一个人耗费生命光阴来进行这种拼凑工作就已经足够了，所以我很乐意向那些在联邦档案馆从事进一步研究的人提供页面索引，指出分别在三家机构的什么地方可以找到它们。这同样适用于录音带内容的概述。并非所有录音带都是来自阿根廷的原件，所以实际内容少于 29 小时的完整播放时间，有些部分甚至还重复了好几次。有些录音带显然是为了提高清晰度的缘故，以不同的播放速度经过了重新录制。因此即便录音内容与原版相同，所使用的录音带却非原件。至少有一份拷贝是近几年才录制完毕的，虽然录音带本身看起来相当老旧。因为它和其他经过重复录音的磁带一样，听得见原先录制内容的残留：一出儿童广播剧，里面出现了多频按键的信号声以及复调旋律，而这是 20世纪 90 年代才开始出现的技术。但也有磁带是 1957 年录制的，还能听到（或猜测）之前萨森访谈会的内容。因此录音棚的分析，还可能带来更多惊喜。

522　　　　## 附记：BND 档案，抑或艾希曼的第四项事业

以色列情报单位"摩萨德"的特工率先发表了自己对艾希曼绑架案的相关事件的讲述。兹维·阿哈罗尼、彼得·马尔金（Peter Z. Malkin）和伊塞尔·哈雷尔都出版了内容详尽的书籍，让我们得以一窥摩萨德的档案。如今，阿舍·本-纳坦的回忆录和大卫·本-古里安的遗稿，也有助于我们更好地了解导致绑架和审判的决策过程。正是因为实际参与者彼此之间也存在着歧见与敌意，导致各种报告至今呈现出一种众说纷纭，偶尔还相互矛盾的景象。想要提高透明度的意愿显而易见：摩萨德前负责人伊塞尔·哈雷尔在 1997年推出了新版的《加里波第街的房子》（*The House on Garibaldi Street*），决定把书中之前多年使用的大部分化名都换成真名。[149]

此外还有许多以色列参与者亲自接受采访，解释了他们的动机与想法，并回答了各种问题。尽管与绑架和审判有关的文件仍未完全对研究人员开放，但已经朝着对外公布的方向迈出了很大一步。

当美国国家档案馆 1998 年开始对外公开情报单位关于纳粹分子的文件时，研究人员曾对此抱有很高的期望。尽管许多解密的页面平凡无奇，有些甚至被涂黑到了荒谬可笑的地步，但光是中央情报局的"阿道夫·艾希曼档案"（CIA "Name File Adolf Eichmann"）无疑就提供了大量信息。如果没有这些文件，就不可能重建萨森抄本形成过程中的某些事件。然而情报单位的资料收集者并非历史学家，其职责也不在于为学术研究建立档案，而是要维护国家的利益与安全。因此如今更重要的是认识到，即使揭露了前任同僚们的假情报策略，以及他们犯下的错误与疏失，所造成的伤害也绝不可能超过外界的疯狂猜测，怀疑情报单位蓄意隐瞒了事情的真相。

由于情报单位的文件当中总是会出现来自其他国家的报告，以及友好情报机构传来的资讯，因此不管再怎么小心谨慎，已解密的中情局档案无疑也包含了一些明显来自德国联邦情报局的信息。但即便如此，解密行动至少在表面上并未引起国际争端。最晚等到 BND 的名字被提起的时候，任何对此事感兴趣的人都会想起来，德国联邦情报局当然同样建立了自己的艾希曼档案，而且德国外交部和联邦宪法保卫局也不例外。然而德国联邦情报局的档案至今没有对外开放，只有少数一些勉强跟艾希曼扯得上关系的文件，在 2010 年 11 月被移交给了联邦档案馆。[150]

多亏了新闻工作者加比·韦伯（Gaby Weber）的努力，在 2010 年促成联邦行政法院判决不得拒绝公开所有相关档案，这才至少阻止了全面延长保密期限的可能。韦伯是率先成功争取到至少有限使用档案的权利，而且能够研究部分档案的人，尽管某些页面已

523

被严重涂黑删除。然而令人遗憾的是，就连这些经过筛选的档案都仍未全面对外开放。换言之，任何即使只想看一眼这些档案选录的人，也必须提起自己的诉讼程序。直到施普林格出版社的记者汉斯—威廉·绍雷（Hans-Wilhelm Saure）为了档案查阅权而提起官司诉讼之后，德国的八卦报纸《图片报》（Bild）才终于得以在 2011 年 1 月首次向大众公开了其中的一份文件。[151]2013 年 2 月，联邦行政法院却驳回了关于进一步开放档案的要求。原告仍可选择向联邦宪法法院和欧洲法院提起诉讼。其他记者已经宣布打算仿效绍雷的做法，自己提起诉讼来争取完全解密艾希曼档案。这场法律大战仍然方兴未艾。

524　　　这种奇特的情况使得学术研究和公共利益必须取决于能否支付法院和律师的费用。这让人十分好奇一个问题，那就是联邦情报局的档案中到底有些什么爆炸性的文件，以致过了 50 多年仍由于政治原因而无法真正解禁。这方面最全面的解释可见联邦总理府 2009 年 9 月 10 日发布的 11 页禁制声明。加比·韦伯在第一次胜诉之前收到了它，并且很大方地在自己的网站上公开。一概不公开艾希曼档案的做法已被联邦行政法院宣布为无效，但我们仍有必要仔细研究一下那个企图，因为它可以让人深入了解，透明开放的想法如何一如既往地引发了恐惧。而拒绝的特质就是，说明理由的时候，难免不得不泄露比档案本身更多的东西。任何拒绝某件事的人，首先总是要谈论自己。我们越是熟悉阿道夫·艾希曼这个研究主题，以及今日可供查阅档案的范围，这种效应就越明显。

　　　根据联邦总理府 2009 年 9 月 10 日的正式声明，相关档案包括分布在五个保管单位的大约 3400 页文件。他们采取了非常宽松的计算方法，于是把"仅仅零星提到在阿根廷的艾希曼"的文件一并算了进去。那些文件显然也被收藏在那五个保管单位，而且被其工作人员混为一谈。[152]凡是标注了"艾希曼"这个查询关键词的联邦情报局档案文件都不向研究人员和一般公众开放，理由主要有三点，它们被认为比"相当抽象的……对追寻真相的兴趣"[153] 更重要。那三点分别是：国家利益、举报人保护，以及受波及的第三方的一般隐私权。

"国家利益"这个词意味着，公开那些档案会对国家的安全利益产生负面影响。由于联邦德国情报部门的卷帙当中也包含从外国机构获得的文件拷贝，所以他们无法对外开放那些根本不属于自己所有的资料。这个理由直接表明，谁要是像情报部门一样依赖国际合作，就必须信任涉及的各方都能认真对待自己获赠的资料拷贝。然而任何外国机关也同样清楚，法治国家的各个机构受到当地法律的约束，因此保密期限原则上也适用于此类外来资料。除此以外，一方面支持一国政府对"外国机构"资料的自由裁量，同时却指责以色列"迄今未完全对外开放艾希曼审判案的官方资料"，这完全就是前后矛盾。尽管如此，任何向德国联邦情报局申请查阅档案资料的人，所想看的就只是联邦情报局的档案资料。然而更令人惊讶的是，后来提交给联邦行政法院的文件当中，竟然也包括了来自以色列的资料。[154]

然而，上述声明又继续迈出了决定性的一步，宣称"联邦情报局制作的评价文件，有可能被误认为是刻意针对外国官方机构特定人员而发的诋毁声明。无论对特定案例（艾希曼相关档案）还是一般事务而言，这都将严重损害或危及与外国公共机构的友好关系。"[155] 这个暗示现在果真激起了人们的担忧，不知联邦情报局做出的评估，包含了什么直到今天仍足以损害国际友好关系的"时代精神"。其实在进行情报工作和学术研究的时候，评估来自第三方的所有信息都是完全正常的做法。20 世纪 50 年代时联邦情报局人员——亦即联邦德国官员——所做出的评估，竟然在今天仍有可能被看成刻意针对"外国官方机构人员"（例如以色列）而发的诋毁声明，这种想法的确让人不寒而栗。

526   第二点涉及举报人保护，亦即情报机构在运作过程中应善尽
自己的职责，避免由于疏忽而对信息提供者造成伤害。举报人保护
因而也与安全利益息息相关，因为如果人们听说某个情报机构不保
护其情报提供者的话，那么很快就再也不会有任何人向它提供情报
了。就此而言，禁制声明却相当令人吃惊地泄露了具体告密者的有
关细节。我们于是知道那个提供帮助的人"相对比较容易"暴露
身份，因为他"可以独家获取相关消息"，而且"消息的内容和范
围……能够让人推断出消息来源以及举报人的身份"[156]。此外该人
还主动"要求……特别保护消息来源"。这名举报人到 2009 年仍然
健在，"一如既往继续活跃在他的职业领域（！）"，而且"其身份
的暴露不仅会危及举报人自己的私人生活和专业领域"，更将对"他
今日……许多业务伙伴的职业生涯"造成不利影响。光是怀疑他"与
联邦情报局合作……或许即足以给他的事业带来经济上和声誉上的
损失"[157]。此外，这名举报人不仅"一如既往继续活跃在他的职业
领域"，而且还"有名有姓地出现在互联网上，可以被搜索到"[158]。
20 世纪 80 年代初期，这名举报人更"因为联邦情报局的另外一项
行动"而被"重新起用"，而任何有关这项行动的公开措施都不无
可能对他造成威胁。[159] 尽管解释的一方态度可嘉，愿意不厌其烦
地详细说明自己的理由，但我们还是禁不住想问：既然该人可能会
因为被猜到在寻找艾希曼时起过关键作用而受到伤害，为什么情报
部门仍主动对他做出如此详尽的描述？事实上，并非世界所有地方

527   （而只是在大多数地区）都会由于某人在艾希曼一案立下汗马功劳
就颁奖章给他，因为某些文化直到今天仍然不承认那是一项光荣的
成就。[160] 正因如此，怎么会有人非但不保护一个如今至少已经年
近 70 岁、50 多年来始终"有名有姓地"在世界这些部分从事专业
工作的人，反而还公开勾勒出他的形象，使得能干的研究人员[161]

只需花上半天功夫，便能根据那个描述（同时借助文中很有帮助地推荐的互联网）将可能告密者的范围极度危险地缩小到很小一群人。结果在联邦情报局的帮助下，立刻就有十几个人暴露于那种猜测所带来的危险之中。以伤害与本案无关的第四者为代价的"举报人保护"，至少在我看来无法取信于人，而且也不可能让今天和未来的联邦情报局线人感到放心。

就"受波及的第三方的一般隐私权"而言，根据禁制声明的说法，在档案中总共提到了大约 50 人。但那是因为他们找出许多文件的缘故，即便那些文件只是跟研究主题"沾边而已"[162]。因此把人名涂黑将是必要的做法，然而与研究可能获得的成果相比，这将意味着"不成比例的行政负担"。这种说辞自然会引来每一位研究者的驳斥，质疑一名（或者许多名）联邦情报局的人员如何能够断定哪些资料对研究有用或没用。即便是一张索引卡片的价值，很大程度上也取决于一位学术工作者的专业水平和阅读技巧，而外行人士的猜测则永远只会不着边际。尽管每一位学术工作者都必须高估自己研究领域的重要性，如此才有办法数年坚持不懈地工作，可是不论对学术界还是更大的社会而言，阿道夫·艾希曼这个主题的重要性无可置疑。无论我们是否反对禁制声明，这个主题早就远远不只是私下研究的对象了。德国人对这个主题的态度，在世界各地都不被看成"相当抽象的"事情[163]，而是已成了国际社会评断联邦德国的标准之一。德国的声誉取决于我们从自己的过去吸取教训的意愿，这是颠扑不破的事实。如果有任何事情会威胁到德国"国家利益"的话，那就是在联邦总理府信笺上写下的声明，宣称开放联邦情报局艾希曼相关档案的做法，将造成与"寻找真相的目标"[164]"不成比例的行政负担"[165]。

除了上述三点之外，禁制声明中还提出警告，不可公开发表对相关文件进行研究和调查所得出的结果。它表示："除了德意志联

528

邦共和国之外，这些文件也会给其他国家的（外交）政策带来影响。
它们能够脱离档案文件的历史情境而具有现实意义，在追寻（中东）
外交政策的目标和利益时被用作工具。"[166] 该声明于是支持了长久
以来宣称的论调，主张在研究现代历史相关文献的时候，所做的工
作不只是阅读历史的遗绪而已。那些人认为，研究始终对"这里"
和"现在"有影响，而这正是进行研究的原因。明理的人都知道，
与任何形式的发表一样，研究写作也有可能出现误解和过度诠释，
而且事实上总是会有人把一切资讯都用作达到自己目的的工具。情
报部门的档案材料甚至完全只是为了让知识成为实现政治目标的工
具，在国际关系方面尤其如此。一窥联邦情报局的艾希曼相关档案，
因而也总是意味着看到了情报机构的工作，以及 20 世纪五六十年
代德国社会与世界的关系。但这并非原始资料研究的不利因素，反
而是其明确的既定目标之一。在特定政治背景下将文件工具化的做
法，毕竟不是什么新鲜事。然而 20 世纪的历史也展现出，宣传家
们会滥用一切信息，因此试图不让他们接触材料，简直就形同试图
进行全面的审查。

　　禁制声明设法解释档案处理方式时大费周章的做法，早已使它
成为一个产生了国际影响的公共事件。只需要与其他国家的研究人
员交谈一下便可看出，外界对那种普遍认为不高明的表现是何等不
舒服。不公开档案是很正常的事情，法治国家对此都有明确的规定，
同样在德国我们也致力于维护透明化的理念。这就是为什么在保密
期结束之前，会针对部分解密的文件和必要时将文字涂黑的做法制
定各种规则。然而，如果我们不提起诉讼就无法依据现行规定获得
查阅文件的权利，这种情况只会损害国家的形象，让同时也是研究
人员的公民在国际研究同行面前感到汗颜。但尤其重要的是，这种
行为如今已造成了无法弥补的伤害。这只会给人一种印象，觉得官
方有明确的利益牵涉，因此务必要隐瞒有关艾希曼这类主题的信息，

从而使人怀疑最后被迫对外公开的档案绝不可能完整。恰恰是此种情况，构成了制定机密文件处理法规的原因之一，以防出现这样的阴谋论，否则将无法打消人们的怀疑。

* * * * *

　　可惜我们不必是阴谋论的爱好者，就能发现目前提交给原告的档案资料其实并不完整。我们甚至不必亲自查阅文件即可看出这一点，因为对于凡是研究过"耶路撒冷之前的艾希曼"的人来说，只要参考一个信息就够了：艾希曼在 1960 年 5 月被捕之前的相关档案内容总共还不到 30 页，而且其中有 4 页全是关于威廉·萨森的旅行和护照申请，这不禁令人怀疑，那 4 页是在萨森访谈录曝光之后才被添加到艾希曼档案中的。无论是西蒙·维森塔尔的消息、奥地利和德国的逮捕令、美国中情局档案中提到的 1958 年进行的信息交换，还是弗里茨·鲍尔从 1959 年夏天开始大规模进行的干扰策略，都没有反映在那几页里面，而这些还只不过是其荦荦大端罢了。除却那张 1952 年的索引卡片，以及上面的艾希曼化名与联络地址之外，没有任何东西能够呈现出我们甚至早已从其他来源所熟稔的事件和信息。举例来说，如果把目前可供使用的页面与联邦宪法保卫局几年前公开的五份文件相比较，即使不做任何说明，仍可看出其中的差距有多么明显。正如一张索引卡片就能让做了功课的人解读出许多事情，真正的问题也很难让人视而不见：为什么今天的档案这么薄？无论其中原因如何，但可以确定的是，它并非一直如此。因为我们没有理由认为，德国联邦情报局会像这些文件所显示的那样，把自己的工作做得漏洞百出又杂乱无章。可惜这个观察结果不是只对 1960 年 5 月之前的档案文件成立。

　　在艾希曼档案这件事情上，对透明的恐惧从何而来？如果我们

530

不认为这是公开情报部门档案时的一般原则，那就不妨附带说明一下。艾希曼一案与其他纳粹旧包袱的不同之处，在于和艾希曼这个名字相关联的一切。人们对艾希曼可能说出什么的畏惧，并非从他在 1960 年 5 月遭到绑架之后才开始。艾希曼作为纳粹迫害犹太人行动的协调者，曾经涉入了政治与经济生活的方方面面，因此非但逍遥法外的纳粹罪犯感到惴惴不安，经济界和工业界、司法界和医药界、行政界和外交界的代表人物也不例外。艾希曼的名字从一开
531   始就在阿道夫·艾希曼自己不曾去过的地方也起了作用，因为这正属于国家社会主义体系巧妙掌握的权力机制当中的一环。在许多人从中获利的那个犯罪政权网络里，必定也有许多人感觉自己是同谋，即便 1945 年战争结束之后的阶段并没有成为他们要面对尴尬问题的时期。在这种集体缄默的氛围下，一个已成为象征的名字蓦然出现，带来了骚动。最晚等到本—古里安宣布审判艾希曼之后，这种不安情绪便涌现于有人知道这个名字的世界各个角落。在 1960 年的时候，没有人能够确定艾希曼会多么认真地对待同志间的忠诚，以及他是否会收起喋喋不休的作风。[167]1960 年夏天的情况与纳粹时期无甚不同，艾希曼又一次在他没有去过的地方产生了影响。因此如果有谁在艾希曼被捕之后，像情报单位一定会做的那样观察世界各地的反应，将不可避免地遇到与艾希曼根本无关的地区做出的应对。正由于多年来人们一再怀疑艾希曼藏身叙利亚或埃及，研究因而也必须考虑到迄今比较不受注意的中东纳粹网络。正如我们已经从个别案例中所了解到的那样，这个网络迅速建立起了各种重要的经济关系，其中一些至今仍很活跃，而且它们当然也与以色列—巴勒斯坦冲突（"中东政策"）有关。不管是张冠李戴，还是果真如埃里克·施密特—恩伯姆（Erich Schmidt-Eenboom）所认为的，曾经有人胆大包天在中东化名"艾希曼"[168]，相关传言都为战后早期的一段历史提供了锁钥。20 世纪 60 年代初，情报部门针对艾希

曼进行彻底调查的时候，不可能没听过这一类流言蜚语。无论在阿根廷、德国、奥地利、西班牙还是中东，普遍出现的骚动不安其实并非艾希曼引发的反应，而是源自人们当年亲身参与第三帝国所留下的难以磨灭的记忆。正如一本以1945年之前的艾希曼为主题的书，必然也是一本关于纳粹时期的书一样，任何在1945年以后寻找艾希曼踪迹的情报机构，也无法不在档案中勾勒出战后时期的图像。因此如果公开艾希曼相关文件的话，一定也会呈现出这个图像。相关的认识恐怕会让人感到不舒服，而这的确是很有可能的事情。

但如果把一个机构的举措，以及它对50多年前的情报档案的不当处理，都仅仅归咎到这个机构自身，那将是错误的做法。联邦情报局并不是一个小型阴谋团体，躲在年轻的德意志联邦共和国及其代表身后，追求令人起疑的目标。如果对国家社会主义罪行的研究教会了我们什么的话，那就是小型团体只有在得到社会及其代表指导和允许的情况下，才有办法为非作歹。片面的指控，例如把某个组织称为"国中之国"，只会像接受集体罪责的假设一样，蒙蔽了人们的判断。如果联邦总理府想要深锁历史文件，或者借口设立工作计划绵延数年的委员会来延后解禁文件的时间而没有招致舆论的强烈批判，那么今日联邦情报局工作人员为此所应负的罪责，与20世纪50年代无法独立运作于政治利益之外的情报机构一样微乎其微。

严格说来，通过向公众暗示艾希曼档案含有爆炸性内容而把它列为机密的做法，有其荒谬怪诞的一面：我们再次将意志的软弱和对做出必要决定的怯懦逃避，不可救药地与阿道夫·艾希曼的名字联系在一起。在艾希曼被处决半个世纪之后，确实存在着一种危险，那就是他再次有可能成为一个象征，诱使我们把目光移开，不去正视那些为了避免日后犯错而必须注意的事项。如今的问题早已不光是历史档案中包含了哪些资料，或者联邦德国各个相关机构在

20 世纪 50 年代疏漏或阻挠了哪些事情。在德国联邦议会 2011 年针
对联邦情报局艾希曼档案的辩论中，耶日·蒙塔格（Jerzy Montag）
敦促人们彻底重新思考应如何处理这些陈年旧账："现在我们必须
533　改变方向。……如果我们能有三四次通过行政部门提供的新材料有
所发现，而非总是只能从调查记者那里，或者在偶然情况下听到消
息，然后事情才会有所改变。"[169]

　　在写完本书之后，没想到一位记者允许我看了一下联邦情报局
的档案。尽管作为作者，我因为不必把书重写一遍而非常高兴，但
作为德国的学者，我必须承认，这段经历给我留下了持久的不安。
其实我宁愿知道更多，而非只是补充几页附加内容而已。即便如此，
在德国联邦情报局第 121099 号档案的 2425 页资料当中，却还是有
一张纸头让人燃起了希望。上面只有一个大写写出的指示："请仔
细收集关于艾希曼的一切，我们仍然需要它。"[170]

言犹未尽

　　今日我们探讨阿道夫·艾希曼在阿根廷的思想时，比起之前任
何研究者都有更多材料可供运用：大部分原始抄本、一些不同副本、
许多手写文稿和打字誊本，以及关于当时最重要出版物的笔记和
评论。除此之外，我们也比那些目睹审判的人享有更大优势，能
够多方面借助大量现代史研究成果，以及极佳的审讯记录和审判
记录版本。

　　不过这项任务仍然十分艰巨，因为艾希曼一直设法威吓别人，
使他们无法作为。威廉·萨森在艾希曼接受审判，以及他自己在《生
活》杂志受挫之后，也一再告诉别人他准备撰文书写艾希曼的计划。
甚至当萨森在 1979 年决定将文稿和录音带交给艾希曼的家人之后，
他仍然想保留在自己的其他文章中使用阿根廷文稿的权利。他从未

透露过有关萨森访谈会的细节，而且即便在包括卢多尔夫·冯·阿尔文斯莱本在内的大多数参与者都去世之后，还是一直秘而不宣。只有与艾希曼交往的经过让他难以割舍。在萨森接受的最后一次电视采访中，出现了一个憔悴不堪的酒鬼，几乎讲不出一个连贯的句子，可是他的思绪仍然围绕着那本关于艾希曼的书打转。[171] 然而他永远也无法写作了。最后他似乎与《门徒与婊子》中的一个小说人物有了同样的命运，而那是他自己在刚开始和艾希曼密切打交道时塑造出来的角色：

　　　　他回到家的时候，对晚餐已经没有了胃口。于是他走进墙边书籍一直堆到天花板的书房，从移动小吧台拿了一瓶酒和一个玻璃杯，向后斜靠在扶手椅上。他拿起一份报纸、接着是一本书，最后则是一本赞美他最新文章的专业杂志。可是不管怎样他都无法集中精神，只能索然无味地迅速喝酒。醺醺然的感觉出现得同样快速，却没有带来慰藉。一切又开始了——他太阳穴有节奏的跳动、他内心的焦虑不安，而且他再次断断续续听见了埃尔温·霍尔茨充满穿透力的声音。那些片段来自他前些日子与霍尔茨进行的多次对话。对霍尔茨来说，它们就仿佛解剖刀一般，毫不留情地从自己和他那一代人的身上划过。那位医生曾经努力设法反驳霍尔茨时而相当粗糙的论点和主张，用分析或嘲讽来粉碎它们。事后，当他回顾自己的破坏性努力时，却又觉得意犹未尽。对他冷静而思路分明的头脑来说，那是一个引人入胜的冒险，看着霍尔茨为他照亮道路、带他进入现代精神困境的迷宫，来到自我牺牲的理想主义者永恒的地下墓穴。那是一个引人入胜的冒险，但也变成了一种负担。因为如今到处都响着霍尔茨的声音，在他周围、在他心中，甚至在托马斯·鲍尔医生博士自以为只有他才享有话语权的地方。他收回伸出去的双腿，双臂交叉放在膝盖上，把头埋进臂弯，仿佛想要保护自己。他闭上眼睛，让声音向他发起进攻。[172]

萨森真的失去了自己的声音。与大屠杀凶手个人及其思想的周旋，使萨森永远丧失了他最强大、最令人印象深刻的天赋——说话和写作的能力。直到 2001 年去世为止，萨森都没有再发表作品。[173]

535

1960 年，当艾希曼来到耶路撒冷的时候，不仅他自己的罪行，还有他在阿根廷的过去都已经找上了他。但不同于他周围的人和他的律师，艾希曼不会对此感到惊讶，因为他曾多次告诉萨森和弗里奇，他希望在自己死了或被捕以后，马上公布资料。于是艾希曼再次比其他人拥有一个决定性的优势：他确切知道自己在阿根廷留下了什么样的材料。因此艾希曼早已做好充分准备，要表现出什么样的"即兴反应"。他的方法既冒险又非常有效：否认那些材料的真实性。这样，艾希曼不但能够保护那一段阿根廷插曲的全体参与者，使萨森访谈会的工作在很大程度上变得面目全非，更可在接下来的数十年里使"阿根廷文稿"无可比拟的史料价值被打上一个问号。艾希曼对这场惊险赌局的盘算已昭然若揭：他希望在对抗世界观敌人的最后一场战斗中，再次自行决定自己在历史撰述中的地位。然而正因为如此，艾希曼也落入了国家社会主义错误的陷阱，因为一个人从来都无法自由选择其在历史上的地位，更遑论把它强加给后世了。他能够用手段操弄，以及用谎言转移人们注意力的时代已经结束了。现在有待我们来实现公开透明，把艾希曼放在他所属的地方，而非被他滔滔不绝的言论弄得目瞪口呆。历经多年光阴和无数捉迷藏的游戏之后，仍有将近 1300 页"阿根廷文稿"和超过 25 小时的录音带保存下来。对那个拼命写作和为自己辩解的人而言，最大诅咒就是别人反而可以通过他的努力，以他完全想象不到的方式彻底阅读他所写出的每一个字。

缩略语

AA	Auswärtiges Amt（外交部）
AfZ ETH	Archiv für Zeitgeschichte, Eidgenössische, Technische Hochschule Zürich（苏黎世联邦理工学院当代史档案馆）
BArch	Bundesarchiv（联邦档案馆）
BDC	Berlin Document Center, heute im Bestand des BArch Berlin（柏林文献中心，如今隶属于柏林联邦档案馆）
BdJ	Bundesministerium der Justiz（联邦司法部）
BfV	Bundesamt für Verfassungsschutz（联邦宪法保卫局）
BKA	Bundeskriminalamt（联邦刑事调查局）
BND	Bundesnachrichtendienst, bis 1956 "Organisation Gehlen"（德国联邦情报局，1956 年之前称为"盖伦组织"）
BVerwG	Bundesverwaltungsgericht（联邦行政法院）
CAPRI	Compañia Argentina para Proyectos y Realizaciones Industriales, Fuldner y Cía（阿根廷工业规划及执行公司，福尔德纳公司["卡普里"公司]）
CIA	Central Intelligence Agency（美国中央情报局，中情局）

CIC	U.S. Army Counter Intelligence Corps（美国陆军防谍队）
CROWCASS	Central Registry of War Criminals and Security Suspects（战犯及安全嫌犯中央登记处）
Dok.	Dokument（文献）
DÖW	Dokumentationszentrum Österreichischer Widerstand（奥地利抵抗运动文献中心）
ebd.	Ebenda（同上）
FZH	Forschung für Zeitgeschichte, Hamburg（汉堡当代史研究中心）
Gestapo	Geheime Staatspolizei（盖世太保，秘密国家警察）
HHStA	Hessisches Hauptstaatsarchiv（黑森州总档案馆）
HIS	Hamburger Institut für Sozialforschung（汉堡社会学研究所）
IMT	International Military Tribunal（纽伦堡国际军事法庭）
KZ	Konzentrationslager（集中营）
LKA	Landeskriminalamt（州刑事调查局）
NA	U.S. National Archives, College Park, Md.（美国国家档案和记录管理局）
NSDAP	Nationalsozialistische Deutsche Arbeiterpartei（德意志民族社会主义工人党，纳粹党）
O. D. E. S. S. A.	Organisation der ehemaligen SS Angehörigen（"敖德萨"，前党卫队成员组织）
ÖStA	Österreichisches Staatsarchiv（奥地利国家档案处）
PA AA	Politisches Archiv des Auswärtigen Amtes（德国外交部政治档案）
RSHA	Reichssicherheitshauptamt（帝国保安总局）
RuSHA	Rasse- und Siedlungshauptamt（党卫队人种与移居部）
S. u.	Siehe unten（见下）

SD   Sicherheitsdienst（党卫队保安局）

SS   Schutzstaffel（党卫队）

SÚA   Státní ustřední archiv Praha（布拉格国立中央档案馆）

Verhör   Protokoll des Polizeiverhörs in Israel(以色列警方审讯记录）

ZSt   Zentrale Stelle, Ludwigsburg（路德维希堡中央办公室）

注 释

导 言

1. 1961 年 2 月 5 日写给卡尔·雅斯贝尔斯的信函（Hannah Arendt, Karl Jaspers, *Briefwechsel* 1926—1969. Herausgegeben von Lotte Köhler und Hans Saner. München, Zürich 1985, 459）。

2. 1962 年 5 月艾希曼回答法国《巴黎竞赛画报》提出的书面问题。BArch Koblenz AllProz 6/252, 38.

3. 我没见过任何关于艾希曼的出版物不出现类似这样的句子，而我自己直到七年前也还信誓旦旦地如此宣称。比较新的例证则是一本探讨德国外交部的大部头著作：Eckart Conze, Norbert Frei, Peter Hayes, Moshe Zimmermann, *Das Amt und die Vergangenheit. Deutsche Diplomaten im Dritten Reich und in der Bundesrepublik*. München 2010, 604.

4. Jean-Jacques Rousseau, *Discours sur l'origine et les fondements de l'inégalité parmi les hommes*（Amsterdam 1755）第二部分的最初几个句子。

5. 1945 年战争结束后不久，艾希曼的名字所造成的混乱便蔓延开来，顽固地一直持续至今。其实他的名字显然是可以查证的。那不但能够在他的出生证明中找到（BArch Koblenz AllProz 6/236），更出现在纳粹时代的官方文件上——例如党卫队"人种与移居部中央办公室"的档案资料（BDC, BArch Berlin, RuSH-Akte Adolf Eichmann）。"卡尔"（Karl）则源于艾希曼父亲的名字所带来的混淆——那个名字非但可以在林茨市的电话簿上找到，也出现在他父亲的纳粹党证上。由于在以色列的时候，艾希曼的名字跟他父亲的名字被同时提起，称为"阿道夫，卡尔·阿道夫·艾希曼的儿子"（Adolf, Sohn von Karl Adolf Eichmann），这个误解就一直延续了下来。除此之外，艾希曼和许多长子一样，继承了祖父的名字。

6. *Meine Flucht*, 22, 1961 年 3 月写于以色列。艾希曼本想把这份文稿取名为《在 1945 年 5 月的一个夜晚》（*In einer Mainacht 1945*），引自按照手写稿页码来编页的打字稿。BArch Koblenz AllProz 6/ 247.

7. 将这些细节视为"文学修饰"的人，可在 1960 年 6 月 6 日艾希曼被绑架之后拍摄于其家中的照片，以及刊登于当时许多杂志的图像中找到证据（尤其是 1960 年 6 月 26 日至 7 月 16 日的《明星周刊》）。其他细节则来自艾希曼在以色列写给家人的信函。其副本现存于以色列国家档案馆以及科布伦茨联邦档案馆（BArch Koblenz AllProz 6/ 165 und 248）。

8. 该书英文版在 1963 年出版于纽约和伦敦。德国读者起初只能在《水星杂志》(*Merkur*) 上读到将近 20 页的文字，内容是经过编辑部删节的第二章与第三章。第一个德文版本于 1964 年在慕尼黑发行（Paperback Nr. 35）。本书在下面引用的就是这个版本。

9. 阿伦特写给玛丽·麦卡锡的信函，1960 年 6 月 20 日。Hannah Arendt, Mary McCarthy, *Im Vertrauen. Briefwechsel 1949-1975*. Herausgegeben von Carol Brightman. München, Zürich 1995, 150.

10. 同上。

第一章 "我的名字成了象征"

1. *Meine Flucht*, 22. 1961 年 3 月写于以色列。Barch Koblenz AllProz 6/247.

2. 最新和最值得注意的例子是 Klaus W. Tofahrn, *Das Dritte Reich und der Holocaust*. Frankfurt a. M. 2008。该书在很多方面存在问题的 4.22 章《论艾希曼接受审判一事》中写道："艾希曼尤其靠他的不引人注目和不可见给世界公众留下印象。艾希曼在战前是一个不见其人的党卫队保安局官员，在战时是一个不见其人的党卫队军官，在战后则是一个藏匿无踪的纳粹党人，直到审判开始之前还是一个不见其人的以色列囚犯"（第 359 页）。

3. 艾希曼的一手知识反而能够在这方面派上用场，因为人们直到 1960—1961 年仍然对保安局所知十分有限。其实当艾希曼在 1934 年申请进入保安局的时候，这个单位已经过了草创阶段，除海德里希之外另有 86 名官员（根据 1934 年 10 月 1 日的党卫队编制表所计算出的人数）。

4. 弗朗茨·迈尔（Franz Mayer）于艾希曼审判案第 17 次开庭时的证词（Eichmann-Prozess, Session 17）。

5. 萨森抄本 24, 2（引用格式为：原始录音带编号，誊写稿页码）。

6. 在 1937 年 12 月 18 日的部门主管会议上，赫伯特·哈根详细列举了艾希曼在纪律和组织上的各种不足，并勒令他限期改善。见起诉文件 T/108。

7. 马库斯表示自己第一次和艾希曼见面是在 1936 年 11 月。不过他所描述的相遇，只能发生在 1937 年 11 月，随即艾希曼做出了他所描述的行为。所以马库斯若非记错了他们第一次见面的原因，就是记错了见面的时间。或许马库斯在 1937 年 11 月之前已经见过艾希曼，所以他的日期是正确的，只是把见面的原因搞混了。Ernst Marcus, *Das deutsche Auswärtige Amt und die Palästinafrage in den Jahren 1933-1939.Yad Vashem Archive* O-1/11, 1946. 英译版见 *Yad Washem Studies* 2, 1958, 179-204，德文版见 Kurt Jacob Ball-Kaduri, *Vor der Katastrophe. Juden in Deutschland 1934—1939*. Tel Aviv 1967, 69-72。

8. 监视的照片已在艾希曼出庭受审时对外公开，相关档案资料却迄今仍未解密。

9. 约阿希姆·普林茨移民美国前，在 1937 年 6 月 26 日受到盛大欢送。见 Benno Cohn, *Frankfurter Rundschau*, June 1, 1960；以及艾希曼审判案第 15 次开庭的资料。艾希曼自己曾在 1937 年 11 月 1 日的演讲中提到了那个事件（作为第 16 号文件收录于 Michael Wildt,

Die Judenpolitik des SD 1935—1938. Eine Dokumentation. München 1995, 123f.）。到阿根廷之后，艾希曼依然为自己的行为做出辩护（《其他人都讲过了，现在我想说话！》，见下）。

10. 奥托·冯·博尔施温窃听恩斯特·马库斯和恩斯特·戈特利布（Ernst Gottlieb）关于艾希曼的对话以后，向艾希曼告发了二人。艾希曼对此的反应体现在告发信上的手写评语中。Günter Schubert, "Post für Eichmann", in Wolfgang Benz [Hrsg.], *Jahrbuch für Antisemitismusforschung*, 15, 2006, 383-393, Faksimile 392-393.

11. 关于保安局的发展经过及其犹太事务部门工作人员的自我形象，可参见 Michael Wildt, *Die Judenpolitik des SD* 之引言部分。

12. 艾希曼在奥托·冯·博尔施温信函上的手写评论，见 Günter Schubert, "Post für Eichmann"。

13. "II 112 部门"的工作报告，特别是 1937 年 2 月 17 日的报告（起诉文件 T/107）。

14. 犹太人的少数民族地位于 1937 年 5 月 15 日被废除。之后，艾希曼在 5 月 22 日前往布雷斯劳，监督反犹太措施及反犹太法案的执行。他在那里首度实地获得了给犹太人登记和建立卡片档案的经验。参见党卫队保安局 II 112 部门 1937 年 7 月 6 日至 10 月 5 日的工作报告（SD-Hauptamt, II 112, BArch R58/991），Dazu Wildt, Einleitung zu *Die Judenpolitik des SD*, A.o., 13-64, 34f.; David Cesarani, *Eichmann: Bürokrat und Massenmörder*. Berlin 2004, 76.

15. 艾希曼的联系人是《冲锋报》在柏林的编辑保罗·武尔姆。艾希曼在请示上级之后（1937 年 8 月 3 日），接受了武尔姆的邀请（9 月 2 日），因为他们希望如此就能够避开省党部领导施特莱歇尔，直接获得《冲锋报》的档案（BArch R58/565, Vermerk Il-1 Six）。艾希曼在 1937 年 9 月 5 日至 9 日参加了党大会之后，会见了尤利乌斯·施特莱歇尔和一批甚至让他都大吃一惊的美国反犹太主义者。见起诉文件 T/121, 党卫队 II 112 部门一级小队长艾希曼 1937 年 9 月 11 日的报告（与 BArch R 58/623 相同）。Magnus Brechtken, *"Madagaskar für die Juden" :Antisemitische Idee und politische Praxis 1885–1945*. München, 1997, 72ff.

16. 萨森抄本 62, 1。

17. 此次会面的时间迄今无法确定，我们只能把时间范围缩小到 1938 年 3 月 15 日至 25 日之间。关于这个事件存在许多不同说法。阿道夫·伯姆紧接着神经崩溃，必须住进一家精神病院的隔离病房。Doron Rabinovici, *Instanzen der Ohnmacht: Wien 1938–1945: Der Weg zum Judenrat*. Frankfurt am Main, 2000, 70ff.

18. 1977 年 3 月 22 日赫伯特·罗森克兰茨在耶路撒冷访问叶胡达·布罗特博士（Dr. Jehuda Brott），谈论"维也纳'青年阿利亚'咨询中心"（Beratungsstelle der Jugendalijah Wien）的相关事宜。Yad Vashem o-3/3912. Herbert Rosenkranz, *Verfolgung und Selbstbehauptung: Die Juden in Österreich, 1938–1945*. München, 1978, 109f.

19. 艾希曼在 1939 年 12 月 14 日成为特别全权代表，负责处理"东方边区"犹太宗教社区的财产。ÖStA AdR Bürckel-Materie, 1762/1, 31: Anordnung des Reichskommissars für die Wiedervereinigung Österreichs mit dem Deutschen Reich, gez. Bürckel, 14.12.1939. 引自 Rosenkranz, *Verfolgung und Selbstbehauptung*, A.o., 221, 334.

20. Thomas Mang, *"Gestapo-Leitstelle Wien—Mein Name ist Huber" : Wer trug die lokale Verantwortung für den Mord an den Juden Wiens?* Münster, 2004. 该书虽然有些片面，但其着眼于盖世太保所扮演角色的观点令人印象深刻。

21. 艾希曼 1938 年 5 月 8 日写给赫伯特·哈根的信函，起诉文件 T/130（与 BArch R58/982,

folio. 19ff. 等同）。该报社的确在 1938 年 5 月 20 日至 11 月 9 日之间短暂存在过（由 Emil Reich 担任总编辑），总共发刊 25 次。新闻审查者的直接影响显而易见。

22. 马丁·罗森布卢特在伦敦与格奥尔格·兰道尔的信件往来，引自 Otto Dov Kulka, *Deutsches Judentum unter dem Nationalsozialismus, Bd. 1, Dokumente zur Geschichte der Reichsvertretung der deutschen Juden 1933-1939.* Tübingen 1997, 381。此外亦见 Leo Lauterbach, "The Jewish Situation in Austria. Report Submitted to the Zionist Organization," strictly confidential, April 19, 1938, 引 自 Rosenkranz, *Verfolgung und Selbstbehauptung*, A. O. 275ff.; Israel Cohen, "Report on Vienna"，Prague, March 28, 1938, ebd. 51ff.

23. Israel Cohen, "Report on Vienna".

24. Tom Segev, *Simon Wiesenthal. Eine Biographie*. München 2010, 23.

25. 本－古里安 1939 年 11 月 30 日的日记，BGA，见 Tom Segev, *Simon Wiesenthal. Eine Biographie*, 24 n511。

26. 1938 年 11 月 11 日的临时指示，以及 1938 年 11 月 12 日的会议。起诉文件 T/114，与纽伦堡国际军事法庭审判记录 IMT 1816-PS 相同（见 vol. 28, p. 499）。

27. 参与制定《纽伦堡法案》的内政部官员伯恩哈德·勒泽纳（Bernhard Lösener）承认自己曾经前往参观，即便他在后来的报告中歪曲了自己的角色（Manuskript v. 26.6.1950, agedr. in *Vierteljahrshefte für Zeitgeschichte* 1961, 264-313, hier 292）。此外另有资料可证明海德里希以及财政部与宣传部的人员亦前往参访。

28. 萨森抄本 32, 8。

29. 萨森抄本 4, 3 和 60, 2 等等。

30. 萨森抄本 32, 8。

31. 党卫队集团领袖汉斯·欣克尔曾借此机会向艾希曼题赠了自己撰写的《十万人之一》（*Einer unter 100 000*）。艾希曼曾在萨森面前以及在《我的回忆录》中骄傲地提及此事。

32. 在此提及的两座强制劳动营，分别是伊布斯河畔魏德霍芬附近的"桑德霍夫庄园"（Gut Sandhof bei Waidhofen a. d. Ybbs）以及林茨附近米尔塔尔山谷的"多普尔"（Doppl im Mühltal bei Linz）劳动营。二者以"犹太人手工艺及农艺职业强制训练营"的名义，在 1939 年 5 月至 1941 年 12 月期间运行，工作人员来自维也纳的中央办公室。关于这项长期遭到忽视的反犹太人措施，可参考 Gabriele Anderl 具有开创性的研究，*Die "Umschulungslager" Doppl und Sandhof der Wiener Zentralstelle für jüdische Auswanderung*, www.david.juden.at/kulturzeitschrift/57-60/58-Anderl.htm (2003)。

33. 艾希曼被怀疑在向之前的地主购买房产时支付了过高的价钱，而那位地主恰巧是他的情妇。参见 Gabriele Anderl, *Die "Umschulungslager" Doppl und Sandhof der Wiener Zentralstelle für jüdische Auswanderung*, A. o., 以及本书第三章第三节。

34. 萨森抄本，未编号磁带的第 2 页，此外另见 54, 12。

35. 此事的详尽细节可参考 Gabriele Anderl, Dirk Rupnow, *Die Zentralstelle für jüdische Auswanderung als Beraubungsinstitution*. Wien 2004; Theodor Venus, Alexandra-Eileen Wenck, *Die Entziehung jüdischen Vermögens im Rahmen der Aktion Gildemeester*. Wien, München 2004.

36. Wiener *Völkischer Beobachter*, 20.11.1938 (Sonntagsausgabe mit Fotos).

37. *Pester Loyd*, 11.2.1939 (Artikel von Ladislaus Benes).

38. 本诺·科恩在德国锡安主义团体的会议上报告，德国犹太人代表于 1939 年春被传唤至盖世太保（艾希曼）面前。1958 年 4 月 2 日由巴尔—卡都里博士（Dr. Ball-Kaduri）记录，Kurt Ball-Kaduri, *Vor der Katastrophe. Juden in Deutschland 1934—1939*. Tel Aviv 1967, 235-239。亦参见 Doron Rabinovici, *Instanzen der Ohnmacht. Wien 1938-1945. Der Weg zum Judenrat*. Frankfurt a.M. 2000, 151f.，但该书错误地引用了 Yad Vashem no. 227（1940 年与埃里希·弗兰克的会谈记录）。如第 14 次开庭时的证词所示，本诺·科恩已在 1939 年 3 月底移民出去。

39. 艾希曼曾多次如此表示。见萨森抄本 2, 4 和 6, 1。

40. 《巴黎每日新闻报》是《巴黎日报》的后继者，这解释了为何相关人士在回忆时往往会把二者混淆。该报从一开始就以德文发行，而非某些人所称的意第绪语。

41. BArch ZA I, 7358, A.1, 1: 15.5(6!)，1937. 内容涉及党卫队一级小队长艾希曼与二级小队长哈根之间的一次讨论。Theodor Venus, Alexandra-Eileen Wenck, *Die Entziehung jüdischen Vermögens ...*, A.o., 48ff. 海因里希·施利 1939 年 3 月 5 日呈递给艾希曼和利施卡的报告参见：*Yad Vashem Archive* O-51/0S0-41. Zit b. Avraham Altman and Irene Eber, "Flight to Shanghai, 1938–1940: The Larger Setting," *Yad Vashem Studies* 28 (2000), 58–86, hier 59.

42. 艾希曼在布达佩斯与犹太人委员会首次会面时所说的话。艾希曼曾向萨森承认，自己"同时带着幽默和讽刺的口吻"讲过那样的话。萨森抄本 72, 6。

43. 安东·布伦纳 1945 年 10 月 3 日所说。安东·布伦纳是维也纳犹太移民中央办公室的文职人员（1946 年在维也纳被处决），与阿洛伊斯·布伦纳没有亲戚关系。DÖW, Wien, Dok.19 061/2. See Hans Safrian, *Eichmann und seine Gehilfen*. Frankfurt a.M., 1995.

44. 约瑟夫·魏斯尔写给妻子保利娜（Pauline）的信，日期及地点不详（多普尔）。见维也纳地方刑事法院对约瑟夫·魏斯尔的审判，LG St Wien, Vg 7c Vr 658 / 46, Ord. Nr. 56, Bl. 2567 f. Zit bei Gabriele Anderl, *Die "Umschulungslager" ...*, A. o.

45. Zeugenaussage in *Der Mördervater*, Dokumentation von James Moll. USA 2006, Bayerischer Rundfunk 2006.

46. 萨森抄本 40, 1 和 32, 8。

47. 萨森抄本 72, 16："遇见重要犹太人的时候，我有好几次问他们：'你们知道自己在哪里吗？你们正在犹太人沙皇身边。你们不知道此事？难道你们没有读过《巴黎日报》吗？！'"

48. 艾希曼出庭受审的时候，本诺·科恩再次重组了自己对此的记忆："他对我们在报纸上发表一些关于他的事情感到很不高兴。他向我们宣读了这篇文章的摘要……例如他是'嗜血猎犬艾希曼'（Bluthund Eichmann，我说的是当时的原话）、有着'布满血丝的眼睛'（blutunterlaufene Augen）、'一个新的敌人'（ein neuer Feind）、'犹太人的敌人'（Judenfeind）。我已经记不得所有的表达方式，但它们都非常尖锐。"（第 15 次开庭的证词）。

49. 本诺·科恩在艾希曼审判案第 14—15 次开庭时的证词。

50. 萨森抄本 13, 5。

51. 萨森抄本 6, 1。

52. 对"II 112 部门"来说，与《冲锋报》编辑部的公务往来已无意义可言，于是艾希曼显然停止了双方之间的接触，更何况他跟《冲锋报》在反犹太"启蒙工作"的策略及观点上还产生了歧见。结果武尔姆联系了外交部的弗朗茨·拉德马赫，并积极参与外交部所称的"马达加斯加计划"。Magnus Brechtken, *Madagaskar für die Juden ...*, A. o., 72f.

53. 萨森抄本 6, 1。

54. 弗朗茨·诺瓦克在艾希曼审判中的证词（1961 年 4 月 3 日至 5 日）：艾希曼"在犹太人中间给自己打出了名气"。诺瓦克将此归因于艾希曼与犹太人组织的负责人之间的接触。

55. 迄今没有人设法还原那套剪报的原因有很多，诸如"躲在黑暗中的人"这种形象的吸引力、对艾希曼的吹嘘所产生的合理怀疑（如果在此情况下它们被注意到的话），当然还包括报刊研究的根本问题。在此我检索了下列德语版的流亡者报纸，时间从 1938 年直到它们停止发行为止：《建设》（纽约）、《巴黎每日新闻报》（巴黎）、《报纸》（伦敦）。《建设》虽然有关键字和姓名的卡片索引，但内容不够完整并且存在错误，因而在查证时必须发挥创意。其他所有报纸则只能从头浏览到尾。除了官方出版物上的内部信息之外，我到目前为止还没有在包括《人民观察家报》（柏林版与维也纳版）、《帝国周报》（Das Reich）、《攻击报》与《黑色军团》（Das Schwarze Korps）在内的任何纳粹政权的报刊上发现艾希曼的名字。

56. 萨森抄本 6, 1。

57. 阿洛伊斯·埃利亚什将军（General Alois Eliáš）委派政府部门的一位处长法豪恩博士"针对设置犹太移民中央办公室［……］一事进行磋商。党卫队区队领袖施塔勒克与党卫队高级突击队领袖艾希曼，之前曾亲自向他说明相关事宜"。参见 Státní ustřední archiv Praha, PMR, Karton 4018. Zitiert bei Jaroslava Milotová, "Die Zentralstelle für jüdische Auswanderung in Prag. Genesis und Tätigkeit bis zum Anfang des Jahres 1940", in: *Theresienstädter Studien und Dokumente*, 1997, 7-30, 2f.

58. 1939 年 7 月 19 日在佩切克宫（Petschek-Palais）的会议记录，SÚA, PMR, Karton 4018。1939 年 7 月 19 日占领当局与保护领地行政当局"犹太移民中央办公室"的协商备忘录，见 SÚA, PP, Sign. 7/33/39, Karton 1903。Zitiert bei Jaroslava Milotová. A. o.

59. 布拉格犹太宗教社群秘书长弗兰蒂切克·魏德泽克已在官方代表团之前，于 1939 年 7 月 20 日奉命"按照党卫队一级突击中队长艾希曼先生的指示"前往维也纳参观考察。同时还有一名维也纳犹太宗教社群的代表被派往布拉格接受"训练"。起诉文件 T/162：布拉格犹太宗教社群 1939 年 7 月 23–29 日的周报。

60. 全文参见 Stanislav Kokoska, "Zwei unbekannte Berichte aus dem besetzten Prag über die Lage der jüdischen Bevölkerung im Protektorat," *Theresienstädter Studien und Dokumente*, 31–49。

61. 起诉文件 T/526:1941 年 9 月 19 日，施蒂勒（Stiller）从海牙函发给派驻荷兰的国家专员，说明他在 9 月 16 日与内政部官员伯恩哈德·勒泽纳会谈的情形。艾希曼的"成就"所带来的声誉显然相当持久，因为"移民中心"在 1941 年的时候已因为战争而失去实质意义，负责人也已不再是艾希曼本人，尽管他在柏林的犹太事务部门依然有权实行督导。

62. 萨森抄本 51, 7。

63. 这样的一篇文章出现在 1939 年 10 月 26 日《巴黎每日新闻报》的头版："根据《立陶宛回声报》（Lietuvos Aidas）的报道，其初步构想是在卢布林省建立一个'犹太国家'。但是该计划并不完全符合希特勒所想要的对犹太人问题的全面'解决方案'。希特勒上一次向国会发表演说时所宣布的'和平纲领'当中，包含了犹太人问题的相关规定。其着眼点在于将全体犹太人从整个欧洲清除出去，把他们移居到海外的封闭地区。"——《立陶宛回声报》的消息来源为柏林政府圈的人士。

64. "Die Verschickung nach Lublin", *Pariser Tageszeitung*, 18.11.1939, S.2. 该文反映出人们对

于当时情形及纳粹党人目标的不确定。

65. 维也纳犹太宗教社群的约瑟夫·勒文赫斯（Josef Löwenherz）在 1939 年 10 月 10 日从艾希曼的副手罗尔夫·金特那里接获指令，维也纳犹太人必须到摩拉维亚的俄斯特拉发向艾希曼报到，并做好停留三到四个星期的准备。起诉文件 T/148：1939 年 10 月 10 日勒文赫斯在维也纳犹太移民中央办公室与党卫队二级突击中队长金特先生会面的备忘录。（T/153 有相同的副本）。

66. 若比较"艾希曼"（EICHMANN）和"爱尔曼"（EHRMANN）的手写大写字母，便不难理解为何二者区分不易。

67. 汉斯·金特（Hans Günther）在 1939 年 10 月 19 日记录了"在摩拉维亚的俄斯特拉发到处流传的谣言"和各种示威游行活动，强调他们做出了极大努力，才借由安抚行动避免了动乱爆发。Vermerk Günther, "In Mähr.-Ostrau umlaufende Gerüchte", vom 23.10.1939, SÚA, 100-653-1. Zitiert bei Miroslav Kárný, "Nisko in der Geschichte der Endlösung", in *Judaica Bohemiae* XXIII, Prag 1987, 69-84. 81.

68. 起诉文件 T/162：布拉格犹太宗教社群周报报道了 1939 年 11 月 10–16 日的报告。

69. 萨森抄本 68, 6。

70. 为了保护最后不得不返回布拉格的埃德尔施泰因，文中没有写出消息提供者的姓名。该文仅仅声称，被遣送者当中有一人越过边境脱逃到俄国，带来了这些资料。这显示出埃德尔施泰因和其他观察者的消息相当正确：纳粹党人眼见在尼斯科的行动即将失败，干脆把一群群的被遣送者驱赶到邻近的俄国边境，并且不忘在他们的背后开枪。撰写该文的通讯记者（同样没有具名）是刘易斯·B. 内米尔（Lewis B. Namier [Berstein-Namierowski]）。那篇专文的完整内容可参见：Livia Rothkirchen, "Zur ersten authentischen Nachricht über den Beginn der Vernichtung der europäischen Juden", in: *Theresienstädter Studien und Dokumente*, 2002, 338–40. 该期还刊登了一小段原文的复印本。See also Margalit Shlaim, "Jakob Edelsteins Bemühungen um die Rettung der Juden aus dem Protektorat Böhmen und Mähren von Mai 1939 bis Dezember 1939: Eine Korrespondenzanalyse," *Theresienstädter Studien und Dokumente*, 2003, 71–94.

71. 萨森抄本 57, 4。

72. 艾希曼审判，第 27 次开庭。

73. 克里斯托夫·霍夫曼（Christoph Hoffmann）于 1871 年建立了这个殖民地，之前他曾在土耳其有过一个诡异的定居点计划，但没有成功。萨罗纳并非巴勒斯坦唯一的圣殿骑士聚落，可是表现得特别顽强。英国人最后在 1943 年将巴勒斯坦的德国圣殿骑士成员悉数驱逐出境。米尔登施泰因在两份旅行报告中描述了他浪漫而理想化的印象：LIM（米尔登施泰因的化名），"*Ein Nazi fährt nach Palästina*", Artikelserie in *Der Angriff*, 26.9-9.10.1934 (Buchausgabe: *Rings um das brennende Land am Jordan*, Berlin 1938); Leopold von Mildenstein, *Naher Osten – vom Straßenrand erlebt*. Stuttgart 1941, 114f.

74. 例如阿道夫·伯姆主编的德文版《巴勒斯坦建设杂志》（*Palästina. Zeitschrift für den Aufbau Palästina*）在 1934 年 8 月号和 1937 年 12 月号都谈到萨罗纳。此外德皇威廉二世曾在 1898 年前往巴勒斯坦旅行时造访该聚落，从而巩固了它在殖民地文学上的地位。

75. 海因里希·格吕贝尔在艾希曼审判案第 41 次开庭时的证词。关于他对艾希曼的印象，参见 Heinrich Grüber, *Zeuge pro Israel*. Berlin 1963.

76. 阿道夫 / 多尔菲［·丹尼尔］·布伦纳（Adolf/Dolfi [Daniel] Brunner），1938 年"马卡

比联合会"的青年组织领导人，还记得许多这样的对话（磁带录音，Dr. Daniel Adolf Brunner über den "Makkabi Hazair Wien", Jaffa, 1977, *Yad Vashem Archive* O-3/3914）。Zit b. Herbert Rosenkranz, *Verfolgung und Selbstbehauptung* ..., A. o., 111.

77.   穆尔默斯坦如此告诉了西蒙·维森塔尔。参见维森塔尔 1954 年 3 月 30 日写给纳胡姆·戈尔德曼的信函，NA, RG 263, CIA Name File Adolf Eichmann。

78.   Wisliceny, 22-seitige Handschrift "Bericht betr. Obersturmbannführer Adolf Eichmann", Bratislava 27.10.1946. 此即起诉文件 T/84，所谓的"133 号牢房文件"（Cell 133-Dokument），第 5 页："艾希曼在 1938 年年底、1939 年年初跟维也纳犹太人打交道的时候，想用自己关于巴勒斯坦和犹太人问题的知识以及语言能力给他们留下印象，并且暗示他出身海法附近萨罗纳一个属于'圣殿骑士教派'的德国家庭，所以'谁也骗不了他'。从那时起，这个谣言就已经传遍了犹太人的圈子，而艾希曼一直引以为乐。"但必须注意的是，维斯利策尼的这个讲法套用了艾希曼的说辞，因为事发当时他跟艾希曼并没有什么接触，二人是从 1940 年夏末才变得关系热络起来的。除此之外，维斯利策尼并没有什么说实话的嗜好，在涉及艾希曼的时候，往往更是看不见实话的影子。

79.   夏洛特·扎尔茨贝格尔在艾希曼审判案第 42 次开庭时的证词。

80.   *Jüdisches Gemeindeblatt für die Britische Zone*, "Der Mann den wir suchen", 6.1.1947. Simon Wiesenthal, *Großmufti—Großagent der Achse*, Salzburg, Wien 1947, 46. 1952 年的时候，这个谣言仍然在特拉维夫流传。

81.   维斯利策尼（133 号牢房文件［起诉文件 T/84］，第 3 页）表示艾希曼从 1935 年开始对希伯来语感兴趣，而且显然完全复述了艾希曼自己当时的说法："由于有很多空闲时间，他开始学习以希伯来语为主的一些古代语言，起因是他负责保管的犹太法器和钱币。他通过自学掌握了相关知识。他具备良好的希伯来语阅读能力和说得过去的翻译能力。他能够流利地阅读和翻译意第绪语，但无法流利地说希伯来语。"维斯利策尼还说，米尔登施泰因曾在巴勒斯坦"待过许多年"，这助长了他浮夸自大的倾向并导致维斯利策尼疏远米尔登施泰因（以及艾希曼）。

82.   由于早年的党卫队保安局的职务，艾希曼在阿根廷和以色列给出的日期引发了一些疑问。那也可能是一种谎称。

83.   第二次申请书中提到了第一次的申请。那位愿意效劳的老师是弗里茨·阿尔特（Fritz Arlt）。SD OA Südost am 3.7.1936. Barch Koblenz R58/991. Götz Aly, Karl Heinz Roth, *Die restlose Erfassung. Volkszählen, Identifizieren, Aussondern im Nationalsozialismus.* Frankfurt a.M. 2000, 以及 Hans-Christian Harten, Uwe Neirich, Matthias Schwerendt, *Rassenhygiene als Erziehungsideologie des Dritten Reichs. Bio-bibliographisches Handbuch.* Berlin 2006, 238-242.

84.   艾希曼在 1937 年 6 月 18 日第二次提出申请，起诉文件 T/55（11）；另一份更好的副本是起诉文件 T/55（14），Dok. 13., Vermerk: Betr. Übersetzungen neu-hebräisch-deutsch. R.M.W. Kempner, *Eichmann und Komplizen*, Zürich, Stuttgart, Wien 1991, 39. 这份申请书中提到了 1936 年六七月间提出的第一次申请。

85.   该书可在一些德国图书馆找到，例如汉堡国家与大学图书馆（Staats-und Universitätsbibliothek Hamburg, A1949/7278, Ausgabe 5. Auflage 1936）。至于艾希曼之所以在接受萨森访谈时还记得作者姓名和那个相当奇特的书名，可能有几个原因：扫罗·卡莱科直到 1938 年都在柏林教授希伯来文（Yad Vashem Archive 01-132: Saul Kaléko [Barkali Shaul], *Teaching Hebrew in Berlin, 1933–1938*, Aufzeichnung 1957），而且《犹太环视报》

（*Jüdische Rundschau*）曾经打广告宣传他那本书，并且印出了课程精选。

86. 西蒙·维森塔尔在 1954 年 3 月 30 日写给纳胡姆·戈尔德曼的信中谈到此事。NA, RG 263, CIA Name File Adolf Eichmann。维森塔尔的消息来源是本亚明·穆尔默斯坦。

87. 多尔菲·布伦纳（曾经多次在维也纳与艾希曼会面的"马卡比联合会"负责人）和布达佩斯犹太人委员会的艾尔诺·蒙卡奇斯（Ernö Munkácsis）十分确定，艾希曼只不过是卖弄一些短句罢了。磁带录音，Dr. Daniel Adolf Brunner über den "Makkabi Hazair Wien", Jaffa, 1977, *Yad Vashem Archive* O-3/3914. Zit bei Herbert Rosenkraz, *Verfolgung und Selbstbehauptung* ..., A. o.; Aussage von Dr. Ernö Munkácsis (Judenrat Budapest), abgedruckt bei Jenö Levai, *Eichmann in Ungam. Dokumente.* Budapest 1961, 211.

88. 萨森抄本 2, 4。

89. Otto Bokisch, Gustav Zirbs, *Der Österreichische Legionär. Aus Erinnerungen und Archiv, aus Tagebüchern und Blättern.* Wien 1940, 37.

90. 萨森抄本 22, 14。

91. 维尔纳·贝斯特在 1946 年 6 月 28 日的宣誓证词中谈到了"艾希曼办事处"："希姆莱把他自己在艾希曼办事处的承办人——金特——从柏林叫了过来。"（Dokument des Nürnberger Kriegsverbrecherprozesses IMT 41,166 [Ribbentrop-320]. 亦参见 Thadden (AA) in IMT 2605-PS。

92. 鲁道夫·米尔德纳 1946 年 4 月 11 日的宣誓证词，IMT vol. 11, p. 284。

93. 萨森抄本 14, 2。

94. 斯特拉斯堡大学的奥古斯特·希尔特教授想要建立那个骨骼收藏，并通过"祖先遗产"协会（Ahnenerbe）的沃尔弗拉姆·西弗斯（曾在 1941 年的一项"雅利安化措施"中得到艾希曼的协助）说服艾希曼与党卫队"经济与管理部"（WVHA）一同组织这个不人道的项目。起诉文件 T/1363-1370。骨骼收藏的构想产生自 1942 年 2 月。艾希曼在 1942 年 11 月向希姆莱提出申请并获得正式批准。

95. 外交部的弗朗茨·拉德马赫重拾旧日的马达加斯加构想，并与保罗·武尔姆合作。直到海德里希开始担心自己对犹太人政策的影响力之后，艾希曼的部门才被指派介入，委由特奥多尔·丹内克尔和埃里克·拉亚科维奇负责相关工作。然而所有参与者后来却都讲述了相反的版本。这个例子最有力地说明了，即使各方证人的陈述相互印证，也未必就是事情的真相。可参见：马格努斯·布雷希特肯（Brechtken, Magnus）1998 年和 2000 年令人印象深刻的两部著作。

96. 起诉文件 T/526：施蒂勒给帝国在荷兰的国家专员的信函（海牙，1941 年 9 月 19 日）。他在信中说明了当天与内政部的伯恩哈德·勒泽纳会谈的情形。

97. 德国方面虽曾试图保密遣送上千名犹太人至波兰总督辖区的行动，但相关消息还是传到了世界各地。（起诉文件 T/667，1940 年 2 月 15 日记者招待会的德方人员内部参考资料：有关遣送上千名犹太人至波兰总督辖区的消息是正确的，但"必须保密处理"；与 IMT NG-4698 相同。）《新苏黎世报》（*Neue Zürcher Zeitung*）驻柏林通讯记者于 1940 年 2 月 15 日报道了相关细节，接着丹麦哥本哈根的《政治日报》（*Politiken*）在 2 月 17 日针对斯德丁的不人道驱离行动发出警讯："德国遣送本国国民。老人和婴儿被遣送出城——前往乌有之乡。（第一次）世界大战的前线战士也不例外。"许多人死亡，甚至连罗斯福总统都要求获得一份报告。德国方面密切监视随即出现的新闻报道并进行翻译。（起诉文件 T/666：替帝国保安总局准备的丹麦新闻稿德文译本。纽伦堡国际军事法庭审判记录 IMT NG-1530：Deutsches Nachrichtenbüro Bern an des AA mit der Schweizer Presse, 16.2.1940。)

98. 埃弗拉伊姆（埃里希）· 弗兰克（Ephraim [Erich] Frank）的报告，主题为 "1940 年 3 月会见柏林盖世太保（艾希曼）的柏林、维也纳、布拉格犹太联合组织代表"。1958 年 6 月 23 日在德国锡安主义者会议上发表，由巴尔—卡都里博士记录（Yad Vashem Archive O-1/227）。作为 Dokument II（但使用了错误的记录标题和日期）收录于 Kurt Jacob Ball-Kaduri, "Illegale Judenauswanderung aus Deutschland nach Palästina 1939/40: Planung, Durchführung und internationale Zusammenhange," *Jahrbuch des Instituts für deutsche Geschichte* 4, 1975, 387–421。关于 1940 年 3 月 27 日和 30 日的会谈，另有许多出席者的报告可供参考，例如同样记错了日期的 Löwenherz-Bienenfeld Report（起诉文件 T/154）。

99. 萨森抄本 2, 4 和 6, 1。

100. 往来信件展览：AGK, EWZ/L/838/1/2. BArch R 69/554. Dazu Götz Aly, *"Endlösung"*: *Völkerverschiebung und der Mord an den europäischen Juden*. Frankfurt a.M. 1995, 250. 许多展品以照片的形式保存了下来。

101. 《报纸》引述相同的消息来源，在 10 月 28 日报道："10 月 21 日展开了第三波运输行动，将大约 800 名犹太人从格鲁纳瓦尔德铁路货运站（Güterbahnhof Grunewald）遣送至东部地区。位于选候大街的犹太移民中央办公室于同一日遭到关闭，但并未说明任何理由。"

102. 艾希曼曾在萨森面前对此大开玩笑，表示曾经有人误以为他是一位将军。在以色列的时候，他却称之为 "恶意的夸大其词"。

103. Peter Longerich, *Politik der Vernichtung: Eine Gesamtdarstellung der nationalsozialistischen Judenvernichtung*. Zürich, München 1998, 282.

104. 纳粹党全国宣传总部（Reichspropagandaleitung Hauptamt Reichsring）1941 年 3 月 20 日的会议记录，整理于 1941 年 3 月 21 日。H. G. Adler, *Der verwaltete Mensch: Studien zur Deportation der Juden aus Deutschland*. Tübingen 1974, 152–153.

105. *Aufbau*, 24.10.1941, "Die Austreibungen im Reich". 兹维·罗森在霍克海默档案馆找到了这篇文章。Zvi Rosen, *Max Horkheimer*. München 1995, 40.

106. *Die Tagebücher von Joseph Goebbels*. Im Auftrag des Instituts für Zeitgeschichte und mit Unterstützung des Staatlichen Archivdienstes Rußland hrsg. von Elke Fröhlich. Teil II, Bd. 2. München u. a. 1996, 194.

107. 根据记录，1941 年从柏林遣送犹太人出去的行动分别发生在 10 月 18 日、10 月 24 日、11 月 1 日、11 月 14 日、11 月 17 日，以及 11 月 27 日。

108. 萨森抄本 1, 4："现在我无法准确记得，究竟是我还是米勒创造了它。"

109. 维斯利策尼，133 号牢房文件（起诉文件 T/84）："有了它以后（戈林在 1941 年 7 月 31 日委派海德里希 '全权解决犹太人问题'，海德里希于是将委派令积极运用于合法化 "万湖会议" 之类的决议），艾希曼在犹太人问题方面的权力地位急剧上升。他能够根据戈林的委派令……径自排除其他部委和机关的一切异议与影响。" 尽管这是维斯利策尼在自我辩解时讲述的版本，但仍不难听出艾希曼典型的口气，很像艾希曼在萨森面前解释为何 "万湖会议" 对他个人来说是一个转折点时的说法。甚至在以色列也可以听到这种语气，当时艾希曼在试图解释 "万湖会议" 给他新发现的良心减轻了负担。

110. 萨森抄本 17, 8。

111. 《报纸》（伦敦）的标题故事，1942 年 3 月 6 日。

112. 从 1942 年五六月份开始，《纽约时报》、《每日电讯报》（1942 年 6 月 25 日）、BBC（1942 年 6 月 30 日）都报道了用毒气进行的大规模屠杀。收集犯案者姓名构想的最先提出，见伦敦《泰晤士报》（1942 年 3 月 10 日）。

113. 19. Juni 1942, *Die Zeitung*, London. 进行恶意宣传的 "苏维埃天堂" 展览遭到鲍姆反抗小组的攻击破坏之后，出现了大规模的逮捕和处决行动。艾希曼向犹太人组织的代表宣布将采取报复措施，并组织了将人犯运送到萨克森州豪森集中营的行动。官方文件证实了艾希曼在阿根廷的自我陈述（萨森抄本 69, 1f），例如起诉文件 T/899：Aktennotiz über die Vorsprache beim RSHA, IV B4, am Freitag, d. 29. Mai 1942 (Josef Löwenherz). Wolfgang Scheffler, »Der Brandanschlag im Berliner Lustgarten im Mai 1942 und seine Folgen. Eine quellenkritische Betrachtung«, in: *Berlin in Geschichte und Gegenwart. Jahrbuch des Landesarchivs Berlin*, 1984, 91–118.

114. *Newsweek*, 10.8.1942.

115. 艾希曼决定 "儿童转移可以开始滚动"。起诉文件 T/439（内容与 IMT RF-1233 相同）：丹内克尔 1942 年 7 月 20 日与艾希曼和诺瓦克通过电话之后，在 7 月 21 日做的注记。Serge Klarsfeld, *Vichy–Auschwitz: Die Zusammenarbeit der deutschen und französischen Behörden bei der "Endlösung der Judenfrage" in Frankreich.* Darmstadt, 2007, 441. Faks. Kempner, *Eichmann...*, A. o., 212. 新闻报道：*Paris Soir*, 19./20.8.1942; "Kinderschicksale", *Die Zeitung*, London (4.9.1942).

116. *Jewish Frontier*, 1.11.1942 (Chelmno und Gaswagen).

117. 25.11.1942, *New York Herald Tribune*, *Times* 26.11.1942. 拉比史蒂芬·怀斯（Rabbi Stephen S. Wise）警告说，死难者恐怕多达 400 万人。S. a. 2.12.1942, *New York Times*, 4.12.1942, *Times*.

118. 在幸存者的报告当中能够找到关于认清纳粹面目的时刻的沉痛证词。从利奥·贝克（Leo Baeck）、本亚明·穆尔默斯坦、约埃尔·布兰德或者鲁道夫·卡斯特纳等人全力克服自己的内疚感以及与厄运惊心动魄地纠缠在一起的过程中，更可特别清楚地看出此种艾希曼形象的产生。

119. 希姆莱访问奥斯维辛集中营之后，保罗·布洛贝尔（Paul Blobel）下属的 1005 特别行动分队受命寻找合适的方法。该特别行动分队被编在艾希曼的办事处下，并且在那里支领薪饷。艾希曼在阿根廷曾多次对此提出抱怨。

120. 迪特尔·维斯利策尼的手写供词，主题：《边境信使报》主编弗里茨·菲亚拉，1946 年 7 月 26 日，布拉迪斯拉发，起诉文件 T/1107。维斯利策尼的版本似乎可信，但不只是因为它与艾希曼讲法一致的缘故。光是与艾希曼的讲法一致，仍不足以成为断定真假的标准，因为艾希曼会到处寻找他认为对自己有利的谎言，并且加以附和。例如马格努斯·布雷希特肯在《马达加斯加给犹太人》一书中，就巧妙地破解了搅成一团的谎言和虚假的确证，以及漫无边际的历史篡改。弗朗茨·拉德马赫后来宣称马达加斯加计划并非他的主意，而是艾希曼的构想，虽然该计划的实施可以清楚地追溯到拉德马赫。艾希曼却欣然接受了这个谎言，因为跟事情的真相比，"艾希曼在 1940 年所思考的不是把波兰人和犹太人遭送到东欧，而是要建立一个犹太国家" 的说法，对他的自我形象更有利。上述两个故事当中，虽然双方的讲法配合得天衣无缝，却与事实差了十万八千里。有许多类似这种艾希曼利用他人为自保而编造的谎言的例子。

121. 可以确定，艾希曼曾经在 1942 年 8 月 11 日与希姆莱见面，但不清楚他们是否曾利用这个机会讨论了菲亚拉的报告。*Dienstkalender Heinrich Himmler*, Eintrag 11.8.1942.

122. 希姆莱在 1942 年 7 月 6 日和 7 日前往布拉格视察（*Dienstkalender Heinrich Himmler*, 606），第一篇专文刊登于 1942 年 7 月 7 日。

123. Als Nummer 301, 302 und 304, *Grenzbote - deutsches Tagblatt für die Karpatenländer*, Bratislava.

124. 艾希曼在 1943 年 6 月 2 日给冯·塔登的信函，其中提到了:《斯洛伐克政治报》（*Slovenská politika*）、《匈牙利新闻报》（*Magyar Hirlap*）、《巴黎报纸》（*Pariser Zeitung*）等等。此事获得全体证人（包括检方证人）的一致证实：起诉文件 T/1108。

125. 第一批报告早在 1942 年 3 月 3 日即已于伦敦的新闻广播中播出。印刷媒体则一如惯例刊载得较晚，例如 Neue Ghettopolitik. Theresienstadt anstelle Lublins – Das Martyrium der Juden im Protektorat, in *Die Zeitung*, London, 6.3.1942 报道：

   中立报社记者在柏林报道了希姆莱和海德里希的一项新计划，拟将今日仍生活在波希米亚和摩拉维亚保护领地的犹太人悉数运往特莱西恩施塔特那座要塞城镇。当地百姓已被迁出，以便改造那里成为一个大型隔离区。这个计划意味着，第三帝国原本的犹太人政策已因应新局势而出现改变。其最初计划是将所有来自德国和德国占领区的犹太人驱逐到波兰东部，在那里的大型集中营与隔离区内过奴工的生活。——卢布林附近的犹太人中心便属于这个恶毒计划的第一批创造物。纳粹指望靠异乎寻常的重度劳动和短缺的食物供给，在短时间内把从欧洲各地迁移过去的犹太人口消灭殆尽。剩余的部分——假如等到战争结束后还有剩余人口的话——将连同受德国奴役世界的其他犹太人一起被运往一个位于海外的保留地。暂时选定的地点为马达加斯加岛。

126. 德国红十字会的瓦尔特·格奥尔格·哈特曼（Walter Georg Hartmann）于 1943 年 6 月 28 日进行视察之后，起先写出了一篇大致正面的报告（Aktennotiz über den organisatorischen Ablauf des Besuchs in Theresienstadt, 30.6.1943, Hartmann, DRK-Archiv Berlin 176/I, o.F. -vgl. Birgitt Morgenbrod, Stephanie Merkenich, *Das Deutsche Rote Kreuz unter der NS-Diktatur 1933-1945*. Paderborn, München, Wien, Zürich 2008, 386ff.）。 然而过了几天，他向安德烈·德·皮拉尔（André de Pilar）表达了不同的看法：“隔离区内的状况惨不忍睹。那里什么都缺，人们严重营养不良，而且医疗用品完全不足。”不过哈特曼还是落入了有关当局最主要宣传谎言的圈套，即使在皮拉尔面前也把特莱西恩施塔特说成一个让人放心的“终点营区”。起诉文件 T/853, Gerhart Riegner, World Jewish Congress, notes on his conversation with André de Pilar, July 7, 1943。

127. 其根据的是阿尔弗雷德·约阿希姆·费雪（Alfred Joachim Fischer）1943 年 8 月 27 日发表于伦敦《自由欧洲》的一篇文章。

128. *Aufbau*, 3.9.1943, 21.

129. Hannah Arendt, "Die wahren Gründe für Theresienstadt", *Aufbau*, 3.9.1943, 21.

130. 关于 1944 年 6 月 23 日视察情形的《海德坎普夫报告》（"Heydekampf Report"）。涉及组织情况的信函往来，见 Deutsches Rotes Kreuz Archiv, 176/I, o. F. bei Birgitt Morgenbrod, Stephanie Merkenich, *Das Deutsche Rote Kreuz unter der NS-Diktatur 1933-1945*. Paderborn, München, Wien, Zürich 2008, 390f. 国际红十字会的代表莫里斯·罗塞尔（Maurice Rossel）则写出了一份近乎盲目天真的报告，完全满足了有关当局的期望。附导言的完整德文译本参见：*Theresienstädter Studien und Dokumente,* 1996, 276-320. 艾希曼的同僚们已设法在 1944 年 9 月 22 日看到了这份报告。

131. 莱尼·亚希勒（Leni Yahil）在她那本令人印象深刻的书中，指出了大屠杀的流言与尝试消灭证据之间的关系。*Die Shoah. Überlebenskampf und Vernichtung der europäischen Juden*. München 1998, 610f.

132. 萨森抄本 32, 8。

133. Bettina Stangneth, *Dienstliche Aufenthaltsorte Adolf Eichmanns, 12.3.1938 bis 8. Mai 1945. Annotierte Liste zur Sonderausstellung "50 Jahre Prozess gegen Adolf Eichmann"*. Topographie des Terrors und Stiftung Denkmal, Berlin Juli 2010 (unveröffentlicht)

134. 萨森抄本 3, 5。

135. 萨森抄本 11, 13。

136. 萨森抄本 22, 14。

137. 艾希曼因为无法从丹麦遣送犹太人出境而做出的激烈反应，迄今未得到充分清楚的解释。由于艾希曼曾在 1943 年 9 月 24 日，也就是丹麦遣送行动预定的开始时间之前不久与希姆莱见过面，可以想见他自己对此行动的支持。Tatiana Brustin-Berenstein, "The Attempt to Deport the Danish Jews," in *Yad Vashem Studies* 17, 1986, 191zitiert den Microfilm mit Himmlers Tagebuchblättern, Washington nach den Originalen im BArch Koblenz vom 24.9.1943, MF 84/25. 根据埃伯哈德·塔登 1948 年 4 月 16 日在纽伦堡的宣誓声明，罗尔夫·金特曾私下告诉他，那次行动"遭到了德国官方机构的破坏，很可能是大使馆。艾希曼已向党卫队全国领袖报告此事……并要求追究破坏者的责任"。起诉文件 T/584。

138. 威廉·霍特尔和迪特尔·维斯利策尼异口同声地指出（显然已在纽伦堡狱中事先商量好），艾希曼会对摄影师做出有攻击性的反应，甚至几度在盛怒之下砸毁照相机，但事后赔偿了损失。然而早些年却出现了许多艾希曼这一时期的照片。

139. 克劳斯·艾希曼在接受采访时如此告诉美国《大观杂志》（*Parade*, "My Father Adolf Eichmann", 19.3.1961）。

140. 伯恩哈德·勒泽纳详细谈论了这种威胁恫吓的策略。Lösener-Manuskript A. o.

141. 关于此事没有独立的消息来源。艾希曼告诉萨森，沃尔夫出于个人原因，向他要求在遣送行动中破例。艾希曼基于原则上的考虑，严词加以拒绝："因此在这种情况下我不得不表示反对，并且在他向我指出，我是党卫队一级突击队大队长而他是党卫队上级集团领袖之后说：报告上级集团领袖，我当然知道这回事，可是我想提醒一下，您接通的是秘密警察的电话，跟您讲话的人则是秘密警察的一位部门主管，一级突击大队长艾希曼。"艾希曼后来更要求与沃尔夫决斗，但希姆莱没有同意（萨森抄本 14, 8-9）。由于卢多尔夫·冯·阿尔文斯莱本跟沃尔夫之间的交情既深且久，而且前者也是萨森访谈会的成员，此一事实增加了那个故事的可信度。

142. 时而是维斯利策尼交替宣称艾希曼或者他自己是希姆莱的妹夫，时而则是艾希曼声称他自己或维斯利策尼以这种方式攀附上权势。*Der Kasztner-Bericht über Eichmanns Menschenhandel in Ungarn*. München 1961, Der Bericht des Jüdischen Rettungskommittes aus Budapest 1942—1945, i. F. *Kasztner-Bericht*；以及维斯利策尼 133 号牢房文件，起诉文件 T/84。

143. 关于这个主题的叙述不多，它们或是参照了维斯利策尼矛盾百出的版本，或是依照了艾希曼的审讯供词，却往往没有标明这些极不可靠的资料来源。例如 Klaus Gensicke, *Der Mufti von Jerusalem, Amin el-Husseini und die Nationalsozialisten*. Frankfurt am Main,

1988, insb. 164-167 即完全采信了审讯供词。但就连在其他著作中表现杰出的马丁·屈佩斯（Martin Cüppers）和克劳斯—米夏埃尔·马尔曼（Klaus-Michael Mallmann），也未加批判地引用了维斯利策尼的观点。类似的还有 Zvi Elpeleg, *The Grand Mufti: Haj Amin al-Husseini, Founder of the Palestinian National Movement.* London, 1993。甚至维森塔尔引人注目的早期著作，《大穆夫提——轴心国的大特务》（*Großmufti—Großagent der Achse.* Salzburg, Wien 1947），在第 37 页以后也主要引述了维斯利策尼的说法，却不曾标明出处。此外他还跟卡斯特纳进行过谈话，从他那里听到了艾希曼的匈牙利故事。

144. BArch R58/523, fol. 23: Adolf Eichmann an II-1, betr. Auslandsreise, 1.9.1939 (identisch mit Yad Vashem Archiv, M-38/194).

145. 此次会面成了各式新闻报道的主题，出现在从《德国每周新闻》和《民族观察家报》发端的各种新闻报道中。

146. Jetzt veröffentlicht von Jeffrey Herf, "Hitlers Dschihad", in: *Vierteljahrshefte für Zeitgeschichte*, Heft 2 (April) 2010, 258-286.

147. Kurt Fischer-Werth, *Amin Al-Husseini: Großmufti von Palästina*. Berlin-Friedenau, 1943. 该书彩色的封面图片是阿尔—侯赛尼特色十足的肖像。

148. Vermerk Grobba (AA), 17.7.1942, PA AA R100 702 C/M S. 153.

149. 祖尔的秘书见证了此次会议。Vernehmung Margarethe Reichert, 17.10.1967, BArch Ludwigsburg B 162/4172, Bl. 296.

150. 4 页手写报告 Betr. *Grossmufti von Jerusalem*, Bratislava 26.7.1946 (T/89)，以及 22 页手写报告 Bericht Betr. *ehemaliger SS-Obersturmbannfiährer Adolf Eichmann*, Bratislava, 27.10.1946。（所谓的 "133 号牢房文件"，起诉文件 T/84。）

151. Moshe Pearlman, *Die Festnahme des Adolf Eichmann*. Hamburg 1961, 137.

152. 安德烈·施泰纳（Andrej Steiner）1946 年 2 月 6 日在布拉迪斯拉发的证词，并经过了其同事奥斯卡·诺伊曼（Oskar Neumann）和蒂博尔·科瓦奇（Tibor Kovac）的确认。维斯利策尼随后在 1946 年 3 月 5 日做出的评论，则手写在证词的誊写本上（起诉文件 T/1117）。

153. 阿尔—侯赛尼在 1943 年 5 月 13 日向里宾特洛甫提出抗议，并致书匈牙利和罗马尼亚外长。Gerhard Hoepp, *Mufti-Papiere: Briefe, Memoranden, Reden und Aufsätze Amin al Husseinis aus dem Exil 1940–1945*. Berlin, 2004, Dok. 78, 82, 83.

154. 如今我们知道，阿尔—侯赛尼的消息来源并非艾希曼，而是他在伦敦的一个联系人。

155. 这个谎言的传播途径之一，是从艾希曼到维斯利策尼再到卡斯特纳（接着通过战后与卡斯特纳的对谈，经由西蒙·维森塔尔进入了各种历史文献）。从维斯利策尼未发表的报告与维森塔尔早期文稿在文字上的一致，便不难看出此事。另外一个传播途径是德国外交部，见 *Kasztner-Bericht* s. z. B. 115.

156. 他声称与反情报机构首脑威廉·卡纳里斯有过接触就是一个例子。

157. *Meine Memoiren*, 119.

158. Verhör, 564 f.

159. 1944 年 3 月 25 日，阿尔—侯赛尼在他的行事历上用阿拉伯语写道，他希望会见 "犹太事务专家"。1944 年 9 月 29 日还出现另外一个阿拉伯语的注记："主题：意大利、法国和匈牙利的犹太人。到底谁是犹太事务专家呢？" 1944 年 11 月 9 日写有艾希曼名字的条目使用的是工整的拉丁字母。我们因此至少可以假设，已经有人回答了阿尔—侯赛尼的问题。对这个注记的解释依然众说纷纭，但初步可以得出结论，阿尔—侯赛尼在1942年1月与艾希曼的见面乏善可陈，以致他根本没有记住那个名字。所有这些页面的复印本可在起诉文件中找到（T/1267-69，放大版：T/1394）。

160. Gerhard Lehfeldt: *Bericht über die Lage von "Mischlingen"*. Berlin Mitte März 1943. Dokumentiert in: Antonia Leugers (Hrsg.), *Berlin, Rosenstraße 2-4: Protest in der NS-Diktatur. Neue Forschungen zum Frauenprotest in der Rosenstraße 1943*. Annweiler o. J. (2005), als Dokument 6, 233-238. Hier 235. 关于此事的背景，参见：Nathan Stoltzfus, "Heikle Enthüllungen. Gerhard Lehfeldts Bericht an Kirchenfürsten beider Konfessionen über den Massenmord an den Juden Europas", in: Leugers, A. o., 145-180.

161. 艾希曼在阿根廷曾详细地谈到金特，并且解释说，金特曾利用他不在的机会，对与艾希曼有所接触的犹太人执行了死刑，而艾希曼基于策略上的考量曾一再推迟那么做。艾希曼认为金特仍然活着，因此要求萨森移除相关记录，因而在以色列警方笔迹鉴定专家哈加格的那一份拷贝和原始抄本（"艾希曼遗产"）当中都没有发现这个部分。那几页文字如今保存在路德维希堡联邦档案馆的"杂项"卷宗。此外可参见本书第七章《余波荡漾》。

162. 那些见证者即便在纽伦堡也有机会相互讨论证词，并调整自己的讲述和给人的印象，这解释了为何他们日后的说辞会出现一些奇特的相似之处。例如从霍特尔、卡尔滕布伦纳、维斯利策尼、威廉·布鲁诺·瓦内克等人的故事版本中——后来还加上了艾希曼的副官鲁道夫·耶尼施（Rudolf Jänisch）——即可发现他们彼此有过接触。汉斯·于特纳（Hans Juettner）、奥托·温克尔曼（Otto Winkelmann）和库尔特·贝歇尔之间也有过类似的联系。

163. 关于艾希曼在匈牙利首次亮相时的情形，可参见他1944年3月31日向犹太人代表讲话的速记记录（起诉文件T/115）。

164. 萨森抄本9, 10。艾希曼很喜欢这种说法，并经常这样说。参见萨森抄本10, 6和33, 8。

165. 萨森抄本9, 4。

166. *Kasztner-Bericht* 110（约埃尔·布兰德也做过相似的引述，但在此引述自卡斯特纳）。

167. *Kasztner-Bericht* 244.

168. 艾希曼对瓦伦贝里的大肆威胁，甚至在柏林引发了外交抗议，不得不由德国外交部出面为艾希曼缓颊。不久之后，瓦伦贝里的一名雇员死于公务汽车遇袭，匈牙利人认为此事可能与艾希曼的威胁有关。起诉文件T/1232：德国外交部1944年12月17日写给埃德蒙·维森迈尔的函件。BA Koblenz, *Blue volumes, Dokumente des UD zu Wallenberg von 1944– 1965*, 49 Bände, Nr. 800-2: Telegramm Nr. 438 vom 22.10.1944. 此外参见 Christoph Gann, *Raoul Wallenberg: So viele Menschen retten wie möglich*. München, 1999, 126. 根据瓦伦贝里司机的妻子伊丽莎白·塞尔的回忆（Elisabeth Szel），以及埃里克·舍奎斯特（Eric Sjöquist）的报道。Bernt Schiller, *Raoul Wallenberg: Das Ende einer Legende*. Berlin, 1993, 97ff.

169. *Kasztner-Bericht* 135ff.

170. 维斯利策尼告诉卡斯特纳："艾希曼担心又闹出新的丑闻。"ebd. 295.

171. 维斯利策尼，133号牢房文件（起诉文件T/84），第8页："正如艾希曼1944年在匈牙利向我承认的那样，这个计划出自他和格洛博奇尼克的构想，由他向希姆莱提出建议，然后希特勒亲自下了命令。"

172. 萨森抄本 34, 6。

173. *Der Weg: Zeitschrift für Fragen des Judentums*, Berlin, Jg. 1, Nr. 26, 16.8.1946.

174. *Kasztner-Bericht* 139.

175. ebd. 178. 后来也出现于牢房文件中。

176. 维斯利策尼甚至在 1944 年年底声称，艾希曼已被免职，由他——维斯利策尼——担任特莱西恩施塔特的督察，以保护犹太人。后来他在布拉迪斯拉发试图否认这两个谎言，但没有成功。*Kasztner-Bericht* / Wisliceny-Kommentar (25.3.1947, T/1116).

177. 维斯利策尼早在 1944 年 5 月 3 日即已声称，他由于与犹太人的亲密私人接触而遭到艾希曼"排挤"，但这种说辞当然是谎言（*Kasztner-Bericht*, 85）。同年秋天他又表示："我还想伸出援手阻止那个（让匈牙利犹太人）集体步行离开布达佩斯的可怕行动。但即便让艾希曼做出最小的让步也困难得令人难以置信。"（ebd. 274）。

178. 萨森抄本 12, 6-7。

179. 库尔特·贝歇尔令人信服地成功扮演了救助者的角色，由于卡斯特纳的一纸宣誓证词而逃过一劫。卡斯特纳对贝歇尔的支持固然惹人生厌，但他在 1947 年的时候显然还完全无法看清贝歇尔涉案的程度，而且他不是唯一被骗的人。卡斯特纳的副手安德烈亚斯·比斯（Andreas Biss）、亚历克斯·魏斯贝格，以及约埃尔·布兰德在 1955 年仍然试图争取贝歇尔的合作来撰写一本书（*Zeugenaussage zum Eichmann-Prozess Kurt Becher*, Bremen, 20.6.1961）。贝歇尔自吹自擂的功夫明显比艾希曼要高明许多。

180. 例如曾深度卷入所有反犹措施的匈牙利警察首脑拉斯洛·费伦奇曾告诉卡斯特纳，他非常害怕艾希曼。（*Kasztner-Bericht*, 155.）

181. *Kasztner-Bericht*, 62.

182. 约埃尔·布兰德在 1944 年 6 月 12 日至 10 月 5 日期间被拘禁于开罗。其同行者班迪·格罗斯（Bandi Grosz）的审讯报告在 1944 年 7 月 13 日即已被提交到伦敦。

183. 约埃尔·布兰德的任务很快即告失败。从 1944 年 7 月 18 日开始大量出现广播报道和报纸文章。匈牙利在 7 月 19 日就有了全文翻译，造成灾难性的舆论反应（起诉文件 T/1190）。当天《泰晤士报》的头版标题为：《骇人听闻的"出价"：德国的勒索，用犹太人换军火》（"A Monstrous 'Offer'：German Blackmail. Bartering Jews for Munitions"）。s. a. *New York Herald Tribune* vom 19.7.

184. Shlomo Aronson, "Preparations for the Nuremberg Trial: The O.S.S., Charles Dwork, and the Holocaust," in: *Holocaust and Genocide Studies* 1998, 2, 257-281.

185. 萨森抄本 73, 8。

186. Höttl, Assuage zum Eichmann-Prozess, Altaussee 26.5.1961.

187. 萨森抄本 49, 8。

188. Horst Theodor Grell, Zeugenaussagen zum Eichmann-Prozess, Berchtesgaden, 23.5.1961. Vgl. a. IMT NG-2190.

189. 本-古里安在提出战争罪犯名单的时候，将艾希曼形容为"所有战争罪犯当中最恶劣和最危险的一个"；维森塔尔则直截了当地说他是"犹太人的头号敌人"（*Großmufti - Großagent der Achse*. Salzburg, Wien 1947, 46）。

190. 萨森抄本 25, 5。

191. Stefan Hördler, "Die Schlussphase des Konzentrationslagers Ravensbrück. Personalpolitik und Vernichtung," in: *Zeitschrift für Geschichtswissenschaft*, 2008, 3, 222-248, hier 244. 赫德勒指出，必须纠正之前有关 "1945 年 3 月 30/31 日最后一次用毒气进行了大规模谋杀，此后毒气室即遭到拆除" 的讲法。根据他的研究，大屠杀其实结束于 1945 年 4 月 15 日和 4 月 24 日之间，因为莫尔的别动队也被部署到了拉文斯布吕克集中营。

192. 夏洛特·扎尔茨贝格尔在艾希曼审判第 42 次开庭时的证词。扎尔茨贝格尔女士将那次审讯的日期定在 1945 年 3 月 3 日。她在审判中用德语引述了艾希曼的说辞，这引发他做出了少见的明显反应。

193. 有关在特莱西恩施塔特修建毒气室的谣言源自艾希曼（相当程度上也是因为维斯利策尼在卡斯特纳面前针对艾希曼的说明）。艾希曼后来提到马伊达内克，因为那里的毒气室被归咎于他，他表示这种事情不会再度发生在他身上（*Kasztner-Bericht*）。H. G. 阿德勒指出，那样的计划确实存在过，但艾希曼被迫把它取消了（H. G. Adler, *Theresienstadt, 1941–1945. Das Antlitz einer Zwangsgemeinschaft*. Tübingen, 1955, 201）。按照他的说法，艾希曼在 3 月初奉命停止一切有关大屠杀的筹备行动，并展开第二波 "美化" 工作（Adler, *Der verwaltete Mensch ...*, A. o., 354）。德国犹太协会最后一任主席莫里茨·亨舍尔（Moritz Henschel）也在 1946 年 9 月谈到了那个计划（起诉文件 T/ 649：Ausschnitt aus dem Vortrag "Die letzten Jahre der Jüdischen Gemeinde Berlin" von Moritz Henschel, Tel Aviv, 13.9.1946）。

194. 起诉文件 T/865：*"L'activité du CICR dans les Camps de Concentration en Allemagne"*。一个严重删节的版本见 Jean-Claude Favez, *Warum schwieg das Rote Kreuz? Eine internationale Organisation und das Dritte Reich*. München 1994, 193, 499f. 阿德勒直接引用了另外一个法文版本，但内容也不完整（*Theresienstat ...*, A. o., 204. 起诉文件 T/866：Teilnehmerliste der Veranstaltung）。陪同前往参访的人包括外交部的埃伯哈德·冯·塔登、埃里克·冯·卢克瓦尔德（Erich von Luckwald），以及波希米亚和摩拉维亚党卫队保安局的首脑埃尔温·魏因曼（Erwin Weinmann）。

195. 维斯利策尼和艾希曼都谈到过升迁为党卫队旗队长一事。维斯利策尼，133 号牢房文件，起诉文件 T/84，第 8 页；萨森抄本 4, 5。

196. 萨森抄本 11, 11。在之前的抄本中，艾希曼曾提到过 "30 个艾希曼"，萨森抄本 3, 1。

197. 迪特尔·维斯利策尼，133 号牢房文件，起诉文件 T/84，第 14 页。维斯利策尼详细讲述了艾希曼散布的版本，并且还讲述了霍特尔某次与艾希曼对话之后，在纽伦堡告诉他的类似信息。

198. 艾希曼曾多次讲述这个版本，而且其说法至少当时得到了齐施卡、格特舍（Goettsch）和瓦内克等人证词的证实：NA, RG 263 CIA Name File Adolf Eichmann, 17. June 1946, Information Date April 1945。

199. NA, RG 263, CIA Name File Adolf Eichmann.

200. 影印本见 Manus Diamant, *Geheimauftrag: Mission Eichmann*, Wien 1995, 224; Simon Wiesenthal, *Ich jagte Eichmann*.Gütersloh 1961, 25。

201. Robinson to Jackson, July 27, 1945, World Jewish Congress Collection (MS-361), American Jewish Archives, box C106, file 16. Nachgewiesen bei Tom Segev, *Simon Wiesenthal ...*, A. 0., 24 f.

202. NA, RG 263 CIA Name File Adolf Eichmann: Arrest Report Wisliceny, Dieter, 25. und

27.8.45.

203. 拘捕令见 St. P. F. Bl., Art. 1654/46 (1946) wegen §§ 3 und 4, KVG。此次行动虽不成功，但相关档案于十年后被转交到法兰克福，供弗里茨·鲍尔使用。

204. 有一部分已依据 1998 年的《纳粹战争罪行披露法》(Nazi War Crimes Disclosure Act 1998) 对外公开。NA, RG 263, CIA Name File Adolf Eichmann, Box 14-15.

205. 1945 年的巴黎版本即已如此（无页码，Univ. Bibl. Kiel）。在 1947 年 3 月的柏林版本中，艾希曼总共被提及七次（其中一次是"埃克曼"）。其中称他是美国和法国极力缉捕的战争罪犯、谋杀犯与酷刑犯。

206. 萨森抄本 10, 17。

207. 艾希曼后来表示，阿道夫·卡尔·巴尔特是柏林市一位殖民地产物商的名字。艾希曼在乌尔姆的时候自称空军上等兵，被转移到上普法尔茨魏登的收容营（Stalag XIII B）之后，他改称自己为武装党卫队的二级小队长。参见：Die anderen sprachen …1945 年 8 月后他又被转移到上达赫施泰滕弗兰肯。"埃克曼"这个名字最早出现于 1945 年 6 月的证人陈述（Yad Vashem Archiv, M.9, File 584a, Interrogation of Rudolf Scheide by L. Ponger）。同样的证词也出现于 1946 年 12 月 3 日的 CIC 报告中（NA, RG 319, Investigative Records Repository, Adolf Eichmann）。

208. Sassen-Interview, Tonband Zählung BArch 10B, 1:14ff.（逐字抄写，并标示出缩写。）

209. Aronson, "Preparations" …, A. o.

210. 这种误解的一个例子就是大卫·切萨拉尼，他总结道："艾希曼在审判中被提到的次数不多，而且也不够明显，他的名字因而无法给审判观察员留下深刻的印象，更不用说那些只是偶尔从媒体上读到被过分删节的报告的人了。"（第 8 页）德国报纸的读者也对战犯的名字不感兴趣，而且借口要关注日复一日的生活来为自己的缺乏兴趣找理由。另一个问题是切萨拉尼指的是哪些审判观察员。那些从前就知道艾希曼名字的人，例如他广大的受害者以及同谋共犯，都有各种理由留意或忽略。

211. 纽伦堡国际军事法庭第一次审判的英文抄本与相关文件已作为耶鲁大学法学院阿瓦隆计划（Avalon Project）的一部分对外公开：http://avalon.law.yale.edu/subject_menus/imt.asp。在注释中标明引文出处时，所列出的是开庭日期和审判中所使用的编号。

212. 纽伦堡国际军事法庭起诉文件 T/585，等同于 IMT 2376-PS, Gestapo-62 (22.6.1945)。

213. 3. Januar 1946. IMT 4, 412。

214. Gustave M. Gilbert, Nürnberger Tagebuch. Frankfurt am Main, 1962, 109.

215. 这项声明马上就被艾希曼的副官鲁道夫·耶尼施传播了出去，并且进入 CIC 的档案，经常被引述。艾希曼亲自在阿根廷详细证实了这个花招（萨森抄本 10, 17）。

216. 经常出现在文献中的"费尔斯莱本"（Feiersleben）这个名字是个打字或听写错误，最早是因为埃弗森（Eversen）户口登记簿上的误载，随后经由 1960 年夏季在阿尔腾萨尔茨科特的采访而传播开来。中间的"冯"（von）在登记簿上被划掉了（Stadtarchiv Berger, Fach 585 Nr. 2）。后来的文件写对了名字。要感谢贝尔根市档案馆库尔特—维尔纳·泽博（Kurt-Werner Seebo）提供的专业帮助。

217. 艾希曼曾两次提到其逃亡路线上这个迄今未得到仔细研究的停留地点：一次是在 1957 年与萨森的谈话中（仅出现在原始磁带中，BArch Zählung 10B, 1: 22: 15）；另一次是在其手稿《我的逃亡》第 21 页（März 1961）。后者间接指出，艾希曼是在莱茵兰获得了新的证件。

218. 萨森抄本 11, 2。

219. 1960 年的时候，这位兄弟的女管家在至今未受重视的一次采访中提到了二人之间关于艾希曼逃亡的信件。她知道许多我们直到最近才得以验证的细节，因此她的说法可信度很高。采访稿见：*Neues Österreich* vom 2. 6. 1960, "Adolf Eichmann hob sein eigenes Grab aus. Eine Haushälterin der Familie erzählt"。

220. 罗伯特·艾希曼过了很久以后终于承认，他的父亲一直与其同父异母哥哥阿道夫保持联络，但他们全家于父亲去世后才发现此事。Robert Eichmann an Leo Maier-Frank, Kriminaloberst i. R., 8. 3. 1990, gedruckt in Rena und Thomas Giefer, *Die Rattenlinie. Fluchtwege der Nazis. Eine Dokumentation*. Frankfurt a. M., 1991, 71-73.（信中包含了其他不尽可信的说辞。）

221. "亨宁格"（Henninger）是听写错误，从埃弗森的户口登记簿记录即可明确看出此事（An-und Abmeldebuch Eversen, Stadtarchiv Bergen, Fach 585 Nr.2）。感谢库尔特-维尔纳·泽博提供的资料。

222. 埃弗森的户口登记簿，同上。

223. 迪特尔·维斯利策尼，133 号牢房文件，起诉文件 T/84，第 22 页。

224. NA, RG 319, IRR, Adolf Eichmann, CIC Report und NA, RG 263, Adolf Eichmann Name File, SS Obersturmbannführer A.E. 1946.

225. 1946 年 4 月 11 日的宣誓声明。

226. ebd.

227. IMT 11, 305, 11.4.1946.

228. 艾希曼出现了十分明显的记忆错误，在阿根廷，他引述杰克逊的话："他（杰克逊）觉得必须利用此次审判的机会把我形容成……'事实上是本世纪最邪恶的人物'。"（*Betrifft: Meine Feststellung …*）分别在两处夸大了杰克逊的说法。

229. IMT Gest-39, Eidesstattliche Erkläung Huppenkothen.

230. 奥托·温克尔曼（党卫队上级集团领袖以及在匈牙利的高级警察领导人）和汉斯·于特纳（党卫队上级集团领袖与武装党卫队上将）在库尔特·贝歇尔的支持下，共同编造了一个令人发指的脱罪故事，证明自己与死亡行军没有任何关系——尽管温克尔曼负责遭送行动，于特纳则要求获得更多奴工。于特纳宣称："温克尔曼当时（1944 年 11 月）表示，他在这个问题上完全无能为力，如果我能提出异议的话，他将非常感激。"于特纳尝试那么做了，虽然"我完全知道，这种干预可能会对我个人产生非常不愉快的后果"。艾希曼却宣称，二人都明确称赞他关于步行离开的构想。这并非没有可能的事，唯一或许会让于特纳感到不满的地方就是，行军队伍当中还能工作的人太少了。（Jüttner-Aussage, Nürnberg 3.5.1948.）三人后来在为艾希曼审判案作证时重复了同样的把戏——温克尔曼 1961 年 5 月 29 日在博德斯霍尔姆（Bordesholm），于特纳 1961 年 5 月 31 日在巴特特尔茨，库尔特·贝歇尔 1961 年 6 月 20 日在不来梅。

231. *Kasztner-Bericht*, 194. 对卡斯特纳来说，这个词指的是艾希曼的系统在每个占领国为犹太人政策建立的无上权力地位，最后没有任何人能够奈何得了它。

232. Urteil 1, 298, verlesen am 30.9.1946.

233. IMT 1, 283。

234. 这个手写注记出现在一份标题为《建议审判框架，简略大纲（仅供参考和批判）》（"Suggested Frame of the Judgment, in bare outline (for consideration and criticism only)"）的内部文件上面。该文件的保密级别为"严格保密"，因为如果传出风声，法官们那么早就开始准备撰写判决书，这个消息可能带来灾难性的后果。这显示出它属于非常早期的文件。Syracuse University, Syracuse, New York, Francis Biddle Papers, Box 14。谨在此感谢妮珂莱特·多布罗沃尔斯基（Nicolette A. Dobrowolski）发挥专才协助寻获手写注记，并对文件本身做出说明。布拉德利·史密斯的描述颇有问题（Bradley F. Smith, *Der Jahrhundertprozeß. Die Motive der Richter von Nürnberg – Anatomie einer Urteilsfindung.* Frankfurt a.M. 1979 (deutsches Original zuerst 1977), 132 ）。

235. 起诉书的最终版本于 1945 年 10 月 18 日开庭时正式提交。

236. 这个贴切的用语出自摩西·珀尔曼。

237. 萨森抄本 3, 3。

238. 萨森抄本 6, 1。

239. 这个说法源自维斯利策尼。他为了自保而声称他的老板曾经告密行事（Wisliceny, Cell 133-Dokument, Bratislava, 27.10.1946, T/84 ）。

240. 以色列政府向美国、英国、法国和苏联政府发出的照会。全文发表于 1951 年 7 月 27 日的《犹太通论周报》（*Jüdische Allgemeine* ）。另外几个人是海德里希、赫斯、弗兰克，以及希特勒。艾希曼的名字在那份相当简短的文件里面被提到了两次。

241. 当时见证者的报告一致认为，饥饿在那个地区并不是个问题。

242. *Argentinien-Papiere*, Handschrift *Die anderen sprachen ...*, Randbemerkung zu Seite 57, BArch Ludwigsburg, Ordner Diverses.

243. 艾希曼声称鲁道夫·赫斯曾经告诉他，希姆莱讲过这样的话。*Meine Memoiren*, 110. 另见艾希曼接受审讯和审判的过程记录。

244. 萨森抄本 11, 2。艾希曼亲笔修订了这个段落，并且删除了所有涉及帮手的部分。剩下的文字是"我在那里看见一大沓旧报纸，上面有些文章提到了我"。

245. 艾希曼在萨森访谈中已经详细地引述了那本书，虽然它并非共同的讨论对象。他在以色列也得到了一本（第 5 版），并将用于最后一次为自己辩护的努力——《偶像》（1961 年）。

246. 那部著作是艾希曼在布宜诺斯艾利斯的藏书之一。他的手写批注也保存了下来。BArch Koblenz, Nachlass Eichmann N 1497-89.

247. *Meine Flucht*, 11f.

248. 萨森访谈，原始磁带 10B 1:22。逐字抄写稿，未纠正语法错误。

249. *Meine Flucht*, 22.

250. *Argentinien-Papiere*, Handschrift *Die anderen sprachen ...*, Randbemerkung zu Seite 57, BArch Ludwigsburg, Ordner Diverses.

251.《明星周刊》罗伯特·彭道夫和《每日电讯报》理查德·基利安（Richard Kilian）对露特·特来梅（Ruth Tramer）的采访，1960 年 6 月（6 月 16—25 日）被用于雷诺兹在《明星周刊》发表的文章中（*Adolf Eichmann ...*, A. o.）；*Begegnungen mit einem Mörder*, BBC/NDR 2002；雷蒙德·莱伊 2009 年和 2010 年 7 月 24 日采访、2010 年 7 月 28 日由北德广播电视台播出的 *Menschen und Schlagzeilen*。证人姓名已按照当事人的要求加以省略。

252. 关于小孩子们的回忆，参见 2010 年 7 月 24 日在阿尔腾萨尔茨科特采访、7 月 28 日由北德广播电视台播出的 *Menschen und Schlagzeilen*。

253. 1960 年夏天时，已有记者率先在阿尔腾萨尔茨科特和周边地区进行采访（例如《明星周刊》的罗伯特·彭道夫）。包括沃尔德马尔·弗赖斯莱本在内的许多人，则声称自己对此 "毫不知情"（*Spiegel*, 15.6.1960）。关于艾希曼在那个人烟稀少地区的行为表现和扮演的角色，目击证人的描述直到今天仍然相当一致。显而易见，他们在发现自己曾经与谁为伍之后出现的恐惧反应都不是假装出来的。同样清楚的是，每人都对自己过去生活三缄其口的做法已然成为普遍的生存策略。卡斯滕·克吕格尔（Karsten Krüger）曾实地进行过广泛调查（2002, teilweise abgedruckt in *Frankfurter Rundschau*, 30.5.2002; vgl. a. *Neue Presse*, 23.7.2009）。此外亦参见 NDR/BBC-Produktion *Begegnungen mit einem Mörder* 2002, Interviews für die ARD-Produktion *Eichmanns Ende* 2009. Wichtige Ergänzungen liefern bis heute die *Life*- und *Stern*-Interviews mit Nelly Kühn, verw. Krawietz von 1960 (Reynolds et.al., *Adolf Eichmann* ..., A. o., 185, *Stern*, 25.6.-16.6.1960).

254. *Meine Flucht*, 12.

255. Hannah Arendt, *Eichmann in Ierusalem* ..., A. o., 281.

256. 如果消息正确的话，这位经常前往拜访艾希曼的 "维利叔叔" 也曾经是党卫队成员，那么科赫与艾希曼二人想必早已熟识。维利·科赫出生于 1910 年 9 月 22 日，1940 年 10 月曾在波森的中央移民办公室任职，而后工作于其位于格内森（Gnesen）的分支机构。波森的中央移民办公室当时归艾希曼管辖。（SS-Dienstaltersliste 1.12.1938 und 15.6.1939, Nr. 4813, geführt unter SD-Hauptamt.）

257. 参见本书第五章《我没有同志》一节。

258. 路易斯（阿洛伊斯）·辛特霍尔策 1914 年 12 月 16 日出生于因斯布鲁克附近（党卫队编号 308210，1944 年 7 月 1 日武装党卫队名录编号 2076，后备党卫队一级突击中队长）。BArch Berlin BDC-Akte. Vgl. a. Gerald Steinacher, *Nazis auf der Flucht. Wie Kriegsverbrecher über Italien nach Übersee entkamen*. Innsbruck, Wien, Bozen 2008, 50-52. 该书亦引用了路德维希堡联邦档案馆中央办公室收藏的辛特霍尔策文件。

259. Philipp Trafojer, "Die Spuren eines Mörders. Alois Schintlholzer (1914–1989) ", Titelgeschichte in der österreichischen Zeitschrift *Vinschgerwind*, 8.9.2005.

260. 辛特霍尔策将此事告诉了一位熟人，却不晓得该人是西德情报部门的线人。资料发现于德国联邦行政法院补充文件 BVerwG 7A 15.10, Saure gegen BND, BND-Akten 121099, 1664: Schreiben vom 3.6.1960 "auf AA-Anfrage"；1784: 11.8.1960. 感谢克里斯托夫·帕尔奇允许引述相关资料。

261. 这句话仅出现在录音带上，被阿根廷的打字誊写员省略了。Tonband Zählung BArch 10B, 1:22:30.

262. 有拍摄客厅内老年妇女的影片，让我们在今天仍可直接窥见那种谈话方式。她们即便时隔数十年之后还能认真至极地争辩，那位始终不事张扬、偏爱甜食、来自南方的黑宁格先生的眼睛究竟是蓝色还是褐色。NDR/BBC, *Begegnungen mit einem Mörder*, 2002.（艾希曼的眼睛是蓝灰色的。）

263. Liebl, Vera, Ex-Wife of Eichmann, Otto Adolf, datiert auf den 26.11.1946 und Interrogation of Parents and Brother of SS-Obersturmbamaführer Otto Adolf Eichmann, NA, RG 263, Name File Adolf Eichmann, datierbar Mitte Oktober 1946.

264. 艾希曼后来表示，他的妻子在那整个时期都住在他叔父的房子里。根据阿尔陶塞地区警员瓦伦丁·塔拉 1960 年 1 月 6 日写给弗里茨·鲍尔的报告，她的住处是一栋狩猎小屋。接着薇拉·艾希曼在 1948 年 7 月 30 日和孩子们迁居到菲舍恩多夫的一户农家。见1960 年 6 月奥地利《1960 年 1 月 1 日的相关信函》，载于 1960 年 6 月的奥地利《新警世报》(*Der Neue Mahnruf*)。

265. Cesarani, *Adolf Eichmann* ..., A. 0., 41; Interview Vera Eichmann, *Daily Express*, 12.12.1961.

266. 根据瓦伦丁·塔拉的记述，战争结束后，薇拉的妹妹在阿尔陶塞嫁给了利奥波德·卡尔斯。薇拉的另一个妹妹则与丈夫和母亲居住在林茨附近的赫尔兴。

267. 维森塔尔列出的日期为 1947 年 4 月 30 日，见 *Ich jagte Eichmann*…, A. o., 85。"CIA Name File" 则日期不明：SS Obersturmbannführer Adolf Eichmalm, Report from Berlin 17.6.?? (无法阅读)。维森塔尔频繁地报道了事件的经过，并将阻止薇拉·艾希曼的申请一事，看成他为追捕艾希曼行动做出的最大贡献。关于阿尔陶塞警方的观点，参见瓦伦丁·塔拉 1960 年 1 月 6 日的报告。

268. 关于搜查的经过，参见：CIC Report on Adolf Eichmann, 7.6.1947, NA, RG 319, IRR Adolf Eichmann.英格丽德·冯·伊内位于巴特加施泰因(Bad Gastein)的住所也遭到搜查。获得第一张艾希曼照片的经过，见 Manus Diamant, *Geheimauftrag Mission Eichmann*. Aufgezeichnet von Mosche Meisels und mit einem Vorwort von Simon Wiesenthal. Wien 1995, 223。

269. 约瑟夫·魏斯尔在 1947 年被引渡到法国，因为参与遣送人犯至奥斯维辛的行动而遭到起诉并被判处终身监禁。他在 1955 年回到奥地利重获自由之身，不曾因为他的其余罪行而被绳之以法。Hans Safrian, *Eichmann und seine Gehifen*. Frankfurt a. M. 1997, 328.

270. 萨森抄本 3, 3。艾希曼的名字从 1955 年 3 月开始出现在奥地利的通缉名册上。

271. *Meine Flucht*, 12.

272. 克恩滕总共只有过两任纳粹省党部领导，分别为胡贝特·克劳斯纳（卒于 1939 年）和弗里德里希·赖纳（1947 年被处决于南斯拉夫）。乌基·戈尼认为，一个名叫阿明·达尔迪约（ Armin Dardieux ）的 "卡普里" 员工其实就是于伯赖特尔，这意味着艾希曼和于伯赖特尔也在阿根廷见过面。Holger Meding, *Flucht vor Nürnberg? Deutsche und österreichische Einwanderung in Argentinien 1945-1955*. Köln 1992, 150f., u. 217ff. und CEANA: *Third Progress Report*. Buenos Aires 1998. 不过此说法先后遭到《科尔索月刊》（*KORSO*）的记者以及海因茨·施内彭的反对，他们认为于伯赖特尔化名弗里德里希·舍恩哈廷（ Friedrich Schönharting ）定居在辛德尔芬根（ Sindelfingen ）。就我们目前所知，艾希曼自己从未对于伯赖特尔的实际下落发表更多评论。但可以确定的是，艾希曼知道人们在 1947 年 5 月的猜测——当他在 1960 年写下这个句子的时候仍然对此事记忆犹新，而且并未加以反驳。他跟于伯赖特尔在 20 世纪 30 年代即已彼此熟识。

273. *Neue Zeitung*, München, 23.9.1949. S.a. *Neue Zeitung* vom 7.6.1949, "Der 'Weg', der in den Abgrund führt"；*Lübecker Nachrichten*, 11.6.1949; "lmportierter Wehrwolf"；*Tagesspiegel*, 28.9.1949, "Die Herrschaft der 'Descamisados'"；*Gronauer Nachrichten u. Volkszeitung*, 5.11.1949, "Die Hitlers in Südamerika".

274. *Der Spiegel*, 2.6.1949. S.a. *Lübecker Nachrichten*, 11.6.1949. 其中提到了鲁德尔、加兰德、鲍姆巴赫（ Baumbach ）和利茨曼（ Lietzmann ）等人。

275. *Mit Goebbels bis zum Ende.* Buenos Aires: Dürer, 1949. 亦参见他对自己在石勒苏益格—荷尔斯泰因那几年的生活所做的描述 : *Ein "Nazi" in Argentinien.* Gladbeck, 1993.

276. 那份证件和短期签证都没有保留下来，不过红十字会难民护照申请书和护照本身都留下了详细记录。此外也登记在阿根廷移民局的档案中，档案编码 231489/48。Uki Goñi, *The Real Odessa...,* A. o., 126f. 284f. 艾希曼的发件日期也有可能是 1948 年 6 月 2 日，因为红十字会的档案在罗马数字和阿拉伯数字之间任意切换。现存约瑟夫·门格勒、恩斯特·米勒和 "克雷姆哈特"（卢多尔夫·冯·阿尔文斯莱本）等人的 "泰尔梅诺证件"都核发于星期五至星期六之间。如果此类证明文件固定在那个时间核发的话，那么艾希曼的发件日期就是 1948 年 6 月 11 日。

277. 艾希曼在纳粹时期就已经知道了胡达尔的名字，因为他是德国天主教会在罗马的 "圣玛利亚之母堂灵魂神学院"（Santa Maria dell'Anima）院长，显然经常向德国外交部通报罗马教廷的内情。艾希曼曾在 1943 年 10 月 23 日收到一份报告，胡达尔在报告中提出警告，切勿在罗马的公共场所逮捕犹太人，以免迫使教宗公开表达立场（起诉文件 T/620）。

278. 迪特尔·维斯利策尼，133 号牢房文件。起诉文件 T/84，第 18 页。

279. 战犯们在纽伦堡对东西方的冲突寄予厚望，在法庭外这也是一个被频繁提起的话题。参见 : G.M. Gilbert, *Nürnberger Tagebuch.* Frankfurt a. M. 1962.

280. 根据林霍斯特太太（Frau Lindhorst）的陈述。NDR/BBC, *Begegnungen mit einem Mörder,* 2002。

281. 1960 年 10 月 24 日在耶路撒冷举行的新闻发布会。*Allgemeine Wochenzeitung der Juden,* 28.10.1960, "Wie Eichmann gejagt wurde".

282. 汤姆·塞格夫对目前出现过的各种描述进行了令人印象深刻的比对，让我们得以看出其中的差异。以下摘要若不另外注明出处，皆引自相关章节。Tom Segev, *Simon Wiesenthal ...,* A. o., 31-41.

283. Leo Frank-Maier, *Geständnis – Das Leben eines Polizisten. Vom Agentenjäger zum Kripochef Oberst Leo Maier.* Linz 1993, 25ff.

284. 米迦勒·布洛赫在 1949 年 1 月 3 日针对该次行动写了一篇报告。参见 Segev, *Simon Wiesenthal...,* A. o.

285. 艾希曼称自己曾在 1950 年年中考虑过这种可能性，*Meine Flucht,* 17。

286. 大部分文章出现在 1948 年 10 月初，并大部分逐字重复了《世界晚报》的报道。此处引自 1948 年 10 月 2 日和 3 日的《南方信使报》（*Südkurier*）和《上奥地利日报》，以及 1948 年 11 月 13 日的《新周报》（*Neue Woche*）。

287. 联邦情报局已在 2010 年 11 月把相关档案移交给科布伦茨联邦档案馆（BArch Koblenz B206/1986: Fall Adolf Eichmann. Gescheiterte Ergreifung durch Israel und Behauptungen Urbans zur möglichen Fluchthilfe）。《明镜周刊》将这些文件用于 2011 年 1 月 15 日的在线报道《以色列人试图从奥地利绑架艾希曼》（'lsraelis wollten Eichmann aus Österreich entführen'），但没有提及最新的研究结果。

288. Leo Frank-Maier, Geständnis A.o., 21f. 书中第 24 页附有乌尔班的照片一张，以供辨认。

289. Peter F. Müller, Michael Mueller, *Gegen Freund und Feind. Der BND: Geheime Politik und schmutzige Geschäfte.* Hamburg 2002, 226.

290. CIC/CIA file, NA, RG 263, Name File Josef Adolf Urban (geboren am 14.6.1920).

291. Müller, Mueller, *Gegen Freund und Feind* ..., A. o., 226.

292. 布鲁诺·考舍恩出身帝国保安总局第六局（党卫队保安局国外业务）C 处 2 科。

293. BArch Koblenz, B206/1986.

294. 关于乌尔班的纳粹事业，见 Hermann Zolling, Heinz Höhne, *Pullach Intern – General Gehlen und die Geschichte des Bundesnachrichtendienstes.* Hamburg 1971, 217 Vgl. a. seine CIA -Akte, A. o.

295. 维森塔尔于 1948 年 12 月 5 日旁听审讯后曾写信给卡斯特纳，求证所听到的是否属实。引自 Tom Segev, *Simon Wiesenthal*..., A. o. 131f.

296. "Ursachen und Hintergründe der Angriffe gegen Dr. H", Bericht vom 16. Juli 1952. Bericht vom 16. Juli 1952. Zitiert nach Müller, Mueller, *Gegen Freund und Feind* ..., A.o., 227. 这篇报告来自威廉·霍特尔身边的人士，下文还会对此加以说明。乌尔班是霍特尔贩卖假情报的直接竞争者，而且乌尔班的立场也与他不同。

297. Tom Segev, *Simon Wiesenthal*..., A. o., 41.

298. NA, RG 263, CIA Name File Adolf Eichmann, 维森塔尔的名字曾被多次提及。

299. 兹维·阿哈罗尼报告说，艾希曼曾向他问起有关自己孩子的事情。

300. 艾希曼女房东之子奥托·林霍斯特（Otto Lindhorst）的说法，见 BBC/NDR-Interviews 2002. 此外参见卡斯滕·克吕格尔的报道，以及《生活》杂志 1960 年对小莉·克拉维茨的采访。按照内莉的说法，艾希曼写信向她表示："如果你在四个星期里听不到我还活着的迹象，那么就可以在我的名字上面打个叉了。"——这听起来很像艾希曼的口吻。Quentin Reynolds, Ephraim Katz, Zwy Aldouby, *Adolf Eichmann. Der Bevollmächtigte des Todes.* Konstanz, Stuttgart 1961, 185.

301. 艾希曼在 1960 年被捕之后，告诉以色列特工兹维·阿哈罗尼的版本。Agenten Zvi Aharoni. Zvi Aharoni, Wilhelm Dietl, *Der Jäger. Operation Eichmann: Was wirklich geschah.* München 1996, 228ff.

302. *Meine Flucht,* 13.

303. 例如萨森抄本 21, 10。

304. 时隔那么多年后，艾希曼固然有可能把某些日期搞混，但这个善意的推断只适用于一些无关痛痒的日期。我们可以证明，艾希曼曾经为了自我表现（后来则是为了自我辩护）而刻意更改许多日期。这个做法早在纳粹时期即已帮助他大获成功。可以想象的是，党卫队保安局人员在 20 世纪 30 年代初期便学会了官僚机构的这种弊端手段。

305. 克劳斯·艾希曼 1966 年 1 月 2 日接受德国画刊《快客杂志》（*Quick*）的采访。

306. 在早期 CIC 报告中已有迹象显示，党卫队人员将那个无伤大雅的城市名称用作相互识别的暗号。它带来的好处非常实际，包括偶尔能够借此在吃饭时获得更多分量（CIC file *Organisation Odessa*, first document, October 25, 1946）。Heinz Schneppen, *Odessa und das Vierte Reich: Mythen der Zeitgeschichte.* Berlin, 2007 详细叙述了那个神话形成的经过，不过有时也过度拘泥于"敖德萨"那个字眼本身，以致对实际存在的组织结构视而不见。不幸的是，施内彭仅仅以艾希曼的少数言论作为依据，而忽略了逃亡到阿根廷那些人之间可观的网络与联系。下面还会对此做出更多补充说明。

307. 艾希曼并没有向萨森提及同情者的姓名："有人带着我溜出德国……"等等。《我的逃亡》

里面完全只提到"组织"。海因茨·施内彭固然非常正确地注意到，艾希曼连一次都没有使用过"敖德萨"这个字眼（*Odessa*, 27），但没有提及名称并不表示那个组织真的不存在。艾希曼所说的那个组织，显然是由昔日党卫队成员支撑的。但他对以色列显然不会这样说，因为那个"组织"还在继续运作，其架构依然存在，而且更重要的是，在艾希曼不在的情况下继续照顾他的家人。因此与施内彭的描述恰恰相反，艾希曼即使在 1960 年谈论此事也将"危及他本人或第三方"（*Odessa*, 23）。

308. Moshe Pearlman, *Die Festnahme des Adolf Eichmann.* Frankfurt 1961.

309. 德国联邦行政法院补充文件 BVerwG 7A 15.10, Saure gegen BND, BND-Akten 121099, 1664: Schreiben vom 3.6.1960 »auf AA-Anfrage«; 1784: 11.8.1960. 参见本书第五章《我没有同志》一节。

310. 西蒙·维森塔尔在 1954 年 3 月 30 日写给纳胡姆·戈尔德曼的一封信中表示，对艾希曼家的监视显示，其财务状况已在此际明显获得改善。艾希曼也在《我的逃亡》第 16 页暗示了这次接触。

311. 格拉尔德·施泰纳赫推测艾希曼接受了洗礼，因为在施特青的领洗登记簿里面出现了埃里克·普里布克再度领洗的记录。然而在那里找不到任何有关艾希曼 / 克莱门特的记录。Steinacher, *Nazis auf der Flucht ...*, A. o., 167.

312. *Meine Flucht*, 18.

313. ebd., 24.

314. 经常被误写成 "Giovanni C"，而这个错误源自艾希曼自己。阿根廷方面的档案记载得非常清楚（更何况船名通常优先使用女性姓名）。

315. *Meine Flucht*, 17.

316. ebd., 22.

第二章　间奏曲：在中东的虚假踪迹

1. *Meine Flucht*, 18.

2. 关于维森塔尔的错误判断，参见 Heinz Schneppen, *Odessa ...*, A. o., 12ff. Guy Walters, *Hunting Evil*. London, Toronto, 2009, 207ff.

3. 维森塔尔引用来自林茨的报告，而且直到艾希曼被捕很久之后，他仍然对这个藏身之处以及和奥地利的联系深信不疑。这种说法在他所有的著述和许多注记当中都能找到。亦参见 Simon Wiesenthal, *Recht, nicht Rache. Erinnerungen.* Frankfurt, Berlin 1988, 99. 此处引用了他最详细的陈述，亦即维森塔尔在 1954 年 3 月 30 日写给纳胡姆·戈尔德曼的信件，NA, RG 263, CIA Name File Adolf Eichmann。

4. 有关奥地利纳粹组织的消息来源之一，正是造谣专家威廉·霍特尔。NA, RG 263, CIA Name File Wilhelm Höttl。

5. 来自林茨、关于一名想象力丰富的线人——米特胡伯（Mitterhuber）——所讲述故事的报告，已在 2010 年 11 月由科布伦茨联邦档案馆（B206/1986）向公众开放。米特胡伯甚至宣称，艾希曼在美国的资助下领导了一个武装抵抗小组，以便因应共产党的攻击。

6. NA, RG 263, CIA Name File Adolf Eichmann。关于"蜘蛛"，亦参见 CIC Name File Otto Skorzeny。美国方面同样也对那些神秘组织的金钱来源做出臆测，并且以为源于苏联。

Guy Walters, *Hunting Evil...*, A. o., 207ff.

7. 第 25 期。该文作者为阿尔弗雷德·费雪（Alfred Fischer），英文版的标题为 "Karl Eichmann—Head of Gestapo's Jewish Section", *Zionist Review*, October 4, 1946。

8. 1947 年 6 月 1 日由黑布勒（R. B. Haebler）撰写的文章。亲纳粹作家随后几年一再引用该文，试图借此证明艾希曼本身就是犹太人。

9. Simon Wiesenthal, *Großmufti — Großagent der Achse*. Salzburg, Wien 1947, 46.

10. Leon Poliakov, "Adolf Eichmann ou le rêve de Caligula", in: *Le Monde Juif*, Paris, 4. Juni 1949. 刊出的那张照片来自 20 世纪 30 年代早期，亦转载于 David Cesarani, *Adolf Eichmann ...*, A. o.（柏林 2004 年版的第一张照片）。

11. 萨森抄本 22, 1。波利亚科夫转载的那张照片虽然画质粗糙，但并没有经过修饰。

12. *Jüdisches Gemeindeblatt für die Britische Zone*, 23. Juni 1948. 到了 1948 年年底，维也纳《世界晚报》的一篇专文更引发一连串的密集报道，例如其中一篇的标题为《阿拉伯军团的成员之一》（"Einer von der arabischen Legion"），见《南方信使报》，1948 年 10 月 2-3 日。

13. 汤姆·塞格夫在他的维森塔尔传记里描述了这个情节，并引用了维森塔尔在 1948 年 6 月 22 日写给亚伯拉罕·席尔伯施恩（Avraham Silberschein）的信件。Tom Segev, *Simon Wiesenthal...*, A. o., 144.

14. 例如 *Frankfurter Rundschau*, 22.3.1952: "Massenmörder als Militärberater"; *Die Gegenwart*, April 1952 und *AWJ*, 18.4.1952: "SS-Generale im Nahen Osten"; *AWJ*, 25.4.1952: "Der deutsche Soldat im Mittleren Osten"; *Welt am Sonntag*, 23.11.1952: "Deutsche 'Berater' in Kairo schüren gegen Bonn. Ehemalige SS- und SD-Führer in Verbindung mit Nagib und Mufti".

15. 参见 BND 的错误报告，其根据的是赛义达·奥特纳关于艾希曼已在 1947 年抵达叙利亚的声明。NA, RG 263, CIA Name File Adolf Eichmann。亦参见 BND 在 1958 年 3 月 19 日向 CIA 提交的报告 "New Eastern Connections"（迄今仅出现在 CIA Name File Eichmann）。在真正皈依伊斯兰教且与身处阿根廷的艾希曼保持联络的纳粹当中，最著名者为约翰·冯·莱斯。就阿洛伊斯·布伦纳而言，有证据表明他果真去了叙利亚。

16. 关于背景细节的系列文章，参见 Tom Segev, *Simon Wiesenthal ...*, A. o., 177。

17. Quentin Reynolds u.a., *Adolf Eichmann ...*, A.o., 189ff.

18. 这个错误可能是因为雷诺兹弄混了奥托·斯科尔策尼和瓦尔特·劳夫，因为后者的确选择了这些逃生路线。雷诺兹的资料来源是花钱从海因茨·魏贝尔-阿尔特迈尔那里买来的采访记录，被采访对象自称是第三名合作伙伴，"福阿德·纳迪夫"（Fuad Nahdif）。

19. Tom Segev, *Die siebte Million. Der Holocaust und Israels Politik der Erinnerung*. Reinbek b. Hamburg 1995, 202.

20. Michael Bar-Zohar, *The Avengers*. New York, 1970, 65ff. 巴尔-祖海尔率先认识到弗里茨·鲍尔所起的真正作用，而且在其他方面也消息非常灵通。他那本书被翻译成多种语言，但没有德文版。

21. Tom Segev, *Die siebte Million ...*, A. o. ..., 203. 塞格夫采访了在华沙起义中幸存，并且在战争结束前即已建立复仇力量的阿巴·科夫纳（Abba Kovner）。相关背景资料首见于米迦勒·巴尔-祖海尔的《复仇者》，而且他亲自采访过暗杀小组的成员。

22. Vgl. den o. g. Artikel "Von Karl Eichmann fehlt jede Spur" in *Der Weg*, 16.8.1946 von Alfred Fischer.

23. 1932 年的一次事故造成艾希曼颅骨骨折、锁骨骨折，以及前述他眼睛上方的伤痕。这些车祸遗迹在 1960 年被摩萨德用于确认被绑架者的身份。但与一般猜测不同的是，他脸部明显的不对称并非此次意外造成的结果，因为从艾希曼及其手足的儿时照片即可看出，他们都具有这个显眼的脸部特征。

24. 艾希曼做过整容手术的谣言出现于 20 世纪 40 年代末期，随后几年并偶尔见于通俗文章中。维森塔尔在 1954 年 3 月 30 日写给纳胡姆·戈尔德曼的信中提到了此事（NA, RG 263, CIA Name File Adolf Eichmann）。认得艾希曼的本亚明·爱泼斯坦（Benjamin Epstein）在针对艾希曼被捕一事接受访问时，也传播了这个谣言。*Neues Österreich*, 26. 5. 1960, "Massenmörder Eichmann hatte sein Gesicht operieren lassen". 一直要等到艾希曼被捕后的照片公布，证明实情并非如此之后，谣言才逐渐平息。艾希曼后来在以色列指出，他在南美洲遇见的某些纳粹不只是改了名字而已——但这也可能是他一贯喜欢故弄玄虚和炫耀内幕消息的作风。BArch Koblenz AllProz 6/252 Fragebogen für *Paris Match*.

25. Götzen, 589.

第三章 艾希曼在阿根廷

1. *Meine Flucht*, 22.

2. 艾希曼自己谈起了这层关系，但一如既往地没有说出该人的姓名。*Meine Flucht*, 23. 显然那些人彼此相互介绍时透露的是自己昔日的身份，而不使用新的化名。

3. *Meine Flucht*, 23.

4. Uki Goñi, *Odessa. Die wahre Geschichte*, Hamburg, Berlin 2006, 283.

5. 其 300 名工作人员当中显然只有 40 人是专业工程师。参见 Ernst Klee, *Persilscheine und Falsche Pässe: Wie die Kirchen den Nazis halfen*. Frankfurt am Main, 1992; Uki Goñi, *Odessa ...*, A.o.

6. 艾希曼在以色列的笔记中曾经多次提及此事，在《我的逃亡》手写稿和其他地方也有提到。

7. 艾希曼在萨森访谈会上提到了汉斯·菲施伯克，并在萨森抄本 59, 9 页下手写注记："他还活着！"菲施伯克的太太曾于艾希曼被捕后表示，她是最后与艾希曼说话的人之一，而且自从她的丈夫也任职于"卡普里"以来，他们便彼此熟识。

8. Eckhard Schimpf, *Heilig: Die Flucht des Braunschweiger Naziführers auf der Vatikan-Route nach Südamerika*. Braunschweig 2005, 110.

9. 联邦档案馆录音带编号 BArch 10 C, 1:28:00.

10. 保存至今的信件、谈话记录，甚至还有一通电话记录，清楚证明了他们之间 20 次左右的联系。

11. 拉亚科维奇在 1940 年加入党卫队。参见：艾希曼 1940 年 7 月 19 日关于拉亚科维奇的员工考核报告，起诉文件 T/55（6）。有证据显示，拉亚科维奇曾在 1952 年 2 月和 8 月之间藏身布宜诺斯艾利斯，这同时也表明了，艾希曼即使在图库曼时期也不时前往布宜诺斯艾利斯。

12. 所谓有关德国人害怕被人认出来的悲惨故事——例如后来在胡安（汉斯）·马勒笔下出

现的情景——根本纯属虚构。布宜诺斯艾利斯有德国人的基础设施，有他们自己的餐馆、电影院、剧院和许多商店，构成了市内一个自然的组成部分。更何况阿根廷人还对德国人特别友好。

13. 乌基·戈尼指出，其中包括阿明·达迪约（Armin Dadieu）、贝特霍尔德·海利希、埃尔温·弗莱斯（Erwin Fleiss），以及弗朗茨·施泰青格（Franz Sterzinger）等人（*Odessa*, 284）。戈尼和霍尔格·梅丁虽然都曾提及西格弗里德·于伯赖特尔（施泰尔马克的省党部领导）也出现在当地，但此事仍然众说纷纭。不过艾希曼曾在《我的逃亡》中明确提到于伯赖特尔，并称他逃亡到阿根廷对自己产生了直接影响（第 12 页）。

14. 根据其女儿卡琳·海利希的回忆。Eckhard Schimf, *Heilig* ..., A. o., 111. 海利希在 1951 年 1 月 17 日抵达布宜诺斯艾利斯，其子女则在 1953 年跟来。他告诉他们，自己曾在罗马与艾希曼见过面。这个谎话显然是为了避免向家人解释，他究竟怎么会认得那名"犹太人事务主管"。在罗马见面的讲法比较不会启人疑窦。

15. 1998 年与 1999 年接受约书亚·戈尔茨（Joshua Goltz）和亚伯·巴斯蒂（Abel Basti）的采访。引自 Goñi, *Odessa* ..., A. o., 267, 494 n. 哈格尔（党卫队编号 112171）是林茨省党部领导、党卫队上级集团领袖奥古斯特·埃格鲁伯（August Eigruber）的秘书。

16. Interview Heinz Lühr in NDR/BBC 2002, *Adolf Eichmann – Begegnungen mit einem Mörder*. 吕尔将此次谈话的时间定在薇拉·艾希曼 1952 年 7 月抵达之后不久。

17. *Meine Flucht*, 24.

18. 偶尔会错拼成 "Davmanin"。

19. 在以色列的时候，艾希曼已被证明无法阅读法文资料。阿根廷的录音更清楚显示出，艾希曼绝对不是什么语言天才，他讲的西班牙语带有浓重德国口音。

20. 身份证件编号 1378538，由布宜诺斯艾利斯省警察局签发。图库曼省不久之后又发给艾希曼两张身份证件：编号为 341952 的身份证件（1952 年 2 月 8 日），以及编号为 212430 的身份证件（1952 年 4 月 3 日）。复印本见 Gideon Hausner, *Justice in Jerusalem*. New York 1966.

21. *Meine Flucht*, 25.

22. 康斯坦丁·冯·诺伊拉特（1902—1981）甚至一度担任过"同志工作会"的主席。见黑森二台对威尔弗雷德·冯·奥芬的采访（Gaby Weber in hr2 Kultur, *Wissenswert*, gesendet am 8.5.2008），以及霍尔格·梅丁对路德维希·林哈特（Ludwig Lienhardt）和约瑟夫·扬科（Josef Janko）的采访（Holger Meding, *Flucht vor Nürnberg?* ..., A. o., 176）。诺伊拉特 1953 年正式任职于西门子公司，1958 年成为西门子阿根廷分公司负责人，1965 年在慕尼黑总部工作，1966 年退休。感谢慕尼黑西门子档案馆的弗兰克·维滕多弗（Frank Wittendorfer）先生提供资料，但该馆对这位昔日同僚的知识少得令人出奇。关于诺伊拉特对在逃战争罪犯的协助，参见本书第五章《我没有同志》一节。

23. 鲁德尔曾经（在其代笔者萨森的协助下）谈过弗里奇的生平，见 Hans-Ulrich Rudel, *Zwischen Deutschland und Argentinien*. Göttingen 1954, 220。该书同时也由杜勒出版社发行，书中出现了右翼人士对那名出版商的大吹大擂。有关弗里奇曾经涉入战争罪行和在德国担任过要职的不实传闻，其唯一根据就是这次短暂的德国之行。毕竟弗里奇年纪太轻了，根本不可能在希特勒统治下开拓具有影响力的职业生涯。此外那种"世界大会"只举行过一次，很容易即可断定确切的时间。

24. Holger Meding, *Der Weg: Eine deutsche Emigrantenzeitschrift in Buenos Aires 1947–1957*.

Berlin, 1997. 这本一流研究的用处远远超出了其标题所指出的范围。对于想了解德意志民族主义团体之本质的每个人来说，这本书都是必备读物。其意义不仅限于阿根廷，并且开启了一个令人兴奋的研究领域，直到今天仍未将所有曾在《路径》工作过的人找出来。当然，若要进行更深入的探索，就不能不亲自阅读杜勒的出版品以及《路径》本身。以下叙述正是基于对这类第一手资料的研读，此外必须感谢埃伯哈德·弗里奇的孙子愿意与我交换意见。

25. "缝纫用品店"（Kurzwarenladen）是一个不时可见的翻译错误。从弗里奇自己在信件中的描述即可清楚看出此点。

26. Aussage Hefelmann 28.12.1960, Js148/ 60 GStA Frankfurt a.M. gegen Prof. Werner Heyde, Hefelmann u. a. Zu den Personalien vgl. Ernst Klee, *Persilscheine* ..., A. o.

27. 弗里奇在 1948 年 8 月 19 日写给维尔纳·博伊梅尔堡的信函。Rheinische Landesbibliothek Koblenz, Nachlass Werner Beumelburg. Zitiert nach Stefan Busch, *Und gestern, da hörte uns Deutschland: NS-Autoren in der Bundesrepublik: Kontinuität und Diskontinuität bei Friedrich Griese, Werner Beumelburg, Eberhard Wolfgang Müller und Kurt Ziesel.* Würzburg, 1998.

28. 今日可确定的人士包括维尔纳·博伊梅尔堡、汉斯·格林、库尔特·齐泽尔（Kurt Ziesel）、埃伯哈德·沃尔夫冈·默勒（Eberhard Wolfgang Möller）、弗里德里希·格里泽（Friedrich Griese）、埃哈德·维特克（Erhard Wittek）、保罗·阿尔韦德斯（Paul Alverdes）和海因里希·齐利希（Heinrich Zillich），而且他们都曾为杜勒出版社撰稿，参见《路径》。此外从弗里奇在 1948 年 2 月 10 日和 1949 年 2 月 9 日写给博伊梅尔堡的信件中，亦可从其吹嘘的表现间接看出此事。Rheinische Landesbibliothek Koblenz, Nachlass Werner Beumelburg.

29. 弗里奇在 1948 年 2 月 10 日写给博伊梅尔堡，以及格林在 1948 年 3 月 5 日写给博伊梅尔堡的信件。Rheinische Landesbibliothek Koblenz, Nachlass Werner Beumelburg.

30. 这绝非文学修辞想象。杜勒出版社的确还销售相应的钩针编织指南。一位同时代的见证者声称自己还拥有那样的东西。由于她不愿让自己的姓名被公之于世，使此事显得更加可信。

31. Wilfred von Oven, *Ein "Nazi" in Argentinien.* Gladbeck 1993, 19.

32. 关于实际使用 E. R. O. S. 旅行社服务的方式，可参见弗里奇和维尔纳·博伊梅尔堡的信件往来。例如从中可以看出，博伊梅尔堡的稿费也是以实物支付的。Beumelburg Estate, Rheinische Landesbibliothek Koblenz.

33. 以下资料不仅来自我自己进行的采访和档案研究，同时也要感谢娜塔莎·德·温特（Natasja de Winter）杰出的实地研究工作。

34. 福尔贝格在其回忆录中不太成功地否认了自己的领导地位。Heinrich Volberg, *Auslandsdeutschtum und Drittes Reich: Der Fall Argentinien.* Köln, Wien 1981. 关于阿根廷海外分部的背景资料以及留存下来的人员名录，主要可参考 Frank-Rutger Hausmann, *Ernst Wilhelm Bohle, Gauleiter im Dienst von Partei und Staat.* Berlin 2009.

35. 海纳·科恩的继任者埃里韦托·科尔希（Heriberto Korch）不愿接受采访。该公司似乎在不久前才被德迅公司（Kühne & Nagel）并购。

36. 弗里奇在信函中提到过各种名称和地址。

37. 鲁尔夫·范·提尔（Roelf van Til）1999 年对英格·施奈德的采访。

38. 鲁尔夫·范·提尔 1999 年对英格·施奈德的采访；雷蒙德·莱伊 2009 年对萨斯基雅·萨森的采访；萨斯基雅·萨森和弗朗西斯卡·萨森与作者的信件往来。

39. 1959 年 2 月 4 日，吕讷堡地方法院第四刑事庭对古斯塔夫·弗洛尔（Gustav Flor）提起刑事诉讼，罪名是传播国家社会主义著作。弗洛尔那里有大量杜勒出版物和一份订户名单遭到没收。杜勒出版社已在前一年停止运行。弗里奇也被传唤，但没有出庭。参见 1959 年 2 月 4 日《斯图加特日报》（Stuttgarter Zeitung）和《世界报》的专文，以及汉堡各家地方报纸的报道。可惜法院的证据迄今仍未找到，很可能是因为已过保留期限而被销毁。贝希特斯加登则是弗里奇在信函中提到的。

40. 感谢丹尼尔·弗里奇（Daniel Fritsch）提供的信息。

41. Rudel, *Zwischen Deutschland und Argentinien*, 206.

42. 萨森在 1953 年中情局的一份报告中被指认为"卡普里"的员工。由于那名线人来自阿根廷，我们至少可以确定，局外人将萨森视为"卡普里"的工作人员。*German Nationalist and Neo-Nazi Activities in Argentina*, July 8, 1953, declassified on April 11, 2000 (CIA-RDP620–00 856 R000 3000 30004–4). 佩德罗·波比耶辛在 2009 年宣称，萨森因此曾多次前往图库曼。

43. 埃克哈德·申普夫（Eckhard Schimpf）描述了贝特霍尔德·海利希所使用的信息传递渠道，那就是通过他在罗马的旧识为其家人取得护照，同时借用党卫队的组织"沉默援助"（Stille Hilfe）。海利希的信件也经过许多假地址来传递。Schimpf, *Heilig*, p.111. 由海伦·伊丽莎白·伊森堡侯爵夫人（Helene Elisabeth Prinzessin von Isenburg）积极领导的"沉默援助"与鲁德尔的"同志工作会"也保持着密切接触。

44. 艾希曼在摩萨德团队捕获他的审问专家面前，第一次亲口说出了这个版本。引自 Zvi Aharoni, Wilhelm Dietl, *Der Jäger. Operation Eichmann: Was wirklich geschah*. München 1996, 103.

45. 根据社区的记录，薇拉·艾希曼在 1948 年 7 月 30 日移居菲舍恩多夫。参见瓦伦丁·塔拉 1960 年 1 月 1 日写给弗里茨·鲍尔的信件。

46. 1960 年 10 月 24 日在耶路撒冷举行的新闻发布会。引自 *Allgemeine Wochenzeitung der Juden*, 28.10.1960, "Wie Eichmann gejagt wurde".

47. Tom Segev, *Simon Wiesenthal ...*, A. o. 塞格夫曾有机会过目塔拉的遗物，并且分析研究了他写给维森塔尔的信件（126f.）。

48. 多亏了艾希曼叔叔在莱茵兰家中的女管家，让我们知道这封信的存在。*Neues Österreich* vom 2. 6. 1960, "Adolf Eichmann bob sein eigenes Grab aus. Eine Haushälterin der Familie erzählt". 当埃伯哈德·弗里奇于 1958 年离开阿根廷前往奥地利的时候，他从艾希曼那里获得了其家人在林茨的地址。参见本书第七章《余波荡漾》。

49. 克劳斯·艾希曼接受《快客杂志》的采访，1966 年 1 月 2 日。

50. 瓦伦丁·塔拉 1960 年 1 月 1 写给弗里茨·鲍尔的信件，刊载于 1960 年 6 月的奥地利《新警世报》。

51. 从上下文可以看出，所指称的对象是弗里茨·艾希曼（Fritz Eichmann），艾希曼父亲第二段婚姻的同父异母弟弟。

52. 只需要看一下今日的联邦德国入籍申请书即可确认此事。

53. 塔拉在 1953 年 1 月 19 日写给维森塔尔的信函。维森塔尔私人文件，引自 Tom Segev,

Simon Wiesenthal..., A. o., 128.

54. 克劳斯·艾希曼接受《快客杂志》的采访，1966 年 1 月 2 日。

55. 《图片报》于 2011 年 1 月 8 日刊登了德国联邦情报局艾希曼档案卡片第一页的复印本，其标题为 "Eichmann/Aichmann, Adolf DN Clemens"。德国联邦行政法院补充文件 BVerwG 7A 15.10, Saure gegen BND, BND-Akten 100 470, 1。

56. 在南斯拉夫对威廉·富克斯的审判中，富克斯也称艾希曼为"党卫队旗队长"。这表明艾希曼已经提前把自己的晋升拿来大肆招摇。

57. 约瑟夫·阿道夫·乌尔班无疑是最可能的信息提供者。然而涉嫌的人太多，很难做出有意义的推断。这个消息可能来自整个情报链当中的任何一名线人，其中也包括艾希曼在林茨的家人的员工。

58. 只有在 1947 年推出最初几期的时候，弗里奇才隐藏在其印刷技师古斯塔夫·弗里德尔（Gustav Friedl）的背后。接着他不但固定撰写发刊词，并且还把详细信息清楚列在刊头。偶尔会有人错误地宣称约翰·冯·莱斯才是总编辑，这个错误源自西德驻布宜诺斯艾利斯大使馆在 1954 年向德国外交部提交的一份报告，而莱斯刚好就在提出那份报告的同一天离开了阿根廷。大使馆内的人员显然知道，莱斯在编辑会议上有很大的影响力。Botschaft an AA, 11.6.1954, PA AA, Abt. 3, Bd. 74, Polit. Bez. zu Argentinien Az. 81.33/3. Gefunden vo Holger Meding, *Der Weg ...*, A. o., 125.

59. 这是《世界报》（网络版）对 2011 年 1 月 8 日德国联邦情报局公开档案卡片做出的反应。

60. 豪尔赫·卡马拉萨（Jorge Camarasa）甚至在布宜诺斯艾利斯电话簿上找到了里卡多·克莱门特的名字。*Odessa al Sur: La Argentina Como Refugio de Nazis y Crimmales de Guerra.* Buenos Aires 1995, 157; Uki Goñi, *Odessa ...*, A.o., 376, n.539. 可惜这条线索迄今无法验证。

61. 那个化名不仅出现在档案卡片上，同时也出现在 1960 年之前仅有的 22 页档案中。参见德国联邦行政法院补充文件 BVerwG 7A 15.10, Saure gegen BND, BND-Akten 100 470, 1-18。

62. 艾希曼潜逃期间谣传的化名多得吓人。审判开始之前，在美国中央情报局的报告、报纸文章和书籍当中，总共有大约 20 个化名，其中包括艾希曼确实使用过的那些。

63. 1959 年 9 月 1 日提出的询问，以及 1959 年 9 月 8 日做出的回复。参见德国联邦行政法院补充文件 BVerwG 7A 15.10, Saure gegen BND, BND-Akten 100 470, 17-18。感谢克里斯托夫·帕尔奇。

64. Salto 是印刷错误。

65. 按照当时的官方汇率，100 比索折合将近 5 美元或略多于 20 德国马克，那确实是很多钱。下面还会有更多关于汇率的说明。

66. 克劳斯·艾希曼接受《快客杂志》的采访，1966 年 1 月 2 日。

67. *Meine Flucht*, 25.

68. 克劳斯·艾希曼接受《快客杂志》的采访，1966 年 1 月 2 日。

69. 光是从薇拉·艾希曼在 1960 年通过萨森出售给《生活》杂志和《明星周刊》的大量图像资料即可看出，她把丈夫的照片藏得有多好。

70. 薇拉·艾希曼接受《巴黎竞赛画报》的采访，1962 年 4 月 29 日。原始文档见 BArch Koblenz, AllProz 6/252, 23。

71. 臭名昭著的国家社会主义者埃里希·克恩迈尔（Erich Kernmayr，化名 Kern）早在 1952 年 3 月的时候，便曾如此告诉一名美国中情局的线人。CIA report, NA, RG 263, CIA Name File Wilhelm Höttl.

72. 即使在 1966 年，克劳斯·艾希曼描述他的父亲时仍然充满敬佩之情——他"能做很多事情"。克劳斯·艾希曼接受《快客杂志》的采访，1966 年 1 月 2 日。

73. 艾希曼在以色列的信件中仍然提到他的阿空加瓜之旅。对德国移民来说，这种壮举显然攸关荣誉。汉斯—乌尔里希·鲁德尔自豪地发表了他攀登时的照片。

74. Eckhard Schimpf, *Heilig* ..., A. o. 111.

75. *Meine Flucht*, 25.

76. 1959 年艾希曼向梅赛德斯—奔驰阿根廷公司应聘时表示，他在 1953 年 4 月 30 日结束了与"卡普里"的劳务关系。复印本参见 Heinz Schneppen, *Odessa und das Vierte Reich. Mythen der Zeitgeschichte*. Berlin 2007, 160-61.

77. 阿根廷联邦警察针对艾希曼被绑架一事做出的报告，1960 年 6 月 9 日。Archivo General de la Nacion/Argentinisches Nationalarchiv (AGN), DAE, Bormann-Akte, S. 77-79. 引自 Uki Goñi, *Odessa* ..., A. o., 296.

78. 贝特霍尔德·海利希的家人安内格雷特（Annegret）、卡琳，以及汉内洛蕾·"利希维茨"（Hannelore "Richwitz"）于 1953 年 3 月 25 日抵达阿根廷，但在 1953 年 12 月 21 日即已离开该国，因为贝特霍尔德·海利希（化名为汉斯·利希维茨）无法在他的旧家庭和新情妇之间做一取舍。安内格雷特的年龄与艾希曼的次子相同，按照后者的讲法，海利希直到 1955 年都为福尔德纳和"卡普里"工作。参见 Eckhard Schimpf, *Heilig*..., A. o., 110f., 129. 汉斯·菲施伯克的妻子于艾希曼被绑架后宣称，她的丈夫和艾希曼直到 1955 年都受雇于"卡普里"。

79. 西门子阿根廷分公司正式成立于 1954 年。罗萨里奥的工作是在分公司成立之前。诺伊拉特从 1953 年 12 月 1 日开始出现在西门子的薪饷名册上。感谢西门子档案处的弗兰克·维滕多尔弗先生提供资料。

80. 诺伊拉特成功说服了布宜诺斯艾利斯的德国大使馆，不把施万伯格引渡到联邦德国。请参阅下文。

81. 1950 年的时候，联邦德国人均国民总收入为 500 马克。谨在此感谢德意志联邦银行的员工提供关于历史汇率的有用资料。此处的计算依据为法兰克福的股票价格。就艾希曼的工资收入而言，相关资料来自《快客杂志》1966 年 1 月 2 日的克劳斯·艾希曼采访稿。由于艾希曼的儿子在财务方面的态度倾向于保守，我们可以假设那就是他父亲告诉他的金额。艾希曼在 1959 年向梅赛德斯—奔驰阿根廷公司提出求职申请时，表示他在"卡普里"的工资是 3500 比索，在艾菲弗公司则为 4500 比索。海因茨·施内彭（*Odessa* ..., A. o., 159）似乎混淆了德国马克和美国美元。从杜勒出版社支付给德国作家们的实际金额可以看出，在此提出的汇率符合实情。参见弗里奇的信件往来。

82. 转引自纳粹在阿根廷活动调查委员会（CEANA）的总结报告：Carlota Jackisch, *Cuantificacion de Crimmales de Guerra Según Fuentes Argentinas*. Informe Final, 1998, 9.

83. 令人吃惊的是，仍然有许多目击者表示自己曾经亲眼见过艾希曼，尽管他们强调他的表现并不引人注目。见雷蒙德·莱伊 2009 年对 ABC 餐厅负责人的采访，以及 BBC 在 2002 年对佩德罗·波比耶辛的采访。

84. 阿根廷《理性报》于 1960 年 5 月底发表了第一篇关于艾希曼在阿根廷生活的报道。就德国而言，《法兰克福汇报》以此为基础，通过其未署名的"驻布宜诺斯艾利斯记者"在 1960 年 6 月 2 日刊出了《艾希曼逗留在阿根廷的证据》(*Frankfurter Allgemeine*, 2.6.1960, "Beweise für Eichmanns Aufenthalt in Argentinien".)。

85. 位于布宜诺斯艾利斯圣罗莎的艾菲弗尔冶金厂。参见 Uki Goñi, *Odessa*..., A. o., 376 n. 541。艾希曼在 1959 年向梅赛德斯—奔驰阿根廷公司求职的时候，曾提及该公司。

86. 艾希曼在向梅赛德斯—奔驰提交的求职申请书中报出了更高的薪资金额，即 4500 比索。但这是用来作为讨价还价的基础，因此克劳斯·艾希曼的记忆似乎更加可信。

87. 艾希曼在审判开始之前撰写的 15 页文字《我的存在与作为》对此做出了最清楚的描述。AllProz 6/253, 12。

88. 迪特尔·维斯利策尼，133 号牢房文件，起诉文件 T/84，第 12、16 页。没有任何关于艾希曼的证人证词对此提出反驳。

89. Zvi Aharoni, Wilhelm Dietl, *Der Jäger* ..., A. o., 216 f.

90. 阿根廷《理性报》在 1960 年 5 月底就已经找到了证人，承认艾希曼的妻儿于 1952 年到达之后，便有人知道里卡多·克莱门特其实就是阿道夫·艾希曼。引自 : *Frankfurter Allgemeine*, 2.6.1960, "Beweise für Eichmanns Aufenthalt in Argentinien. Seit 1950 unter dem Namen Ricardo Clement. Erkundigungen bei seinem Arbeitgeber und seiner Familie." 证词的细节显示，被引述的证人之一是奥尔斯特·卡洛斯·福尔德纳。

91. Tom Segev, *Simon Wiesenthal*, 134.

92. 这个故事的不同版本见 Wiesenthal, *Ich jagte Eichmann*. Gütersloh 1961, 224ff. und *Recht, nicht Rache*. Frankfurt 1988, 65. 写给阿里·埃朗尔的信函保存在维森塔尔的私人文件当中，汤姆·塞格夫曾对此进行了深入的分析研究。因此今天我们可以确定，这个故事不是摩萨德的负责人伊塞尔·哈雷尔后来所声称的那样，是由维森塔尔编造出来的。Tom Segev, *Simon Wiesenthal*..., A. o., 129ff.

93. 西蒙·维森塔尔 1954 年 3 月 30 日写给纳胡姆·戈尔德曼的信函，NA, RG 263, CIA Name File Adolf Eichmann。

94. 维森塔尔在 1952 年 4 月 18 日写给尤尼区曼（Juniczman）的信中如此表示。维森塔尔私人文件，引自 Segev, *Simon Wiesenthal*..., A. o., 131.

95. 关于海因茨情报处，参见开创性研究 : Susanne Meinl und Dieter Krüger, "Der politische Weg von Friedrich Wilhelm Heinz," *Vierteljahrsheft für Zeitgeschichte* 42, Heft 1, 1994 und "Im Mahlstrom des Kalten Krieges", in: Wolfgang Krieger, Jürgen Weber [Hg.], *Spionage für den Frieden?* München 1997. 关于德国情报组织之间的联系，参见 Peter F. Müller, Michael Mueller, *Gegen Freund und Feind* ..., A.o., insb. das Kapitel "Parallelaktion in Österreich",166 ff. 盖伦早在 1952 年年初即已获悉，霍特尔正在为海因茨情报处工作。参见 CIA Pullach Operations Branch to Special Operations, January 9, 1952, NA, RG 263, CIA Name File Wilhelm Höttl.

96. 1952 年 3 月 1 日的 XG 报告，Betreff: Einrichtung einer ND-Linie für Spanien – L909。引自 Müller, Mueller, *Gegen Freund und Feind* ..., A. 0., 195, n653.

97. Peter Black, *Ernst Kaltenbrunner: Ideological Sodier of the Third Reich* (Princeton, 1984), p.xiii

98. 霍特尔试图将此事轻描淡写为"邀请"（Interrogation of Dr. Wilhelm Hoettl, transcripts and notes from February 26–27, 1953 [first interrogation], April 3, 1953, April 9, 1953, NA, RG 263, CIA Name File Wilhelm Höttl）。此外亦参见 Norman J. W. Goda, "The

Nazi Peddler: Wilhelm Höttl and Allied Intelligence," in *U.S. Intelligence and the Nazis*, ed. Richard Breitman. Washington, D.C., 2004, 265–292.

99. CIA Report, April 3, 1953, NA, RG 263, CIA Name File Wilhelm Höttl.

100. Tom Segev, *Simon Wiesenthal* ..., A. o., 133.

101. ebd.

102. 1950 年 1 月 16 日的一份 CIA 报告中包含了一系列传闻。那些传闻应该出现于维森塔尔招募霍特尔之后，其来源显然并不可靠，只能被归类为道听途说。但这并不表示维森塔尔没有为防谍队招募霍特尔，只意味着不能把它用作确凿的证据。NA, RG 263, CIA Name File Wilhem Höttl。感谢马丁·海丁格尔（Martin Haidinger）交给我一份拷贝。

103. "The elimination of HOETTL … would be to the general good of intelligence in Austria." August 11, 1952, NA, RG 263, CIA Name File Wilhelm Höttl.

104. April 9, 1952, NA, RG 263, CIA Name File Wilhelm Höttl.

105. *Der Spiegel*, "Intermezzo in Salzburg"，22.4.1953, S.17.

106. Tom Segev, *Simon Wiesenthal*..., A. o., 134.

107. 参见威廉·霍特尔后来接受采访的内容（巴特奥塞，1996 年与 1998 年），以及斯坦·劳里森斯的采访，但其内容不尽可信。那封信件直到今天仍然未能找到。感谢维也纳的马丁·海丁格尔让我过目他对霍特尔的采访稿，并指导我查阅奥地利国家档案处的霍特尔遗稿，ÖStA, B1226。

108. 霍特尔从未暗示马斯特做出了违背其意愿的行动。鉴于马斯特和霍特尔之间的信任关系，这种行为也不太可能出现。

109. *Spiegel*, 22.4.1953.

110. 详细内容参见 Bettina Stangneth, *Quellen- und Datenhandbuch Adolf Eichmann 1906—1962*, Kapitel Wilhelm Höttl. 关于霍特尔的文献直到今天仍然不尽人意，纳粹时期的部分更是如此。内容最全面，但有时批判性不足的一本出版物是 Thorsten J. Querg, "Wilhelm Höttl — vom Informanten zum Sturmbannführer im Sicherheitsdienst der SS"，in: Barbara Dankwortt, Thorsten Querg, Claudia Schönigh (Hrsg.), *Historische Rassismusforschung. Ideologie - Täter - Opfer*. Hamburg 1995, 208-230. 关于他在战后的活动，尤其是与防谍队 / 中情局相关的活动，参见 Norman J.W. Goda, "The Nazi Peddler. Wilhelm Höttl and Allied Intelligence"，in: Richard Breitman (Hrsg.), *U. S. Intelligence and the Nazis*. Washington D.C. 2004, 265-292. 内容和材料最丰富的，是 Martin Haidinger, *Wilhelm Höttl, Agent zwischen Spionage und Selbstdarstellung*, Wien. 谨在此感谢作者将它邮寄给我。

111. Goda, "The Nazi Peddler" ..., A. o.

112. 霍特尔兜售艾希曼故事的复杂网络，今天可以精确地一直追溯到源头。霍特尔通过其同伙鲁道夫·耶尼施获得关于艾希曼在战俘营内的消息，但在对外传播的时候隐瞒了消息来源。其他用于添油加醋的材料则来自库鲁特·贝歇尔和迪特尔·维斯利策尼。霍特尔发挥自己讲故事的才华，让自己讲得比原始来源更加有趣。细节过于多样，在此无法穷尽列出，但谁要是不怕麻烦地比较原始文本并留意它们的日期，就会发现是谁盗用了谁的信息。

113. 那位朋友是弗里德里希·施文德，伪钞制造计划"伯恩哈德行动"（Unternehmen

Bernhard）的组织者之一。施文德曾在流亡秘鲁之后协助霍特尔推出他的第二本书，并在当地进行一些（有时是犯罪的）经济活动。参见施文德 1964 年 7 月 15 日写给马德（Mader）的信件。HIS, Sammlung Schwend, Lose Mappe I 2.

114. 由尼伯龙根出版社（Nibelungen-Verlag）1950 年在林茨和维也纳发行。书中充满了离谱的八卦故事，其中有些更完全偏离了事实，只会让人瞠目结舌。例如威廉·卡纳里斯海军上将曾用海德里希的犹太祖母来勒索他（其实根本没那回事）；是海德里希诱使希特勒消灭犹太人，而希姆莱根本不清楚到底发生了什么事情。为避免有人读了觉得无聊，霍特尔还巧妙地穿插了妓院故事，并且影射他所讨厌的那些人物的性癖好。不用说，那批罪犯当中与霍特尔臭味相投的人，也得到了热情溢于言表的评语。以下引文参见第 37 页。

115. Walter Hagen, *Die geheime Front ...*, A. o, 37 f.

116. 如果把艾希曼在阿根廷所讲述的有关莉娜·海德里希——尤其是有关海因里希·米勒与海因里希·希姆莱——的故事，拿来跟霍特尔的书进行比对，相似之处就显而易见了。由于我们确切知道艾希曼第一次阅读霍特尔那本书的时间，所以二者的依赖关系不可能相反。

117. 霍特尔的遗物仍有待进行真正彻底的调查。Nachlass Höttl, ÖStA B1226.

118. HIS, Sammlung Schwend, Lose Mappe I 2. 施文德在 20 世纪 50 年代初期与布宜诺斯艾利斯有所往来，但是除了汉斯–乌尔里希·鲁德尔之外，并未直接接触"卡普里"或杜勒出版社的圈内人。从施文德的资料来看，他自己不太可能是告密者，因为他对艾希曼一无所知，甚至也完全不晓得有关阿尔文斯莱本的事情。

119. Otto Skorzeny, *Meine Kommandounternehmen*. Wiesbaden, München 1976, 405ff. 其 1956 年 12 月 14 日 [！] 的一封信件更明白表示，霍特尔是在纽伦堡那批"防谍队犹太人"的引诱之下做出了这样的陈述。

120. 克劳斯·艾希曼接受《快客杂志》的采访，1966 年 1 月 2 日。

121. 引自 *Der Weg*, Jg. VIII, 1954, Heft 1, 28. 该刊 1952 年第 1 期的第 51 页，甚至针对流亡政府可被接受的程度进行了读者问卷调查。

122. Hans-Ulrich Rudel, Zwischen Deutschland und Argentinien. Buenos Aires 1954, A.o., 34.

123. 鲁德尔曾表示："我们最强大的盟友，就是我们年轻的岁数，敌方的几位先生们已陷入了被进球前的恐慌，因为即将举行的选举将是他们最后一次或者倒数第二次机会。"A. o., 246-247.

124. 关于当时联邦德国极右派政党的背景资料，参见 Kurt P. Tauber, *Beyond the eagle and swastika. German nationalism since 1945*. Middletown, Conn. 1967. 此 外 参 见 Peter Dudek, Hans-Gerd Jaschke, *Entstehung und Entwicklung des Rechtsextremismus in der Bundesrepublik*. Opladen 1984; Henning Hansen, *Die Sozialistische Reichspartei (SRP). Aufstieg und Scheitern einer rechtsextremen Partei*. Düsseldorf 2007; Oliver Sowinski, *Die Deutsche Reichspartei 1950-1965. Organisation und Ideologie einer rechtsradikalen Partei*. Frankfurt a. M. 1998. 以下关于联络对象的信息除非另有说明，否则都来自阿道夫·冯·塔登内容丰富的遗稿。

125. 社会主义国家党在 1951 年 5 月的下萨克森州议会选举中骤然获得了 11% 的选票，但很快便失去选民支持，因为开始起飞的经济使"民族社会主义"的构想失去了说服力。等到社会主义国家党在 1952 年 10 月被禁止的时候，它早已走上末路。

126. 与在《路径》一样，萨森以他的笔名"威廉·斯劳瑟"发表了这篇文章，并讽刺地加上了许多博士头衔："Offener Brief an den europäischen Oberbefehlshaber General Dwight D. Eisenhower von Dr. Dr. Willem Sluyse, Obergefreiter a. D."In: Der Weg, 1951, Heft 2 und Nation Europa, Jg 1, 1951, Heft 7, Juli 46-56. 该文并附上插图以单行本的形式印出。

127. 汉斯—乌尔里希·鲁德尔也以德国授权版的方式，在该社出版了他的书籍。

128. 联邦宪法保卫局对此十分震惊，以致在第二年仍然密切关注弗里奇和鲁德尔与巴西的联系。见德国外交部政治档案，联邦宪法保卫局 1953 年 12 月 8 日致外交部的公函：BfV (i. A. Nollau) an das Auswärtige Amt, 8.12.1953, PA AA, Abt. 3, Bd. 87, 81.11/2. 感谢霍尔格·梅丁。

129. 弗里奇现身一事，甚至成为一篇专文的主题："Der Weg des Obersten a. D. Rudel", in Hessische Nachrichten, 3.7.1952. 但我迄今仍无法找到有关此次旅行的可靠证据，即便弗里奇自己曾在写给维尔纳·博伊梅尔堡的一封信中预告了他的第一次德国之旅（参见博伊梅尔堡遗物）。不过与卡尔—海因茨·普里斯特和《国族欧洲》的合作也可以通过其他方式实现，未必需要他亲自前往德国。感谢《黑森 / 下萨克森广讯报》档案处（HNA-Archiv）的克莱因（Klein）女士协助寻找这篇文章。

130. 霍尔格·梅丁撰写《路径：1947—1957 年在布宜诺斯艾利斯的一份德国移民杂志》（"Der Weg": Eine deutsche Emigrantenzeitschrift in Buenos Aires 1947—1957, Berlin, 1997）一书时，曾采访过迪特尔·福尔默。福尔默自己则在后来的文章和著作中让人一窥其联系对象，例如可参见 Nation Europa, Jg. 11, 1961, Heft 11 (November), 37-42. 另请参见本书第七章《余波荡漾》。

131. 相关资料见于阿道夫·冯·塔登的遗物，其中包括一封在 1953 年 8 月 4 日发送到科尔多瓦的电报，确认已获得的财务方面的协助。参见 Landesarchiv Niedersachsen, VVP 39 Nr. 45 II, Bl. 508。

132. Frankfurter Rundschau, 9.6.1953.

133. 阿道夫·冯·塔登遗物，Akten-Notiz "Über eine Besprechung mit Oberst Rudel in Düsseldorf am 6.12. (1952)", Nachlass Adolf von Thadden, VVP 39 Nr. 45 II, Bl. 505-507. 新右派的会议记录出现在许多不同文件当中。

134. 塔登对萨森录音带的了解，比《生活》杂志和《明星周刊》等知名的萨森客户还要多许多。见下文。

135. 德国驻智利大使馆 1953 年 4 月 18 日向外交部呈递的报告，PA AA Abt. III b 212-02, Bd. 3；驻阿根廷大使馆 1953 年 12 月 28 日向外交部呈递的报告，PA AA Abt. 3, Bd. 74。引自 Holger Meding, Flucht vor Nürnberg? ..., A. 0., 177.

136. "German Nationalist and Neo-Nazi Activities in Argentina," July 8, 1953, declassified on April 11, 2000 (CIA-RDP620-00856 R000 3000 30004-4).

137. 若有谁不认为霍特尔属于那种至死都相信"犹太世界阴谋"的纳粹反犹太主义者，那么不妨参考一下他的最后一本自传。在那本书里面几乎找得到各种阴谋论点——例如宣称万湖会议记录乃出自伪造。Wilhelm Höttl, Einsatz für das Reich. Im Auslandsgeheimdienst des Dritten Reiches. Koblenz 1997.

138. 那个誓言已在 1952 年 3 月被列入 CIA 的文件记录（来源：埃里希·克恩迈尔），NA, RG 263, CIA Name File Wilhelm Höttl. 关于朗格尔博士的讲法，参见联邦档案馆录音带编号 BArch 03A, 10:00（相当于萨森抄本 64，但录音带上面有更多细节）。

139. 根据中央情报局 1952 年 9 月 29 日的一份报告，海因茨与阿希姆·奥斯特（Achim Oster，西德军事保安局前身组织的负责人——译注）也将他们的线人霍特尔斥为消息杜撰者和骗子。霍特尔最晚在 1952 年的夏天就已经声名狼藉。他虽然被正式禁止自称为海因茨情报处在维也纳的代表，却似乎没有遵守禁令，而引起了一些担心。参见中情局从法兰克福发出的报告：NA, RG 263, CIA Name File Wilhelm Höttl, declassified on March 20, 2009.

140. 霍特尔终其一生都在书中使用反犹太主义的陈词滥调，尽管是以一种不那么直接的方式，就像他靠着公开承认种族屠杀而过上好生活。尽管他并不是一个大屠杀的否认者，却还是用自己的最后一本书巧妙地让人对犹太人大屠杀的规模产生怀疑。霍特尔的目的是把对犹太人的谋杀描述成一个小团体做出的行为，质疑其规模，并认为相关文献是为了图利以色列而伪造出来的——而他这本书写于 1997 年！ Wilhelm Höttl, *Einsatz für das Reich*. Koblenz 1997, hier insb. 410 ff.

141. 康拉德·阿登纳本人就是其中一个代表。他关于犹太人大屠杀的言论不多，而那少数言论是如此生硬，即使考虑到他惯常的风格也显得非常例行公事。其回忆录、演说，以及相对较少的信函中也是如此。

142. Autor "Guido Heimann", Jg. 1954. Heft 7, 479-487. 这本杂志直到今天都是旧书店里面的抢手货，可惜在大多数图书馆都付之阙如。感谢汉堡当代史研究中心的卡洛·许特（Carlo Schütt）从科隆大学图书馆取得这篇文章。

143. 第一届联邦议院第 165 次会议上的报告。波恩，1951 年 9 月 27 日，第 6697 页。

144. 阿伦斯巴赫研究所（Allensbacher Institut）在 1952 年 8 月的调查结果。44% 的德国人认为该协定是"多余的"；24% 认为它原则上正确，但金额过高；只有 11% 的人明确赞同。Elisabeth Noelle, Erich Peter Neumann [Hrsg.], *Jahrbuch der öffentlichen Meinung 1947—1955*. Allensbach 1956, 130f.

145. 许多激进右翼网站罔顾艾希曼的数千页证词，继续宣称要不是以色列人急着把艾希曼杀掉的话，"真相"早就出来了。这种说法也广泛流行于阿拉伯世界对此事的看法。另请参见本书第四章《老罪犯与新战士》一节和第七章《余波荡漾》。

146. *New York Times*, 29.5.1960; *Der Spiegel*, 15.6.1960; *Stern*, 25.6.1960. 关于《国族欧洲》的新闻综述，参见第七章及以后各期的《探照灯》（*Suchlicht*）。

147. *La Razón*, "Eichmann Fue un Engranaje de la Diabólica Maquinaria Nazi, Dice el Hombre que Escribió sus Memorias en Buenos Aires", 12.12.1960.

148. Adolf von Thadden, "Eichmanns Erinnerungen", in: *Nation Europa*, 31, 1981, Heft 2, 60-61.

149. 维森塔尔在 1954 年 3 月 30 日写给纳胡姆·戈尔德曼的信中也曾提及此事，RG 263, CIA Name File Adolf Eichmann。汤姆·塞格夫设法稍微阐明了这个在威森塔尔的生平中普遍不为人知的角色，并确定艾哈迈德·比吉写信给维森塔尔的时间为 1952 年 9 月 28 日。Tom Segev, *Simon Wiesenthal...*, A. o., 113f.

150. 比吉是一位著名的伊斯兰知识分子的儿子，并且是维森塔尔的密友。Tom Segev, *Simon Wiesenthal...*, A. o., 113ff.

151. 维森塔尔 1954 年 3 月 30 日致纳胡姆·戈尔德曼的信函。NA, RG 263, CIA Name File Adolf Eichmann.

152. 这些是从 1952 年开始的报纸文章的标题：《柏林电讯报》（*Telegraf*, Berlin）的星期日增

刊"伊路斯"（*Illus*），在 1952 年 2 月 24 日报道了艾希曼在特拉维夫重新现身。1952 年
3 月 22 日《法兰克福环视报》的标题为《大屠杀凶手担任军事顾问：迪勒汪格和艾希
曼在埃及陆军服役》(Massenmörder als Militärberater. Dirlewanger und Eichmann dienen
in der ägyptischen Armee)。《犹太通论周报》在 4 月 18 日和 25 日宣称"有一些党卫队
将领在中东"，据悉其中还包括了一位"卡尔·艾希曼"。1952 年 11 月 23 日的《星期
日世界报》(*Welt am Sonntag*) 更把艾希曼指称为穆夫提的亲信之一："德国'顾问'在
开罗密谋反对波恩：前党卫队保安局领导人与纳吉布（Nagib）和穆夫提的合谋"。

153. 纳胡姆·戈尔德曼后来承认他那封信转交给了中情局。中情局关于艾希曼的档案则
　　　显示，戈尔德曼将相关信函交给了纽约的卡尔马诺维茨拉比（Rabbi Kalmanowitz），后
　　　者随即试图说服中情局（甚至美国总统）展开搜捕艾希曼的行动。NA, RG 263, CIA
　　　Name File Eichmann, Appeal to DCI by Mr. Adolph Berle and Rabbi Kalmanawitz。他与
　　　西蒙·维森塔尔的信件往来及其反应，参见 Segev, *Simon Wiesenthal...*, A. o, 189.

154. Simon Wiesenthal, *Recht, nicht Rache Erinnerungen*. Frankfurt a.M., Berlin 1988, 104.

155. ebd., 102f.

156. 第一届联邦议院第 234 次会议上的报告。波恩，1952 年 10 月 22 日，第 10736 页。

157. 弗朗茨·阿尔弗雷德·西克斯在 1938 年 5 月 16 日回复维尔纳·瑙曼，主旨：党卫队
　　　三级突击中队长艾希曼（Betr. SS UStf Eichmann），起诉文件 T/133。亦参见 1938 年
　　　7 月 19 日臭名昭著但较少被引用的人员报告："在其负责领域内公认的专家"（起诉
　　　文件 T/55-3)。有迹象表明，西克斯在战争结束后不久即已为盖伦组织招募谍报人员。
　　　Mueller, Müller, *Gegen Freund und Feind*,... A. o.

158. 对佩德罗·波比耶辛的采访。Neal Bascomb, *Hunting Eichmann: How a Band of Survivors
　　　and a Young Spy Agency Chased Down the World's Most Notorious Nazi*. Boston and
　　　New York, 2009.

159. 艾希曼于第 150 次开庭时的证词。1960 年 6 月 20 日，德文笔录，Y1。

160. 斯科尔策尼于艾希曼被绑架后向美国情报部门透露了这个故事版本。NA, RG 263, CIA
　　　Name File Otto Skorzeny（亦见艾希曼的档案）。

161. 鲁德尔在其书中自豪地提到了对这种新工作技术的运用。Hans-Ulrich Rudel, *Zwischen
　　　Deutschland und Argentinien*, 224.

162. Heft 10, 1954, 679-685. 那一章在杂志中遭到删节，而且经过了稍微"温和化"的处理。

163. Willem Sluyse, *Die Jünger und die Dirnen*. Buenos Aires 1954. 有一些重复出现的表达方式
　　　可为例证："我对此不感兴趣"（第 55 页）；"既然你问我……，那么我回答你说……"（第
　　　56 页）；"我不是为了自己的缘故，现在才告诉你……"（第 66 页）；"我，我这个……"
　　　（第 68 页）。而且霍尔茨跟艾希曼一样，将"摩根索计划"和"考夫曼计划"混为一谈，
　　　参见本章《不合时宜的结束语》一节。

164. 关于门格勒，参见本书第五章《我没有同志》一节。

165. Sluyse, *Die Jünger und die Dirnen*, pp. 55, 63, 64.

166. 斯坦·劳里森斯声称，艾希曼觉得书中那个人物角色与他自己非常契合，于是想认识萨森。
　　　这种讲法无法成立，因为除了劳里森斯使用资料很不严谨之外，萨森和艾希曼在该书
　　　出版的时候早就已经彼此认得了。

167. Heft 8, 1954, 574f.

168. 联合国 1947 年 2 月一份纳粹关键人物的通缉名单中，在有关艾希曼的部分注记道：
"根据防谍队的消息来源，据信已经自杀。" Archives of the UNWCC, UN Archives New
York，引自 Guy Walters, *Hunting Evil*. London, Toronto, 2009, 115, 598. 英国战争罪犯小
组一份同样自 1947 年 2 月的文件显示，英国方面同样相信了那种讲法。沃尔特斯据
此推断，英国人因而从未积极参与搜捕艾希曼的行动。

169. 迪特尔·维斯利策尼，133 号牢房文件，起诉文件 T/84。

170. Meding, *Der Weg...*, A. o., 131.

171. *Der Weg*, 1954, Heft 8, 575.

172. *Der Weg*, 1954, Heft 8, 578.

173. Hugo C. Backhaus [Herbert Grabert], *Volk ohne Führung*. Göttingen 1955. 该书在 1956 年
已有第二版，在此引用的是 1955 年版，第 233 页。格拉贝特乃"不在职（被强迫离职）
大学教师协会"的创办人（1950 年）《德国大学教师报》出版社的负责人（1953 年起），
以及极右派网络的积极分子。Martin Finkenberger, Horst Junginger [Hrsg.], *Im Dienste
der Lügen. Herbert Grabert [1901—1978] und seine Verlage*. Aschaffenburg 2004.

174. 有两篇虽未注明出处，但明显引用了《路径》的文章宣称，遭到纳粹党杀害的反政府人士
（犹太人也包括在内）总共有 30 万人。这个数字甚至还低于海曼那篇文章所称的 35.3
万人（*Der Weg*, Juli 1954, 485）。*Die Anklage: "Die gemeinste Geschichtsfälschung"*, Januar
1955 und "Beweis aus der Schweiz. Was nun, Herr Staatsanwalt?", 1.4.1955. 二者都引自
沃尔夫冈·本茨，但他显然没有注意到它们与杜勒出版社之间的关联，因此无法确定沃
里克·赫斯特的姓名。Wolfgang Benz, "Realitätsverweigerung als antisemitisches Prinzip.
Die Leugnung des Völkermords" in *Antisemitismus in Deutschland: Zur Aktualität eines
Vorurteils*. München 1995, 121-139, hier 130f.

175. 对这种伪造的解构，以及从欧洲视角看待其传播出去的方式，参见 Wolfgang Benz
nachzulesen. A. o.

176. 乌多·瓦伦迪（Udo Walendy）重复了这种无稽之谈，并炮制了史蒂芬·平特这个出处。
"Der Dr. Pinter-Bericht" in: *Historische Tatsachen*, 1990, Nr. 43, 20-23.

177. 霍尔格·梅丁曾徒劳无功地在美国寻找一个名叫平特的律师，但不知道沃里克·赫斯
特和检察机关之间的联系（Holger Meding, *Der Weg ...*, A. o., 64f.）。关于平特，参见
Nation Europa, X 4.4.1960, 68. 该刊引用平特 1959 年 6 月 14 日在天主教周刊《我们的
星期日访客》发表的言论，否认了毒气室的存在（尤其是达豪）。虽然那其实是一封读
者投书，后来却被引用为一篇文章。感谢《我们的星期日访客》今日的主编约翰·诺顿（John
Norton）先生提供消息，告诉我他们报社里面没有人注意到那封信函受到了右派的欢迎。
不幸的是，读者投书的原件似乎已经不复存在了。

178. 从艾希曼在以色列极为低调的言论可以看出他如此认为——他将萨森称赞为"获得阿根
廷官方认可的新闻记者"，并把弗里奇描述成"受人尊敬的出版商"。审讯记录，第 397
页，第 105 次开庭时的证词等等。

179. 萨森抄本 3, 4。

180. 萨森抄本 6, 2。我在许多文章中都找不到艾希曼宣称读到过的那个句子，但如果有人获
得了更多成功的话，我会欣然接受任何线索。

181. *Ha'aretz*, 17.9.1954.

182. 雷诺兹等人听信了艾希曼，把那篇文章出现的时间定在 20 世纪 40 年代，并宣称鲍尔曾

经在古斯塔夫·诺斯克（Gustav Noske）的第 12 行动分队（Einsatzkommando 12）以及奥托·奥伦多夫的党卫队特别行动队服务。雷诺兹引用了相关报纸文章中的一个句子，"他死得至少像个男人"，出处是萨森抄本。这些构成了《生活》杂志那篇大杂烩的基础（Quentin Reynolds, Ephraim Katz, Zwy Aldouby, *Adolf Eichmann. Der Bevollmächtigte des Todes*. Konstanz, Stuttgart 1961, 30 ff.）。彭道夫本人自己曾研究过这件事，却同样相信了艾希曼的神话，因为他显然无法在报纸上找到相关文章。此后，这个故事一再出现于艾希曼的相关文献中，只有西蒙·维森塔尔发现了正确的日期。

183. 1958 年 3 月 19 日联邦情报局报告。BND-Bericht Near Eastern Connections, NA, RG 263, CIA Name File Adolf Eichmann.

184. 克劳斯·艾希曼接受《快客杂志》的采访，1966 年 1 月 2 日。

185. 核发日期皆为 1954 年 8 月 20 日，相关细节在 1960 年曝光。参见德国外交部政治档案：Aufzeichnung Raab für Staatssekretär und Minister, 27.7.1960, PA AA, Bd.55. 引自 *Das Amt*, 2010, 603, 792.

186. 这是霍斯特·艾希曼自己的说法。1961 年 3 月 7 日弗里茨·鲍尔与霍斯特·艾希曼谈话的抄本，1961 年 3 月 10 日通过黑森州司法部部长转交给联邦外交部部长。BArch B82/432.

187. 护照核发于 1954 年 6 月 23 日。这不是最后一次，因为即使在斯图加特总检察署对大使馆展开调查之后，施万伯格仍然在 1962 年获得了第二本护照。参见维尔纳·容克（大使）1962 年 12 月 13 日给西德外交部的报告，见 Dokument 483, *Akten zur Auswärtigen Politik der Bundesrepublik Deutschland*, 1962. München 2010, 2060-61. 施万伯格和艾希曼很早就已彼此熟识，他们甚至在同一个营区接受了军事训练。

188. Nikolas Berg, *Der Holocaust und die westdeutschen Historiker. Erforschung und Erinnerung*. Göttingen 2003, 284-289. 理事会会议于 1954 年 6 月 25 日举行。

189. Helmut Krausnick, "Zur Zahl der jüdischen Opfer des Nationalsozialismus," in *Aus Politik und Zeitgeschichte*, 11.8.1954.

190. 细节描述可参见 Anna Porter, *Kasztner's Train: The True Story of an Unknown Hero of the Holocaust*. New York, 2007, 324f. 该书在很大程度上参考了一本非正式翻译的希伯来文作品：Yechiam Weitz, *The Man Who Was Murdered Twice*，以及纪录片 *Mishpat Kastner*, Israel Broadcasting Authority, 1994. 此外亦参见 Ladislaus Löb, *Rezső Kasztner. The Daring Rescue of Hungarian Jews: A Survivor's Account*. London 2008 und Tom Segev, *Die siebte Million*. Reinbek b. Hamburg 1995, 341-424.

191. 这件事也让哈列维失去了 1961 年艾希曼审判中的首席法官位置，不得不让位给摩西·兰多。

192. 例如《时代杂志》（"On Trial", 11.7.1955）、《纽约时报》（"Zionist Ex-Leader Accused of Perjury", 8.7.1955 und "Israeli Case Revived", 1.8.1955）。更大的回响出现于 1957 年 3 月 3 日卡斯特纳遇刺身亡后，此事也成为萨森访谈会的另一个话题（见下）。

193. 威尔弗雷德·冯·奥芬在 1993 年仍然称之为一份"主要由犹太人和左翼知识分子阅读的"报纸。Wilfred von Oven, *Ein "Nazi"* ..., A. o., 9.

194. 萨森抄本 12, 4。

195. 瓦伦丁·塔拉 1960 年 1 月 1 日写给弗里茨·鲍尔的信件，刊载于 1960 年 6 月的奥地利《新警世报》。

196. 调查报告和剪报都来自艾希曼的通缉档案，当初它们是在 1956 年被送往法兰克福交给弗里茨·鲍尔的。不幸的是，相关档案现在已经消失不见，只留下少数几页附注和摘要。这几页文字现藏于维斯巴登黑森州总档案馆，维也纳州刑事法院 1954 年 11 月 18 日致调查法官，HHStA Wiesbaden, Abt. 461, Nr. 33 531, 118 ff. 谨在此感谢维斯巴登黑森州总档案馆的曼弗雷德·普尔特（Manfred Pult）先生协助寻找相关页面，并积极找到了更多资料。依尔姆特鲁德·沃亚克的两本著作（《艾希曼回忆录》和《弗里茨·鲍尔》），在关于这些资料的脚注中有一个打字错误。

197. Eintrag "Johannes von Leers"；*Die deutschsprachige Presse, Ein biographisch-bibliographisches Handbuch*, bearbeitet von Bruno Jahn. München 2005, Band 1, 617.

198. 读者来信："Johann von Leers: Eine Richtigstellung", in *Nation Europa*, 11, 1961, Heft 4, 68.

199. 联邦德国驻布宜诺斯艾利斯大使馆向德国报告了莱斯离开德国一事，Botschaft der Bundesrepublik, Buenos Aires an AA, 11.8.1954 unter 212, Nr. 2116/54. 外交部在 1954 年 8 月 25 日将此消息转交给联邦宪法保卫局（306212-02/5.20973/54）。

200. 佩德罗·波比耶辛接受乌基·戈尼（1997 年）、鲁尔夫·范·提尔（2000 年），以及纪录片《阿道夫·艾希曼——邂逅谋杀凶手》（*Begegnungen mit einem Mörder*, BBC / NDR, 2002年）的访问。波比耶偶尔为迪特尔·门格工作，并且显然对他的客人感到不满。谣传门格所收藏的纪念品和订阅的相关极右派刊物至今仍在布宜诺斯艾利斯。感谢乌基·戈尼和娜塔莎·德·温特对此的帮助和提供信息。

201. "在阿根廷的所有犹太人都会谈到的是门格勒。"——2009 年对布宜诺斯艾利斯犹太人社区领人何塞·莫斯科维茨的采访，摘录自 *Eichmanns Ende*, NDR / SWR 2010.

202. 威廉·萨森在《追捕门格勒博士》（*The Hunt for Dr. Mengele*, Granada Television, 1978）中接受访问。关于萨森针对门格勒的"研究"所做出的陈述，可参见他的专访：*Edicion Plus*, Telefe Buenos Aires, 1991）。

203. Schneppen, *Odessa...*, A. o., 139.

204. ebd., 153.

205. ebd., 136.

206. Dokumentiert in I. S. Kulcsár, Shoshanna Kulcsár, Lipot Szondi, "Adolf Eichmann and the Third Reich", in: Ralph Slovenko (Hrsg.), *Crime, Law and Corrections*. Springfield (Illinois) 1966, 16-32, hier: 28.

207. Quentin Reynolds, Ephraim Katz, Zwy Aldouby, *Adolf Eichmann* ..., A. o., 197.

208. *Argentinisches Tageblatt, 17.12.1955,* "Peron als Beschützer Rudels und der braunen Internationalen".

209. 诺贝特·弗赖（Norbert Frei）的研究小组最近在外交部的档案中发现了一篇来自《阿根廷日报》的文章（1955 年 12 月 17 日）。Eckart Conze, Norbert Frei, Peter Hayes, Moshe Zimmermann, *Das Amt und die Vergangenheit. Deutsche Diplomaten im Dritten Reich und in der Bundesrepublik*. München 2010, 596.

210. 1955 年 12 月 19 日的《阿根廷日报》刊登了一篇由退役海军少校赫尔曼·布伦瑞克（Hermann Brunswig）撰写的评论，《庇隆纳粹主义》（"Peronazismus"）。其主要目的是保护德国移民免受集体指控，因此文章带着清醒的现实主义意味，常常倾向于粉饰太平。

211. Zvi Aharoni, Wilhelm Dietl, Der Jäger..., A. o., 107. 艾希曼称自己从 1955 年 3 月 1 日开始在农场工作，但由于这个日期出现在求职申请书上，其准确性无法证实。Personalbogen Mercedes Benz Argentina, 20.3.1959, Faks. Schneppen, *Odessa*..., A. o., 160.

212. 维斯利策尼，133 号牢房文件，起诉文件 T/84，第 16 页。

213. 弗里茨·卡恩《原子》一书（苏黎世，1948 年）扉页上的艾希曼手写札记。引自 *Stern*, 9.7.1960. 艾希曼在 1960 年 6 月 15 日接受审讯的时候证实了它的真实性。

214. 向梅赛德斯—奔驰阿根廷公司提出的求职申请，复印本参见 Schneppen, *Odessa* ..., A. o.

215. *Meine Flucht* 25.

216. 艾希曼对莉娜·海德里希的评价，参见联邦档案馆录音带编号 BArch 29:05（内容与 64 号录音带相同，但抄本有删节）。

217. 维也纳犹太移民中央办公室"维也纳移民基金"的资产管理部门在 1939 年 5 月 8 日收购了上奥地利林茨附近位于多普尔（米尔山谷）的一家造纸厂。内政与文化部的档案注记为："该地产无购买必要"。AdR, Ministry for Interior and Cultural Affairs, Dept. II, Gr. 4, Office: Foundations and Funds, Emergency Matters, Vienna 1, Ballhausplatz 2, Zi. II / 4-127.517, 1939. Object Emigration Fund (AWF), Acquisition of Property, May 11, 1939; attachments: purchase contract between M. Mösenbacher and the AWF, May 8, 1939: Gudrun Rohrbach, file no. R76/39. Gabriele Anderl, *Die "Umschulungslager" Doppl und Sandhof der Wiener Zentralstelle für jüdische Auswanderung*. Beitrag www.doew.at (2003).

218. 一名以色列特工在战后听说了这个传闻，20 世纪 90 年代记者们在伦贝格（Lemberg）进行调查时仍然能够听到这种说法。所涉及的对象是玛丽亚（"米齐"）·鲍尔，魏斯旅馆的经理。那家小旅馆是艾希曼手下聚会的地点，后来在他们的逃亡中扮演了重要角色。Manus Diamant, *Geheimauftrag* ..., A.o., 209ff. Georg M. Haffner, Esther Shapira, *Die Akte Alois Brunner, Warum einer der größten Naziverbrecher noch immer auf freiem Fuß ist.* Hamburg 2002, 73 ff.

219. 萨森抄本 59, 3。艾希曼只提到了复活节的旅行，但薇拉·艾希曼那一年刚好在复活节过生日。

220. 兹维·阿哈罗尼令人信服地根据自己的行动日志反驳了这一点。当天艾希曼根本不在家里，按照其子的说法，他已前往图库曼拜访友人。

221. 这些描述来自该部门的两名秘书（Interviews Rosemarie Godlewski, Emilie Finnegan, NDR/BBC 2002），他的情妇玛丽亚·莫森巴赫尔、米齐·鲍尔和玛吉特·库切拉（Manus Diamant, *Geheimauftrag* ..., A. o., 210-228），以及艾希曼在阿尔腾萨尔茨科特的女性友人（Interviews *Stern* Juni/Juli 1960, NDR/BBC 2002）。

222. 艾希曼的昵称出现在第一防谍队的报告中，而且从上下文可以看出，该信息来自维斯利策尼和霍特尔。Arrest Report Interrogation Wisliceny und CIC Report Eichmann, NA, RG 263 Name File Adolf Eichmann. Höß, *Kommandant von Auschwitz*, A. o., 336.

223. 联邦档案馆录音带编号 BArch 02 A, 开始于 8:25（阿根廷录音带编号 68）。

224. David Cesarani, *Adolf Eichmann*, A.o., 267.

225. 迪特尔·维斯利策尼，133 号牢房文件，起诉文件 T/84，第 13 页。

226. 联邦档案馆录音带编号 9C, 27:30-29:30。誊写稿删除了这一长串话中经常出现的结结巴巴部分。

227. 这方面的例子可参见萨森抄本，17 号录音带（集中营内附设的慰安所）以及 67 号录音带（联邦档案馆编号 05B，开始于 20:00）等等。

228. 在以色列，艾希曼甚至宣布了他的世界和平计划：妇女必须掌握权力。*Götzen*, 199 f.但艾希曼并没有提到他其实认为世界和平是 "非雅利安的"（unarisch）。

229. 引自艾希曼在以色列撰写的 15 页的《我的存在与作为》（第 10 页），科布伦茨联邦档案馆，AllProz 6/253。

230. 隆格里希令人信服地证明了，这种做法其实与希姆莱的理论没有多少关系。Peter Longerich, *Heinrich Himmler. Biographie*. München 2008, 382ff.

231. 萨森抄本 10, 7。库尔特·贝歇尔曾向艾希曼展示过一条贵重的珠宝项链，而那是他奉希姆莱之命在匈牙利勒索过来的。艾希曼还亲眼看见贝歇尔把那件赃物交给希姆莱。

232. 希姆莱 1936 年 4 月和 1937 年 6 月的备忘录，引自 Longerich, *Heinrich Himmler*, A. o., 382f.

233. Kulcsár, Kulcsár und Szondi, "Adolf Eichmann and the Third Reicht" ..., A. o., 30f.

234. ebd., 17. 有三个人参与了心理评估：库尔恰尔亲自进行访谈和测试，他的妻子（有一次是利波特·松迪 [Lipot Szondi]）则对此做出评估。多年后对个别测试结果采用盲目试验做了进一步的分析，所得出的结果与库尔恰尔并没有很大差异。在专业圈子之外，此事迄今不为人所知。

235. Hannah Arendt, *Eichmann in Jerusalem*. München 1964, 77, 以及阿夫纳·莱斯 1961 年 2 月 7 日的笔记，苏黎世联邦理工学院当代史档案馆，ETH Zürich – AfZ, NL Less, 4.2.3.2.

236. 这方面的例子是早期发行的一些小册子，诸如：Dewey W. Linze, *The Trial of Adolf Eichmann*. Los Angeles, Calif., 1961；Comer Clarke, *The Savage Truth: Eichmann, the Brutal Story of Hitler's Beast*. London, 1960（以及各种翻译本）；John Donovan, *Eichmann.Man of Slaughter*. New York 1960。最极端的例子来自电影界：*Eichmann*, dir. Robert W. Young (UK/Hungary, 2007)。

237. 萨森抄本 39, 3。

238. 其小说《门徒与婊子》的第六章以表面上虚构的方式记述了萨森逃亡至阿根廷的经过。此处引自第 168 页。

239. 大卫·切萨拉尼等人所称的 1953 年，其实是印刷错误。1962 年 5 月 29 日艾希曼的亲子关系声明和其他文件皆可证明此事。BArch Koblenz AllProz 6/237.

240. *Meine Flucht*, 26.

241. 艾希曼于被处决前不久接受法国《巴黎竞赛画报》的书面采访，在回答他对自己家人的忧虑时无意中透露了这一点。参见《巴黎竞赛画报》1962 年 5 月的书面问题及艾希曼的答复，BArch Koblenz AllProz 6/252, 20。该杂志于艾希曼被处决后立即刊出了部分采访内容。

242. 有些资料称那个儿子登记户口时的姓氏为艾希曼，此说并不正确。

243. *Meine Flucht*, 26.

244. Fragebogen von *Paris Match*, A. o.

245. Willem Sluyse（= Willem Sassen），"Brief an einen verzweifelten Freund, Weihnachten 1955", in: *Der Weg*, Heft l, 1956, 12.

246. *Meine Flucht*, 26.

247. Hans-Ulrich Rudel, *Zwischen Deutschland und Argentinien* ... A.o., 259 und 157.

248. Theodor Heuss, "Der deutsche Weg – Rückfall und Fortschritt". Ansprache zur Jubiläumsfeier der Evangelischen Akademie, Bad Boll, Druckfassung in: *Das Parlament*, 19.10.1955 (Nr. 42), 9-10, hier 9.

249. 萨森把 1945—1955 年称为 "疯狂的过渡时期"（Interregnum Furiosum），见 *Der Weg*, 1955, 295–299, hier 299。

250. Willem Sluyse (= Willem Sassen), "Brief an einen verzweifelten Freund, Weihnachten 1955", in: *Der Weg*, Heft 1, 1956, 14.

251. Ewout van der Knaap and Nitzan Lebovic, *"Nacht und Nebel"*: *Gedächtnis des Holocaust und internationale Wirkungsgeschichte*. Göttingen 2008.

252. 对奥托·布罗伊蒂加姆的第一次起诉在 1950 年就已经停止。尽管有文件显示，布罗伊蒂加姆不仅详细了解谋杀计划，而且还曾经实际参与制订，但停职处分也在 1958 年随着他的重新聘用而结束。纽伦堡审判期间已经出示过一份文件，显示他曾与艾希曼进行会谈（IMT 3319-PS, Ribbentrop material collection，与起诉文件 T/1003 一致）。他甚至很可能亲自主持了万湖会议的后续会议。然而布罗伊蒂加姆却在 1959 年 8 月获颁联邦大十字勋章。Michael Schwab-Trapp, *Konflikt, Kultur und Interpretation. Eine Diskursanalyse des öffentlichen Umgangs mit dem National-Sozialismus.* Opladen 1996 [=Studien zur Sozialwissenschaft 168]）.

253. *Der Weg*, Heft 7/8, 1956, 240.

254. 全部按顺序引用自 1956 年的《路径》（*Der Weg*, Jahrgang 1956: 480, 480, 240, 242, 357, 610）。

255. *Der Weg*, 1956, 477, 610.

256. *Der Weg*, 1956, 608.

257. *Der Weg*, 1956, 477.

258. Paul Beneke (Ps.), "Die Rolle der 'Gestapo'", in: *Der Weg*, Jahrgang 1956, Teil 1: Heft 7/8, 353–358; Teil 2: Heft 9, 476–480.

259. 这几行文字的作者本身就出身但泽。

260. 我无法完全排除莱因哈德·科普斯（笔名胡安·马勒）的嫌疑。他出生在汉堡附近，由于汉萨同盟城市的背景，使他也与保罗·贝内克产生了关联。但整体而论，那篇文章即使对胡安·马勒而言也过于学术化。文中有许多注释，这在《路径》中是相当罕见的。

261. *Meine Memoiren* (1960), 108f.《路径》的那篇文章彻底攻击了艾希曼认为正确的一切事物，因此它不可能是与艾希曼合写的。但除了别的内幕知识之外，其内容可能也立基于和艾希曼的讨论。

262. 1956 年 11 月 30 日德意志国家党的报告，参见柏林纳粹政权受害者协会（BNV-Berlin）档案。感谢雷费尔德女士（Frau Rehfeld）协助研究这份没有包含在阿道夫·冯·塔登遗物（Staatsarchiv Hannover, Magazin Pattensen, VVP 39）当中的文件。

263. 最详细的讲法参见昔日纳粹青年领袖阿尔弗雷德·雅舍尔（Alfred Jarschel）化名撰写的：Werner Brockdorff, *Flucht vor Nürnberg: Pläne und Organisation der Fluchtwege der NS-Prominenz im "Römischen Weg"*. München-Wels 1969, inbs. Kapitel XVII. 关于更早期的

各种狂想，请参阅本章其余部分。

264. Johann von Leers, Leserbrief in *Nation Europa*, A. o.

265. Willem Sluyse, "Müllkutscher her! Eine Bilanz unserer Atomzeit", *Der Weg*, 1956 Heft 11/12, 673-676.

266. *Der Weg*, 1954, Heft 7, 487.

267. 感谢康斯坦茨市档案馆提供资料。萨森在康斯坦茨的绍滕街 61 号（Schottenstraße 61）一直待到 1959 年 2 月 4 日，然后才搬至慕尼黑的霍恩斯陶芬街 21 号（Hohenstaufenstraße 21）。目前仍不清楚萨森为何会选择康斯坦茨。但该市当年重新调整了户口登记制度，这一重大变化当然有利于想要隐瞒过去的人。这也是艾希曼在逃亡期间为何选择布雷斯劳作为出生地的原因。

268. 反犹太主义并不总是像在阿根廷那般畅行无阻，但这第一批以迫害犹太人为主题的著作都面临着此类责难。难得有任何一篇书评不强调作者是犹太人。

269. Wolf Sievers (Ps.), "Die 'Endlösung' der Judenfrage", in: *Der Weg*, 1957, Heft 3, 235-242. 以下引文皆来自该文。

270. ebd. 239："参加（万湖会议）的人员包括：海德里希、盖世太保米勒、艾希曼、薛恩加特（Schöngarth）、盖世太保朗格、外交部的路德（Luther）……"。《路径》1957 年之前发表的所有文章中只提到了阿道夫·艾希曼两次，另一次就是所谓他自杀的消息。后来他只再出现过一次（在一封"读者来信"中，见下）。

271. Hans-Ulrich Rudel, *Zwischen Deutschland und Argentinien ...*, A. o., 260.

272. La Razón, 12.12.1960, "Eichmann Fue un Engranaje de la Diabolica Maquinaria Nazi ...", A. o.

273. 萨森的笔名迄今只发现了部分。我们所知道的有威廉·斯劳瑟、史蒂文·维尔（Steven Wiel），以及萨森在《明星周刊》等高级刊物所使用的威廉·S. 范·埃尔斯洛。此外偶尔还会使用安德烈·德梅特（Andre Desmedt）和胡安·里奥（Juan del Rio），不过萨森恐怕在《路径》以及其他一些德国杂志使用了更多不同的笔名，见下文萨森在访谈中所述。

第四章 所谓的萨森访谈

1. 加布里埃尔·巴赫在接受访问时曾（非常惊讶地）多次提及此事。艾希曼自己则在 1961 年 4 月 17 日的家书中对此表示感谢，见 BArch Koblenz, AllProz 6/165.

2. 见萨森与《时代》/《生活》的合同、弗里奇告诉艾希曼家人和汉斯·雷兴贝格的讲法，以及艾希曼多次在以色列的说法。BArch Koblenz AllProz 6/253. 亦参见本书第七章《余波荡漾》。

3. 感谢萨斯基雅·萨森提供了有关此事件的大量信息，并且在 2009 年时慷慨同意与我交换意见。另参见鲁尔夫·范·提尔（2005 年 3 月 21 日和 27 日）以及雷蒙德·莱伊（2000 年 6 月 7 日）对萨斯基雅·萨森的采访，在此并感谢二人与我一同进行讨论。

4. 鲁尔夫·范·提尔 2005 年对英格·施奈德的采访。下文会出现更多关于她的细节。

5. 在现存录音带上经常能听到这两种情形。

6. 2005 年的时候，萨斯基雅·萨森仍然认为躲在阁楼上的人很可能就是佩恩，不过她已经在 2009 年修正了自己的说法，现在相当确定她并不认识那名男子。

7. *L'Express* No. 494, 1.12.1960.

8. 萨森和艾希曼的辩护律师罗伯特·塞尔瓦蒂乌斯在 1960 年相互指责对方在杂志上发表了那篇报道，蓄意进行毁谤。这表明二人应该都不是该文的作者（参见本书第七章《余波荡漾》）。此外文中的内容已被证明错误百出，为萨森的否认提供了证据。

9. "Coups in South America's Biggest Countries and Forces Behind Them," *Life*, November 28, 1955, pp. 44–47。这篇文章未署名。

10. 感谢乌基·戈尼从一位资深记者的视角提出这个想法。作者与戈尼在 2009 年的信件往来。

11. 这些日期和信息根据的是佩恩的报道（*Time*, 17.3.1952; *Life*, 31.1.1955），以及可找到的佩恩向《时代》杂志提交的文章。其中包括 1957 年 5 月 10 日佩恩从布宜诺斯艾利斯发出的报告，以及 1961 年 4 月 12 日关于艾希曼审判案的一篇报道。Estate of Roy E. Larsen, former president of Time, Inc., Harvard University Library, Harvard (Dispatches from *Time* Magazine Correspondents: First Series, 1942–55, MA 02138; Second Series, 1956–1968, MS AM 2090.1).

12. "Israel: On Trial," *Time*, July 11, 1955.

13. 萨森抄本 6, 3。

14. 萨斯基雅·萨森对访谈会的记忆相当不完整，就她当时的年龄而言，这一点也不奇怪。当客人来时，孩子们并不总是在家。何况大人针对这么一个庞大而敏感的图书项目向小孩做出解释，更是相当不可能的事情。

15. 斯坦·劳里森斯那个游走于事实与虚构之间的大师甚至宣称，佩恩自己就从事秘密情报工作。他表示，在摩萨德的负责人伊塞尔·哈雷尔从《时代》/《生活》接获兜售独家密报的消息之后，佩恩向哈雷尔说明了艾希曼和萨森之间对话的情形。接着哈雷尔前往阿根廷与佩恩会面，佩恩向他出示了抄本。Stan Lauryssens, *De fatale vriendschappen van Adolf Eichmann*. Leuven, 1998, 179.

16. HHStA Wiesbaden, Abt. 461, Nr. 33 531, T 20/1 ff. BMJ an Oberbundesanwalt bei dem Bundesgerichtshof Karlsruhe, Bonn 6.10.1956. 感谢黑森州总档案馆的曼弗雷德·普尔特先生协助寻找相关页面。可惜与一般说法不同，完整的缉捕文件并不在黑森州总档案馆。

17. 依据刑法第 211 条和 74 条（§§ 211, 74 StGB）所列出的罪行。逮捕令的复印本参见 Schneppen, *Odessa* ..., A. o., 158.

18. 相关文件引用自 Schneppen, *Odessa* ..., A. o., 162f. 可惜该作者很少按照学术规范引用资料。

19. 德国外交部政治档案，联邦宪法保卫局 1953 年 12 月 8 日致外交部的公函：BfV (i. A. Nollau) an das Auswärtige Amt, 8.12.1953, PA AA, Abt. 3, Bd. 87. 感谢霍尔格·梅丁。

20. 佩恩给《时代》/《生活》公司的第 317 号电讯 . Estate of Roy E. Larsen, former president of Time, Inc., Harvard University Library, Harvard (Dispatches from *Time* Magazine Correspondents: Second Series, 1956–1968, MS AM 2090.1).

21. 谨在此由衷感谢萨斯基雅·萨森一再以坦诚开放的态度，面对这个混合了记忆、情感和投射的复杂事件。

22. *Götzen*, 8/AE: 3.

23. ebd.

24. 米尔登施泰因在 1933 年与库尔特·图赫勒（Kurt Tuchler）花了半年时间游历巴勒斯坦，并且以利姆（Lim）为笔名写作。这个支持犹太复国主义，但明显带有反犹太色彩的文章系列连载于 1934 年 9 月 26 日至 10 月 9 日之间，在推出时广受宣传，甚至获得《犹太环视报》的评论（1934 年 9 月 28 日）。1938 年，这一系列文章更被印刷成书。关于最初几篇系列文章受到的讨论，参见 Axel Meier, "'Ein Nazi fährt nach Palästin'. Der Bericht eines SS-Offiziers als Beitrag zur Lösung der Judenfrage", in Wolfgang Benz (Hrsg.), *Jahrbuch für Antisemitismusforschung* 11, 2002, 76–90. 然而该文在介绍米尔登施泰因的党卫队保安局职业生涯时，完全采信了艾希曼的（错误）说明。

25. Verhör, 66.

26. 党卫队保安局的"导报"是其内部的公务小册子，通常标示为机密级别。科布伦茨联邦档案馆存有一本 1937 年 3 月名为《出版业》（'Verlagswesen'）的"导报"，包括 35 页标有页码的 A4 纸，标题是"党卫队全国领袖以及党卫队保安局负责人"（BArch Koblenz R 58/1107）。《党卫队导报》则是每月固定发行的小开本通俗杂志，里面有各式各样的文章和插图。它起先由党卫队人种与移居部，而后由党卫队行政部（SS-Hauptamt）为党卫队全国领袖编辑。

27. Israel, Verhör, 66.

28. 艾希曼在以色列声称（第 102 次开庭时的证词），手稿完成于 1942 年 5 月，并希望把它献给已经去世的海德里希（亦即在 6 月 4 日以后）。他在萨森面前却表示，手稿完成于"比亚韦斯托克（Białystok）和明斯克（Minsk）的行程之后"，并建议用海德里希的名义来发表（那么就是在 6 月 4 日以前）。

29. 20.4.1942: US Holocaust Museum Washington RG15 007M reel 23: HK Warschau 362/298 fol 1.5: Niederschrift über die Arbeitstagung mit Prof. Franz (Günther Franz, Prof. "Reichsuniversität Straßburg") bei VII C am 10. und 11.IV.1942, gedruckt als Dokument 6 bei Jürgen Matthäus, "'weltanschauliche Forschung und Auswertung', Aus den Akten des Amtes VII im Reichssicherheitshauptamt", in: Wolfgang Benz(Hrsg.), *Jahrbuch für Antisemitismusforschung* 4, 1996, 287–330, hier: 309-312. 关于局长（西克斯）在 1942 年 4 月 20 日针对工作会议记录表示的意见，参见 Dokument 7, 312-314. 那个计划最后显然遭到放弃，参见 1942 年 7 月 1 日的下一次会议记录. ebd. fol. 12, 15.18-19, als Dokument 10 bei Matthäus, A. o., 314-320 und Protokoll der Tagung vom 16.1.1943, ebd. fol 21, 25, 27, als Dokument 12, 321-324.

30. 例如 23.2.1938: *Ziel und Methodik in der Lösung der Judenfrage*, BArch R 58/911, 144.

31. 南德广播公司的鲁道夫·佩克尔（Rudolf Peckel）时常在《赞成与反对》（*Für und Wider*）节目系列中剖析《路径》（1954 年 6 月 8 日，1954 年 11 月 23 日，1955 年 1 月 4 日）。霍尔格·梅丁还提到了巴伐利亚广播公司的节目（Meding, *Der Weg...*, A. o., 133.）。

32. 关于寻获原本认为已经遗失的一些文件的经过，参见本书第七章《余波荡漾》。

33. 谨在此感谢赫尔穆特·艾希曼（艾希曼的一位孙辈）愿与我讨论其家族保有的手稿，并代向其父迪特尔·艾希曼询问查阅手稿的可能性。其家人正在认真考虑出版手稿的可能性，但前提条件是能够获得合理报酬，并且仔细比对手稿与目前已公开材料在内容上的差异。

34. Servatius: *Einlassungen zu den "Sassen-Memoiren"*, sechs Seiten, Jerusalem 9.6.1961, BArch Koblenz AllProz 6/254.

35. 克劳斯·艾希曼接受《快客杂志》的采访，1966 年 1 月 2 日。

36. 所谓"专业文献"中的许多引文也不例外。

37. 这种区别并不总是显而易见，但还是有许多证据。艾希曼在写作和讲话时使用一种独具个人风格的语言——其主要特征是把纳粹用语和官腔与其他风格结合在一起。

38. 第一次出现于录音带 8:1，谈话的时间可以确定是在 1957 年 4 月中旬之后，因为它晚于鲁道夫·卡斯特纳遇害（3 月 3 日遭刺杀，3 月 15 日去世），以及《阿根廷日报》对此发表的评论（1957 年 4 月 15 日）。此外谈话中还提到了克鲁迈被逮捕一事（8:9.2，1957年 4 月 1 日）。

39. 录音带上录了萨森口述的一部分艾希曼手稿，以便打字下来。因此我们可以知道它最晚在什么时候就一定已经写好了，亦即在刚好录制了那段口述的 15 号录音带之前。萨森抄本 15, 5-9, 等同于《其他人都讲过了，现在我想说话！》，第 54-65 页。

40. 《通论》（*Allgemein*），白纸上的两页手写稿，BArch Koblenz Nachlass Eichmann, N/1497-92。《通论》显然和《私事》（*Persönliches*）完成于同一时期。这两份文稿都试图创造出艾希曼所想要呈现的自我形象。

41. 薇拉·艾希曼接受《巴黎竞赛画报》的采访，1962 年 4 月 29 日，BArch AllProz 6/252。

42. In *Die Welt*, 17.8.1999.

43. 沃亚克认为"那份手稿无法验证"，参见 Irmtrud Wojak, *Eichmanns Memoiren. Ein kritischer Essay*. Frankfurt a. M. 2004, 68. 大多数作者引用了罗伯特·彭道夫，或者是非常可疑的版本《我，阿道夫·艾希曼》（艾希曼手写版的《私事》现藏于科布伦茨联邦档案馆，Nachlass Eichmann, Barch Koblenz, N 1497-92）。与彭道夫所说的不同，这是一份写在不同尺寸条纹纸上的手稿——或者更精确地说，它是一本练习簿，额外插入了较大的纸张。总共有九页，其中两页双面书写。只有标题为"通论"的手稿才使用了方格纸。由于彭道夫显然同时知道这两份手稿，因此很可能混淆了它们。《通论》残缺的手写稿，见 BArch Koblenz, N 1497-92，一个（不可靠的）当代抄本见 N 1497-73。

44. 除特别标明的部分之外，以下所有引文皆来自《私事》手写稿，Eichmann Estate, BArch Koblenz, N 1497-92。此处为第 4 页。

45. ebd., 5.

46. ebd., 7.

47. ebd.

48. ebd., 6.

49. ebd.

50. ebd., 9.

51. 艾希曼在行刑前写给家人的告别信中表示："你们可以放心地让历史来做出判决。"（Barch Koblenz, AllProz 6/248.）

52. *Persönliches*, Eichmann Estate, BArch Koblenz, N 1497-92, 6.

53. ebd., 9.

54. 共 107 页，手写于接近 A4 纸大小的方格纸上。手稿和各种残篇如今散布在好几个档案馆的资料夹内，例如路德维希堡联邦档案馆、科布伦茨联邦档案馆 AllProz 6（塞尔瓦蒂乌斯遗物），以及科布伦茨联邦档案馆 Nachlass Adolf Eichmann（阿道夫·艾希曼遗物）。此外亦参见本书第七章《余波荡漾》。

55. 关于公开"阿根廷文稿"的经过，参见本书第七章《余波荡漾》。

56. "Die anderen sprachen", in I, 1.

57. ebd., 2.

58. ebd.

59. ebd., 7.

60. Raphael Gross, *Anständig geblieben. Nationalsozialistische Moral.* Frankfurt a. M. 2010, 191.

61. "Die anderen sprachen", in I, 7. 手稿的这一页已经消失不见，显然萨森把原件卖给了《生活》杂志。对这一页以及同时期副本的提及，见路德维希堡联邦档案馆，"杂项"资料夹(Ordner Diverses, BArch Ludwigsburg)。亦参见本书第七章《余波荡漾》。

62. "Die anderen sprachen", in II: *Betrifft: Meine Feststellungen* ..., 1.

63. ebd., 65 (根据手写稿的页码)。手写稿已根据上述各档案馆的资料合并重组起来。

64. ebd., 1.

65. ebd., 2.

66. Zur Jackson-Äußerung A. o.

67. "Die anderen sprachen", in II: *Betrifft: Meine Feststellungen* ..., 54.

68. ebd., 57.

69. 1943 年 1 月 18 日希姆莱向米勒写道："帝国保安总局……不得在这方面继续自己进行统计工作，因为此前的统计资料缺乏专业准确性。" Peter Witte and Stephan Tyas, "A New Document on the Destruction and Murder of Jews during 'Einsatz Reinhardt,' " *Holocaust and Genocide Studies* 15, pp. 468-86.

70. 迪特尔·维斯利策尼的手写稿《主旨：耶路撒冷大穆夫提》(*Betr. Grossmufti von Jerusalem*, Bratislava 26.7.1946, T/89) 对"卡片室"做出了说明。艾希曼办公室的秘书埃里卡·朔尔茨(Erika Scholz)在 1972 年 3 月 27 日的"诺瓦克审判案"中，描述了罗尔夫·金特的墙上挂图，以及弗朗茨·诺朗克在自己背后墙上挂出的一份图表，用小旗子标示出各个毁灭营。Kurt Pätzold, Erika Schwarz, »Auschwitz war für mich nur ein Bahnhof«. *Franz Novak, der Transportofizier Adolf Eichmanns.* Berlin 1994, hier 171.

71. 关于《科赫尔报告》和其他数据所引起的争论，参见本章《600 万人的谎言》一节。

72. 这份手写稿的抄录本被归类为 15 号录音带的一部分，因而收录于萨森抄本。手写稿中的"大约"(rund)一字被误读成"以及"(und)，见哈加格版的萨森抄本第 116 页。但手写稿的意思非常清楚。

73. "Die anderen sprachen", in II: *Betrifft: Meine Feststellungen* ..., 64.

74. ebd., 65.

75. ebd., 63-64.

76. 萨森访谈会 67 号录音带，BA Tape 10B 1:01:00.

77. Nachlass Eichmann, BArch Koblenz N 1497-90, Bl. 1. 萨森出售的拷贝上面很可能已经删掉了这些补充文字，因为他努力不给艾希曼制造任何麻烦。参见本书第七章《余波荡漾》。

78. 克劳斯·艾希曼接受《快客杂志》的采访，1966 年 1 月 2 日。

79. 艾希曼在以色列监狱里坐牢的时候显然就如此盘算，认为一场"怪物审判"可以让简单的文稿汇编变成畅销书。1961 年 4 月 17 日"在审判前夕"的家书，All. Proz 6/165.

80. 艾希曼为海德里希草拟了万湖会议和其他场合的演讲稿。他曾在讨论万湖会议记录时向萨森谈及此事，萨森抄本 47, 10 及其他。在以色列的时候，他当然声称自己已经记不得那回事了。

81. *Die anderen sprachen...*, III 10.

82. ebd., 4.

83. ebd., 3f.

84. ebd., 5.

85. ebd., 6.

86. ebd., 7.

87. ebd., 9.

88. ebd.

89. ebd., 10.

90. ebd., 7.

91. 艾希曼告诉威廉·赫尔的说辞。William L. Hull, *Kampf um eine Seele, Gespräche mit Eichmann in der Todeszelle.* Wuppertal 1964, 75.

92. Bettina Stangneth, *Adolf Eichmann interpretiert Immanuel Kant.* Vortrag Universität Marburg 2002.

93. 斯坦·劳里森斯虽然在谈到萨森时"引用"了艾希曼关于自己崇拜康德的讲法，但严格说来，他只是把以色列的文件与萨森抄本中的段落拼凑在一起而已。其实无论在萨森抄本、录音带，还是艾希曼的阿根廷文稿中，艾希曼都完全没有像在以色列那样表达出他对哲学的喜爱。Lauryssens, A. o., 137.

94. *Die anderen sprachen...*, III 10.

95. ebd., 11.

96. ebd.

97. 萨森抄本 3, 3。

98. 萨森抄本 33, 10。

99. *Die anderen sprachen...*, III 3.

100. Karl Beyer, *Jüdischer Intellekt und deutscher Glaube*, Leipzig 1933, 28f. und Otto Dietrich, *Die philosophische Grundlage des Nationalsozialismus. Ruf zu den Waffen deutschen Geistes.* Breslau 1935. 关于所谓"犹太"和"德国"哲学概念的纳粹书籍汗牛充栋，它们也可以在通俗读物中找到，例如 Theodor Fritsch, *Handbuch der Judenfrage*, Leipzig, 1943, 393ff.

101. Walter Groß, *Der deutsche Rassegedanke und die Welt.* Berlin 1939 (Schriften I,42), 30.

102. Hannah Arendt, *Eichmann in Jerusalem* ..., A. o., 174.

103. 总结陈词的草稿和最后实际说出内容的复印本在 1996 年之后很容易即可获得，见 Zvi Aharoni und Wilhelm Dietl, *Der Jäger* ..., A.o., 275-281. 罗伯特·塞尔瓦蒂乌斯曾要求艾希曼做出大刀阔斧的修改。按照艾希曼自己的构想，总结陈词应该使用他计划撰写的《偶像》一书的部分内容。科布伦茨联邦档案馆，Barch Koblenz Allproz 6/196。

104. 对阿夫纳·莱斯的采访，苏黎世联邦理工学院当代史档案馆阿夫纳·莱斯遗物，Nachlass Less, AfZ, ETH-Zürich, Band 7.1.IX。

105. William L. Hull, *Kampf um eine Seele, Gespräche mit Eichmann in der Todeszelle.* Wuppertal 1964, 131. 赫尔是一位基督教传教士，他把自己描述为 "新教神职人员的非官方观察者"。他主动要求前去探望艾希曼，目的是让一名受过洗的新教徒回到正确的道路上，把他从诅咒中拯救出来。赫尔本身属于一个激进的原教旨主义基督信仰复兴教派，该教派傲慢对待其他类型的宗教信仰，具有明显的反犹太主义色彩。(他曾在接受加拿大记者采访时，以最理所当然的方式说道：艾希曼的所有犹太受害者无论如何都会在地狱里受到烈火炙烤，因为他们还不如自己的谋杀凶手，非但没有受过洗，而且还不曾向救世主祈求。) 这些 "皈依对话" 最荒诞的后果之一在于，艾希曼实际上是以一种正面的姿态出现的。因为他不但体面地反驳了咄咄逼人的传教方式，而且作为读者，你会因为要面对如此令人厌烦的原教旨主义者登门骚扰而对艾希曼产生一种真正的同情——这又转而成为让人不喜欢赫尔的原因。尽管如此，遗憾的是，赫尔的那本书几乎没有人读过。书中包含了三封非常有趣的艾希曼信件，而且这些信件与根据记忆还原的谈话内容相比，无疑是比较可靠的消息来源。

106. 1933 年 11 月 11 日海德格尔在莱比锡举行的德国学术界国会选举造势大会上发表的臭名昭著的演说。引自 Dok. Nr. 132 in Guido Schneeberger, *Nachlese zu Heidegger.* Bern 1962 und *Die Selbstbehauptung der deutschen Universität* (1934). Frankfurt a.M. 1983, 14. 海德格尔在此代表了许多被国家社会主义 "一体化"（gleichschaltet）的哲学家。

107. 艾希曼在 1962 年 5 月回答《巴黎竞赛画报》提出的书面问题时，曾经提到写给弟弟罗伯特的这封信。BArch Koblenz, AllProz 6/252, 27.

108. 1939 年 2 月 20 日在柯尼斯堡举行的哥白尼和康德纪念会上，罗森贝格说了这句话。

109. 什洛莫·库尔恰尔说，艾希曼在短暂的愤怒之后相当热衷于这个新想法。艾希曼告诉他面前的这位心理学家："您似乎是对的，他的确只是巴勒斯坦的总督。" 于是对艾希曼而言，把自己和他相提并论的做法也就变得合理了。Kulcsár, Kulcsár und Szondi, »Adolf Eichmann an the Third Reicht« ..., A. o., 33f.

110. *Die anderen sprachen*..., III 13.

111. *Stern*, Heft 28, 9.11.1960. 艾希曼 1960 年 9 月 15 日在以色列接受审讯时证实了此事。

112. 艾希曼告诉萨森，在灭绝行动中，他曾经允许杀害了一位亲戚，而且即使在家庭成员的极力要求下也没有阻止此事。67 号录音带——录音带的内容比抄本更加详细。联邦档案馆录音带编号 BArch 05B，开始于 21:00。

113. *Die anderen sprachen*..., III 13.

114. *Rudolf Höß, Kommandant in Auschwitz, Autobiographische Aufzeichnungen.* 1. Auflage 1958, hier zitiert nach München 2000, 194.

115. 艾希曼真的这么写了出来。*Götzen*, 138, A.E. 97.

116. Handschrift, *Allgemein*, Nachlass Eichmann, BArch Koblenz N 1497-92, 2.

117. 薇拉·艾希曼接受《巴黎竞赛画报》的采访，1962 年 4 月 29 日。

118. Handschrift, *Allgemein*, Nachlass Eichmann, BArch Koblenz N 1497-92, 2.

119. *Die anderen sprachen*..., III 14.

120. ebd., 16.

121. ebd., 21.

122. ebd., 23.

123. ebd., 24.

124. ebd., 25

125. "忏悔是小孩子才会做的"这个讲法常被引用，却很少有人说明出处。这句话出自 1961 年 7 月 13 日第 96 次开庭交叉审讯时艾希曼的证词。艾希曼否认曾经在阿根廷讲过"小小的结束感言"之后，便说出了那句话。

126. 艾希曼记不起来的《圣经》引文为《约翰福音》4:22。

127. *Die anderen sprachen...*, I 1.

128. ebd., III 26.

129. 1960 年 6 月 9 日阿根廷联邦警察针对艾希曼被绑架一事做出的报告。Archivo General de la Nacíon/ Argentinisches Nationalarchiv (AGN), DAE, Bormann-Akte, S. 77-79. Zitiert bei Uki Goñi, *Odessa...*, A. o., 296, n.559.

130. 关于米尔登施泰因的战后生涯，参见 Timothy Naftali, "The CIA and Eichmann's Associates," in *US Intelligence and the Nazis*, ed. Richard Breitman.Washington, D.C., 2004, 337-374. 其主要依据为 NA, RG 263, CIA Name File Leopold von Mildenstein.

131. 艾希曼于 1960/1961 年写道，他曾经有过前往智利躲藏的可能，但他愚蠢地没有利用那个机会。*Meine Flucht*, A. o., 27.

132. 起诉文件 T/873：弗朗茨·拉德马赫在费利克斯·本斯勒（Felix Benzler）发给外交部的电报上手写的注记（1941 年 9 月 12 日）。复印本参见 R.M.W. Kemprter, *Eichmann und Komplizen*. Mit Dokumentenfaksimiles. Zürich, Stuttgart, Wien 1961, 291. Identisch mit IMT Dok. NG-3354.

133. Shlomo Kulcsár, "De Sade and Eichmann," *Mental Health and Society* 2 (1976), 108.

134. 克劳斯·艾希曼接受《快客杂志》的采访，1966 年 1 月 2 日。

135. 对莱斯的访问。Nachlass Less, Afz ETH-Zürich, Band 7.1.IX.

136. 艾希曼给家人告别信的最后一行是："我现在要被送去执行绞刑了，现在是 1962 年 5 月 31 日，差 5 分钟零点。永别了！"（信中最后一个词"Pfuat Euch！"用的是奥地利说法。）BArch AllProz 6/248.

137. 萨森抄本 18, 8。

138. 非常感谢萨尔茨堡市档案馆的彼得·克拉默尔（Peter F. Kramml）先生为我查看户口登记卡。

139. 萨森／鲁德尔在《德国和阿根廷之间》一书中，提到了弗里奇的此次德国之行。另参见右派刊物 *Deutsche Annalen, Jahrbuch des Nationalgeschehens*, Jg. 4, 1975, "Deutsche Abschiede 1974". 关于弗里奇纳粹生涯的传言是由弗里奇自己首先散播出来的，因为他在写给纳粹作家们的招揽信件中，声称自己听到过他们亲自朗读——例如弗里奇 1948 年 2 月 10 日写给维尔纳·博伊梅尔堡的信函（Rheinische Landesbibliothek Koblenz, Nachlass Werner Beumelburg）。

140. 作者在 2009 年与萨斯基雅·萨森的采访及通信。

141. 弗里奇写给维尔纳·博伊梅尔堡的信函，1948 年 4 月 23 日，Nachlass Beumelburg, A. o.

142. 弗里奇写给维尔纳·博伊梅尔堡的信函，1949 年 6 月 6 日，Nachlass Beumelburg, A. o.

143. 弗里奇写给维尔纳·博伊梅尔堡的信函，1948 年 8 月 19 日，Nachlass Beumelburg, A. o.

144. *German Nationalist and Neo-Nazi Activities in Argentina*, July 8, 1953, declassified on April 11, 2000 (CIA-RDP620–00 856 R000 3000 30004–4)。乌基·戈尼据此认为鲁道福·弗洛伊德是杜勒出版社的共同拥有者。

145. ebd. 弗里奇早年也曾经与"好书书店"(EI Buen Libro)的老板特奥多尔·施密特(Theodor Schmidt) 合作，但如果我们相信弗里奇在信中所说的，那么这种合作关系因为财务上的分歧并没有持续很长时间。

146. "Argentinisches Tageblatt", in: AHK, *Argentinische Vereinigungen deutschsprachigen Ursprungs. Ein Beitrag zur sozialen Verantwortung.* Buenos Aires 2007, 589-597.

147. 萨斯基雅·萨森在 2009 年提供的信息。

148. 汉斯·雷兴贝格在为艾希曼的辩护提供资助时，从 1960 年开始与弗里奇有所接触。他曾向罗伯特·塞尔瓦蒂乌斯抱怨这种依赖性。参见本书第七章《余波荡漾》。

149. 阿道夫·冯·塔登在一封信中提到，鲁德尔是最后一个离开萨森的人，见塔登 1981 年 9 月 10 日写给格特·祖德霍尔特（德鲁费尔出版社）的信函。Nachlass Thadden, Landesarchiv Niedersachsen, VVP 39, Ace. 1/98 Nr. 49. Korrespondenz S.

150. 第 95 次开庭时的证词。艾希曼声称，弗里奇只在很短一段时间参加了对话，然后就再也没有出现过。然而抄本和录音带都显示，弗里奇和艾希曼在最后几次的录音中仍然保持联系。

151. 艾希曼在 1960 年被绑架的消息传开之后，艾希曼的弟弟奥托和罗伯特立刻与埃伯哈德·弗里奇见面会商。这表明他们在此之前就已经相互认识。参见本书第七章《余波荡漾》。

152. 关于萨森逃离欧洲之前的生平，参见 Gerald Groenefeld, *Kriegsberichter. Nederlandse SS-oorlogsverslaggevers 1941-1945.* Haarlem 2004, insb. "De fratsen van Sassen", 356-368. 关于其逃亡和在阿根廷的生活，参见萨森在其小说《门徒与婊子》第六章对逃亡所做的文学化描述、鲁尔夫·范·提尔的纪录片，以及对英格·施奈德和萨斯基雅·萨森的采访。斯坦·劳里森斯的《阿道夫·艾希曼的致命友谊》则只有消遣娱乐价值，拉迪斯拉斯·法拉戈对萨森的采访更显然全是虚构。参见本书第七章《余波荡漾》。

153. 这个讲法的来源并非完全可靠。劳里森斯的许多叙述都不准确，或者会让人对作者产生怀疑。例如他称自己喜欢科隆大教堂唯一的尖顶（而众所周知该教堂有两个尖顶）；他声称在萨森家中看见的文件夹，其实只存在于以色列。

154. 艾希曼后来强调自己也"曾经在前线战斗"。关于武装党卫队成员在阿根廷与艾希曼等人的巨大分歧，参见佩德罗·波比耶辛 2009 年接受雷蒙德·莱伊采访时的回答："艾希曼不是党卫队员……他是个猪狗不如的东西。"

155. 以下细节来自英格·施奈德的回忆（鲁尔夫·范·提尔的采访），以及纪录片《威廉·萨森》(Willem Sassen, kro, 2005)。

156. 萨斯基雅·萨森记得，《门徒与婊子》那部小说导致了她父母亲之间的龃龉。甚至不需要对国家社会主义的抽象理解，只要读过描述他们乘船渡海的那一章，看到萨森如何以令人倒胃口的粗暴方式描述强奸和垂死的胎儿，就能够体会为什么一位妻子会反对丈夫的这种撰写方式。佩德罗·波比耶辛在接受采访时表示，他前往萨森家做客时也曾听到争执（Raymond Ley, 2009）。

157. Sassens Akte: 186 912/48; Goñi, *Odessa* ..., A.o., 176.

158. 英格·施奈德在接受鲁尔夫·范·提尔采访的时候，曾对那段时期做出了详细的说明（*Willem Sassen*, kro 2005）。亦参见萨斯基雅·萨森的童年记忆，以及 2005 年和 2009 年与作者的通信和采访。

159. 萨斯基雅·萨森接受雷蒙德·莱伊的采访，2009 年。

160. 关于他在阿根廷的生活，参见鲁尔夫·范·提尔对英格·施奈德的采访（2009 年）、萨斯基雅·萨森与作者的通信（2009 年），以及弗朗西斯卡·萨森与作者的通信（2009 年）。

161. 根据英格·施奈德和萨斯基雅·萨森的讲法。

162. 从英格·施奈德的回忆，尤其是密普·萨森拒绝接受德国国籍一事，皆可看出密普·萨森对国家社会主义的批判态度并不只是她女儿一厢情愿的想法。萨森的妻子无论如何都不想被看成德国人，即便那会使她更容易在欧洲立足。档案的补充文件中提到了密普·萨森的哥哥：BVerwG 7A 15.10, Saure gegen BND, BND-Akten 121 099, 1853 (Meldung zum Hintergrund des *Life*-Vertrags vom 23.11. 1960).

163. 艾希曼审判第 102 次和 105 次开庭时的证词，以及艾希曼向他的律师和阿夫纳·莱斯做出的说明。

164. 薇拉·艾希曼接受《巴黎竞赛画报》的采访，1962 年 4 月 29 日。

165. 佩德罗·波比耶辛在纽约买了一些录音机，然后拿去阿根廷出售，"萨森也是我的客户之一"（Interview Raymond Ley, 2009）。

166. 感谢萨斯基雅·萨森和弗朗西斯卡·萨森，通过回忆她们父母家内部的情形来帮助我理解历史文献。

167. 萨斯基雅·萨森的表述。

168. 萨斯基雅·萨森回忆，父母亲都非常努力地把自己的教育理念传递给女儿们。

169. 艾希曼自己在以色列提到了星期六下午和晚上，以及星期日上午（第 92 次开庭的证词）。萨森抄本和各种文件更能够让我们验证此事。虽然萨斯基雅·萨森对星期日的印象特别深刻，但我们现在可以确定这并不是全部。除了密普·萨森喜欢带着她的女儿们外出和郊游之外，星期六更是一个正常的上学日。

170. 所有谈论过这件事情的当时的目击者都提到是在萨森家进行的访谈（萨森的女儿们、佩德罗·波比耶辛、20 世纪 70 年代后的威廉·萨森、薇拉·艾希曼、克劳斯·艾希曼），没有任何人提到在艾希曼家进行的录音。艾希曼的家人甚至对录音带内容一无所知，这个事实有力地反驳了他在以色列讲的故事。

171. 萨森抄本 10, 2。

172. "萨森同志"出现过无数次，"我亲爱的萨森同志"出现在萨森抄本 11, 13。此外也同样频繁地出现了"朗格尔"和"弗里奇"（当二人缺席的时候），以及"拉亚科维奇"之类不在场的熟人。"先生们"则用于人数较多的时候。例如艾希曼在萨森抄本 18, 8 说道："先生们，这对您们来说应该非常明显……"

173. 甚至连本身未曾出席访谈会的抄写员，也在发言者身份不够清楚的时候，用括号注明了"Eichm"（艾希曼），见萨森抄本 13, 11。

174. 例如萨森曾告诉艾希曼："我只不过是想请您这个星期再重新考虑此事……"联邦档案馆录音带编号 BArch 09D, 5:59。

175. 例如艾希曼在萨森抄本 72, 6 表示："您最近给了我一些关于外交部活动的资料。"

176. 艾希曼："我相信我交给弗里奇同志的这些报纸对事情做出了更详细的描述"（指的是一些关于拉乌尔·瓦伦贝里的报纸文章，萨森抄本 10, 2）。

177. 萨森抄本 9, 17。

178. Die Schwärmer von Zion.——这篇关于以色列境内激进团体的长文呼应了卡斯特纳遇刺案所引发的讨论。艾希曼仔细阅读了这篇文章，以至能够逐字引述。

179. "Religion: Two Kinds of Jews", Time 26.8.1957 (erschienen am 20.8.). 这篇文章提到了本－古里安在 8 月初针对犹太复国主义发表的讲话。阿尔贝特·巴林诞生于 1857 年 8 月 15 日，《阿根廷日报》报道了星期四举行的庆祝活动（"Albert Ballins Lebenswerk", 15.8.57）。这表示 37-39 号磁带的录音时间为 1957 年 8 月 24 日至 25 日的周末。

180. 艾希曼表示"让我们以舍纳尔为例，因为他目前正当红"，接着是艾希曼针对判决所发表的意见（萨森抄本 72, 2）。费迪南德·舍纳尔因为过失杀人罪，1957 年 10 月被慕尼黑第一地方法院判处四年半有期徒刑。

181. 萨森抄本 20, 2。"上周日我们在'大厚书'中找到了一个日期。"(Ludw Div. 12.)

182. 给抄本排序的手写尝试显然出自萨森，因为那些标记都出现在原件、负片和影印本上面。10 号录音带第 3 页就是一个很好的例子，可以让人快速看到这种排序标记的做法（及其错误）。

183. 逐行比对的结果显示，萨森抄本的内容有 11% 是书籍引文，6% 来自其他材料（与艾希曼访谈无关的部分、萨森自己的札记和口述），83% 是真正的谈话部分。在某些页面上，引文所占的比例可高达 90% 以上（例如 63 号和 65 号录音带，艾希曼针对每一则引文所做的评断仅仅是"正确"或"不正确"）。在一个例子中，甚至整整一页都是引文(Poliakov, 236；萨森抄本 63, 5)。

184. 正是因为这个理由，德鲁费尔出版社所谓的萨森抄本版本（Aschenauer, Ich, Adolf Eichmann. Leoni a. Starnberger See 1980）不堪使用。因为它把所有内容都混为一谈，打破了对话结构，而且没有清楚认识到其他发言者和各种引文的存在，于是让艾希曼说了一大堆他根本没有讲过的东西。更重要的是，德鲁费尔出版社的版本完全消除了看出问题的可能性。结果萨森和阿尔文斯莱本的话也被一些严肃的二手文献当成了艾希曼的讲法。关于该版本亦请参见本书第七章《余波荡漾》。

185. 举几个可以精确证明这一点的例子：艾希曼进行修订的时候，是一次连续处理好几卷录音带并写下编号，标明顺序。在处理 8 号录音带时，艾希曼还没有读过约埃尔·布兰德和魏斯贝格的书，他在处理 24 号录音带时补上了自己的阅读印象，因此 8 号录音带的时间早于 24 号。第 11、12 和 13 号录音带则共同呈现了一次完整的谈话。一些内部的关联性，像是"刚才"（42 号）显然指的是 41 号录音带，证明了先后顺序。类似的还有"几个星期前"（46 号提到 37 号录音带）、"昨天"（54 号提到 51 号录音带），或者后来确实按计划进行的访谈（在 50 号录音带宣布朗格尔将发言而后在 64 号录音带证实）。但更重要的是，那些人是按照专业文献内容的顺序来讨论的，因此我们可以通过引用的书中文字来跟踪谈话。例如 58 号录音带结束于赖特林格的第 399 页，59 号录音带则开始于赖特林格的第 399 页……我们能找到大量这样的证据，从而以惊人的准确性重建访谈过程。

186. 72 号录音带抄本的编号被标示成一个问号，因为打字时不确定它是否为 72 号录音带。7 号录音带——根据萨森的说明——从来没有存在过。70 号和 71 号录音带至今踪迹全无。55 号和 69 号录音带则明显残缺不全。

187. 61 号录音带包含有关波利亚科夫那本书的谈话，然后针对赖特林格的第 218—220 页进行辩论。出现无编号录音带，是因为萨森拿了一卷错误的磁带，它上面有关于赖特林格讨论的前面部分，即 212—217 页。

188. 联邦档案馆录音带编号 BArch 8A，开始于 30:10。

189. 薇拉·艾希曼接受《巴黎竞赛画报》的采访，1962 年 4 月 29 日。

190. 萨森抄本 67, 6。录音带的内容出现了更多细节，联邦档案馆录音带编号 BArch 10B，开始于 38:50。

191. 1960 年 6 月 6 日艾希曼接受阿夫纳·莱斯的审讯，第 397 页："我直到大约三年前才再一次与米尔德纳说话……当着一位萨森先生的面，逐点反驳了那些事情。"

192. 由于丹麦百姓的反抗太过强烈，计划中的大规模遭送犹太人行动无法实施。由于艾希曼直接参与了相关计划，因而把计划的失败看成是个人的挫折，并且在自己的队伍中寻找罪魁祸首。

193. 所有猜测米尔德纳在阿根廷的论述，完全都立基于艾希曼在以色列的说辞。它们之所以有时显得相互独立，只是因为没有详细说明出处的缘故——维森塔尔、乌基·戈尼、施内彭，沃亚克，以及大卫·切萨拉尼皆如此。这并不表示米尔德纳从未去过阿根廷。然而这也意味着，我们不可将艾希曼视为米尔德纳逃往阿根廷的证人，因为我们到目前为止还没有找到其他证据。总之可以确定的是，米尔德纳从来都没有参加过萨森访谈会。

194. 我们可以放心地忽略"艾希曼或许在布宜诺斯艾利斯听错了朗格尔博士的名字"这种贴心的想法。朗格尔是萨森访谈会的固定成员，艾希曼曾多次在录音带上大声念出这个名字，甚至把它完全正确地手写到一份抄本上（萨森抄本 59, 6）。

195. 31 号录音带，萨森抄本修正稿 4, 1。路德维希堡联邦档案馆 BArch Ludwigsburg Ordner Diverses, 14.

196. 联邦档案馆录音带编号 BArch 8A，开始于 27:50。从上下文可以看出，这次录音出现于相当早期的磁带，来自访谈会的前三分之一。

197. Holger Meding, *Der Weg* ..., A. 0., 117.

198. Juan Maler, *Frieden, Krieg und "Frieden"*. Bariloche, 1987, 340.

199. 约瑟夫·施万伯格也在那里住过一段时间，但最迟在 1954 年又返回了布宜诺斯艾利斯。

200. 联邦档案馆录音带编号 BArch 03A 的开头部分。

201. 萨森抄本 3, 4。

202. 摘自 1991 年 Telefe 电视台 *Edicion plus* 节目的专访。遗憾的是原材料尚未归档。

203. 萨森抄本 3, 3。

204. 关于有女士参加和卢多尔夫·冯·阿尔文斯莱本的线索其实都相当明显，可我也是经过多次阅读之后才发现了它们。或者更准确地说，那是在我采用了我敬重的老师克劳斯·厄勒（Klaus Oehler）关于解读深奥文字的建议，把全部文字从后往前又读过一遍之后的事情。尽管那个方法当初被用于教我们阅读亚里士多德，但它也是分析艾希曼文字的绝佳工具。

205. 萨森抄本 3, 2。

206. 萨森抄本 3, 1。

207. 萨森抄本 29, 4。29 号录音带的抄本上面有艾希曼手写的补充说明："这 29 号录音带仅供您参考。"其修改意见更清楚地注记，类似这样的生平叙述"不应该在书中出现"。

208. 艾希曼后来讲述了这个故事的不同版本。但他的人事档案使时间可以追溯到 1938 年上半年（SS-Akte, BDC BArch Berlin）。

209. 党卫队档案的文件，被用作起诉文件 T/37(12)。

210. 关于赫尔牧师的更多信息，参见下文。

211. 萨森抄本 3, 2。

212. 在最初的一些抄本中，抄写员习惯将"国家社会主义"缩写成一种极易被误解的形式，直到萨森在一卷录音带上做出明确指示为止。但由于这个敏感的字眼在说话时往往已被简称，不难理解它为什么还是会不断造成问题。

213. SSO-Akte, BArch Berlin (BDC); Karl Schlöger (Hrsg.), *Russische Emigranten in Deutschland 1918-1994*. Berlin 1995.

214. 萨森抄本 3, 2。

215. ebd.

216. 埃里卡·伊丽莎白·加尔特·德·加利亚德（Erika Elisabeth Garthe de Galliard），她嫁给了战犯皮埃尔·达耶（Pierre Daye）的一个比利时朋友。乌基·戈尼曾告诉我，她从未否认自己知道萨森的计划，并且与威尔弗雷德·冯·奥芬和迪特尔·门格保持着密切联系。但这一切并不表示她对国家社会主义的观点有许多批判性的问题。

217. 英格·施奈德在接受鲁尔夫·范·提尔采访时详细解释说，她既不明白自己的妹妹为什么会想听那些无稽之谈，也不理解她为何不结束与萨森的恋情，尽管路普·萨森对此早有所知。安切·施奈德在 1990 年死于癌症，英格·施奈德在 2006 年去世之前住在阿根廷和不来梅。

218. BA tape 09D, 29: 08.

219. 萨森抄本中偶尔会出现"Dr. Lange"的拼法，但由于这个名字不但被艾希曼手写更正，而且还在录音带上被说出过许多次，此人的名字毫无疑问是"Langer"。

220. 萨森抄本 47, 12。

221. 萨森抄本 44, 9。

222. 萨森抄本 46, 8。

223. 萨森抄本 44, 10。

224. 萨森抄本 59, 10。

225. 对萨森抄本 16, 1 的手写修正。

226. 萨森抄本 44, 10，艾希曼手写补充文字："这是朗格尔博士说的，我可没那么讲。"艾希曼显然很想避免人们怀疑他可能曾经帮助过犹太人。

227. 萨森抄本 47, 16。

228. 萨森抄本 50, 2。

229. 联邦档案馆录音带编号 BArch 09D, 53:45ff.

230. 联邦档案馆录音带编号 BArch 09D, 1:04:30ff.

231. 联邦档案馆录音带编号 BArch 09D, 29:55ff.

232. 迪特尔·福尔默接受霍尔格·梅丁的采访，此外亦参见他在《国族欧洲》发表的文章。福尔默于 1953 年年底再次离开阿根廷，但他直到最后都继续为弗里奇撰稿，并且显然还负责杜勒出版社被查禁刊物在德国的分销工作。最迟在 1960 年，他即已经相当了解1957 年的计划，甚至努力设法减轻萨森抄本所造成的风险。参见本书后文。

233. 萨森抄本 54, 14。

234. 联邦档案馆录音带编号 BArch 10D, 22:45f.

235. 参见帝国保安总局第四局的职责分配表（Geschäftsverteilungspläne des RSHA [4]），艾希曼审判案起诉文件 T/99（即 BArch Koblenz R58/840）。关于 IV A 4：卡尔滕布伦纳 1944 年 2 月 10 日 的 通 告（Runderlaß Kaltenbrunner 10.2.1944 BStU, RHE 75/70, Bd.3, Bl.12-17）；1944 年 3 月 15 日之后的第四局国家秘密警察职责分配表（Gestapo-Geschäftsverteilungsplan des Amtes IV, ab 15.3.1944），ebd. Bl. 2-10。 部 门 名 称 的 证据，参见纽伦堡国际军事法庭审判记录 IMT 42, 315ff.，瓦尔特·胡本柯腾的宣誓证词（Gestapo-39），以及维斯利策尼的证词。

236. 阿夫纳·莱斯的个人笔记。苏黎世联邦理工学院当代史档案馆，ETH Zürich, Archiv für Zeitgeschichte, NL Avner W. Less, 4.2.3.2.

237. 联邦档案馆录音带编号 BArch 10D, 21:30.

238. 萨森抄本 53, 15。

239. 艾希曼审判，第 102 次开庭。

240. 我在抄本和录音带上皆未发现有任何人试图隐瞒身份，或者故意不清楚说出某人的姓名。唯一的"称呼更改"是打字错误所造成的结果，因为像格洛博奇尼克（Globocnik）和维斯利策尼（Wisliceny）之类的姓氏拼写起来不像艾希曼或萨森那么简单。

241. 我在党卫队和武装党卫队的人员名录，以及柏林联邦档案馆柏林文献中心的档案中查找朗格尔和类似的姓名，最后只找到两条有可能的记录，分别为奥托·朗格尔（无党卫队编号！生于 1899 年 3 月 18 日，党卫队三级小队长，有一条关于"毛特豪森集中营"的记录），以及弗里茨·朗格尔（党卫队编号 54691，生于 1904 年 1 月 13 日，刑事组长——可能是在维也纳）。支持弗里茨·朗格尔的证据为，他是维也纳党部领导当局的侦查人员（RS-PK）。然而他曾因为在意大利北部竭力打击游击队而获得表扬，因此有过"前线作战经验"（R70），名列"战犯及安全嫌犯中央登记处名单"（CROWCASS List）之上。此外 R70 和 RS-PK 两份文件也有相互矛盾之处。我还没有找到关于奥托·朗格尔足够的身份资料，但他的官阶显然太低，不适合从事朗格尔博士所描述的任务。在此感谢柏林联邦档案馆的卢茨·默泽（Lutz Möser）博士提供协助。

242. 特别在此感谢维也纳大学档案馆的芭芭拉·比林格尔（Barbara Bieringer）女士。

243. 在此感谢米夏埃尔·维尔特（Michael Wildt）、贝特兰德·佩尔茨（Bertrand Perz），以及奥地利抵抗运动文献中心（DÖW）的工作人员，花时间考虑进一步追踪朗格尔的可能性。乌基·戈尼曾设法在阿根廷寻找朗格尔的踪迹，但是在档案文件中没有发现任何有关朗格尔、朗格或"克兰博士"的线索。

244. 73 号录音带，联邦档案馆录音带编号 BArch 8A, 10:35.

245. 我在这一章刻意不标示发言人的姓名，也不列出其他阅读辅助说明。否则一连串的惊叹号和"原文如此"非但会导致阅读不便，还会妨碍读者注意到语言所产生的效果。

246. 萨森抄本 5, 6。

247. 萨森抄本 21, 10。

248. 萨森抄本 9, 3。

249. 萨森抄本 17, 1。艾希曼加了一个手写的修订改成了现在的样子。

250. 萨森抄本 18, 3。

251. 萨森抄本 21, 6。

252. 萨森抄本 34, 4。

253. 萨森抄本 5, 5。

254. 萨森抄本 68, 9。

255. 萨森抄本 34, 4f.。

256. 萨森抄本 11, 6。

257. 萨森抄本 11, 8。

258. 萨森抄本 23, 4。

259. 萨森抄本 13, 6。

260. 萨森抄本 13, 7。

261. 萨森抄本 17, 1。

262. 萨森抄本 12, 2。

263. 萨森抄本 14, 6。

264. 萨森抄本 14, 9。

265. 萨森抄本 14, 10。

266. 萨森抄本 41, 1。

267. 萨森抄本 22, 19。

268. 萨森抄本 8, 4。

269. 萨森抄本 13, 5。

270. 萨森抄本 8, 8. 2。8 号录音带的誊写稿分布在连续折起来的几页纸上，如今与相关页码对应的页面已被裁成几部分。这里编号的意思是：8 号录音带，第 8 页，第 2 片。

271. 萨森抄本 9, 8。

272. 萨森抄本 10, 5。

273. 萨森抄本 10, 1。

274. 萨森抄本 13, 4。

275. 萨森抄本 64, 4。

276. 萨森抄本 50, 5。

277. 萨森抄本 33, 10。

278. 萨森抄本 72, 16。

279. 萨森抄本 68, 5。

280. 萨森抄本 26, 7。

281. 萨森抄本 73, 1。

282. 萨森抄本 21, 8。

283. 萨森抄本 19, 5。

284. 萨森抄本 61, 4。

285. 萨森抄本 52, 13。

286. 萨森抄本 42, 5。讨论集中在所谓的安乐死行动。萨森对此不感兴趣，因而没有让人把它打字出来。大部分引用参见联邦档案馆录音带编号 BArch 07B , 39:15。

287. 萨森抄本 43, 8。

288. 萨森抄本 39, 4。

289. 萨森抄本 56, 7。

290. 萨森抄本 56, 9。

291. 萨森第 23 号录音带（未收录于抄本的段落，见联邦档案馆录音带编号 BArch 9D, 51:55ff.）。

292. 萨森抄本 15, 3。

293. 同上。

294. 萨森抄本 60, 2。

295. 萨森抄本 43, 5。

296. 萨森抄本 46, 5。

297. 萨森抄本 16, 10。

298. 萨森抄本 18, 3。

299. 萨森抄本 17, 9。

300. 萨森抄本 20, 7。

301. 萨森抄本 44, 4。

302. 萨森抄本 51, 11。

303. 萨森抄本 58, 5。

304. 萨森抄本 68, 6。

305. S. Kulcsár, S. Kulcsár u. L. Szondi, "Adolf Eichmann and the Third Reich" ..., A. 0., 28.

306. Hannah Arendt, *Eichmann in Jerusalem* ..., A.o., 78 ff.

307. 在一些现存的录音带上可以找到中途离席的片段。例如在联邦档案馆录音带编号 BArch 06A, 47:55 可清楚听见一个不知名者的声音："对不起，但我必须走了……"

308. 参见联邦档案馆录音带编号 BArch 09C, 1:51:55。萨森结束了会议，人们开始彼此交谈，有一个声音与萨森讨论了另一份文本的提交截止日期。

309. 联邦档案馆录音带编号 BArch 10C, 39:46.

310. 联邦档案馆录音带编号 BArch 10B, 1:11:00ff.

311. 萨森抄本 1, 1。

312. 萨森抄本 1, 2，艾希曼俨然是"狂热的犹太复国主义者"。

313. 萨森抄本 1, 2，据称艾希曼亲自在波兰组织了大规模枪杀行动。萨森抄本 1, 3 中艾希曼说："我会快乐地跳进坑里……"

314. 第一版出版于 1952 年，作为《欧洲各国的犹太人例外法规》(*Das Ausnahmerecht für die Juden in den europäischen Ländern*) 系列的一部分，阿根廷那些人使用的是经济实惠的单行本（Düsseldorf 1954）。

315. 讨论时的概况可简述如下：魏斯贝格，第 6, 8-17, 19-22, 24-26 号录音带；波利亚科夫 / 伍尔夫，第 28, 34, 37-39, 42-44, 49-52, 54-57, 61-67 号录音带；布劳，第 39-40, 44-47 号录音带；哈根 / 霍特尔，第 10-11, 51, (56), 64 号录音带；赖特林格，第 1, 18-19, 22-23, 25-27, 33, 49, 52-54, 58-61, 68, 69, 72, 73 和一卷未编号录音带。

316. 例如 Hermann Graml, *Der 9. November 1938. "Reichskristallnacht"*. Bonn 1955: Gerhardt Boldt, *Die letzten Tage der Reichskanzlei*. Hamburg 1947 u. ö., Charles Callan Tansill, *Die Hintertür zum Kriege*. Düsseldorf 1956.

317. 录音带 37, 1ff. 我们知道萨森读了一篇新发表的文章，因为从接下来的录音内容可以看出录音时间是在哪一个星期。

318. 那张照片发布于审判开始之前，而且曾多次对外公开，所以并非如某些说法所称，它呈现的是艾希曼撰写回忆录《偶像》时的情景。艾希曼在律师的要求下拿到了那些书，因为律师希望他针对它们发表意见。除了已经提到的书之外，还有几本在萨森访谈会结束之后出版的新书，包括 Rudolf Höß, *Kommandant von Auschwitz*, 1958; Albert Wucher, *Eichmanns gab es viele*, 1961; Joel Brand, *Fakten gegen Fabeln*, 1961; Poliakov/Wulf, *Das Dritte Reich und seine Denker*, 1959; H. G. Adler, *Theresienstadt 1941-45*, 1960。在此特别感谢卡洛·许特先生提供汉堡当代史研究中心的藏书，以便重建书籍清单。

319. 阿夫纳·莱斯接受罗尔夫·德弗兰克的访问。Rolf Defrank für *Erscheinungsform Mensch*, Achiv für Zeitgeschichte, ETH-Zürich, NL Avner W. Less 7.1.IX.

320. 萨森抄本 50, 6。

321. 萨森抄本 49, 16。

322. 萨森抄本 4, 6；39, 8。

323. 萨森抄本 49, 14。

324. 萨森抄本 18, 1；33, 9；40, 2；52, 1；52, 5；52, 6；54, 4。

325. 萨森抄本 22, 7。

326. 萨森抄本 24, 1。

327. 萨森抄本 31, 10；61, 3。

328. 萨森抄本 17, 5。

329. 萨森抄本 21, 3。

330. 萨森抄本 62, 1；72, 8。

331. 萨森抄本 2, 4。

332. 萨森抄本 73, 13。

333. 萨森抄本 68, 15。

334. 萨森抄本 6, 1。

335. 德国研究协会（DFG）进而推出了一整个期刊系列，意图建立"德国数学"（Leipzig, 1936-44）。

336. 萨森抄本 20, 4。

337. 萨森抄本 11, 6。

338. 萨森抄本 11, 4。

339. 萨森抄本 25, 8。

340. 萨森抄本 8, 2。

341. 萨森抄本 10, 14。

342. 萨森抄本 10, 17。

343. 24 号录音带和 25 号录音带的开头部分包含了艾希曼的这段读书笔记。他的笔记也保存了下来，见科布伦茨联邦档案馆 BArch Koblenz, Nachlass Eichmann N 1497-87。艾希曼的发言几乎是逐字逐句读的他的笔记。

344. 萨森抄本 8, 2。

345. 萨森抄本 12, 1。

346. 萨森抄本 14, 7。

347. 艾希曼在抄本上手写的一段冗长的文字，52, 16。

348. *Götzen*, Blatt 19（艾希曼编号第 1 页）和其他许多地方。

349. 萨森抄本 3, 6。

350. 萨森抄本 26, 4。

351. 萨森抄本 31, 9。

352. 联邦档案馆录音带编号 BArch 10C, 55:40。

353. 萨森抄本 54, 5。

354. 参见娜塔莎·德·温特和雷蒙德·莱伊 2009 年对佩德罗·波比耶辛的采访。

355. 联邦档案馆录音带编号 BArch 09D, 41:30。

356. 萨森抄本 47, 12。

357. 同上。

358. 萨森抄本 36, 2。这句话很显然出自威廉·萨森，来自讨论中一段很长的口述记录。不过由于这篇文字之前被认为是艾希曼的声明，在此引用的句子也一直被认为出自艾希曼。那是完全不正确的事情。固然可以假定萨森是从艾希曼那里借用了这个句子，但没有证据能够证明这一点。更何况萨森自己长于表达，用不着借用艾希曼的话。

359. 萨森抄本 36, 5。

360. 萨森抄本 52，艾希曼的手写补充说明。

361. 萨森抄本 54, 9。

362. 艾希曼与其下属特奥多尔·丹内克尔的电话记录，起诉文件 T/439（等同于纽伦堡国际军事法庭审判记录 IMT RF-1233）。丹内克尔 1942 年 7 月 20 日与艾希曼和诺瓦克通过电话之后，在 7 月 21 日写下的注记。Klarsfeld, *Vichy-Auschwitz ...*, A. o., 416 (Neuauflage Darmstadt 2007, 441). Faks. Kempner, *Eichmann und Komplizen ...*, A. o., 212.

363. 萨森抄本 3, 6。

364. 未被誊写的录音带部分之一，艾希曼可信地证明了他对其他麻醉剂一无所知，例如他甚至不知道如何摄入吗啡。萨森访谈，联邦档案馆录音带编号 BArch 10B, 1:14ff.

365. 联邦档案馆录音带编号 BArch 10C, 1:00:00ff.

366. Ernst Klee, *Persilscheine* ..., A. o.

367. 联邦档案馆录音带编号 BArch 10C, 1:00:00ff.

368. 萨森抄本 44, 6。

369. 从 37 号录音带开始，从两个迹象可以看出录音的日期是在 8 月下旬：在 37 号录音带上面，萨森翻译了 1957 年 8 月 26 日《时代》杂志新刊出的一篇文章（按照美国杂志惯用的做法，实际发行时间为 1957 年 8 月 20 日）；在 39 号录音带上面，艾希曼引述了他前一个礼拜读到的有关纪念巴林百年冥诞的报道——那可以确定是《阿根廷日报》1957 年 8 月 15 日的一篇文章。

370. 关于其生平，主要参见 BDC-Akten Dieter Wisliceny , BArch Berlin。此外亦参见 CIC Arrest Report, August 1, 1946, NA, RG 263, CIA Name File Adolf Eichmann。

371. 艾希曼总是强调，维斯利策尼和他一起待在阿尔陶塞，维斯利策尼则对此极力否认。但有证据表明，维斯利策尼 1945 年 5 月 12 日在阿尔陶塞湖畔遭到逮捕。

372. 维斯利策尼关于艾希曼的主要声明和注记包括：1945 年 1—2 月维斯利策尼与卡斯特纳进行的谈话，当时维斯利策尼已试图树立一种艾希曼的形象，揽下最多责任，借此减轻自己的罪责（Kastzners im Kastzner-Bericht ..., A. 0., 273 ff.）；1945 年 8 月 25 日和 27 日被美国当局逮捕（5 月 3 日）之后的详细供词（Arrest Report, and Reports from NA, RG 263, File Name Adolf Eichmann）；1945 年 11 月 9 日在纽伦堡的宣誓口供（起诉文件 T/57）；1946 年 1 月 3 日在纽伦堡的证人陈述（起诉文件 T/58）；1946 年 5 月 6 日在布拉迪斯拉发发表的声明（Polizeidokument B06-899）；1946 年 7 月 26 日关于菲亚拉事件的手写笔记（起诉文件 T/1107）；1946 年 7 月 26 日说明艾希曼与大穆夫提之间关系的手写笔记（起诉文件 T/89）；1946 年 10 月 27 日，关于前党卫队一级突击大队长阿道夫·艾希曼的 22 页手写报告（布拉迪斯拉发，又名 "133 号牢房文件"，起诉文件 T/84）；1946 年 11 月 14 日与摩西·珀尔曼关于艾希曼的谈话（CDJC LXXXVIII-47, gedruckt in Pearlman, Die Festnahme, 137f.）；1946 年 11 月 18 日有关 "最终解决方案" 的报告（布拉迪斯拉发，又名 "106 号牢房文件"，起诉文件 T/85——仅仅部分收录于 Poliakov/Wulf, *Das Deutsche Reich und die Juden*. Berlin 1955, 87-98）。

373. 维斯利策尼，133 号牢房文件，起诉文件 T/84，第 17 页。

374. 维斯利策尼被处决于 1948 年 2 月 27 日。

375. 20 世纪 30 年代初期，艾希曼曾多次亲眼目睹盖世太保的审讯。虽然作为保安局人员，他无法亲自执行审讯，却能够把人带去接受审讯。在一些例子中，他自己的审讯方法可被还原出来——那只能被形容为阴险的精神折磨。例如，在奥斯维辛，他试图在审讯中用雅各布·埃德尔施泰因妻子的信使他崩溃。他从临近集中营那个不疑有他的女士那里获得了这封信。她写信时相信丈夫还拥有（相对的）自由，而艾希曼只是好意带信给他。艾希曼会在开始动用肢体暴力时离开房间，但之后还会回来，好利用暴力的后果。Adler, *Theresienstadt* ..., A. 0., 730 f, 810.

376. 萨森抄本 44, 5。

377. 萨森抄本 42, 3-44, 6。

378. 萨森抄本 44, 5。

379. 萨森抄本 44, 6。

380. 同上。

381. 萨森抄本 44, 7。

382. 同上。

383. 萨森抄本 44, 8。

384. 我们有两卷这个转折点之前的录音带，所以听得出音调上的变化。只可惜这次关键会议的录音已不复存在。

385. 联邦档案馆录音带编号 BArch 08A, 42:13ff.

386. 萨森抄本 46, 8。

387. 萨森抄本 47, 7。

388. 本节是我一篇未发表文稿的摘要总结。原标题为《另一名在阿根廷的纳粹分子——卢多尔夫·冯·阿尔文斯莱本与威廉·萨森的谈话》('Noch ein Nazi in Argentinien – Ludolf von Alvensleben im Gespräch mit Willem Sassen')，雷蒙德·莱伊和 NDR 以之为基础拍摄了纪录片《艾希曼的末日》(NDR, 2009)。文稿中包含了完整的采访内容及评论。

389. 萨森抄本 54, 5。

390. 56 号录音带并非抄本中的异物，它从一开始就是讨论项目的组成部分，以相同的方式编号和打字，而且一直在后续讨论中被提及。因此萨森并不是不小心归错了档。

391. 以下信息主要基于阿尔文斯莱本的党卫队档案（BDC BArch Berlin）。同样不可或缺的还有 Ruth Bettina Birn, *Die höheren SS- und Polizeiführer: Himmlers Vertreter im Reich und in den besetzten Gebieten*. Düsseldorf 1986, insb. 330, aber auch 311, 382 f (Fn. 2); Christian Jansen, Arno Weckenbecker, *Der "Volksdeutsche Selbstschutz" in Polen 1939/40*. München 1992 (=Schriftenreihe der *Vierteljahrshefte für Zeitgeschichte* Band 64). 以及杰出的影片 Stanislaw Mucha, *Mit "Bubi" heim ins Reich. Die Spuren eines SS-Generals*. Abschlussfilm Potsdam-Babelsberg. Uraufführung: Berlinale 2000, Erstausstrahlung ZDF, 20.11.2000.

392. Heinz Schneppen, *Odessa und das Vierte Reich. Mythen der Zeitgeschichte*. Berlin 2007, 125. 施内彭煞费苦心地破除敖德萨神话，并追溯它的起源。令人遗憾的是，他对个别国家社会主义者的研究依然没有竭尽所能，以致他的描述有时转向了相反的神话。即使在施内彭所提到的材料来源中，里面的东西也比他实际运用的多得多。他所谓"设法重建那些逃亡者的生活和性格时，很快就会面临瓶颈"的讲法，至少就阿尔文斯莱本、艾希曼、门格勒、海利希、拉亚科维奇和克林根富斯等人而言是站不住脚的。（顺便说一下，鲁道夫·米尔德纳也被施内彭列入了在阿根廷纳粹的名单，因为他没有注意到维森塔尔其实重复了艾希曼在以色列的说辞。）

393. 见 1944 年 11 月的一般党卫队资历名册，柏林，1944 年。

394. 党卫队资历名册的编号方式乍看之下令人困惑，因为在数字后面还加上了字母。继 43 名党卫队上级集团领袖和上将之后，阿尔文斯莱本在党卫队集团领袖和中将当中位于 41f，这使他成为党卫队的第 90 号人物。DAL, Stand vom 1. Juli 1944, Reprint: Osnabrück 1987, 14.

395. 党卫队阿尔文斯莱本档案，1938 年 6 月 15 日的员工考核报告。

396. 无论在录音带还是抄本上都有许多这样的例子。艾希曼毫无顾忌地对其他与会者大吼大叫、不假辞色，或者找其他方式夺取话语权。与阿尔文斯莱本的谈话有许多诱使他插嘴和反驳的地方，而艾希曼不倾向于忍气吞声。

397. 在 58 号录音带上，阿尔文斯莱本"基于自己的经历"，谈到了希姆莱对 1945 年轰炸德累斯顿的反应。在德累斯顿轰炸之后不久，阿尔文斯莱本履行他作为党卫队高级官员和警察领导人的职责向希姆莱汇报。然后在拜访戈培尔时描述了希姆莱的行为。纳粹宣传部长在 1945 年 3 月 6 日的日记中记录了阿尔文斯莱本的来访。除了艾希曼以外，萨森访谈会的其他与会者都没有近距离接触过希姆莱或戈培尔。

398. 阿尔文斯莱本为了进入萨森访谈会或者加以"渗透"而假装自己仍然坚信国家社会主义的可能性很低。一则萨森访谈会并非秘密，再则没有任何已知的"入场限制"。任何想要声称阿尔文斯莱本在 1945 年以后改变了看法的人，都面临着沉重的举证负担。

399. Peter Longerich, Heinrich Himmler ..., A.o., 9: "Eine Himmler-Legende wollte in den Nachkriegsjahren nicht aufkommen."

400. 萨森抄本 56, 7。

401. Steinacher, Gerald: Nazis auf der Flucht ..., A. o.

402. 那封来信和回函都保存在博岑的国家档案馆。感谢格拉尔德·施泰纳赫快速提供协助。

403. 比对的范本是党卫队档案中阿尔文斯莱本写给希姆莱的信件。笔迹在许多方面带有个人特征，很少有人能够成功地改变自己的书写方式。阿尔文斯莱本虽然试图以一种比较圆润的"女性化"方式来写字，却仍然与党卫队档案的范本若合符节。具备 20 年笔迹鉴定经验的人，可以根据书写角度、字母上下长度比例、特定的大写字母、标点符号、行间距等等细节，判定二者出自同一人笔下。但在这个例子中，我根本不需要运用自己的经验——因为一眼就能看出。任何想要自己试试的人，只需把那两封信件套叠比对一下即可。

404. 阿尔文斯莱本和他的妻子梅利塔·瓜伊塔（Melitta Guaita）生了四个孩子：出生于1925 年和 1934 年的两个女儿，以及出生于 1942 年和 1944 年的两个儿子。他们的长女当时已经成年（而且很可能已婚），所以不再作为儿童登记。细节参见柏林文献中心的阿尔文斯莱本档案，BDC SSO-Akte Alvensleben。

405. 事实上，甚至有两份特奥多尔·克雷姆哈特的申请书，使用了两张不同的阿尔文斯莱本照片。可能是因为在填表时发生了错误。再一次非常感谢乌基·戈尼和格拉尔德·施泰纳赫针对这些文件提供协助。

406. 乌基·戈尼告诉我，他只知道爱德华多·德默特尔在两份护照申请上面签了字。

407. Juan Maler, Frieden, Krieg und "Frieden". Bariloche 1987, 345.

408. Stanislaw Mucha: Mit "Bubi" heim ins Reich. Die Spuren eines SS-Generals. 结尾处有一名阿尔文斯莱本的家庭成员做了这样的推测，穆哈没有足够的证据来加以反驳。

409. 萨森抄本 49, 15。

410. 1957, Heft 7, 495-6，署名为 "Dr. Ernst Rauhart, Sao Paulo, Brasilien"。由于《路径》的读者来信往往出自编辑部之手，因此名字的真实性相当可疑。不管怎样，决定在那一天刊出该文的人就是弗里奇。

411. 发表于纽伦堡国际军事法庭审判记录 IMT vol. 31, pp. 85–87 in Poliakov and Wulf, Das Deutsche Reich und die Juden, pp. 99–100.

412. 萨森抄本 4, 10。

413. 萨森抄本 50, 1。

414. Aussage Wisliceny, IMT, 3.1.1946, 4, 412. Zu weiteren Zahlen ebd. 411.

415. 格雷尔在艾希曼审判时的证词，贝希特斯加登，1961 年 5 月 23 日。

416. 伊扎克·拉维法官曾用艾希曼自己的手写笔迹，当面质疑了他说的那句话。(起诉文件 T/43。)

417. 萨森抄本 24, 1。

418. 萨森抄本 4, 2。

419. 萨森抄本 50, 10f。

420. 萨森抄本 49, 9。

421. 萨森抄本 49, 8。

422. 联邦档案馆录音带编号 BArch 02A, 43:30。

423. 如果还需要进一步证明海曼和赫斯特的文章是自己伪造的，那么光是以下这个事实就足够了。萨森访谈会阅读了有关这个主题的每一本出版物，甚至连《时代》杂志上的文章也不例外。只有《路径》的那些文章从来没有被讨论过。每个人都知道那是不必要的事情，因为它们与现实完全无关。

424. 萨森访谈 53, 11。

425. 萨森访谈 73, 3。

426. 萨森访谈 61, 3。

427. 萨森的口述被误植到谈话部分，位于哈加格版本 36 号录音带抄本 326-335 页的开头部分。口述的其余部分见联邦档案馆录音带编号 08A, 32:37ff。

428. 感谢马丁·海丁格尔让我过目他的访问记录。

429. 萨森访谈 67 号录音带。

430. 联邦档案馆保存的十卷录音带当中，还包括这篇演讲不同长度和不同部分的副本。因此令人遗憾的是，今日在文献和媒体上找到的抄本往往都不够完整。以下是首次依据未经剪接的完整录音带进行的转录。联邦档案馆 BArch 10B 52:30-1:02:58。

431. 其他抄本的听写错误已直接更正，不再另做说明。

432. Harry Mulisch, *Strafsache 40/61. Eine Reportage über den Eichmann-Prozeß*, Schauberg, Köln 1963, 118.

433. 萨森抄本 67, 11-12。这两个页面打字员不知该如何归类，萨森则把它们标示为接在"结束语"后面的部分。然而他在出售抄本之前拿掉了这个部分以及随后出现的所有页面，使萨森抄本随着结束语戛然而止。但实际上并非如此，这两页保存在萨森自己的第 67 号录音带相关文件当中，目前收藏在科布伦茨联邦档案馆的艾希曼遗物，BArch Koblenz, Nachlass Eichmann, N1497-65。

434. 从艾希曼的上下文可以断定当时是晚上，萨森抄本 68, 15。

435. 联邦档案馆录音带编号 BArch 01A, 7:22ff.

436. 萨森抄本 69, 2。

437. 萨森抄本 72, 1。

438. 同上。

439. 69 号录音带的抄本很不完整，70 号和 71 号录音带则完全没有抄本，无法判断是否曾经听写誊录过。

第五章　虚假的安全感

1. *Frankfurter Allgemeine*, 4.4.1957. 但其他规模较小的报纸，如《汉堡晚报》(*Hamburger Abendblatt*) 和《阿根廷日报》，也在同一天报道了"前党卫队中校遭逮捕"("Ehemaliger SS-Oberstleutnant verhaftet")。

2. 迄今已经重新发现了洛塔尔·赫尔曼的下列信函：致弗里茨·鲍尔，1960 年 6 月 25 日 (AdS Bonn, Nachlaß Fritz Bauer, mit Dank an Christoph Stamm – gedr. b. Wojak, *Eichmanns Memoiren* ..., A. o., 27 f.)。致弗里德曼，1959 年 9 月 17 日、1959 年 11 月 5 日、1960 年 3 月 28 日、1960 年 4 月 27 日、1960 年 5 月 26 日、1960 年 5 月 30 日、1961 年 5 月 1 日、1961 年 5 月 26 日、1971 年 5 月 14 日、1971 年 6 月 2 日。致本－古里安，1961 年 5 月 20 日。以上均见 Tuviah Friedman , *Die "Ergreifung Eichmanns" : Dokumentarische Sammlung*. Haifa, 1971, 其中也包括弗里德曼与埃尔温·许勒的信函往来。其余信件见路德维希堡联邦档案馆，BArch Ludwigsburg, Sammlung Zentrale Stelle III/24。

3. 鲍尔生前，1968 年巴黎出版的该书法文版 (*Les Vengeurs*)，以及美国出版的英文版 (*The Avengers*) 都没有出现相关文字。德文版则根本没有发行。关于巴尔－祖海尔的美联社专访，参见 "Führte Hinweis aus Frankfurt auf Eichmanns Spur？", *Frankfurter Rundschau*, 12.2.1969. 关于以色列境外的书评，参见 *Neuen Zürcher* vom 19.2.1969 "neue Version über die Fahndung nach Eichmann."

4. 英译版为：Isser Harel, *The House on Garibaldi Street. The Capture of Adolf Eichmann*. London 1975。德译版 *Das Haus in der Garibaldi Straße*. Frankfurt a. M. 1976 有一部分与英译版和希伯来文版明显不同。从 1997 年的英译版开始，书中大多数化名都已经公开。

5. 洛塔尔·赫尔曼写给托维阿·弗里德曼的信函，1971 年 6 月 2 日。

6. Carl Schmitt, Hans-Dietrich Sander, *Werkstatt – Discorsi. Briefwechsel 1967-1981*. Schnellroda 2008, 247 f.

7. 阿哈罗尼进行了详细的分析，发现哈雷尔把虚构出来的彼得·马尔金与艾希曼的对话展现为历史事实。但每个参与者都知道，他们二人没有共同语言，根本不可能彼此交谈。Aharoni, Dietl, *Der Jäger*..., A.o., 227f.

8. 2010 年时，雷蒙德·莱伊在其纪录片《艾希曼的末日》的新闻发布会上表示，克劳斯·艾希曼尽管身患疾病，却在一张照片上认出了洛塔尔·赫尔曼的女儿，并对那位年轻时的女朋友做出正面反应。可惜艾希曼家人发表的其他声明皆不可考。但如果一个人仍然认为某位朋友背叛了自己的父亲，很难想象还会对她有好感。

9. 克劳斯·艾希曼 1936 年出生于柏林，西尔维娅·赫尔曼 1941 年出生于布宜诺斯艾利斯。

10. 感谢布宜诺斯艾利斯的娜塔莎·德·温特，针对赫尔曼一家的生平资料和生活条件所做的杰出研究。此外我特别要感谢雷蒙德·莱伊、雅斯明·格拉芬霍特 (Jasmin Gravenhorst, docstation, Hamburg)、帕特里夏·施莱辛格 (Patricia Schlesinger, NDR)，因为《艾希曼的末日》那部文献纪录片的脚本不仅咨询了专业意见，而且允许我随时获得他们所有的研究结果。

11. 赫尔曼写给弗里德曼的信函，1971 年 6 月 2 日。其中也包含一些生平资料。

12. 在达豪集中营的囚犯数据库中也可以找到赫尔曼的名字。感谢达豪纪念馆的迪尔克·里德尔（Dirk Riedel）先生提供详细信息。根据他提供的资料，赫尔曼的说法基本上与现存文件相吻合。

13. 即便是声称拥有那张照片的人，到今天也没有找到它。

14. 艾希曼被绑架之后，赫尔曼写给鲍尔的信件，1960 年 6 月 25 日。

15. 有人认为时间是 1957 年 8 月 27 日，但赫尔曼自己只提到了一封 1957 年的信。该信的原件至今仍未找到。根据沃亚克的讲法，鲍尔把那封信交给了以色列外交官费利克斯·希纳尔（Felix Shinnar）。Irmtrud Wojak, *Fritz Bauer. 1903-1968. Eine Biographie*. München 2009, 286. 但此说法有些问题，因为（同样按照沃亚克的讲法）鲍尔最初没有透露线人的名字，而赫尔曼所有其他现存的信件都使用了印有独特信头的信笺。丹·塞顿的影片《猎捕艾希曼》（Dan Setton, *The Hunt for Adolf Eichmann*）中出现的"文件"绝对不是原件，因为它有一个事实错误，片中的"赫尔曼"自称为"半犹太人"，而他按照纳粹的标准其实是"全犹太人"。赫尔曼后来的信件显示他自己也充分意识到了这一点。

16. 参见阿诺德·布赫塔尔遗稿中有关新闻事件的部分（Institut für Stadtgeschichte, Frankfurt a. M., S1/138）。亦参见 *Der Spiegel* v. 16.10.1957: "Der Mann muß weg"。

17. 引自 Irmtrud Wojak, *Fritz Bauer* ..., A. o.: HHStA Wiesbaden 461, 32 440, File 2.

18. 1957 年 7 月 1 日，引自 Schneppen, *Odessa* ..., A. o., 162 f . 可惜作者不总是按照学术标准来引用资料，但他取得档案资料的能力无疑非常突出。

19. 艾希曼在《我的逃亡》第 28 页提到了此事，而且责怪自己因为听到这样的消息而变得过于不小心。

20. 首开其端者为 *Allgemeinen Wochenzeitung der Juden* mit dem Artikel "Terror und KZs am Nil" vom 12.7.1957; vgl. weiterhin *Frankfurter Illustrierte*, 17.8.1957, "SS-Treffpunkt Kairo"。

21. Kai Jensen, "SS-Treffpunkt Kairo – eine dicke Ente!", erscheint außerdem in *Die Brücke, Auslandsdienst*, Folge 18, IV. Jahrgang 1957, 6-8. 这篇文章吹毛求疵地驳斥了所有可能的传言，所引用的细节显然是为了转移读者注意力，使他们忽略真正躲在中东的国家社会主义者。

22. NA, RG 263, CIA Name File Adolf Eichmann.

23. 伊塞尔·哈雷尔所称的日期为 1957 年 11 月 6 日，依尔姆特鲁德·沃亚克则认为是 1957 年 11 月 7 日（Irmtrud Wojak, Fritz Bauer ..., A. o., 295）。

24. Hanna Yablonka, *The State of Israel vs. Adolf Eichmann*. New York 2004, 15.

25. Dieter Schenk, *Auf dem rechten Auge blind. Die braunen Wurzeln des BKA*. Köln 2001, 302.

26. 洛塔尔·赫尔曼的第二任妻子在 2009 年接受采访时表示，她在丈夫死后把他所有的文件都寄到了德国，以便由档案馆加以保存。可惜老太太已经想不起来到底把邮袋寄给了谁，她只记得从来没有收到过回复。

27. 赫尔曼写给鲍尔的信函，1960 年 6 月 25 日。

28. Wojak, *Eichmanns Memoiren*, 30.

29. 至少这是艾希曼的家人直到今天都还在讲述的故事。感谢赫尔穆特·艾希曼提供相关细节。

30. 梅尔提希曾经是纳粹党员。Uki Goñi, *Odessa ...*, A. o., Kapitel Eichmann, 276-298 und Holger Meding, *Flucht vor Nürnberg?* Köln, Weimar, Wien 1992, 162 f. 艾希曼自称开始替梅尔提希工作的时间为 1958 年 1 月 31 日。参见艾希曼的梅赛德斯—奔驰阿根廷公司求职申请，复印本见 Schneppen, *Odessa ...*, A. o., 160 ff.

31. 埃伯哈德·弗里奇（1921 年 11 月 21 日出生于布宜诺斯艾利斯）的户口登记卡，列出的申请日期是 1958 年 3 月 6 日，职业为"出版商、旅馆门房"。感谢萨尔茨堡市档案馆的彼得·克拉默尔先生提供协助。

32. 这一期杂志虽然被标示为 1957 年第 12 期，却提到了 1958 年 3 月。《路径》的出版从来不像发行编号让我们相信的那样有规律。

33. 宣布即将进行审判后不久，弗朗索瓦·热努便与艾希曼一家取得了联系。他用自己特有的方式结合了商业意识和对遇难同志的责任感，既想取得艾希曼故事的版权，同时又愿意资助艾希曼的辩护。本—古里安向以色列国会发表演说几天之后，他便前往林茨，在当地艾希曼亲人的家中与弗里奇会面。Pierre Péan, *L'extrémiste: François Genoud, de Hitler á Carlos*. Paris, 1996, 257.

34. 感谢康斯坦茨市档案馆的安妮—玛丽·萨纳（Anne-Marie Sana）和于尔根·克勒克纳（Jürgen Klöckner）提供精确信息。可惜声明和文件的副本已不复存在。萨森给出他在慕尼黑的新住址为霍恩斯陶芬大街 12 号。

35. 英格·施奈德指出，密普·萨森的坚定立场甚至对她自己产生了负面影响。因为没有德国的身份证件便无法在德国工作，而英格·施奈德曾在同年夏天为她提供了留在不来梅的机会。

36. "阿根廷文稿"传播的经过否定了萨森与德国联邦情报局之间的任何接触。联邦情报局的萨森抄本拷贝显然并非来自萨森本人。参见本书第七章《余波荡漾》。

37. 萨斯基雅·萨森和弗朗西斯卡·萨森 2009 年与作者的信件往来；2009 年格尔德·海德曼与作者谈论他 1979 年访问萨森的情形。联邦宪法保卫局有关萨森和鲁德尔的文件至今仍未对外公开。二者应该都包含了这些资料，因为萨森曾经前往拜访鲁德尔。谨在此感谢联邦宪法保卫局提供了极为简短但相当有用的信息。在德国联邦行政法院的文件中（BVerwG 7A 15.10, *Saure gegen BND*），萨森有关盖伦组织和"G 将军"的言论并未遭到涂黑，可见那是萨森的信口开河。至于 1959 年有关萨森的文件为何会出现在 1960 年以前的艾希曼档案里面，则是较难回答的问题。参见上述文件的补充文件 BND Akten 100 470, 9-13。

38. 67 号录音带，联邦档案馆录音带编号 BArch 10B, 1:03:30。

39. 克劳斯·艾希曼接受《快客杂志》的采访，1966 年 1 月 2 日。

40. Eckart Conze, Norbert Frei, Peter Hayes, Moshe Zimmermann, *Das Amt und die Vergangenheit. Deutsche Diplomaten im Dritten Reich und in der Bundesrepublik*. München 2010, 608 f.

41. 弗里奇被拒绝入境的说法无法证实。巴伐利亚内政部没有相关档案，因为文件保存期限已过（2010 年 12 月 27 日的来信）。联邦宪法保卫局则只能确认，该局拥有一份关于弗里奇的档案。弗里奇的英雄故事版本只出现于德鲁费尔出版社《德国纪年，国家事件年鉴》的讣告。那些右翼团体把弗里奇看成一个"伟大的德国人"，参见 *Deutsche Annalen, Jahrbuch des Nationalgeschehens*, Jg. 4, 1975, "Deutsche Abschiede 1974".

42. 艾希曼审判，2JS178/56。根据弗里奇从 1960 年开始写给罗伯特·塞尔瓦蒂乌斯的信件，他用尽了所有法律手段试图推翻吕讷堡地方法院的判决，直到最后被卡尔斯鲁厄联邦法院判决上诉失败为止。科布伦茨联邦档案馆，BArch Koblenz AllProz6，散见于 Bestände 253 和 Abteilung 4。

43. 当我告诉乌基·戈尼，艾希曼在马德普拉塔有过哪些联系人时，他完全吓了一跳。因为他没想到艾希曼竟然能够负担得起在那个昂贵旅游胜地的开销。艾希曼在他从监狱寄出的信件中，曾经感激地提到了当地的朋友和住处。

44. 艾希曼在 1960 年 6 月 1 日如此告诉他的审讯官阿夫纳·莱斯。苏黎世联邦理工学院当代史档案馆，ETH Zurich, NL Less, 4.2.3.2。

45. 严格说来，我们对米勒在此之前的生平也所知有限。大多数讲法都立基于艾希曼的说辞（可惜并非总是标明出处），而他的说辞是出了名的不可靠。Andreas Seeger, "Gestapo Müller" : Die Karriere eines Schreibtischtäters. Berlin, 1996 一书的资料来源，清楚显示了这本传记多么依赖艾希曼。

46. "阿道夫·艾希曼（201-047132）生于以色列，后来成为党卫队一级突击大队长。据悉他从 1952 年开始一直化名克莱门斯居住在阿根廷。有传言指出，尽管他必须对犹太人的大规模屠杀负责，但他现在生活在耶路撒冷。"（Report 19.3.1958, NA, RG 263, CIA-Name File Adolf Eichmann.）

47. 感谢联邦宪法保卫局允许我阅读和引用以下来自艾希曼档案的文件。关于这份 BVerwG 7A 15.10, Saure gegen BND 档案，参见本书第七章《余波荡漾》。

48. 联邦宪法保卫局致外交部的公函，主旨：卡尔·艾希曼，阿根廷，联系：无。1958 年 4 月 11 日，保密文件（机密等级在 1971 年 4 月下调为"限公务使用"）。

49. 这方面的谣言数不胜数。例如卢多尔夫·冯·阿尔文斯莱本在科尔多瓦的住宅据说属于弗里奇所有，但我无法查证此事。

50. 相关文件已被联邦宪法保卫局归类为"可归档"，这个好消息表示它们即将在未来几年移交给联邦档案馆。虽然确切的时间仍然无从得知，不过我还是必须感谢联邦宪法保卫局拨冗回答我的问题（联邦宪法保卫局 2010 年 12 月 3 日和 20 日给作者的来函）。

51. Michael Frank, Die letzte Bastion. Nazis in Argentinien. Hamburg 1962, 108.

52. 外交部，1960 年 7 月 27 日，见 Schneppen, Odessa ..., A. o., 164.

53. ebd., 163.

54. 外交部 1958 年 7 月 4 日致联邦宪法保卫局的公函，出处同上。

55. 1954 年 8 月 11 日联邦德国驻布宜诺斯艾利斯大使馆致外交部的公函（212, Nr. 2116/54）。外交部接着在 1954 年 8 月 25 日将消息转寄给联邦宪法保卫局（306 212 02/5.20973/54）。详细引用于 1958 年 8 月 21 日的回函草稿，详见下一注释。

56. 联邦宪法保卫局致外交部的回函共有两份草稿，让我们得以重建其决策过程。第一份草稿的最后一个句子仍然请求对方向科隆报告任何有关艾希曼的进一步发现，但已经被用笔划掉。第二份草稿完全没有提到这一点，只有"主旨：宪保局致外交部，1958 年 8 月 21 日"、对草稿的手写更正和补充，以及"保密文件"（机密等级已在 1974 年 4 月下调为"限公务使用"）。这封回函草稿还包含了一些关于弗朗茨·拉德马赫的评论，但无法确定该函是否的确以这个形式寄出。

57. Schneppen, Odessa ..., A. o., 136.

58. 原始资料集由慕尼黑当代历史研究所编辑发行。我们只能希望，1954—1961 年的空缺能够尽快填补起来。本书虽然使用了刚出版的 1962 年资料集，只可惜限于原材料的选择，这里的分析过于简略。

59. 莫尔和他的前任，在布宜诺斯艾利斯担任大使直到 1963 年的维尔纳·容克，彼此十分熟悉。二人在 1936 年任职于驻南京大使馆之际即已相识。关于二人的生平信息，可参考 *Biographisches Handbuch des deutschen Auswärtigen Dienstes 1871—1945*. Band 2 und 3, Paderborn u.a. 2005 f. 尽管其中缺少批判性的评论，也有一些空白和轻描淡写。

60. *Götzen*, 360, AE: 40. 莫尔 1941 年 2 月 26 日写给帝国保安总局的信函曾被用作起诉文件之一。

61. 胡伯特·克里尔接受采访时的说法。Dan Setton, *Josef Mengele: The Final Account*. SET Productions, 2007.

62. 《巴黎竞赛画报》的书面问题，BArch Koblenz AllProz 6/252.

63. 艾希曼在以色列的笔记 "Vorgeschichte der Enführung", BArch Koblenz AllProz 6/253。

64. 薇拉·艾希曼接受《巴黎竞赛画报》的采访（1962 年 4 月 29 日），以及向编著者祖德霍尔特博士做的说明。根据祖德霍尔特博士 2009 年提供的信息，以及德鲁费尔出版社 1980 年出版的 "阿根廷文稿"《我，阿道夫·艾希曼》所收录的薇拉·艾希曼宣誓声明。此外亦参见本书第七章《余波荡漾》。

65. 克劳斯·艾希曼接受《快客杂志》的采访，1966 年 1 月 2 日。

66. 例如 Miguel Serrano, *Das goldene Band*. Wetten 1987. 在互联网简单搜索一下，即可发现有关希特勒藏身不朽冰层之间的传说至今犹存。不过在人工授精和克隆的时代，那种说法已经逐渐转化成现代的版本——希特勒仅仅留下了他的 "基因物质"（Genmaterial），以便有朝一日获得重生。

67. 一位身份不详的工厂人员在 1960 年 5 月 30 日写给汉斯·马丁·施莱尔的信函。引自 Gaby Weber, *Daimler-Benz und die Argentinien-Connection*. Berlin, Hamburg 2004, 91.

68. 门格勒在媒体报道艾希曼被绑架的消息之后立刻写道："现在你们知道我是对的了。"

69. "Doch kein Templer. Eichmanns Geburtsort: Solingen, nicht Sarona". 该文纠正了前任汉堡总检察长格哈德·克拉默（Gerhard-F. Kramer）为该报撰写的以色列报告。

70. 主要引自 Gaby Weber, *Daimler-Benz und die Argentinien-Connection*. Berlin, Hamburg 2004, 87-95. 有关求职申请和人事记录的复印本，见 Schneppen, *Odessa ...*, A. o., 160ff. 福尔德纳毫不掩饰自己的友情相助，而且在艾希曼被绑架后仍然在向警方的证词中提到了这一点。这个消息也出现在德国驻阿根廷大使馆给外交部的报告中。

71. 一名身份不详的工厂人员在 1960 年 5 月 30 日寄给汉斯·马丁·施莱尔的信函。引自 Gaby Weber, *Daimler-Benz* A. o., 91. 虽然韦伯质疑了那封信的真实性，但其内容完全符合艾希曼朋友们自圆其说的讲法。

72. 迄今在文献中发现的金额都使用了错误的汇率，并且经常混淆了美元和西德马克。男性的平均总月薪一般为 600 西德马克左右。谨在此感谢德国联邦银行的工作人员好心提供了相关信息。从杜勒出版社与德国作家之间的稿费结算报表，亦可明显看出此处所使用的汇率符合实情。参见前述弗里奇的信件往来。

73. 复印本参见 Gaby Weber, *Daimler-Benz ...*, A.o., unpaginierter Anhang. 1959 年 4 月 8 日至 6 月 30 日之间，里卡多·克莱门特总共收到了 15216.6 比索。

74. 2000 年大卫·菲尔克（David Filc）在布宜诺斯艾利斯接受盖比·韦伯采访。Gaby

Weber, *Daimler-Benz ...*, A. o., 91.

75. 1939 年 10 月 16 日艾希曼发给阿图尔·内贝的电报,奥地利抵抗运动文献中心（DÖW-Akt 17 072/a）。内贝曾询问他们是否可以利用载人前往尼斯科的机会,同时也把"柏林吉卜赛人"运送过去。艾希曼随即建议在火车上增加"三到四节车厢的吉卜赛人"。

76. 萨森抄本 13, 7。

77. Simon Wiesenthal, *Ich jagte Eichmann*. Gütersloh 1961, 239.

78. 奥地利国家档案处, Nachlass Hermann Langbein, ÖStA, E 1797。在几个文件夹和盒子里面可找到关于此一行动的证据、文件和评论。例如 106 号文件夹是 1959 年年初与奥蒙德的通信；绿色文件夹为与德国的通信（20, 21 – 新闻界；23, 24 – 司法界）。

79. 1960 年 6 月 9 日联邦宪法保卫局致外交部的公函（II/a2-1-P-20364-5a/60）。感谢联邦宪法保卫局允许引用。

80. 保罗·迪科普夫的朋友包括臭名昭著的希特勒崇拜者弗朗索瓦·热努。二人自共同为党卫队和纳粹政权效力时开始,便一直维持着密切关系。热努自 1960 年起更积极资助艾希曼的庭审辩护。参见本书第七章《余波荡漾》。

81. 两位不愿透露姓名的弗里茨·鲍尔昔日同僚与作者的对话。

82. Annette Weinke, *Eine deutsch-deutsche Beziehungsgeschichte im Kalten Krieg*. Paderborn, München, Zürich, Wien 2002, 151-157.

83. F. J. P. Veale, »Eichmann-Entführung – Zufall oder Regie?«, *Nation Europa*, 1961, Jg. 11, Heft 1, 73-78, hier 73.

84. 鲍尔曾在 1962 年写信向萨森索取更多背景资料,而萨森的回函中没有任何内容足以表明二人之前有过接触。参见威廉·萨森 1962 年 7 月 16 日从里瓦达维亚海军准将城（Comodoro Rivadavia）致法兰克福总检察长鲍尔的信函（Wojak, *Eichmanns Memoiren ...*, A.o., 48 f., 218.）。可惜书中列出的消息来源并不正确（Landesarchiv Berlin, Nr. 76, BRep 057-0）,我也没有在其他任何可能的档案馆（Hessisches Hauptstaatsarchiv Wiesbaden, Fritz Bauer Archiv Frankfurt, Archiv der Sozialen Demokratie Bonn）找到这封信。

85. 接受采访时的说明（Ilona Ziok, *Fritz Bauer – Tod auf Raten*, 2010）。

86. 研究显示,这个姓氏的涉嫌前党卫队成员总共有 14 人。

87. 沃尔夫冈·拉布斯（Wolfgang Rabus）2010 年 12 月 7 日发给作者的电子邮件。虽然其内容平淡无奇,却还是同时抄送给了公司内的另外四个人。

88. 2010 年托马斯·哈兰与作者的信件往来。同样出现在影片中：Ilona Ziok, *Fritz Bauer– Tod auf Raten*. 2010.

89. Quentin Reynolds, Ephraim Katz, Zwy Aldouby, *Der Fall Adolf Eichmann. Der Bevollmächtigte des Todes*, Zürich 1961, 201.

90. 关于这个恐怖地点的信息, 参见 Jules Schelvis, *Vernichtungslager Sobibór*. Berlin 1998; Thomas "Toivi" Blatt, *Sobibór – der vergessene Aufstand*. Hamburg, Münster 2004.

91. 施迈斯纳在 1967 年又出售了这家企业,在戈亚尼亚（Goiânia）成为一家纸张回收公司的负责人,最后于 1989 年去世。Jules Schelvis, *Vernichtungslager ...*, A. o., 291, 314 und 220 (Foto); Richard Lashke, *Flucht aus Sobibór*, Roman (mit Materialanhang). Gerlingen 1998, 436.

92. 葡萄牙文原名为：*Inferno em Sobibór – A tragédia de um adolescente judeu*. Rio de Janeiro

1968. 该书直到今天仍未被翻译成其他文字。

93. 索比布尔集中营当时的指挥官古斯塔夫·弗朗茨·施坦格尔在 1969 年亲口证实了这件事。引自 Jules Schelvis, *Vernichtungslager ...*, A.o.

94. 汤姆·塞格夫重新整理了西蒙·维森塔尔讲述他寻获施坦格尔经过的几个不同版本。塞格夫怀疑维森塔尔没有说出真正的通报人，并没有找到直接指向施迈斯纳的线索，而且在档案资料中出现了明显的空缺。Tom Segev, *Simon Wiesenthal ...*, A.o., 372 ff. 施迈斯纳后来才在与其他索比布尔幸存者的交谈中，讲述了他对施坦格尔的记忆。至于他和瓦格纳的巧遇，甚至有照片可供确认。亦参见 Simon Wiesenthal, *Recht, nicht Rache*. Frankfurt a. M., Berlin, 127.

95. 尤勒斯·施尔维斯（Jules Schelvis）在撰写他那本关于索比布尔的书时，曾花了很长时间采访施迈斯纳。Jules Schelvis, *Vernichtungslager ...*, A.o., 314. 在巴西代表维森塔尔的记者马里奥·奇马诺维奇（Mario Chimanovich）在 2008 年 10 月 29 日接受塞格夫采访时也认为那是一起谋杀案（2008 年 10 月 29 日接受塞格夫的采访），参见 Tom Segev, *Simon Wiesenthal ...*, A.o., 374. 就连警方的照片也驳斥了瓦格纳上吊自杀的说法。

96. 这篇新闻稿几乎出现在第二天所有的报纸上，包括《阿根廷日报》在内。此处引文摘自 *Schwäbischen Albzeitung* vom 24.12.1959.

97. Tom Segev, *Simon Wiesenthal ...*, A.o., 177.

98. 引自 Heinz Weibel-Altmeyer, "Jagd auf Eichmann", *Neue Illustrierte*, 11.6-8.7.1960. 在艾希曼被捕后分五次发表。

99. 1960 年 6 月 9 日联邦宪法保卫局致外交部的函件（II/a2-051-P-20364-5a/60）。感谢联邦宪法保卫局允许引用这份文件。

100. 同上。

101. 1960 年 2 月 12 日朗拜因致德国工业联合会的信件。1960 年 4 月 26 日德国工业联合会给国际奥斯维辛委员会的回函。两封信函都保存在奥地利国家档案处（Nachlass Hermann Langbein, ÖStA E1797-25 Korrespondenz-Ordner grün, Deutschland A-C）。

102. 就像所有这类操作一样，朗拜因曾事先询问法兰克福检察官亨利·奥蒙德，他这封信是否有可能造成任何损害。相关证据见奥地利国家档案处（Korrespondenz-Ordner Ormond, Langbein-Nachlass, ÖStA）。关于奥蒙德、朗拜因与鲍尔之间的联系，参见本书第七章《余波荡漾》。

103. 1960 年 6 月 9 日联邦宪法保卫局致外交部的函件（II/a2-051-P-20364-5a/60）。

104. 埃尔温·许勒 1959 年 8 月 20 日写给托维阿·弗里德曼的信函。Tuviah Friedmann, *Die "Ergreifung Eichmanns": Dokumentarische Sammlung*. Haifa, 1971.

105. 16.10.1959, "Israel und der Fall Eichmann".

106. 一些相关新闻报道的副本见：Tuviah Friedmann, *We shall never forget*. Haifa o. J. (1965). 关于调查当局对弗里德曼任性行为的愤怒，亦参见维森塔尔在 20 世纪 70 年代与路德维希堡国家社会主义犯罪调查中央办公室的信件往来，以及迪特里希·措伊格在 1961 年向路德维希堡提出的报告（BArch Ludwigsburg, Sammlung Zentrale Stelle）。

107. 1959 年 10 月 13 日鲍尔向媒体发表的完全捏造的声明，以及英国外交部所采取的立场。该行动一直持续到 1960 年，而且也出现在一些较小的报纸上。在此查阅过的报刊计有：*Frankfurter Allgemeine, Frankfurter Neue Presse, Times London, Die TAT. Schwäbische*

Albzeitung, Weltwoche, Deutsche Woche und *Neues* Österreich.

108. *Deutsche Woche*, 27.1.1960.

109. 联邦司法部 1959 年 12 月 16 日给联邦外交部的答复。引自 Schneppen, *Odessa* ..., A.o., 163. 施内彭没有标明档案的出处（通常来自外交部的政治档案）。

110. 若有谁认为这是恶意中伤的话，不妨花几个小时来浏览一下阿道夫·冯·塔登的遗物。架子上数以千计的信件里面充满了真正恶意十足和颠倒黑白的流言蜚语。萨森至少曾经为塔登写过一篇文章（*Reichsruf*, 29.10.1955），但塔登仍然公开谴责萨森。参见本书第七章《余波荡漾》对德鲁费尔出版社的评论。

111. 1960 年 6 月 9 日联邦宪法保卫局致外交部的函件（II/a2-051-P-20 3645a/60）。

112. Neo-Nazi Leader 'Was MI6 Agent', *Guardian*, 13.8.2002. 塔登的遗物中已经彻底清除了相关证据。

113. 克劳斯·艾希曼接受《快客杂志》的采访，1966 年 1 月 2 日。

114. 赫尔曼写给托维阿·弗里德曼的信函。Tuviah Friedman, *Die Ergreifung Eichmanns: Dokumentarische Sammlung*. Haifa, 1971.

115. 路德维希堡联邦档案馆，中央办公室藏品 III 24/28。

116. 弗里德曼 1971 年 4 月 27 日写给赫尔曼的信函，所指称对象是阿里·塔塔科维（Arie Tartakower）。

117. 赫尔曼写给弗里德曼的信函，1960 年 3 月 28 日。

118. 弗里德曼为此在 1971 年多次写信向赫尔曼道歉。

119. 关于做出决定的经过，参见杰出的著作 Hanna Yablonka, *The State of Israel vs. Adolf Eichmann*. New York 2004.

120. Hanna Yablonka, *The State of Israel*..., A. o., 15 f. Tagebuch-Eintrag zitiert bei Tom Segev, *Simon Wiesenthal* ... A. o., 178.

121. 有趣的是，我也在赫尔曼·朗拜因的遗物中找到了一份讣告副本（奥地利国家档案处，ÖStA Wien, Presseordner Eichmann）。

122. 他们儿时的一张照片显示，兄弟二人即便在当时就已经非常相像。

123. 亦参见 Tom Segev, *Simon Wiesenthal* ... A. o.,180.

124. 阿哈罗尼没有说明他在 1959 年 3 月执行了什么任务。

125. *Meine Flucht*, 26.

126. 日期为 1961 年 11 月 7 日的《绑架发生前的历史》（*Vorgeschichte der Enführung*），以及内容详尽的《拘捕报告》（*Verhaftungsbericht*）。后者未标明日期，但显然撰写于审判开始之前。科布伦茨联邦档案馆，BArch Koblenz AllProz 6/253. 内容与艾希曼的《我的逃亡》（1961 年 3 月）相吻合（BArch Koblenz AllProz 6/247）。

127. 关于艾希曼自愿离开阿根廷之后经由其他地点前往以色列，或者阿根廷将他引渡到以色列，这种说法至今存在。然而它成立的唯一可能，就是艾希曼在以色列审判期间的书面声明和相关陈述都是在逼迫下做出的。不过没有任何证据可以证明这一点。对原始资料进行仔细研究之后可以确定，艾希曼自愿前往以色列以及除绑架以外的说法，都完全站不住脚。

128. 克劳斯·艾希曼接受《快客杂志》的采访，1966 年 1 月 2 日。薇拉·艾希曼 1962 年 4

月 29 日接受《巴黎竞赛画报》采访时讲述了这个梦境。

129. *Vorgeschichte der Entführung*, Aufzeichnung datiert am 7.11.1961, BArch Koblenz AllProz 6/253. Ebenso: *Meine Flucht*, 28.

130. 艾希曼自己的报告也提供了详细的信息，内容与其他参与者做出的陈述相吻合。

131. 英格·施奈德也证实了这一点。当时她刚好在欧洲，而密普·萨森就借住在她家（2005 年接受鲁尔夫·范·提尔的采访）。

132. 薇拉·艾希曼接受《巴黎竞赛画报》的采访，1962 年 4 月 29 日；福尔德纳向阿根廷警察做出的非常低调的声明；克劳斯·艾希曼接受《快客杂志》的采访，1966 年 1 月 2 日。

133. 克劳斯·艾希曼接受《快客杂志》的采访，1966 年 1 月 2 日；莫恩（Mohn）写给塞尔瓦蒂乌斯的信函，参见 *Servatius-Bericht* BArch Koblenz AllProz 6/253.

134. 克劳斯·艾希曼和他的家人起先还留在自己的住处，但随着新闻记者在 1960 年 5 月 23 日之后纷纷前往布宜诺斯艾利斯寻访艾希曼的足迹，他们从公众视线中消失了一段时间。于是从《国族欧洲》到《明镜周刊》等杂志上很快便出现了向以色列提出的警告：如果他们也侵犯艾希曼家人的话，将会损害"犹太人"的声誉。

135. 后续的发展显示，当时驻布宜诺斯艾利斯的大使维尔纳·容克，曾多次向他的上司海因里希·冯·布伦塔诺隐瞒消息。

136. 何塞·莫斯科维茨接受雷蒙德·莱伊的采访（2009 年）。莫斯科维茨先生说一口虽然蹩脚，但清楚易懂的德语。其话中内容不致造成误解。即使在进一步追问之下，他对时间仍旧完全笃定。

137. Tom Segev, *Simon Wiesenthal* ..., A.o., 410 f.

138. 所有参与者皆证实了此事。莫斯科维茨在前述采访中提到了他所提供的帮助，甚至还促成阿哈罗尼匿名前往大使馆；汤姆·塞格夫在西蒙·维森塔尔的私人文件中发现了维森塔尔和莫斯科维茨之间的大量信函往来；兹维·阿哈罗尼更称莫斯科维茨从一开始就在提供帮助，即便他很晚才直接提到这个名字。莫斯科维茨协助阿哈罗尼收集信息，并且不动声色地为摩萨德团队租了公寓和汽车。就连伊塞尔·哈雷尔也指出，布宜诺斯艾利斯有一位匈牙利人与警方关系很好，并且是阿哈罗尼的联络人（但没有透露莫斯科维茨和阿哈罗尼的本名），见 Isser Harel, *The House on Garibaldi Street*. Ausgabe 1997, 35.

139. 莫斯科维茨、阿哈罗尼和哈雷尔的说法在这里也不相互矛盾。

140. 参见联邦德国政府出版的小册子：*Die antisemitischen und nazistischen Vorfälle. Weißbuch und Erklärung der Bundesregierung*. Bonn 1960, 36.

141. *Der Spiegel*, 15.6.1960.

142. 联邦总理府的解释，德国联邦情报局的艾希曼档案为何即使在 2010 年也不能对外公开（第 3 页）。细节参见本书第七章《余波荡漾》。

143. 罗尔夫·福格尔（Rolf Vogel）1960 年 8 月 30 日从波恩写给金特·迪尔（Günther Diehl）的信函（B145, 1132），引自 Raphael Gross, *Anständig geblieben* ..., A. o., 197.

144. 维尔纳·容克 1960 年 11 月 29 日提出的关于萨森的报告，德国外交部政治档案（PA AA B83, Bd. 55）；布伦塔诺 1960 年 12 月 1 日告诉杨茨（Janz）的说法，出处同上。引自 *Das Amt*, A. o., 608 f. 书中也可找到外交部对艾希曼被绑架事件的详细反应，但关于 20 世纪 50 年代阿根廷纳粹社区的研究工作，在档案中显然并没有什么发现。

145. 维尔纳·容克大使于 1962 年 12 月 13 日致外交部的公函。Dokument 483 in: *Akten zur Auswärtigen Politik der Bundesrepublik Deutschland*. 1962. München 2010, 2060-61.

146. Irmtrud Wojak, *Fritz Bauer* ..., A. o.

147. 关于美国中央情报局，参见 Richard Breitman (Hrsg), *U. S. Intelligence and the Nazis*. Washington D. C. 2004.

148. *Das Amt*, A.o., 609.

149. ebd., 600ff.

150. 从科布伦茨联邦档案馆保存的塞尔瓦蒂乌斯相关文件可以明显看出这种双重簿记方式，并且可以找到详细的财务报表。关于资助艾希曼出庭辩护，参见本书第七章《余波荡漾》。

151. 引自一份发给部长们的绝密备忘录，参见 *Das Amt*, A.o., 614.

152. 阿登纳 1962 年 1 月 22 日致本－古里安的信函，见 Dokument 37 in: *Akten zur Auswärtigen Politik der Bundesrepublik Deutschland*. 1962. München 2010, 206-7.

153. 至 1960 年年底为止的事件被记录在德国联邦行政法院补充文件：BVerwG 7A 15.10, Saure gegen BND, BND-Akten 121099, 1664: Schreiben vom 3.6.1960 "auf AA-Anfrage"；1784: 11.8.1960. 感谢克里斯托夫·帕尔奇允许引述相关资料。

154. 其家人随即对讣告的内容公开表达反对意见。参见 Trafojer, "Die Stimme eines Mörders" ..., A.o.

155. "艾希曼的路线经过了梵蒂冈"，见 *Volkswille*, 23.7.1960. 与当时的其他文章相比，其消息非常灵通。

156. 阿根廷联邦警察针对艾希曼被绑架一事做出的报告，1960 年 6 月 9 日，阿根廷国家档案 Argentinisches Nationalarchiv (AGN), DAE, Bormann-Akte, S. 77-79. 引自 Uki Goñi, *Odessa* ..., A. o., 296.

157. *Kurier*, 31.5.1960 und öfter.

158. 参见 Timothy Naftali, "The CIA and Eichmanns Associates" ..., A.o., 341-343. 关于米尔登施泰因在埃及的活动，参见 1957 年 1 月 3 日 CIA 来自开罗的报告：Combined Allied-Israeli Invasion of Egypt. NA, RG 263 Name File Leopold von Mildenstein。

159. 我所知道唯一一项打算暗杀弗里茨·鲍尔为艾希曼报仇的计划，就是臭名昭著、来自弗里德里希·施文德私人档案的《ODESSA 议定书》(ODESSA-Protokoll)。这份奇特的文件谈到了一个党卫队秘密社团据称在西班牙举行的会议。其日期长久以来一直不清楚，但实际是在 1965 年 6 月。议定书中包含了呼吁谋杀弗里茨·鲍尔的提议。由于施文德是一名专业的伪造者，因此无法判定该文件是否出自伪造，或者是一群过于有野心的男性于酒酣耳热之际的谈话记录。汉堡社会学研究所，HIS, Archiv, Schwend-Papiere。

160. 1961 年 3 月 3 日的报告，NA, RG 263 CIA Name File Adolf Eichmann。奥托·斯科尔策尼本人不无可能就是这份报告的来源。暗杀计划的故事或许出自东德的宣传：早在 1960 年 5 月 29 日，《柏林报》(*Berliner Zeitung*) 便发表题为"艾希曼——波恩企业在科威特的中间人"的文章，称联邦情报局的负责人盖伦亲自下令铲除艾希曼，借此保护联邦德国境内的纳粹。

161. Ulrich Völklein, *Josef Mengele: Der Arzt von Auschwitz*. Göttingen, 2003, 270.

162. 《法兰克福汇报》阿根廷通讯记者"尼古拉斯·埃勒特"(Nikolaus Ehlert) 的这篇文章，显然是根据威尔弗雷德·冯·奥芬和奥尔斯特·卡洛斯·福尔德纳提供的信息撰写的。

163. Friedrich Paul Heller, Anton Maegerle, *Thule. Vom völkischen Okkultismus bis zur Neuen Rechten*, 93.

164. 布宜诺斯艾利斯的警方报告，引自 Uki Goñi, *Odessa* ..., A. o., 296.

165. *Volkskrant*, 8.6.1960, "Eichmann, alias Klement. Jodenvervolger in zwaar verhoor".

166. 萨斯基雅·萨森今天仍然相信她的父亲无法忍受艾希曼。但但他在文章中所表现出的对艾希曼的同情，尤其是他后来为艾希曼出庭辩护提供的支援，讲述了一个明显不同的故事。萨森在接受《理性报》采访时提到了他的美国化昵称。

167. 这是 1960 年 5 / 6 月号奥地利刊物《反抗斗士》(*Widerstandskämpfer*) 和 1960 年 5 月 25 日《工人报》(*Arbeiterzeitung*) 的标题。

168. "Das Verbrechen hat kein Vaterland. Der Eichmann-Prozeß wirft seine Schatten voraus". In: *Der Heimkehrer*. Göppingen Jg 12, Heft 6, 1961, 1.

169. "Vorschau auf einen Sensations-Prozeß", in: *Nation Europa* 11, 1961, Heft 4, 37-41, hier 41.

170. 1962 年 6 月 7 日的日记，引自 Heinz Schneppen, *Odessa* ..., A. o, 155。施内彭表示在黑森州总档案馆 (HHStA) 找到了那份资料。然而在实际询问之后发现，那里虽然有一些门格勒的日记，却没有这一篇日记。同样的资料引用亦见 Völklein, *Mengele* ..., A.o., 270 f.

171. 艾希曼 1961 年 4 月 17 日的家书。科布伦茨联邦档案馆，AllProz 6/165, 6。

172. 门格勒 1962 年 6 月 1 日的日记，于接获执行死刑的消息之后立即写就。引自 Völklein, *Mengele* ..., A.o., 270 f.

173. 艾希曼果真写下了"做出判决"(Urteilsbildung) 一词。他不明白法理可以独立于特定的时代潮流，而普世的人权价值却永远不会让他得到无罪赦免。

第六章 角色的转换：艾希曼在耶路撒冷

1. 起诉文件 T/3，移送声明。

2. 阿夫纳·莱斯遗稿，ETH Zürich, Archiv für Zeitgeschichte, 4.2.3. 2。

3. 阿夫纳·莱斯接受《偶像》采访，Nachlass Less, AfZ, ETH-Zürich, Band 7.1.X。

4. 阿夫纳·莱斯接受纪录片采访，*Erscheinungsform Mensch* (de Frank), Kassette im NL Less, 7.1 IX.

5. *Meine Flucht*, 39.

6. 艾希曼在以色列重新润饰的这个神话，成为他所讲的最成功的故事之一。正如艾希曼在阿根廷多次解释的那样，他的任务是在将会议记录送交各部委之前，先按照"语言规范"审查内容。在会上，海德里希向所有与会者介绍艾希曼为联络人，在场的每个人随后也都以这种方式看待他。为什么竟然会有人相信艾希曼只是会议记录抄写员，这实在令人费解，更何况他根本没有受过这方面的训练。如果艾希曼与万湖会议抄写工作有任何关系的话，那就是实际督导了会议记录的誊写。相关引文来自 *Auch hier im Angesicht des Galgens*, BArch Allproz 6/193, 16.

7. 回答《巴黎竞赛画报》的书面采访，BArch Koblenz AllProz 6/252。

8. *Auch hier im Angesicht des Galgens*, AllProz 6/193, 22.

9. 在《我的存在与作为》里表达得尤其露骨，科布伦茨联邦档案馆，AllProz 6/253, 8。

10. "Die Grundlagen der Bürokratie", in: *Das Schwarze Korps*, 12.6.1941。该文根据党卫队的观点，塑造出一个令人印象深刻的新官僚形象。

11. 参见一部早期德国纪录片里面的各种讲法，*Erscheinungsform Mensch: Adolf Eichmann* (Deutschland 1978/79)，以及上述那些人士的文字记录和进一步的采访。

12. 大卫·切萨拉尼书中的许多照片也是如此（*Eichmann: His Life and Crimes*, London, 2005）。艾希曼的脸是如此不对称，实际上很容易分辨出左右颠倒的情况，此外从他的制服也很容易辨认正确的方向。

第七章　余波荡漾

1. Raul Hillberg, *Die Quellen des Holocaust entschlüsseln und interpretieren*. Frankfurt a. M. 2002, 189.

2. 艾希曼的律师罗伯特·塞尔瓦蒂乌斯正在寻找"阿根廷文稿"的时候，一位德国前空军军官莫恩写信告诉他，萨森和克劳斯·艾希曼于 5 月 12 日出现在他的梅赛德斯—奔驰办公室里。*Servatius -Bericht* "Betrifft: Urheberrecht ADOLF EICHMANN, Veröffentlichung LIFE. USA". BArch Koblenz AllProz 6/253, P 10-17 (im Folgenden *Servatius -Bericht*).

3. 英格·施奈德接受鲁尔夫·范·提尔的采访。

4. *Meine Flucht*, 31.

5. 因此使用报刊和专文中出现的艾希曼手稿引文时，必须非常小心谨慎。1960—1979 年之间根据低质量副本仓促完成的誊写稿更是完全不可靠。不过我欢迎任何被艾希曼笔迹搞得一筹莫展的人与我联系，因为在完成这项研究的过程中，我对大多数手写稿进行了誊写。相比之下，录音抄本是在 1957 年录音完毕后立即打字出来的。在最后一卷录音带的抄本上，甚至看得见艾希曼的手写更正（见 73 号录音带，第 2、3、6、7、8 页）。

6. 萨森的女儿还记得那些在连续折页纸上打字的漫漫长夜。纸张接着必须由家人整齐地加以裁切，今日仍可在原稿上看见这些切边。

7. 在评估"阿根廷文稿"中的个别条目时，关于复印技术历史的知识非常重要。因为艾希曼审判期间恰好正是复印技术的决定性转换期。我们今天所熟悉的那种可以直接在普通干燥纸张上拷贝的影印机，是 1960 年年初才刚刚问世的，此后才逐渐普及到私人办公室与官方机构。萨森和黑森总检察长主要仍然使用直接影印机（Photostats），一种基于照相技术并使用感光纸的复制方式。此外在艾希曼审判中还使用了反射拷贝（Reflexkopie）和热传真复制品（Thermofax-Duplikate）。

8. 萨森写给塞尔瓦蒂乌斯的信件全部存放在科布伦茨联邦档案馆，BArch Koblenz, AllProz 6/253, hier 13.1.61。此外，萨森在早期的访谈中就说过类似的话，见下文。

9. 甚至连《明镜周刊》也详细地想象，在艾希曼牢房正下方就有刑讯室，以防他说出以色列不喜欢的言论。*Der Spiegel*, 15.6.1960.

10. 薇拉·艾希曼寄给她在林茨的妹夫的副本（AllProz 6/253, P 18-19, P 70-71）。根据莫恩写给塞尔瓦蒂乌斯的一封信，薇拉·艾希曼感觉受到其"出版顾问"的压力（*Servatius-Bericht*.）。

11. 甚至有人谈到令人匪夷所思的金额。但我们在讨论之余必须记得，萨森并不特别擅长商业事务。他急着独力销售艾希曼的相关文件，以致在无人帮助的情况下犯了严重错误。他的缺乏经验使他失去了《生活》杂志文章系列的版权。假如《生活》杂志真的把编辑工作交给他的话，他原本可以保留这些文章的版权。塞尔瓦蒂乌斯找到了各种关于售价的猜测，金额从 5 万至 120 万美元不等。参见 *Servatius-Bericht*, 26.11.1960, BArch Koblenz, AllProz 6/253，以及塞尔瓦蒂乌斯 1960 年 12 月 5 日致罗伯特·艾希曼的信函，出处同上。

12. 1960 年 11 月 28 日塞尔瓦蒂乌斯写给薇拉·艾希曼的信函，AllProz 6/253。

13. 弗朗迪西从 1960 年 6 月 14 日至 7 月 10 日前往欧洲旅行，因此出境航班无论如何都为时已晚，返程航班却又为时太早。不过萨森在庇隆下台之后，确实曾寻求与新任总统建立联系。国家档案馆有一张他与总统阿图罗·翁贝托·伊利亚（Arturo Umberto Illia）的合影——在鲁德尔的陪同下。感谢乌基·戈尼。

14. 经过长时间的沉默之后，《明星周刊》才发布了这个信息。*Stern*, 24. Juni 2010.

15. 萨斯基雅·萨森曾多次表示，她的父亲谈到了《明星周刊》《生活》杂志和《明镜周刊》。我还没有机会在这方面进行深入的研究。

16. 1960 年 12 月 1 日的报告，NA, RG 263, CIA Name File Adolf Eichmann。

17. Robert Pendorf, *Mörder und Ermordete: Eichmann und die Judenpolitik des Dritten Reichs*. Hamburg, 1961, 7.

18. 根据我尚不能证实的传言，《明镜周刊》在检查相关材料之后拒绝使用，并且把它"寄回了慕尼黑"。萨斯基雅·萨森表示，她的父亲声称自己也是《明镜周刊》的通讯记者。1960 年 12 月 1 日，更有一名慕尼黑的线人向美国中央情报局报告说，萨森出售了 80 页资料给《明镜周刊》与《明星周刊》（NA, RG 263, CIA Name File Adolf Eichmann），另见 2009 年作者与萨斯基雅·萨森的访谈和通信。

19. 塞尔瓦蒂乌斯研究过这份合同，并提到了一笔超过五万荷兰盾（约合五万德国马克）的酬金。这份合同可以解释为什么荷兰电影制片人鲁尔夫·范·提尔在荷兰档案馆发现了一份萨森资料的拷贝。塞尔瓦蒂乌斯写给罗伯特·艾希曼的信函，科布伦茨联邦档案馆，BArch Koblenz AllProz 6/253, 30-32。此外亦根据鲁尔夫·范·提尔与作者的对话。

20. 审讯记录，1960 年 6 月 5 日，第 397 页。

21. 同上。

22. *Servatius-Bericht*, 26.11.1960, BArch Koblenz, AllProz 6/253，以及塞尔瓦蒂乌斯 1960 年 5 月写给罗伯特·艾希曼的信件，出处同上。

23. *Servatius-Bericht* und Brief vom 30.11.1960.

24. 关于弗朗索瓦·热努、汉斯·雷兴贝格，以及他们为艾希曼而努力的细节，参见令人印象深刻的研究：Willi Winkler, *Der Schattenmann. Von Goebbels zu Carlos: Das mysteriöse Leben des François Genoud*, Berlin 2011, Inbs. Kapitel 9. 题材类似的还有 Karl Laske, *Ein Leben zwischen Hitler und Carlos: François Genoud*, Zürich 1996; Interview mit Genoud in Pierre Péan, *L'Éxtrémiste, François Genoud, de Hitler à Carlos*, 1996, 257 ff. Maßgebliche Originalinterviews in der Dokumentation *L 'Éxtrémiste de Hitler à Carlos*, Television Suisse Romande 1996.

25. 罗伯特·塞尔瓦蒂乌斯是弗里茨·绍克尔（Fritz Sauckel）的辩护律师，雷兴贝格则帮助了瓦尔特·冯克（Walther Funk）的辩护工作。

26. 在林茨的信件往来中，汉斯·雷兴贝格"和他的朋友 G 先生"都被明确称为法庭辩护费用的资助者。在塞尔瓦蒂乌斯的遗物中还可以找到更进一步的证据，BArch Koblenz auft AllPoz 6/n7, 253, 257。塞尔瓦蒂乌斯曾试图让德国政府正式承担审判费用，但没有成功。最后是以色列政府支付了他的律师费。热努和雷兴贝格筹集的大量金钱则从未被正式提及，然而塞尔瓦蒂乌斯遗物中的一些收据清楚揭示了雷兴贝格所起的作用。雷兴贝格也受到美国中情局监视，相关细节见 NA, RG 263, CIA Name File Hans Rechenberg，以及弗朗茨·拉德马赫的相关资料。除此之外，德国联邦情报局的档案（121 099）表明，雷兴贝格是德国情报单位的消息源之一，而且将辩方的资料转交给了德国联邦情报局，使之掌握了资助审判相关活动的信息。

27. 彼得·伍格(Peter Woog)1965 年 2 月 24 日的手写说明。苏黎世联邦理工学院当代史档案馆，ETH Zürich, JUNA-Archiv/567, Korrespondenz Peter Woog。

28. 塞尔瓦蒂乌斯在 7 月 25 日与埃伯哈德·弗里奇见面。弗里奇承诺与那位辩护律师合作，并提供所有文件，以此换取在欧洲的独家使用权（Servatius-Bericht）。

29. Servatius-Bericht, 26.11.1960, BArch Koblenz, AllProz 6/253，以及罗伯特·塞尔瓦蒂乌斯与汉斯·雷兴贝格的信件往来，出处同上。

30. 迄今公开的艾希曼档案文件，很大一部分是对艾希曼可能说什么幻想出来的各种恐惧。发布的每一页"阿根廷文稿"上的人名都经过仔细检查。这项工作虽然不如弗里茨·鲍尔委托进行的评估那么彻底，但当成人名索引仍非常有用。参见德国联邦行政法院补充文件，BVerwG 7A 15.10, Saure gegen BND, BND-Akten 121 099, 1-66; 100 470, 181-253.

31. NA, RG 263 CIA Name File Adolf Eichmann, 13.9.1960. 在德国联邦情报局迄今公开的艾希曼档案中，相关通信内容大部分都付之阙如。

32. CIA-Bericht vom 20.9.1960, ebd.

33. 我不管怎么努力都无法在录音带上找到他的名字，而且也无法在《生活》杂志所没有的页面上找到它。

34. 《塞尔瓦蒂乌斯报告》将艾伦·杜勒斯（Allen Dulles, CIA）向《生活》杂志的亨利·鲁斯（Henry Luce）提出查询，以及萨森与弗里奇起争执的时间都界定在 1960 年 9 月底或 10 月。

35. 早在 1960 年 10 月 11 日，一名法兰克福的美国中情局线人（显然来自《世界报》的圈子）就报告说，艾希曼到目前为止已经写出了 500 页。NA, RG 263, CIA Name File Adolf Eichmann.

36. 萨森抄本 21, 2。

37. 萨森抄本 12, 7。

38. 《塞尔瓦蒂乌斯报告》："他自从被拘禁在以色列，每天都在口述报告。"塞尔瓦蒂乌斯劝告艾希曼不要那么做，却徒劳无功。

39. 德国联邦情报局的档案包括许多以色列的文件，以及塞尔瓦蒂乌斯通信的一大部分。

40. 参加谈判的还有格拉斯哥的派翠克·奥康纳（Patrick O'Connor），他是柯蒂斯·布朗（Curtis Brown）及其他英国版权代理机构的代表。据悉所谈的英镑金额高达六位数。热努还与意大利的《时代》（Epoca）和英国的《人物》（People）杂志进行了谈判（参见《塞尔瓦蒂乌斯报告》以及佩昂 [Pean] 对热努的采访）。意大利的《时代》刊出了之前未公布的艾希曼阿根廷照片，英国的《人物》则分五次摘要连载了《我的逃亡》（1961 年 4 月 30 日至 5 月 28 日）。关于《巴黎竞赛画报》对薇拉·艾希曼的采访，参见科布伦茨联邦档案馆，BArch Koblenz, AllProz 6/252（*Paris Match* 683 vom 12.5.1962）。

41. 回答《巴黎竞赛画报》1962 年 6 月 9 日的书面问题。

42. 关于热努的失望，参见佩昂对弗朗索瓦·热努的采访。

43. *Servatius-Bericht*. 萨森在 1960 年 12 月才发电报通知他即将到来。

44. 《生活》杂志在出刊日期的前一个星期二开始销售，这是美国杂志惯用的做法。哈利·戈尔登（Harry Golden）的预告出现于 1960 年 11 月 21 日那期（即 11 月 15 日开始销售）。随后连载《艾希曼讲述其该死的故事》系列文章的两期杂志，分别出刊于 "11 月 28 日"（11 月 22 日销售）和 "12 月 6 日"（11 月 29 日销售）。

45. 薇拉·艾希曼接受《巴黎竞赛画报》的采访，1962 年 4 月 29 日。

46. *Servatius-Bericht*. 1960 年 12 月 1 日的德国报纸几乎都刊登了相关报道。在 1960 年 12 月 9 日的新闻发布会上，塞尔瓦蒂乌斯进一步确认了他的决定。

47. 自艾希曼被监禁以来便一直负责照顾他健康的兹维·沃尔施泰因（Zwi Wohlstein），在日记中记下了这个让艾希曼陷入困境的经历。摘录自 Wohlsteins Notizen, 4.12.1960, abgedruckt in *Die Welt*, 11.9.1999, S. 3.

48. 薇拉·艾希曼 1960 年 11 月 28 日发给塞尔瓦蒂乌斯的电报，BArch Koblenz AllProz 6/253 P 59。

49. *Servatius-Bericht*. 德国联邦情报局的档案也收录了一份拷贝，德国联邦行政法院补充文件 BVerwG 7A 15.10, Saure gegen BND, BND-Akten 121099, 1840-1843。

50. *L'Express* No. 494, 1.12.1960, *Eichmann parle*, Paris；1961 年 1 月 13 日萨森写给塞尔瓦蒂乌斯的信函，科布伦茨联邦档案馆 BA Koblenz, All. Proz. 6/253, 113-114。塞尔瓦蒂乌斯在审判中利用这篇文章攻击萨森，损害其作为潜在证人的资格。艾希曼审判，第 105 次开庭的记录。

51. *La Razón*, "Eichmann Fue un Engranaje de la Diabólica Maquinaria Nazi, Dice el Hombre que Escribió sus Memorias en Buenos Aires", 12.12.1960.

52. 萨森写给塞尔瓦蒂乌斯的信件，1961 年 1 月 13 日（BArch Koblenz, AllProz 6/253, 113-114），以及 1961 年 1 月 28 日萨森写给塞尔瓦蒂乌斯的信件（BArch Koblenz, AllProz 6/253, 110）。萨森的建议暴露了他局内人的知识和国家社会主义的反犹太态度，使他想要提供的帮助完全脱离了现实，即便我们可以清楚看出他其实是出于好意。

53. 在 1961 年 2 月 7 日给他同父异母弟弟罗伯特·艾希曼的授权书中，艾希曼设想 50% 归他的儿子们，50% 归塞尔瓦蒂乌斯所有。BArch Koblenz AllProz 6/253, 6.

54. NA, RG 263 CIA Name File Adolf Eichmann, 21.12.1960. 线人的名字已被涂黑。

55. NA, RG 263, CIA Name File Léon Degrelle, 023-230/86/22/04. 相关线索出现在莱昂·德格雷勒（Léon Degrelle）的档案中，因为兹维·阿尔杜比（Zwy Aldouby）显然计划绑架德格雷勒。衷心感谢威利·温克勒（Willi Winkler）。

56. Robert Pendorf, *Mörder und Ermordete. Eichmann und die Judenpolitik des Dritten Reiches*, Hamburg, 1961, 7.

57. 朗拜因的个人资料和以下说明，主要根据奥地利国家档案处的赫尔曼·朗拜因遗物，Nachlass von Hermann Langbein, ÖStA E/1797。

58. 朗拜因在 1959 年 3 月 12 日通知奥蒙德，他的波兰之行找到了 "几张党卫队队员的照片"（E/1797, Ordner 106）。关于刑事指控的信件往来，出处同上。

59. 他与赫尔曼·朗拜因的通信中经常针对那些杂志提出评论。每当他们担心重新陷入纳粹英雄崇拜时，还会针对自己的新闻活动相互征询意见。参见朗拜因遗物，ÖStA E/1797，Ordner 106。

60. 亨利·奥蒙德的遗物如今保管在以色列犹太人大屠杀纪念馆，可惜我还无缘亲自过目。感谢弗里茨·鲍尔研究所的维尔纳·伦茨（Werner Renz）先生将奥蒙德的传记寄给我（*Alles zu seiner Zeit. Rechtsanwalt Henry Ormond 1901—1973*，未注明日期的打字稿）。该传记虽然与本章的内容无关，却提供了关于奥蒙德生平的宝贵信息。下文还原奥蒙德所扮演角色时的主要依据，是他与朗拜因的大量信件往来。参见朗拜因遗物，ÖStA E/1797，Ordner 106。感谢安东·佩林卡（Anton Pelinka）允许我在艾希曼研究中使用这个非常丰富的资源。

61. "有太多人想要强调整个部门的集体清白。"奥蒙德1956年4月4日写给林格曼（Lingemann）的信函，引自 *Das Amt*, p. 591。

62. Thomas Harlan, "Kto był Eichmann?", Polityka 28.5.1960.

63. 奥蒙德和朗拜因之间的详细信件往来，参见奥地利国家档案处，ÖStA E/1797, Ordner 106。

64. 奥蒙德与朗拜因从1961年2月起的通信内容，包括了会议安排、财务问题、哈兰的旅费账单，以及旅馆内通知朗拜因哈兰何时抵达的便笺。参见奥地利国家档案处，ÖStA, Nachlass Langbein, E/1797。

65. 维森塔尔1960年2月29日就向以色列驻奥地利大使艾策希尔·萨哈尔报告了这次接触。这个事件有多方验证，因为维森塔尔也曾将此事告诉他的传记作者海拉·皮克（Hella Pick），而且伊塞尔·哈雷尔更曾经因为1960年2月的事件，指责西蒙·维森塔尔危及艾希曼的追捕行动。Hella Pick, *Simon Wiesenthal: A Life in Search of Justice*. London 1996, 147; Isser Harel, *Simon Wiesenthal and the Capture of Eichmann*, unveröffentlichtes Manuskript, zitiert bei Tom Segev, *Simon Wiesenthal*, ..., A.o., 181.

66. 感谢托马斯·哈兰提供对此事件的回忆。那些拷贝的范围和质量，表明它们来自罗伯特·艾希曼。此外其上的手写注记指出，那些是除了被出售给《生活》杂志之外的所有资料。另见路德维希堡联邦档案馆，BArch Ludwigsburg Ordner "Sassen Interview Diverses"。

67. Vermerk 7.3.1961, HMJ Wiesbaden, Veesenmayer, Edmund—Novak; jetzt: Adolf Eichmann, Bd. II, Bl. 211. Belegt bei Wojak, *Fritz Bauer* ..., A. o., 582, fn 93.

68. 我们可以排除罗伯特·艾希曼自愿交出"阿根廷文稿"的可能，而且他不可能没有注意到文稿已经遭窃（假如朗拜因只是偷偷拍照的话，后来就不必再制作胶片了）。罗伯特·艾希曼真应该设法通过律师向其兄发出警告。赫尔穆特·艾希曼好意提供的信息显示，阿道夫·艾希曼的家人在我询问之前似乎对被窃取的文件一无所知。参见1961年3—4月的塞尔瓦蒂乌斯的信函、弗里奇写给塞尔瓦蒂乌斯的信件，尤其是 AllProz 6/253, 60-62。2009年向林茨警方和检察官办公室提出的询问则没有带来任何结果。

69. 哈兰接受采访时的说法。Jean-Pierre Stephan, *Das Gesicht Deines Feindes. Ein deutsches Leben*, Berlin 2007, 124.

70. 感谢丹尼尔·帕森特愿意与我分享自己的相关回忆。如果没有他的坦诚，我永远也不可能起心动念去寻找资料来重建事情的来龙去脉。此外我更连做梦都不会想到，此后流传于世的"阿根廷文稿"竟然包含了各种不同的组合，因此我们必须仔细查看被标示成"萨森访谈录"的每一张纸，并且计算一下页数。

71. 米奇斯瓦夫·拉科夫斯基在日记中指出,丹尼尔·帕森特从托马斯·哈兰那里收到了一份萨森抄本的拷贝,而且人民警察的犯罪学家已调查证明了它的真实性。Mieczysław F. Rakowski, *Dzienniki polityczne 1958—1962*, Warszawa 1998, 286. 5 月 9 日华沙国民警察犯罪学家做出的书面评估概要,证明了提交给《政治周刊》的萨森抄本上艾希曼手写字迹的真实性。其中部分在第一篇文章中引出。感谢克里斯蒂安·甘泽(Christian Ganzer)协助翻译波兰语文件。

72. 根据《政治周刊》的说法,抄本的译文与评论总共有 1258 页。可惜报社的档案中已经没有那份文稿了。根据哈兰的女朋友克雷斯蒂娜·日武尔斯卡的记忆,所有拷贝都被偷走了。可是莉亚娜·迪尔克斯(Liane Dirks)回忆(并且在一本小说中这样写),日武尔斯卡的记忆并不总是正确。"Eingriff auf höchster Ebene", in: *Frankfurter Rundschau*, 20. Juni 2006, 10 und *Krystyna*, Köln 2006.

73. 米奇斯瓦夫·拉科夫斯基 1961 年 6 月 20 日的日记,见 *Dzienniki polityczne 1958-1962*, Warszawa 1998, 293f.

74. 我个人非常感谢《犹太通论周报》这个简短的附带说明,因为它首次提到了《政治周刊》的文章系列。我还必须很惭愧地承认,在此之前我从未想过在前东方集团寻找任何这样的出版物。我们脑海中的壁垒还是坚固得可怕! 亦参见 *Welt* 24.5.1961.

75. *Paris Match*, "Eichmann par Eichmann", No. 630 (6.5.1961), No. 631 (13.5.1961) und No. 632 (20.5.1961).

76. 从阿夫纳·莱斯 1960 年 12 月的笔记可以明显看出,他当时只知道《生活》杂志的那篇专文。由于艾希曼的律师塞尔瓦蒂乌斯在 1961 年 2 月 2 日拒绝莱斯继续进行审讯,于是审讯在 1 月正式结束。不过莱斯注意到,艾希曼本人无意遵守此一禁令:"他太喜欢听到自己讲话的声音,以致不想'放弃'那种乐趣。"莱斯当然巴不得能够利用这个机会(Archiv für Zeitgeschichte, ETH Zürich, Nachlass Avner W. Less, 4.2.3.2 Notizhefte)。莱斯的上司却决定,不可以让艾希曼现在就知道萨森访谈录已经到达以色列,以便把出其不意的效果留到开庭审判的时候(Späterer Bericht von Less in A. 0., 4.2.3.2 Persönlich Unterlagen, Sammelmappe II)。

77. 奥蒙德与朗拜因之间的通信,尤其是朗拜因 1962 年 1 月 25 日的信函。奥地利国家档案处,ÖstA E/1797, Ordner 106。

78. 艾希曼审判,第 16 次开庭,1961 年 4 月 26 日。

79. Bach, Gabriel: "Gespräch mit Herrn Gabriel Bach, stellvertretender Ankläger im Prozess gegen Adolf Eichmann, anlässlich des 65. Jahrestages der Wannsee-Konferenz vom 20. Januar 1942 am 18. Januar 2007 im Haus der Wannsee-Konferenz", in: Haus der Wannseekonferenz (Hrsg.), *Newsletter 8*, Dezember 2007, 2-21, hier 5.

80. 维森塔尔在一封日期较早、于 1970 年 12 月 28 日寄给本恩·塞耶斯(Ben A. Sijes)的信函中即已提及此事。参见 Tom Segev, *Simon Wesenthal ...*, A.o., 188.

81. 西蒙·维森塔尔 1980 年 10 月 5 日写给豪斯纳的信函(Simon Wiesenthal Archiv, Korrespondenz)。在此感谢米夏埃拉·沃采尔卡(Michaela Vocelka)这么快就把它寄给我。

82. 这是仔细逐页比对之后所得出的结果。若有人想亲自查证,不妨采取比较简单的做法,找一个朗拜因的版本(以及萨森原件)上不存在的典型损毁:萨森抄本 18, 12 在左侧出现一个 P 字形状的烧损痕迹,毁掉了大约 10% 的页面。

83. 这种讲法来自海因茨·费尔弗(他在艾希曼审判案结束后不久被揭发为苏联间谍)。参见 Heinz Felfe, *Im Dienst des Gegners: 10 Jahre Moskaus Mann im BND*. Hamburg, Zürich 1986, 248. 联邦情报局档案 BND-Akte 121 099 证明，他们在 1960 年年底已经拥有了第一批"阿根廷文稿"，而且是得自美国。

84. 1961 年 5 月 31 日完成的哈加格评估报告已于 6 月 9 日提交法院，因此可在起诉文件中查阅（希伯来文起诉文件 T/1392）。哈加格清楚地表明，他收到全部资料的时间为 1961 年 5 月 25 日。尽管他提到了之前在 1961 年 3 月 17 日和 4 月 10 日的两次客观评估，但想要在仅仅六天之内把堆积如山的页面评估完毕是不可能的事情。非常感谢柏林的伊莉娜·亚博廷斯基（Irina Jobotinsky）协助翻译希伯来文的资料。

85. 在一般文献，特别是通俗读物中，有无数人声称曾在萨森家里看见过那 2 个穿孔文件夹和 17 个卷宗。我们可以立即反驳他们的说法，因为萨森此外还有 400 多页的材料。假如萨森使用和哈加格一样的分类方式，那么就会得到大约 28 个卷宗。

86. 我有幸与路德维希堡联邦档案馆的工作人员一起整理了馆藏抄本的第二部分。与哈加格不同的是，我的优势在于事先已对必须整理的页面非常熟悉。但即便如此，我们进行这项工作的时候仍需要许多幽默感。再次衷心感谢托比亚斯·赫尔曼和西达·托普坦奇(Sidar Toptanci)，在我研究艾希曼期间给了我最愉快的档案馆体验。

87. 这很明显是一个错误，因为重复计算的页数后来没有删除。页码重复之处为：第 112 页 = 113 页，第 224 页 = 225 页，第 508 页 = 509 页。

88. 这些页面包含了关于艾希曼前副官罗尔夫·金特的讨论。在原始录音带上（联邦档案馆录音带编号 BArch 09D），艾希曼要求去掉这些评论，因为他相信金特还活着，而他不想给金特造成任何伤害。

89. 萨森抄本 6, 1。

90. 迪特里希·措伊格致弗里茨·鲍尔的信，1961 年 6 月 2 日。路德维希堡联邦档案馆，BArch Ludwigsburg, Bestand Zentrale Stelle, III 44/ 28.

91. 按照哈加格的编号，被承认的页面为：18, 57, 90, 100, 102, 106, 110, 118, 124, 131, 151, 152, 158, 168, 201, 202, 209, 213, 221, 227, 230, 246, 253, 265. 267, 272, 276, 277, 278, 279, 281, 283, 288, 292, 293, 303, 304, 306, 307, 308, 313, 314, 323, 336, 361, 362, 368, 369, 372, 373, 384, 398, 407, 408, 420, 421, 424, 425, 426, 432, 513, 514, 516, 519, 521, 522, 524, 525, 574, 577, 578, 582, 585, 587, 609, 610, 613, 616, 617, 662, 663, 665, 667。（可向本人索取各页的索引，以便在联邦档案馆查阅。）

92. 签字并不像沃亚克所认为的（*Eichmanns Memoiren*, 50），表现了艾希曼的学究气，那反而是调查证据时的常见做法，用于连续承认抄本和做出的修正。莱斯也好几次详细描述了这种做法。Nachlass Less, *Archiv für Zeitgeschichte*, ETH Zurich.

93. Einlassungen zu den Sassen-Memoiren, 6-seitiges Typoskript, Jerusalem 9.6.1961, BArch Koblenz, AllProz 6/254.

94. 萨森只有在最后一次接受采访的时候（"Edicion plus", Telefe Buenos Aires, 1991），才明确谈到艾希曼本来打算写的自传。

95. *Nation Europa*, Jg. 11, 1961, Heft 11 (November), 37-42. Hier 41.

96. 即使在艾希曼审判案之后，福尔默仍继续与阿根廷保持联系。胡安·马勒（莱因哈德·科普斯）表示，福尔默曾于 1980 年 12 月在布宜诺斯艾利斯附近的蓬塔奇卡（Punta Chica）主持了"仲夏节"庆祝活动。Juan Maler, *Frieden, Krieg und "Frieden"*. Bariloche 1987, 403.

97. 甚至在读到《生活》杂志的文章系列之前，阿道夫·冯·塔登就已经在谈论萨森文件所包含的范围了。他后来承认，自己是通过鲁尔夫熟悉萨森文件的。塔登在 1960 年 12 月 6 日写给埃里希·克恩迈尔的信函。Nieders. Landesarchiv, Nachlass Adolf von Thadden, VVP 39, Acc. 8/94 Nr. 80 Korrespondenz K. und Acc. 1/98 Nr. 49 (Sudholt-Korrespondenz).

98. 1961 年 6 月 23 日，鲍尔向黑森州司法部宣称，斯坦巴赫（Steinbacher）检察官希望能够在维也纳传讯埃伯哈德·弗里奇。引自 Irmtrud Wojak, Vermerk 23.6.1961, HMJ Wiesbaden, Veesenmayer, Edmund – Novak; jetzt: Adolf Eichmann, Bd. II, Bl. 346, Wojak, *Fritz Bauer* 582.

99. Wojak, *Eichmanns Memoiren*, A. o. 关于这一引用的问题，参见第三章《友情相助》一节。

100. 豪斯纳曾在提到艾希曼笔记时说："这第 29 卷仅供您参考。"但此处的"卷"不同于沃亚克的理解（*Eichmanns Memoiren*, A.o., 222 n.93），指的并非录音带而是抄本，而且我们可在抄本上找到这一段文字（萨森抄本 29, 1, 29 号录音带不在艾希曼的遗物当中，因为其后人听从了指示）。豪斯纳在《正义在耶路撒冷》一书做出的所有引用，很明显根据的是哈加格所整理的版本。

101. 萨斯基雅·萨森接受鲁尔夫·范·提尔（2005）和雷蒙德·莱伊（2009）的采访；萨森家的友人英格·施奈德接受范·提尔的采访（2005）。

102. Gideon Hausner, *Gerechtigkeit in Jerusalem*. München 1967.

103. 豪斯纳的副手加布里埃尔·巴赫曾一再令人信服地解释说，关于阿根廷种种说辞的知识对他有非常重要的个人意义，避免他在艾希曼装模作样的时候上当中计。

104. 交叉审讯，艾希曼审判第 96 次开庭，1961 年 7 月 13 日。影片记录令人震惊地清楚显示出艾希曼的谎言多么具有说服力。

105. 除了《生活》杂志的系列文章之外，汉娜·阿伦特也在她的书中使用了以色列制作的艾希曼手写片段的打字附抄本（*Betrifit: Meine Feststellungen zur Angelegenheit "Judenfragen"* ...）。这些手写片段属于起诉文件的一部分，因此所有在场记者皆可查阅。但她没有看到萨森抄本。Hannah Arendt, *Eichmann in Jerusalem* ..., A. o., 10, 330.

106. 路德维希堡中央办公室，ZSt Ludwigsburg III 44/10。

107. 路德维希堡联邦档案馆，BArch Ludwigsburg B162/428 und 429。

108. 巴登—符腾堡州刑事调查局的那封附函和其他信件，都使用了一个特别委员会的信笺，但该局如今对此已无任何记录。正如诺贝特·基斯林向我解释的那样，此事颇不寻常，因为它们原本应该逐一登记在文件收发簿上。信笺上的文字为：LKA BW Sonderkommission Zentrale Stelle Tgb. Nr. SK. ZSt. A/14111/61。

109. 在汉堡当代史研究中心的档案室就有一份副本。

110. 汉斯·雷兴贝格在 1961 年 3 月 31 日的一封信件中，解释了他与热努在开始审判之前联手进行的出版工作。自从博尔曼遗稿和戈培尔日记引起争论以来，热努就因为喜欢兴讼而臭名昭著。

111. 朗拜因致奥蒙德的信函，1962 年 1 月 25 日。ÖStA Wien. Nachlass Hermann Langbein, E 1797/106: Briefwechsel mit Henry Ormond.

112. 汉娜·阿伦特虽然曾被指责仅仅亲自参加了少数几次开庭，却是最彻底阅读审讯和审判记录的人之一。她还把那些记录带回了美国。

113. 朗拜因和奥蒙德都带着尊敬与理解的态度谈论哈兰和这本从未写过的书，并相互交换意见，对哈兰显然因为羞愧而退缩感到遗憾。奥地利国家档案处，ÖStA E1797, Ordner 106。

114. 托马斯·哈兰竭尽所能向我描述了那些纸箱的内容。2009 年，沃亚克女士告诉我，她自己还没有时间查看哈兰的纸箱，因此既不能确认也无法纠正哈兰的说法。可惜后来和她就没有了进一步的沟通。

115. 感谢卡特琳·赛博尔德—哈兰（Katrin Seybold-Harlan）把那几页文字寄给我。它们不仅让我能够验证托马斯·哈兰关于文件汇编的信息，而且更证明哈兰收到的副本来自亨利·奥蒙德办公室。

116. 在此的猜测不应与所谓"消失的页面"混为一谈，亦即那些虽未被使用但已知被归档的资料。Jürgen Bevers, *Der Mann hinter Adenauer*. Berlin 2009, Kapitel "Der Eichmann Prozess und die verschwundenen 40 Seiten"。

117. 事实已经证明，法拉戈买到的既有真消息也有假消息，并且编造了关于艾希曼天花乱坠的故事。然而需要特别强调的是，他那本书仍然包含若干关于南美洲纳粹分子的正确细节。这显示出法拉戈一定有过某些很好的资料来源，可是书中资料与坏资料紧密交织在一起，需要大量工作来筛选。

118. 斯坦·劳里森斯以扣人心弦的语言和富有想象力的方式，写了一本关于威廉·萨森的书。该书在许多方面得益于法拉戈的著作，但往往没有像我们所希望的那样，仔细分辨引文和编造的故事。Stan Lauryssens, *De fatale vriendschappen van Adolf Eichmann*. Leuven 1998.

119. Kapitel 16 *Eichmanns Entführung* und Kapitel 21 *Horrorgeschichten*, 221 ff. und 285 ff.

120. 法拉戈称之为"埃伯哈德·弗里彻"（Eberhard Fritsche），他提到人名时往往很不精确。

121. Farago, *Scheintot ...*, A. o., 187.

122. 劳里森斯也号称亲眼看见过这 17 个穿孔文件夹，但不管那些故事讲得多么天花乱坠，全世界只有一个地方能看见它们：以色列，因为它们是亚伯拉罕·哈加格的工作成果。

123. 659 和 695 这两个数字仅在以色列副本的语境中出现过，即在吉德翁·豪斯纳的著作中。其他说法都是法拉戈的打字错误，这个错误反而突显出其所使用资料的来源。

124. Farago, *Scheintot ...*, A. o., 290.

125. 格尔德·海德曼和卡尔·沃尔夫曾在萨森家里做客一段时间。海德曼说，甚至在 1979 年的时候，包括他在内的每一个人都坚信是萨森把艾希曼（或者至少是"阿根廷文稿"）出卖给了以色列人，萨森则依旧因为受到怀疑而惶惶不可终日。海德曼也对博尔曼感兴趣，但坦白告诉我萨森在这方面没法提供帮助。可是在另一方面，萨森答应把海德曼介绍给克劳斯·巴比（Klaus Barbie）。于是海德曼在萨森的安排下，进行了为期一天的专访。可见威廉·萨森根本不需要用博尔曼的神话来打动法拉戈，他本可以把法拉戈介绍给自己认得的一些有资格上头条的纳粹要员——例如 1979 年才去世的约瑟夫·门格勒。

126. 一篇优秀的文章最早对这个问题做出了概述：Meir Litvak und Esther Webman, "The Representation of the Holocaust in the Arab World", im Konferenzband *After Eichmann. Collective Memory and the Holocaust since 1961* (Hrsg. David Cesarani). New York 2005, 100-115.

127. Faris Yahya (psd. Faria Glubb), Originaltitel: *Zionist Relations with Nazi Germany*, Beirut,

1978. 这种论调的其他例子还有阿布·马赞（Abu Mazin）——即马哈茂德·阿巴斯（Mahmud Abbas）——和杰尔吉·哈达德（Jurji Haddad）。他们认为国家社会主义者与犹太复国主义者在资本主义的目标上有共同点。

128. Klaus-Michael Mallmann, Martin Cüppers, "'Elimination of the Jewish National Home in Palestine': The Einsatzkommando of the Panzer Army Africa, 1942", in: *Yad Vashem Studies* 35, 2007, 111-141.

129. 萨森抄本 10, 11。

130. 1961 年 2 月 22 日写给罗伯特·艾希曼的信函；1961 年 12 月 5 日探视艾希曼时的谈话笔记，科布伦茨联邦档案馆 BArch Koblenz AllProz 6/238。

131. 1961 年 2 月 22 日写给罗伯特·艾希曼的信函，写给家人的一些信函，出处同上。一份拷贝进入了德国联邦情报局的档案，另见 CIA report dated October 17, 1961, NA, RG 263, CIA Name File Adolf Eichmann (nonscanned files, declassified May 2009).

132. 使用这个版本时必须小心谨慎，因为它上面的手写注记并非全部来自阿根廷，尤其是一些大大的问号和划线删除的部分。

133. 感谢弗朗西斯卡·萨森提出这个想法。

134. 弗里德里希·施文德定居在秘鲁利马，是克劳斯·巴比的朋友。他曾散播谣言，称萨森甚至不清楚党卫队的官阶名称。由于真正的党卫队成员不可能忘记这样的事情，因此萨森（他称之为"萨瑟"[Sasse]）根本不可能是党卫队的人。汉堡社会学研究所，HIS, Sammlung Schwend, 18/89, Lima 6.5.1965。

135. 施文德写给奥伯米勒（Obermüller）的信函，1966 年 1 月 7 日，HIS, Sammlung Schwend, 38/27, 47。

136. 兹维·阿哈罗尼接受丹·塞顿的采访（*Mengele*），以及兹维·阿哈罗尼与威廉·迪特尔的采访（*Der Jäger...*, A. o.）。

137. 感谢格尔德·海德曼愿意告诉我那次拜访萨森的经过。当时并有若干录音和照片，可惜我迄今还没有机会听到海德曼所保有的录音资料。

138. *Nation Europa*, Jg 31, 1981, Heft 2, 60-61. 感谢祖德霍尔特博士提到这篇让他直到今天都还愤恨不已的评论。在这方面，塔登写给祖德霍尔特的两封信函非常具有启发性，它们现存于塔登遗稿，从中可清楚看出对阿舍瑙尔的批评。塔登采取了中间立场，他承认灭绝犹太人是事实，但刻意不切实际地降低死亡人数。Niedersächsisches Landesarchiv, Magazin Pattensen, VVP39, Acc. 1/98, Nr. 49, Briefe vom 10. und 17.12.1980.

139. http://www.fpp.co.uk/Auschwitz/Eichmann/Buenos_Aires_MS.html（欧文的网站首页，*The Eichmann Papers*）。

140. 莱尼·亚希勒虽然没有看到阿舍瑙尔文稿，却还是设法写出了一篇很好的文章："'Memoirs' of Adolf Eichmann", in: *Yad Vashem Studies* 18, 1987, 133-162.

141. 欧文的引文（*Eichmann Papers*, Irving-Homepage）甚至可以让人相当精确地辨认出他所提到的页面。没有迹象显示那些重新发现的卷帙里面包含了迄今未知的艾希曼文稿。

142. 欧文谈到了"一部传记作品的八个无页码章节，编号从 5 到 12"，可是对外公布的那个章节却明显是有页码的，而且章节编号为 4。

143. 那一章有许多地方把艾希曼的说辞做了淡化、异化和明显的扭曲，以达到萨森的目的：理想化希特勒，并借此将犹太人大屠杀呈现为犹太人自己弄出来的结果。任何希望亲眼见证的人，可在第四章第 15 页和第 19 页找到对艾希曼言论明显的歪曲。

144. 那个资料来源甚至阻止了像依尔姆特鲁德·沃亚克和大卫·切萨拉尼这样的研究人员，实际查阅他们早已注意到的艾希曼遗物 N 1497。由于使用德鲁费尔出版社的版本，切萨拉尼和沃亚克的书中于是不幸出现了已被证明并不正确的"艾希曼言论"，因为它们其实分别来自朗格尔、萨森，或者阿尔文斯莱本。特别是近几年国际上关于鲁道夫·卡斯特纳和其他被迫成为艾希曼犹太谈判伙伴的大型著作，也没有使用与此主题相关的 4 卷"消失的"录音带。例如 Ladislaus Löb, *Reszö Kasztner.* London 2009; Anna Porter, *Kasztner's Train, The True Story of an Unknown Hero of the Holocaust.* New York 2007, 324f., aber auch Christian Kolbe: "'Und da begann ich zu überlegen'. Adolf Eichmanns zwiespältige Erinnerungen an sein ungarisches 'Meisterstück'", in: Fritz Bauer Institut (Hrsg.), *Im Labyrinth der Schuld. Täter; Opfer, Ankläger, Jahrbuch 2003 zur Geschichte und Wirkung des Holocaust.* Frankfurt a.M., New York 2003, 65-93.

145. 路德维希堡的胶片拷贝普遍有与以色列拷贝相同的损坏，这表明路德维希堡的胶片和以色列的拷贝来自同一个复制系列。

146. 根据萨森的一份注记，7 号录音带并不存在，或者很可能是不小心被打字成了 8 号录音带——这从页数即可看出。从 6 号到 8 号录音带的过渡没有内容缺失。

147. 这一小段应该属于 61 号录音带。萨森显然拿错了录音带，但快便注意到那个错误。

148. 这些文字被归档到艾希曼文稿，而真正的作者却被忽略了。或许连萨森自己都记不得了，因为他已经从文稿中移除了他其余的所有注记。

149. Isser Harel, *The House on Garibaldi Street* (New York, 1997).

150. 编号为 B206/1986。

151. 这个诉讼过程让我得以在 2011 年 1 月查阅相关档案的内容。我想借此机会感谢汉斯—威廉·绍雷、他的律师克里斯托夫·帕尔奇和罗莎·斯塔克（Rosa Stark），他们与我在柏林度过了一个既工作忙碌又令人愉快的周末，并且使我有机会查证自己书中的内容。所引用的档案文字均获得了克里斯托夫的友好许可。

152. 请原谅一个积极投入的研究人员使用这种评语，但研究人员不喜欢听到另有所图的人向他们解释，为什么与他们的研究主题有关——而别人迄今完全不感兴趣——的档案并不重要，理由是所发现的一切资料"与原告人（即寻找艾希曼相关资讯的加比·韦伯）的信息需求无甚关联"（第 9 页）。只有真正进行研究的人才能够决定哪些资料对研究项目有助益，而非由其他人来决定，更何况决定者是往往并非专家的国家机构工作人员。

153. Sperrerklärung des Bundeskanzleramtes vom 10.9.2009, 9.

154. 其中大多数是以色列警方和检方的文件。这些文件之所以迄今没有对外公开，是因为检方在审判中并未使用它们。关于涂黑的做法，以及被公开档案的结构和范围，参见 Bettina Stangneth, *Kurzgutachten zu den Akten BVerwG 7A15.10. aufgrund der Sichtung der Beiakten zum Verfahren BVerwG 7A15.10 mit den Signaturen 100 470, 100 471, 121 082, 121 099 am 21. und 22. Januar 2011. Hamburg, 25. Januar 2011* (7 Seiten mit Dokumentenanhang).

155. Sperrerklärung des Bundeskanzleramtes vom 10.9.2009, 3.

156. ebd., 5.

157. ebd.

158. ebd., 9.

159. ebd., 5.

160. 我明确拒绝认同这样的观点，即联邦德国的一个情报单位非但可以不缉捕艾希曼到案，反而致力于做出与此完全相反的事情。那种想法在心理上让我觉得无法忍受。

161. 由于加比·韦伯无可否认是一位能干的研究人员，禁制声明"并非专门针对开放档案而发"的论点无法成立。

162. Sperrerklärung des Bundeskanzleramtes vom 10.9.2009, 9.

163. ebd., 8.

164. ebd.

165. ebd., 11.

166. ebd., 8.

167. 在阿根廷追踪过艾希曼，并且是绑架小组成员的兹维·阿哈罗尼，表示他曾试图让艾希曼开口谈论门格勒，但徒劳无功。鉴于阿哈罗尼绰号"大审判官"，是摩萨德最令人畏惧的审讯专家之一，因此这种不寻常的沉默就显得更加意味深长。过了几年，阿哈罗尼甚至在长达十个多小时的谈话后，成功说服威廉·萨森协助他寻找门格勒。Aharoni/Dietl, *Der Jäger* ..., A.o., und Aharoni im Interview, z.B. Dan Setton, *Josef Mengele. The Final Account* 2007; Dietl im Interview in Roelf vn Til, Dokumentation *Willem Sassen*, kro 2005.

168. Erich Schmidt-Eenboom, *BND: Der deutsche Geheimdienst im Nahen Osten: Geheime Hintergründe und Fakten*. Munich, 2007, 94f.

169. 德国联邦议院会议速记记录，2011 年 1 月 19 日，http://dip21.bundestag.de/dip21/btp/17/17083.pdf——感谢耶日·蒙塔格的办公室。

170. 德国联邦行政法院补充文件 BVerwG 7A 15.10 (Saure gegen BND), BND-Akten 121099, 1665。

171. 接受 *Edicion plus* 节目的采访，Telefe Buenos Aires, 1991.

172. Willem Sluyse (Willem Sassen), *Die Jünger und die Dirnen*, Buenos Aires: Dürer Verlag, 51–53. 此处引文经过稍微删减。

173. 根据萨斯基雅·萨森和弗朗西斯卡·萨森的说明，她们的父亲并没有留下任何未完成的手稿。

致 谢

　　谨在此向相关档案馆的多位工作人员表达感谢，他们不辞辛苦地查取资料，以及通过无数的信函、电话交谈和电子邮件，随时都乐意提供真诚友好的协助。此外还要感谢他们出了许多主意，指点该如何另辟蹊径，穿越档案资料的深渊。如果没有他们的话，我永远也不可能想到那些办法。尤其特别值得称道的是，他们有勇气打开一些完全没有内容清单的档案柜。你能想象我有多么感激他们的好奇心、热情，以及私下做出的各种鼓励和评论。

　　在此感谢下列人士提供的个人协助和资讯、个别的更正、有时内容非常广泛的通信，以及针对私人档案做出的指点：希尔德加德·贝歇尔—杜桑（Hildegard Becher-Toussaint，法兰克福最高检察官）、索尼亚·冯·贝伦斯（Sonja v. Behrens）、芭芭拉·比林格尔（Barbara Bieringer，维也纳大学档案馆）、沃尔夫冈·比克霍尔茨（Wolfgang Birkholz，《科隆环视报》）、莱因哈德·勃兰特（Reinhard Brandt，马尔堡）、德特勒夫·布瑟（Detlef Busse，下萨克森档案馆）、米歇尔·戴维斯（Michel Davis，美国《大观杂志》）、妮珂莱特·多布罗沃尔斯基（Nicolette A. Dobrowolski，纽约雪城大学）、赫尔穆特·艾希曼、法兰克博士（Dr. Franke，帕滕森）、丹尼尔·弗里奇（Daniel Fritsch）、克里斯提安·甘策尔（Christian Ganzer，基辅）、乌列尔·加斯特（Uriel Gast，苏黎世联邦理工学院）、克里斯提安·格拉赫（Christian Gerlach，华盛顿）、乌基·戈尼、彼得·格拉本（Peter beim Graben）、雅斯明·格拉芬霍斯特（Jasmin Gravenhorst）、格奥尔格—米夏埃尔·哈夫纳（Georg-Michael Hafner）、马丁·海丁格尔（奥地利广播集团，维也纳）、托马斯·哈兰、格尔德·海德曼、赫尔穆特·海能（Helmut Heinen，《科隆环视报》）、托比亚斯·赫尔曼（路德维希堡联邦档案馆）、劳尔·希尔伯格（Raul Hilberg）、碧尔姬特·基诺（Birgit Kienow，马尔巴赫德国文学档案馆）、诺贝特·基斯林（巴登—符腾堡州刑事调查局）、安迪·金（Andy King，《每日电讯报》）、伊丽莎白·克兰波（Elisabeth Klamper，奥地利抵抗运动文献中心）、洛特·柯勒（Lotte Köhler）、米夏埃尔·柯勒（Michael Köhler，汉堡）、彼得·克拉默尔（萨尔茨堡市档案馆）、安妮特·克里格（《科隆环视报》）、玛努艾拉·朗格（Manuela Lange，科布伦茨联邦档案馆）、雷蒙德·莱伊、黛博拉·利普斯塔特（Deborah Lipstadt）、瓦尔特·罗伦席茨（Walter Lorenschitz，奥地利国家档案处）、马塞尔·马库斯（Marcel Marcus，耶路撒冷路德维希·迈尔书店）、霍尔格·梅丁（科隆）、保罗·梅维森（Paul Mevissen）、贝亚特·迈尔（Beate Meyer，德国犹太历史研究所）、路茨·默塞尔（Lutz Möser，柏林联邦档案馆）、哈里·穆利什（Harry Mulisch）、安内格雷特·诺伊珀特（Annegret Neupert，科布伦茨联邦档案馆）、克里斯托夫·帕尔奇、丹尼尔·帕森特、安东·佩林卡（Anton Pelinka，因斯布鲁克）、蒂莫拉·佩雷尔（Timorah Perel，以色列犹太人大屠杀纪念馆）、贝尔特兰特·佩尔茨（Bertrand Perz，维也纳）、曼弗雷德·普尔特（Manfred Pult，维斯巴登黑森州总档案馆）、多隆·拉比诺维奇（Doron Rabinovici）、奥利弗·拉特科尔布（Oliver Rathkolb，维也纳大学）、维尔纳·伦茨（Werner Renz，弗里茨·鲍尔研究所）、迪尔克·里德尔（Dirk Riedel，达豪纪念馆）、弗朗西斯卡·萨森、萨斯基雅·萨森、汉斯—威廉·绍雷（《图片报》）、艾斯德尔·波皮拉（Esther Schapira）、帕特里夏·施莱辛格（北德广播电视台）、斯特凡·施密茨（Stefan Schmitz，《明星周刊》）、维尔纳·施罗德（Werner Schroeder）、卡洛·许特（汉堡当代史研究中心）、库尔特—维尔纳·泽伯（贝尔根市档案处）、卡特琳·赛博尔德—哈兰（Katrin Seybold-Harlan）、克里斯托夫·史塔姆（Christoph Stamm，社会民主党档案馆）、亚历山大·施蒂默尔（Alexander Stühmer）、鲁尔夫·范·提尔、希达·托普坦奇（Sidar Toptanci，路德维希堡联邦档案馆）、米夏埃拉·沃采尔卡（西蒙·维森塔尔档案）、安格莉卡·福斯（Angelika Voß，汉堡当代史研究中心档案室）、克劳斯·卫格里夫（Klaus Wiegrefe，《明镜周刊》）、米夏埃尔·维尔特、弗兰克·维滕多尔弗（西门子公司）、依尔姆特鲁德·沃亚克、娜塔莎·德·温特（布宜诺斯艾利斯），以及其他不愿透露姓名向我提供帮助的人。

不幸的是，一些问题至今仍未获得答复。我仍然期盼能够从下列方面得到答案：大卫·切萨拉尼、莉亚娜·迪尔克斯（关于《政治周刊》）、吉多·克诺普（关于资料来源）、约尔格·米尔纳（Jörg Müllner，关于磁带的声音编辑），以及时代公司（Time Inc.）。

对进行研究的人来说，研究始终是自己人生的一部分。我这一路下来，在面临垃圾毒害的时候，有幸遇到许多人向我发出提醒。只有通过此类际遇，我才有力量坚持下去，完成这样的研究计划。最重要的是，他们是唯一的原因，让我甚至愿意把这条路再走一遍：埃克哈德·哈斯佩尔（Eckhard Haspel）、彼得·米勒（Peter Müller），以及威利·温克勒。

出处说明

档案馆

AdsD
Archiv der Sozialen Demokratie, Bonn
Nachlass Fritz Bauer
社会民主党档案馆，波恩
弗里茨·鲍尔遗物

BArch Koblenz (Bundesarchiv Koblenz)
All. Proz. 6 Unterlagen Servatius,
Eichmann-Prozess
N/1497 Nachlass Eichmann
R/58 Reichssicherheitshauptamt
科布伦茨联邦档案馆
同盟国审判 6 塞尔瓦蒂乌斯文件
艾希曼审判案
N/1497 艾希曼遗物
R/58 帝国保安总局

BArch Ludwigsburg
Prozessakten Adolf Eichmann

Bestand Zentrale Stelle - Generalakte III,
路德维希堡联邦档案馆
艾希曼审判档案
国家社会主义犯罪调查中央办公室

BArch Berlin-Lichterfelde
BDC-Bestände (ehem. US-Berlin Document
    Center)
柏林—利希特费尔德联邦档案馆
柏林文献中心档案（前美国柏林文献中心）

BStU Berlin Hoppegarten
Die Bundesbeauftragte für die Unterlagen
des Staatssicherheitsdienstes der ehemaligen
    Deutschen Demokratischen Republik
柏林—霍佩加尔滕
联邦前东德国家安全部档案托管局

Deutsches Literatur Archiv, Marbach
Nachlass Hans Grimm (Korrespondenz
    Eberhard Fritsch)

Nachlass Ernst Kernmayr (Korrespondenz
　　Eberhard Fritsch)
马尔巴赫德国文学档案馆
汉斯·格林遗物（与弗里奇的信件往来）
恩斯特·克恩迈尔遗物（与弗里奇的信件往
　　来）

Deutsches Rundfunkarchiv, Frankfurt a. M.
Eine Epoche vor Gericht
法兰克福德国广播档案馆
《法庭面前的一个时代》

FZH
Archiv der Forschungsstelle für
　　Zeitgeschichte, Hamburg
汉堡当代史研究中心档案

Hessisches Hauptstaatsarchiv, Wiesbaden
Abt. 461
维斯巴登黑森州总档案馆，Abt. 461

HIS - Hamburger Institut für Sozialforschung
Sammlung Schwend
汉堡社会学研究所
施文德档案集

Institut für Stadtgeschichte, Frankfurt
Nachlass Arnold Buchthal
法兰克福城市历史研究所
阿诺德·布赫塔尔遗物

Niedersächsisches Landesarchiv, Hannover,
Magazin Pattensen
Nachlass Adolf von Thadden

汉诺威下萨克森州档案馆
帕滕森收藏库，阿道夫·冯·塔登遗物

Rheinische Landesbibliothek Koblenz
Nachlass Beumelburg Estate (Eberhard
　　Fritsch)
科布伦茨莱茵兰图书馆
博伊梅尔堡遗物（埃伯哈德·弗里奇）

Stadtarchiv Bergen
Meldebuch Eversen, Fach 585 Nr. 2
贝尔根市档案处
埃弗森的户口登记簿（Fach 585 Nr. 2）

Archiv für Zeitgeschichte,
Eidgenössische Technische Hochschule
　　Zürich
Nachlass Avner W. Less
JUNA-Archiv
苏黎世联邦理工学院当代史档案馆
阿夫纳·莱斯遗物（犹太新闻档案）

Archiv der Universität, Wien
Doktorandenlisten
维也纳大学档案馆
博士学位名录

ÖStA
Österreichisches Staatsarchiv, Wien
E/1797 Nachlass Hermann Langbein
维也纳奥地利国家档案处
E/1797 赫尔曼·朗拜因遗物

Simon Wiesenthal Archiv, Wien
Korrespondenz

维也纳西蒙·维森塔尔档案馆，信函往来

Stadtarchiv Salzburg
Meldekartei
萨尔茨堡市档案馆，户口登记卡

CDJC
Centre de Documentation Juive
Contemporaine, Paris
巴黎当代犹太文献中心

CZA
Central Zionist Archive, Jerusalem
耶路撒冷犹太复国主义中央档案馆

CAHJP
Central Archives of the History of the Jewish
  People, Jerusalem
A/W Bestand des IKG-Archivs, Wien
耶路撒冷犹太民族历史中央档案馆
维也纳犹太宗教社群档案（A/ W 卷宗）

Deutsches Rotes Kreuz Archiv, Berlin
柏林德国红十字会档案馆

ISA Israelisches Staatsarchiv
Götzen
以色列国家档案馆，《偶像》

Yad Vashem Archive
0-1 Sammlung K. J. Ball-Kaduri
0-3 Sammlung mündlicher Zeugenaussagen
0-51 Sammlung NS-Dokumente (DN)
Tr. 3 Dokumente des Eichmann-Prozesses
犹太人大屠杀纪念馆档案

0-1 库尔特·雅各·巴尔—卡都里档案集
0-3 口头证词档案集
0-51 纳粹文件档案集
Tr. 3 艾希曼审判文献（编号方式为 B06/
  xxx）

Holocaust Memorial, Washington, D.C.
Uki Goñi Collection
华盛顿大屠杀纪念馆
乌基·戈尼档案集

U.S. National Archives
RG 263, CIA Name Files
RG 319, Dossier XE 004471, Adolf
  Eichmann
美国国家档案和记录管理局
RG 263，中情局人名档案
RG 319, Dossier XE 004471, 阿道夫·艾希
  曼

Syracuse University, New York,
Special Collections
Francis Biddle Papers
纽约雪城大学
特别收藏
弗朗西斯·比德尔文件

RGVA
Russisches Staatsmilitärarchiv
莫斯科俄罗斯国家军事档案馆

SOA Lmt
Státní oblastní archiv Litomerice
MLS, Lsp 441/47
Karl Rahm

捷克利托梅日采国立地区档案馆

MLS, Lsp 441/47，卡尔·拉姆

SÚA

Státní ustřední archiv Praha

布拉格国立中央档案馆

AGK Warszawa

Archiwum Głównej Komisji Badania,

　　Zbrodni Hitlerowskich w Polsce

华沙波兰纳粹罪行研究总会

采访：

　　特别感谢乌基·戈尼、马丁·海丁格尔、雷蒙德·莱伊、鲁尔夫·范·提尔和娜塔莎·德·温特（阿尔腾萨尔茨科特、布宜诺斯艾利斯、苏亚雷斯上校镇 2009 和 2010 年）、拉斐尔·埃坦、威廉·霍特尔、何塞·莫斯科维茨、佩德罗·波比耶辛、英格·施奈德，以及萨斯基雅·萨森。

　　1978 年纪录片《人的表现形式：阿道夫·艾希曼》(Erscheinungsform Mensch: Adolf Eichmann)：西蒙·维森塔尔、伊塞尔·哈雷尔、阿夫纳·莱斯、兹维·沃尔施泰因、以色列·古特曼（Israel Gutman）、大卫·弗朗哥（David Franko）、吉德翁·豪斯纳、加布里埃尔·巴赫、本亚明·哈列维、什洛莫·库尔恰木、威廉·萨森。

阿道夫·艾希曼的文字

1945 年之前：

　　1937：《世界犹太集团：政治活动及

其活动对定居德国犹太人所产生的影响》("Das Weltjudentum: Politische Aktivität und Auswirkung seiner Tätigkeit auf die in Deutschland ansässigen Juden")。

　　在 1937 年 11 月 1 日柏林党卫队保安局总部举行的犹太事务主管会议上的演说。莫斯科俄罗斯国家军事档案馆 500/3/22，收录于 Michael Wildt [Hrsg.]: *Die Judenpolitik des SD 1935 bis 1938: Ein Dokumenation*. München, 1995, Dok. 19, 133-138。

阿根廷文稿：

书中注记：

　　一些原件见科布伦茨联邦档案馆（BArch Koblenz, Nachlass Eichmann, N1497）；其他则引用于 1960 年 6 月 26 日至 7 月 16 日的《明星周刊》。艾希曼对此的评论，参见以色列警方审讯记录，第 1026-1035 页。

读书札记：

　　原件及萨森抄本保管在科布伦茨联邦档案馆，艾希曼遗物，N1497；其余在路德维希堡联邦档案馆（B162），"杂项"资料夹。

大型手稿《其他人都讲过了，现在我想说话！》(*Die anderen sprachen, jetzt will ich sprechen*)

　　原始手写稿、誊写本、胶片和拷贝散见于：科布伦茨联邦档案馆艾希曼遗物（N1497）、塞尔瓦蒂乌斯遗物（AllProz 6），以及路德维希堡联邦档案馆（B162），"杂项"资料夹。

　　手稿的一部分，《关于：我所确认的"犹

太人问题"以及国家社会主义德意志国家政府于1933—1945年间为解决此复杂问题所采取的措施》，原本计划是一封写给康拉德·阿登纳的公开信。

品质很差的69页手写稿拷贝《关于：我所确认的"犹太人问题"以及国家社会主义德意志国家政府于1933—1945年间为解决此复杂问题所采取的措施》（起诉文件T/1393），内容与科布伦茨联邦档案馆的塞尔瓦蒂乌斯遗物（AllProz 6/95-111）相同。这份所谓的第17号文档的日期被误写成1959年2月19日。这份文字有时被认为是在狱中写出的评论，但它明显与萨森的采访有关，撰写于艾希曼被抓获之前。

一般论述、注记和讲稿（1956—1957年）

现存大约200页，包括原始手写稿、拷贝、萨森抄本和胶片，散布于多家不同的档案馆：科布伦茨联邦档案馆艾希曼遗物和塞尔瓦蒂乌斯遗物，以及路德维希堡联邦档案馆"杂项"资料夹与胶片。

《图库曼小说》

至今仍未对外公开，可能是艾希曼在1958—1959年写给自己孩子们看的。这份仍归艾希曼家人所有的手写稿据悉有260页。我们不能排除它与《其他人都讲过了，现在我想说话！》和其余"阿根廷文稿"部分重叠的可能性。

萨森访谈录音带

科布伦茨联邦档案馆艾希曼遗物的录音材料（N 1497）：

10卷录音带（29.5小时）、卡式录音带（32小时）、数字式录音带（32小时，Ton

1367, 6-1至6-10）。从磁带上残留的较新录音可以发现，那些录音带并非全部都是阿根廷的原件，但重新录制后的内容与原件大致相同。录音材料上也包含了一些录音抄本没有的内容。

萨森抄本

根据出现的先后顺序分别为：

《生活》杂志：至今未对外公开的600页抄本和一些手写稿的拷贝。

《明星周刊》：在杂志社的档案库已遍寻不着的抄本拷贝和80页手写稿。

以色列（哈加格）／塞尔瓦蒂乌斯：以色列国家档案馆74/3156（在科布伦茨联邦档案馆则为：塞尔瓦蒂乌斯遗物，Allproz. 6/95-111，自1979年开始可供使用）。包含62卷录音带的抄本（第1-5号，第11-67号，有编号错误），第9-26，31-39，48-67卷的抄本上面有艾希曼的手写修正。以色列将之划分为16+1个卷宗，抄本有713页，加上"第17号卷宗"后总共为795页（重复计算了3页以后的官方数字则是798页）。第68-73页没有抄本。

林茨：1961年3月窃取自罗伯特·艾希曼博士的办公室，由赫尔曼·朗拜因拍摄成胶卷。内容总共有900页（第1-5号，第11-67号录音带的抄本也出现编号错误，但与以色列不同），此外有大量的艾希曼修正文字和誊抄本，以及更多的"阿根廷文稿"。朗拜因将副本分发给了亨利·奥蒙德、托马斯·哈兰（用于波兰的《政治周刊》），以及至今仍无法确定的其他机构。哈兰后来将奥蒙德的那一份副本交给了依尔姆特鲁德·沃亚克（他自己的那一份副本已丢失）。路德维希堡联邦档案馆现有的两份拷贝之一，显然也脱胎自昔日林茨的版本。

萨森：原始抄本、原始的修改文字，以及萨森拍摄的底片，已在 1979 年交给了艾希曼的家人。今日由一家瑞士出版社存放于科布伦茨联邦档案馆艾希曼遗物，N 1497。这个内容最丰富的版本共有 835 页，再加上 78 页艾希曼针对抄本发表的意见。其中也包括第 6-10 号录音带的抄本（没有第 7 号录音带，它应该从未存在过），以及第 68-73 号录音带（但没有第 29 号录音带和抄本的 41, 3 页。）。

阿根廷文稿早年的编辑与传播：
根据萨森访谈录：

鲁道夫·阿舍瑞尔（编著），《我，阿道夫·艾希曼：一份历史见证者的报告》（Rudolf Aschenauer, [Hrsg.], *Ich, Adolf Eichmann. Ein historischer Zeugenbericht*, Leoni am Starnberger See 1980.）该书明显具有历史修正主义色彩，如今已可重建其引用材料的细节。手稿拷贝参见科布伦茨联邦档案馆，艾希曼遗物（BArch Koblenz, Nachlass Eichmann, N1497, 77-8）。

直接引述自萨森访谈录：

《生活》杂志：《艾希曼讲述其该死的故事》（"Eichmann Tells His Own Damning Story," in *Life*, Chicago, November 28 and December 5, 1960）。第一部分《我把他们运给屠夫》（"I Transported Them to the Butcher," in Life International 30, no. 1 [January 9, 1961], pp. 9-19），第二部分《总而言之，我不后悔任何事情》（"To Sum It All Up, I Regret Nothing," in Life International 30, no. 3 [February 13, 1961],

pp. 76-82）。（起诉文件 T/47）

授权重印：

Revue 杂志：《阿道夫·艾希曼的自白》（"Das Geständnis des Adolf Eichmann," *Revue*, no. 8, 9, 10, München 1961）。

《巴黎竞赛画报》（*Paris Match*）：1960 年 5 月 6 日、13 日、20 日。

《政治周刊》：1961 年 5 月 20 日至 6 月 17 日，刊出林茨拷贝版的部分内容并附有评论。

吉德翁·豪斯纳：在其审判报道《正义在耶路撒冷》（*Gerechtigkeit in Jerusalem / Justice in Jerusalem*）使用了以色列的拷贝版。在 1979 年之前，他是唯一能够引述萨森抄本的作者。

艾希曼针对《生活》杂志萨森访谈录历次做出的评论：起诉文件 T/1432。

1960 年 5 月：关于押赴以色列的声明（T/3）。

以色列供词：

《我的回忆录》："今天，1945 年 5 月 8 日过后的十五年又一天……"。所列出日期是 "1960 年 5 月 9 日至 6 月 16 日"，但实际开始的时间是 5 月 23 日之后。128 页手写稿，1960 年 6 月 16 日列为法庭文件 B06-1492（T/44）。

1999 年 8 月 12 日至 9 月 4 日亦刊载于《世界报》，但缺乏学术严谨性，而且抄录得错误百出。这份文稿亦被引用为 "艾希曼的 127 页"（127-Eichmann-Seiten）

《我的逃亡：来自耶路撒冷囚室的报

告》(*Meine Flucht: Bericht aus der Zelle in Jerusalem*，旧名《我的逃亡报告》[*Mein Fluchtbericht*]）：最初标题是《在 1945 年 5 月的一个夜晚》（"In einer Mainacht 1945"），列出日期为 1961 年 3 月。这份文件没有被用作法庭上的证据（BArch Allproz 6/247; NA, RG 263 CIA Name File Adolf Eichmann, Vol. 1, Doc. 72。较好的拷贝是 Vol. 3,76）。《我的逃亡报告》手写稿现存于以色列国家档案馆，1961 年 4 月 30 日至 5 月 28 日曾刊载于英国《人物》（*People*）杂志。

审讯：1960 年 5 月 29 日至 1961 年 1 月 15 日（Tape 1-76）和 1961 年 2 月 2 日（Tape 77），38 个审讯日的 76 卷录音带，共 270 个小时、3564 个经过艾希曼修改的打字页面。

最初：Police D'Israel, Quartier General 6-ème Bureau (Commander A. Selinger), Adolf Eichmann, vols. 1-6, Mahana Iyar, February 3, 1961, facsimile。

其次：State of Israel, Ministry of Justice, *The Trial of Adolf Eichmann*. Statement made by Adolf Eichmann to the Israel Police prior to his trial in Jerusalem. Vols. 7-8, Jerusalem, 1995, facsimile.

狱中札记，1960 年 5 月 30 日至 12 月 19 日（T/44；拷贝大部分保管于科布伦茨联邦档案馆，BArch Koblenz AllProz6）：对《生活》杂志文章的 14 页打字评论，撰写于以色列（T/48-51）；对萨森抄本的手写评论（起诉文件 T/1393）；审判开始前即已在狱中撰写的各种札记和手稿，包括给家人的信件。

精神病学和心理学评估鉴定，1961 年 1 月 20 日至 3 月 1 日由库尔恰尔（以色列）负责进行：

共 7 次评鉴，每次大约 3 小时。采用了当时通行的评鉴项目（智力测验、罗尔沙赫测验、TAT 测试、客体关系评估、韦克斯勒测验、本德尔测验、绘图测验、宋迪测验）。

评鉴报告的原件从未对外公开。总结报告参见："Adolf Eichmann and the Third Reich," in *Crime, Law and Corrections*, ed. Ralph Slovenko. Springfield, IL 1966, 16-52. 绘图测验的结果曾刊载于《明镜周刊》（*Spiegel*, Nr. 2/1978）。

审判文件：

以色列司法部，《对阿道夫·艾希曼的审判》（*The Trial of Adolf Eichmann*），检方和辩方提交证物的缩微胶片拷贝，第 9 卷（耶路撒冷 1995 年）。引用格式为 T/xx。

完整副本保存于路德维希堡中央办公室（BArch Ludwigsburg, B 162）。大部分内容亦保存于科布伦茨联邦档案馆（BArch Koblenz, AllProz 6，塞尔瓦蒂乌斯遗物），以及苏黎世联邦理工学院当代史档案馆，阿夫纳·莱斯遗物（(AfZ ETH, Nachlass Less)。

审判（1961 年 4 月 2 日至 8 月 14 日）法庭发言记录：耶路撒冷地方法院，刑事案件 40/61（英文翻译版为：*The Attorney General of the State of Israel vs. Adolf, son of Karl Adolf Eichmann*. Jerusalem District Court, Criminal Case 40/61. April 2-August 14, 1961. Statements before the court.

Transcript of sessions 1-121. Unrevised and
uncorrected transcription。）完整抄本：阿
夫纳·莱斯遗物和塞尔瓦蒂乌斯遗物。审
判影片记录：Steven Spielberg Jewish Film
Archive/Hebrew University of Jerusalem。

　　《偶像》（*Götzen*）：共 1206 页，其中
676 页打算对外发表，列出的日期为 1961
年 9 月。2000 年 2 月 27 日曾在伦敦被用
作"欧文—利普施塔特审判案"（Irving-
Lipstadt trial）的证据。保管于以色列国家
档案馆。按照塞尔瓦蒂乌斯的讲法，艾希曼
撰写时暂定的标题为"给子孙后代的回忆"
（Erinnerungen für kommende Generationen）
或"凡尔赛"（Versailles）。

从审判开始到被处决之间的狱中文稿：
　　各种笔记、书信、文件、草图、组织
结构图，以及大型手稿。其中包括《拘捕报
告》（*Verhaftungsbericht*）;《绑架发生前的
历史》（*Vorgeschichte der Enführung*）;《即

使在这里面对着绞刑架……》（*Auch hier im
Angesicht des Galgens*）;艾希曼对判决和上
诉的声明;其总结陈述的不同草稿版本;与
家人、亲属、律师的通信;外部查询、《巴
黎竞赛画报》的问卷等等。今天它们主要保
管于科布伦茨联邦档案馆（BArch Allproz
6）、以色列国家档案馆（Eichmann Trial
Collection），某些也归艾希曼家人所有（但
不公开）。

神学信函
　　与赫尔牧师的"皈依对话"
（Bekehrungsgespräche mit Rev. Hull）：威
廉·赫尔，《为一个灵魂而战：与艾希曼在
死囚牢房的对话》（William L. Hull, *Kampf
um eine Seele, Gespräche mit Eichmann in
der Todeszelle*. Wuppertal 1964）。书中引述
艾希曼的三封信件，并且（不尽正确地）记
录了 1962 年 4 月 11 日至 5 月 31 日之间 13
次造访的回忆。

参考文献

随着越来越多原始资料和研究成果的出现，本书中的内容往往与之前的一些著作有所差异——即便并未特别逐一指出它们当中的错误。那些破坏性的文字读起来令人不快，而对每一个像我一样积极研究艾希曼的人来说，以下列出的书籍是不可或缺的。在此当然不可能完整列出所参考的艾希曼相关文献，因为那涵盖了 800 多部著作。不过在注释中可以找到更进一步的说明。

兰道夫·布拉汉姆的艾希曼参考书目直到今天仍然是最基本的资料：Randolph L. Braham, *The Eichmann Case: A Source Book* (New York, 1969)。

Adler, H. G.: Adolf Eichmann oder die Flucht aus der Verantwortung. In: *Tribüne* 1, 1962, 122-134.

Adolf Eichmann, Novelist. In: *Time and Tide*. London 42, no. 25 (1961), p. 1009.

Aharoni, Zvi/Dietl, Wilhelm: Der Jäger. Operation Eichmann. Was wirklich geschah. Stuttgart 1996.

[Aharoni, Zvi, and Wilhelm Dietl. *Operation Eichmann: The Truth About the Pursuit, Capture, and Trial*. Translated by Helmut Bögler. New York, 1997.]

Aly, Götz: Die späte Rache des Adolf Eich-Aumann. In: Österreichische Zeitschrift für Geschichtswissenschaften 11, 2000, Heft 1, 186-191.

Aly, Götz: *"Endlösung" : Völkerverschiebung und der Mord an den europäischen Juden*. Frankfurt a. M. 1995.

Aly, Götz/Gerlach, Christian: *Das letzte Kapitel: Realpolitik, Ideologie und der Mord an den ungarischen Juden 1944/1945*. Stuttgart, München 2002.

Anderl, Gabriele. Emigration und Vertreibung. In: Erika Weinzierl/Otto D. Kulka

(Hrsg.): *Vertreibung und Neubeginn: Israelische Bürger österreichischer Herkunft.* Wien 1992, 167-337.

Anaderl, Gabriele/Rupnow, Dirk: *Die Zentralstelle für jüdische Auswanderung als Beraubungsinstitution.* Wien 2002.

Anderson, Jack: "Nazi War Criminals in South America." *Parade,* November 13, 1960, pp. 6-9.

Arendt, Hannah: *Eichmann in Jerusalem: A Report on the Banality of Evil.* 1963; reprint New York, 1994.

[Dt.: *Eichmann in Jerusalem. Ein Bericht über die Banalität des Bösen.* München 1964.]

Arendt, Hannah: "Thinking and Moral Considerations: A Lecture." *Social Research* 38, no. 3 (Autumn 1971), pp. 417-46.

"Arendt in Jerusalem." *History and Memory* 8, no. 2 (Fall-Winter 1996), special issue.

Aronson, Shlomo: *Reinhard Heydrich und die Frühgeschichte von Gestapo und SD.* Stuttgart 1971.

Arnsberg, Paul. "Eichmann - The Germans Don't Care." *Jewish Observer and Middle East Review* 10, no. 15 (April 14, 1961).

Ausschuß für deutsche Einheit (Hrsg.): *Eichmann: Henker, Handlanger, Hintermänner: Eine Dokumentation.* Berlin (Ost) 1961.

Avni, Haim: "Jewish Leadership in Times of Crisis: Argentina during the Eichmann Affair (1960-1962)." *Studies in Contemporary Jewry* 11 (1995), pp. 117-35.

Bach, Gabriel: Gespräch mit Herrn Gabriel Bach, stellvertretender Ankläger im Prozess gegen Adolf Eichmann, anlässlich des 65. Jahrestages der Wannsee-Konferenz vom 20. Januar 1942 am 18. Januar 2007 im Haus der Wannsee-Konferenz." In: Haus der Wannsee-Konferenz (Hrsg.), *Newsletter* 8, Dezember 2007, 2-21.

Bach, Gabriel: "Adolf Eichmann and the Eichmann Trial." In *Holocaust: Israel Pocket Library.* Jerusalem, 1974.

Bar-Nathan, Moshe: "Background to the Eichmann Trial." *Jewish Frontier* 28, no. 5 (May 1961), pp. 4-7.

Bar-On, A. Zvie: "Measuring Responsibility." *Philosophical Forum* 16, nos. 1-2 (1984-85), pp. 95-109.

Bar-On, Dan. Steckt in jedem von uns ein Adolf Eichmann? In: *Die Welt,* August 19, 1999.

Bar-Zohar, Michel: *Les vengeurs.* Paris, 1968. [English: The Avengers. New York, 1968.]

Bascomb, Neal: *Hunting Eichmann: How a Band of Survivors and a Young Spy Agency Chased Down the World's Most Notorious Nazi.* Boston and New York,

2009.

Bauer, Yehuda: *Freikauf von Juden? Verhandlungen zwischen dem nationalsozialistischen Deutschland und jüdischen Repräsentanten 1933-1945.* Frankfurt a. M. 1996.

Bauer, Yehuda: "Das Böse ist niemals banal" , Interview in: *Der Spiegel*, 16.8.1999.

Bauer, Yehuda: "Wir müssen jetzt die richtigen wissenschaftlichen Fragen stellen." Interview in: *Die Welt*, 12.8.1999.

Baumann, Jürgen: Die Psychologie des bürokratisch organisierten Mordes." In: *Frankfurter Hefte, Zeitschrift für Kultur und Politik* 21 (1966), 199-205.

Beatty, Joseph: "Thinking and Moral Considerations: Socrates and Arendt's Eichmann." *Journal of Value Inquiry* 10 (1976).

Beier, Lars-Olav: Anatomie eines Mörders. In: *Frankfurter Allgemeine Zeitung*, 17.2.1999.

Ben Natan, Asher. *The Audacity to Live: An Autobiography.* Tel Aviv, 2007.

Bergman, Monika: Transporttechnische Angelegenheiten." In: *Die Zeit*, 11.2.1999.

Bernstein, Richard J.: "*The Banality of Evil Reconsidered.*" In *Hannah Arendt and the Meaning of Politics.* Edited by Craig Calhoun and John McGowan. Minneapolis, 1997, pp. 297-322.

Bernstein, Richard J.: "Responsibility, Judging, and Evil." *Revue Internationale de Philosophie* 53, no. 2 (June 1999), pp. 155-172.

Bethke: Der Antisemitismus im Glaskasten. Zum Eichmann-Prozeß. In: *Glaube und Gewissen.* Halle a. d. Saale 7, 1961, 139.

Bettelheim, Bruno: Eichmann - Das System - Die Opfer. In: Ds., *Erziehung zum Überleben: Zur Psychologie der Extremsituationen.* München 1982, 266-284.

Biss, Andreas: *Der Stopp der Endlösung: Kampf gegen Himmler und Eichmann in Budapest.* Stuttgart 1966.

Biuletyn glownej komsji badania zbrodni Hitleowskich w Polsce (Bulletin of the Commission for Investigation of Hitlerite Crimes in Poland). Warsaw, 1960. Eichmann documents: vols. 12 and 13.

Böll, Heinrich: Befehl und Verantwortung. Gedanken zum Eichmann-Prozeß." In: Ds., *Aufsätze, Kritiken, Reden.* Köln, Berlin 1967, 113-116.

Botz, Gerhard: *Nationalsozialismus in Wien: Machtübernahme und Herrschaftssicherung,* 1938-1939. Buchloe 1988.

Braham, Randolph: *Eichmann and the Destruction of Hungarian Jewry: A Documentary Account.* New York, 1963.

Braham, Randolph: *The Politics of Genocide: The Holocaust in Hungary.* New York, 1994.

Brandt, Willy: *Deutschland, Israel und die Juden: Rede des Regierenden Bürgermeisters von Berlin vor dem Herzl-Institut in New York am 19. März 1961.* Berlin 1961.

Brand, Joel: *Adolf Eichmann: Fakten gegen Fabeln.* München, Frankfurt 1961. (Vom

Gestern zum Morgen, 10)

Brand, Joel/Weissberg, Alex: *Die Geschichte von Joel Brand*. Köln 1956.
[Brand, Joel, and Alex Weissberg. *Advocate for the Dead: The Story of Joel Brand*. London, 1958.]

Brayard, Florent. "'Grasping the Spokes of the Wind of History' : Gerstein, Eichmann and the Genocide of the Jews." *History and Memory* 20 (2008), pp. 48-88.

Brechtken, Magnus: *"Madagaskar für die Juden"* : *Antisemitische Idee und politische Praxis 1885-1945*. München, 1998. (Studien zur Zeitgeschichte, Hrsg. v. Institut für Zeitgeschichte, Bd. 53)

Brechtken, Magnus: Apologie und Erinnerungskonstruktion - Zum zweifelhaften Quellenwert von Nachkriegsaussagen zur Geschichte des Dritten Reiches. Das Beispiel Madagaskar-Plan. In: *Jahrbuch für Antisemitismusforschung* 9 (2000), 234-252.

Breitman, Richard David/ Aronson, Shlomo: "The End of the 'Final Solution' ? Nazi Plans to Ransom Jews in 1944." *Central European History* 25, no. 2 (1992), pp. 177-203.

Breitman, Richard, ed.: *U.S. Intelligence and the Nazis*. Washington, D.C., 2004.

Breton, Albert/ Wintrope, Ronald: "The Bureaucracy of Murder Revisited." *Journal of Political Economy* 94, no. 5 (October 1986), pp. 905-926.

Brochhagen, Ulrich: *Nach Nürnberg: Vergangenheitsbewältigung und Westintegration in der Ära Adenauer*. Hamburg 1994 (Diss. München, Univ. d. Bundeswehr 1993).

Brockdorff, Werner (alias Alfred Jarschel, former Nazi youth leader) : XVII. Karl [!] Adolf Eichmann. In: *Flucht vor Nürnberg: Pläne und Organisation der Fluchtwege der NS-Prominenz im "Römischen Weg"* . München-Wels 1969 (summary of Eichmann's delusional alternative biography).

Browder, George C.: *Hitler's Enforcers: Gestapo and the SS Security Service in the Nazi Revolution*. New York, 1996.

Browning, Christopher: *Judenmord: NS-Politik, Zwangsarbeit und das Verhalten der Täter*. Frankfurt a. M. 2001.

Browning, Christopher: *Der Weg zur "Endlösung"* . *Entscheidungen und Täter*. Bonn 1998.
[Browning, Christopher: *The Path to Genocide: Essays on Launching the Final Solution*. Cambridge, 1992.]

Brunner, José: "Eichmann, Arendt and Freud in Jerusalem: On the Evils of Narcissism and the Pleasures of Thoughtlessness." *History and Memory* 8 (1996), pp. 61-88.

Brunner, José: "Eichmann's Mind: Psychological, Philosophical and Legal

Perspectives." *Theoretical Inquiries in Law* 1 (2000), pp. 429-463.

Buechler, Yeshoshua Robert: "Document: A Preparatory Document for the Wannsee 'Conference.'" *Holocaust and Genocide Studies* 9, no. 1 (Spring 1995), pp. 121-129.

Camarasa, Jorge: *Odessa al Sur: La Argentina Como Refugio de Nazis y Criminales de Guerra*. Buenos Aires, 1995.

Cantorovich, Nati: "Soviet Reactions to the Eichmann Trial: A Preliminary Investigation, 1960-1965." *Yad Vashem Studies* 35 (2007), pp. 103-141.

Carmichael, Joel: "Reactions in Germany." *Midstream* 7, no. 3 (Summer 1961), pp. 13-27.

Cesarani, David, ed.: *After Eichmann: Collective Memory and the Holocaust Since 1961*. London, New York, 2005.

Cesarani, David: *Eichmann:* Adolf Eichmann. Bürokrat und Massenmörder. Biografie. Aus dem Englischen von Klaus Dieter Schmidt. Berlin 2004.

Cesarani, David: *Eichmann: His Life and Crimes*. London, 2005.

Cesarani, David, ed.: *Genocide and Rescue: The Holocaust in Hungary* 1944. Oxford, 1997.

Clarke, Comer: *Eichmann - The Man and his Crimes*. New York, 1960.

Cohen, Ahiba/Zemach-Maron,Tamor/Wolke,Jürgen/Schenk, Birgit: *The Holocaust and the Press: Nazi War Crimes Trials in Germany and Israel*. New Jersey, 2002.

Cohen, Richard J.: "Breaking the Code: Hannah Arendt's *Eichmann in Jerusalem* and the Public Polemic: Myth, Memory and Historical Imagination." In *Michael: The Diaspora Research Institute*, edited by Dina Porat and Shlomo Simonsohn (Tel Aviv, 1993) pp. 13:29-85.

Conze, Eckart/Frei, Norbert/Hayes, Peter/Zimmermann, Moshe: *Das Amt und die Vergangenheit: Deutsche Diplomaten im Dritten Reich und in der Bundesrepublik*. München 2010.

Crossman, Richard H. S.: "The Faceless Bureaucrat." *New Statesman*, March 31, 1961.

Diamant, Manus: *Geheimauftrag: Mission Eichmann*. Aufgezeichnet von Mosche Meisels und mit einem Vorwort von Simon Wiesenthal. Wien 1995.

Die Kontroverse. Hannah Arendt, Eichmann und die Juden. Red. F. A. Krummacher. München 1964.

Donovan, John: *Eichmann: Man of Slaughter*. New York, 1960.

"Eichmann and the German Government." *Jewish Chronicle* (London), March 17, 1961, p. 31.

"Eichmann's Ghost Writer: A Dutch Friend in Argentina." *Wiener Library Bulletin* 15, no. 1 (1961), p. 2.

Einstein, Siegfried: *Eichmann: Chefbuchhalter des Todes*. Frankfurt a. M. 1961.

Enzensberger, Hans Magnus: Reflexionen vor einem Glaskasten. In: DS., *Politik und Verbrechen: Neun Beiträge*. Frankfurt a. M. 1964, 7-39.

Felstiner, Mary: "Alois Brunner: 'Eichmann's Best Tool.'" *Simon Wiesenthal Center Annual* 3 (1986), pp. 1-46.

Friedman, Tuviah: *Die Ergreifung Eichmanns: Dokumentarische Sammlung*. Haifa, 1971.

Friedman, Tuviah: *The Hunter*. New York, 1961.

Friedman, Tuviah, ed.: *We Shall Never Forget: An Album of Photographs, Articles and Documents*. Haifa Documentation Centre, undated (1965).

Garner, Reuben: "Adolph Eichmann: The Making of a Totalitarian Bureaucrat." *In The Realm of Humanitas: Responses to the Writing of Hannah Arendt*. New York, 1990.

Gellhorn, Martha: "Eichmann and the Private Conscience." *Atlantic Monthly* 209, no. 2 (February 1962), pp. 52-59.

Gerlach, Christian: "The Eichmann Interrogations in Holocaust Historiography." *Holocaust and Genocide Studies* 3 (2001), pp. 428-452.

Giefer, Rena, und Thomas: *Die Rattenlinie: Fluchtwege der Nazis: Eine Dokumentation*. Frankfurt a. M. 1991.

Gilbert, G. M.: "The Mentality of SS-Murderous Robots." *Yad Vashem Studies* 5 (1963), pp. 35-41.

Glock, Charles Y./Selznick, Gertrude J./Spaeth, Joe L.: *The Apathetic Majority: A Study Based on Public Responses to the Eichmann Trial*. New York, 1966.

Goldfarb, Jack: "The Eichmann Mailbag." *Congress Bi-Weekly* 29, no. 3 (February 5, 1962), pp. 8-9.

Goñi, Uki: *Odessa. Die wahre Geschichte: Fluchthilfe für NS-Kriegsverbrecher*. Berlin, Hamburg 2006.
[Goñi, Uki: *The Real Odessa: How Perón Brought the Nazi War Criminals to Argentina*. Rev. ed. London, 2003.]

Goshen, Seev: Eichmann und die Nizko Aktion im Oktober 1939. Eine Fallstudie zur NS-Judenpolitik in der letzten Etappe vor der "Endlösung." In: *Vierteljahrshefte für Zeitgeschichte* 29 (1981), pp. 74-96.

Goshen, Seev: Nisko - Ein Ausnahmefall unter den Judenlagern der SS. In: *Vierteljahrshefte für Zeitgeschichte* 40 (1992), 95-106.

Gottlieb, Roger S., ed.: *Thinking the Unthinkable: Meanings of the Holocaust*. New York, 1990.

Gourevitch, Lev/Richey, Stéphane: *Agents Secrets Contre Eichmann*. Paris, 1961.

Gross, Raphael: *Anständig geblieben: Nationalsozialistische Moral*. Frankfurt a. M. 2010.

Große, Christina: *Der Eichmann-Prozeß zwischen Recht und Politik*. Frankfurt a. M.,

Berlin, et alt. 1995.

Haas, Peter Jerome: "What We Know Today That We Didn't Know Fifty Years Ago: Fifty Years of Holocaust Scholarship." *CCAR Journal* 42, no. 2 (Summer-Fall 1995), pp. 1-15.

Halberstam, Joshua: "From Kant to Auschwitz." *Social Theory and Practice* 14, no. 1 (1988), pp. 41-54.

Harer, Isser: *Das Haus in der Garibaldistraße*, Tel Aviv 1990 (hebräische Ausgabe). Engl.: *The House on Garibaldi Street: The Capture of Adolf Eichmann*, London, 1975. Dtsch.: Frankfurt a. M. 1976. (Die deutsche Ausgabe weicht z. T. deutlich von der englischen und hebräischen ab. Ab der Neuauflage 1997 sind die Decknamen größtenteils aufgelöst.)

Hausner, Gideon: *Gerechtigkeit in Jerusalem*. München 1966.

[Hausner, Gideon: *Justice in Jerusalem*. New York, 1966.]

Heiman, Leo: "Eichmann and the Arabs: The Untold Story of the Nazis and the Grand Mufti." *Jewish Digest* 6, no. 9 (June 1961), pp. 1-6.

Herbert, Ulrich (Hrsg.): *Nationalsozialistische Vernichtungspolitik 1939-1945: Neue Forschungen und Kontroversen*, Frankfurt a. M. 2002, 2 Bände.

Herbert, Ulrich: Weltanschauungseliten. Ideologische Legitimation und politische Praxis der Führungsgruppe der nationalsozialistischen Sicherheitspolizei. In: *Potsdamer Bulletin für zeithistorische Studien* 9, 1997, 4-18.

Hesselbach: Er schrieb Adolf Eichmanns Memoiren. Die abenteuerliche Geschichte des Willem Sassen. In: *Kölnische Rundschau*, 16.12.1960.

Hilberg, Raul: *Die Vernichtung der europäischen Juden: Die Gesamtgeschichte des Holocaust*. Frankfurt a. M. 1990, 3 Bände.

Hilberg, Raul: Eichmann war nicht banal. In: *Die Welt*, 28.8.1999.

Hillel, Marc/Caron, Richard: *Operation Eichmann*. Paris, 1961.

Horkheimer, Max: Zur Ergreifung Eichmanns (1960/1967). In: Ds., *Zur Kritik der instrumentellen Vernunft: Aus Vorträgen seit Kriegsende,* hrsg. von Alfred Schmidt, Frankfurt 1967, 317-320.

Hull, William L.: *Kampf um eine Seele: Gespräche mit Eichmann in der Todeszelle.* Wuppertal 1964.

Huth, Werner: Adolf Eichmann. Ein Fall von pathologischer Ideologie. In: *Glaube, Ideologie und Wahn: Das Ich zwischen Realität und Illusion*. München 1984.

Jäger, Herbert: *Makrokriminalität: Studien zur Kriminologie kollektiver Gewalt*. Frankfurt a. M. 1989.

Jäger, Herbert: *Verbrechen unter totalitärer Herrschaft: Studien zur nationalsozialistischen Gewaltkriminalität*. Frankfurt a. M. 1982 (erstmals erschienen 1967).

Jansen, Hans: *Der Madagaskar-Plan: Die beabsichtigte Deportation der europäischen Juden nach Madagaskar*. München 1997.

Jaspers, Karl: Die grundsätzlich neue Art des Verbrechens. In: *Wohin treibt die Bundesrepublik?* München 1966, 58-66.

Jaspers, Karl: Television interview by Thilo Koch, March 10, 1960 (broadcast on August 10). *Frankfurter Allgemeine*, August 17, 1960.

Kárny, Miroslav: Nisko in der Geschichte der "Endlösung." In: *Judaica Bohemiae* 23, no. 2 (1987), pp. 69-84.

Kaul, Friedrich Karl: *Der Fall Eichmann*. Berlin (Ost) 1963.

Kelen, Emery: "Bureaucrat or Beelzebub?" *Atlas* 2, no. 2 (August 1961), pp. 125-27.

Kempner, R. M. W.: *Eichmann und Komplizen: Mit Dokumentenfaksimiles*. Zürich, Stuttgart, and Wien 1961.

Klarsfeld, Serge: *Vichy-Auschwitz: Die Zusammenarbeit der deutschen und französischen Behörden bei der "Endlösung der Judenfrage" in Frankreich*. Nördlingen 1989 (Schriften der Hamburger Stiftung für Sozialgeschichte des 20. Jahrhunderts. Bd. 9).

Knopp, Guido: *Hitlers Helfer: Die Täter: Adolf Eichmann, Martin Bormann, Joachim von Ribbentrop, Roland Freisler, Baldur von Schirach, Josef Mengele*. München 1996.

Kogon, Eugen: Nicht der Einzige-Nur eine Anmerkung zum Fall Eichmann. In: *Frankfurter Hefte* 15, 1960, Heft 7.

Kolbe, Christian: "Und da begann ich zu überlegen. " Adolf Eichmanns zwiespältige Erinnerungen an sein ungarisches "Meisterstück". In: Fritz Bauer Institut (Hrsg.), *Im Labyrinth der Schuld: Täter, Opfer, Ankläger*. Frankfurt a. M./New York, 65-93. (Jahrbuch 2003 zur Geschichte und Wirkung des Holocaust / A yearbook on the history and impact of the Holocaust.)

Koning, Ines de: *A Study of Adolf Eichmann (1906-1962): Adolf Hitler's Expert in Jewish Affairs*. Newton, Mass., 1964. (Self-published by Diss Newton College of the Sacred Heart; highly speculative and a fund of Eichmann legends.)

Krause, Peter. *Der Eichmann-Prozeß in der deutschen Presse*. Frankfurt a M., New York 2002. (Wissenschaftliche Reihe des Fritz Bauer Instituts 8).

Krummacher, Friedrich A. (Hrsg.): *Die Kontroverse: Hannah Arendt, Eichmann und die Juden*. München 1964.

Kühnrich, Heinz: *Judenmörder Eichmann: Kein Fall der Vergangenheit*. Berlin (Ost) 1961.

Kulcsár, Shlomo: "The Psychopathology of Adolf Eichmann." In *Proceedings of the IVth World Congress of Psychiatry*. Madrid, 1966.

Kulcsár, Shlomo, Shoshanna Kulcsár, and Lipot Szondi: "Adolf Eichmann and the Third Reich." In *Crime, Law and Corrections*. Edited by Ralph Slovenko. Springfield, Ill., 1966.

Kulcsár, Shlomo: "De Sade and Eichmann." *Mental Health and Society* 3 (1976), pp.

102-13.

Lamm, Hans: *Der Eichmann-Prozeß in der deutschen öffentlichen Meinung*. Frankfurt a. M. 1961.

Landau, Ernest (Hrsg.): *Der Kastner-Bericht über Eichmanns Menschenhandel in Ungarn*. München 1961.

Lang, Berel: *Act and Idea in the Nazi Genocide*. Chicago and London, 1990.

Lang, Berel: *The Future of the Holocaust: Between History and Memory*. Ithaca, N.Y., and London, 1999.

Lang, Jochen von: *Das Eichmann-Protokoll: Tonbandaufzeichnungen der israelischen Verhöre. Mit Nachwort von Avner W. Less*. Berlin 1982.

Lauryssens, Stan: *De fatale vriendschappen van Adolf Eichmann*. Leuven 1998.

Lawson, Colin: "Eichmann's Wife Speaks." *Daily Express*, December 12, 1961.

LeBor, Adam: "Eichmann's List: A Pact with the Devil." *Independent*, August 23, 2000.

Levai, Jenö: *Abscheu und Grauen vor dem Genocid in aller Welt… Diplomaten und Presse als Lebensretter: Dokumentationswerk anhand der "streng geheim" bezeichneten Akten des Reichsaussenministeriums*. New York 1968.

Levai, Jenö (Hrsg.): *Eichmann in Ungarn: Dokumente*. Budapest 1961.

Levine, Herbert S: Politik, Persönlichkeit und Verbrechertum im Dritten Reich. Der Fall Adolf Eichmann. In: J. Bergman/Kl. Megerle/P. Steinbach (Hrsg.), *Geschichte als politische Wissenschaft: Sozialökonomische Ansätze, Analyse politikhistorischer Phänomene, politologische Fragestellungen in der Geschichte*. Stuttgart 1979.

Linze, Dewey W.: "LIFE and Eichmann." *Newsweek*, December 5, 1960.

Longerich, Peter: *Der ungeschriebene Befehl: Hitler und der Weg zur "Endlösung"*. München, Zürich 2001.

Lozowick, Yaacov: "Malice in Action." *Yad Vashem Studies* 27 (1999), pp. 287-330.

Lozowick, Yaacov: *Hitlers Bürokraten: Eichmann, seine willigen Vollstrecker und die Banalität des Bösen*. Zürich, München 2000.

Malkin, Peter Z./Stein, Harry: *Ich jagte Eichmann*. München, Zürich 1990.

Man, Peter/Dan, Uri: *Capturer Eichmann: Temoignage d'un agent du Mossad*. Paris, 1987.

Meding, Holger: *Flucht vor Nürnberg? Deutsche und österreichische Einwanderung in Argentinien 1945-1955*. Köln 1992.

Meding, Holger: *Der Weg: Eine deutsche Emigrantenzeitschrift in Buenos Aires 1947-1957*. Berlin 1997.

Miale, F. R., and M. Selzer: *The Nuremberg Mind: The Psychology of the Nazi Leader*. New York, 1975.

Mikellitis, Edith: Der verlorene Sohn. Anmerkungen zum Fall Eichmann. In:

Zeitschrift für Geopolitik. Heidelberg 32,1961, 269-70.

Milotová, Jaroslava: Die Zentralstelle für jüdische Auswanderung in Prag. Genesis und Tätigkeit bis zum Anfang des Jahres 1940. In: *Theresienstädter Studien und Dokumente,* 1997, 7ß30.

Moser, Jonny: "Nisko. The First Experiment in Deportation." *Simon Wiesenthal Center Annual* 2 (1985), pp. 1-30.

Moser, Jonny: Die Zentralstelle für jüdische Auswanderung in Wien. In: Kurt Schmid/Robert Streibel, *Der Pogrom 1938: Judenverfolgung in Österreich und Deutschland.* Wien 1990. (2. Aufl.)

Mulisch, Harry: Strafsache 40/61. Eine Reportage über den Eichmann-Prozeß. Schauberg, Köln 1963.

[Mulisch, Harry: *Criminal Case 40/61, the Trial of Adolf Eichmann: An Eyewitness Account.* Philadelphia, 2009.]

Naftali, Timothy: *New Information on Cold War: CIA Stay-Behind Operations in Germany and on the Adolf Eichmann Case.* Nazi War Crimes Interagency Working Group. Washington, D.C., 2006.

Naftali, Timothy: "The CIA and Eichmann's Associates." In *U.S. Intelligence and the Nazis.* Edited by Richard Breitman. Washington, D.C., 2004.

Nellessen, Bernd: *Der Prozess von Jerusalem: Ein Dokument.* Düsseldorf , Wien 1964.

Nicosia, Francis R.: Ein nützlicher Feind. Zionismus im nationalsozialistischen Deutschland 1933-1939. In: *Vierteljahrshefte für Zeitgeschichte* 37, 1989, 367-400.

Nicosia, Francis R.: "Revisionism Zionism in Germany II. Georg Kareski and the Staatszionistische Organisation, 1933-1938." In *Yearbook of the Leo Baeck Institute* 32 (1987), pp. 247ff.

Onfray, Michel: *Le songe d'Eichmann: Précédé de'un kantien chez les nazis.* Paris 2008.

Oppenheimer, Max. *Eichmann und die Eichmänner: Dokumentarische Hinweise auf den Personenkreis der Helfer und Helfershelfer bei der "Endlösung."* Ludwigsburg 1961.

Orth, Karin: Rudolf Höß und die "Endlösung der Judenfrage." In: *Werkstatt Geschichte* 18, 1997, 45-57.

Paetzold, Kurt/Schwarz, Erika: *"Auschwitz war für mich nur ein Bahnhof" : Franz Novak - der Transportoffizier Adolf Eichmanns.* Berlin 1994.

Paul, Gerhard: "Kämpfende Verwaltung." Das Amt IV des Reichssicherheitshauptamtes als Führungsinstanz der Gestapo. In: Gerhard Paul, Klaus-Michael Mallmann (Hrsg.), *Die Gestapo im Zweiten Weltkrieg: "Heimatfront" und besetztes Europa.* Darmstadt 2000.

Paul, Gerhard: Von Psychopathen, Technokraten des Terrors und "ganz normalen Deutschen." In: Ds. (Hrsg.), *Die Täter der Shoah: Fanatische Nationalsozialisten und ganz normale Deutsche?* Göttingen 2002, 13-90.

Pearlman, Moshe: *Die Festnahme des Adolf Eichmann.* Frankfurt a. M. 1961. (Vor dem Prozess veröffentlicht und nach Pearlmans eigener Auffassung teilweise unhaltbar.)

[Pearlman, Moshe: *The Capture and Trial of Adolf Eichmann.* New York, 1963. (Published before the trial and by Pearlman's own admission unsupportable in places.)]

Pendorf, Robert: *Mörder und Ermordete: Eichmann und die Judenpolitik des Dritten Reiches.* Hamburg 1961.

Pohl, Dieter: Die Ermordung der Juden im Generalgouvernement." In: Ulrich Herbert (Hrsg.), *Nationalsozialistische Vernichtungspolitik 1939-1945: Neue Forschungen und Kontroversen.* Frankfurt a. M. 1998, 98-121.

Pohl, Dieter: *Nationalsozialistische Judenverfolgung in Ostgalizien 1941-1944: Organisation und Durchführung des Massenverbrechens.* München 1996.

Poliakov, Léon: "Adolf Eichmann ou le rêve de Caligula." *Le Monde Juif.* Paris, June 4, 1949.

Poliakov, Léon: *Harvest of Hate: Background to the Eichmann Story Introduced by Lord Russell of Liverpool.* London, 1960.

Proces Eichmanna: Sprawy Miedzynarodowe. Warsaw, vol. 14, no. 8, 1961.

Rabinovici, Doron: *Instanzen der Ohnmacht: Wien 1938-1945: Der Weg zum Judenrat.* Frankfurt a. M. 2000.

Ranasinghe, Nalin: "Ethics for the Little Man: Kant, Eichmann, and the Banality of Evil." *Journal of Value Inquiry* 36 (2002), pp. 299-317.

Rappaport, Ernest A.: "Adolf Eichmann: The Travelling Salesman of Genocide." *International Review of Psycho-Analysis* 3 (1976), pp. 111-19.

Rein, Raanan: *Argentina, Israel, and the Jews: Peron, the Eichmann Capture and After.* Bethesda, Md., 2003.

Reitlinger, Gerald: Die Endlösung. Hitlers Versuch der Ausrottung der Juden, 1939-1945. Berlin 1956.

[Reitlinger, Gerald: *The Final Solution: Hitler's Attempt to Exterminate the Jews of Europe, 1939-1945.* London, 1987.]

Reyna, Mariano. "El caso Eichmann: " *Todo es Historia* (Buenos Aires) 116 (January 1977), pp. 6-20.

Reynolds, Quentin: Adolf Eichmann, Henker von Millionen. In: *Sie und Er* (Zofingen) 37 (January 5-March 30, 1961), pp. 1-13.

Reynolds, Quentin/Katz, Ephraim/Aldouby, Zwy: *Adolf Eichmann. Der bevollmächtigte des Todes.* Konstanz, Stuttbgart 1961.

[Reynolds, Quentin, Ephraim Katz, and Zwy Aldouby: *Minister of Death: The Adolf Eichmann Story*. London, 1961.]

Ritzler, B. A., and L. Saradavian: "Sadism and the Banality of Evil as Factors in Nazi Personalities: A Rorschach Analysis." Paper presented at the American Psychological Association Convention. Washington, D.C., August 1986.

Robinson, Jacob: *And Crooked Shall Be Made Straight: The Eichmann Trial, the Jewish Catastrophe and Hannah Arendt's Narrative*. Philadelphia, 1965.

Rosenkranz, Herbert: *Verfolgung und Selbstbehauptung: Die Juden in Österreich 1938-1945*. Wien, München 1978.

Rotenstreich, Nathan: "Can Evil Be Banal?" *Philosophical Forum* 16, nos. 1-2 (1984-85), pp. 50-62.

Rupnow, Dirk/Anderl, Gabriele: *Die Zentralstelle für jüdische Auswanderung als Beraubungsinstitution*. Wien 2002.

Sachs, Ruth: *Adolf Eichmann: Engineer of Death*, New York, 2001.

Safrian, Hans: *Die Eichmann-Männer*. Wien, 1993. Dt. Ausgabe: *Eichmann und seine Gehilfen*. Frankfurt a. M. 1995.

Safrian, Hans: Adolf Eichmann. Organisator der Judendeportation. In: Ronald Smelser (Hrsg.): *Die SS: Elite unter dem Totenkopf*. Paderborn 2000, 134-146.

Sandkühler, Thomas: Eichmann war kein Subalterner, der nur Befehle ausführte. Interview in: *Die Welt*, 16.8.1999.

Schechtman, Joseph B.: "The Mufti-Eichmann Team." *Congress Bi-Weekly*, November 7, 1960, pp. 5-7.

Scheffler, Wolfgang: Hannah Arendt und der Mensch im totalitären Staat. In: *Aus Politik und Zeitgeschichte* 45, 1964, 19-38.

Scheffler, Wolfgang: "Diese Notizen sind der Versuch, sich verständlich zu machen". Interview in: *Die Welt*, August 14, 1999.

Schmidt, Regina/Becke, Egon: *Reaktionen auf politische Vorgänge: 3 Meinungsstudien aus der Bundesrepublik*. Frankfurt a. M. 1967.

Schneppen, Heinz: *Odessa und das Vierte Reich: Mythen der Zeitgeschichte*. Berlin 2007.

Schubert, Günter: Post für Eichmann. In: Wolfgang Benz (Hrsg.): *Jahrbuch für Antisemitismusforschung*, 15, 2006, 383-393.

Schüle, Erwin: Die strafrechtliche Aufarbeitung des Verhaltens in totalitären Systemen. Der Eichmann-Prozeß aus deutscher Sicht. In: Forster, Karl (Hrsg.): *Möglichkeiten und Grenzen für die Bewältigung historischer und politischer Schuld in Strafprozessen*. Würzburg 1962, 63-86.

Schwelien, Joachim: *Jargon der Gewalt*. Frankfurt a. M. 1961 (*Vom Gestern zum Morgen*, 14).

Segev, Tom: *Simon Wiesenthal: Die Biographie*. München 2010.

[Segev, Tom: *Simon Wiesenthal: The Life and Legends.* New York, 2010.]

Selzer, Michael: "On Nazis and Normality." *Psychohistory Review* 5, no. 4 (March 1977), pp. 34-36.

Selzer, Michael: The Murderous Mind: Psychological Results of Tests Administered to Adolf Eichmann." *New York Times Magazine,* November 27, 1977, pp. 35ff.

Selzer, Michael: Ein Angreifer, zu nackter Grausamkeit fähig. In: *Der Spiegel,* 2/1978.

Servatius, Robert: Exclusiv-Interview mit Eichmann-Verteidiger. In: *Allgemeine Jüdische Wochenzeitung,* 21.4.1961.

Smith, Gary (Hrsg.): *Hannah Arendt Revisited: "Eichmann in Jerusalem" und die Folgen.* Frankfurt a. M. 2000.

Sommer, Theo: Adolf Eichmann, Ostubaf. a. D. Der Mann am Schalthebel der Hitlerschen Vernichtungsmaschine. In: *Die Zeit,* 3.6.1960.

Sontag, Susan: "Reflections on 'The Deputy.' " In *Against Interpretation.* London, 1994.

Sösemann, Bernd: "Viele NS-Quellen sind schlecht ediert." Interview in: *Die Welt,* 18.8.1999.

Stangneth, Bettina: Antisemitische und antijudaistische Motive bei Immanuel Kant? Tatsachen, Meinungen, Ursachen. In: Horst Gronke u. a. (Hrsg.): *Antisemitismus bei Kant und anderen Denkern der Aufklärung.* Würzburg 2001, 11-124.

Stangneth, Bettina: Adolf Eichmann interpretiert Immanuel Kant. Vortrag Uni Marburg 2002 (ungedruckt).

Steinacher, Gerald: Nazis auf der Flucht: Wie Kriegsverbrecher über Italien nach Übersee entkamen. Innsbruck, Wien, Bozen 2008.

[Steinacher, Gerald: *Nazis on the Run: How Hitler's Henchmen Fled Justice.* Oxford, 2011.]

Steur, Claudia: Eichmanns Emissäre. Die "Judenberater" in Hitlers Europa. In: Gerhard Paul/Klaus Michael Mallmann (Hrsg.): *Die Gestapo im Zweiten Weltkrieg: "Heimatfront" und besetztes Europa.* Darmstadt, 2000, 403-436.

Strasser, Peter: *Verbrechermenschen: Zur kriminalwissenschaftlichen Erzeugung des Bösen.* Frankfurt am Main, New York 1984.

Szondi, Leopold: Blindanalyse der Triebteste Adolf Eichmanns. In: Ds., *Kain: Gestalten des Bösen.* Bern 1969, 175-176. (Blindgutachten zu Eichmanns Szondi-Test.)

Vogel, Rolf (Hrsg.): *Der deutsch-israelische Dialog: Dokumentation eines erregenden Kapitels deutscher Außenpolitik.* Teil 1 Politik. Vol 1-3. München 1987-88.

Volk, Christian: "Wo das Wort versagt und das Denken scheitert." Überlegungen zu Hannah Arendts Eichmann-Charakterisierung. In: *ASCHKENAS - Zeitschrift für Geschichte und Kultur der Juden* 16, 2006, 195-227.

Wassermann, Heinz P: "Lang lebe Deutschland, lang lebe Argentinien, lang lebe
    Österreich …" - Der Prozeß gegen Adolf Eichmann: Eine Analyse historischer
    Bewußtseinsbildung durch die Tagespresse. In: *Zeitgeschichte* 20, 7-8, Jul/Aug.
    1993, 249-259.

Weber, Gaby: *Daimler-Benz und die Argentinien-Connection: Von Rattenlinien und
    Nazigeldern.* Berlin/Hamburg 2004.

Weibel-Altmeyer, Heinz: Jagd auf Eichmann. In: *Neue Illustrierte,* 11.6.1960-
    8.7.1960.

Weinke, Annette: Die SED-Begleitkampagne zum Jerusalemer Eichmann-
    Prozeß. In: Ds. *Die Verfolgung von NS-Tätern im geteilten Deutschland:
    Vergangenheitsbewältigung 1949-1969 oder: Eine deutsch-deutsche
    Beziehungsgeschichte im Kalten Krieg.* Paderborn, München, Zürich, Wien 2002,
    151-157.

Weissberg, Alex/Brand, Joel: Die Geschichte des Joel Brand. Köln 1956.

Weitz, Yehiam: The Founding Father and the War Criminal's Trial: Ben Gurion and
    the Eichmann Trial." *Yad Vashem Studies* (2008), 211-52.

Weitz, Yehiam: "The Holocaust on Trial: The Impact of the Kasztner and Eichmann
    Trials on Israeli Society." *Israel Studies* 1, no. 2 (December 1996), pp. 1-26.

Wiesenthal, Simon: *Großmufti-Großagent der Achse.* Salzburg,Wien 1947.

Wiesenthal, Simon: I*ch jagte Eichmann: Tatsachenbericht.* Gütersloh 1961.

Wieviorka, Annette: *Procès de Eichmann - 1961.* Brussels 1989.

Wighton, Charles: *Eichmann: His Career and Crimes.* London, 1961.

Wildt, Michael: *Die Judenpolitik des SD 1935-1938: Eine Dokumentation.* München
    1995.

Wildt, Michael: Eichmanns Götzen. In: *Die Zeit,* 23.3.2000.

Wildt, Michael: *Generation des Unbedingten: Das Führungskorps des
    Reichssicherheitshauptamtes.* Hamburg 2003.

Wildt, Michael (Hrsg.): *Nachrichtendienst, Politische Elite und Mordeinheit: Der
    Sicherheitsdienst des Reichsführer SS.* Hamburg 2003.

Winkler, Willi: *Der Schattenmann: Von Goebbels zu Carlos: Das mysteriöse Leben
    des François Genoud.* Berlin 2011.

Witte, Peter: Warum Eichmann bewußt Details verschweigt. In: *Die Welt,* 21.8.1999.

Witte, Peter: Adolf Eichmann unterschlägt bewußt entscheidende Fakten. Der
    Judenreferent deportiert zielstrebig für seinen Führer. In: *Die Welt,* 24.8.1999.

Wojak, Irmtrud: *Eichmanns Memoiren: Ein kritischer Essay.* Frankfurt a. M. 2001.
    (Wissenschaftliche Reihe des Fritz Bauer Instituts Bd. 8)

Wojak, Irmtrud: *Fritz Bauer: 1903-1968: Eine Biographie.* München 2009.

Wojak, Irmtrud: Über Eichmann nichts Neues. Interview in: *Frankfurter Rundschau,*
    11.8.1999.

Wolfmann, Alfred: *Eichmannprozeß: Berichte aus Jerusalem*. Düsseldorf 1962. (Schriftenreihe für die gewerkschaftliche Jugendarbeit, Hrsg. V. DGB-Bundesverband).

Wucher, Albert: *Eichmanns gab es viele: Ein Dokumentarbericht über die Endlösung der Judenfrage*. München, Zürich 1961.

Wyss, P.: *Eichmann in Jerusalem*. In: Hans Saner (Hrsg.), Karl Jaspers: *Provokationen. Gespräche und Interviews*. München 1969.

Yablonka, Hanna: *The State of Israel vs. Adolf Eichmann*. New York, 2004.

Yahil, Leni: "'Memoirs' of Adolf Eichmann." *Yad Vashem Studies* 18 (1987), pp. 133-162.

Yahil, Leni: *Die Shoah. Überlebenskampf und Vernichtung der europäischen Juden*. München 1998.

Zachodnia Agencja Prasowa, ed.: *Eichmann*. Poznan, 1960. (Materials and Commentaries, No. 5 XI, 1960)

Zimmermann, Moshe: An Eichmanns Aufzeichnungen kommt kein Historiker vorbei. In: *Die Welt*, 17.8.1999.

Zimmermann, Moshe: Aufzeichnungen eines Mörders. In: *Allgemeine Jüdische Wochenzeitung*, 16.3, 2000.

纪录片

Adolph Eichmann: *The Secret Memoirs*. Regie: Nissim Mossek, Alan Rosenthal. Israel, Netherlands: Biblical Productions, EO Television, 2002.(《阿道夫·艾希曼：秘密回忆录》)

Der Fall Adolf Eichmann: 40 Jahre Entführung und Verhaftung. Regie: Sabine Keutner. Deutschland, Mainz: ZDF, 3sat, 2000. (《阿道夫·艾希曼案：绑架和逮捕 40 年后》)

Der Spezialist. Regie: Eyal Sivan, Rony Brauman. Deutschland/Frankreich/Belgien/Österreich/Israel, 1998. (《专家》)

Eichmann, der Vernichter. Ein Film von Guido Knopp, Jörg Müllner, Stefan Simons. München: BMG Video/Universum-Film München, 1998. (Hitlers Helfer II).(《希特勒的帮手 II：毁灭者，阿道夫·艾希曼》)

Eichmanns Ende. Regie: Raymond Ley. Hamburg: docstation für NDR, SWR, 2010. (《艾希曼的末日》)

Eine Epoche vor Gericht. Regie: Peter Schier Gribowsky. Deutschland: NDR1961. (《一个上法庭的时代》)

Engineer of death: The Eichmann Story. Regie: Paul Bogart. USA: Robert E. Costello, Talent Associates, CBS, New York, 1960. (《死亡工程师：艾希曼的故事》)

Erscheinungsform Mensch: Adolf Eichmann. Regie: Rolf Defrank. Hamburg: Aurora Television Produktions, 1978-1979. (《人的表现形式》)

I captured Eichmann. Regie: Michael Sandler. Belgium: Belbo Film Productions BV, 1980. (《我捕获了艾希曼》)

I met Eichmann/Adolf Eichmann-Begegnungen mit einem Mörder. Regie: Clara Glynn. BBC/NDR 2002. (《阿道夫·艾希曼——邂逅谋杀凶手》)

Josef Mengele: The Final Account. Regie: Dan Setton. Israel: SET Productions, Jerusalem, 2002. (《约瑟夫·门格勒：最终决算》)

The Devil Is a Gentleman. Interviewer: Mike Wallace. USA: CBS New York, 1983. (《恶魔是一个绅士》)

Lechidato shel Adolf Eichmann/Eichmann: The Nazi Fugitive. Regie: Dan Setton. Israel: SET Productions, Jerusalem, 1994. (《猎捕阿道夫·艾希曼》)

The man who captured Eichmann. Regie: William A. Graham. USA/Argentina: Butcher's Run Films, Stan Margolies Company, Turner Pictures, 1996. (《捕获艾希曼的那个人》)

索 引

（索引中只包含正文中提到的姓名，页码参见本书边码）

理想国译丛

imaginist [MIRROR]